现代立国法政文献编译丛书　丛书主编　高全喜

分卷主编　郭春生

俄国19、20世纪之交法政文献选编

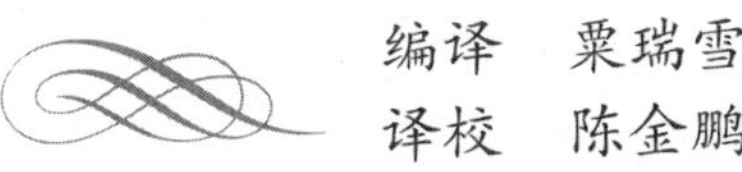

编译　栗瑞雪　等

译校　陈金鹏　等

清华大学出版社

北京

图书在版编目（CIP）数据

俄国19、20世纪之交法政文献选编 / 郭春生主编；粟瑞雪等编译；陈金鹏等译校. -- 北京：清华大学出版社，2016
（现代立国法政文献编译丛书）
ISBN 978-7-302-40903-8

Ⅰ.①俄…　Ⅱ.①郭…②粟…③陈…　Ⅲ.①法律－文献－汇编－俄罗斯－19世纪～20世纪②政治－文献－汇编－俄罗斯－19世纪～20世纪　Ⅳ.①D951.29②D751.29

中国版本图书馆CIP数据核字（2015）第166737号

责任编辑：周　菁
封面设计：贺维彤
责任校对：王荣静
责任印制：李红英

出版发行：清华大学出版社
网　　址：http：//www.tup.com.cn，http：//www.wqbook.com
地　　址：北京清华大学学研大厦A座　　邮　　编：100084
社 总 机：010-62770175　　邮　　购：010-62786544
投稿与读者服务：010-62776969，c-service@tup.tsinghua.edu.cn
质量反馈：010-62772015，zhiliang@tup.tsinghua.edu.cn
印 装 者：三河市金元印装有限公司
经　　销：全国新华书店
开　　本：185mm×260mm　　印　张：28.5　　字　数：501千字
版　　次：2016年1月第1版　　印　次：2016年1月第1次印刷
定　　价：80.00元

产品编号：057332-01

《现代立国法政文献编译丛书》的编辑翻译工作，得到“上海能近公益基金会”和“上海世界观察研究院”的学术基金资助，在此深表谢忱！

政治宪法学的积薪之业
——《现代立国法政文献编译丛书》代序言

高全喜

风雨如晦，鸡鸣不已。

屈指数来，从2006年秋季筹划现代六大国制宪兴邦的此一系列法政文典汇编，至今已有九载，现《现代立国法政文献编译丛书》出版在即，回首其中经历的曲折艰辛，感慨良多，难以成眠。

记得我在最初的一份文案中曾经这样写道："这是由一群非常之人所从事的世界上主要大国宪政之成败得失的非常时期之非常人物之非常之文的编译工作，我们力求将之作为一项志业来做。"我在这句话中刻意用了四个"非常"的词汇，为什么我有这样的期许呢？

译介发端

文艺复兴与宗教改革之后，欧美各国先后建立起自己的宪政民族国家，其中法政文献资料浩繁无涯。今日的中国正处于政治转型时期，迫切需要学习成功国家制宪建国的法政经验，鉴取它们的教训。目前中国法政学界译介西方专业性的学术著作已经较为成功，各种译丛名目繁多，但是，以西方现代大国立国时期的法政思想为主题的综合性翻译丛书尚有遗缺，而我这些年学术思想的关怀，恰恰在此。

自从当年主编《大国》丛刊（后来改名为《大观》丛刊）之时起，我就对现代国家的宪政发生学情有独钟，认为那是一个非常时期，即制宪立国兴邦的伟大时期。这个时期的现代诸国各自究竟是如何开源生发出来，以至于根深叶茂、蔚为壮观的？时下的各种翻译文献并没有这样的自觉意识去深入浅出地把握辨析。因此，选择当今世界在政法方面业已取得成功的六个国家（尽管其中有些国家的制宪立国之路不无曲折）——确切地说是英国、美国、法国、德国、日本、俄罗斯六国，尤其是精选这些国家在建国时期（或非常转型时期）的一些重要法政篇章、文典宪制，按照政治宪法学的学术体例加以遴选、编排和翻译，从而为我国的法政理论乃至制度实践提供思想理论上的资源储备，就成为我主持的这套《现代立国法政文献编译丛书》之六卷集的主旨。

按照我在九年前的设想，这一系列当时暂定名为“现代立国法政文献编译丛书”的译丛总共六卷，集萃英国、美国、法国、德国、日本、俄罗斯六国的立宪文典。每国一卷，篇幅在50万字，全部《译丛》总计300万言。为了尽可能保持历史原貌以及思想蕴涵，计划每卷遴选的法政人物5~10人，他们主要是政治家（如大臣、外交家、大法官等）、政治思想家、历史学家、法学家等传统意义上的法政人物或国家精英，而不是20世纪以降的所谓大学职业教授。因为立宪不仅是理论工作，更是一项最为严肃的实践工作。宪法学的研究不能仅仅关注技术细节，更应有一种大的视界与实践感。这常常是今人所短，亦是前人所长。

整个《译丛》文献的选择时间段大致在15世纪之后，第二次世界大战之前，从政治史的视野看，在这个时期西方诸国，以及日本等东亚国家，都大致完成了各自国家作为现代国家的立国建制之功。但是，由于各个国家的历史传统、政治情势等具体境况不同，在这个时间跨度内，每个国家独具的立宪建国的非常时刻也是不尽相同的。所以，久经斟酌，在众多编译者群策群力之下，这部译丛命名为《六国立宪文典》，并且每卷都精心商定了醒目的五字书名。最终，在出版之际，因为种种考量，我们又改回最初定的丛书名——《现代立国法政文献编译丛书》，并用各分卷书名中的副标题取代了各分卷的五字书名。但我在以下行文之中，仍愿意按照斟酌底定的设想，称之为“六国立宪文典”。

为了达致荟萃现代国家“立宪建国之非常时期之非常法政人物之非常法政文献”这一编辑目标，就需要我与各个分卷主编对于具有政治宪法学意义的“立宪时期”具有深刻而审慎的理解，并据此审视宪政历史，遴选和把握其中的立国文典。因此，我觉得这部“文典”翻译文本的选择本身就是一个高度学术性和思想性的工作，作为总主持人，我的编选指导思想是非常明确的，即客观、富有张力地呈现各个国家关键时期的法政思想遗产。

我认为，这部出版在即的《现代立国法政文献编译丛书》，贯穿其中的主导性思

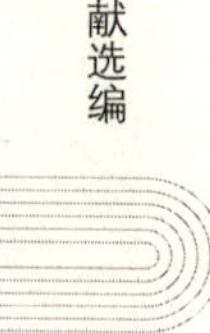

想脉络大致有三个声部，即自由主义、保守主义和激进主义，上述三股强有力的现代政治思潮，发轫于各国的立宪建国的非常时期，因不同的政治机缘，喷薄而出，相互激荡，构成了今日世界范围内各国宪政制度之思想基础。

诸国之英

基于上述设想，通过数年之努力，“六国立宪文典”六卷集编译完成，其构成如下：

英国卷，《英国革命时期法政文献选编》，毕竟悦、泮伟江主编。英国卷包括六编，内容分别涉及有关主权和国家的争论、共和与自由的探讨、宗教与政治的纠葛、政党与议会政治的产生、国家的经济职能、普通法的“技艺理性”之特质。

1688 年的“光荣革命”标志着英国历史转型的重大成功，由此在时间节点上向前可追溯到英国宗教改革、柯克大法官与詹姆斯一世国王关于普通法的论辩，至 1640 年“清教徒革命”和后来的复辟；向后可延伸到 1707 年英格兰与苏格兰合并，以至英国式议会主权、两党制和内阁制在 18 世纪中的缓慢形成与定型。在这个大历史的时段中，许多思想家围绕着英国命运的论辩不仅是思潮的交锋，而且在历史上直接影响到了英国在现代转型时刻的立宪实践。英国卷的编选立足译丛的主题构想，入选的人物著作涉及弥尔顿、哈林顿、霍布斯、洛克、博林布鲁克、柏克、胡克、温斯坦莱、威廉·配第、亚当·斯密、柯克大法官和黑尔大法官等人。入选的相关制度法令有《权利请愿书》(1628)、《人身保护令》(1676)、《宗教宽容法令》(1689)、《权利法案》(1689)、《王位继承法》(1701)。

英国卷所涉及的思想家多是近现代法政思想史上耳熟能详的关键人物，但是很多著作却未必为国人所熟知，而且这样的专题汇集也是第一次。哈林顿的《政治体系》是《大洋国》的姊妹篇，反映了他对于政府建构的主要观点。在国家制度的讨论方面，博林布鲁克是英国宪政史上最早系统阐述政党制度功能与意义的学者，他对如何防止政府腐败堕落，有相当精辟至今让人叹服的见解。《论爱国主义精神》体现了博林布鲁克对于爱国主义与立宪的关系，以及公民爱国的责任和义务等方面的观点，这部作品为客观看待我国当前的民族主义情绪的问题提供了参考。博林布鲁克还是英国民族主义思想的一个代表，他的民族主义观点很有英国特色。伯克本身是议员，许多议会的发言都很重要。《关于国会下议院改革的讲话》是柏克五十多岁思想成熟时期的一次重要的演讲，演讲中对诸如财产与自由、英国议会的形成等重要问题做出阐释，对此演讲稿的翻译与研读将对柏克本人的政治思想及英国宪政的原理提供助益，同时为对美国宪政产生深刻影响的英国辉格党传统和普通法的研究提供了资料。宗教因素在英国革命中占据了一个非常关键的维度，争论的核心都是围绕着英国国教展开的。因此，这部分主要选择了英国国教的理论集大成者胡克尔的《教会政制法规》第一卷所涉及自然法和政治的那部分。关于“光荣革命”前后的政治经济学重点体现在国家财政的革新，包括税收方面、信贷体系、英格兰银行等，围绕各派的争论展开，该部分所选的威廉·配第代表新兴产业资本的利益和要求，积极著书立说，为统治者出谋划策，为英国统治殖民地、夺取世界霸权寻找理论根据，是当时对于政治影响力最大的经济学家。柯克的贡献代表了英国的司法独立以及对公民权利的强调，司法独立方面选择了柯克所判决的两个最经典判例的判词，这两份判词对英国的政治思想史的影响是巨大而深远的。

美国卷，《美国建国时期法政文献选编》，柯岚、毕竟悦主编。美国卷共分五编，内容分别围绕殖民地的权利和地位、联邦政府、财政和联邦主义、司法权和司法审查、《权利法案》等来组织。收录的人物著作涉及托马斯·潘恩、杰弗逊、约翰·马歇尔、詹姆斯·威尔逊、汉密尔顿、麦迪逊、约翰·杰伊、乔治·梅森和理查德·亨利·李等，荟萃了《美国危机》《常识》《联邦党人文集》等为人熟知的经典著作。此外，附录中还选编了《五月花号公约》《独立宣言》《弗吉尼亚权利法案》《美国联邦宪法》《权利法案》《葛底斯堡演说》等。

以上涉及的人物不仅是当时法政领域内的著名思想家，而且很多同时是政治参与者，有些长期担任国家领导人，在当时美国的政治舞台上举足轻重，他们的思想和理论经受了美国立国实践的考验，有着建国创制的独到经验。美国宪政史中的重要人物与事件基本都为国内法政学界所掌握，本卷的选编在参考前人文献的基础上，尽量突出立宪文典的特色。从 1776 年美国发表了《独立宣言》，到 1787 年制定《美利坚合众国宪法》，正式成立美利坚合众国，在这个过程中，始终存在着两条主线：一是强调统一国家的重要性，构建一个统一的政府；二是注重基本的权利和自由。本卷选文围绕着上述两个主题，凸显了美国立宪中的核心话题。

法国卷，《法国革命时期法政文献选编》，施展主编。法国卷分为两部分，包括革命时期和后革命的复辟时期。法国卷选编的人物和著作有西耶斯的《第三等级是什么？》与《关于宪法评审团之授权及组织的意见》、罗伯斯庇尔《革命政府的诸原则》、贡斯当《恐怖的效果》、斯塔尔夫人《论国内和平》、特拉西《对孟德斯鸠〈论法的精神〉的评论》;迈斯特的《宪政生成原理》;基佐的《论政府及其反对派》、圣西门的《论加强政治力量和财富的制宪措施》。

近代的法国是欧陆宪政发展的策动地，也是各种宪政思想的实验室。在大革命时期及其后的复辟时期，多种宪政思想之间有着激烈的交锋，并且多有付诸实践，给后世留下了诸多遗产。故而法国卷选辑书目即集中在这一段时期。西耶斯所代表的“1789年原则”是法国大革命初起的温和阶段，其理性共和国主张奠立了法国大革命的整体基调，并且是嗣后法国共和派的精神渊源。罗伯斯庇尔是雅各宾派的核心人物，激发了后世各国激进革命的想象力，而贡斯当是著名的自由主义者，他对雅各宾派思想的分析相当精当。特拉西是督政府宪法制定过程中的重要参与者，“空论派”的代表人物。他的这部作品写于复辟时期，是写给美国的杰弗逊的，对北美宪政思想影响很大，奠立了法兰西第三共和国的宪政理论基础。他此时既有实际的政治经验，又有足够的反思时间，故而其思考兼具学理性与现实性，奠定了法兰西第三共和国的宪政理论基础。迈斯特的著作是其政治思想的导言，从中可以看到欧陆保守主义的主要理论诉求。基佐著作中所论述的思想，在七月王朝基佐当政时期获得推行。他面对一个充满意见冲突的社会，对于秩序的思考是相当值得重视的。圣西门号称三大空想社会主义者之一，还是个执迷的工业主义者和精英主义者，他在19世纪前半叶提出的工业立国，工业家和法学家依凭理性治理社会，以此来建设现代国家的诸多想法，在相当程度上规定了法国嗣后的政治人物进思方向，并在实际上成为拿破仑三世所统治的法兰西第二帝国的官方哲学，推动了法国的工业革命。

日本卷，《日本明治前期法政史料选编》，张允起主编。日本卷由五部分组成：政治背景编、著述学说编、建议建言编、论说论争编和宪法草案编。日本社会转型时期的法政选择既有现实的利益纷争，又有东西碰撞的深厚历史背景，需要发掘其历史脉络和内在逻辑，从而揭示出选择方案的多样性及其时空局限，还历史以本来面目。

本卷试图通过对相关历史文献的译介，从政治背景、学说论争、建言建议、制度设计等多重角度，全面展示明治初期政治转型过程中学界、政界、舆论界对立国法政新秩序的构想与谋划。入选的人物有四十多位，加藤弘之、西村茂树、福泽谕吉、穗积八束、中江兆民、岩仓具视、木户孝允、大久保利通、山县有朋、黑田清隆、井上馨、伊藤博文、大隈重信、板垣退助、森有礼、中村正直、马场辰猪、井上毅等星光灿烂的人物被编译者一网选入。这么多人物，相应的文献著作和文章达到七十多篇，很难一一列举，张允起等编译者所耗费的心血汗青可鉴。例如建议建言编中那些给天皇提出的立宪政体建议，特别是宪法草案编所收录的五部宪法草案，既是立国法政理论浓缩的精华，更直接地反映了当时朝野重臣的宪政认识水平。又如政治背景编入选的法律、诏令和制度有五条誓文、政体书、废藩置县诏书、太政官职制、议院宪法颁布之诏、地方官会议开会之诏、爱国公党之本誓、立志社设立趣意书、大阪会议约定之草案、渐次树立立宪政体之敕谕、元老院开院典礼之诏书、命元老院起草宪法之敕语、进呈国宪草案之报告书、赐告开设国会之敕谕、为调查宪法诸制度派遣参议伊藤博文至欧洲之诏敕、内阁改制之奏议、内阁职权、内阁改制之诏敕、伊藤枢密院议长进呈上奏宪法稿案之表等 19 部文献，多为国内学界以往所未引介。

俄国卷，《俄国 19、20 世纪之交法政文献选编》，郭春生主编。俄国卷分为自由主义、激进主义和保守主义三编。自由主义派文献有政治改革的推行者、当时的大臣会议主席（即首相）斯托雷平在国家杜马等公开场合的 17 篇讲话，立宪民主党人米留科夫的两篇公开讲话，自由主义“左”派人士司徒卢威的选集摘译。激进主义派文献有革命恐怖主义者涅恰耶夫的《革命者教义问答》——涅恰耶夫的纲领被马克思称为兵营式社会主义的典型，民粹派革命家、布朗基主义者特卡乔夫的《恐怖是俄罗斯精神和社会复兴的唯一手段》，还有切尔诺夫为社会革命党撰写的纲领；坚持俄国传统的保守主义阵营的文献则有波别多诺斯采夫的《莫斯科文集》，吉霍米洛夫的《我为何不再当革命家》与《君主制国家体制》（节选）。他们大都亲身参加了俄国 1900 年前后大变革时代国家道路选择的政治实践——甚至是以反政府的恐怖主义方式，因而著作文献中有着不同观点和实践的激烈交锋，是对那个时代法政思想资源最精准最浓缩的反映。

当时俄国激进主义特别是马列主义的著作，已经大量地出现在中文文献中，因此限于篇幅，该卷着重选译了当时保守主义思潮的代表著作。正如该卷主编郭春生在该卷“导读”中所说：“保守主义之对俄国近现代政治发展影响之大，是其他思想流派所无法比拟的。在沙皇专制制度下，保守主义属于为专制制度辩护的思想流派，自然也就受到专制制度的庇护，二者相辅相成，力量强大。从十二月党人武装起义开始，俄国的专制制度开始受到质疑，但是，在整个 19 世纪，专制制度从来也没有遭受到重大冲击；哪怕是进入 20 世纪之后，1905 年革命也并没有否定沙皇专制制度，沙皇政府只是颁布了一纸准备召开国家杜马的宣言，就轻而易举地扑灭了革命的火焰，沙皇的权力没有受到多大损害。直到第一次世界大战前，专制沙皇仍然牢牢地把握着国家政权。正因如此，整个 19 世纪一直延续到‘一战’前，作为专制权力保卫者和辩护者的保守主义也一直占有优势。”

阅读俄国卷书稿期间，我也深切体会到郭春生教授的灼见——保守主义并非是完全固守传统，它往往也是主张变革的，只不过其所主张变革的程度较低罢了。作为思想精英的保守主义者，不可能对周围快速变化的世界无动于衷或抱守残缺，他们也会适时提出变革主张，来应对时代变革所造成的挑战——只是自后世看来，历史在很多关节点上是“时不我待”而已。

德国卷，《德国魏玛时期国家法学文献选编》，黄卉主编。德国卷的编译围绕着魏玛时期的立国宪制思想展开，内容是富有德国特色的国家理论和国家法学。从人物上可以分为三组人物，第一组是在魏玛共和国诞生前的第二帝国时代就奠定了德国国家理论和国家法学基础的两位重要思想家奥托·冯·基尔克和格奥尔格·耶里内克；第二组包括被称作魏玛宪法之父的胡果·普洛斯、格哈特·安许芝、瑞查德·托马以及马克斯·韦伯等人，他们的思想直接关系到魏玛宪法精神的生成，可以部分解释魏玛宪制后来的得失成败；第三组是魏玛共和国建立之后宪政论辩中最重要的几个法政人物，他们分别是汉斯·凯尔森、鲁道夫·斯门德、卡尔·施米特、海因里希·黑勒和艾里希·考夫曼。由于韦伯、施米特和凯尔森的重要著作都已翻译成中文，该卷除了节选若干已有翻译外，选择了尚未有中译的几篇重要文献，比如施米特的《国家的价值与个人的意义》，凯尔森的《民主的本质和价值》。其余作家的所选文献均是德国国家理论和国家法学发展史中的经典文献。

魏玛宪法的制定，不可谓不是精英荟萃、思潮汇集；魏玛宪法的条文，不可谓不是博大精深、条缕详尽；但是魏玛道路上的实践，却是功败垂成，天才与群魔共舞，德意志国家与民族陷入浩劫。其中曲折隐忧，处于大变革时代的国人不可以不处变不察。

演进之道

翻译是一件苦事，但百余年来，一代代前贤不辞劳苦，克尽厥功，不外乎是为了中西思想与文明的交汇融合，为中华文脉与制度转型寻找一线生机。早在筹划组织这部立宪建国之文典的翻译时，我就知道这份私家功业之艰难，因为它既没有国家资助，也不是单独一部外文作品的翻译，而是一项纯粹的志业，是传承殷鉴他国立宪建制之薪火得失。而且就学术来说，也非现有大学专业体制之所限，涉及政治学、公法学、历史学和法政哲学等多个学科，就外文来说，涉及英、法、德、日、俄五个语种。因此，组织起这部“文典”的翻译学术团队，其实本身就是法政思想学术共同体的一桩事业。好在经过九年的大浪淘沙和相互砥砺，其间也经历沉潜打磨与修葺重订，终于逐渐凝聚起这支翻译队伍。尤其是各位分卷主编，历经漫长的年轮岁月，经受住坚韧与清贫的煎熬，较为圆满地完成了各自承担的遴选文本、组织翻译、校对勘误等工作。由于国内业已翻译出版的著述，如商务印书馆的《汉译世界学术名著经典丛书》等，与“六国立宪文典”的主题存在某些方面的交叉叠合，故各位分卷主编经过审议，对于已经翻译出版的某些篇章，如能择善而从，就尽可能采用，而问题较多者，则根据原文重新翻译。此外，各位分卷主编根据我的要求，还为每卷撰写了相关国家立宪建国文献编译的“导读”，将选辑诸文献的内在线索、价值等予以梳理辨析，并将其放在一个更大的政治历史背景之下，展示这些文献作为立宪文典的重要意义。

在组织编译“六国立宪文典”的过程中，我的学术思想研究，从某种意义上可以说是与这部“文典”同时俱进，生命相系，其中的一个重要标志，就是我形成了一套自己的政治宪法学的主张和理路。应该指出，中国政治宪法学的兴起，虽然发轫于中国百年的立宪建国之道，但其彰显的还是古今之变的文明立宪之构建，属于人类普遍的事业，其中蕴含着普世治道的内在诉求。因此，西方诸国的立宪文典对中国所仍身处的古今政制转型，就不是外在的，而是可以内化蕴包的，中华文明的传续与这个政制之道的交通就不是敌意的，而是相契的，所谓中西政制的立宪之道具有若合符节之功。故而，我所服膺的政治宪法学，就不属于极端的激进主义，而是演进论的改良主义，虽然政治革命在此具有推动的作用，但宪法出场，革命退场，立宪建国是一项宏大的政治守护事业，属于我所揭示的“革命的反革命”之国家创制与运行的机理。因此，虽然“六国立宪文典”洋洋洒洒，汇编了政经法之众多国家建设的议题，但在我看来，它们均没有超出政治宪法学的圭臬，都可以纳入政治宪法学的立宪建国的法政逻辑之中。虽然有些国家的立宪创制，囿于环境、民情以及天意，而步入或保守或激进的褊狭路径，因而为此付出时间和血泪的代价，但通观整部“六国立宪文典”，我们便不难发现，在忠实于客观史实文献的梳理编选之下，依然凸显出一条立宪建国的正道。之所以最终把这份法政资料选编命名为“六国立宪文典”，这从一个层面表明了我基于政治宪法学的一个预见，那就是尽管各国立宪建国的道路不尽相同，但并不因此就否定世界各国普遍性的历经古今之变的立宪建国之正道。正道即文典，能够揭示出这个正道之万一，就不枉我们矻矻八载之甘苦矣。

他山之石，可以攻玉。“六国立宪文典”从一开始，就不是仅仅为了翻译而翻译，而是取其薪火，传诸华夏。自鸦片战争以降，尤其是历经甲午战争，中华大地纷扬改制立宪之风潮，虽然百十年来屡遭坎坷挫败，但一直前赴后继，不绝于缕。中国的政治宪法学，旨在接纛风旗，再辟途径。其中，探索现代国家的成功立宪建国之道，便成为迷津中的指路灯塔。我认为，六国的立宪建国史，尤其是其历经的立宪创制的非常时刻，对于我们的制宪转型具有重大的逻辑提示意义。因此，“六国立宪文典”的编选迻译，就蕴含着一个强烈的中国意识，即在英格兰宪制孕育、美利坚合众国全新缔造、法国革命轮回、俄国20世纪初国家道路选择、日本明治维新之崛起和德国魏玛宪制走向失落之“六国立宪文典”中，挖掘可供我们借鉴的观念价值与立国技艺，甚至辨析其中致使某些国家失败的种子。百年中国的历史烽烟去矣，我们面临的依旧是一个没有完成立宪良制的政制状态，国家转型依然是我们无法摆脱的非常时期，在此，借鉴西方优良政体的立宪建国之正道，就越发显得格外重要与严峻。中国的政治宪法学不是凭空制造出来的，而是伴随着中国立宪建国的政治实践所生发出来的，是在中西政治文明的激荡中孕育而生的。唯有如此，我愿把这部“六国立宪文典”的编译视为中国政治宪法学的积薪之业，期盼它们能够在不久的政治大变革中薪火相传，发扬光大。

最后，我要指出，这部“六国立宪文典”的编译及其出版，绝非我一人之功，而是凝聚了众多至爱亲朋、志同道合者的心血、襄助和友情，是我们大家协力同心、共同奋斗的结果。首先，我要感谢上海的能近公益基金会——在徐友渔、朱学勤两位教授的引荐下，这家由9位中欧国际工商学院校友组建的纯粹民间的基金会出于对中国学术事业的质朴情感，给予了我一笔虽不大但十分关键的资助，使得我的宏大设想能够真正启动，开始了为期九年的编译事业。其次，我要感谢参与立宪文典翻译的数十位译者，尤其是担任分卷主编的毕竞悦、柯岚、泮伟江、施展、黄卉、张允起、郭春生诸君——他们克服了众多困难，最终与我一起并肩走完这段路程，没有他（她）们的参与和付出，很难想象这部文典能够编译出来。此外，我还要感谢张千帆、李强、刘苏里、谈火生等学友以及田飞龙、张绍欣两位年轻学人——他们或者为此文典的编选出谋划策，或者为文典的出版介绍推荐，或者为译文的编辑加工定制，总之，九年来他们为此项工作费心费力，襄助巨大。我相信，这部记录了风雨沧桑、古今之变的“六国立宪文典”将成为我们合作推进中国学术出版之新机的最好见证。

山有蕨薇，隰有杞桋。

君子作歌，维以告哀。

2013 年 4 月 17 日　于北京西山寓所

2013 年 8 月 18 日　修改

2015 年 10 月 5 日　改定

本卷导读·世纪之交的思想激荡

郭春生

一

公元1500年前后，人类历史拉开了近代社会的大幕。以此时出现的新航路开辟和地理大发现为标志，伴随着文艺复兴、宗教改革和启蒙运动，资产阶级政治革命在尼德兰、英、法等国展开，18世纪后期又出现了产业革命的滚滚浪潮。到19世纪后半期，英、法、美等国已成为现代宪政国家，经济上也已完成工业革命而成为初步工业化国家。但是，在通往现代国家之路的洪流之中，地跨欧亚两大洲的俄国这个世界大国却远远地被甩在了后面。

俄国的落后主要体现在农奴制度、沙皇专制制度和东正教三个方面。进入19世纪，俄国是世界上唯一一个仍然盛行农奴制的世界大国。在农奴制下，农奴主不仅享有对农奴财产的支配权，而且在一定程度上支配农奴的人身。就是这样一种严重违反平等原则的落后制度，却堂而皇之地存在于俄国近代社会。俄国落后的第二个表现就是它的沙皇专制制度，当时统治俄国的罗曼诺夫王朝从17世纪开始即统治着俄罗斯，到19世纪末，罗曼诺夫王朝的封建统治已经延续了三百多年。俄国的沙皇专制制度还带有浓厚的宗教色彩，专制沙皇利用东正教牢牢地控制着人们的思想意识，垄断着文化与教育，政治统治和思想统治紧密地结合在一起。

1861年俄国进行的废除农奴制改革是其步入现代社会的重要步骤。但是，俄国之所以能够迈出这一步，并不是凭借社会的自身变化来完成的，而是在外力的强烈刺激下才实现的。1853—1856年克里米亚战争的失败在俄国社会引起了巨大的震动，使得沙皇亚历山大二世认识到，如果统治者不自上而下地废除农奴制度，农民就会自下而上地推翻农奴制度和专制制度。于是，从19世纪60年代起，沙皇政府进行了以废除农奴制为核心的一系列改革，从而也拉开了俄国社会现代变革的序幕。

俄国废除农奴制的改革是全方位的，它不仅废除了农奴制，而且同时进行了相应的军事改革、司法改革，甚至还进行了对之后俄国政治影响深远的地方自治改革。这些改革虽然没有一劳永逸地消灭农奴制造成的弊端，也没有从根本上触动沙皇专制制度，但它们均对俄国社会的现代变革具有深远的影响，如司法改革在俄国社会中培养了民众的法律意识，而法律意识正是现代社会不可或缺的现代性因素；地方自治改革则培养了民众的政治参与意识，到 20 世纪初俄国资产阶级的政治活动家大多来自地方自治机构的积极参与者。

大变革时代往往也是社会分裂的时代。大多数处在大变革时代的社会，都会出现力量的分野，一般都会存在三种力量：一是守旧力量，二是渐进变革力量，三是激进变革力量。守旧力量主要来自传统社会中占优势地位的社会阶层，为了保护自己的既得利益，他们往往反对变革。如果进行更细致的划分，在守旧力量的队伍中还可以区分顽固守旧派和一般保守派，顽固守旧派是指固守旧传统而一味拒绝变革的势力，他们惧怕新事物，千方百计地对新事物进行攻击。在守旧力量中也有少数人意识到变革是大势所趋，于是他们小心翼翼地提出十分保守的变革方案。但是，他们提出的变革方案又往往沦为空谈，因为他们的方案上不能见容于庞大的顽固守旧力量，下又不能满足改革力量的要求，所以总是遭受到上下夹击而失败。总的来看，随着社会的激烈变化，特别是社会不断遭受外来的冲击，守旧力量就会逐渐趋弱。

渐进变革力量任何时代都是社会中积极的社会力量。渐进变革力量的社会来源比较广泛，由社会中的各个阶层的精英组成。这种社会力量是一个具有充分理智和智慧的群体，他们置身于传统文化的土壤之中，对自己所生存的社会具有充分的理解和认知；而且，这部分人对社会的变化十分敏感，他们既能感受社会新生力量的出现，体会新生力量的要求，又对外部世界有充分的了解，认识到世界发展大势。所以，他们往往能提出稳妥的、建立在他们生活的社会现实基础上的社会改革方案。在不受外力冲击或微弱的外力冲击的社会正常发展状态下，渐进变革力量是社会发展的积极推动力量，对社会的不断进步有重大贡献。但是，从近现代社会发展的进程来看，大多数国家的发展进程都受到巨大的外力冲击，使社会发展不能维持一个渐进的发展状态。这时，渐进改革派就要承受多方压力，特别是来自激进力量的压力，而渐进改革的路线也往往难以为继。

激进变革力量是大变革时代的产物。在社会缓慢发展的时期，亦会有少数人提出激进的变革方案，但这种方案往往是虚幻空想的，不是社会发展现实的反映。当然，这少数人也往往被看作异端，其激进社会方案也不可能实现。但是，在社会变革时代，尤其是在整个世界发展不平衡的大变革时代，对一个社会来说，激进改革便会成为一种社会思潮，其拥护者也会成为一支重要的社会力量。这是因为，在大变革时代，变革是大势所趋，要求社会变革的人群会空前壮大，这就使得变革具有雄厚的社会基础；变革时代人们的变革要求会日益高涨，提出的社会变革目标往往会超越社会发展的现实基础，所主张的社会变革的方式方法往往是激烈的，目标是远大的；最主要的是，在一个世界各国各地区发展极不平衡的年代，相对于一个落后的社会来说，先进的社会本身就是一个变革的样板，具有忧患意识的社会精英都希望自己的国家快速地进入先进国家的行列，他们提出的变革方案也是以先进国家为目标的，不过，这样的方案对于自己的国家而言往往是超越社会现实的激进方案；更有甚者，西方国家虽然是近现代社会转型的先行者，它们的社会也存在许许多多的问题，社会矛盾也十分激烈，在它们的社会中也存在一批仁人志士提出激进的社会改革方案，而这些方案也为东方国家的社会精英们吸收借鉴，对落后的东方社会而言，这些方案无疑是更为激进的。由此来看，对于落后的东方社会来说，激进变革力量特别容易形成和积聚，成为强大的社会力量，引导社会走向激进变革的道路。

俄国的各种政治力量就是在废除农奴制改革之后形成的。

二

沙皇俄国只是在废除农奴制改革之后，才真正形成了近代各种社会政治力量，同时这些政治力量也开始明确表达其政治意愿，其中最重要的标志就是19世纪60年代末民粹派的形成。

农民问题是19世纪中叶俄国最根本的社会问题，废除农奴制改革名义上解放了农民，实际上却大大加重了农民的负担，这自然会引起农民的激烈反抗，民粹派的出现就是农民反抗情绪的典型表现。19世纪60年代末，大批青年知识分子深切感受到俄国农民的苦难，对农民抱有深深的同情。他们从赫尔岑、车尔尼雪夫斯基的思想体系中汲取营养，形成民粹社会主义思想。民粹派认为，俄国农民是本能的社会主义者，他们具有天生的革命倾向；俄国应该走依靠农民、以农民“村社”为基础建设社会主义的革命道路；他们自称人民的精粹，所以被称为“民粹派”，他们所发起的行动被称为“民粹派运动”。民粹派是一个复杂的社会政治群体，它是近代俄国第一个在政府之外既有力量采取政治行动，又有能力表达自己政治愿望的社会政治群体。在民粹主义的旗帜下有许多思想流派，其中有代表性的人物是拉甫罗夫、特卡乔夫和巴枯宁。

彼得·拉甫洛维奇·拉甫罗夫（Пётр Лаврович Лавров，1823—1900 年）在民粹派中具有至关重要的影响，这位出生于陆军上校家庭的知识分子在 19 世纪 60 年代末成为一位具有明显民粹主义倾向的社会主义者，他因参与民粹派暗杀亚历山大二世的活动而被放逐到沃洛格达。在这个具有标志性的放逐地，他写出了《论史信札》这一名著。1870 年拉甫罗夫逃亡国外，在法国参加了 1871 年巴黎公社革命运动，因被公社派到布鲁塞尔和伦敦组织支援工作，他侥幸躲过了法国政府的迫害。1873 年他在巴黎创办了《前进》杂志，成为一个坚定的社会主义者。他主张进化的社会主义，认为要经过长期的教育和伦理宣传来为新社会的建设铺平道路，反对立即进行革命。因此，他拒绝同涅恰耶夫、巴枯宁及特卡切夫等激烈的民粹主义者交往。不过拉甫罗夫的观点在不断变化，后来他对密谋、暗杀等活动也逐渐持同情态度，1884—1886 年，他在伦敦与吉霍米洛夫合编了《民意》杂志。

拉甫罗夫认为，人类在基本需要的驱使下，一开始都是单纯追求快乐和避免痛苦的。但在人类共同社会生活中，在利己主义行为以外，也发展了利他主义的行为，于是产生了正义感，产生了慈善和互相友爱的意识。此外，智力的成长带来了批判的能力，使冲动理性化，成为伦理上必须遵循的原则。理智的运用改变了完全由习惯支配一切的做法，人类形成了理想，并作出合乎道德的抉择。在这个发展过程中，始终是某些个人起着带头作用，并且通过教诲和示范逐渐赢得皈依者。因此，文明的发展始终是少数天资过人而又富有正义感的人的成就，他们领导人民走向更好的生活方式，不过，少数的这部分人完成自己使命的方式不是立即发动革命，“这一小部分开明的人肩负的责任，不是为了施恩于大多数人而把自己的思想强加给人民，而是要向人民讲清楚他们的真正需要、满足这些需要的最好办法以及人民中蕴藏着的力量”。[1] 知识分子的使命就是以全部精力为人民工作，因为是人民给了他们优越的机会。

拉甫罗夫认为，“为了胜利，必须组织政党”。政党是由“具有思想和信念的，坚毅的盟员组成的；他们清楚地懂得，他们为何聚集在一起；他们非常珍视自己的独立信念；他们下定决心，为了这些信念的胜利而全力以赴。只有在这样的条件下，他们才有希望避免威胁他们的两种危险：不瓦解，也不陷于停滞”。政党由“具有批判思维能力和强烈愿望的个人联合起来”，它的“核心是为数不多的经过锻炼的、深思熟

[1]《俄国民粹派文选》，北京，人民出版社，1983 年，第 291 页。

虑的、具有坚强毅力的和把批判思维与事业紧密联系起来的人，在他们周围，是受过较少锻炼的知识分子”。为了实现政党自身的目的，必须使政党更有力地组织起来，更具有战斗力，“党经常集中也必须集中自己组织的一切力量，团结得像一个人一样，来反对这些敌人，采取一切手段进行斗争，集中打击敌人”。[1] 在关键的时刻，哪个政党组织得更好，哪个政党就能够更好地利用各种机会，哪个政党就能够获得胜利。

民粹派社会主义另一派别的代表人物是特卡乔夫（Петр Никитич Ткачев，1844—1886 年）。特卡乔夫 1844 年出生在一个贵族家庭，1861 年进入彼得堡大学法律系学习，从此走上革命道路。1866 年，发生了卡拉克佐夫小组刺杀沙皇未遂事件，特卡乔夫与该小组有密切联系。1868 年特卡乔夫发表了《未来的人们和少数英雄》一文，指出大多数的人是无知的，他们只能跟在少数知识分子身后才能前进。就在这一年，他和另一位极端革命家涅恰耶夫一道，积极组织参加学生运动，力图将 1868—1869 年的学潮引向推翻专制制度的革命。1869 年特卡乔夫被逮捕，审讯两年后被流放。1873 年，特卡乔夫逃亡到日内瓦，之后与拉甫罗夫一起编辑《前进》杂志。不久，他与拉甫罗夫出现分歧，另组秘密团体，1874 年他还专门写了《俄国革命宣传的任务》一文，表达与拉甫罗夫的分歧。他认为，革命的时机不是一个自然的发展过程，“一个革命者永远认为而且应该认为自己有权在任何时候号召人民举行起义；他与庸俗哲学家的区别，就在于他不是等待历史事件的进程本身指出变革的时刻，而是自己选择这个时刻，就在于他承认人民随时都准备起来革命……谁不相信当前有发生革命的可能，谁就是不相信人民，谁就是不相信人民随时都准备起来革命……”[2]

1875 年起，特卡乔夫参与《警钟》杂志的编辑出版，这时他的民粹主义观点更加鲜明，特别强调“村社原则应当成为我们大家梦寐以求的未来社会的基石”。[3]1880 年起，他开始为布朗基派报纸撰稿，同时他的政治主张也越来越接近法国的布朗基主义，主张由革命的少数人组织密谋团体，运用密谋、暗杀等恐怖手段夺取政权，进而建立起社会主义社会；而人民群众在此只是被动地充当看客，等待这些革命家给他们带来幸福。他还错误地认为，专制在俄国是“悬在空中的”，没有社会基础，也不代表任何阶级的利益。本书摘译了特卡乔夫 1881 年 9 月发表在《警钟》上的文章《恐怖主义是俄罗斯道德和社会复兴的唯一手段》[4]，充分地显示了他的布朗基主义的观点和倾向。

[1]《俄国民粹派文选》，北京，人民出版社，1983 年，第 101—104 页。
[2]《俄国民粹派文选》，北京，人民出版社，1983 年，第 350 页。
[3]《俄国民粹派文选》，北京，人民出版社，1983 年，第 374 页。
[4] 摘译的文章来自网络版：http://az.lib.ru/t/tkachew_p_n/text_0010.shtml。

特卡乔夫的观点在民粹派社会主义者中引发了激烈争论。拉甫罗夫专门写了《俄国社会革命青年》一文，指出少数革命者所要达到的目标是人民大会、人民公社的“专制制度”，而不是革命者的少数人的专政。特卡乔夫为了引起恩格斯的注意，在1874年特别在《哨兵报》上发表《彼得·特卡乔夫致弗里德里希·恩格斯先生的公开信》，恩格斯在马克思和李卜克内西的建议下特意进行了答复。恩格斯批评特卡乔夫是幼稚的、极不成熟的中学生，并且针对他必须立即进行革命的主张讽刺说：“那么你就干你所不能拒绝的事情吧，今天就立刻去干革命并把俄罗斯国家彻底摧毁吧，不然的话，末了你会酿成更大的灾祸！”[1] 恩格斯还专门写了一篇概括论述俄国问题的文章，对1861年废除农奴制改革之后俄国社会的经济发展提出自己的看法。针对俄国民粹派的在俄国不需要资本主义发展的观点，恩格斯明确指出，要实现社会主义，不仅仅需要革命的无产阶级，而且需要资产阶级，需要资本主义生产力的发展。“现代社会主义力图实现的变革，简言之就是无产阶级战胜资产阶级，以及通过消灭一切阶级差别来建立新的社会组织。为此不但需要有能实现这个变革的无产阶级，而且还需要有使社会生产力发展到能够彻底消灭阶级差别的资产阶级。野蛮人和半野蛮人通常也没有任何阶级差别，每个民族都经历了这种状态。我们绝不会想到要重新恢复这种状态，至少随着社会生产力的发展，从这种状态中必然要产生阶级差别。只有在社会生产力发展到一定程度，发展到甚至对我们现代条件来说也是很高的程度，才有可能把生产提高到这样的水平，使得阶级差别的消除成为真正的进步，使得这种消除可以持续下去，并且不会在社会的生产方式中引起停滞甚至倒退。但是生产力只有在资产阶级手中才达到了这样的发展程度。可见，就是从这一方面说来，资产阶级正如无产阶级本身一样，也是社会主义革命的一个必要的先决条件。因此，谁竟然断言在一个没有无产阶级然而也没有资产阶级的国家里更容易进行这种革命，那就只能证明，他还需要学一学关于社会主义的初步知识。”[2]

米哈伊尔·亚历山大罗维奇·巴枯宁（Михаил Александрович Бакунин，1814—1876年）是俄国著名的民粹派思想家，无政府主义的代表人物。巴枯宁1814年5月出生于特维尔省一个贵族家庭，1833年毕业于彼得堡炮兵学校，1836年开始研究哲学问题，1840年他在赫尔岑等人的帮助下侨居西欧，接触各种社会主义思想，尤其受到普鲁东主义和魏特林主义的思想影响。1848年革命期间，他支持波兰人民反对沙皇

[1]《马克思恩格斯选集》，第三卷，北京，人民出版社，1995年，第269页。
[2]《马克思恩格斯选集》，第三卷，北京，人民出版社，1995年，第272—273页。

统治的斗争，鼓吹泛斯拉夫主义，主张建立斯拉夫联邦。因为参加布拉格人民起义和德累斯顿起义，他被逮捕并于 1851 年被引渡给沙皇政府。在彼得保罗要塞的监狱中，他给沙皇尼古拉一世写了长篇《忏悔录》，1857 年被判终身流放西伯利亚。1861 年 6 月他从流放地外逃，从日本、美国到达英国和西欧，开始更积极地参与反沙皇专制的斗争。在 19 世纪 60 年代他与俄国境内的民粹派取得联系，其思想在民粹派中产生很大影响。巴枯宁反对其他形式的政治斗争，主张通过暴力行动立即消灭国家，建立自下而上的自由公社联邦，公社的个人和团体都享有绝对的自由。巴枯宁反对私有制，主张消灭国家、废除继承权进而废除私有制，将生产资料交给各个工农生产组织支配。巴枯宁将人性的完善作为人类进化和社会发展的目标，认为当人获得绝对自由时人性才能获得完美的实现。1864 年 11 月，巴枯宁在伦敦见到了马克思，1968 年加入了第一国际，1871 年因搞分裂活动被开除出第一国际。1873 年他出版了《国家制度和无政府状态》一书，集中阐述了他的无政府主义思想。1876 年 7 月他在伯尔尼病逝。

1873 年，在拉甫罗夫、巴枯宁等民粹派领袖的号召下，民粹派发起了“到民间去”运动，数以千计的大学生和知识分子深入农村，号召农民起来反抗沙皇专制统治，形成了很大的声势。但是农民并不理解民粹派的主张，他们以迷茫的眼神和麻木的态度对待那些前来启发他们“共产主义本能”的民粹派青年，更有甚者竟向沙皇政府的保安机构告发。沙皇政府于是在 1874 年底加强了对民粹派的镇压，使民粹派遭受沉重打击。因此，到 1875 年，“到民间去”运动基本上销声匿迹了。运动的失败使一部分民粹派分子认为，目前俄国农民还是落后和保守的，他们需要先进分子以革命行动进行启发和震动，这正是俄国知识分子的责任。在此之后，民粹派的活动开始更具有组织性。1876 年，遍布各地的民粹派小组在彼得堡组织成立了“土地与自由社”，其斗争纲领主要包括争取将全部土地平分给农民，争取村社完全的自主权等。因为斗争策略上的分歧，“土地与自由社”很快分裂，在 1879 年分裂为“土地平分社”和“民意党”两个组织，其中“土地平分社”坚持原来的纲领，“民意党”人则将对反动首领进行恐怖暗杀看作最重要的策略。1881 年，民意党人成功策划暗杀了沙皇亚历山大二世，结果招致沙皇政府新一轮的残酷镇压，使民粹派运动陷入低谷。此后，逐渐兴起了马克思主义的社会主义和资产阶级自由主义，打破了民粹主义在俄国非官方的政治思想界绝对优势的影响和地位。不过，民粹派延续了他们对广大农民阶级的影响，许多民粹派分子继续留在农村为农民工作，有的则进入地方自治局成为农民的代表，留在城市的民粹派分子有的坚持宣传工作，有的固守恐怖暗杀策略。从 19 世纪 80 年代末开始，随着俄国资本主义的发展，民粹派逐渐承认了资本主义在俄国发展的事实，进而出现了从革命民粹主义向自由民粹主义的转变，一些民粹派思想家吸收了自由主义的思想成分，逐渐拉近了与资产阶级自由主义的距离。进入 19 世纪 90 年代，俄国出现了许多新的民粹派组织，其中一些组织以“社会革命党”自称，如“民权派社会革命党”、“社会革命党北方联盟”、“南方社会革命党”等。1901 年底，“社会革命党北方联盟”等几个组织的代表在柏林聚会商议，达成建立统一的社会革命党的协议。人们一般认为社会革命党由此形成。1902 年 1 月，《革命俄罗斯》报第 3 期上通告了社会革命党成立的消息。不过，在此之后，组成社会革命党的诸多团体仍然各自行动，并没有实质的联合。维克多·切尔诺夫等人致力于党的联合并开始起草党的纲领，这一纲领正式发表在 1904 年 5 月的《革命俄国报》上。直至 1905 年 12 月底到 1906 年 1 月初，社会革命党召开第一次代表大会，通过了党的纲领，该党组建的任务才真正完成。当时在党内享有巨大威望的切尔诺夫是党纲的报告人，而且是大会通过的大部分决议的作者。本书摘译了社会革命党在这次会议上通过的这个纲领，虽然该党内部分裂严重，但在建立民主共和国、土地社会化等问题上各派的主张是一致的，在党纲中也充分地体现了出来。在这一纲领中，社会革命党承认了资本主义在俄国发展的必要性和现实性，同时指出资本主义剥削和压迫所造成的重大弊端。社会革命党的目标是消灭阶级，消灭生产资料私有制，将所有社会机构从剥削阶级的权力下解放出来，使它们成为有计划地组织社会劳动的机关。[1]

维克多·米哈伊洛夫斯基·切尔诺夫（Виктор Михайлович Чернов，1873—1952 年）是俄国社会革命党的重要领导人和理论家，他 1873 年 11 月出生在萨马拉省，中学期间就因参加民粹主义运动被学校开除，1892 年进入莫斯科大学法律系学习，站在民粹派立场同马克思主义论战。1901 年底他加入社会革命党，逐渐成为党内的活跃人物，尤其是在 1905 年底俄国社会革命党第一次代表大会上充分体现了他在党内的重要地位，他所起草的文件长期作为社会革命党的指导思想。1917 年二月革命后他曾担任临时政府的农业部部长，十月革命胜利后持反对革命的立场，流亡国外一直到 1952 年 4 月在美国去世。

但是，统一的社会革命党成立之时，也正是该党内部分裂的开始。主要围绕党纲问题，在社会革命党内部出现巨大分歧，明显存在着左、中、右三派，其中左派以 М.И. 萨

[1] 摘译的纲领来自网络版：http://www.mysteriouscountry.ru/wiki/index.php/Программа_партии_социалистов-революционеров。

科洛夫和 E. 乌斯季诺夫为首，该派又称“最高纲领派”。他们摒弃一切合法斗争形式，将恐怖行动视为唯一的准则。1906 年 10 月，该派组建了“社会革命党最高纲领主义者同盟”。右翼以 B.A. 米亚科京等人为代表，他们又被称为自由民粹派。这部分人反对社会革命党的秘密活动、恐怖手段、暂时革命专政等原则，1906 年 9 月另建了“人民社会主义党”。以切尔诺夫等人为首的中间派别是社会革命党的主流，他们不仅在社会革命党的纲领制定中起了关键作用，而且是党的一大之后最主要的一个派别。

从 1905 年革命到 1917 年的二月革命和十月革命，社会革命党都起到了十分重要的作用，该党在俄国社会中的影响也持续增强，在 1917 年二月革命前后曾经是俄国第一大党。在十月革命中，左派社会革命党与布尔什维克并肩作战，赢得了十月社会主义革命的胜利。但是，随着革命的胜利，左派社会革命党与布尔什维克的分歧也越来越严重，直至最后被取缔。

本书还摘译了民粹派兴起时期一个典型的政治恐怖主义者涅恰耶夫（Сергей Геннадиевич Нечаев，1847—1882 年）的代表作《革命者教义问答》[1]。涅恰耶夫 1847 年 10 月生于俄罗斯符拉基米尔斯克省一个经营旅店的小市民家庭，他自学了中学课程，1867 年到彼得堡大学医学院做旁听生，开始参加大学生的政治活动。1869 年因参加大学生运动被沙皇政府追捕，逃亡西欧，在日内瓦与巴枯宁交往甚密，他的思想也深受巴枯宁、特卡乔夫思想的影响，同时他的思想也感染着巴枯宁、特卡乔夫等人。他的《革命者教义问答》就是产生于 1869 年。同时，他还与巴枯宁一起出版了《革命问题方法》、《革命原则》等文章。1869 年 8 月，涅恰耶夫曾潜回俄国，在莫斯科组织大学生参加的“人民审判团”，但很快又因枪杀不接受其领导的大学生伊万诺夫事件逃亡西欧，曾在伦敦创办了《村社》杂志，大肆宣扬他的“兵营社会主义”思想。1872 年他在瑞士被捕，被引渡给沙皇政府关押。1882 年 12 月他病死狱中。

人们一般不把涅恰耶夫划归于民粹派，但他确与民粹派有着千丝万缕的联系，他的思想也对民粹派有重大影响。《革命者教义问答》是涅恰耶夫革命恐怖主义思想的最重要著作，共分为 4 个部分，分别回答了对革命者自身的要求、革命者与革命同志的关系、革命者与社会的关系以及革命组织与人民大众的关系等问题。涅恰耶夫认为，为了摧毁旧世界，革命者应该随时准备牺牲自己；建立严密的革命家组织，通过成功的密谋暴动夺取政权，使革命获得成功。他的思想属于极端的革命恐怖主义，对此后的俄国革命运动有极其重要的影响。“涅恰耶夫主义也反映了俄国下层社会政治发展

[1] 该文来自网络版：http://www.hist.msu.ru/ER/Etext/nechaev.htm。

的现实，反映了民粹主义和无政府主义已近穷途的实际情况。”[1]

就是在民粹派的队伍中，分裂出了马克思主义的社会主义者，它的代表人物就是普列汉诺夫。普列汉诺夫的大量著作被翻译成中文，在中国已广为人知，在此不多赘述。在此需要提到的是列宁，他是读着普列汉诺夫的书走上马克思主义革命家道路的。

随着19世纪末俄国工业革命的高涨，俄国资本主义经济获得迅速发展，民粹派主张的俄国不通过资本主义的发展而直接跨入社会主义的思想在现实中逐渐落空。此时俄国的工业无产阶级和工业资产阶级都迅速壮大起来，代表着两个阶级的政治力量也日趋成熟。19世纪90年代，俄国马克思主义思想家和自由主义思想家共同驳斥民粹派的观点，使民粹主义遭受沉重打击。在与民粹派的论战中，自由主义思想家斯图卢威（Петр Бернгардович Струве，1870—1944年）特别引人瞩目，他1895年毕业于彼得堡大学法律系，在1897年即发表《俄国资本主义发展述评》一书，与列宁在同一年发表的《俄国资本主义的发展》相映成辉，他在书中批评民粹主义，深刻阐述了资本主义在俄国发展的必要性和必然性。1896年，他出席了第二国际世界社会主义者在伦敦召开的代表大会。1898年他成为新成立的俄国社会民主工党成员。然而，在经历了短暂的与革命马克思主义者的合作之后，斯图卢威迅即转向资产阶级自由主义，1902年任《解放》杂志编辑，成为自由主义的重要喉舌。1905年他成为资产阶级立宪民主党的领袖。十月革命后他反对新生的苏维埃政权，流亡国外，最终病逝于巴黎。国内对斯图卢威的作品已经有很多翻译和介绍，本书只选择没有见诸国内的两篇著作进行翻译和介绍[2]，其中《什么是真正的民族主义》从哲学和历史的高度对民族主义进行了阐释，同时为自由主义做了充分的辩护，认为自由主义是民族主义的唯一形式，真正的民族主义就是对人的绝对尊重。

除了斯图卢威的自由主义思想外，本书还选择了曾担任大臣会议主席的斯托雷平（Пётр Аркадевич Столыпин，1862—1911年）的多篇讲话。斯托雷平于1906年担任大臣会议主席。1907年他策动“六三政变”镇压了革命。从思想源流上说，斯托雷平属于官方自由主义的范畴，他在担任大臣会议主席期间，大力推行解散村社的措施，试图以此让农民脱离村社，提供更多自由土地和自由劳动力，从而为俄国资本主义的发展创造新的条件。面对1905年革命后的社会动荡，斯托雷平坦言：“他们需要大动荡，我们需要伟大的俄罗斯！”1911年，斯托雷平被社会革命党人暗杀。本书摘译了

[1] 张建华：《俄国近代政治恐怖主义的源流》，载《史学月刊》2007（1）。

[2] 摘译文章来自 П. Б. Струве *Избранные сочинения*. М.: РОССПЭН, 1999。

斯托雷平 1907—1910 年在国家杜马和国务会议上的几段讲话，集中体现了斯托雷平的自由主义思想。[1] 虽然受命于沙皇专制君主，斯托雷平却能够以法治精神治理国家。在这些讲话中，斯托雷平表达了与资产阶级自由主义一脉相承的法治原则，“个别的法案按一般的立法程序来看是新的已经成熟的要求的自然反映，在国家管理的总系统中能够找到自己的现成位置。在这种情况下，经过了自然成熟的各个阶段的法律，就是为社会的自我意识所接受的，它的各个细节都为人民所理解，审议、通过或不通过它都不是复杂的事，政府的辩护任务非常简单。”使俄国成为法治国家是斯托雷平的执政理念。斯托雷平认为应尊重俄罗斯的历史传统，他特别强调东正教在俄国历史和现实中的重要地位和作用，在确立宗教信仰自由的原则时，承认东正教在俄国社会中的独特地位。

此外，本书还摘译了 20 世纪初另一位自由主义代表人物米留科夫（Павел Николаевич Милюков，1859—1943 年）的两篇讲话。[2] 米留科夫出身贵族，有条件接受良好的初等教育，又于 1877 年进入莫斯科大学历史哲学系学习。1886 年他成为莫斯科大学编外副教授，同时开始参与政治社会活动。1895 年他因思想不可靠被开除大学教授职位后，考察了英、法、德、意等西方国家，倾心于英国的君主立宪政体，提出俄国“新自由主义”的目标是由君主专制政体过渡到君主立宪政体，建立法治国家和公民社会。1902 年他便开始参与斯图卢威主编的自由主义杂志《解放》的写作和出版工作。1905 年 10 月立宪民主党成立后他当选为中央委员会主席。国家杜马时期，米留科夫力主立宪民主党参加国家杜马，他则担任了第三、四届国家杜马代表，始终坚持立宪民主的政治目标。本书摘译的 1909 年 11 月在立宪民主党代表会议上的报告客观分析了俄罗斯当时的政治形势和各种政治力量，指出了立宪民主党的斗争策略。1916 年他在国家杜马中的讲话则是俄国战争失败所导致的混乱局势在政治领域中的客观反映。1917 年二月革命后，米留科夫担任临时政府第一任外交部长，坚决反对布尔什维克的革命策略。十月革命后他流亡国家外，反对苏维埃政权。1943 年 3 月他在法国病逝。

三

本书着重选择了 19 世纪末 20 世纪初俄国思想领域中的保守主义思潮的代表著作

[1] 摘译内容来源于网络版：http://www.doc20vek.ru/node/1408。

[2] 摘译自《立宪民主党代表大会、代表会议（1908—1914）》（三卷本文献汇编）（莫斯科 РОССПЭН 出版社，2000 年）第二卷，第 236—243 页。

进行译介。之所以重点选择保守主义思潮的著作是基于以下几点考虑：其一，无论是自由主义还是革命激进主义的著作，已经大量地出现在中文文献中，为国人所熟知，所以，在这里就不再重点选择这种类型的著作进行译介；其二，保守主义对俄国近现代政治发展影响之大，是其他思想流派所无法比拟的。在沙皇专制制度下，保守主义属于为专制制度辩护的思想流派，自然也就受到专制制度的庇护，二者相辅相成，力量强大。从十二月党人武装起义开始，俄国的专制制度开始受到质疑，但是，在整个19世纪，专制制度从来也没有遭受到重大冲击；哪怕是进入20世纪之后，1905年革命也并没有否定沙皇专制制度，沙皇政府只是颁布了一纸准备召开国家杜马的宣言，就轻而易举地扑灭了革命的火焰，沙皇的权力没有受到多大损害。一直到第一次世界大战前，专制沙皇仍然牢牢地把握着国家政权。正因如此，整个19世纪一直延续到“一战”前，作为专制权力保卫者和辩护者的保守主义也一直占有优势。对于这样一支占有优势的思想流派，如果我们缺乏了解和认识的话，那么对这一时期俄国的思想全貌的理解，就肯定是残缺不全的；其三，保守主义并非是完全固守传统，它往往也是主张变革的，只不过其主张变革的程度较低罢了。19世纪末20世纪初也是俄国的大变革时代，在这样的时代几乎没有什么人会固守残缺。同样作为思想精英的保守主义者，自然也并非对周围快速变化的世界无动于衷，他们也会适时地提出自己的变革主张，来迎合时代变革造成的挑战。本书重点选择的两位保守主义的思想家莫不是这样的代表人物。读者在阅读他们的著作时定会体会出变革的滋味；其四，历史是不可割断的，保守主义的思想主张哪怕是在革命后的苏联时期也有重大影响，在今天的俄罗斯也处处可以见到它的影子。一般认为，轰轰烈烈的革命运动总是导致翻天覆地的变化，更何况是开辟了人类历史新纪元的十月革命，革命后建立起来的苏联社会主义迥异于革命前的沙皇俄国。但是，社会是一个复杂的有机体，它具有发展的连续性特征，即便是摧枯拉朽式的革命，也不能像快刀断绳一样将社会断成截然分开的前后两段，所以，十月革命后的俄国仍然存在着许多沙皇俄国时期的政治的、社会的因素，从思想上说，帝俄时期保守主义的不少思想要素在苏联时期改头换面地表现出来。所以说，对帝俄时期保守主义思想的全面和深刻的理解，也有助于加深对苏维埃国家的认识。

本书摘译的第一部保守主义的思想家的作品出自列夫·吉霍米洛夫。令人惊奇的是，前面提到普列汉诺夫、列宁等革命的马克思主义深受民粹派思想的影响甚至是从民粹派转变而来，而像吉霍米洛夫这样的保守主义者也是从民粹派转变而来。

吉霍米洛夫（Лев Александрович Тихомиров，1852—1923年）1852年1月19日

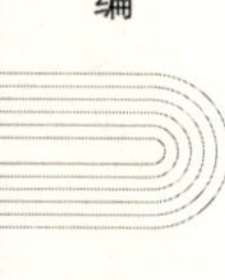

出生在高加索的一个军医家庭。1864 年进入亚历山德罗夫斯克中学，他在那里接受了革命思想，这时他最喜欢的功课是俄罗斯文学，最喜欢的作家是皮萨列夫（Писалев）。他以优异的成绩中学毕业，1870 年进入莫斯科大学法律系学习，1971 年转入医学系。1871 年秋，吉霍米洛夫参加了著名的革命青年组织"柴科夫派"，在工人中进行革命宣传活动。1873 年夏天吉霍米洛夫迁居彼得堡，在那里继续从事革命活动。1873 年 11 月他被沙皇政府逮捕，囚禁在彼得保罗要塞达 4 年多时间。1877 年他被列入著名的民粹派宣传分子"193 号案件"。1878 年 1 月，吉霍米洛夫获释，但仍处在监视下，被遣往家乡新罗西斯克。从 1878 年 10 月到 1881 年 4 月他用化名秘密居住在圣彼得堡，从事革命活动，成为民粹派"土地与自由社"中心成员，是革命民粹主义者中重要的领导人。在"土地与自由社"、"黑土平分社"与"民意党"公开分裂后，吉霍米洛夫加入了"民意党"，成为民意党执行委员会成员，在民意党党纲的形成中起了重要作用，并主持编辑《人民意志报》。1881 年民意党人刺杀亚历山大二世，吉霍米洛夫没有直接参与此事，但此后他以民意党执行委员会的名义起草《民意党执委会致亚历山大三世书》。1882 年，为了逃避抓捕，他流亡国外，先到了瑞士，此后在法国居住。在巴黎，他与民粹派"宣传派"领袖拉甫罗夫（П.Л.Лавров）一起编辑《民意通报》。

从加入"民意党"开始，吉霍米洛夫就是民意党的重要理论家。与民意党其他理论家一样，他认为俄国的问题只有通过革命的道路才能解决，但与众不同的是，他认为马克思没有研究俄国，因此不懂得俄国的历史特性，所以俄国的革命者绝不能照搬马克思主义的革命理论，不能到马克思那里寻求俄国革命的纲领；马克思在欧洲（主要是西欧）是伟大的理论家和政治领袖，而在俄国他没有这种作用。吉霍米洛夫主张以革命的暴力推翻君主专制统治，以"社会主义"的"人民专制"取代沙皇专制主义；俄国社会主义者不能等待资本主义关系成熟后才进行社会主义革命，只要土地和政权过渡到人民手中，社会主义可以不经过资本主义的发展在俄国确立。但是，在西欧居住期间，通过观察西方国家议会的争论，他熟悉了党派政治，开始重新审视自己的政治观点。他尤其厌倦了"民意党"的恐怖主义的纲领和路线，认为恐怖主义的危害极大，它会使蔑视社会、人民、国家的情绪滋长，并助长与任何社会制度都不相融的专横心理；同时它会使党失去创造力，不利于党发展为普遍的群众运动。在比较了党派争吵下孱弱的法兰西和亚历山大三世强有力统治下的稳定的俄罗斯帝国之后，吉霍米洛夫开始倾向于后者。与此同时，他也将俄罗斯东正教和俄罗斯沙皇政治联系起来，认为二者都是俄罗斯帝国稳定的基础。1888 年，吉霍米洛夫做出了惊人之举，他在巴黎发表《我为何不再当革命家？》(Почему я перестал быть революционером)[1]，公开宣告自己的思想转变：思想和生活是不断变化的，我的思想也发生了转变；各个民族的发展要建立在一定的原则基础上，这种原则就是该民族生长过程中所依赖的那些原则。俄罗斯民族也不例外，君主制是历史形成的，俄国革命者应该正视俄罗斯历史原则和现实，承认君主制对俄罗斯国家的重要性。吉霍米洛夫的所作所为在革命队伍中引起了轩然大波，他受到来自多方的质疑和压力。本书摘译了他的这篇文章，让读者看一看吉霍米洛夫是怎样为自己辩护的。

1888 年 12 月 9 日，吉霍米洛夫致书沙皇亚历山大三世请求宽恕，他反思了自己的思想历程，否定了人民专制的可行性，并对君主制最高权威表示了忠心。吉霍米洛夫得到了亚历山大三世的宽恕，允许他返回俄国，但需要在 5 年内处于监视之下。1890 年 6 月，内务大臣杜尔诺沃向亚历山大三世建议减轻对吉霍米洛夫的惩罚，沙皇政府给予吉霍米洛夫完全的自由，允许他在帝国各地自由居住。1890 年他来到莫斯科，开始为《莫斯科观察》(Русское обозрение)和《莫斯科通报》(Московские ведомости)撰稿，从当年 9 月起担任《莫斯科通报》的撰稿人。1895 年，他被选为宗教教育爱好者协会会员；1896 年，他成为纪念亚历山大三世皇帝俄罗斯历史教育协会成员。

回到莫斯科后，吉霍米洛夫发表了一系列作品，包括《开始与结束：自由主义者和恐怖主义者》(1890 年)、《当代社会幻景》(1891 年)、《斗争的世纪》(1895 年)、《时间的征兆·理想的载体》(1895 年)、《作为国家组织原则的个人权利》(1897 年)等。进入 20 世纪后，吉霍米洛夫还发表了《工人问题：实际的解决方法》(1909 年)等一系列关于工人问题的著作。他认为，工人问题的延迟解决导致了两种错误的趋向，那就是无政府主义和社会民主主义，这种思想被革命知识分子从外面灌输到工人中间。所以，解决工人问题是政府和社会面临的非常紧迫的任务。俄国工人不是无产阶级，而是国家公民，是社会组织的成员，它应该思考整个社会的利益。

吉霍米洛夫的一系列著作确立了他作为保守派思想家的地位，使他成为维护君主制的赫赫有名的人物，成为保守派的旗帜。尤其是他关于工人问题的言论显示了他的保守观点，进而使他受到政府的赏识。1905 年，应斯托雷平的邀请，他来到彼得堡担任斯托雷平的顾问。他起草了《关于通缉工人职业联合会的咨询申请书的报告》，他认为工人组织是自然现象，对此不必害怕，可以利用它来为国家和君主制政府服务。

[1] 摘译自网络版：http://narovol.narod.ru/art/lit/t1.htm。

1907 年他担任出版事务管理委员会委员职务，负责向担任总理大臣的斯托雷平提供工人运动方面的咨询意见，特别是在劳动立法方面向总理大臣提供咨询。他主张政府应担任工人和雇主之间冲突的调解人，应加快建立在疾病、意外伤害以及养老等领域的国家保险立法。他的建议在 1913 年关于工人的疾病及意外伤害保险立法中部分得到实现。

1905 年前后，俄国政治面临着巨大转折，沙皇专制制度受到来自多方面的冲击。有鉴于此，从 1903 年开始，吉霍米洛夫专心致力于研究君主制问题，并于 1904 年底形成了他的重要代表性著作《君主制国家体制》。[1] 以后，面对俄国向议会君主制的转变，吉霍米洛夫开始研究杜马君主制问题。他认为，代议制只能在公民组织的社会中应用，公民组织不是反对国家的因素。

1909 年吉霍米洛夫返回莫斯科。作为奖赏，斯托雷平让他负责出版《莫斯科通报》，他担任该报主编一直到 1913 年。1911 年 9 月，总理大臣斯托雷平遇刺身亡。这件事对吉霍米洛夫来说是一个十分沉重的打击，使他对当时俄国高层政治中的尔虞我诈十分失望。他在自己的文章中暗示，这一事件的根源是彼得堡上流社会对斯托雷平的憎恨。1913 年，他辞去《俄罗斯通报》主编职务，脱离了政治评论活动。

1917 年俄国政局动荡，二月革命结束了俄罗斯的君主专制制度。面对自己殚精竭虑为之服务的君主制度的覆灭，已经是垂暮之年的吉霍米洛夫也无可奈何，这时他已经移居到莫斯科附近的"谢尔基城郊"，直到 1923 年 10 月去世。

19 世纪是俄国各种思想异常活跃的世纪。世纪之初即有贵族革命家及其知识分子对农奴制和君主专制制度提出强烈质疑，接踵而至的是斯拉夫派和西方派之间的激烈争论，同时出现了革命民主主义知识分子的思想活跃期，在 50 年代前后还出现了资产阶级自由主义思潮。到六七十年代，民粹主义知识分子异军突起，形成十分重要的社会思潮，同时，俄国马克思主义也在酝酿之中，并于 80 年代形成潮流。在这一波一波的思想潮流之中，俄罗斯思想界群星璀璨，思想家们探讨的首要课题当然是俄罗斯向何处去的问题，其涉及问题之广泛、探讨问题之深入，在俄罗斯历史上从未有之。不过，正应了"不识庐山真面目，只缘身在此山中"的名言，在浩如烟海的思想卷宗之中，思想家们却忽视了一个重大问题，那就是对他们身在其中的君主制度，没有把它作为国家现象去考察和研究。只是到了 19 世纪的末尾，从民粹派思想家中走出来的吉霍米洛夫，才开始真正重视和研究这一重大问题。所以，吉霍米洛夫被誉为第一

[1] 摘译自网络版：http://www.russia-talk.com/mg/mg_0.htm。

个研究俄罗斯国家、它的本质及其行动条件理论的思想家，他第一次将俄罗斯君主制度作为一种国家现象进行认真研究。

吉霍米洛夫的思想不是孤立存在的，它是19世纪俄国思想剧烈变化的产物。他的思想与此前的俄罗斯思想有不可割断的联系，尤其是继承了斯拉夫派的许多思想因素。斯拉夫派珍视俄罗斯历史文化遗产，认为现代俄国必须建立在这种文化的基础之上，不能盲目吸收西方文化；如果对来自西方的各种因素进行生搬硬套，只能导致社会不适症，给俄罗斯国家和社会造成灾难性后果。在吉霍米洛夫的思想体系中，尤其可以看到斯拉夫派思想家的思想痕迹，而"斯拉夫派把专制制度看成是超阶层的、代表所有各阶层人民利益的一种现象"[1]，这正是《君主制国家体制》中的思想之一。此外，斯拉夫派将东正教、贵族制度和等级制度视为俄罗斯社会的基础，认为如果历史形成的社会基础遭到动摇，俄罗斯社会将不可避免地陷入灾难。这也成为吉霍米洛夫的重要思想因素。在继承许多斯拉夫派思想因素的同时，在吉霍米洛夫的著作中，还可以看到俄罗斯自由主义思想家的许多思想要素，尤其是自由主义思想家鲍利斯·齐切林的思想，在《君主制国家体制》中，吉霍米洛夫援引了大量的齐切林的文献，用以证明自己的观点。

当然，曾经作为民粹主义思想家的吉霍米洛夫，尽管后来告别了革命民粹主义，可他的思想深处到处都是民粹主义的影子，民粹主义的"村社集体主义"、"国家社会主义"、俄国独特发展道路论等思想是吉霍米洛夫思想体系中挥之不去的观念，他自己也承认，他转向君主主义实际上是当年投身民意党人革命时愿望的发展，并没有因此抛弃社会正义的理想。[2]

1897年，吉霍米洛夫发表了《独裁政权是国家建设的信念》，标志着他对君主制体制研究的展开。到1903年，他几乎把全部精力放在了君主制体制的研究上。1904年12月18日，在即将进入1905年这一动荡之年的时候，他终于完成了《君主国家体制》（Монархическая государственность），第二年，这部书就在革命的炮火声中出版了。

1908年，吉霍米洛夫又出版了他的《工人阶级和国家》，进一步阐释了他的国家本质观。他确信，社会性是人类的本能，而国家是社会组织的最高形式。社会组织是从家庭和氏族联合向等级制的进化，人类需求和利益的提高导致了最高力量——国家的产生，它是所有社会组织的联合，也是民族的自然联盟。政权和社会存在着密不可

[1] 白晓红：《俄国斯拉夫主义》，北京，商务印书馆，2006年，第157页。
[2] 金雁：《苏俄现代化与改革研究》，广州，广东教育出版社，1999年，第193页。

分的关系。政权作为社会关系的自然调节者产生于社会之中。对社会来说它和政权是附属关系，因为任何社会系统都充满了或强或弱的斗争，而政权成为社会中不可或缺的力量。

《君主制国家体制》全书共分为四部，第一部：君主制原则的起源和内容；第二部：罗马——拜占庭国家体制；第三部：俄罗斯国家体制；第四部：君主制政治。[1] 在此简要介绍一下选译的内容。首先是关于权力的理论。权力理论是每一个政治学家都十分关注的问题，关于权力产生的理论则是权力理论的首要问题。吉霍米洛夫考察了政权在社会中起源的必然性，尤其是从社会心理基础的角度论述了政权的产生，并由此指出了公共权力的目的。他认为，社会、国家和最高权力虽然共同存在于一个人类共同体之中，但三者是彼此独立的三个要素，是不能混同在一起的。社会是在国家以前很早就出现的，社会不断分化成越来越多的群体和阶层，这些阶层和群体的关系错综复杂，他们之间的斗争是不可避免的。社会中的一切个人、群体和阶层都有存在的权力，但他们又都不能单独存在，由此，为了规范个人、群体、阶层之间斗争的界限，就产生了国家。国家是权力的组织，超越于一切社会力量之上，并对各种社会力量加以规范，但是它不能替代更不能脱离社会，要符合社会发展的状况。国家是作为社会存在和个人自由保护者而存在的，如果没有国家的存在，社会各种力量之间的斗争就会因失去规范而失控，其结果将导致社会的毁灭。吉霍米洛夫还就此分析了社会进化问题，他认为社会生活的主要条件是个性独立，创造自由，这种创造是社会进化中的必要因素。社会生活中形成的社会组织越复杂，民族的创造力就越强大，因为每个人都能在不同群体和组织中找到最适宜的创造环境。国家的生活条件主要是责任，即维护社会的统一。国家和社会必须限定自己的责任，不能相互超越，一旦社会推翻了国家取而代之，社会就会陷入无政府状态和暴乱；而当国家取代了社会之时，就会出现专制主义，国家自身陷入瘫痪，最终必然覆亡。国家和社会既不相互排斥，也不互相替代，而是处在一个统一体中。而在国家的构成要素和组织结构中，最高政权占有极其重要的地位。最高政权并非孤立于社会与管理权力之外，它是与管理权分立的原则一致的，不过它是管理权中的最高权力。最高权力以符合最高权力原则的方式运行，它是国家和社会这一统一体的代表者和守护者，决定着国家行为的方向，而君主制政治也就是君主制最高权力达到国家政治的所有目标。由此，吉霍米洛夫进入了他的思想主题——君主

[1] 本书中《君主制国家体制》(Тихомиров Л. А. монархическая государственность）内容来自该书网络版，参见 http://www.russia-talk.com/mg/mg_0.htm。

制国家体制。

吉霍米洛夫认为，君主制无论在历史上还是在现代都扮演着非常重要的角色。在现代国家制度中，吉霍米洛夫否定了议会制度，认为这种制度到20世纪初已经对政治活动家失去了吸引力。同时，他承认社会主义具有越来越大的吸引力，但又认为社会主义制度不适合俄罗斯。吉霍米洛夫认为只有君主制才适合俄罗斯，他从多个方面论证了君主制对俄罗斯的适应性和必要性。

吉霍米洛夫认为君主制是整个国家的思想观念的体现。他认为，与宗教、道德等密切相连的民族精神是君主制的基础，因此君主制必须将捍卫民族精神作为首要任务和责任。在他看来，宗教因素是俄罗斯民族的心理基础，与宗教相连的民族道德体现在俄罗斯民族性格之中。

吉霍米洛夫同时强调，君主专制制度并不是一个人的独裁专制，也不是官僚寡头的意志体现。他特别否定了官僚制度，认为最高权力和人民之间的最紧密联系正是被官僚制度和官僚政府割断了。

总体而言，《君主制国家体制》为君主制进行辩护的基本立场违背了历史发展的基本趋势，这是吉霍米洛夫在对民粹派及其社会主义失望之后一个反动的价值取向。作为一个思想者和革命者，却落入君主制度卫道士的窠臼，实在是令人唏嘘！不过，在否定《君主制国家体制》思想主体的同时，我们还要对该书的内容进行客观分析。对于一个深受斯拉夫派影响的思想家来说，吉霍米洛夫对俄罗斯独特的历史文化因素给予了高度重视，包括宗教、道德、多民族、村社制度等，对这些因素的综合分析使吉霍米洛夫相信，俄罗斯民族不能走与西方一样的道路。从这一点上说，吉霍米洛夫显示了哲人的本色。在《君主制国家体制》中，他对国家、社会、官僚制等政治现象的分析可以说是入情入理，其一系列结论至今仍有重要的启示意义。同时，他所主张的君主制也已经不是我们通常所理解的为所欲为的专制君主，吉霍米洛夫给予作为最高权力的君主诸多的限定，使君主更具有现代社会的政治理性，更符合人们对他们的政治期望。然而，吉霍米洛夫大概也没有意识到，正是这许多使君主制近乎完美的限定，更使人们相信，任何君主制已经不能达到这些要求，也就是说君主制已经不符合现代社会的发展变化，它已经失去了在现代社会存在的合理性。

本书重点译介的另一位保守主义思想家是波别多诺斯采夫（Константин Петрович Победоносцев，1827—1907年）。波别多诺斯采夫出生于莫斯科，他的父亲是莫斯科大学的一位教授。1841年他在圣彼得堡学习法律，1846年大学法学院毕业并进入帝国参议院工作。1860 年他被选为帝国莫斯科大学民事权利系教授，1862—1865 年在该校任教。从 19 世纪 60 年代初期，他是帝国司法改革准备委员会的成员，1861 年 12 月向委员会提交了《关于民事诉讼法》的文件，对关于这项法案的多项建议进行了评估。1861 年起他受邀担任教师，教授了几位重要人物，其中包括未来的沙皇亚历山大三世和尼古拉二世。1868 年他任参议员，1872 年成为国务会议成员。从 1880 年起，波别多诺斯采夫成为帝国科学院成员，当年 4 月他被任命为宗教会议检察长和部长会议成员。当时，波别多诺斯采夫在俄国法律界有非常重大的影响。1881 年 4 月亚历山大三世颁布了《永恒的专制制度》的宣言，波别多诺斯采夫是宣言的起草人，他也是亚历山大三世时期政府中保守力量的领导人，在政府国民教育、民族问题甚至外交政策的制定方面，都起着决定性作用。在向自由主义让步的 1905 年，波别多诺斯采夫认为这种让步和改革有损于君主制国家，于是辞去职务。

年轻时代的波别多诺斯采夫曾经是自由主义的倡导者，但他很快就与自由主义思想决裂，后来则成为自由主义和社会主义坚定反对者。

1896 年出版的《莫斯科文集》[1] 集中地体现了波别多诺斯采夫的思想，本书摘译了其中的部分内容。“旧制度、旧传统、旧风俗”，这可以概括为波别多诺斯采夫的思想核心。他坚决反对社会生活民主化和议会制度，是贵族制度的坚定支持者。在他看来，西欧的议会民主、选举制等制度导致官僚的腐败和管理上的道德与智力倒退。他试图抵制自由主义思想的传播，认为教会和信仰是国家的基础，国家不能作为某些物质利益的代表，必须重视国家的精神力量。总之，在他看来，每个国家都有自己独特的历史传统，特别是俄国具有自己非常独特的历史特征，因此，国家所有事务的出发点都应从自己的历史传统出发，而绝对不能照搬外国的东西。他分析道：“从天性来讲，我们异常贪恋的首先是各种事情美丽的形式、组织和外部结构。因此，我们会渴望去模仿并将国外那些因外表严谨而震惊我们的机关和形式搬到自己国家来。但同时我们忘记了或太晚才想起，历史形成的任何形式，都是源于历史条件并在历史中发展起来的，是对过去必须作出的逻辑总结。谁也不能改变或回避自己的历史；历史本身及其由社会日常生活方式形成的所有现象、活动都是民族精神的产物，就像个人的历史其实也是他本人具有的精神产物一样。”

作为一位法律和宗教界人士，波别多诺斯采夫的宗教思想和法律思想尤其引人

[1] 摘译自网络版：http://www.wco.ru/biblio/books/pobedonoscev1/main.htm。

瞩目。首先，即便是宗教受到来自多方面冲击而日趋衰落的19世纪末，他仍然是俄罗斯东正教的辩护士。波别多诺斯采夫认为，无信仰的国家是不可能实现的乌托邦，而基督教是国家和公民日常生活中一切权利和一切真理文化的精神基础。他歌颂俄国人的宗教精神，“我们的人民在一切逆境和苦难中至今坚守着信仰，如果有什么是可以鼓励人民、在将来的历史中使其更加坚定并恢复活力的事物，那就是信仰，也只有宗教信仰。”他批评天主教和新教，认为只有俄罗斯东正教才是真正顺应了人性需求的宗教，甚至于东正教的教堂都更为华丽和人性化：当你走进东正教堂时，“会感觉里面的一切都是统一的，一切都为人民所理解、所支持。而到天主教堂去，会觉得里面的一切都显得比东正教堂空洞、冷漠和虚伪”。而且，东正教的教堂是真正平等的象征，在这里，无论贵族与贫民，富人与穷人，都有同样的地位。其次，波别多诺斯采夫的法律思想也具有更多的宗教意味，他认为法律制裁不在于因违法而受到的物质惩罚，而在于违犯戒律会立刻使违犯者良心不安。他讽刺现行法律体系的杂乱甚至是相互矛盾的条文，认为它只能使普通人既不可能懂得法律，也不可能请求捍卫自己的权利，更不可能驳斥攻击和责难。在这种情况下，人们只能注定落入操纵司法的诉讼代理人和机械的陪审员手中而任其摆布。这种情况大大弱化了法律的道德意义。

如果说吉霍米洛夫还是从时代发展的角度阐释当代问题的话，那么波别多诺斯采夫则是否定近代社会发展潮流的“反动”思潮的代表。按照我们的划分，吉霍米洛夫当属一般保守派，波别多诺斯采夫则属于顽固保守派。波别多诺斯采夫因不适应时代的发展而感受到一系列的“时代病”：所有人都不满意，对什么都愤怒；在信贷制度下暂时的、意外的利益；常见的自杀现象等。他意识到变革时代的到来，但所看到的只是因变革带来的灾难。因此，他对社会变化越来越失望，最后以辞职结束了自己的政治生涯。

1907年3月，波别多诺斯采夫在彼得堡病逝。在他的思想体系中，我们能够从另一个角度感受19世纪末20世纪初俄国的思想震荡。

四

本书着重选译的是俄国政治思想的两端——极端激进主义者和极端保守主义者的相关文献，这也实际体现了19世纪末20世纪初的大变革时代俄国的政治状况，即要么极端激进，要么极端保守，中间路线在现实政治中没有出路。俄国的马克思列宁主义著作在中国已多有译介，因此本书没有涉及，这当然不否定马克思列宁主义思想和政治流派在当时的重要地位和影响。

本书翻译的各种资料大多来自网络版。在翻译的过程中，我们本着让读者了解作品中心思想的原则，删减了原文中一些不影响中心内容的部分。如果读者需要了解所选作品的全部内容，则需要查阅作品的纸质版原文。

目　录

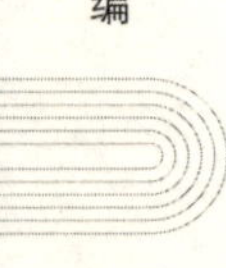

一、我们需要伟大的俄罗斯——斯托雷平讲话摘录

二、米留科夫的两篇讲话

三、斯图卢威的自由主义

第一编　自由主义

一、我们需要伟大的俄罗斯
——斯托雷平讲话摘录

（一）我们的祖国应当变成法制国家

（大臣会议主席彼·阿·斯托雷平1907年3月6日向国家杜马发表的政府咨文）

在与国家杜马开始共同工作之前，我认为有必要尽可能全面而清楚地向按君主的要求召开的立法会议介绍一下内阁决定提请立法会议高度关注的各种立法构想的总体情况。

但在阐述一些法案的本质之前，在尝试阐述政府的指导思想之前，我不能不让国家杜马注意政府将对其提交的法案所持的原则。我指的是这些法案的辩护本质及程序。

在有确定的政府组织的各个国家，个别的法案按一般的立法程序来看是新的已经成熟的要求的自然反映，在国家管理的总系统中能够找到自己的现成位置。在这种情况下，经过了自然成熟的各个阶段的法律，就是为社会的自我意识所接受的，它的各个细节都为人民所理解，审议、通过或不通过它都不是复杂的事，政府的辩护任务非常简单。当然，处于改革时期的国家也可能因此而出现骚动。

在这里不仅每一个法案，而且法案的每个个别的细节、每个特点都能对国家的幸福、未来法律的性质产生明显影响。在人民生活中出现了众多的新现象的情况下，必须用一种总的思想把政府的各个单独的意图结合在一起，阐明这一思想，使其成为整个建设工程的基础，并捍卫这一思想，因此它在其他法案中也有体现。而后就应当对与法案的思想相对立的思想进行评定，仔细判决在政府看来它是否与国家的利益相容，是否与国家的巩固和地位的提升相兼容，它是否可以被接受。在进一步制定法律时不能坚持某种理论，必须考虑各种需要，增添现实生活要求的各种变化，如果需要，就根据已经清楚的生活真相对法案加以修订。

所以政府在自己今后的各种活动中也将要施行的一个总的指导思想就成了现在内阁提交给杜马的所有政府法案的基础。这一思想就是建立物质准则，源自最近各项改革的新的法律关系应当成为物质准则的体现。我们的祖国按照君主的意志进行了改革，应当变成法制国家，因为在书面法律没有确定义务、没有保护单个的俄罗斯臣民的权利之前，这些权利和义务将取决于个别人的解释和意志，也就是说，不能牢固地确立起来。

法律准则应当建立在表述准确、清楚的法律基础之上，否则现实生活将不断地引起君主赞同的社会和国家的新原则与旧的法规、法律（它们与新原则相矛盾、或没有包括立法者的新要求）及私人和官员对新原则的任意解释之间的冲突。

这就是为什么政府把提交一系列的法案以示对国家杜马和国务会议的尊重作为自己的最主要责任，因为这些法案规定了新出现的俄罗斯国家生活中不可动摇的准则。

但是，在谈拟定的法案之前，我要说一说那些由于非常重要和急迫而按《基本法》第 87 条推行的、也应受国家杜马和国务会议审议的法律。对那些保障居民阶层平等和信仰自由的法律就不详谈了，它们实施的紧迫性也不需要解释了，我认为有义务详细谈谈那些按非常程序推行的构建农民生活方式的法律。

在这方面采取最有力措施的迫切性是非常明显的，不能受到质疑。不能拖延执行沙皇多次表达的意愿，不能延迟满足因土地无序而无力的农民坚持不懈地反复提出的要求，政府有责任毫不拖延地采取能防止俄国居民人数最多的部分处于完全混乱状态的措施。而且，不允许出现农民暴力和骚动企图的政府在道义上也有向农民指出解决他们的需要的合法出路的责任。

出于这些考虑，颁布了赋予农民国有土地的各项法律，而皇帝下令把皇室、阁部的土地按保证农民福利的原则转用于这一目的。为了保证自由地购买私人土地及改善份地，改变农民银行的章程，使法律上已经有了的、但仍旧是一纸空文的内容协调一致，允许在国家信贷机构中抵押份地，而且采取各种措施使农民保有自己的土地。最后，为了使农民退出村社成为可能，颁布法律，简化土地转为农户所有和独家农庄所有的程序，而且，废除这个问题上的任何强制措施，废除仅靠暴力将农民固定于村社的方式，废除与人的自由和人类的劳动概念不相符的人身奴役。

所有这些法律都被提交国家杜马和国务会议审议。但是，除了已经临时生效的刻不容缓的法律外，政府还拟定了一系列内政管理领域的法案，这些法案也提交给了国家杜马本届例会。

首先，政府认为自己的职责就是为《十月十七日宣言》宣布的那些法制原则制定还没有法定的立法准则。

其实言论、集会、出版、结社自由都是由临时规则规定的，信仰自由、人身和住宅神圣不可侵犯、通信的秘密都还没有为我们的立法所规范化。因此，为了完成实现宗教宽容原则的任务，政府认为自己的责任首先是对本国的各种现行法律进行修订，弄清楚为了与1905年4月17日及10月17日诏令[1]相一致，现行法律应进行的各种修改。

但在此之前，政府应着重研究自己与东正教会的关系并坚定地认为，俄罗斯国家与基督教会多个世纪的联系，要求它把东正教会作为统治教会享有特别的尊重及来自国家方面的特殊保护，作为有关宗教信仰自由的各种法律的基础。当局保护东正教会的权利和特权，同时也有责任维护其内部管理及体制的完全自由，迁就它的与国家总的法律相一致的各种创举。在新的条例的范围内，国家也不能脱离历史的传统，因为历史提醒我们在各个时代及各项事业中，俄罗斯人民都受到东正教名望的鼓舞，故土的荣誉和强大也是与东正教分不开的。与此同时，东正教会的权利和特权不能、也不应当侵犯其他宗教和教义。所以，为了实施圣上赐予的关于巩固宗教宽容和宗教信仰自由原则的法令，内阁向国家杜马和国务会议提交了一系列法案，对从一种宗教改信另一种宗教、自由朝圣、建祷告堂、组建宗教协会、废除仅仅与宗教信仰相关的各种限制作出了规定。

国家杜马转入了人身神圣不可侵犯这个话题，它在内阁的方案中将找到所有的法制国家都已经习惯了的对人身不可侵犯的保障，而且，人身拘留、搜查、拆启信函都要有相关的机构的决议，相关的机关也要负责对24小时内按警察局的命令而进行的逮捕的法律依据进行审查。

只有在战时或发生人民骚动而实行非常状态时，才允许脱离这些原则。非常状态要求一种状态取代现存的三种状态，而且要求完全取消向一些地方的行政流放。

除了这些规定了俄罗斯国家臣民义务和权利的总体性法案之外，政府还制定了一系列按新的原则改变地方生活的法案。因为地方生活牵涉地方和城市自治方面、管理（行政）方面及警察措施，而内阁的方案涉及的正是我国法案的这些方面。无论是在

[1] 指的是1905年4月17日颁布的《关于加强宗教宽容的诏令》。该诏令允许从东正教改信其他基督及非基督信仰（只有在申请改信非基督信仰的人或他们的父母属于这一信仰的情况下才允许改信非基督信仰）。在官方的公文中，取代以前的“分裂派教徒”这个术语而使用“旧礼仪派教徒”这个名称。旧礼仪派神职人员享有的权利和特权，俄罗斯其他宗教的神职人员也享有。1905年10月17日的《完善国家制度宣言》（旧译《整顿国家秩序宣言》）中指出，“依据确保人身不受侵犯、信仰自由、言论自由、集会自由、结社自由诸原则，恩赐平民以公民自由之坚实基础”，以及宣布召开具有立法权的国家杜马。

省里还是县里，行政机关、警察机关及地方自治机关的活动是按三条平行的轨道展开的，而越接近居民，生活就越简单，也就越需要把目光放在基层，因为在那里居民才能够得到对自己最简单需要的满足。根据内阁的方案，无等级的自治乡作为小的地方单位应当成为这样的机关。它的警察职责应局限于地方公共警察最简单的职责，而行政职责则应归结为与兵役有关的事务、管理各户的名单、征税等。乡内的所有土地、财产和人员都应当由乡管辖。乡将成为个人与之打交道的最小的行政社会单位，但此时全体共同拥有土地的人，也就是说，主要是份地所有者，仅仅为处理自己的土地事务而组成保留了某些特权的特殊的土地村社，而保留的特权则为了实现份地的不可转让性及顺应他们所继承的当地的风俗。因此，土地村社将不会有任何行政职责，它们的建立就是为了共同管辖原来的份地，而且还要采取措施反对这些土地过分集中在一个人手中，反对这些土地过分分散，以及巩固在份地上订立的各种契约。为了满足农村共同生活的最简单需求，要在大村镇以及非农人员居住的村镇实行特殊村镇管理，上述非农人员参与管理，参与课税。

上面所说的各种组织在提交国家杜马和国务会议的土地村社、村镇和乡行政管理方案中都得到了反映。

在小的乡级地方单位之上的管理部门就复杂了，与此相适应的是，内阁要进行地方和城市自治制度的改革，进行省、县和区的管理改革及警察机构的改革。

在自治方面，内阁提到了三个在它看来最重要的基本问题：地方和城市的代表机构问题、代表机构的权限及行政机关对自治机构的态度问题。同时，内阁开始了重编各种准确规定地方自治局和行政机关义务的章程这一既重要又必要的工作。现在，内阁向国家杜马提交了社会救济章程、地方畜力道路章程及把粮食事务转归地方自治局机构管辖的临时法令，正在编制医疗和建筑条例。

重新回到自治领域提出的一些基本问题，我要指出，提交杜马的有关地方代表机关的方案把地方代表机关建立在纳税资格的原则上，通过这种方式扩大参与地方生活的人的范围，但同时也保证了文化水平高的土地所有者阶级的参与，地方自治机关因一些新的职责转归它而权限扩大，行政机关与它的关系就是对其行为合法性的监督。建立在共同原则基础上、因地方特点而略有变化的自治，打算在波罗的海边疆区、西部边疆区及波兰王国推行，把有着自己特殊利益的纯俄罗斯居民自古就集中的那些地区划为特殊的行政单位。

至于行政机关，各部正向杜马提交关于省的行政管理、县的行政管理及有关地段督察的法案。

在省和县的管理机关，把各种民事机关、现今仍存在的各种人数众多的独立办事机关尽可能合并到一起的原则得到了实现，主要是实现了行政审判。这样，根据法案，对行政及选举出的官员和机关的决议的所有抱怨都会由行政—司法联席委员会按辩论诉讼程序的形式进行审议。县的行政长官主持县的事务，他也将要把县的民事机关统一在一起。在县境内，地段督察是行政领导人的代理人。废除地方行政长官。准备从统一宪兵警察与普通警察的角度来改革警察机关，而且将撤销宪兵官员的从事政治调查的职责转归侦讯机关。提请国家杜马关注的警察章程将是警察方面的新东西，该章程要取代关于预防和制止犯罪的过时的章程，精确地确立警察机关的活动范围。

与地方管理改革密切相关的是法院的改革。随着地方长官机构和乡法院的废除，必须建立开放、廉价、快速、与居民接近的地方法院。司法部出于这些考虑向国家杜马提交了改革地方法院，把地方司法事务方面的审判权集中在居民从自己的人中选出的调停员手中的法案，现在属于普通司法机关司法管辖范围内的事务的大部分将归入调停员的权限范围内，与普通司法机关的联系将靠为他们设立的作为区法院的县级分院的上诉机关及以参政院为代表的撤销机关来维持。

为了保证国内的法治及加强居民的法律神圣不可侵犯性的意识，司法部向国家杜马提交了关于公职人员的民事及刑事责任的法案，规定公职人员的民事及刑事责任就是要切实保证对公职人员的过失适用公职人员的刑事及财产责任的原则，同时也要保证他们放心地、满怀信心地履行职责，保护他们免遭证据明显不足的指控。所以要把这些行为都置于总的诉讼决议之下，消除在上述方面对总程序的各种不必要的偏离。可以不谈增加司法机关公职人员薪水及增加在职人员的法案，但不能不提请国家杜马注意刑法及诉讼领域的法案，这些法案确立了一整套措施，除了要维护亚历山大二世的司法章程的基本原则的不可动摇性外，也正在为切合实际的指示所证实，或符合最近在学科上取得了主导地位并为欧洲很多国家法律所接受的观点。比如，准备允许对预审进行辩护、在交付法庭的方式上实行辩论的原则、确立缓期判刑和缓期提前释放机制等。此外，我们还打算实施全新的刑法典，使其与最近颁布的各种法令一致。

我们还提交了一整套民法方面的法案、具有保护性的诉讼程序法案，除了众多意义不大法案外，世袭不动产章程及对其所颁布的一些补充法令旨在建立抵押贷款制度，为了使土地法律关系方面增加应有的公开性、透明度和稳定性。这一方面是与土地规划事务紧密相关的。而土地规划是另一个机关——土地规划和农业总局管辖的事情。

该机关面临着具有重大意义的任务。它的主要任务就是帮助农民经济复兴，因为农民在彻底摆脱在国内的孤立状态之前，因经济上不够强大、从事自己自古就从事的农业生产保证自己平安生存困难，已经走上了争取生存的斗争舞台。所以土地规划和农业总局的主要目标就是增加农民的土地面积，对农民的地产进行调整，也就是进行土地规划。

在第一类措施中，土地规划和农业总局赋予得到了恩赐的份地、至今仍不可能通过购买来保证自己土地的村社的土地特殊的意义。相关的法案将提交国家杜马。

土地规划和农业总局认为消除严重的少地状况的方式是以优惠的、符合购买物价值及购买者支付能力的方式向土地所有者出售土地。为了实现这个目标，根据 1906 年 8 月 12 日和 27 日法令，政府自己有 900 万俄亩及从 1905 年 11 月 3 日起通过农民银行购买的 200 多万俄亩土地。但是，要想取得成功，应当把增加农民土地的事务与改善土地使用形式结合在一起，为此必须实行鼓励措施，主要就是贷款。在这方面总局打算通过广泛地发展和组织土地、土壤改良及移民贷款活动。

至于土地规划，就这一问题提交的原则的目的是消除因某些村庄和农户的地块在份地内的位置而造成的不便，简化对耕地交错地段的重新划分，简化把独立地块划给农户的程序，简化划地界的方式，在承认这种耕地交错现象的害处的条件下对交错土地强制重新划分。

农业措施的仓促实行是由于各个地方的土地规划委员会的活动造成的，改组地方的土地规划委员会的必要性土地规划和农业总局已经意识到了，并制定了方案，其目的是：①通过在当地居民中间加强选举原则的方式把这些委员会与当地居民紧密联系在一起；②赋予这些委员会劳动力以设计和实施土地规划计划的权力。

尽管在我们这里农业人口在数量上占多数，但政府认为在立法方面通过一些有关工人的措施也是非常必要的。

承认国家政权积极、大力地推进工人福利的绝对必要性，努力改善工人的贫困处境，是计划进行的改革的基础。

我们认为工人运动是工人力求改善自身状况的自然要求，改革应当赋予工人运动以自然的出路，消除人为鼓励工人运动及限制这一运动的各种措施，因为它不会对社会秩序和社会安全构成威胁。

所以，工人立法改革的施行应当体现在两个方面：一方面是给予工人积极的救济方面；另一方面是在借助工会组织及通过经济罢工不予惩处的方式赋予工厂主及工人必要的行动自由的条件下，限制对工厂主和工人的行政干涉。

在给予工人积极的救济方面，其最主要任务是对丧失劳动能力的工人提供国家抚养，通过提供疾病、伤残及养老保险的方式施行。因此政府打算组织对工人的医疗救助。

为了保护正在成长的工人一代的生命和健康，现在法定的童工及半大孩子的规定应当修订，也应像禁止妇女参加夜间及地下的劳动生产那样禁止童工、半大孩子参加夜间及地下的劳动生产。有鉴于此，1897 年 6 月 2 日法令所规定的成年工人的劳动时间也要缩短。

工商部不顾在工人立法领域的一系列不太重要的改革，打算把关闭因军事行动根据 1904 年 5 月 1 日诏书建立免税口岸以保护远东的俄罗斯商业和工业利益的问题提交国家杜马讨论。

在交通部提交国家杜马的众多方案中，我认为有责任提请对那些目的是要发展和改善我们的铁路网的提案的迫切必要性给予关注，在最近 10 年我们的铁路网从 35300 俄里发展到了 61725 俄里。在计划修筑的新铁路中，我认为有必要指出阿穆尔铁路，该铁路计划从外贝加尔铁路的一个终点站修到哈巴罗夫斯克，目的是要修筑一条贯穿俄罗斯全境的连贯的铁路，把欧俄与远东边区连接在一起。这是俄罗斯的切身利益要求的。

此外，一系列有关发展和完善内河水路和公路的草案，以及涉及法律关系的有重大意义的紧急草案，比如，有关航运和浮云的法律以及关于转让不动产用于国家及社会的需要的新法律，也将提请国家杜马注意。

政府意识到尽最大努力提高居民的经济福利的必要性，但很清楚在人民群众的教育没有提升到应有的高度时这些努力都将是徒劳的，也不可能消除那些经常干扰学校生活正确方向的现象，不可能消除那些证明不进行根本性的改革我们的学校可能会彻底崩溃的现象。国民教育部将把各个教育阶段的教育改革建立在初等、中等和高等教育连续性的基础上，但每个教育阶段又都有个十分完备的知识范围。国民教育部特别关心的是对各级学校的教师的培养及改善他们的物质状况。

（1）国民教育部近期的任务就是通过政府和社会的共同努力建立帝国的全体居民人人都能享受得起的、嗣后是义务性的初等教育。

（2）在中等教育领域，国民教育部将建设各种类型的学校，大力传播各种专业知识，但对各种类型的学校来说，国家所要求的普通教育是最起码的。

（3）在高等教育改革中，国民教育部的任务就是巩固作为 1905 年 8 月 27 日诏令[1]意欲进行的各项改革的基础的那些原则，并根据现行临时规则的实施经验，使它们与全国的利益一致。

上述各项法案的实施取决于它们在财政方面实现的可能性。从这方面来看，国家杜马和国务会议面临的头等重要的任务是：提交它们审议的涉及到国家最迫切需要的国家收支一览表。政府建议国家杜马立即对它进行审议，因为预算问题是最为紧急的，要求非常认真关注，何况，俄国的状况要求必须十分节俭，而新的改革需要新的开销。况且现在是非常艰难的时刻，正赶上预算收入大量减少，因为1905年11月3日诏令废除了农民的赎金，用于支付为保证军费开支而借债务的债息及清偿债务的支出增加。情况的复杂化还因为长时间人为地遏制国家需求的增长是不可能的。国家的发展也像个人的发展一样，常会出现加速发展的转折时期。正如上面所指出的，1905年10月我国国家体制上发生的根本变化开启了这个时期，并把国家生活各个不同领域的一系列需求都提上了日程。最后，我们失败的战争要求必须用巨大的开支来重整我们的陆军和海军。不论我们对和平的向往有多强烈，也不论国家有多强烈的安定的渴望，但如果我们想保存我们的军事实力，维护我们祖国的尊严，不同意失去属于我们的在大国中的地位，那么我们就不应当面对必要的开支而退缩，俄罗斯伟大的过去使我们有义务这么做。当然，能符合这些特殊性需求的只能是对特殊资源的需求。

这些看法应当在国家杜马审议财政部提交给它的有关设立新税及改革现行的一些课税形式的法案前首先讲到。在这些议案中，财政部的主导思想就是使捐税尽可能一致，尽可能使广大的贫困居民群众免受附加的赋税负担。根据财政部的方案，累进所得税将会对我国税务体制的不能令人满意的平均现象作出某些修正。对富人享用的一些物品课税的方案，是财政部力图使贫穷的居民阶层避免负担加重的努力的结果。财政部的其他方案都属于要实现修订现行课税体制及改革一些税（主要是遗产税）的征税形式的思想。

所有这些改革都不是要对税务体制进行全面、严整的改革。在目前的情况下，政府只希望在支付人损失最小的情况下它得到机会，不仅能够进行迫切的、必要的国家改革，而且通过把现在国家收入的某部分转归社会自治机构的方式使社会自治机构的

[1] 1905年8月27日诏令是作为对当时实施的大学章程（1884年）及教育部门的高等专科学校章程的补充颁布的。该诏令使国民教育部高等学校临时规则付诸实施。1905年9月17日诏令把临时规则的规章推广到其他部门的高等学校。根据这个诏令，大学和学院章程的一些反动条款被停止施行。大学及学院的校务会议及系会议有权选举校长、系主任及系秘书，而以前对他们的任命是教育大臣及学区学监的权力。政府不再直接干涉高等学校的内部事务，责成教授委员会对学潮负责。禁止警察进入高等学校的地界。

活动活跃起来，因为在扩大地方自治局和城市的工作范围的同时，政府要赋予它们履行自己所肩负责任的机会。

我向国家杜马讲完了政府法案的纲要，如果我不深信，只有最高立法机关周密而坚定地实施国家制度的新原则才能使我们的伟大祖国安定和复兴，我就不能完成自己的任务。政府准备在这方面尽最大的努力：它的工作，它的良好愿望、它所积累的经验都交由国家杜马来指挥，国家杜马将把政府作为助手对待，而政府要意识到维护俄国的历史传统并在俄国恢复秩序和安定是自己的职责，也就是说，陛下的政府应当成为、也一定会成为一个不可动摇的、纯俄罗斯的政府。

（二）政府将要遵循的只能是严格的法律

（摘自1907年3月6日杜马辩论后斯托雷平所作的解释）

我想要指出，政府的各项活动、自己对国家杜马的各个声明将要遵循的只能是严格的法律。政府应当努力寻找可能共同工作的土壤，找到我们同样都能理解的语言。我认为，仇恨和愤怒的语言不可能是这样的语言；我是不会用仇恨和愤怒的语言的……现在我可以肯定地说，按君主的意志赋予国家杜马的不是对政府表示不赞成、谴责及不信任的权利。这不意味着政府将逃避责任。我认为在大的历史转折关头，在改变国家的各种立法支柱的时刻被授予权力的那些人，意识到了自己承担各种的重任，却没有意识到自己承担的重大责任，这是极不理智的……我们也像你们一样，要为我们在这一历史关头的行为向历史负责，我们的行为应当使我们的祖国富强，而不是相互斗争。我确信国家杜马中想要工作、想要让人民受教育、想要解决农民土地需要的那部分人，是能够在这里提出自己的观点的，即使是与政府的观点相对立的观点也行。我要说的甚至更多。我要说的是，政府将欢迎对任何混乱现象、任何舞弊行为的各种公开揭露。在那些还没有制定明确的法规的国家，重心、权力的中心不在法，而在人。先生们，人总是要犯错误、兴奋、滥用权力的。但愿这些滥用权力的行为被揭露出来，受到审判和谴责，但政府应当以另外的方式对待各种导致情绪出现的攻击，在有情绪的气氛下应当有公开发表意见的准备。这些攻击有意要造成政府、政权的瘫痪，无论是要求还是思想观点，它们都可以归结为向当局提出的两个词：“缴械投降！”先生们，对这两个词，意识到自己正确性的政府也只能用两个词作出十分镇静的回答：“不要恫吓！”（右面响起掌声）

（三）我们需要伟大的俄罗斯

（1907年3月10日斯托雷平的讲话节录）

现在我们的国家疾病缠身。农民是最需要医治、最虚弱的部分，这一部分萎靡不振，没有朝气，应当对农民提供帮助。有人提出了简单的、完全无意识的、机械的方式：把现存的13万个庄园拿过来进行分配。这对国家有意义吗？这不就像是拆东墙补西墙——剪下衣服的前襟缝袖子吗？先生们，用从患病的身躯上割下的肉来供养患病的身躯，是无法使身躯强壮的！应当给机体推动力，使营养精华涌向病灶，那时机体才会战胜疾病。这无疑应当是整个国家参与，国家的各个部分都应当来帮助现在最为虚弱的那部分。国家机构的意义就在于此，作为一个社会整体的国家的补偿就在于此。整个国家的力量都应当来帮助其最为虚弱的部分的思想，可能很像社会主义原则；但是，如果这是社会主义原则，那也是国家社会主义原则，这种原则在西欧不止一次地被采用，并带来了非常重要的实际效果。在我们这里，这一原则可以这样实施：国家支付因赋予农民土地而向他们征收的债息的一部分。

该问题可以概括地归结如下：国家收购出售的私有土地，收购的私有土地与皇室的及国有的土地一起构成国家土地储备。在存在大片要出售的土地的情况下，土地的价格不可能上涨。那些需要土地、现在确实是在用自己的劳动耕种土地的少地的农民以及那些必须改善现有的土地使用形式的农民，按优惠条件购买土地储备中的土地。因为现在农民很贫困，他们无力支付国家征收的比较高的债息，那么就由国家承担债息差，即按国家发放的账单支付的债息及农民有能力支付、由国家机关确定的债息之间的债息差。这一债息差会加重国家预算的负担，它应当列入每年的国家支出一览表。

因此，结果就是，整个国家、所有的居民阶级都帮助农民获得他们所需要的土地。所有的纳税人、官员、商人、自由职业者、农民和地主都要参与此事。但重担是均匀分摊，不是压在一个有13万人的人数不多的阶层的肩上，不管怎么说，这个阶层一旦被消灭，文化的源头就会毁灭。政府一开始走的就是这条路，通过按《根本法》第87条临时推行的法律降低向农民银行支付的债息。

如果在法律上做出退出村社规定的同时，建立坚实的个人所有制，使移民工作有序进行，简化抵押份地获取贷款的手续，设立广泛改良土壤的土地规划贷款，那么政府提出的一整套土地改革方案就不会完全没有出路，就有一线希望；在对问题进行全面审议的过程中对赫赫有名的必要的转让问题的认识就会更加清楚了。

应该把这个问题放在其现有的框架内，先生们，不应当把这看成带有魔力的方式，看成是某种包治百病的灵丹妙药。这种方式的新颖之处只是因为在经济遭到破坏的俄国它还想造就一个完全破产的土地所有者阶层。先生们，必要的转让的确可能是必要的，但是作为一种例外，而不是通行的规则，是附加了清晰明确的法律保证的。必要的转让可能只是性质特点的转让，而非量上的转让。必要的转让应主要是在可以就地安置农民以便改善他们使用土地的方式时使用，它只有在必要时才会成为可能：在改用更好的经营方式——建饮马场，建通往牧场的牲口道，修路，最后是摆脱有害的条块交错现象。

我深信，土地规划事业需要大约 10 年时间，这项事业需要不屈不挠的努力，需要长时期的事务性工作。我们不能允许这个问题的存在，应当解决它。在西方国家，这需要几十年。我们向你们提出了一条简单、但正确的道路。国家体制的反对者想要选择激进主义道路，摆脱俄国历史过去、摆脱文化传统的道路。他们需要大动荡，我们需要伟大的俄国！（右面响起了掌声）

（四）非常法令——必要的国防手段

（1907 年 3 月 13 日斯托雷平在国家杜马中的讲话节录）

当国家处于危险状态时，它可以，也应该通过最严格、最特殊的法令，以避免分崩离析。这一点在过去、现在及将来始终都不会变。这是一条人之常情的原则，国之常情的原则。这一制度为各国所公认。当国家机体根本动摇时，不赋予政府暂时中止法令的实施的权力、不赋予政府暂时终止各种法律准则的权力的法律是没有的。先生们，这是必要的防卫状态；它不仅要求国家加大镇压，不仅要求国家对各种不同的人及各类不同的人采用不同的镇压方式——它要求国家让所有的人都服从一种意志、一个人的专断，要求国家实行独裁，独裁有时可以使国家摆脱危险，得到解救。先生们，国家的生活中有时会出现不幸的时刻，那时国家必须超越法律之上，应当在理论的完整性和祖国的完整性之间做出选择。但是，先生们，从这个讲坛上发出了对我的政治诚实、我的率直呼吁。我应当坦率地回答，这种临时措施不能具有经常性，一旦它们变成长期措施，首先它们就要丧失效力，然后它们就可能影响到人民本身，而人民的性格应当由法律来培养。临时措施——这是严厉的措施，它应当摧毁犯罪浪潮，消除反常现象使其一去不复返。所以，政府现在应清楚地意识到国家的状况，明确地回答它应当怎么办。

面对时刻都有性命之虞的自己的忠实仆从，政府是否有权向革命做出重要的让步？

政府仔细思考这个问题，全面权衡，得出的结论是，国家期待政府的不是表现出软弱，而是表现出信心。先生们，我们坚信会听到你们心平气和的话语，坚信你们会停止情绪激昂的极不理智行为。我们坚信你们不会说那些让我们大家去毁坏俄国历史大厦的话，而是说那些让我们大家都去革新、改造和装饰它的话。

在期待着这种话的过程中，政府将采取措施，把严厉的法令仅仅局限于最胆大妄为的犯罪行为这样一些最特殊的情况，以便当杜马使俄国平静地运转时，这项法律以不提交立法会议批准的方式自行失效。

先生们，俄国的安定掌握在你们手中，当然俄国是能够把这里已经说了很多的鲜血、刽子手手上的鲜血与采取最特殊、可能只有一线希望的措施、怀着医治好危重病人这一种信念的认真负责的医生手上的鲜血区分开来的。（右面响起掌声）

（五）私有财产神圣不可侵犯——俄罗斯国家生存的基础

（1907 年 11 月 16 日斯托雷平讲话摘录）

国家杜马的诸位代表先生，尽管曾提交第二届杜马的那些法案，在做了不多的删减及修改后又提交给你们审议，但不得不工作并达到同样目的的条件发生了变化。

大家现在很清楚，极左翼政党搞的破坏运动变成了公开的强盗行为，并把所有的反社会的犯罪分子推到了前面，使诚实的劳动者破产，使年轻的一代道德败坏。（中间及右方响起震耳的掌声及“好”的喊声）

我们只能以武装力量对抗这种现象。（中间及右方响起“好”的喊声及掌声）政府认为在这方面的任何姑息都是犯罪，因为，只有始终如一地使用各种合法的保护手段才可能结束社会敌人的粗暴行为。

在根除犯罪行为的道路上政府此前采取的是这种方式，今后也将继续采取这种方式。

为此，政府必须拥有作为统治工具的有责任感并能承担国家责任的官员（中间及右方响起了“好”的喊声及掌声）。所以，今后他们提出的个人政治观点将被视为与国家职务不相容。（中间及右边响起了“好”的喊声）

秩序、法制和国内纪律的原则也应当在学校内贯彻，学校的新制度当然不能妨碍

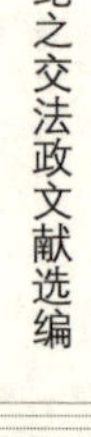

政府对学校的教师提出相应的要求。

政府意识到使国家从非常状态恢复到日常秩序的迫切性，决定采取各种措施增强在国内迅速、正确地实施司法惩戒的能力。

改革司法及行政领域的各种地方规章的各项改革措施仍停留在表面，没有深入，目前还没有达到提高国家基本的农民阶层福利的目的。（中间及右方响起“好”的喊声）

积极行动起来并为数百万农村居民提供了获得经营独立性的机会后，立法机关就奠定了革新的俄罗斯国家大厦得以牢固立足的基础。

所以，土地规划问题始终都是现政府的基本思想，是它的主导思想。

这不是杂乱无章地分配土地，不是通过施舍来平息暴动——暴动只能靠武装力量来平息，而是承认私有财产的神圣不可侵犯，以及由此产生的结果——小的私有土地所有制的形成（中间及右边响起了掌声），退出村社的实际权利及解决改善土地使用的问题是政府任务，政府过去和现在都认为，完成这些任务是俄罗斯国家的生存问题。（中间及右边响起了掌声）

因此，在已经打下的稳固基础上，政府要求你们通过推广和改革地方自治、改革地方行政管理、发展教育及对地方的生活方式进行一系列改革的方式设计国家所必需的改革，在这些改革之中，对无劳动能力的工人实行国家保护，为他们提供保险并为他们提供医疗救助现在是政府特别关注的。相关的法案已经准备好。大多数法案马上就提交给国家杜马。其他涉及多方地方利益的法案将先由地方经济事务委员会审核，政府按上述委员会的结论进行修改，逐步提交给国家杜马。这一程序是政府规定的，因为在第二届杜马开会期间公布的内务部的法案引起了在座代表的热烈讨论，出现了很多要求把法案转交地方会议鉴定的申请。地方活动家的意见可以被迅速汇总到一起，政府通过与地方自治局和城市代表的积极沟通的方式予以考虑，这一工作的成果应当成为立法机关、特别是其委员会的宝贵资料。

这不会耽搁国家杜马的工作，因为地方经济事务委员会会马上开会，随着对内务部有关地方经济利益的各种法案的审议，它们立即就被转交给国家杜马，而之前国家杜马将利用机会审议清单以及与其一起提交的直接提交杜马的一系列法案。在有关土地规划的各种法案中，现在提交国家杜马的是关于土地村社的法案；在地方改革领域司法部提交杜马的有关改革地方法院法案具有原则意义，因为另一个法案——关于人身神圣不可侵犯法案的实施及地方管理领域的一系列改革都取决于这个法案的通过。

其他机关的各种具有原则意义的法案，以及那些指明了实现陛下诏书赐予居民的福利的正确道路的法案也同样应当首先审议。

在这种情况下政府认为自己有责任在属于自己的领域内促进各种有利于占统治地位的教会和宗教阶层的措施。（右边响起了掌声）

政府希望尽快把在一些边疆区实行自治的法案也提交国家杜马讨论，以适应内部省份拟议推行的新制度，而且国家统一和完整性的思想也将是政府的主导思想。（中间及右边响起了掌声）

做些不必要的补充，尽管俄国与各国保持着最好的关系，政府特别关心的是实现我们武装力量最高领袖关于把我们的武装力量提升到与俄国的荣誉和尊严相符合的高度的愿望。（中间和右边响起了掌声）

为此就需要集中国家的物力，需要向你们申请资金，国家派你们来这里就是为了国家的安宁，巩固它的实力。

从自己的方面来看，政府做出了各种努力，以便减轻立法机关的工作，并实际实施国家杜马和国务会议通过、得到了皇帝陛下批准的各项措施。这些措施将恢复秩序，巩固符合俄罗斯人民自我意识的牢固的法律制度。

历史上的专制权力和君主的自由意志是俄罗斯国家体制的宝贵财富，因为唯有这种权力和这种意志，在确立了现存的法规并维护这些法规的同时，负有在国家动荡和危险的时刻拯救俄国并使其转归秩序和历史公理的道路上的使命。（中间及右方响起了暴风雨般的掌声和“好”的喊声）

（六）书写自由应当成为真正的自由

（1907 年 11 月 16 日斯托雷平讲话摘录）

只有拥有成熟的国家思想和坚定的国家意志的政府才有生存权。

我要说的是，政府，强有力的政府应当在各个地方都有久经考验的执行者，这些人是政府的手臂，它的耳朵，它的眼睛。如果自己手中没有一个完善的执行权力机关，那么任何一个政府在任何时候都不可能干成任何一项工作，不仅无法进行镇压，而且也无法进行建设性的工作。

除了镇压革命，政府还有尽可能地使民众实际享有赐予他们的福利的任务。目前农民还很贫穷，他们还没有私人地产，目前还受村社的强行压制，他们仍旧是奴隶，任何成文法都不会赋予他们享受公民自由。（中间及右边响起了掌声）要知道，要想享有公民自由，是需要一定的、哪怕是数量很少的财富份额的。先生们，我记得我国的伟大作家陀思妥耶夫斯基说过一句话，“金钱这是冲压出花纹的自由”。所以，政府不能不迎合、不能不满足每个人、我们的每个农民的天赋的私有财产欲，这种私有财产欲就像饥饿感、就像希望承袭世系、像人的任何其他自然本性一样如此自然。这就是为什么政府首先要简化农民改变自己经济生活的方式、改进自己经济生活的程序，希望份地及买来用作政府储备的土地一起构成私有财产的来源。小土地私有者无疑将是未来小的地方单位的核心，他们将把文化、教育和财富带到农村。

只有当书写自由变成了真正的自由，当然这种真正的自由是由公民自由、国家感情和爱国主义构成的。（中间及右边响起了掌声并有“好”的喊声）

我还想说，刚刚政府提请你们关注的各种改革，要知道这不是不现实的，我们不想以强制、机械的方式把什么东西灌输到民众的意识中去，这一切都是具有深厚的民族性的。所以我们的改革要想近于生活，就应当在这些俄罗斯民族因素中吸取自己的能量。那么这些俄罗斯民族因素是什么呢？在于发展普通地区，当然就是在于发展自治制度，把国家的部分职责、国家的部分赋税转归地方自治机构并在基层造就与国家政权密切相关的殷实的农民。这就是我们的地方自治理想，也是我们上面的理想——发展皇帝赐予国家的新的立法代表制度，这种制度应当赋予沙皇最高政权以新的力量和新的辉煌。

要知道，俄罗斯国家已经成熟了，它是从自己的俄罗斯之根逐步发展起来的，当然沙皇最高政权是与它一起发生改变并不断发展的。不应当把某种异国的花安到我们的俄罗斯根、我们的俄罗斯树干上。（中间及右边响起了热烈的掌声）

就让我们祖国俄罗斯的鲜花盛开，让它在最高政权和它赐予的新的代表制度的相互配合下盛开绽放吧！

（七）在我国的远东我们应当表现得强有力

（1908 年 3 月 31 日斯托雷平的讲话摘录）

铁路的必要性问题受到了严重怀疑，很多人觉得政府的决定是巨大的政治错误。因此，听了杜马主要政党的发言人的话后，我认为政府应当更详细地阐释自己对这个问题的看法，因为正是在这个重要的问题上，我认为政府和人民代表机关的大多数之间不应当有意见分歧。

我丝毫也不想减轻政府的责任，但我想证明的是，在有些情况下，对国家的犯罪不是及时地承担责任，而是惧怕责任所掩盖的不作为。（右边及中间传出来“好”的喊声）

我首先谈谈战略考虑并做些补充说明，毫无疑问，在我国的远东我们应当表现得强有力，这不是为了斗争，而是为了保护我们的民族文化活动，这一活动也是我们的历史使命。在这方面陆军部坚持实施自己的战略意图是正确的。其中有些意图是军事大臣的助手在那里实施的，我只说说，修建铁路无疑会免除国库供养远东的庞大军队的大量开支，也会免除国库为这些军队建营房的必要性。我国幅员辽阔，能够把军队从国家的一角调到另一角无疑是很重要的。先生们，我告诉你们，任何堡垒都无法替代交通地位。堡垒是军队的立足点，因此堡垒的存在就需要边疆有军队，或有把军队运到那里的能力。否则，就是另外的情形，不管你怎么说，堡垒一旦失陷，就会变成外人的部队、外人的军队的立足点。

我们的国界有 18000 俄里，我们与 10 个国家接壤，我们占地球陆地的 1/7。怎么还能不理解在这种情况下我们的首要任务是交通呢？

国防委员会的报告人在这里说，大自然是不会忍受寂寞的。我应当重复一遍这句话。我国遥远寒冷的边疆区同时也是很富庶的，拥有黄金、木材、毛皮以及辽阔的适于农作物的土地。先生们，在这种情况下，在存在一个人口稠密的邻国的情况下，我们不应当让这个边疆区荒凉。如果俄罗斯人不先到那里去，那么别国人就会往那里渗透，先生们，这种渗透已经开始了！如果我们还昏昏欲睡，那么这个边疆就会被别人的汁液所浸染，当我们醒来时，它可能仅名称是俄罗斯的了。

我说的不仅仅是阿穆尔州。先生们，我们应当更全面地提出问题。在我们的远方边疆区，在堪察加，在鄂霍茨克海沿岸已经开始了某种令人不快的进程。别人的身体已经在揳入我们的国家机体。

要想不仅从技术、从战略角度，而且从更广阔的、全国性的政治角度来解决这个问题，就应当承认让这个边疆区有人居住对这个地区是多么重要。但是没有交通却住满人可能吗？

对这个边疆区不予关注是巨大的国家浪费的表现。这个边疆区无法用石墙围起来。各位先生们，东方觉醒了，如果我们不用这一资源，那么其他人就会拿走，尽管是通过和平渗透的方式拿走。

我有意不提出这个问题是鉴于解决欧俄土地问题。阿穆尔问题本身就很重要，这是个独立的问题，但我应当做必要的强调，阿穆尔铁路应当由俄罗斯的人手来修筑，它应当由俄罗斯的开拓者修建……（右面及中间响起了掌声）这些俄罗斯的开拓者修筑铁路，在这条铁路周围定居下来，他们推进到边疆区，他们同时也把俄国推进到了那里。

先生们，不要忘记，俄罗斯人始终认为，自己是在世界的两个部分的边缘定居并逐渐强大起来的，它击退了蒙古的入侵，东方对它是可亲可爱的；俄罗斯人的这种意识在他们对迁移的渴望、在民间传说中始终都有反映；在国徽上也有反映。我们的鹰徽是拜占廷的遗产——双头鹰。当然，单头的鹰就已经很厉害、很有威力了，但是，砍去我们俄罗斯鹰朝向东方的一个头，你却不能把它变成单头鹰，你只能让它流血过多！（中间及右边响起掌声）

（八）巩固俄国的统治权

（1908 年 5 月 5 日斯托雷平的讲话摘录）

一开始我就想指出，帝国政府现在认为、将来也会认为自己要对芬兰事件负责，因为芬兰是俄罗斯帝国的组成部分，而俄罗斯帝国由统一的政府管理，该政府就国内发生的所有事件向皇帝负责。要想根本解决问题，就要首先认清国家与它靠武力征服的省之间的不正常关系的原因是什么。不能机械地解决这个问题。我认为，为此，仅对其进行深刻的理论研究也许是不够的，在这里需要深入对方的内心世界，要想解决爱和平的、诚实的、有文化的、爱劳动的我们的芬兰同胞的要求，就需要完全公正地、不带任何成见地对待这些要求。

先生们，我们要试着看看芬兰人的世界观。所有的芬兰人都承认，在博尔戈芬兰议会[1]上亚历山大一世皇帝赐予芬兰宪法，承认了芬兰的特殊国家地位。其后，在亚历山大一世的整个统治期间不止一次地重申，他希望不容违背地保留大公国的各种旧的法规和法律。

先生们，后来亚历山大二世皇帝在 1863 年重新召开议会[2]时，提到了君主立宪制。

[1] 博尔戈议会是指 1809 年 3 月 28 日至 7 月 19 日由俄国政府在博尔戈市召开的芬兰社会各等级代表会议。在这次会议上，亚历山大一世皇帝保证“毫不破坏地保留和保护”芬兰的法律。他以自己的决定奠定了芬兰自治的基础。大公个人有权召开议会，没有议会的批准不能批准新法律及更改旧法律，不能征税，不能重审等级特权。同时，大公向议会提出立法动议，批准或不批准芬兰的法律和预算，有赦免权；国防问题及在外交上代表芬兰的利益属于他的特权。

[2] 指的是 1863 年 9 月 3 日继 1809 年后首次在赫尔辛福斯召开的议会。这次议会的工作为巩固芬兰大公国的自治地位的改革奠定了基础。

1869 年皇帝亚历山大二世批准了芬兰议会章程。然后，他赐予芬兰特殊的钱币和特殊的部队。议会章程得到了不可破坏的根本法的承认，根本法没有君主及地方官员的同意不得改变。人所共知的是，亚历山大一世后的所有俄罗斯皇帝登上皇位后都通过庄重的诏书确认作为俄罗斯国家组成部分的芬兰的特殊地位以及它的司法和行政部分的特殊组织。但是，诸位先生们，你们会赞成这些历史先例就足以使芬兰知识分子坚信，特殊的国家体制、与俄国存在着极大不同的国家组织是芬兰本质上所固有的。

这种意识在芬兰人的头脑中的根深蒂固还因为，上个世纪末俄国忙于自己的家务事，很少关心芬兰事务，只要求地方总督保持安定，与芬兰公民建立良好的关系。这就是为什么独立的芬兰国家组织的这些原则开始渐渐变成独特的芬兰国家法的特殊学科。理论很快就变成了信念，信念变成了宗教信条，而宗教信条很难为任何理性的论据所推翻。按照这种信条，芬兰是特殊国家，而且是立宪国家、法制国家，它有与俄国的任务完全不同的任务。芬兰与俄国联系越紧密，那么完成这些任务就越不可能。

诸位先生们，在向你们阐释俄国方面的那些在政府看来应当被看成公正的和必须履行的要求之前，我不得不暂时回顾一下。我们俄罗斯人应当记得，博尔戈议会之后，签订了腓特烈斯汉姆和约[1]，该和约构成了我们据此拥有芬兰及确定帝国与大公国关系的文件。

当时的人都很清楚，俄国从瑞典收复了 6 个芬兰省，这 6 个省没有特殊的公法制度，这是些独立的省，他们不可能与俄国合并，因为对实际合并及君合国[2]来讲，必须是两个权利平等体。然而，芬兰则被认为归俄罗斯所有和统治占有。亚历山大一世皇帝赐予芬兰内部自治，他赐予并巩固了芬兰的内部立法权，承认了各种根本法、内部管理及司法诉讼的各项程序，但他为自己保留了确定芬兰与帝国关系的权力，他用以确定它们关系的话是："所有和统治占有。"你们在芬兰的法律中不会找到任何规定确定了芬兰和俄国相互关系的准则，在那里不可能找到。芬兰与俄国的关系是由俄国单方面的统治权确定的，而当时君主决定归入俄国。

先生们，既然芬兰和俄国构成了一个统一的政治体，那么仅仅单一的对外关系统一是不可能的，一些国家任务也应当是统一的，这是完全自然的。当然，马上就交给你们一份这些任务的详尽无疑的清单是很困难的，但是大家当然都很清楚，这些任务有：俄国皇帝的全体臣民共同捍卫统一的祖国，保卫要塞，维护和捍卫河岸水域，遵

[1] 1809 年 9 月 5 日签订，结束了 1808—1809 年的俄瑞战争。芬兰以芬兰大公国的名义并入俄国。
[2] 指在一个君主下的合并。

守邮政规章，管理电报局，铁路和海关管理局的一些部门，最后是调整芬兰出生的俄罗斯族人的权利。

俄罗斯的观点是完全清楚的。俄国不可能是想要破坏芬兰的立法及某些行政和司法制度方面的合法的自治权。但是，先生们，在一般的立法问题上以及某些一般的管理问题上俄国应当与芬兰一起做出共同的决定，当然俄国的统治权占主导地位。

芬兰人有不同的解释。

他们认为，任何一个全国性的法律如果没有芬兰议会的批准都不能生效；如果按这个观点，那么我们可能会得出一个荒谬的论点：同一个问题将由我们的立法机关和芬兰议会讨论决定。比方说，这个问题的解决有不同的方式，没有做出一致的决定，帝国也没有能够解决这个问题的最高统治权。那么问题就会无法解决或导致尖锐的冲突。诸位先生，这当然是不正常的，我再说一遍，罪恶不是植根于当局的不作为，不是植根于当局的不合理行为，而是在于我国立法的整个领域、我们与芬兰相互关系的重要方面没有完全调整好。

先生们，这个巨大的漏洞是无法容忍的，应当把它填补上。政府及国家杜马有责任提出拟定立法审议我们与芬兰共同事务的共同程序的问题。

我再说一遍，这个问题太重要了，它涉及皇帝在全帝国事务方面的权力通过全帝国机构在全帝国范围内的推广。（中间及右边传来“好”的喊声和掌声）先生们，在这方面不能、也不应当猜疑俄国想要破坏君主赐予芬兰的自治权。先生们，在俄国权力不可能高于法律！（中间及右边响起了掌声和“好”的喊声）但是，也不能允许有关俄国法律的一种提法在芬兰被看成侮辱。镇压和消除革命的严酷权力鉴于力求改革地方及全国体制的创造力，而有一个目标——在俄国全国范围内建立严格的法律制度。（中间及右边响起了“好”的喊声及掌声）

先生们，我不明白人们怎么能对政府表示怀疑，政府完成了皇帝的要求，与代表机关一起力求使俄国安定，在俄国建立仅以法律为基础的稳定的秩序；怎么能怀疑政府要破坏我们的芬兰同胞的这种制度。大家忘记了，随着新体制在俄国的确立，另一股反动浪潮高涨，这就是俄罗斯爱国主义和俄罗斯民族感情的反动，先生们，这种反动浪潮正在各个社会阶层、社会集团中滋长起来。以前，只有一个政府关心并有义务捍卫俄国享有统治权的历史上获得的东西及俄国的权利。现在不是那样了。现在皇帝试图把瓦解的俄罗斯民族感情的宫殿建起来，先生们，你们也是这种感情的体现者，你们也不能推脱守住俄国的这些统治权的责任。（右边和中间响起了掌声）

诸位先生们，你们不能推脱作为人民代表你们所承担的责任。你们也不可能与俄国的过去断绝关系。俄罗斯人的血不是白流的，也不是没有意义和无意识的，彼得大帝在芬兰湾沿岸确立了俄国的统治权。放弃这些权力将会给俄罗斯国家带来无比的损失，而由于我们民族的软弱或我们国家的短视而逐渐丧失就等于放弃，但是，这种放弃掩盖了个人伪装。俄罗斯的道德、精神力量财富在芬兰的峭壁和水域丧失殆尽。

是的，各位先生们，有些民族有时会忘记自己的民族任务，但是，这样的民族正在走向毁灭，它们正在变成厩肥，变成肥料，而其他更强大的民族利用这些肥料成长壮大起来。我要求你们不要做牺牲品，我们不是要求你们压迫其他不太强大的民族！不，诸位！政府只是要求你们对政府认为正确的事情给予你们道义上的支持。诸位先生，我深信，尽管你们拒绝了质询[1]，但在俄罗斯心中你们将会找到话语，促使政府把确立解决我们与芬兰共同事务方式的法案提交给你们评判，把不破坏小芬兰的权利但又捍卫最符合我们要求、最宝贵的——俄国历史上获得的统治权的法案提交给你们评判。（中间及右边传来持续不断的掌声及叫好声。）

（九）只有能够捍卫海洋的那个民族才有权把海洋控制在自己手中

（1908 年 5 月 24 日斯托雷平在国家杜马上的讲话摘录）

诸位先生们！政府权力的范围就是活动范围。当战场上的统帅看到，战斗打输了，他应当集中精力把自己溃散的部队集中到一起，把它们联合成一个整体。灾难之后的政府也同样处于与社会及社会代表有所不同的状态。它不可能完全为愤怒感所支配，它不可能只是寻找罪魁祸首，不可能只是与上次的发言者[2]说的那些阴影作战。它应当集中自己的力量尽力恢复、重建被破坏的东西。为此当然需要一个计划，需要各个国家机关联合行动。现政府从政权交到其手中的第一天起就走上了这条路。它开始改组自己的队伍，它把打算实施的措施分为与后面的措施有联系的比较紧急的措施和后面的一些它决定有计划地贯彻到底的措施。在这种情况下，政府不可能不向自己提出

[1] 关于芬兰问题向杜马提交了三个质询——十月党人、民族主义者及右翼提交的。十月党人的质询指出芬兰总督和御前大臣没有执行 1905 年 10 月 19 日法令。根据该法令，所有具有全帝国意义的报告书都应当事先通报大臣会议主席。民族主义者的质询是要求就政府针对芬兰的革命者的活动采取的措施作出解释。右翼的质询是关于芬兰的红色近卫军的活动。斯托雷平的讲话掀起了对质询的讨论。总理的立场得到了头两个党团的支持。但是右翼拒绝撤回自己的质询，理由是政府行动不够果断、彻底。

[2] 指的是 A.И. 古契柯夫代表的发言。古契柯夫反对为造船计划拨款。他认为海军部得到拨款将会拖延甚至封杀改革。古契柯夫强调，首要的任务应当是揭示俄日战争中海军失败的原因及罪魁的各种真相，“否则过去的这些阴影将威胁到我国海军实力的恢复”。这些“旧的阴影”不定什么时候“就会再现并照旧肆虐”。(Государственная дума. Третий созыв. Сессия первая. 1908 г. Стенографические отчеты. СПб., 1908. Ч. III. С. 1392—1397)

一些问题：俄国是否需要舰队，需要什么样的舰队，这事是否可以拖延。

我认为，大家现在很清楚，只有能够捍卫海洋的民族才有权把海洋控制在自己手中。在海洋及陆地上没有自卫能力都是危险的。这就是为什么舰船制造现在在各国都是民族的事业。

正是这些简单的考虑导致政府得出结论：俄国需要海军。

对俄国需要什么样的舰队的问题，国防委员会已经做出了答复，它是这样表述的：俄国需要有作战能力的舰队。对这话我的理解是：俄国需要这样的舰队，它每时每刻都能与符合最新科学要求的舰队作战。如果有的不是这种舰队，而是其他舰队，那么它将是有百害而无一利的，因为它不可避免地要成为入侵者的战利品。俄国需要舰队，需要快速、装备精良的舰队，而不是比假想敌战斗力更差的舰队。俄国需要以鱼雷艇和潜艇为支柱的强大的战列舰，因为，摆脱那些被称为装甲舰的漂浮的堡垒仅靠一些地雷艇是不行的！

先生们，你们要是忘记了每当提起俄罗斯舰队问题，每个俄罗斯人都经受过的那种痛苦，就随我看看需要冷静解决问题的领域，一个国家利益和国家需要的领域。政府在与活的机体——舰队打交道，在与活生生的人打交道；它还有一个基本任务：它承担着保卫国家，使国家在任何时刻都免遭任何意外的责任。所以，政府首先应当认清自己，刻不容缓地解决我国残存的舰队问题。

诸位先生们，你们都知道，从战争结束时起海军机关就在进行着紧张的工作。但是，诸位，在魔棒接触的一瞬间整个机构就可以改组完成的那种魔棒是不存在的。所以，如果希望彻底地改造海军机关，如果希望拨付大额款项来实施整个造舰计划，那么在使最近一次战争中溃败的我国残存的舰队、我国残存的海军恢复正常问题上，就必须安于相当长时间的停顿。

先生们，这种停顿会导致什么结果？这政府也不能不给予关注。先生们，这个问题你们也是很清楚的。

这种停顿的第一个后果无疑是我国工厂的瘫痪，这在国防委员会中我已经指出了，对此任何人都没有向我提出有力的反驳。在其他国家，被安排从事这项事业的人的技术经验、知识、意识都是受保护的，其发展也是受保护的，所有这些用钱无法买到的东西，所有在很多年、在整整一个时代才能创造的东西都会削弱，这一切都会受损。

国家杜马成员李沃夫说，如果我们的工厂略微压缩自己的工作，就不会发生不幸了；但是，先生们，其他国家都认为民族造船业是几代人努力的结果，是民族激情进发的结果，只有通过巨大的紧张努力才能取得。在这个领域的任何退步、任何倒退都会导致这项事业的衰落。

停顿的第二个后果是必须要在我对你们说过的那些各式各样的独立轮船上进行人员培训。

国家杜马成员巴布扬斯基（Бабянский）昨天证明说，可以在波罗的海的那两艘装甲舰上进行人员、下级官员和军官的培训。但是，先生们，你们自己判断，在没有分舰队的情况下可以进行什么样的舰队训练，可以进行什么样的射击训练，可以进行什么样的舰队演习。如果我们没有完善的机械，培训机械师可能吗？

我国海军力量装备方面停顿的第三个后果是俄国在海防方面的长期软弱无力的状况。尽管我们爱好和平，但我想，这种软弱无力的状况不符合俄国的国际地位。

先生们，这就是促使我们向你们提出的不是批准舰船制造的整个计划，而是在确定总的国防计划前暂时在4年内只建4艘装甲舰的那些理由。暂时在4年内只建4艘装甲舰，是为了略微充实一下我们舰队的队伍，赋予它一定的作战意义。那些被安排担任舰队极重要部门首领的新人，应当感觉到，应当意识到他们肩负着多么艰巨的任务，他们承受着什么样的责任！你们是否考虑到，你们拒绝拨款就会把这种责任从他们身上转移到你们身上？

先生们，你们的攻击、你们的揭露对舰队有巨大帮助，它们对国家也大有裨益；而且，我坚信，在存在国家杜马的情况下，以前的那些舞弊行为已经不可能了。（经久不息的掌声）

我坚信，舰队事务上的任何短暂停顿对它都将是毁灭性的，不能在全速行驶时停下或让机器倒转——这会导致破损事故。先生们，在恢复我国的海军实力、我国海军的威力方面，只有一个口号，一个口令，这个口令就是——“向前！”

（十）代议制权力机关和执行权力机关的责任划分

（1908年6月13日斯托雷平在国务会议上的讲话）

控制海洋的国家自然要进行海上贸易，其利益也就会逐渐渗透到全球最偏远的角落。要想维护这些利益，国家应当拥有能够使其跨越海洋的一种力量。否则，这些利益就是无法保障的。世界大国也有世界利益。世界大国应当参与国际决策，它们不可能放弃在处理国际事件中的表决权。舰队是推动力，它为实现这一权利提供可能，这

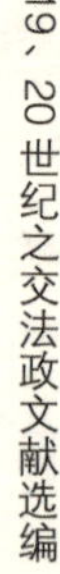

是任何拥有海洋的大国所必需的东西。

所以，很清楚，海军部门认为我国海军力量的复兴还很遥远。但这个任务——是未来的任务——起初，海军部的任务很窄，它被简化为仅仅是陆防范围。但是这个任务的收缩不是质上的收缩，而是量的收缩。没有也不可能有进攻舰队和防御舰队，就像没有也不可能有进攻性军队和防御性军队一样：同样的有战斗力的有生力量，进攻还是防御取决于条件，取决于任务。这种力量在陆上是陆军，在海上是舰队。海军机关不能不吸取不幸战争的教训，它不能不有这样一种思想：舰队无论是防御还是进攻，都应当获胜；它在构筑海上防线的同时，应当建立这种有战斗力的有生力量——胜利的工具——战列舰。

同时，海军机关也不能忽视三个条件：首先，支出的每个戈比将来都应当用来建设更有威力的海军；其次，应当尽各种努力不让我们如此艰难建成的俄国造船业毁掉；最后，应当立即把我们的那些没有受损的、不成套的、各种类型的船舰联合成独立的单位，给它们追加一些舰船，这些舰船把我们残存的舰队胶结成一个整体。

我提请你们关注的短期临时造船计划符合向海军部提出的那些要求、那些任务。第一，它对国库来讲不会负担太重，因为在 4 年内每年不超过 3100 万卢布的造船资金的请准是可以保证的；第二，它是其他各种内容更为广泛的舰船制造计划的开端、萌芽；第三，它符合海军机关的首要任务：这一任务就是要把单独没有任何作战价值的舰艇合并成统一合理的整体。这个计划的实际、具体实施，着手开始造舰，只有通过批准，得到按法律程序对这个项目的必要拨款，才有可能。

让立法机关拒绝请准的拨款的各种论据、各种考虑的目的，在于促使政府采取取决于最高政权的纯执行性的措施，会不知不觉地把立法机关推上相当危险的道路：建议拒绝拨款不是因为不需要舰队，而是要使人员构成发生某些变化，在舰队上进行某些改革，要迫使建造这种类型的舰艇，而不是另一种类型的舰艇。大家都在说：你们造哪种，哪种就能拿到钱。同时，大家都深信，对立法机关的忠君的成员来讲，这是让沙皇知道真相的唯一方式。

我认为，我们的《根本法》为此指出了另一种方式：这就是对政府的不合理行为的质询的方式。我认为通过这种方式可以揭露皇帝将其置于责任重大岗位上的任何执行机关的不法行为，不管该机关的代表地位有多高。我认为，按照我国的《根本法》，皇帝没有也不可能有不担负责任的臣民，在俄国也没有不担负责任的行政机关。可能会有另一种情况，可能有的行政机关因自己的特殊地位是可以不作答的，它被置于不能回答一般性指责的境地。但我完全相信，通过我上面指出的方法从质询的方式转向影响执行权力机关的方式有可能使国家陷入极为不稳定的状态。

诸位国务会议代表，我不是被叫来向诸位阐明某种统治形式的理论，也不是要向诸位证明对我来说很显然是毁灭性的现象，比如，由于立法院对它的不利决议而导致俄国每 2—3 个月就发生政府更迭。但我坚信，以开先例的方式不知不觉地向这种方式过渡，静悄悄地、缓慢地向这种方式过渡是最危险的。之所以最危险，是因为这造成了一种形势，在这种形势下，实际情况不符合我国的《根本法》，而这种不符合有引起大混乱的危险。

先生们，你们要看清楚这样所造成的形势：在议会制国家，政府对议会负责，在我们俄国，根据《根本法》政府对君主负责。但如果国务会议和国家杜马走上干预政府行政的道路，那么就会出现一种完全不负责任的状况；国家中已经承担这种责任的政权就不会存在。在这种情况下，尽管所属的各级都承认这些措施的必要性，但政府也已经不可能对君主负责了，因为它没有执行必要措施的物质能力。同样，立法机关——国家杜马和国务会议也不可能负这个责任，因为在其手中没有执行权。

请准造舰拨款时，政府当然意识到拨下款项，你们就赋予了海军部门巨大的责任；但是拒绝这一拨款不是因为不需要舰队或资金不足，而是为了向海军部门表达不信任，这让我们感到很为难，因为这标志着造成了一种混乱状态，造成了一种国家无责任状态。

我们是罗盘的掌舵人，应当只看着指针，诱人的海岸不管多么吸引人，不管多么迷人，我们都应当只看着指针。但是如果通向岸边的途中有暗礁，我们将要控制航线的方向；我们是土地测量专家，被授权设界标，如果界标遗失，我们就要指明其位置；我们是守卫边界线的哨兵，无论是自己人还是异邦人，要破坏边界线，我们就不能怯懦地把脸扭向一旁。既然你们认为俄国需要舰队，既然你们认为俄国还没有衰退到要放弃自己海域的地步，那么，我们请你们，国务会议的诸位代表，不要解除我们的责任，因为法律没有解除我们的这种责任，皇帝也没有解除的我们的这种责任。

（十一）在自己的土地上自由劳动

（1908 年 12 月 5 日斯托雷平在国家杜马中的讲话节录）

诸位国家杜马代表！在国家杜马的大多数都对整个方案表示赞同后，如果我认为

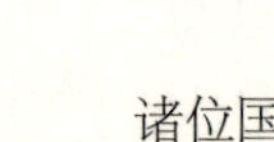

有必要就个别条款、个别问题向诸位作出解释，那么我就做，因为我认为这个问题具有根本意义。11 月 9 日法令是以明确的思想、明确的原则为基础的。这一思想显然应当贯穿于法案的各条之中；把它从某条中拿掉，并以其他思想取代它，就意味着歪曲了法律，就意味着使法律丧失了主导思想。而法的含义、法的思想大家都是清楚的。在俄国那些农民的个性得到了明显张扬的地区，在那些村社作为一种强制联盟成了农民发挥自己主动性障碍的地区，必须赋予农民把自己的劳动用于土地上的自由，必须赋予他们劳动的自由、致富的自由、支配自己财产的自由；应当赋予他对土地的支配权，应当使他们摆脱过时的村社制度的奴役。（中间及右面传来“好”的喊声）

与此同时，在那些种庄稼具有次要意义的地区、在那些存在可以把村社变成更好的土地使用方式的条件的地区，法律不会去破坏村社。先生们，如果这一思想清楚了，如果它正确，那么就不要把与其对立的其他观念纳入法律。一方面，人们可以在没有监护的情况下自由地支配自己的精神力量，可以自由地把自己的劳动用于土地上，因为他们认为这才是最好的，这种说教不要相信；另一方面，要承认这些人本身就不足以指望在自己的家庭成员不受压迫的情况下可以支配自己的财产。

如果我们弄清楚了政府是如何理解“私有财产”这个术语的，而法案的反对者对“家庭财产”概念的理解是什么，那么这个矛盾就会更清楚了。按法的含义，私有者有权支配自己的土地，有权确认自己的土地归自己所有，有权要求把自己土地的某些地段划到同一个地方；他可以为自己添购土地，可以在农民银行抵押自己的土地，最后，也可以出卖自己的土地。他的各种智力知识、他的意志都完全由他支配；他是名副其实的自己幸福的营造者。但是，同时无论法律还是国家都不能保证其免遭某种风险，也不能保证其免受财产损失的可能性；任何一个国家都不可能答应给居民提供这种扼杀其自主性的保护。

国家能做的、它应当作的是另外的事：它应当保证的不是某个人的一定数量的地产，而是保证某一类人，保证把自己的劳动用于土地上的那些人拥有的一定数量的地产；它应当给他们保留的一定的土地面积；而在俄国这就是份地的面积。法律应当对土地而不是对所有者作出某种限制、某种约束。我国的法律懂得这种限制和约束，先生们，我们在自己的法案中保留了这种限制：份地不能拿到农民银行进行抵押；份地不能出售用来偿还个人债务；份地不能按习惯作为遗产移交。但家庭财产究竟是什么？捍卫家庭财产的那些人理解的家庭财产究竟是什么？为什么家庭财产是必需的？首先，法律为家庭财产规定了某些限制，这些限制不是针对土地而是针对私有者的。这些限制是很大的：按家庭财产拥护者的要求，未经家庭成员的同意，未经户主子女的同意，土地占有者既不能出售自己的地块，也不能对地块进行抵押，甚至既不能确认它归自己所有，也不能把份地划在同一个地方；他自己的各种行动都受到限制。怎么才能摆脱这种状况呢？我们就以想为自己的地块添购一定数量的土地的户主为例，为了支付利息，他们或要出售自己的部分份地，或要出售所有份地，或要抵押自己的土地，或向私人借钱。这不，事情要想得以实现，就需要统一的意志、统一的意见，事情要交给全家裁决，子女、他的儿女可能会破坏自己父亲的成熟的、深思熟虑的、也许是考虑了多年的决定。这一切都是为了营造某种集体的意志？！先生们，这怕是要搞出不止一场家庭悲剧。小的家庭村社今后将会有细碎的耕地交错的危险，而现在它无疑将要使农民丧失个人自由和个人主动性。

而这一切都是为什么呢？

你们是否认为这可以保护酗酒、挥霍浪费或娶了第二任妻子的父亲的子女的财产？要知道，现在村社无法保证他们免遭破产；现在，不幸的是，在存在村社的条件下也出现了农业无产者；现在，份地所有者可以不接受分给自己及自己成年儿子的份地。不能为了这种特殊的、反常现象制定一部普通法，不能以此扼杀农民的偿付能力，不能使农民对自己的能力丧失信心，不能使农民对美好的未来丧失希望，不能为强者致富设置障碍，以便使弱者与强者共同分担他们的贫困。

走其他的路不是更明智吗？对于反常的特殊现象应当制定特殊的法律，应当完善对挥霍浪费现象的监管机制，因为现在参政院认为监管挥霍浪费现象的机制也适用于农民。应当仔细考虑并制定出地块不可分割的法律。但是，主要的是，当我们书写全国的法律时，必须考虑理智健全的人和强者，而不是醉鬼和弱者。（中间响起了掌声）

先生们，要有信心！有过这样的时刻，当时对俄国未来的信心发生动摇，很多观念被破坏，这一时刻即将到来，但在这一时刻，只有沙皇对俄罗斯庄稼汉和俄罗斯农民的信心不会被扰乱。（中间及右边响起了掌声）这是一个不能犹豫而要决断的时刻。这不，在这艰难的时刻，政府承担了重大的责任，按第 87 条实施 1906 年 11 月 9 日法令，政府指靠的不是穷人和醉鬼，而是富人和强者。在很短的时间内大约有 50 万这样的房主，把 320 万俄亩的土地确认为自己所有。先生们，不要阻挠这些人的进一步发展，在立法时你们要记住，这样的人、这样的强者在俄国有很大一部分。（中间响起了掌声，右边响起了个别的掌声）

令很多人感到不安的是，左边及右边对私有财产原则的抨击，但在这种情况下，左翼反对的是理性的、真正自由的原则。（左边响起了“真了不起”的喊声，中间传来了“对”的喊声）难道还不清楚村社的奴役、家庭所有制的压榨对 9000 万居民来讲是痛苦的奴役吗？难道忘记了，这条道路已经进行过尝试，对我国大部分居民进行监护的大规模尝试已经遭受了巨大的失败？（从中间传来“对”的喊声）

返回这条路是不行的，不能仅仅在顶端各处挂上某种虚假自由的幌子。（中间传来了叫好声）也必须考虑到底层，不能脱离开粗活，不能忘记我们的使命是要使人民摆脱贫困、摆脱无知、摆脱无权的地位。改造我们的帝国、在坚实的君主制基础上改造我们的帝国非常需要殷实的私有者，殷实的私有者是革命运动发展的障碍，这从今年 9 月在伦敦举行的社会革命党最近一次代表大会[1]的文集中可以看出。

我给你们举几个这次代表大会的规定。代表大会的决议指出：“政府在进行了镇压公开起义和夺取农村土地的尝试后，给自己提出的目标是通过加紧推行个人私有制或农庄经济来分化农民。政府在这方面的任何成绩都会给革命事业带来重大损失。”（中间响起了暴风雨般的掌声）代表大会的决议接着指出：“从这个观点来看，农村的现状首先要求党对土地私有制进行坚定不移的批判，要求与各种个人倾向进行毫不妥协的批判。”

所以，在我看来，右边及左边的家庭财产的拥护者都犯了大错。先生们，给所有的战士穿上了铠甲或为大家念了以防受伤的咒语后，不要去战斗，不要制定仅仅是针对弱者及病弱者的法律。不，在世界的各民族的角逐中，在各民族的竞争中，只有那些充分集中了自己的体力和精力的民族才能赢得体面的地位。

因此，立法者和政府的各种努力都应当致力于提高我们福利的唯一源泉——土地的生产力。

必须通过把个人劳动、个人财产用于土地，通过把全部的人力用于土地来提高我们的贫瘠的、功效不济的土地，因为土地——这是我们未来力量的保障，土地——这是俄罗斯。（中间及右边的一些座位上响起了暴风雨般的掌声，左边传来了嘲弄的呼声）

[1] 斯托雷平把日期搞错了。他指的是 1908 年 8 月在伦敦举行的社会革命党第一次全党会议。在会议上以 H.Д. 阿夫克森齐耶夫为首的比较温和的一派，要求放弃“部分战斗行动”和武装起义的准备，放弃的部分主要集中于宣传组织工作和中央恐怖。

（十二）东正教国家的信仰自由

（1909 年 5 月 22 日斯托雷平讲话摘录）

政府及立法机构肩负着修订调节入教和退教、调节宗教信仰、调节推行宗教信仰的方式、最后确立一种源于宗教信仰状况的政治或非宗教的限制的使命。但是，进入信仰领域、进入宗教信仰领域，我要指出的是，政府、甚至国家都应当极为小心、极为谨慎地行事。

回顾过去可以看出，教会和国家相互关系的自然发展导致教会在教条问题、教规问题上的完全独立，导致在主管教会制度和教会管理的教会立法领域国家无法限制教会，导致了国家保留了在确定教会和国家关系方面的完全自由。

保证国内宗教信仰制度的合法途径就在于，国家既不参与教规问题，也不参与教条问题，不限制教会在教会立法方面的独立性，保留确定源于公民的宗教信仰状况的政治、财产、非宗教的和普通的刑事准则的权力和责任。但对最后一个问题，政府应当尽各种努力，以便使宗教信仰自由的需求及整个国家的需求与占统治地位的最主要的教会的需求相协调，为此政府要与教会就这些问题进行事先联系。

我不能不做一个有特殊意义的极为重要的补充。如果是宗教信仰自由的宣布完全无可争辩，那么改信其他宗教需要非宗教权力的各种许可就会失效；如果我们的立法中对叛教的任何惩治（早在 1906 年 12 月 14 日就废除了惩治脱离基督教而改信非基督教的第 185 条）都不可能保留完全无可争辩，那么委员会提出的关于必须在法律中宣布脱离基督教而改信非基督教自由的要求就要受到极大的怀疑。诸位，要知道，实际上承认自己根本不信教的人要比决定改信穆罕默德教、佛教或犹太教的人多得多。委员会关于改信非基督教的人的各种考虑可能是完全针对宣称自己不信教的那些人的。

而且，委员会完全正确地承认，我们不可能承认非宗教性的原则。

诸位，如果在对宗教问题比我们更冷淡的其他国家，宗教自由理论要向国民精神、国民信仰、国民传统让步，那么难道在我们这里我们的国民精神就应当成为干巴的、人民所不理解的理论的牺牲品吗？先生们，难道为了给几十个没有受到处罚就脱离了基督教、被教会视为误入歧途的人，给他们提供公开与教会断绝关系的机会，难道为此就要把居民眼中的东正教徒与非基督徒地位平等的原则列入我国的立法中吗？难道在我们严肃的东正教中基督教国家的一个最主要特征会消失吗？我国人民忠于教会，也容许不同宗教信仰。但宗教宽容还不是漠不关心。

现在我们面临着落实 4 月 17 日诏令和 10 月 17 日宣言的最高原则的大问题。先生们，在你们确定完成这项任务的方式时，不能站到带有政党及政治意图的道路上。在进行其他改革时，你们现在及将来始终都要遵循其他方面的考虑，即考虑如何在不损害我国的生活原则、不损害过去和现在把数百万俄罗斯人联合在一起的国民精神的情况下，按新的原则改革、改善我们的日常生活方式。

在祷告中寻求安慰的人民当然都会明白，法律不会对宗教信仰、对每个人按自己的仪式进行祷告进行惩处。但是，先生们，人民不懂法律，不懂得宣布东正教、基督教与多神教、犹太教、穆罕默德教平等的纯属招牌性的法律。（右边传来了“对”的喊声，中间和右边响起了掌声）

先生们，我们的任务不是要让东正教适应抽象的信仰自由理论，而是要在我们的东正教的俄国范围内点燃宗教信仰自由的明灯。你们记住，宗教信仰法将会在俄国施行，也会得到俄国沙皇批准，俄国沙皇对于上亿的人而言，过去、现在和将来都是东正教沙皇。（右边和中间响起了掌声）

（十三）殷实的私有者——经济复兴的基础

（1910 年 3 月 15 日斯托雷平在国务会议上的讲话摘录）

社会纷争孕育、培育了我国的革命，正如当时的情况所表明的，仅凭一些政治措施无力消除这种社会纷争及这种社会纷争引起的革命暴动。政治改革只有与社会性的农业改革相结合，才能产生活力、影响和作用。所以，先生们，要从社会的而非政治的视角看待 11 月 9 日法令，那么就会明白，这个法令不是惊慌失措作出决定的结果，而新的农民社会经济结构的基础正是这个法令奠定的。因为发生革命暴动的时刻正是做决定的时刻，而不是沉思的时刻，这个问题为什么按第 87 条、按皇帝的话和意志实施是很清楚的。这很清楚，也是因为正如 A.C. 斯季申斯基（A.C.Стишинский）在这里曾说过的，农民地产方面把地块分出作为私有财产的问题应在 1907 年 1 月 1 日之前解决，因为到 1907 年 1 月 1 日赎金停止支付，总则[1]第 12 条就要生效。

我援引这个历史资料，是为了从一开始就确立政府不能放弃也不会让步的法律的

[1] 指 1861 年俄历 2 月 19 日颁布的《关于农民脱离农奴依附地位总则》（Общее положение о крестьянах, вышедших из крепостной зависимости）。

原则性方面。政府不利用法律的效力来采取任何强制退社的措施，政府认为，采取任何强制手段，采取任何强迫方式，他人意志对农民在安排其命运、处置其份地方面的自由意志的任何压制,都是完全不容许的。这是主要的根本思想,它是我们法案的基础。

我谈谈国务会议特别委员会的少数提出的两处修正。在国务会议特别委员会票数几乎是平均分配的，所以我认为有责任阐释一下政府对个人财产和家庭财产问题以及赋予村社购买户主出售的份地的优先权问题的看法。这两处修正的目的在于限制户主在处理自己份地方面的权力：第一处修正是为了保护家庭的权利；第二处修正是为了保护村社的利益。

我尽力认真地领会家庭财产的拥护者的思想和论据，明白了赋予妇女在解决出售份地问题上、在这一思想方面的表决权，是最起码的要求。我同意把家庭联盟与劳动组合等同的理论。我清楚家中的头头——醉鬼及游手好闲者将要抛售供养全家的土地的各种可怕情况。但是我还是要以最坚决、最明确的态度宣布，政府认为强制性的束缚将于事无补，而且还会有害。如果家庭成员仍承认自己是这种作为劳动联盟的家庭联盟的成员，那么作为劳动联盟的家庭联盟仍将发挥作用，如果他们在随便一个偏远的地方打零工，那么，即使户主也住在当地，任何法律都不会把他们与分出去的户主的家庭联系在一起。户主——游手好闲者、醉鬼老是糟蹋自己的财产，因为你们没有赋予其妻子对财产的任何控制权。在这方面，能够保证家庭权利变成现实的是监督挥霍浪费机关作出的唯一公正和正确的判决。但是把整个村社俄国都交给妻子监管，会造成很多家庭悲剧，破坏整个农民宗法制度，这只有以放荡、酗酒的户主为首的弱势家庭能想到，对不起，诸位先生们，对此我不能理解。

要知道，甚至为我们确立了家庭财产成规的参政院，都从来没有走这样远，都从来没有阻止一些户主出售自己按户分得的地块。创建军队时，只要不准备让它溃败，那么就不能向弱的、落后的看齐。怎么能重建富裕强大的俄国，同时又压制人的主动精神、抑制人的能量的发挥、扼杀人的首创精神呢？这种首创精神为村社所扼杀，因此就不要以妇女的压制来替代村社了。逻辑各处都是一样：特殊保护、监管、特有的权利，对农民来讲只能使其长期体弱无力。

我们对自由说了很多，但抽象自由的倡导者却不想为农民争得最起码的自由——劳动的自由、首创自由。所以我要坚决反对特别委员会少数人提出的有关赋予村社购买户主出售的份地的优先权的看法。你们查一查，在村社有资金的那些地方，在村社因法定出让用于国家或公共需要或开采矿藏的耕地而获得资本的那些地方，如果村社需要份地，它是不会错过出售的份地的。但在那些村社没有资金的地方，人为地扩大村社土地的面积就会导致与村社有协议的各方的暴力争斗，法律效力可能制造纠纷和敌对。这一切都是为了人为地维护村社，为了阻止户主自觉地实现自己以这样或那样的方式决定自己命运的权利。

我如此迫切地重新回到这个问题，是因为法案的基本方面是我们内政的轴心，因为我们的经济复兴，我们是建立在下层殷实富足的阶级具有购买力的基础上的，因为我们的关于改善、整顿地方生活的法案也是建立在存在这一要素的基础上的，最后也是因为农民与俄国其他阶层权利平等不应当是口头上的，而应当成为事实。

先生们，我没有夸大11月9日法令的意义。我知道，在农业援助、宗教及世俗教育方面，没有并行的、始终坚持实施的小额贷款措施，暂时等待我们的还是失败、失望，但我坚信该法令的基本思想的正确性，我把这个也许比较朴素的法令的最初成功归咎于它与上个世纪的伟大法令、与解放农民不可分割的关系，它也许是解放我国农民阶级方面的最后环节。

这项事业不是毫无效果的，你们为最后审议这项法案所付出的耐心劳动也不会毫无结果。这已为一个惊人的现象、一个也许是未被充分考虑的现象、也许是存心不提的现象所证明：居民对11月9日法令的强烈反应，这种觉醒的强烈表现、激情、冲动，这是刚刚指出的几乎1/6的村社户主转向土地个人私有制所怀有的欢快感觉。先生们，转归个人私有的一千多万俄亩的村社土地，50多万份要求建立个体经济的申请，一百四十多万俄亩已经划到同一个地方的土地，这就是我带到这里的实际证明，目的是要向你们证明：富有生命力的永不熄灭的力量，俄国农民的自由意志意味着什么！认为这些成果是在政府官员的坚决要求下取得的，是很轻率的。我非常尊重人民的才智，要让俄国农民按命令而不是按内心的信仰改变自己的农业生活方式。

（十四）挣脱村社的束缚

（1910年3月26日斯托雷平在国务会议中的讲话摘录）

11月9日法令避免对支配土地的村社方式及家庭方式采取任何暴力和任何强制手段，而只是在以非常谨慎的方式解除至今仍束缚农民自由意志的桎梏，并希望最理智的人和最强者的能力和意志不受任何束缚，在富有俄罗斯民族精神的民族首创精神的宽广领域得到自由的彰显。众所周知，政府出于这些考虑，反对认定那些不定什么时候进行土地重分的村社的成员成为个体私有者，同样原因，政府也坚决反对在确定农民家庭财产，特别是把除了自然的、现实的选择外有时可能是不适用的成分强加于其上的农民家庭财产的概念方面确立任何新的书面标准。

先生们，请注意，政府在为农民开辟转向私人所有制的道路时，在这方面的行动非常谨慎，对于这种新的占有形式，政府保留了保证农民保留农民份地的各种规则，政府因此甚至遭到了官僚创造力不足的指责！

所以，通过使劳动力依附于村社或通过在份地的地界内建立新的不大的村社——家庭村社的方式把任何劳动力强行留在土地上的行为，都是与 11 月 9 日法令的思想及原则完全矛盾的。按我们的理解，不应当是土地控制人，而应是人控制土地。在高素质的劳动、自由而非强制的劳动还没有应用于土地之前，我们的土地就不可能经受住与我们邻国土地的竞争，而土地（我重复一下当时人们在国家杜马中说的话），土地——这就是俄罗斯。

（十五）俄国的历史权利——成为强大的国家

（1910 年 3 月 31 日斯托雷平在国家杜马中的讲话摘录）

在经受了考验的苦楚之后，俄国不可能满意：它不仅不满意政府，也不满意国家杜马和国务会议，既不满意右派政党，也不满意左派政党。俄国之所以不满意是因为俄国对自己不满意。当它摆脱了动荡，当俄国的国家自我意识变得清晰和固定不变时，当俄国感到自己又成了俄国时，这种不满才会消失！这多半要在这样一种条件下才能达到——在政府与代表机关正确、协同工作的条件下（中间传来“好”的喊声），政府与代表机关的协同工作轻易就能被政府目标及任务的走样所破坏。

最近几年的事件表明，讨厌的革命不可能削弱我们的军队（中间传来“好”的喊声），军队的物质储备得到了补充，它的士气很好，而我认为，它坚不可摧是因为这是人民的精神状态（中间及右边响起了掌声和“好”的喊声）。

革命的历史、国家垮台的历史告诫我们，当军队不再统一服从一个不容反驳的、神圣的权力的时候，就会混乱。你们把怀疑的毒素纳入了这一原则，向我们的军队灌输军队的调配取决于集体的意志，军队的威力已经不是建立在唯一不可改变的、把我们的军队团结在一起的力量——最高政权基础上这样一些零碎的思想。

我知道，很多人想按另一种方式提出这个问题；希望因为权力而挑起争论，争论对我们的军队来说是极其有害的；想要证明国家杜马的权力受到了规则的破坏，必须与政府进行斗争，这种斗争也许比将来可能出现的为俄国的命运而进行的武装斗争更为重要。

但我要公开宣布政府的坚定不移的看法：直到现在，国家杜马总体来讲对我军的最高领导者的权力都非常尊重；从政府方面来看，政府也从来没有蓄意破坏国家杜马的权力。我认为，国家杜马委员会表示放弃质询的申请就是对此的正确理解。我坚信，国家杜马定会尽力抛开自己的 32 名代表的质询[1]，以此证明在捍卫俄国的事业上我们大家应当集中自己的力量，协调自己的职责和权力来维护俄国历史上的一个最高权利——成为强大的国家。（中间及右边响起了掌声和“好”的喊声）

（十六）在民族边疆区捍卫“俄罗斯人”的利益

（1910 年 5 月 7 日斯托雷平在国家杜马中的讲话摘录）

国家杜马的诸位代表先生！

一年前政府向国家杜马宣布自己准备向立法机关提交关于向西部边疆区九省推广 1890 年的地方自治条例的法案。

现在能让俄罗斯因素和波兰因素这两个政治和经济因素在西部边疆区的政治舞台上自由竞赛、自由竞争吗？俄国政府是应当充当旁观者的角色，充当站在这一历史赛马场上的旁观者的角色（右边及中间响起了掌声及“好”的喊声），还是应充当站在获奖标杆旁只调解某个民族取得了好成绩的公正裁判（右边响起了掌声及“对”、“好”的喊声）？

先生们，要想得到答案，得到对这些问题的正确答案，得到符合我们国家的任务的答案，就必须在过去的经验中及事实领域而不是在抽象的理论领域找答案。（右边响起了掌声及“好”的喊声）这不，在这些领域的认真探寻要求政府必须做到：首先，在地方自治局选举时区分俄罗斯人和波兰人；其次，确立俄罗斯族议员和波兰族议员的百分比关系，不仅规定他们的财产状况，而且还要体现出这两种力量历史上形成的相互关系；再次，在将来的地方自治局中要考虑到东正教神职人员的历史作用和影响（右边传来“好”的喊声）；最后，在未来的地方自治机构中要对俄罗斯人的权利给予一定的保护。

[1] 指的是 32 名国家杜马代表提交的关于海军船舰义务的质询。

先生们，不要认为政府对波兰人有什么偏见，有什么恶感。（左边传来“当然”的喊声，右边传来“安静”的喊声）从国家方面来讲，这没有道理，而从我这方面来讲，这甚至是不合理的，因为，正是在我现在说的那些省，我学会了珍惜和尊重波兰居民的高雅文化，并可以自豪地说我在那里还有不少朋友。（左边传来喧哗声，右边传来“安静”的喊声）

但是，先生们，要公正，对把各种地方机构转归到当地居民手中会对居民产生什么样的影响，要了解清楚，要不抱成见地作出评判。要知道，就像在布景变换的舞台上一样，边疆区一切都会发生变化，一切都会转到波兰人手中，地方自治局的人员将会为波兰人所取代，波兰土语也会使用。

像俄国这样的国家，不可能也没有理由在没有受到应受的谴责的情况下就放弃实施自己的历史任务。（右边响起了掌声和喊声，中间传来了“好”、“精彩”的喊声）

每当边疆区俄罗斯人的创造力衰退时，波兰人的创造力就会显现并增强。我重复一遍，我不是在指责任何人，我在陈述事实。1906 年及后来几年，在西北和西南边疆区几乎发生了同样的事情：神职人员和知识分子竭力要把深入到民间的骚动引入民族的轨道。你们都知道，当时曾有强行更换村和乡的东正教负责人的企图，把东正教教师赶出学校，各地提出了各种要求。但是却没能特别成功地唤起民众——运动仍像以前一样集中在知识分子和神职人员中。

波兰社会急于把西部边疆区改成波兰色彩，我常常想起第二届杜马解散前，即 1907 年 6 月 3 日前我不得不对前来找我的波兰代表说的话。我对他们说，我向他们重申，在政治上没有复仇，但是有后果。可是波兰人却不能改变自己的政治方针；他们在国家杜马和国务会议选举时不能做到这一点，在俄罗斯人向他们提出妥协的各个地方，几乎各处的波兰人都拒绝了这个要求。

西部边疆区整个过去的历史都说明，在地方自治机关的选举时必须避免该地区发生部族争斗，必须使它避免波兰人在主要是当地居民赖以为生的经济生活中的优势影响。是的，必须设立地方自治局，必须为地方的首创精神提供空间，必须发展那些居住在西部边疆区的民族的势力，但是历史原因造成了要保护俄罗斯人利益的国界，否则俄罗斯人就不可避免地要受到排挤，要被抛弃。

先生们，根据所有这些情况，我认为，民族选民团是必须的。这些选民团只应当是选举产生的。把这些选民团变成燃起热情的政治会议、变成地方参议会，解决波兰人和俄罗斯人共同选举运动的时刻是否到来的问题，用拼凑的办法、无足够理由地解决这个问题，为波兰的各阶层和俄罗斯族的各阶层的共同活动制造真正敌对的气氛——政府认为这是不允许的，国家杜马委员会提出的民族党团的任意联合是不能接受的。

不能忘记，波兰人，由于他们良好的纪律、文化修养和能力，很容易把俄罗斯人的选举会议吸引过来一同选代表，而后，或是波兰人的选民占大多数，或是不幸俄罗斯人罢选，那些合乎他们心意的俄罗斯人被选出。但是，即使确定了民族选民团本身也不能保证俄罗斯国家的利益。这些原则的优先地位优于其他各种利益，只能通过俄罗斯人在地方自治会议中占优势的方式来实现。

政府方案的目的不是要压制西部边疆区波兰生人的权利（左边传来了喧哗声），而是要捍卫俄罗斯生人的权利。（右边传来了“好”的喊声，左边传来“沙文主义”的喊声）法案给当地的各个居民阶层、各种利益提供了合法的代表席位；它只是终止了持续多个世纪的民族政治斗争今后的发生。（叶戈罗夫［Егоров］[1] 从座位上站起来：“您在挑起这种斗争。”）法案作出这种终止，以命令式的、坚决的话语维护俄罗斯的国家原则。先生们，在这里，在这个大厅里你们批准这项原则也许会使不少幻想和希望破灭，但会防止不少不幸和争吵，会公开明确地证实，西部边疆区现在及将来永远是俄罗斯的边疆区。（右边响起了持续不断的掌声，中间传来“好”的喊声）

（十七）俄国在新体制下将变得更巩固

（1910 年 5 月 21 日斯托雷平在国家杜马中的讲话摘录）

很多人大概都不理解，为什么政府现在提出芬兰问题。芬兰正日渐繁荣，芬兰谁都不妨碍，与芬兰关系紧张——这或许是致命的错误，或是草率的冒险。（左边传来“对”的喊声）我就从这个问题开始谈起。先生们，事情不这么简单：1905 年及后来的危机使这个问题悬而未决，只有当局令人无法容忍的不作为才可能让政府对它避而不谈。（右边传来了“好”的喊声）

二者必居其一——或不得不探寻并制定解决全帝国问题及涉及帝国利益的芬兰法律的方式，或满足于芬兰议会对它们的单方面处理。但是，也许应当这么做，也许国家的难处也正在于此，把芬兰变成与俄国只有共同的外交利益的完全自由、自治的国

[1] 工人，第三届国家杜马彼尔姆省的社会民主党代表。

家，在彼得堡的门口造就一个感恩、富足的民族。

当然，诸位先生，任何一个聪明的政府，在与国家的一部分发生争吵、发生所谓的冲突之前，都应当清楚地意识到国家的利益是什么，同时既不要受虚假的自尊心影响，也不要受民族沙文主义影响。所以应当分析，对芬兰的内部事务、内部生活的完全不干涉是否对整个民族，而不是对一部分人有利，当然也不只是对芬兰人有利。

当然，你们都知道，在俄芬关系史上，有过这样的时期，当时芬兰的独立性很大，它与俄国的联系很弱。这样一些时期究竟给俄国带来了什么？俄国从中赢得了什么？它能赢得的，首先，从道义上讲，它可以讨得芬兰人的欢心，保证了自己这一方面的安全；其次，从政治方面讲，它可以通过纯芬兰立法为俄罗斯公民赢得一些特权；最后，从物质方面来讲，它可以赢得把自己的经济纽带与同它处于同一个君主治下的富足的民族更为牢固地联系在一起。如果经济及道义上的好处得到了，那么今后的道路就清楚了。俄国及芬兰的利益要求后者实现真正的国家自治——我着重强调"国家"这个词。

但是，我觉得，很难证明，芬兰及俄罗斯之间联系的削弱可以增强芬兰对俄罗斯国家的好感。1905 年 10 月芬兰发生的事件你们都记得。我认为，对俄国的积极反抗在芬兰从来还没有达到当时那样的规模。当时的口号是：武装起来捍卫已取得的成果。而在以前，在侍从将官博布里科夫（Бобриков）遇刺后，俄国的让步也没有引起芬兰方面的感激。芬兰议会把自己的立法自主性扩大到了不好意思立即剔除、调整甚至废除俄国的立法准则的地步。这给俄罗斯公民带来了好处吗？或许这至少是没有坏处吧？不总是。

现在我们看看下一个问题：芬兰的国家自决对俄国造成什么样的物质影响。一方面，芬兰作为俄国组成部分的地位造成的各种开支无法归还帝国，要由俄国承担。另一方面，俄国要承担因它给芬兰提供的各种优惠，因海关、税率、货币等方面的优惠而亏损的损失。第一类开支包括国家防护方面的开支、供养宫廷部和外交部的开支。我认为，一些摊到帝国每个居民头上的完全毫无争议的开支：用来供养陆军和海军的 3 卢布 59 戈比，用于供养宫廷部的 10.2 戈比，用于供养外交部的 3.9 戈比，落在居民头上的总数是 3 卢布 73 戈比，假如也摊到芬兰人的头上、也摊到帝国其他各部分，也是完全公正的；而如果扣除芬兰支付的同类开支——我考虑到退休金、航路费等各种相关开支——向居民征收的 54 戈比，那么摊到每个芬兰人头上的是 3 卢布 19 戈比，而整个芬兰就有 9625000 卢布。而这个负担落在俄国身上，每个居民摊 6 戈比，换句话说，每个俄罗斯人、老人和小孩、妇女和男人，因未确定的拥有芬兰的权利而每年支付 6 戈比，而五口之家支付 30 戈比，而每个芬兰人从帝国获得 3 卢布 19 戈比的优惠，而每个五口之家每年摊 15 卢布 95 戈比。

这还没考虑到 1650 万卢布的海关收入，其实我们在芬兰边境的税率——是平均税率，也就是俄国按在其他边境征收的额度为自己征税，芬兰征收的除外。将这一切进行对比就可以清楚，为什么芬兰花在每个居民身上的费用完全相当于俄国用于每个居民身上的费用，也就是每人 15 卢布若干戈比，可以用于文化需要的比俄国多一倍，尽管有各种关于俄国官僚主义的论调，但芬兰用于管理的要比俄国多两倍。

先生们，我列举这些数字只是为了证明，从物质方面来看，芬兰不断发展的国家机构没有给帝国带来特别的利益。无论如何，道义、政治及物质上的损失，显然是由这样的情况造成的：一些全帝国的事务按芬兰的程序单方面就能解决，而不能通过属于我们君主的那些行政立法权来抵制。

所以，很清楚，为俄罗斯的利益负责的人不能不感到，不能不意识到，强大的离心潮无法遏制地接纳了芬兰事务，给俄国造成了越来越多的损失。

因此，目前，全帝国的利益无任何保障，目前问题还是悬而未决，国家软弱无力的状况达到了极限。这时有人对我们谈理智，谈必须等待，当对手不等待时等待、当等待意味着失败时的等待有可能输掉父辈们的遗产。

政府认为，芬兰享有广泛的地方自治，赋予芬兰的是地方宪法，但政府完全相信，那些涉及全帝国的问题，或那些触及到俄国利益的芬兰法律，都不属于芬兰议会的权限范围。任何其他观点都会把我们引入历史的死胡同。（中间传来“对”的喊声）

大概很多人还不明白，在新体制下俄国不会瓦解，不会分崩离析，而会更加巩固，对自己认识得更为清楚。

先生们，要消除危险的幻想，消除比敌视和仇恨更坏的东西——对我们祖国的鄙视。在芬兰人消极抵抗的威胁中可以感觉到鄙视，可以感觉到来自不请自来的参事方面的鄙视，遗憾的是也可以感觉到来自我国社会上的一部分人的鄙视，这部分人既不相信俄罗斯民族的权力，也不相信它的力量。先生们，要甩掉自己身上的这种噩梦，把你们还没有解决的事情沙皇要过问的俄国具体化，你们就会证明，在俄国以全民力量为依托的权力高于一切。（右边及中央响起了持续不断的掌声）

（刘显忠　译，陈金鹏　校）

二、米留科夫的两篇讲话

（一）在立宪民主党代表会议上的报告（1909 年 11 月）

中央委员会将例行的策略报告按惯例提交党的代表会议审议，这一次的内容与以往有一些差别。我国国内的政治状况近年来处于经常而剧烈的变动之中，总的印象是具有长期而持续的危机性质。因此，对国内总的政治状况进行认真评价的时机到了。我们只有对国内所发生的事情有一致的了解，才能更清楚我党在国家杜马中基本的策略任务。

中央委员会对国内政治状况的基本观点如下。

目前国内尚缺乏足够的有组织力量，因此，不仅不能为扩大已获得的让步，而且也不能即使为了保存已取得的成果进行多少积极的斗争。随着政治局势暂时沉寂，在前一阶段多少组织起来的各种社会力量的瓦解过程在逐渐加剧。这一过程在反对“革命”的旗帜下自觉地推进着。它表现为迫害所有多少独立于官方政权的强大的社会力量。这些迫害渐渐近乎于旧政治制度下俄国惯用的那些形式。政府和警察对社会的独立精神加紧控制，暂时没有遭到涣散且沮丧的各种社会力量的强烈抵抗。组织瓦解过程的结束只能在外部的客观事实中去寻找，这些事实通常由于社会组织的瓦解而产生或者日益尖锐。当然，本报告不涉及在事态进一步发展的影响下而形成的客观障碍可能采取的那些具体形式。

但是，不能说上面提到的社会力量的涣散状态就等同于完全的政治冷漠。无论对现状的总体评价多么不同，无论乐观情绪或多或少，但是我不能不认同，群众目前的“冷漠”不是由于他们对社会事务冷淡和漠不关心。多半这是所有希望落空的结果，这些希望由社会运动的迅猛进程和强大张力所激发，由那些先进政党的计划和纲领所支撑。

引起人们普遍不满的原因不仅没有消失，在数量上还可能有所增加，随着人们对政治事件自觉态度的提高，影响也更大了。这种觉悟的提高被普遍认为是巨大的。毋庸置疑，人们对各种交流的需求大大增多：如以教育机构为基地的文化交流，以合作社和职业组织为基础的经济交流，以地方自治为土壤的经营管理上的交流等。人们不可否认对组织法具有极大兴趣，这种兴趣随着该法触及越来越广泛的利益而逐渐增大。因此，尽管看似沉寂，目前影响政党的基础得到进一步的扩大和加深。

各种社会力量的现状是：在组织涣散日益加剧的同时，由于对各种社会事件的自觉反应迅速增长，从而对过去的斗争方式和目标失望，这都赋予那些刚刚经历了社会紧张时代、但组织仍存活下来的社会派别以特殊的责任。1905 年和 1906 年留给俄国社会的遗产是形成了这样或那样的政党。

俄国所有政治力量无一例外地在居民中不具有深厚的基础，这不必隐瞒。只需要补充说明一点，政府自己的情形也是如此或者更差。政府逐渐发现自己不得不在这样或那样的政党中，而不是一般地在居民中寻找依靠力量。政府逐渐放弃了昔日人为的非党或超党立场，而积极地介入国内组织政党的过程。政府的这种意图大大地拖延了政党深入人民群众当中的自然进程。那些能轻而易举地为自己找到基础并且成为联结社会各界的基础的政党，恰恰引起当局的极大不信任，而且政府用一切可能的具有传统警察性质的监视手段积极地使这些政党脱离群众。正因为现政府不可能让民主派有政治觉悟的分子同民主主义的群众自由交往，因此十月十七日宣言所许下的主要诺言不会实现。另外，那些对群众的影响合乎政府愿望的以及极力尝试扎根于居民的政党，就自身追求的本质来说，与群众的利益有很大矛盾。靠这些党来组织群众是人为的，有时是强迫性的。因此，所有组织群众的此类尝试仍注定停留在社会生活的表面。

无论如何，当社会斗争的尖锐时期已经过去，当斗争具有了持续性，当斗争的积极参加者几乎只剩下党委会及其各省支部的正式成员时，现在所有政党都感到特别需要在居民中为自己寻找依靠力量。在各种有组织的社会力量（无论是右的还是左的）不再指望采取迅速又直接的行动后，斗争双方或多或少自觉地转向寻找更广泛、更牢固的社会基础。当然，在此有必要指出，在社会生活缓慢的进程之下，只有那些及时找到这种社会基础的社会派别和政治派别才能存活下来。

从这一观点出发，我们研究了努力在广大居民中间留下自己的影响并在那里为自己寻找依靠力量的政党，认为存在明显不同的 3 个主要派别。

（1）这个派别本身愿意自称为民主的君主派。它的意义在于保护旧的社会基础，这是保存旧的政治秩序唯一牢固的基础。使不受限制的专制制度同农民在半宗法制关系的基础上联合起来，在这种关系中贵族是两者的当然中间人，这就是"民主的君主派"的政治和社会理想。当然，"君主制"这一术语是我国右派组织的通用术语，他们理解它为"专制制度"，这多少是在原则上公开捍卫无限专制制度。而用"蛊惑人心的"说法代替"民主的"这一术语可能更为正确，因为其本身越来越明显，"民主"如同恺撒民主制度下的许多历史事例一样，只是一个招牌和标杆，借此来竭力达到某种力量的胜利。但不能否认，就自身追求的内容本身来说，君主派的蛊惑保证一定是民主的，即其要求至少表面上看是符合人民群众切身利益的。在这种条件下，君主派的蛊惑的确经常变成自己的牺牲品，落入自己织就的网中。这种挑动起来的蛊惑不可避免地发挥了社会倡议的实际作用，极大地推动了真正的民主运动，并迅速落到了这场运动的后面。大家都知道，这种情形就发生在不久前的俄国。正是这些可能的后果表明，这个派别所采取的策略不只限于纯粹的蛊惑和挑衅。正确的指的不是手段，而是结果，即保留民主的君主派这一名称。不能仅仅颠倒一下这一术语的位置，使用"君主的民主派"这一名称，因为当时运动的重心确实转移了，目的变成了手段。

（2）另一个派别越来越清晰地出现在社会舞台上，它也具有自己的社会基础，可以称之为"资产阶级立宪派"。这一派别较少人为性，较多时代性。但就其出身来说，它仍与第一个派别一样，不过更浮于表面。它不能在"蛊惑人心的君主派"寻找自己社会根源的地方，也就是在广大农民群众中寻找自己的根源，因为这些群众保存着旧的社会生活基础。"资产阶级立宪派"依靠那些即将形成的"强者"对这部分居民进行自己的大胆尝试。这个派别以其特别少有的热情着手建立这个与自己有亲缘关系的社会基础。但这样的社会基础现在还根本不存在。因此，目前资产阶级立宪派注定不是从下面，而是从上面为自己寻找依靠力量。在这里，其利益与其说同政府的利益相一致，不如说是共同防御比较激进的社会派别或政治派别。"资产阶级立宪派"同旧的"君主制原则"的捍卫者结盟的任务，过去、现在和将来都必然是消极的。而且，这一任务即将完成，因为左的危险正在逐渐减弱或者彻底消失，因此结盟本身将变得没有必要。

可见，第二个派别的社会基础和各种力量的政治组合是不牢固的和暂时的。俄国的大资产阶级暂时还没有对自己的政治立场作出最终的选择。在大资产阶级看来，这个派别可能是因为同旧代表如官僚和贵族联系密切而显得太保守了。贵族，他们大部分人较少有政治上的自觉，然而却拥有本性所固有的较多的团结精神，所以不信任这个派别，因为这个派别既不能保障俄国大土地所有者的利益，又过分怀有某些文化情怀，以致既妨碍保护极端的民族主义，也妨碍保持一切旧有的社会和政治因素。因此，资产阶级和贵族的好感集中于资产阶级立宪派互相对立的两翼，由于内在的矛盾削弱了这个派别的核心。因此，在寻找社会基础的过程中，这个派别也许是最没有把握的，它以后的生存将更多地取决于政治形势的偶然性。

（3）现在我们转向符合我们自身政治立场的第三个派别："民主的立宪派"。这种立场的实质就是激进的政治纲领和激进的社会纲领的结合。这种结合无疑要求广泛的社会各界具有比在自由政治生活的初期可能期待的更高程度的觉悟。正是由于群众没有准备好，民主的社会利益同广泛的政治改革之间的联系因此不能很快为群众所接受，我们广泛的社会运动没有取得成果。在群众当中进行广泛的政治宣传只能被更大胆的秘密蛊惑所取代，因为这种蛊惑宣传迎合了群众传统的看法和习惯的期待，它把"土地"这个群众明白易懂的正当的口号同"自由"这个不易弄懂并且解释得不确切的口号，纯粹人为地联系在一起。在这种情况下，即使人民弄懂了这两个口号之间的自然联系，也只能造成新的误解，并且产生同样的幻想，如果以后幻想破灭，人民群众将再次表现出失望和冷漠。此时要正确理解严格的立宪民主原则是十分困难的。所以，整个运动的失败以及政府所采取的措施，永远切断了农村接受这一最成熟的政治派别合理而正确影响的可能性，彻底关闭了这个派别在更广泛的农村地区传播的道路。

尽管存在着这样一些障碍，但是，又搞民主立宪主义，又直接表达人民群众的愿望，这种平行活动的可能性还是存在的。近期除经常发出一系列直接呼吁外，还可能通过下面要提到的"社会政策"从政治上捍卫劳动群众的利益，即国家保护这些利益，反对来自"强者"的破坏。在这个意义上，在俄国日常生活的具体情形下，民主的立宪派有时不得不支持残存的旧社会制度所采取的那些保护形式。当然，这种平行活动和这种游击式的保护，还不能构成可能在更良好的政治斗争条件下制定的纲领的全部内容。这方面的第一步可能是在适合农业居民的地方建立组织。然而，这种组织目前完全不可能建立起来。即使在这种政治生活的条件下，也还有一个共同因素在过去是、在目前继续是民主的立宪派自然而牢固的社会基础，即城市的民主派。不看将来，可以说，就在目前，除了依靠工人阶级的社会民主党外，民主的立宪派在城市的民主派中已经具有比其他任何政党更广泛、更有组织和更有觉悟的社会基础。需要指出的是，由于民主的立宪派高度的文化修养和原则性，还有另一个因素成为这个派别自然和必然的同盟者。我指的是体现俄帝国国民性的所有人，特别是在目前，这些人正遭到上面提到的两个派别——民主的君主派和资产阶级立宪派本性所固有的、假惺惺的民族主义的迫害和威胁。

现在转向最后一个问题，即第三个派别同之前提到的两个政治派别之间的相互关系问题。民主的立宪派同这两个派别中的任何一个都有比另一个更相似的地方。这从我们所选择的术语中可以看出来。它的“民主主义”接近第一个派别，当然可以把民主主义从君主派的蛊惑中分离出来。它的“立宪主义”可以同第二个派别结合起来。在近期的政治斗争中，一方面，民主的立宪派的诉求形式上同君主派的社会诉求接近；另一方面又同资产阶级立宪派的政治诉求相结合。由于这些互相交织的关系，在相互冲突的这样或那样的政治组合中谁占第一位的问题就成了目前的主要问题。

中央对所作的回答毫不怀疑。中央在对第一个和第二个派别持原则性反对立场的同时认为，必须在所有场合强调斗争真正的政治前景是什么。毫无疑问，目前斗争的主要基调赋予它这样的政治特点，即新旧政治制度之间的斗争。民主的社会利益当然可能会是这一斗争不可避免的牺牲品，正如在土地立法过程中所发生的那样。而且这些利益在恢复旧秩序的条件下得不到保障，我们原来是旧秩序的同盟者，曾有步骤地支持资产阶级立宪派的敌人。我们在新的政治制度中看到保护民主利益的切实方法，自然首先应该竭力掌握这一方法。对目前斗争各方力量的粗略了解表明，围绕政治问题正在展开一场激战。而社会任务暂时只作为斗争的辅助武器被两大主要对手——君主派和立宪派所利用。

所幸的是，我们由于坚持立宪主义立场，不会冒群众不理解的危险。我们在土地问题上的立场广大群众深为了解，这使人们把我们同 6 月 3 日和 11 月 9 日的资产阶级立宪派弄混了。由于我们在立宪问题上有步骤地支持资产阶级立宪派，显然对所有人来说，我们将成为那些在土地问题上敌视农民利益的人的敌人。

还剩下一个方面的问题。经常提到宪法同民主利益的联系，我们当然不能忘记，这是最难坚持的一切可能的政治立场中的一个。我们宣传立宪斗争的方法，而同时人民本能地相信其他方法。由于不可能相互理解，我们大大削弱了自己的力量。另外，民主的君主派竭力夺走我们立宪斗争的阵地，否定宪法或者一笔抹杀宪法。而主张采取不久前遭到失败的更尖锐斗争方法的人也因此否定宪法。我们应不应该放弃难以坚持的立场，转而采取口头上更容易坚持的立场，哪怕这一立场在尝试实际采用时不被接受或者有害？对此我们民主的立宪派同样不可能有两种回答。这个派别的存在是俄国政治生活中主要的新事物和最重要的成就，它的胜利是俄国复兴事业的唯一和必然的条件。民主的立宪派的基本思想是，复兴事业不可能以一场政治痉挛而告终，从历史上看，对于刚开始的复兴事业来说，这种痉挛是必需的。在革命和反动这两个竞争力量之间，民主的立宪派坚持合法的立宪斗争的原则。当广大群众自己再次认为其他方法毫无用处时，这一原则不仅会巩固，而且会加强。我们的立场得来不易，并且已经开始把越来越多的朋友团结在了自己的周围，如果离开我们的立场，就意味着毫无理由地放弃自己努力的成果，背离自己的历史，改变自己应尽的义务，这就意味着自愿使自己在政治上变得无足轻重。因此，必须利用政治沉寂的时刻，更坚定地坚持我们所持的立场，教会居民习惯严格的立宪斗争的策略以防备将来可能出现的复杂情况，缺乏或削弱这个策略，都妨碍我们从1905年和1906年的运动中汲取可能的一切好处。

有人把这一任务同合并各个反对派集团这一将来的任务对立起来。当然，可以认为这两个任务丝毫不矛盾，甚至互为补充。正因为普遍的危险威胁着所有反对派集团，正因为要战胜这一危险，所有这些集团只能以早已为民主的立宪派所掌握的策略进行斗争，它们的接近现在已是既成事实，不必进行任何形式上的谈判、结盟和联盟了。但是，如果说要回到不久前的竞选集会上称为的1905年的“旧策略”，必须斩钉截铁地给予否定。这个问题的讨论，实际上可能变为群众集会上曾经有过的一个争论，即有没有“奇迹”存在。只要注意到，至少“奇迹”并不存在于我国政权中，而且也不在现今已在公开活动并希望进行合法的有组织活动的大党的考虑之内。因此，所提出的问题甚至不在于有没有奇迹，而在于在奇迹之上能够建成什么。我们在不久前经验的基础上对此作出了回答。这个回答就是坚持我们所选择的立场，当时选择这个立场很困难，当时我们像一个人那样坚持这个立场，现在我们捍卫这个立场也相当不容易，但是，在此之后，我们的旗帜将团结起更多相识和不相识的朋友。

在对国内的政治发展阶段进行了总体评价后，我们转向国家杜马状况问题，首先必须指出一个特点。在现有政治活动的条件下，在各社会组织发展薄弱的状况下，甚至在群众政治上没有准备和政党的政治情绪不稳定的条件下，国内的政治派别很大程度上只反映政党在国家杜马中的斗争。政党暂时只在寻找社会基础，并且还远未找到。许多政党甚至不是从国家来到杜马，而是努力从杜马在国家中取得牢固地位。这一点用在右派十月党人中心的身上特别恰如其分，右派十月党人中心属于资产阶级立宪派，不得不指望官僚同左右两边都与其最接近的派别的联盟。正如我们所见，从上述派别中，可以看到对杜马内各政党的评价。民主的君主派在国家杜马中有51名极右派代表。官僚立宪派（右派十月党人）的中心（125人），主要是其左翼来代表。贵族，他们“没有联合”在同旧秩序结盟这一战斗性蛊惑的旗帜下，而是集合在十月党的右翼，特别是集合在一个中间的、纯粹的杜马集团“俄罗斯民族主义者”（91人）那里。大资产阶级的利益开始集中于（十月党的）左翼，同时又主要集中于一个中间的进步派。所有这些派别或政党刚开始在国内摸索到自己的基础，实际上还依然感觉自己更依靠政府，而不是更依靠选民。只有较左的派别在努力摆脱这种依靠。由此产生国家杜马状况的不稳定性以及向政府而不向国家看齐的必要性。国家杜马多数情况下会跟着内阁情绪的变化走。杜马在任何政治地位下都应该“赢得信任”，即使由于同内阁经常不断地产生分歧而威胁到自己的生存。第三届国家杜马的多数之所以能够反映国内的情绪，只因为这与杜马自我保护的利益没有发生矛盾。在这样一些条件下，国家杜马内部的变动和重组，如同普遍的政治状况一样，具有某种复杂多样的不确定性和不稳定性。与政治状况的变化相适应，杜马内的重组可以特别注意以下几次有代表性的时刻。第一次，这是报刊上已经说的杜马普遍“向左转”的时刻。在选举后的最初时期，由于反革命的惊慌失措，六三当选者凑到了一起，其反动情绪甚至远远超过政府。到国家杜马第一次年会期间，这个最初受到的惊吓开始过去了，情绪变平稳了。战胜了“反国家的”反对派的六三胜利者为了“国家制度”和“民族利益”凑到了一起，由他们组成的各个派别渐渐拉成一条长长的线，但是在线中间有政治间断和断裂。只有极右派仍然忠于最初的反革命情绪和复辟口号。温和的右派从杜马存在的第一天起就“向左转”，因为要跟上内阁的情绪，使内阁保持多数。十月党人的“左翼”在选民情绪的影响下有可能向左转，因为它相信自己同内阁的关系很牢固。反对派的行动有可能更鲜明，因为反对派刚刚第一次猛攻了反革命的凶恶性和民族主义者仇视人类的行为。但是，除这个第一次的普遍变动外，接着在第二次年会期间立即出现了不同于“向左转”的特殊形式。杜马各派在向左转时，既没向中间靠拢，也未均匀地分布到其他战线，而是集中于两个确定的点上，分列于中间的两边。极右派没有变成温和的右派，变动停住了。十月党人的中心也没有变成人数增加最快的进步派。在椭圆的两个中心初步形成了两股政治引力：向内阁看齐的温和右派和向国家看齐的进步派。

就在上述两次变动的基础上完成了第三次较晚的、目前实际上最有意思的变动：“杜马向右转”。这个向右转的意义在于与政府走向反动的进程相一致。具体目标是改变杜马多数中心使之符合未来右派内阁或现在正向右转的内阁的方针。从中心向右转的初次尝试是在1909年3—4月内阁发生危机时。当时最令人感兴趣的症候要数十月党内部的纷争：“戈洛洛博夫派”支持温和的右派把“党团”变成巴拉舍夫领导下的“政党”的尝试。由于危机的危险很快过去，那么暂时也不需要新组的多数了。十月党现任领导人可以依靠内阁掌握领导权。但是，斗争远未因此结束。从本次年会开始，斗争将由于有了新力量而重新开始。即使中心领导人试图在变化了的政治局势下坚持已有立场，现在也认为“向左转”是不允许的，这已为右派攻击中心提供了新的丰富材料。在上次年会的后期，宗教信仰法就只有左派同意。同时引起同盟者猛烈的夏季宣传，君主派在去年秋天举行的莫斯科代表大会上通过决议决定进行这一宣传活动，宣传迫使内务部向东正教最高会议做出明显的让步（收回法令草案）。另外，关于海军的编制问题，内阁同样必须向右派让步。结果，委托在根本法的范围内解释第 96 条，大臣会议在 8 月 24 日制定出细则。大家知道，领导中心通过了基本上正确的决定——认为这一解释没有法律效力，因为它实际上与根本法相矛盾。这一立场现在可能同内阁的意见一致，但在将来必定蕴含大量危险。只要内阁或杜马多数领导人认为有必要实施 8 月 24 日细则，就会引起冲突。在基本的立宪问题上，反对派认为 10 月 17 日党团等要负起责任。对东正教和专制制度抱怀疑态度的中心现在努力借“国民性”来摆脱困境，极力强调民族问题。以此目的，芬兰被选中，犹太人问题被再度提起。即使做出这些牺牲也挽救不了中心领导人免受背叛的指责。一些法令草案，表面上是中立的，却不得不依靠左派多数。假设定罪，地方法院的一些问题，将来的自治、国民教育等问题，所有这一切都迫使中心同反对派保持实际联系，同时也为右派鼓动宣传反对中心领导人提供了材料。同中心竞争的政治组合已经在年会开始前就出现了。就这个组合的意义来说，右翼十月党人，杜马中的右翼，包括极右派，会在专制制度、东正教和国民性这一纲领的基础上联合起来。老的[1]反对这个组合：这好像是在势均力敌的两个组合（154 人 +157 人，或者不算极右派和左派，91 人）之间摇摆不定的人（125 人）取得的成果。君主派代表大会，在上层的明显庇护下，准备第一次密切组合起来。十月党人代表大会，在立宪民主党取得城市胜利的影响下和普通居民情绪的压力下，只可能试着保住第二位。而更向左转，这意味着把十月党人进入杜马的情形抛到脑后，甘冒同政府公开决裂的危险。在国家杜马中，“右派”组合开始与十月党明显的“左的”情绪背道而驰。右派多数实施的第一个重大步骤是由前两派组成一个新的“民族主义者党团”。新党团的色彩无疑更右。早在 4 月就被指定为领导国民教育委员会的右派候选人安列普的政策也促进了它的出现。十月党人内部也在朝这个方向“发芽”。由 10 名杜马成员组成的新的“右派十月党人党团”的出现已经是第一

[1] 编者注：原文如此。译者注：可能指老的组合。

个征兆。接下来还有5人准备与之联合。新的集团出现的同时，竞赛又重新燃起，到底两个前杜马中心中的哪一个将来会得势。除尚未达成互相谅解、依然互相嫉妒的力量外，还暴露出这样的问题，如在选举主席团成员时相互违背承诺，结果，温和反对派代表取得选举胜利。同反对派建立联系，由一系列本质的问题所决定，同时也是一种策略，以警告"民族主义分子"，保持对它们的绝对优势。"民族主义分子"只能以自己在三位一体说法基础上取得的胜利来对抗这种策略。这就是我们在国家杜马第三次年会开始时遇到的一些还未明朗的问题。这些问题将导致什么结果，什么样的可能性将实现，现在还很难说，这是因为，如上所述，局势普遍的不稳定及其对偶然的外部原因的依赖。出人意料的事情可能来自内阁，也可能来自国家杜马。这些问题可能导致的可能性有下面几个。

（1）内阁危机，出现右派内阁。

（2）现斯托雷平内阁向右转。

（3）国家杜马形成右派多数。

（4）摇摆不定的人形成多数。

（5）左派组合，杜马分裂成两半，解散杜马成为一系列冲突的后果。

当然，上述列举的可能性之间可能会重新组合。一般说来，可以将上述列举的所有方案归结为两个：①右派在内阁和杜马中密切配合——从而保持政治进程的持续性，杜马完成自己的任期；②右派在内阁中配合，但不稳定，或者左派在杜马中配合，从而使杜马提前解散并在目前或重新"解释的"选举法的基础上进行新一轮的选举。现在我们来了解一下国内各政党的状况和要求，以及各政党在杜马中的作用和策略。在这些材料的基础上就不难确定适合我党策略的方向。

（1）当然，首先在任何状况和配合下必须遵守的基本条件是，承认保持党团的政党特征，即保证人民自由党同情和支持上述提到的国内民主派和民族主义分子。不过，还要补充一点，假如党不惜巨大的牺牲和让步才能取得一些局部的但直接的实际结果，或者假如党提出同反对派完全合并和形式上联合这样迥然不同的任务，那么遵守这个条件就可能有危险。目前这两种情况都谈不上。党应继续把目前政治局势的变化当作取得成绩的基本条件，所取得的成绩将能与俄国的解放相提并论。这个变化，即政治运动的不断民主化，仍被认为是民族发展的必然阶段。这就是为什么党应该把目前活动的政治教育意义看得高于上述直接取得的一些胜利和成果。这也促使党团不要只追求直接的实际结果。

这就不能保证党的活动能与"珍惜"杜马这一特殊任务相适应。无论杜马进一步存在下去的政治教育意义多么重要，即使仍然依赖十月党领导人的策略，党团陷入冲突以及冲突所带来的一切后果的条件可能已经具备。在这种情况下，党团的作用将同前两届杜马一样，即不去人为制造冲突，在冲突不可能避免的情况下迎接这些冲突的挑战，不改变党团的正常行为路线。其实，产生冲突这一事实本身已经表明了冲突的不可避免性，也就是说，国家杜马现任领导人应对冲突的产生负责。

（2）上面指出的基本规则已经包括如下指示：在所有立宪问题上支持十月党中心。上面已经提到十月党人有条件的、可能是暂时性的"向左转"。但党团没有注意到其动机，哪怕是纯粹私人的和个人的动机，即使这些动机的结果，政治行为，同党团自己相一致。此外，在个别情况下还可能对中心有直接的影响和作用。无论过去还是现在，党团都不能不考虑这个可能性。这本身要求党必须在一些问题上进行充分的协议和协商。不久前的竞选辩论表明，这种协商为左派党团千方百计揭露"讨好"、"交易"等提供了材料。而且，竞选会议也表明，选民十分清楚这类游戏。特别重要的是，最终，政党之间的谈判不再视作是要悄悄进行的、暗箱操作的某种可耻的东西，而是看作杜马党团策略的必要内容。

（3）在社会问题上，正如已经指出的，党团不止一次地被迫与极右翼一起投票甚至支持由他们提出的修正案。"民主"还是"蛊惑"，无论如何，专制民粹派的民主要求与人民自由党同样的要求相符合的事实是存在的。有农民参加而不论政党与否一起进行投票，已经多次取得十分重要的成果（特别是在改进土地规划法令草案时）。不可否认，极右派在某些条件下会同意根据一起投票策略来"破坏杜马"。然而，需要说明的是，人民自由党党团这种打算刚一露头，党的报刊就大肆渲染这种打算不会成功。的确，极右派除在社会问题上一起投票外，还呼吁支持中心可能予以否决的立宪反对派提出的修正案。右派不止一次对此进行解释，这种投票的目的是使法令草案不被国务会议接受。在这样一些最重要的情况下党团有意不去争取可能的、但昙花一现的胜利，因此也不去寻求右派的赞成或反对：我们正在谈论把"无宗教信仰状况"纳入宗教信仰法令草案之中。

但是，有时候，右派的这类打算不能也不应妨碍我们做出决定、提出修正案，哪怕不被国务会议接受，哪怕削弱了杜马的牢固基础。比如，我们以左派立宪的多数通过决定。在这种情况下，我们认为冲突不是人为的和偶然的，是从资产阶级立宪派的基本任务中必然产生的。

（4）在民族问题上，由于所形成的局势，我们几乎注定要经常处于少数。这些问题的出现几乎永远不是由实际的民族利益甚至矛盾引起的，而是人为的，是可靠而“代表国家的”右派十月党人多数的某种专利。甚至在本届年会上，两个多数之间可能在民族问题上展开某种直线竞赛。党团对这种状况应抱何种态度？

在年会初期，当所有右派政党，包括十月党人竭力质疑反对派缺乏爱国主义、片面保护“少数民族”等时，党团采取了一些措施以便明确指出，真正的爱国主义是什么，右派政党为什么不能垄断爱国主义。目前，右派政党的“爱国主义”性质可以说被揭穿了，它们指责反对派同少数民族密谋，这种行为已经付出了代价。无论如何，党团从来不认为在揭露右派的“爱国主义”时能转变它们的观点。党团坚定不移地捍卫国家内部的民族平等原则和国家外部的国际交往的文化基础。政党公开信仰自己的政治信条的直接实际结果，与其教育影响相比，从来遭到低估。党团过去和现在都认为广大群众尤其需要这种教育影响，可是并不认为自己有权放弃担负政治责任。目前，党团在这方面的任务由于对芬兰国家自治新一轮的进攻而变得复杂了。

不仅群众，有教养的人士也对这些问题完全不了解，右派报刊迎合民族主义和帝国主义本能进行广泛的有组织的宣传，最后，我国大部分知识分子对民族主义和帝国主义进行自觉的、经过理论论证的鼓动，所有这一切使党团在执行涉及芬兰的一般任务时也变得十分困难。不仅如此，党团在这种情况下并未坚决彻底地捍卫自己的已有立场，即从当局在芬兰问题上进行宣传的第一天起就采取的那个立场。

（5）党团对其他反对派党团的态度，取决于对上述所有问题所持的立场。首先必须指出，反对派在杜马讨论过的大多数问题上通常能进行实际的协商，但是建立正式而长期的协商机制似乎是完全不可能的。甚至不能跟进步派协商：不仅由于这个派别的成员自己不受任何党的纪律的约束，而且因为所有党团对上述问题的态度同人民自由党团不完全一致。但是，在立宪问题上，当人民自由党团将支持十月党人时，进步派自然永远同它们站在一起；它们经常可能比十月党人更彻底地提出立宪问题。但是，这里的确可以预见到，如果两个党团分裂，本届杜马很少能够具有什么实际意义。就社会问题来说，由于事关农民，那么分歧就是正常的，而协调行动则是例外，虽然并不罕见。在谈到城市民主派和工人阶级的利益时，同样可能产生分歧，也就是说，进步派看来注定主要代表大资产阶级的利益（平静的《言论报》的观点）。但是，这个新奇的政治小集团，与此前在杜马产生的为数不多的这类问题一样，其社会立场迄今还未弄清楚。最后，在民族问题上，由于目前进入杜马的民族主义派别极其温和，进步派的影响在大多数情况下能够得到保证。但是，它们在芬兰问题上的立场，可能由于是新问题，暂时还不清楚。由于多数在民族问题上的策略，本届杜马中的民族党团的状况极为困难。民族党团有大量的，部分是带有很保守情绪的少数民族居民，必要时甚至要关注局部的实际成果，所以被迫采取处于中心和反对派中间的立场。在大多数情况下，它们同反对派联合。但是，任何正式协议，由于上面提到的原因，对它们都不是特别合适。

至于较左的党团，这里必须先说社会民主派。在党的指令的影响下，它在杜马中的行为最近尤其表现出与其他反对派原则上不同的特征。当然，这种立场在社会问题上特别突出。在土地规则问题上，它们经常和资产阶级中心一起投票反对立宪民主派和右派的联盟，显然从同民粹派和劳动派组成左翼联盟退到了最初的“纯粹的”无产阶级政党的立场。在工人问题上，它们的原则立场同样迫使它们与其说是进行争取改善基本的法令草案的斗争，不如说是“深化阶级矛盾”，揭露大、中、小资产阶级的阶级“内幕”。以此为目的，它对涉及工人阶级的法令草案通常提交明显不能实现的修正案，并根据党的重要指令有意使其在杜马中和在群众的宣传鼓动中破产。但是，当提出的修正案陷入经常的、特别危险的处境时，实际利益高于党的学说。在立宪问题上，由于以原则上否定现行宪法这一当今制度的法律基础为出发点，同时在这个问题上与极右派的主张相一致，社会民主派绝不能算是可靠的同盟者。揭露立宪民主派的“矛盾”，在这里常常胜过支持反对派的愿望。甚至在民族问题上，社会民主派的支持也不是毫不含糊的，它们的行为有时威胁到民族党团。在最近一次竞选辩论中，社会民主派在波兰和犹太人问题上的直线策略，是一个使人难堪的例子。

最后谈谈劳动派。劳动派人数少，领导力量不足，策略不确定，由于明显的策略原因，没有代表被选进第三届国家杜马。多数情况下，它们同人民自由党党团一起行动，有时同社会民主派联合。

所列举的意见表明，为什么“联合”反对派的一般要求大都是不切实际的。日常联系，经常互通信息，有时一起投票和共同提出修正案，所有这一切实际上都存在着。但加深党团之间的这些协调行动并使之系统化，还存在实际的障碍。当然，假如杜马少数打算并愿意对国家杜马产生积极影响，就需要在最低限度的共同纲领的基础上达成更巩固的协议。但假如暂时没有可能形成经常性的左派中心，那么这种协议实际上就是无用之物。假如有这种可能，那么当然，可以尝试达成协议。但要使协议具有长期性，在杜马短期存在的情况下可能会遇到障碍。因为在目前的局势下，这类协议等于长期而持续的冲突。

（二）在国家杜马会议上的讲话（1916 年 11 月 1 日）

米留可夫：国家杜马代表先生们。今天，我怀着沉重的心情登上这个讲台。你们都还记得一年多前杜马召开时的情形吧，1915 年 7 月 10 日杜马在我国军事失败的背景下召开。杜马认为这些失败的原因是军需不足，指出导致军需不足的原因是陆军大臣苏霍姆利诺夫（Сухомлинов）的行为。

你们还记得，国家当时的局势极其危险，这是所有人都清楚的，国家需要联合全民的力量，成立一个由国家可以信任的人组成的内阁。你们还记得，当时甚至大臣哥列梅金都在这个讲台上承认，“战争进程要求巨大并极端高涨的精神和力量。”你们还记得，当局当时作出了让步。当时，社会痛恨的几位大臣在杜马召开前被撤了职。苏霍姆利诺夫被撤了职，国家认定他是叛国者（左边喊道:“他就是！”）正如你们记得的，作为对人民代表要求的答复，在 7 月 28 日的会议上，波利瓦诺夫在一片掌声中向我们宣布成立调查委员会并将前陆军大臣交付法庭。

先生们，当时社会的普遍高涨情绪没有白费：我们的军队得到了所需要的，国家以第一年那样的高涨情绪转入了战争的第二年。先生们，这段时期我在国外待了几个月，因此我要特别指出，现在，战争的第 27 个月，与以往有什么区别。我们现在面临许多新的困难，这些困难比起去年春天我们面临的要复杂、严重和深刻得多。政府需要采取果断措施来应对国民经济普遍的不景气。我们又同过去一样了。我们处在战争的第 27 个月，同战争的第 10 个月一样，也同战争的第 1 个月一样。我们像过去一样竭力争取彻底的胜利，像过去一样准备付出必要的牺牲，像过去一样希望保持国家的统一。然而，我坦白地说，情形还是有不一样的地方。

我们对这个政权能否带领我们走向胜利失去了信心……（喊声：“对！”），因为我们在这里尝试修正和改善与这个政权的关系，但都没有成功。所有盟国都邀请各政党中最优秀的人进入政权机构，在他们政府首脑的周围，汇集着对国家的全部信任，集合着它们国家存在的所有组织的成员，这些国家都比我国组织得要好。而我国政府做了些什么？我们的宣言（指进步同盟宣言——译者注）谈到了这一点。第四届国家杜马出现了前所未有的多数，这个多数准备给予值得信任的内阁以信任，正是自这时起，几乎所有多少当得起这种信任的内阁成员，他们全都一个接一个地陆续离开了内阁。如果我们说我国政权缺乏目前所需的知识和人才，那么，先生们，现在这个政权还不如我们俄国生活正常年代的水平（左边喊道："对，正确！"），我们同这个政权之间的鸿沟日益扩大，难以弥合。先生们，当时，一年前，苏霍姆利诺夫被交付调查，现在，他被释放了（左边喊道："可耻！"）。当时，可恨的大臣们在杜马年会召开前被撤了职，现在，他们又增加了新成员（左边喊道："对！"右边喊道："普罗托波波夫！"）。我们并不是要政权有智慧有知识，我们当时只是要它有爱国主义，有认真负责的态度。我们现在能做到这些吗？（左边喊道："当然不能。"）

法国黄皮书公布了一份德国文件，文件教授怎样瓦解敌国，怎样在敌国制造动荡和混乱。先生们，假如我国政府有意想完成这个任务，或者假如德国人使用自己的方式，如施加影响的方式或花钱贿赂的方式也想完成它，那么德国人做得一点也不会比俄国政府好。（罗季切夫｛Родичев｝在座位上喊："很遗憾，正是这样。"）先生们，你们现在看到后果了，1916 年 6 月 13 日我在这个讲台上就警告，"怀疑的毒种会结出丰硕的果实"，"关于背叛和叛卖的不怀好意的传闻将传遍俄国各地"。我援引的是我当时说的话。我当时指出，我仍援引我说的话，"这些传闻将传得很远，不会放过任何一个人"。唉，先生们，这个警告像其他所有的警告一样没人理睬。结果，你们在参加今年10月29日在莫斯科举行的省参议会会议的28位代表发表的声明中读到下面的话："折磨人的、痛苦的怀疑，令人不安的传闻，比如关于背叛和叛卖，关于黑暗势力进行有利于德国的斗争及通过破坏人民团结和制造纠纷的方式为签订可耻的和约做准备等，对此现在已经清楚地认识到，这是敌人在暗中左右我国内部事务发展的方向。"

自然，由此又有传闻说政府内有人认为进一步斗争没有意义，应适时结束战争，并且必须单独议和。先生们，我不打算迎合可能是病态的种种怀疑，激动不安的俄国爱国者就是以这种怀疑态度看待所发生的一切的。但是，当一小撮不怀好意的人受个人卑鄙利益的驱使支配最重要的国家事务时，你们将怎样驳斥这些可能的怀疑？（左边鼓掌，喊道："对。"）我手里有一份 1916 年 10 月 16 日出版的《柏林日报》，其中有一篇文章的标题是"马努伊洛夫（Мануйлов），拉斯普廷（Распутин），施秋梅尔（Штюрмер）"：这篇文章所提供的消息，一部分过时了，一部分不确切。比如说，这位德国作者天真地认为，是施秋梅尔逮捕了马纳谢维奇·马努伊洛夫（Манасевич·Мануйлов）这位自己的私人秘书。先生们，你们全都知道，不是这样的，未经请示施秋梅尔就逮捕马纳谢维奇·马努伊洛夫的那些人已经因此被内阁撤了职。

不，先生们，马纳谢维奇·马努伊洛夫十分清楚可能要逮捕他。施秋梅尔没有逮捕马纳谢维奇·马努伊洛夫。（左边鼓掌，喊道："对。"罗季切夫在座位上喊："不幸的是，这是对的。"）你们可能会问：马纳谢维奇·马努伊洛夫是谁？我们为什么对他这么感兴趣？我告诉你们，先生们。马纳谢维奇·马努伊洛夫曾是巴黎秘密警察局的官员，《新时代》著名的"暗探"，专把地下革命生活耸人听闻的消息披露给这家报纸。但令我们更感兴趣的是，他还在执行一些特殊的秘密使命。其中的一个使命到现在我们还在关注。几年前，马纳谢维奇·马努伊洛夫去履行德国大使波尔塔勒斯（Pourtales）的一项委托，波尔塔勒斯开出很大的一笔钱，据说约 80 万卢布，去贿赂《新时代》。我很高兴地告诉你们，《新时代》的工作人员把马纳谢维奇·马努伊洛夫赶出了他们的办公室，波尔塔勒斯为遮掩这件不光彩的事费了不少劲。有人利用外交大臣施秋梅尔的私人秘书完成某项委托并不是很久以前的事，先生们，就是这样。（左边喊道："对！"喧哗不断）

主持人：我恳请大家不要喧哗。

米留可夫：为什么要逮捕这位先生？这一点人们早就知道了，我没有任何新的东西，如果我再向你们重复一遍，也是你们都知道的。他被逮捕是因为受贿。他为什么被解雇？这个，先生们，也不是秘密。他向审判员声明，他把受贿的钱同大臣会议主席分了。（喧哗声。罗季切夫在座位上喊："这个全都知道。"喊声："说来听听，安静！"）

主持人：请杜马代表先生们保持安静。

米留可夫：马努伊洛夫，拉斯普廷，施秋梅尔。文章中还提到另外两个人的名字——安德罗尼科夫（Андронников）公爵和皮季里姆（Питирим）都主教，他们同拉斯普廷一起参与了对施秋梅尔的任命（喧哗声）。请允许我详细地说一下这项任命。我对任命施秋梅尔为外交大臣有自己的看法。我是在国外获知这项任命的。我结合在国外旅行时所形成的印象谈谈这项任命。我简单地按顺序对你们说说我在途中了解到的情况，你们自己做出结论。是这样，我差不多是在萨佐诺夫（Сазонов）辞职几天后到国外的，最早是瑞典的报纸，后来是德国和奥地利的报纸报道了一系列消息说德国如何欢迎对施秋梅尔的任命。你们听听报纸上怎么说。我不加解释地读一段。

6 月 25 日《新自由报》的社论特别有意思。你们听听这篇社论说了些什么："老头子施秋梅尔千万不要俄罗斯化（笑声），一切都十分奇怪，德国人将领导脱胎于泛斯拉夫思想的战争中的外交政策（笑声）。大臣施秋梅尔未受导致战争的错误看法的影响。他不答应，先生们，请注意，不包括君士坦丁堡及其海峡，他决不签订和约。施秋梅尔获得了可随心所欲使用的手段。由于采取削弱杜马的政策，施秋梅尔满足了绝不愿同英国结盟的右派的心愿。他不会像萨佐诺夫那样公然说要使普鲁士的军事防卫失效。”

德奥报纸是从哪里就相信施秋梅尔为了满足右派的愿望将反对英国，反对把战争继续下去呢？看看来自俄国报刊的消息。在莫斯科的报纸上刊登了关于极右派一份报告的简讯（扎梅斯洛夫斯基｛Замысловский｝在座位上喊：“实际上这大都是谎言！”），这份报告在7月，也就是施秋梅尔第二次外出前送到了大本营。它声明，虽然需要战斗到取得最终的胜利，但需要暂时停战，否则胜利果实将由于革命而丧失（扎梅斯洛夫斯基在座位上喊：“谁的签名，谁的签名？”）。对于我国亲德派来说，这是个老话题，但又有了许多新的攻击内容。

我再重复一遍，老话题这一次添加了许多新的细节。谁在制造革命？正是这些人：原来是城市自治联盟和地方自治联盟、军事工业委员会、自由派组织的代表大会在制造革命。这无疑是未来革命的表现形式。这份报告证实，“左派政党打算继续战争，为的是在战争中间组织和准备革命”。

先生们，你们知道，除这份报告外，还有许多报告也发表了同样的看法。有对城市自治和地方自治组织提起的起诉书，还有其他许多起诉书，这你们都知道。于是，先生们，左派对未来革命抱有的固执看法，认为每一位进入内阁的成员必定阻挠革命（喊声：“正确！”）的这个固执看法，给因战争激发出来的高涨的民族热情、俄国自由的萌芽，甚至与盟国的牢固关系等都造成了损失。我当时问自己，这要照什么办法处理呢？我继续去瑞士休假，不关注政治，然而政治的阴影却跟随我到了这里。在日内瓦湖岸，在伯尔尼，我都无法甩开施秋梅尔过去管辖的机关，无论是内务部，还是警察司。

当然，瑞士是这样的地方，“各式各样的宣传在这里交汇，我们敌人的诡计在这里可以十分容易地看到。显然，在这里‘特种委托’系统特别发达，其中引起我们特别注意的特种系统尤其发达。”有人到我这里来对我说：“请问，在那里，在彼得格勒，著名的拉塔耶夫（Ратаев）在做什么？”人们问，为什么我不认识的某官员列别杰夫（Лебедев）来到了这里？人们问，为什么警察司的官员们频繁出入以亲德著称的俄国贵妇们的沙龙。原来，瓦西里奇科娃（Васильчикова）继承有遗产。为的是开辟不久前乔治·布坎南（Джордж Бьюкенен）先生坦白对我们说的那些宣传的途径和方法。我们需要对苏霍姆利诺夫进行那样的司法调查，当时我们指控苏霍姆利诺夫时，要知道我们也并没有调查后才发现的那些材料。我们当时拥有的，现在也拥有，这就是全国本能发出的呼声及其信心（鼓掌）。

要不是有一些总印象，尤其是要不是在我从巴黎前往伦敦途中得到的证据，先生们，我大概不打算谈及我的每一个印象。在伦敦，我意外看到一份直接给我的声明，声明说，从某个时期起，我们的敌人了解到了我们一些最隐秘的秘密，这在萨佐诺夫时期未曾有过（左边发出喊声："可不！"）。如果在瑞士和在巴黎我问我自己，我国官方外交的背后是否含有什么别的东西，那么在伦敦我也不得不这样问。我请求原谅，在通报如此重要的事实时，我不能说出它的来源，既然我的这个情报是准确的，那么施秋梅尔就可以在自己的档案中找到它的痕迹。（罗季切夫在座位上喊："他销毁了它们！"）

我不谈斯德哥尔摩事件的细节，大家知道，这事发生在任命现在的大臣之前，同时给我们的盟国留下很深的印象。作为见证人，我可以谈谈对这件事的印象。在这里我想先指出阿·德·普罗托波波夫（А.Д. Протопопов）的老熟人们都熟知的他的一个性格表现，即他不善于考虑自己行为的后果（笑声，左边喊道："这是当大臣的好条件。"）。所幸，在斯德哥尔摩，他已经不是代表团的代表了，因为代表团那时已经解散了，部分代表团成员已经返回俄国。那么普罗托波波夫在斯德哥尔摩做了些什么，他在我们走了以后做了些什么（尼·叶·马尔托夫在座位上喊："您在意大利同样做了些什么？"）。但是，先生们，我仍然说不清，这件事对那个我们都知道的前厅究竟起了什么样的作用，普罗托波波夫穿过这个前厅，继其他人之后，坐上了大臣的交椅（右边喊道："什么前厅？"）。我给你们念一下这些人的名字：马纳谢维奇·马努伊洛夫、拉斯普廷、皮季里姆、施秋梅尔。这是一个宫廷奸党，任命施秋梅尔是宫廷奸党的胜利，按《新自由报》的说法："这是聚集在年轻的皇后周围的宫廷奸党的胜利。"

无论如何，我有某个理由认为，德国顾问瓦尔堡（Warburg）向普罗托波波夫提过的建议，因为有了更可靠的来源并通过更直接的途径才再次提了出来。英国大使出来严厉指责那些愿意单独议和的一伙人，我听到后一点儿也不奇怪。也许，在施秋梅尔的问题上停留得太久了？（喊声："不，不！"）

但是，先生们，因为他身上主要集中了我过去说过的所有情感和情绪。我认为，这些情感和情绪不允许他占据这把交椅。他听见了他走出来时你们迎接他的喊叫声。我和你们一样希望他从此不再回来。（左边鼓掌。喧哗声。左边发出喊声："好！"）我们要对政府说，正如联盟宣言所说的：我们将同你们作斗争，我们将采用一切合法的方式进行斗争，直到你们辞职为止。据说，大臣会议的一位成员听到国家杜马这次打算讨论背叛问题后激动不安地大叫道："我可能是个傻瓜，但我不是背叛者。"（笑声）

先生们，这位大臣的前任无疑是个聪明的大臣，就像外交大臣的前任是个诚实的人一样。但要知道他们现在都不在内阁里了。对于实际后果来说，这难道不是无所谓的？在这种情况下，我们说这是愚蠢还是背叛？

你们一整年都在等待罗马尼亚的行动，你们始终坚决支持这一行动，可是，在决定性时刻，你们却既不派任何军队，也不利用唯一一条窄轨铁路为迅速运送军队提供任何可能，因此，你们将再一次错过沉重打击巴尔干的有利时机，你们把这叫做什么：是愚蠢还是背叛？（左边喊道："都一样！"）不顾我们的一再坚持，从 1916 年 2 月起到 1916 年 7 月，而且在 2 月，我就说过德国企图诱惑波兰人和威廉希望招募 50 万军队，当时却不理这些而有意拖延，聪明而诚实的大臣虽然最终试图最好地解决问题，但结果却是解除了这位大臣的职务，而任命了新大臣，最终我们的敌人就利用了我们的迟缓，那么这是愚蠢还是背叛？（左边喊道："背叛！"）请你们任选一个，结果是一样的。

当杜马坚持不懈地提醒说，应该组织后方进行有效的斗争，而当局继续反复说，组织后方就意味着组织革命，当局有意在制造混乱和无序的状态，这是什么，是愚蠢还是背叛？（左边喊道："是背叛。"阿杰莫夫喊："是愚蠢。"笑声）不仅如此。鉴于普遍的不满和怨恨，当局有意挑起人民的行动，警察司最近参加各个工厂骚动的行为就是明证，既然这样，当局有意通过挑衅挑起骚动和混乱，同时知道这可能是停战理由时，这样做是有意的还是无意的？

当战争正酣时，"宫廷奸党"却对唯一一位在盟国中享有诚实声望的人吹毛求疵（喧哗声），当他被我已经谈论过很多的那个人代替时，那么这是……（马尔科夫第二喊："您是说，是愚蠢还是背叛？"）我要说的是，这是对祖国建立的功勋，而你们却没有抓住。不，先生们，你们的意志，已经太愚蠢了。（扎梅斯洛夫斯基喊："对！"）只用一个愚蠢来解释所有这一切看来是多么难啊。

即使居民得出我在省参议会代表的声明中读到过的结论，也不能因此去责备他们。你们应该理解的是，为什么今天除了我已经说过的让这届政府辞职的话，我们就没有听到别的。你们会问，在战争时期我们要怎样开始斗争？是的，先生们，要知道，只有在战争时期，政府才是危险的。政府对于战争是危险的：正因为在战争时期以及为了战争、为了迫使我们联合起来的东西，我们现在要同政府进行斗争。（左边喊道："好。"鼓掌）

我们有很多很多的理由对政府不满。如果我们有时间，我们会谈谈这些原因。所有孤立的原因都可以归结为一个，就是这届政府的无能和居心叵测。（左边喊道："正确！"）这是我们主要的不幸，战胜它就等于赢得整个战争。（左边喊道："对！"）因此，先生们，为了无数的牺牲和抛洒的热血，为了实现我们的民族利益，为了对选派我们到这里来的全体人民负起责任，我们将进行斗争，直到我们得到一个真正的责任政府，这样的政府在我们的宣言中规定要具备三个特征：内阁成员对目前的迫切任务有一致的认识，他们自觉地准备履行国家杜马多数的纲领，他们不仅在履行这个纲领时，而且在其全部活动中都应该依靠国家杜马多数。

不符合这些特征的内阁得不到国家杜马的信任，应该辞职（热烈鼓掌）。

（高晓慧　译，陈金鹏　校）

三、斯图卢威的自由主义

（一）什么是真正的民族主义

“文化是指为了从非自我、非纯粹自我中获得完全自由和完全独立的一切力量。任何人都不是被培养，而是自我培养出来的。文化与所有散漫轻率的行为针锋相对，它以自觉性为目标并通过自觉实现。我们不能设立任何必然可实现的文化蓝图，它推动自由（发展），又深受自由发展的影响。”

——费希特（Fichte）

一

本文标题所提出的问题，或许已经被很多人提过，或许显得空洞无聊，或许虚伪造作。一种观点是从负面角度来讲的，认为它指的是民族利己主义和民族的自我崇拜，这样不可能是真正的民族主义；另一种观点认为民族幸福是主观的概念，有多少民族主义者，就有多少关心民族幸福的人；第三种观点认为对民族主义存在的任何批判都是不恰当的，甚至是极其有害的。

我不同意上述任何一种观点，最后一种观点显然应该立即被研究哲学的人所抛弃，而另外两种观点也并不具有说服力。

一种不容置疑的、人尽皆知的、强烈的、对祖国和民族的爱构成了各种各样的“民族主义”的精髓和最深刻的基础。赫尔岑在与友人的通信中谈到了自己和斯拉夫派：“从幼年开始，在斯拉夫派和我们的心里，都有一种强烈的、自发的、生理的和狂热的情感，只不过他们处于对这种情感的回忆当中，而我们则把这种情感当作‘上帝对我们的启示’。这种情感是一种支配一切存在的、对俄罗斯民族、俄罗斯风俗、俄罗斯思想方式的极端的爱。”是的，这种对祖国的爱存在于任何一个真挚的、有深切感受的人的心里。在一些所谓的民族主义的最粗俗的表达中，这种爱构成了模糊的、走样的、但又不容怀疑的、鲜活的“生理”基础。感受到并承认这种基础的存在不仅是被给予的、而且是合法的、源于我们人类的，了解并清除这种爱之源的任何糟糕的杂质后，我们应该给予它应有的精神或思想表达。这就意味着要回答这个问题：什么是真正的民族主义？

但是，这种爱的对象，即民族主义的对象，每个人都有不同的理解和定义，民族主义或许仅仅是主观的，并不能被客观描述的。这种不同的意见与我们刚才确定的统一的、毫无疑问的、活生生的民族主义的概念［根据赫尔岑（Герцен）的唯物主义对生理性的民族主义的表达］是自相矛盾的。这对于所有人都一样，是人的内心那种最深刻强烈的情感，就像所有最普遍最神圣的思想、最终或最高的目标一样，是不容怀疑的、客观的。在变换内涵的所有主观主义里，透过这种变换，纯正的“思想—形式”得到发展和固定。争论那些“思想—形式”的客观性，就意味着否定心理因素，意味着不承认摆在人类精神面前的根本问题。神的思想或宗教思想是那种“思想—形式”的一个最好的例子。历史性地固定在这种思想里的内容可以是不同的、多样的，它不断地被创造，不断地被破坏。但是，在这个历史进程里，对于人类意识来说，纯正的、正式的、不容怀疑的、客观的宗教思想和符合这一思想的真正宗教性的精神状态逐渐结晶。民族精神的情况就是那样。通过严格的、准确的逻辑思考，我们可以分离出该思想的纯正的、客观的形式，同时，作为必要的、不容怀疑的结论，得出真正民族主义的概念。这种真正的民族主义严格地、有意识地、同时也生机勃勃地服务于民族精神。

二

我们非常爱祖国和人民。我们不知道，也不想知道，因为什么原因，为了什么目的，我们没有目的地爱祖国和人民。我们醉心于这种没有私心杂念的、时而宁静、时而汹涌的情感，就像伟大的诗人以难以效仿的力量和真挚在绝妙的诗歌中所描绘的那样。但是，我们能感受到也知道，我们是怎样地爱这个我们珍视的、生机勃勃的、无可比拟的、任何东西也不能相比的“有生命的东西”。我们爱祖国，就像孩子爱母亲。这真是一个美妙的比喻！这句话挂在所有人的嘴边。但是，对于我们而言，祖国不仅仅是母亲。在某种程度上，它是我们的孩子。在有意识或无意识的生活中，在精神或物质上，我们一代接一代地创造并培育我们的祖国。我们用自己的血肉哺育它的身体，用自己的意图和想法填充它的心灵。我们给它创造有生命的、永恒变化的组织。在不同的程度上，我们都无一例外地要为自己的创造活动负责。这一切既不是无聊的文字游戏，也不是莫名其妙的妄想。在我们对待祖国的态度里交织着两种东西——创造的和给予的，保护的和接受的，神启和回忆。

母亲——孩子！那场折磨人的、真诚的争论的谜底就存在于这个象征里。那场争论是关于爱祖国的什么：今天的现实还是明天的梦想，现有的平静还是代替平静的未来的风暴与攻击。母亲把我们控制在手中，给我们发出命令，孩子在任何情况下都要听我们的话，不管他是否想在我们的影响下生活或成长。怎样来爱这种矛盾的、同时也是一致的“有生命的东西”？怎样既使母亲又使孩子满意？怎样使“回忆”与“神启”和解？怎样……？这还是那个问题：真正的民族主义是什么？

三

用比喻和象征解决不了那些问题。

在18世纪末和19世纪初，“民族精神”的思想产生并逐渐成熟。先前模糊出现过的、但此前已大大强化的欧洲民族的民族情感和自我意识在这种“民族精神”的思想里得到强化。那时，只有两个大的欧洲民族在重大的、现实的国家政治事务中体现了这种情感。法国革命整个地充满了民族精神，是民族精神的真正事业，是有意识地、公开地被宣布为民族精神的一项事业。这项事业和绝对君主制的传统相结合、并以那样的方式推行了雅各宾派的对内对外政策，导致了法国和几乎整个欧洲的武装斗争。整个英国都反对雅各宾派的政策。在英国，反雅各宾派的运动是一场重大的人民运动。这场运动的载体无疑是真正的民族情感。这些历史实例证明，多么不同的内容都可以穿上“民族精神”的外衣，这件外衣能够美化任何足够强大的思想流派。这是一个事实。还有一个事实，民族自我情感的有巨大影响的心理现象，在民族精神的、看似明晰的思想里为自己找到简单的说法和形式后，几乎总是歪曲和模糊自己的思想—形式，用暂时的历史内容把思想—形式从意识中排挤出去。从单独的个体和一代人的观点来看，民族精神的正式思想表现了一个没有尽头的过程。在这个过程中，其内涵不断地变化，“今天”总是和“昨天”、“明天”发生争执，一切东西不管其构建得多么合理、都要被合理地毁灭并重建。没有任何一种确定的精神内涵能够觊觎宣布并保持垄断“民族精神”形式。今天是你，明天是我——能够提出一种内涵、流派、趋向。一个人用自发过程挑选出集体精神，另一个人把它抛弃，如此继续，没有穷尽。没有任何一种思想，没有任何一种形式——国家的或者社会的——在这个强大的、超个人的或共同的创造面前能够原封不动，那些保证自由的进程和大量的伟大创造过程的条件除外。“浮士德”关于信仰上帝的话语——已经做了必要的修改——可以用于认识民族精神。

“谁可直呼他的名字！

谁能坦言：

我相信他。

谁会有此念头，并敢于说出：

我不相信他。”

同时，有一些人——他们称自己为真正的民族主义者——使自己和别人相信，他们能够弄清楚民族精神并拍摄下其不同姿态的不同照片：宗教的、国家的、社会的。他们把这些映像提供给所有的人、每一个人，他们希望按照映像来塑造（或者歪曲？）民族的鲜活面容。俄罗斯的民族精神像谁呢：萨尔特科夫（Салтыков）还是卡特科夫（Катков），都主教费拉列特（Филарет）还是列夫·托尔斯泰（Лев Толстой）？我们的民族主义者非常简单地解决了这个问题：他们用自己的思想填满了民族精神，并邀请我们崇拜景仰他们自己的这种独特精神，他们用命令把这种精神提升至民族精神的高度。他们向相关部门寄去申请，请求把民族的社会精神创造的一切现实现象置于警察的监督之下。

1863年，在波兰起义的极盛时期，卡特科夫在《俄罗斯通报》上发表了一篇与《决定性问题》有关的佳作。《决定性问题》是斯特拉霍夫（Страхов）的一篇属于斯拉夫派的名作，该作品曾导致《时代》杂志被禁。斯特拉霍夫在文中提出一种思想，西方的、欧洲的和东方的、俄罗斯的文明之间的斗争是波兰起义的基础，因而，已经发生了的波兰起义的意义要比我们大多数爱国者所想的更广泛、更深刻。卡特科夫在猛烈地抨击这一观点的同时，又嘲笑了斯拉夫派的“形而上学”的观点，并认为其带着“先验主义”的紧张去试图找到具有“人民因素”的代表人物，提议他们拒绝这些好幻想的探寻并站在现实的土壤之上。卡特科夫的文章是国家实证主义的、反斯拉夫派的经典宣言。在该文中，可以预感到卡特科夫后来的进步，可以预感到，他的国家实证主义从俄波关系转向俄国国内生活的主要问题，并用权力之手学说的官僚主义的寒光来照亮这一切。在保护欧洲文明、反对斯拉夫派的否定中，可以听得到后来警察的实用观点。卡特科夫还顺便提出一种观点来反对斯拉夫派：“我们具备伟大的、强大的、与其说是世界文明不如说是民族文明的所有元素，但是，只有我们不再寻找这些元素时，我们将获得这些元素并利用它们。”似乎国家实证主义的全部主要意义都集中在这些话语里，集中在这一简单的表述里：不要寻找！那样说时，1863年卡特科夫并没有想到这一真正致命学说的所有逻辑后果。这一学说束缚了俄罗斯民族的精神生活和社会生活，并使之消沉。要是这些后果被揭示在他面前，要是国家实证主义的萧条明显呈现，卡特科夫或许还急着避开其中的许多后果呢！19世纪80年代，在国家实证主义的萧条中回荡着他那庄严的声音。

卡特科夫给斯拉夫派的建议是：不要再去寻找了。显然这个建议是不合时宜的，也未找准对象。斯拉夫派从过去到现在都存在的缺点是：在寻找和创造社会元素的漫长过程中，它认为献身精神是已找到的、现成的因素；它把它自己描摹的民族精神的模糊画像提供给所有的人。国家实证主义和斯拉夫派的差别在于：斯拉夫派在最佳时间和时期摒弃了“土地”，实证的卡特科夫称其为土地。1863年，当卡特科夫或多或少地感到自己和遍及俄国的革命运动的目标一致时，他建议斯拉夫派“把我们的思想、我们的概念与我们周围的现实等量齐观”，而厌恶地把“未来的理想”称作“无聊懒惰思想的托辞”[1]。真正的斯拉夫派总是在幻想着具有民族精神的现成形式，它也对自由创造的思想着迷，事实上尽管有时勇敢地去捍卫那种求真的权利，而这种求真的权利却不合卡特科夫的心意。

四

我们说，民族精神体现在超个体性或集体性的、无休止的、内容不断变动的自发创造过程中。我们既不想把这一过程、也不想把其形式转变为某种特殊的、存在于真实的人们之外的占统治地位的东西。相反，我们将坚决反对并抗议这种转变。这种转变成为了警察机构因某种思想或利益而奴役民族精神的第一步，在这一刻，被牢牢巩固的、所谓的“历史”权利是强大的。把社会协作、社会法制“关系”的复杂进程转变为独特的东西或“实实在在的东西”，没有比这种转变更错误、更有害的了。这些独特的东西和“实实在在的东西”是和现实的、活生生的参与者相对立的。这是一个拙劣的理论错误，再现了“现实论者”的旧的形而上学学说。这些“现实论者”肯定了一般概念的现实存在，并把其转变为真正的“实质”，按照这种观点，这些“实质”控制着似乎是幻想中的个体世界和物质世界。不管这种观点的形而上学的或本体论的最终价值如何，其转向社会国家关系领域无论如何都应该极其谨慎地进行。在社会国

[1]《波兰问题论文集》，第一辑，1863年，第504页。

家关系领域，讲的是人类个体，个体既是最真正的现实，也是我们凭经验所了解的、唯一的主体。社会学和政治中不加批判的、无意识的现实论或普济主义实际上常常导致拙劣的、引起有害后果的错误。这样，当一个冠以国家名义的虚构的“东西”创造出来时，在国家交往中团结起来的人们的现实利益（就广义而言）就会很乐意为之牺牲。但是，因为冠以国家名字的“东西”是虚构的，是现实中不存在的，当然，这里就立即出现了或多或少的一群人，对于这些人来说，很容易给自己的、不时改变的利益做出高级的国家批准。当国家命名的、人们之间的、变动的社会法制关系转变为独立的“东西”或实体时，上述情况常会发生。可以避开现实生活中人们及其相互关系来独立思考这种“东西”或实体。

把“民族精神”的某种特定内涵和形式永远联系起来的任何愿望在理论上都意味着把它从内涵不断变化的过程的形式转变为一种具有不变内涵的僵化的实质。事实上，这是对“追寻”的自然权利的愚蠢侵犯，对人类文明的不断自我完善的权利和义务的侵犯。拒绝这项权利和义务就意味着“为了让别人成为一个真正意义上的人，而不把自己当人”。于是做出这样的承诺：“我满足于一个高级动物的知识。我保证自己停滞在我们已经达到的文化高度上。现在的海狸仍像一千年前的祖先那样建造房子；现在的蜜蜂也仍像一千年前的祖先那样建造蜂房。那样，我们和我们一千年后的子孙将按照现在的方式来构建我们的思维方式、理论准则、政治准则和道德准则。即使做出这样的承诺，这样的承诺它应该有效力吗？——没有，一个真正意义上的人就不能那样承诺；你无权拒绝人的称号。你的承诺是非法的，是不具备法律效力的。”“人类神圣的保卫者”费希特就是这样保护完善文化的权利的。[1]

在集体创造的自发过程中，不断否定和不断克服的民族精神呈现出来，在理论家和实践家的目光里，同样地，这一自发过程以一种非常明显的方式分化为现实的生活现象、鲜活个体的愿望和行为。只是他们的目光看到了带有丰富线条和色彩的社会现实。这些丰富的线条和色彩显示了集体过程及其个体部分的实际的相互关系。个体创造了集体过程、并从集体过程中得到进一步创造的刺激。整个过程都来自个体并回归到个体。我们绝对不会忘记，在社会中，人们的协作产生力量，在数量和质量上，这个力量不同于参与协作的个体力量之和。我们不是在宣传素朴唯名论，对于素朴唯名论来说，社会是人类原子的、个体的机械协作。在我们眼中，社会和社会组织是巨大的现实，在因果世界里具有控制任何经验个体的极大权力，经常给个体施加压倒性的

[1]《约翰·戈特利布·费希特全集》，第六卷，柏林，J.A. 费希特出版社，1845 年，第 103—104 页。

影响。但是，我们也知道，经验世界仅仅是一个主体，即人类的个体；整个道德、任何政治都是以个体及其自决概念为基础的。在一个应有的领域里、在一个目标王国里，任何侵害个体及其自决的事情不能没有意义。在社会进程中，个体不是唯一的现实，因而极端的、排他的、社会学的唯名论显得信心不足，但自决的个体是任何社会建构的绝对的道德基础，在这个意义上，个人主义是绝对的道德政治因素。如果不能和个人主义兼容，任何社会政治的普济主义就不可能得到承认。从这种观点来看，社会主义应该被作为道德问题、政治问题，也即文化问题来研究。但是，这种观点的详细论证和发展超出了本文的研究范围。

如果上文所述是正确的，那么我们有一个重要的、不容争议的揭示，这个揭示将对构成本文标题的问题“真正的民族主义是什么？”做出回答。

这个回答不奢求揭示民族精神的实质；相反，我们仅仅尖锐地说出了我们最深刻的见解。那就是：在民族生活的不断创造的过程中，民族精神被创造出来，民族精神不会僵化为某种实质，直到创造过程停止；因此，民族精神不能和那些说法相比较，单独的个人、流派和一代人总是渴望把民族精神塞进那些说法。民族精神也不能和那些内涵等同，各种民族主义者尽力地试图给民族精神穿上迷人的、永远年轻的、华丽的外衣。任何人、任何事、任何说法（不管是三项式、两项式、还是一项式）都不能也无权提出：民族精神就是我。

我们坚决拒绝那种赋予民族精神的伟大以任何内涵的、不合理的（请允许这样表达）、放肆无礼的奢望。但是，我们知道怎样能“在精神和真理上”服务于这一伟大。为此，不需要用权力之手规定其创作道路上的生活，而需要为自由探寻铺设道路、扫清障碍，应该铭记，只有创造自由才能保证民族文化内涵的全面和丰富、形式的优美和雅致。

五

作为道德的形式基础和根本条件的、个体的社会道德思想在人类社会中逐渐而持续地发展。

只有自由创造、“自主创造”、或者按照最美的最有表现力的俄语词汇即按照自己的方式创造才是合乎道德的。康德在道德标准中宣布这一思想是与确立个性自由或个体自治的思想相吻合的。个性自由或个体自治属于国家政治因素或公民因素。

权力的辩护士和献媚者过去是、现在还是徒劳无益。他们否定个体自治这一思想的两个方面的紧密联系，甚至认为，公民最大程度的不自由保证了最大程度的道德自由。行为道德的必备条件在于决定的自由。道德决定的实施或现实的必备条件在于行为的自由。使我的行为自由成为不可能的一切东西都是对任何道德决定的侵犯。行为是道德决定的内涵。那些东西使作为行为的道德决定不复存在。认可所谓的“内部自由”、否定所谓的“外部自由”的大张旗鼓地宣传实际上是道德不作为的宣传。这种道德包括那些未能做成好事的好意图。因为在他们之间一些障碍在增高，这些障碍是为了颂扬道德而建造的。

内部自由、信仰自由、外部自由和行为自由之间的紧密联系可以用人类历史来证实。

中世纪时，已产生了一种非常清晰的人民等级代表制的思想和事实。而新时代则提出一种不可转让的、不可剥夺的个体权利的思想。通常，这种思想的产生与 18 世纪文学有关，特别是卢梭。美国革命和法国革命被认为是该思想最重要的政治体现。事实上，不可转让的人权思想起源更早一些。它和 16—17 世纪的伟大的宗教文化运动紧密相连。人权思想的产生是对精神需求的回应，更正确更准确地说，是对宗教需求的回应。独立派的英国[1]是该思想的故乡。英国的独立派把该思想推广到美国。该思想又从美国到了法国，该思想不顾卢梭的政治学说，甚至在众所周知的意义上，违背了卢梭的政治学说。那些至今仍被认为是革命事业的东西实际上是改革和斗争的成果。人权不可转让的思想的第一个传播者不是拉法耶特（Лафайет），而是罗杰·威廉姆斯（Роджер Вильямс）。罗杰·威廉姆斯被一种强烈的、深深的宗教激情所吸引，来到荒漠，以便在那里创建一个宗教信仰自由的王国。美国人至今还怀着一种深深的敬仰说出罗杰·威廉姆斯这个名字[2]。罗杰·威廉姆斯属于独立派党团，以探寻者这一典型名称命名的独立派不承认宗教思想的任何界限。按照这种观点，威廉姆斯是信仰绝对自由的追随者。移居美国马萨诸塞州后，他被塞勒姆殖民地当做圣人。但是，在这个团体里，宗教信仰宽容的思想没有得到承认，威廉姆斯要求绝对的宗教信仰自由和公民平等，这不仅是对所有的基督徒而言，而且还是对犹太教徒、土耳其人和多神教徒而言的。威廉姆斯不能在塞勒姆住下去。他带着几个追随者离开了这里。1636 年他创建了普罗维登斯市。该市为所有教徒提供了避难所。在建市条约中，普罗维登斯的创建者们保证服从被大多数人通过的法律，但“仅仅是民事方面的”，因为宗教不

[1] 魏恩加腾、科瓦列夫斯基、特别是叶里桼克的研究弄清了这一因素，可比较诺夫戈罗采夫的《权利哲学史》教程对人类权利意识发展中这一重要因素的非常清晰优美的论述。

[2] 叶里桼克：《人权与公民权利宣言》，莱比锡：1895 年。

可能成为立法的对象。绝对信仰自由首次在建市的法令中被宣布。即使对于人民代表制来说，这种绝对信仰自由是与生俱来的、不可转让的、不可侵犯的人权。

在 17 世纪和 18 世纪前半期，这一因素（带有或多或少的限制）进入英国的殖民地即美国的宪法和宪章，而在英国和整个欧洲尚未被完全承认。在大陆推行信仰自由原则是弗里德里希二世的功劳。信仰自由及其必要的直接结果是在实践中首次被承认的主体的人权，这种人权独立于国家之外，原则上不可侵犯。在我们看来，以任何真正的自由主义为基础的、关于自然权利的著名学说的深刻哲学意义及巨大实践意义都呈现在那些权利的思想和实践中。自然权利不仅仅是一种理想的权利或渴望的权利，不仅仅是一种要求代替有效权或赞同权的权利；还是一种绝对的权利，这种绝对权利起源于个体及其自决的道德概念，是任何赞同权的准则。赞同权利和绝对权利是一致的，赞同权利应该以此证明自己的合理性。

绝对权利的历史澄清一点也不会撤销和贬低其绝对的道德价值。正如纯粹的上帝的思想不因该思想是历史发展产物而失去什么一样。

绝对权利并非一下子就表现出来。但是，了解其道德基础，在现代法律概念目录里，我们能够准确无误地找到一些带有绝对权利的不容置疑的印痕的元素。某些所谓的人权、首先是那些规定了思想和意愿表达自由的人权就是那样的。否定那种自由的、任何一种客观的权利都不能被认为是合法的，即使它遵守所有法律细节、具备法律形式、经过全民投票。

绝对权利总是个体权利或主体权利。在这里，我们不从绝对权利思想的角度去研究权利的现有成分和潜在成分——这超出了本文的研究范围——但我们希望弄清这一思想的基本意义。当构成绝对权利的主体权利脱掉客观权利的不完美的保护服、不再是法律规范、不再依靠强制手段时，绝对权利就会显现或占上风。到那时，强制手段将完全让位于自由。这就是正在升起的远景，作为一种理想，许多现代的个人主义者（如列夫·托尔斯泰）描绘了这种远景，当伟大的普济主义者费希特讨论自由与强制[1]的相互关系的文化问题时，他也想到了这种远景。

正如我们所指出的那样，绝对权利的思想是自由主义的极重要的永恒内涵。正如我们所弄清的那样，自由主义问题并没有止于政权组织问题，因而自由主义问题就比民主问题宽泛、深刻，民主在很大程度上仅仅是解决自由主义问题的方法或手段。我

[1]《国家学说或原始国家与理性国家的关系论，1813 年夏》，S.W，第四卷，第 599 页。《关于理性王国的建立》，第七卷，第 574 页。

们的历史资料表明，那种在俄国社会非常流行的学说是不正确的。按照那种学说，作为一种追求物质利益的资产阶级的政治体制，自由主义产生了。按照那种学说，自由主义同时带有“阶级性”和“物质性”。相反，我们看到，自由主义的起源是全民的、理想的。它的产生是对宗教意识需求的回应，并在村社得到生动具体的体现。在美国的处女地上，村社是真正民主的，其形成是借助于实际的而非虚构的“社会契约”[1]。信仰自由是自由主义的第一要义。在自由主义沉默的国家里，应该好好了解并牢牢记住这一点。我特意使用术语“自由主义”。与那种人所共知的、把自由主义看作是肌肉松软的、模棱两可的、不清晰的观点相反，我把这个词理解为严格的、准确的、不包含妥协的观点，这种观点在权利与非权利之间有一个清晰的界限。早就应该恢复自由主义的真正历史面貌和道德政治意义。

我们希望摆脱一种异议，这种异议就是：按照我们的观点，绝对权利的思想构成了自由主义的真正实质；绝对权利的思想只是我们想象的创造，而现代现实中没有这种创造及其印痕。幸运的是，我们不仅能援引现代有素养的人类的道德意识，还能援引更自由的民族的法制观念。有一种学说和个体绝对权利的思想相对立，这种学说认为，任何权利都是强大国家的创造，只因国家慈悲而存在，因此，不管其组织是怎样的，国家主权的载体、国王—立法者是权利创造的专制因素。这种学说援引英国议会的全能来证实自己，议会万能似乎证实了国家专制政体[2]的普遍性。但是，对英国法律的细心分析表明，议会权力只在纯粹形式的意义上是无限的。形式的意义并未解决法律及合法性概念的全部内涵。“国家、议会和国王的权力是有限的，这在英国是一种有生命力的民族信念”。问题完全不在于实际的限制，按照休谟（Юм）的观点，任何权力任何政府都能在社会舆论中寻找实际的限制，按照斯蒂芬的观点，则是在事情的本性中寻找实际的限制。如果提出一个问题，英国立法者形式上的无限权力“实际上”仅限于什么？那么这个问题可能只有一个答案：英国人的权利，这种权利的“优势”构成了英国政治制度被普遍认可的典型特点；或者是英国宪法，该宪法的所谓原则是“归纳或总结，这种归纳和总结以法院就人权所做的独立决定为基础”[3]。在个体权利[4]

---

[1] 叶里柰克公正地指出了一个经常被忽略的事实（即社会契约的历史事实）对于国家法学的重大意义。

[2] 德·洛尔默有句玩笑式的名言：“议会除了不能把男人变成女人和把女人变成男人外，什么事情都可以做。”

[3] 阿·文·戴西（Albert Venn Dicey）：《英国宪法基础》，第一版，普·戈·维诺格罗多夫主编，圣彼得堡：1891年，第148页。

[4] 英国人的法律和法律学说根本没有制定出主体的个人权利这一概念，这一事实和个人权利一点儿也不矛盾。权利不仅仅存在于法律和学说之中。

中，“议长”表面上的专制受到实际限制。这也是我们前文所述的：个体的绝对权利是（英国）法制观念的事实。

对于作为联邦国家的美利坚合众国而言，这一点似乎更清晰。“在美国，最高主宰是专制君主，专制君主是很难唤醒的[1]。”因为这位专制君主实际上不制定法律，在美国实际上也不存在形式上无限的权力，在英国，这种形式上无限的权力属于议会。实质上，情况和英国是一样的：立法权（联邦和州的）受宪法限制，即受公民权利的限制。实际上，宪法的统治地位由完全独立于立法权力的法院监督来保证，这种监督是以一种非常有效的方式进行的。因此，我们可以说，在美国，个体的绝对权力存在于人民的法制意识中，实际上它不仅像英国一样调整法制建设，而且完全以法律途径——法律实践途径——限制立法权力。就其道德内涵而言，被制度保护的个体的主体权利是否配得上绝对权利的称号，我们在此不做研究。在这种情况下，我们提出一个任务，就是证明权力思想是现代发达的法律意识所固有的，实质上独立于积极法律或权利之外，且高于积极法律或权利。这是一种源于独立个体的道德概念的绝对权力的思想，应该在这种思想中寻找“权力合法性”问题的解决方法。

我们已经确定，人类精神的任何集体构成物都不会造成独特的、独立于活生生的人类个体的存在。它们存在于个体，靠个体而存在，通过个体而存在。在那些构成物中，个体的相互关系得以显现。不管是国家，还是民族精神都不是实质或本质。它们是一些主体，能把个体与个人精神相提并论。在经验世界里，对于政治而言，只有一个主体，即人类个体。因此，自由的民族创造的社会政治因素完全变为个人创造的自由。民族精神被视为集体创造的过程和不断的“探寻”。尊重民族精神绝对要求承认人权。可以说，不承认人权，整个民族主义都仅仅是空话，仅仅是愚蠢的欺骗或自欺。实际上，在对个人自由因素、个体权利吹毛求疵时，臆造的民族主义束缚了民族精神的鲜活载体和创造者，束缚了其独一无二的、现实的主体。在理论上，（真正的）斯拉夫派使民族文化创造的过程依附于现成的表述、宗教表述、政治表述和社会表述。卡特科夫及其追随者的国家实证主义把这些披上了民族精神外衣的、理论的和抽象的束缚译为警察规定的现实语言（当合适时，常常用斯拉夫派的术语进行掩饰，但有时又鄙视地弃之一边）。

我们认为，斯拉夫派的罪过在于，它认为自己找到了“民族因素”，弄清了“民族精神”。任何个别观点都不能也不应该奢望这一点。没有也不可能有民族存在绝对的“物质”因素。但是我们完全有权提出如下观点：在历史发展中，道德的绝对的形

[1] 戴西，第 112 页。

式因素——自由或者个体独立——展现出来。作为民族创造的绝对的形式因素，作为认识并尊重自身的民族精神的规则，这种因素呈现在我们眼前。纯粹形式上的自由主义，也即，承认个人权利不可剥夺，个人权利应该不把任何集体的、超个人的侵犯放在眼里，不管这种侵犯是怎样形成的，不管这种侵犯的名称是什么。纯粹形式上的自由主义是真正民族主义、民族精神的真正的尊敬与自我尊敬的唯一形式，也即，承认其载体及创造者的自由创造和探寻的权利，承认其自由制定和否定生活目标与生活方式的权利。在这一确定的意义上，自由主义的真理表现出来。斯拉夫派的虚伪的物质民族主义具有更好更适当的俄国表述，这一表述接受了自由主义的基本成分，坚定地保留了这些成分。这种表述尊重民族精神，没有成为一种华丽的词汇的外衣。国家实证主义的官方学说用这件外衣掩盖了自己的精神裸体。实质上，在斯拉夫派身上，总是充满了真正的内部紧张的对抗。这种对抗发生在两种思想之间，一种思想是把民族精神固定在现成的、已找到的“民族因素”上，另一种思想是民族精神的自由创造。这种对抗还发生在虚伪的物质民族主义和真正的形式民族主义之间。如果不顾个人行动自由或较多地违背它，民族精神的自由创造是不可思议的。因此，斯拉夫派保护民族精神的自由创造，忠于这一思想，它不能不赞成个体权利，反对国家的暴力万能。19 世纪 50 年代末 60 年代初，契切林（Б.Н.Чичерин）[1] 成为保守因素 [2] 的辩护人，1861 年他在“国家法律”课程导论课上特别强调地指出形式法制 [3] 的原则意义。在一篇优秀的论文中，伊万·阿克萨科夫（Иван Аксаков）[4] 把服从正面权利的号召同自然权或绝对权的保护相对立。我们不必研究，阿克萨科夫把契切林先生描绘成国家强力政权的极端拥护者在多大程度上是对的。我们感兴趣的是他的果断演讲，其演讲保护“主体的”、“自然的”权利，反对“客体的”、“正面的”权利 [5]。在我们这个时代，1861 年，著名的斯拉夫派政论家写道：“历史进程清晰地表现出来，听得到新苏醒的、生命力量的生机盎然！”这些力量是不和谐的、未形成的，常常是未定形的，它们激动、不安定，需要正确的出口和表现方式，却未能找到。就好比一条奔腾的河流，汇

[1] 译者注：契切林，1828—1904 年，俄国法学家、历史学家、唯心主义哲学家，彼得堡科学院名誉院士。

[2] 在 1862 年莫斯科出版的论文集《几个现代问题》所收录的政治论文中，契切林从来都不是保守分子，但 19 世纪 50 年代末 60 年代初，他是权威因素的非常坚定的辩护人。

[3] 在 1862 年莫斯科出版的论文集《几个现代问题》所收录的政治论文中，契切林从来都不是保守分子，但 19 世纪 50 年代末 60 年代初，他是权威因素的非常坚定的辩护人。论文集，第 23—45 页。

[4] 译者注：阿克萨科夫，1823—1886 年，俄国政论家和社会活动家。

[5] 在这一基本问题上，契切林先生 19 世纪 60 年代的观点与他的最新观点不同。可比较 1866 年版《人民代表制》中关于个人权利的章节（第 480 页）与 1900 年版的《权利哲学》的相应章节（第 105 页）的语气和内容，有意义重大的改变，唯心主义的形而上学战胜了社会学和法学的实证主义！

入了新的水源，从河底把那些静止的石头冲走，裹挟着这些沙石，冲向大坝，为自己寻找新的河床和轨道——好钻研的、紧张的生活潜意识地听到欺骗和谎言。谎言至今仍在冒充无可争辩的真理，以一种胆大的、过于自信的盲目连续地否定了所有已经确定的定义，毁掉了旧偶像的不牢固的根基，不安地寻找真理。在真理面前本应安静下来。它需要听一些指导性的话语，需要吸收一些有觉悟的思想的有益的、创造性的力量，需要被真正的知识和科学之光温暖，这些光束可以区分真假善恶，对新的、生活的、历史的需求做出回答……同时，从学术的高处，传来了对生命本身、生命意义、作用和权利的否定。科学，或者那种完成的、封闭的、从各个方面被完善和修饰的、冒充科学的理论告诉我们，在这个世界上，除了死板的国家体制外，再无他物，一切都应该由政权完成或借助于政权完成——不管政权以何种方式呈现，只要它带有外部合法性的印章——最后，生活本身，也就是说精神生活本身是国家肌体的一个机能或功能。从那种不幸学说的观点来看，在国家体制之外，民族精神的任何自由创造都没有立足之地。外部因素、强制因素……形式真理和相对真理的因素变得高于内部自由、真理和信仰的因素。所有人必须按照某一天机械制定的机制来生活和运动。这种学说试图过于自信地、目光短浅地确定人类精神和生命有机力量的重量、范围和容量，并按照其短视的想法测定用于国家机器正常运行的数量……国家当然是必要的，但不应该把它作为人类的唯一目标和政治制度而相信。人类的社会理想和个人理想要高于任何一个最完美的国家，这就像信仰和内部真理高于法律和外部真理一样……法律不是无可争辩的真理，不是绝对正确的、不可改变的先哲的格言：它有其局限性和时代性，把不断创造和破坏的生活中的自由力量置于自己的有限框架内的法律是毫无意义的。对于自身来说，“权利”这个词不是某个东西，不是现存的东西，不能表现全部生活和真理，它应该有自己的界限，服从生活，服从最高的道德公正思想。[1]

在下面一段话里，阿克萨科夫总结了自己的观点：“我们想……宣布……我们不同意已经公开了的理论，这个理论要求对任何法律说明的精神崇拜，不关心其内容，在外部的、条件的、强制的因素面前卑躬屈膝。”[2]

阿克萨科夫说的不是国家对个体的态度，而是国家对人民和社会的态度，但愿这一点没有欺骗读者。人民和社会生活在个体之中，靠个体而存在，离开个体便不复存在。

[1] 1861年11月11日《白天》报中的进步文章，《作品全集》第二卷，莫斯科：1886年，第17—20页。

[2] 第21页，文中并未直接指出契切林先生的名字，但文章无疑是反对契切林的，这一点可以从阿克萨科夫致女公民布卢多娃的信中看出，这些信件包含了对文章的抽象议论所做的有趣的历史注解。可比较《阿克萨科夫书信集》，第二部分，第四卷，圣彼得堡：1896年（皇家公共图书馆出版）。

个体无权时，只有轻率和伪善可以提及民族精神的自由创造。但是，伊万·阿克萨科夫既不轻率，也不伪善。遵循源于斯拉夫派社会理论的模糊的、相对的、不正确的术语，阿克萨科夫把那些诸如信仰自由、言论自由的个体权利命名为非政治权利。但是，关于言论自由，他以更大的力量和热情写道："思想，言论！这是人的不可剥夺的必备特征，没有思想和语言，人就不再是人，而是动物。仅有牲畜和仅有理智都是没有意义的，哑巴的。要不然，言语把人比作神。我们，基督教徒，用语言来称呼上帝本人。对人的理智和言语的否定——不仅是亵渎神的恩赐，而且是否定人的神性，是对人之所以为人的否定。理智和言论的自由——应该是这样一种自由，即真正地、甚至有些略带好笑的通过法律手段形成，或者用法律来规范这种自由：这是一种权利，就像作为人的权利，呼吸空气的权利，用手和脚移动的权利。这种自由完全不是政治性的，而是人本身存在的必备条件；在侵害这种自由时，不能要求人正确履行人的精神，不能认定人有罪；扼杀思想和言论，这是最最可怕的行凶。"[1]

关于信仰自由，东正教会的一位正直的教徒说道："源自教会的信仰自由是不可剥夺的，因为信仰自由、意愿自由、被神所恩赐的精神自由是它的自然要素……关于教会的概念假定了自由的信仰。在对神的信仰之外，难道神的教会能被理解吗？当然不能，这是废话。良心之外的信仰是可能的吗？这是不可思议的。因为信仰是人的良心与神的结合。如果那样的话，'良心'，我们指的是自由的良心还是不自由的良心？当然是自由的良心，因为不自由的良心已经不是良心，而是否定良心。我们从另一个角度看这个问题。如果问起信仰，那么是什么样的信仰？真挚的、真诚的还是假装的、伪善的？答案是毋庸置疑的。真挚的信仰和不真挚的信仰可能兼容吗？这又是废话。当问起信仰时，当然问的是真挚的信仰。不是那样吗？强制的、不自由的信仰可能是真挚的吗？问题似乎是多余的。因此，如果教会不能在信仰之外被理解，那么它也不能在自由的信仰之外被理解。"[2]

人们说，最重要的个体权利——信仰自由和言论自由——的实质是非政治权利，因此它不取决于国家，对于国家来说，它是不可侵犯的。斯拉夫派的最接近社会现实生活和社会政治经验最丰富的代表，为了斯拉夫派的和谐，信奉并宣传自然权利（绝对权利）的思想或者个体权利不可剥夺的思想，也即那种历史上和逻辑上构成了自由主义内核及其真正实质的思想。个体权利的这种宣传赋予"民族精神的自由创造"以

[1] 1863年1月23日《白天》报的进步文章，《作品全集》，第四卷，第399页。

[2] 1863年1月23日《白天》报的进步文章，《作品全集》，第四卷，第105页（1868年8月2日《莫斯科》上的进步文章）。

一种现实意义、在当时看来的理想意义和生活真理，把它从危险的“共相”的云端拽到确定的、坚实的、任何诡辩都不能达到的个人存在的地面。在对“非政治”权利和“政治”权利的划分中，在为了最重要的个体权利而对法律性质的否定中，尽管这些划分和否定是不正确的，但斯拉夫派的“政治”比新的政治实证主义更接近真理。这种新的政治实证主义与霍布斯[1]和卢梭[2]有内在联系，不久前它隆重庆祝了“自然权利”思想的全面胜利，庆祝了通向国家又来自国家的任何权利。按照这种观点，不存在独立于国家意志并违背国家意志的客观权利。它忘记了现代法制国家的历史起源，这种起源是个体和社会为了宗教信仰自由而与国家政权所进行的斗争；它也忘记了，对于现代意识而言，在任何意义上甚至是相对意义上，否定个体权利的法律都不会充满法律规范的尊严。斯拉夫派国家观点的错误在于：违背历史和合理的看法，未把独立于客观权利或法律的现实认可、逻辑上早于它的主体权利和特定法律规范的优势相联系。在这个意义上，如果需要试验的话，那么我们历史的最近20—25年就是一个类似的试验，这个试验发生在俄罗斯民族和社会的鲜活肌体上，用一种语言去证明，这种语言只能到达人类的行为和事件，而非人类的话语。正是这个试验，而不是别的，扼杀了斯拉夫派。的确，斯拉夫派被扼杀了……《新时代》被斯拉夫化了，甚至《莫斯科新闻》也被斯拉夫化了，《俄罗斯会议》被斯拉夫化为不同观点。但是，斯拉夫派和斯拉夫派分子没有了。铁面无情的生活抓住民族精神的模糊映像，亲手补画和描绘它，就像一个勤恳的修复家修复一副旧画，或像一个修版者去修复照片的模糊映像：在“民族因素”的模糊美丽的轮廓和闪变中，出现了法律上完全没有任何幻想的无歧义的概念。不妨想象一下，在艺术中随便什么野蛮人，找到了列维坦最新手法的美丽风景，想着这风景，按照自己的野蛮品味对它纠正、修改、描绘、润色，“使其与生活一样”。他毁掉了这幅画。斯拉夫派的画作也是那样被不文明的、卑劣的手毁掉了。而画家和画作一起死去。

问题在于，以道德为基础的政治应该严格准确，不应该容许模糊，哪怕是模糊美。整体上，斯拉夫派政治需要这些品质；首先，作为实践学说的斯拉夫派政治需要这些品质。它常常在自由因素和权威因素之间摇摆，不知道承认何者的优先地位，它常常在已固定的形式和不断发展的鲜活内容之间、在已找到的固定的东西和正在进行的探寻之间摇摆不定。

[1] 译者注：霍布斯，1588—1679年，英国哲学家。
[2] 译者注：卢梭，1712—1778年，法国作家、哲学家，感伤主义的代表。

六

有一种对上述观点的反驳，我们不想回避，因为这个反驳引起了一系列的有趣问题。

人们说，自由或个体自治的因素，对于政治而言由16—17世纪伟大的宗教改革运动开启，在道德上由康德最终确定。从这种因素被意识到、被宣布、在生活中被实行起，它就显示了自己的影响。对于西方世界而言，从16世纪到19世纪，它构成了这个时代伟大的工作。在那以前，没有这种因素的影响，民族精神的创造也能进行，伟大的民族文化也能创造出来。因此，可以得出别的结论，对于民族精神的创造来说，不需要自由因素。

这个推论到哪儿也不合适。在19世纪前，人们没有轮船和铁路也可以生活，人们自己可以行走，可以运输货物，可以漂过大海，发现新大陆，深入到一些不知名的国家，翻越高山。新的方式和新的交通工具并没有增加这些旅行的机会。这就意味着，没有铁路和轮船，人们就应该勉强这么生活吗？这种推论也可以运用到自由因素上。自由因素是一个条件，但不是创造民族精神和民族文化的独一无二的条件。就其意而言，自由的纯粹精神因素超过了文化的所有技术条件和物质条件。首先，因为它抬高了文化的最主要构件——人。但更重要的是，它不仅是条件和手段，它还是文化的目的。我们回顾本文篇首题词里费希特[1]所给出的文化定义。在这个意义上，文化通过强制手段而形成，却通过自由和为了自由而被实施。自由因素进入文化活载体的意识，虽然它构成了民族的一小部分，但拒绝自由因素是不可能的。对于已意识到的精神来说，它获得了绝对尊严，因为在自由因素里，人类精神作为永恒的、自决的实体，其玄妙属性得以表现和认识；因为关于玄妙属性的概念构成了东正教的一个基本思想，那么在道德和政治领域里，肯定个体自由或自治思想不是别的，而是实际揭示有关人类精神的东正教思想。从宗教角度看，这种揭示不仅是重要的，而且是非常宝贵的……不必害怕地上的暂时的东西和天上的永恒的东西的接近；相反，应该追求这一点，以便揭示现实（地上的）生活的终极要求和宗教意识的最高永恒思想之间的联系。

因此，自由因素不仅是重要的、强大的杠杆，而且是民族精神和民族文化创造的绝对宝贵的条件和目的。

[1] 译者注：费希特，1762—1814年，德国哲学家，德国古典唯心主义的代表。

七

在技术高度进步的情况下，现代文化、19世纪下半期和20世纪初文化的主要特征是国家体制的空前完善。在文学中进行着一场争论，在历史上国家的统治和影响范围是否扩大了？一些人认为，扩大了；而另一些人认为，缩小了。我们认为，这个问题提的不对，争论的原因在于同一个词指的是不同的东西。现代法制国家，因为它承认个体权利不可剥夺，自然而然地，法律上和事实上就缩小了国家统治的范围。但是，从另一方面来看，首先，新的生活领域和现象或立即或逐渐地受到国家的统治和影响；其次，新的广泛的国家机构和其政权组织形式真正地深入到那些从未触及的领域。我们赋予何者以更大意义？是扩大个体权利、承认并固定个体权利？还是研究国家对先前自由的，甚至根本不存在的生活现象和方面的优先地位和影响？这就决定了我们要么赞成国家强大递减的学说，要么赞成与之相反的、国家强大递增的学说。争论是徒劳无益的，因为说的是不同事情。人们不应该忘记，在历史上，统一在国家及其功能下的最现实的现象改变了自身性质。随着从中世纪到现代社会的过渡，不仅国家外部规模发生变化，而且在我们所理解的意义上形成了国家现象，该国家被作为统一的、不可分的政权的统一理想载体。现在，在“文明”的所有空间，这个意义上的国家到处都已形成并运行。后来，在众所周知的意义上，国家科技强大的程度改变了其对生活这个或那个方面的态度。差别很大，比如，是否存在集会自由。国家原则上承认集会自由，不过，国家具有用于严密监视并驱散集会者的一切技术设备。或许，最初的东正教徒会议实际上召开得无拘无束，就像伦敦特拉法加广场[1]上的会议，但是在这种或那种情况下，无拘无束的社会性质完全不同。对于我们的时代来说，这种不同是由国家的科技发达和个体自由同时决定的。国家是强大的，对于国家的监督和强制机构来说，没有太困难的或者不可能的事情，但是，在固定在法律里的个体权利面前，警察的强大是不起作用的。作为这种无效的象征，在我的脑海里浮现出一个在特拉法加广场上走来走去的警察，严格地把任何一个想躺在广场长凳上（没有在广场上躺长凳的权利）的人轰起来，却对广场上的集会十分冷漠，集会的人们在倾听对当时社会的愤怒谴责（在英国，每个人都有权聚集在街上，没有妨碍地讲述任何观点）。

可见，现代国家的科技发达是一个新的特殊因素，是我们这个时代特有的因素。它的文化意义显然是不同的，主要取决于是否与用工业技术、管理技术和其他技术的

[1] 译者注：特拉法尔加广场，坐落在伦敦市中心，是伦敦市民的政治、文化活动中心，也是伦敦的一个重要旅游景点。

一切最新成果武装起来的国家相对立，取决于个体是否充满权利。换言之，被各类技术进步所创造和保障的国家科技力量的增加意味着什么？在那里，法律里没有规定个体权利，客观权利的优先或认可并未伴随着对主体权利的绝对认可。按照我们最深刻的信仰，这个对文化哲学和权利有极大意义的问题，在当时是当代俄罗斯文化的、吸收了其余东西的根本问题。

可能存在一个社会，这个社会过着自发生活，没有感觉到任何需求，也不能推动文化的进步，即不能有意识地提出任务，不能主动解决任务：在这个社会里，所有人都按照国家的号召、国家的指令向前走。社会把文化看作国家义务，在社会面前，文化充当了一个警察的形象（不是在这个词的譬喻意义上，而是在科学意义上）。在整个 18 世纪，俄罗斯社会整体上是那样的。现代俄罗斯社会则不然。从知识分子上层（以思想俄国的民族英雄列夫·托尔斯泰为代表）到人民底层，社会有意识地主动地创造文化、解决最高问题——宗教问题，提出诸如最初的东正教、新时代的改革及道德社会问题。我们时代的特点是民族意识对宗教问题的持久研究（研究不是分裂派的那种折磨人的困惑），我们赋予这个特点以巨大意义：我们可以从中看到整体上俄罗斯民族文化成熟的明显标志和民族文化全面崛起的美好征兆。不管民族文化创造过程的条件多么繁杂困难，我们都准备高兴地重复德国人胡滕（Гуттен）[1] 的经典话语：“精神被唤醒，它是生活的欲望。”是的，它们苏醒了！在不同的地方，在那个辽阔空间的不同纬度，分布着俄罗斯部落，创造着文化，创造着人类个体，这些个体追求自发思维和个体与社会生活的建构。

但是，民族精神的创造者，即人类个体在创造道路上会遇见什么呢？

八

于是，前文提到的问题又一次浮现在我们面前，即在个体无权的情况下国家制度的成长和完善的文化意义。任何时候，任何历史时期，固定在法律中的个体权利的缺失都不会引起那样的文化危险，即：在大国里，有极好的铁路网络和电报网络，有准确运转的、“开明的”官僚“机构”。当然，现代技术也给个体及其对生活新道路及新意义的勇敢探寻提供了帮助。但是，无怪乎它以力量集中原则为基础，这些原则的口号是：劫贫济富，在那里，集中的国家制度领导一切，指出界限和程度，渗透到所有地方，抓住一切，管理现在的东西，渴望预先指向未来，在那里，现代技术（广义上）

[1] 译者注：胡滕，1488—1523 年，德国作家、诗人，代表作有《对话集》、《蒙昧者书简》等。

对于集中的权力机构要比对于独立个体有利得多。

如果"东正教不需要出版自由、集会自由以争得和平"，那是因为它实质上享有几乎无限制的言论和交往自由。在那些年代，国家和政权的技术设备极不完善，专横恣肆还未被整顿好；与我们这个时代相比，它的统治并不是那么包罗万象，因此对文化创造特别是精神创造并不是那么有害。那时候，没有书，没有杂志，没有报纸，然而也没有书刊检查机关，没有警察局，也不可能有这些机构。因为这些机构为了自身的发展和完善需要一定的技术设备。众所周知，在出版自由的古典国家里，书刊检察机关的倒台与其说是因为明显意识到其不合法性，不如说是因为警察机构技术的不完善，不善于消除"小的不公正、敲诈、找茬、商业限制、住宅搜查"。以这些不方便为借口，下议院拒绝恢复《许可法令》。麦考莱[1]说："这一理由使弥尔顿[2]的《论出版自由》未顺利实现。"在历史上，英国的自由总是和国家机构或行政机构的磨磨蹭蹭相联系。

很明显，在个体权利没有被法律确定的地方，在某些非常重要的方面，集中的国家机构很好地接受并全方位地掌握技术进步，（广义上）这种进步已经恶化和正在恶化个体地位，而这一个体是新文化的创造者，新道路的探寻者。

极大的文化之恶就在于这里。这个文化源泉，大量地供给最粗鲁的实利主义，以生机勃勃的精神力量、精神激情和精神需求的贫乏威胁着民族文化。实际上，文化创造领域被随意地分为两部分。一部分是人类精神的直接舞台，在那里创造了宗教文化、政治文化和社会文化，这一部分竭力使个体和自由协会的自由倡议免遭侵犯；在这里，一个原则占统治地位，不久前，该原则和奴才般的犬儒主义一起被铸进公式："对被委托者的明智不要有任何怀疑。"然而，鄙俗的物质利益领域被相当"自由地"提供给个体和自由协会，这里允许某种自由，再现为名言"发财吧！"[3]的大量关心粗鲁地指向东方的和睦。对于精神和生活来说，追求物质利益和物质享受取代了探寻新的道路。民族文化浸透了实利主义的毒害；这特别地甚至极其致命地反映在民众上层，对于上层民众来说，参与发财要比那些普通民众更容易、更明显，在这个世界的宴会上

[1] 译者注：麦考莱，1800—1859年，英国历史学家、政论家和政治活动家。

[2] 译者注：弥尔顿，1608—1674年，英国诗人，政论家。1644年弥尔顿为争取言论自由而写了《论出版自由》，原为作者对国会质询的答辩词。他在书中痛斥检查制度的罪恶，呼吁出版自由，主张让真理参加自由而公开的斗争。他的思想为自由主义媒介规范理论奠定了重要理论基础。

[3] 译者注："发财吧"一语出自法国七月王朝（1830—1848年）政府首脑弗·皮·纪·基佐的一次讲话。七月王朝时期掌握政权的是资产阶级中的金融贵族集团，它规定了很高的选民财产资格，不仅工人和农民，而且小资产阶级和部分资产阶级也被剥夺了选举权。在人们要求进行选举改革时，基佐回答说："不会有改革的，发财吧，先生们，你们会成为选民的。"

普通民众无论过去还是现在都是多余人。那时，上层中的大部分知识分子被招募，他们代表了官僚们，对整个人民生活产生了发号施令的影响。有些东西要好好地思考思考。研究哲学的头脑有权利和义务指出民族精神文化的这种危险性。

这种恶虽大，但其自身包含消亡的胚胎。幸运的是，抽象哲学比实践政治判断得更正确、也更有远见。哲学让我们了解，人的精神是文化的伟大创造者，不能不受制裁地把它从合法任务中消除。哲学也让我们了解，政治实用主义的愿望是把所有的玛利亚（Мария）变成马尔夫（Марф）。政治实用主义在历史上总是欺骗者或被骗者。最终，所有的物质成就和改善不能收买也不能麻痹精神，恰恰相反，它能振作精神、激发精神，使其向前发展。可以用保证来补充"不要压制精神"的呼吁。这个保证是任何时候都不压制精神。这是一个愿望。最不幸的是这个愿望被失望威胁着……

九

可以也应该非常尊敬地、非常爱惜地对待精神和文化生活的得以固定的构成物：珍爱回忆，爱祖国——母亲。但是，正在成长的生命，正在形成的构成物，预测未来的神启，祖国——孩子，所有这些得到更多的尊敬和爱。只有一个爱戴和珍惜母亲的方法，同时又不牺牲孩子；相反，允许孩子在拨给他的力量范围内成长。这个方法在于无条件地承认民族精神创造者——人类个体的自由发展自身一切力量的权利，无条件地承认人类个体主动思考和行动的权利。如果"民族是精神因素"这一命题是正确的，那么真正的民族主义不可能是别的，只能是对地上的精神因素的唯一实际载体和主体的绝对尊重，对人的绝对尊重。用发展民族精神的原则宣布那种尊重并不意味着抛弃夸夸其谈。这意味着约定准确的、严格的道德准则。信守道德准则负有重大的、极重要的责任。

（二）现代俄国的思想和政治

尊敬的女士们先生们：

我所提出的题目带来了极大的困难：它是非常宽泛的，同时，因其自身特点，任何一个读到该题目的读者都不得不掺进相当多的主观成分。这个题目不仅仅局限于纲领问题，因为任何政党活动的思想基础不仅决定了其纲领，也决定了其活动方式。总的来说，在相当大的程度上，把问题划分为纲领问题和策略问题，这种划分具有相对

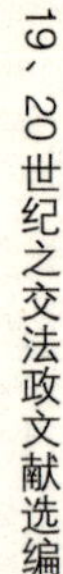

意义。世上存在一些策略问题，它们和普遍的世界观密切相连，纲领应该以普遍的世界观为基础进行构建，另外，著名的行动方法必然来自著名的纲领思想……但是，当然，不能不承认，在众所周知的意义上，任何政党的政治纲领可以有不同的前提——由此必然会产生我所说的主观主义。一个政党活动家用一种哲学来证实我们党的纲领和策略，另一个政党活动家会用另一种哲学去论证。但是，这种论证的主观主义无疑有其界限，不管个别党员的哲学世界观是多么不同，不管个别党员的哲学观点和宗教观点的色彩多么不同，这些不同的观点都不能消除某些指导思想的一致、某些社会思想的一致。这些思想是我们理解政治和社会发展的基础。而且，我应该预先指出，不可避免的主观主义的相当多的成分就存在于一系列不断发展的思想里。

我有十分明确的哲学世界观和社会政治世界观。像我们中的任何人一样，我用自己的、独特的方法得出那些观点，那些观点使我成为立宪民主党党员。我的观点发展的历程应该反映在我想要说的这个题目的整理之中。

在你们面前，我想用一系列的定语描述我们党：我们党的全面描述只产生于这些定语的总和。

人民自由党是自由主义的政党——它坚持个体自由、公民权利和最广泛的自治。它是民主宪法的政党，是民主社会改革的政党。我认为，在我们每个人的头脑里，我们党的这些不同的定语都融合为对活动任务和方式的和谐一致的理解。

我们党和其他偏左或偏右的政党的实质区别就在于——在第一届国家杜马选举前的我们的整个宣传运动中，这一点已多次强调——我们党是非阶级的。这并不意味着我们党否定阶级划分、阶级斗争和阶级自觉的任何意义，但在阶级划分之上，我们党找到了全人类的利益和理想。按照我们党的思想，在个别民族生活的这种历史条件下，整个民族应该是这些全人类理想的载体。

因此，作为民族政党，我们党是和阶级党对立的。民族党并非指的是坚持任何享有特权的民族的利益，哪怕是奠定了我们国家的存在基础的那个民族；它指的是国家思想，指的是承认个别人和阶级的利益必须和国家的最高利益相统一。这样一来，我们就和强调阶级思想的政党划清了界限，我们依赖的是国家和法律意义上的民族思想。

阶级和民族的概念同样是非直接的事实。它们是理想的合成的产物。作为一致的统一，仅仅是个别的、实质上非常小的职业群体存在于这种直接的现实中。我们刚一走出这个群体，甚至是在这个群体中，就碰到了各种各样的利益冲突。如果我们以同一工厂的工人为例，在那个看似非常团结一致的团体内部，我们总是能够观察到利益冲突，同一生产部门的工人有不同的利益，这些利益在其他条件下必然应该产生冲突。不同职业群体和劳动者群体的利益冲突构成了一幅生动的、多彩的图画。作为现实图画，这幅画常常不是由那些反复强调“阶级斗争”口号的人提供的。

通过对具体条件和利益的合乎逻辑的抽象，综合的理想的阶级概念由这幅多彩的图画形成。

我们应该记住，这个似乎切合实际的概念是一个理想的概念，就像我们在纲领的最前面提出的概念一样，就像民族概念一样。和阶级相比，只有民族是最高等级的概念，是最高的概括。但是，如果我们提出一种思想，什么样的哲学思想是作为一种实际政治理论的社会主义的基础，那么我们会看到，社会主义的意义当然不在于阶级斗争，而在于整个民族（进而扩大到全人类）的生产力的协调一致，在于为了个体的全面发展服务。这种个体思想是自由主义理想的根据，在我们的认识里，这种个体思想应该与社会自治的思想紧密交织，应该与民族生产力协调一致的思想紧密交织。因此，在我们看来，在我们所理解的那个意义上，如果在现实政治意义上而非乌托邦意义上理解自由主义和社会主义，那么自由主义和社会主义两者之间没有也不可能有任何根本矛盾。

对自由主义和社会主义的现实政治的理解同时也是唯一的、空想的理解。真正的自由主义要求个体的全面发展，要有自身特性和丰富的发展空间。

自由主义的理想的概念是和教条的、陈腐的、僵化的自由主义的概念相对立的。比如，旧学说的自由主义为了虚假的个人自由否定了工人法，拒绝了所得税和我们称之为社会改革的一切东西，拒绝了旨在提高劳动者个体的一切东西。从另一方面来说，教条社会主义大声宣告否定私人财产的原则，这也是一个内容空洞的句子。如果深思其现实意义，你得不到一分税，得不到一小块布料，喂不饱一个饿汉。那种社会主义的教条的理解应该是与现实政治的、鲜活的、接近生活的理解相对立的。这就是为什么在我们党里工作着信仰坚定的社会主义者，虽然我们党并未把社会主义的教条口号写进自己的旗帜。

现在，社会主义应该不再是那样一种神圣的说法，人的善良和人对理想的忠诚都以此说法为基础被正在实现的政治所确定。而从另一方面来看，社会主义应该不再像以前一样是吓人的东西。因为现在，20 世纪初，在人类有过大的社会政治试验之后，在人类进行了大规模的思想工作之后，如果更委婉地说，“社会主义”这个词和概念

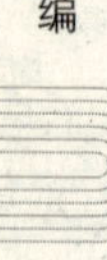

应该只会使老年人、神经衰弱的人感到不安和担心。

这里就产生了一个具体的问题，这个问题在国际论战中占有一定的位置。人们常说，我们党没有未来仅仅因为它没有阶级基础。在宣传鼓动会议上我多次听到这种说法。而且，这种说法没有任何实际依据。这种观点的实际和历史的差别十分显眼。我们知道，现在英国，不同的阶级和不同的成员构成了最强大的、独一无二的、自由主义的政党，即所谓的“自由”党。我们知道，在德国，宗教信仰不同的民族成员构成了中央党。我们知道，法国最强大的党是激进分子和激进社会主义者构成的党，加入该党的人来自各种各样的社会阶层。因此，可以证实，如果认为我们党因为没有阶级基础而没有任何前途，那就意味着对一些事实视而不见，这些事实是现代文明国家政治发展的最明显最无可争议的事实。而且，这种关于党的不牢固的观点在我们的一些党员中广泛存在。在我们的一些党员中常常会听到一种腔调：我们党是时代环境所迫的一个不牢固的联盟。

我应该指出，我完全不同意这种观点。如果我们党是一个暂时的、不稳固的联盟，那么在我看来，这种情况只能证明一点，即俄罗斯社会中一部分人文化和政治上不成熟。因为，事实上，我们在政治发展中和进步中的国家看到了什么呢？在那里，社会进步必然催生那种类型和性质的政治力量和政治组织，俄罗斯的立宪民主党就有那种类型和性质。欧洲最近的政治发展史证明了像我们这样的党的必要性，证明了我们的党所坚持的政策的必要性。您回忆一下，那个组织不是自己的立宪民主党，又是什么样的组织呢？它被称作“联盟”——“联盟”一词就是从那里被借用过来的，它克服了德雷福斯案件并把法国从反动的泥潭里拽出。

就算它是个“联盟”，但在西欧所有的政治发展中，这个联盟是最牢固的、最进步的趋向。

再接着回忆一下，在英国最近一次选举中获得了辉煌的、在议会选举史上史无前例的胜利的自由主义运动实质上是什么样的？这一运动不是那种政党制度和政党组织在英国条件下的体现，又是什么样的运动呢？那种政党组织在我们国家体现为人民自由党。同时，如果我们看到，民主思想在德国是薄弱的，在某些北日耳曼国家尤其薄弱，那么，其原因是：那里缺少这种“联盟”，缺少民主人士的团结。而这种团结被写进了人民自由党的旗帜里。在我看来，充满了伟大历史意义的思想也正在于这种团结。

德国的民主主义是薄弱的。为什么呢？因为德国民主主义分子的联合是不牢固的、暂时的，出现了瓦解。有些人把我们党看作是不牢固的、暂时的、很快消失的联盟，这些人曾经预言我们党的瓦解。我再重复一遍，如果我们党是暂时的、不牢固的联盟，那么这将是俄罗斯社会文化和政治不成熟的最令人失望的证据。话题再回到德国，同时，我将指出，按照我最坚定的看法，这个联盟在德国的形成是无法避免的、必需的。

现在我们在德国亲历了这个重要的历史进程。那里发生了教条社会主义的失败：任何一个观察德国社会主义发展的细心的观察家都应该承认那种无法遏制的趋势。因为这次失败，德国社会民主主义的策略应该改变，成立社会力量联盟的前景应该展现出来。而在俄国，这种联盟被认为是不牢固的。

因此，我认为，我们可以非常坚定地坚持一种思想：我们党是一个历史上十分必要的组织。无论如何，我们都不应该像很多人所做的那样，轻率地对待那种认为俄国民主力量联盟可能瓦解的思想。在西方，这种民主力量联盟是长期斗争的成果，是痛苦的政治和社会试验的产物。而由于我们社会生活发展的非常特殊的条件，我们很容易地成立了这种民主力量联盟。

在广泛的自由主义、民主主义的纲领里，除了民主主义分子的非阶级联盟的思想外，另一重要思想无疑也是我们党的基础，在我看来，这个重要思想完全决定了我们党的策略。它就是进化思想。我应该指出，总的来说，进化论和革命论之间的争论对我而言不是简单的党的争论、不是党内争论，而是两种完全不同的哲学世界观的争论。

我认为，当我坚持进化观点时，不管是对于立宪民主党的代表来说，还是对于社会民主党的代表来说，我能同样令人信服地谈论，同样令人信服或同样不令人信服。一名真正的社会民主人士赞成作为政治指导思想的阶级斗争思想，同时完全否定革命论。进化论和革命论之间的争论是世界观的冲突，是观点冲突。这些世界观和观点出现在最不同的政党色彩中。

在政治学的视角下，我确定了进化论和革命论的主要差异：进化论把政治作为培养来理解，革命论把政治作为强制来理解。革命论所依据的思想是，在政治里物质力量的竞争是决定性的因素；进化论所依据的思想是，对人们的精神改造是决定性的因素。因此，在哲学意义上，革命论和进化论的对立要比革命派和温和派的偶尔的政治对立更重大、更深刻。

从这种观点来看，不管这一点听起来多么难以置信，像贵族普列维（Плеве）那样的人物应该属于“革命论”的范畴。从另一方面来看，按照其作品的主要思想，列夫·托尔斯泰属于“进化论”的范畴，因为列夫·托尔斯泰关于社会建设的指导思想是，对人的培养应该是社会政治完善的基础。

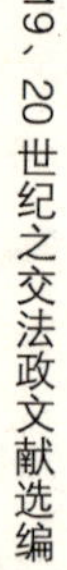

因此，我可以指出，就其实质而言，那样的“革命论”是带有对立符号的警察思想。因为，相信肉体打击或力量优势事实上等于相信警察命令，而警察命令因其背后的强制而显得有力。这样一来，进化论和革命论的分歧就成了强制和培养的政治世界观的分歧。这种分歧非常大，任何时候也不应该掩盖这种分歧，也不可能掩盖住这种分歧。在这两种世界观之间不可能有妥协。之所以不可能有妥协，是因为实质上这两种世界观就像是社会思想的两个年龄段，而在这两个年龄段之间不可能有妥协，或许会有连续性，但不可能有妥协。

再进一步描述革命论，我可以指出，革命论是粗鲁的、空想的世界观。一方面，这种世界观粗鲁地简化了人类社会的复杂的、微妙的现实，简化了各种各样的、多方面的社会精神；另一方面，革命论空想般地相信人民群众的力量，它是空想的，因为它没有耐性。它没有耐性，因为它不理解“作为培养过程，社会进化没有奇迹、没有神奇的突变，实质上，进化是缓慢的、渐进的”。从革命论这一哲学的、心理学的描述可以得出另一个非常典型的、在俄罗斯条件下非常危险的特点（顺便说一下，不仅在俄罗斯条件下是危险的，从直接观察来看，在诸如法国那样的发达社会条件下也很危险）。这个特点是革命论对代表机构的工作不信任。

代表机构的工作是什么呢？如果他们被正确地组织和民族有机地联系在一起，那么他们的工作是政治培养的最重要机构之一，更准确地说，是民族的、政治自我培养的最重要机构之一。革命论不信任代表机构，因为革命论不相信政治培养。革命论希望用快速生效的群众“行动”代替缓慢的、渐进的、不够激进的、缺少斗争精神的工作。从大革命时代的巴黎公社革命论到现代无政府主义者和反议会的共产主义者的革命论，这些不同类型的革命论都支持人民群众直接行动的思想，法国无政府主义者把这种思想称作“直接行动”。完全空想的思想主要在于相信人民群众的直接行动。

如果深入思考一下，什么是人民群众的直接行动？人民群众的直接行动，其实质是大众作为一个群体的行动。如果我们再思考一下，直接行动的群体的力量和意义如何？那么，我们可以看出，这些群体实质上总是无组织、无秩序的。因为它总是弱于有组织的群体。这就意味着，在现实条件下，在和有组织的政权及其炮火交手时，这些群体总弱于现行政府安排的有组织的群体，如果政府尚未彻底瓦解、尚未完全衰弱，而政府彻底瓦解和完全衰弱的情况当前极其罕见，在交手时，无组织的群体最终总是被有组织的群体战胜，有组织的群体也就是警察和军队。

除了空想，也即无组织力量和有组织力量斗争的不现实，这种手段总是缺少培养。

它把社会斗争引向身体力量的竞争，而这种竞争与培养社会人的政治思想相悖。

现在，我想简要概述我们党的思想基础。

我们党是自由主义的：它坚持个体自由。同时，对于任何个体，它都坚持个体自由。因此它又是民主的。鉴于此，在现实政治意义上，在其纲领中，它不仅不否定，相反却肯定积极的、实用的社会主义思想。同时，它不是阶级党，是民族党。它力求团结民族的一切进步力量，并以此服务于民族全面复兴的思想。它是进化的，而非革命的。这就意味着：不管个别人如何观察，不管他们对这些或那些条件如何痴迷，“培养社会人而非强制社会人”这一政治思想始终是我们党政治世界观的基础。

我们党的特点非常宽泛。我们党不是阶级的，是民族的，是自由主义的，同时又不否定社会主义。毫无疑问，这样的思想内涵极难把人们团结为一个政党。但是，或许，在俄罗斯最近的历史中，从未有这样一个时刻：必须从属于大的政党，必须遵守严密的制度。我们中的每一个人，不管服从党的方法有多困难，不管和某些党员有怎样的分歧，我们都应该有绝对的道德政治责任，那就是支持党。因为，在俄罗斯当前所面临的极其艰难的情况下，只有民主社会人士团结一致的行动才能把我们的国家带到真正复兴和健康发展的轨道上。不管我们中的每一个人多么想保持个人独立，他都应该记得，在整个国家的最高利益方面，现在党员属性和行动严密是一种道德责任。

我试图按照我的理解全面描述作为我们党纲基础的世界观。在我的理解里，尽管有一些主观色彩，毕竟还是有很多把我们团结起来的元素。由于这种理解，我们不得不考虑到，人们会用“资产者”和“渐进论者”甚至是可怕的“自由主义者”等绰号骂我们。

我认为，我们不应该害怕任何坏绰号，甚至是“自由主义者”这个绰号。我们应该害怕肤浅的、错误的思想，害怕口头宣言，更害怕陶醉于口头宣言。那些口头宣言缺少对于政治活动家而言最重要和最宝贵的感觉——政治责任感。

我——“资产者”！为什么？宣传鼓动集会使我明白这一点。在圣彼得堡的维堡的一次宣传集会上，作为“资产者”的我遭到蔑视，因为我证明了无偿没收私有土地的完全不可能性和反文化性。这可能是又一例证，表明了我们的世界观和那些用绰号骂我们的人的世界观是不同的。

为什么无偿没收是不可能的？我指出了一件简单的事情。无偿没收私有土地等于把19亿多卢布的抵押借据变为一张废纸。约20亿卢布变为废纸等于一场巨大的经济危机，等于破坏国家和私人信贷。它将造成经济破坏和灾难，而无偿没收私人土地所带来的愉快无论如何也不能弥补这些破坏和灾难。这就是人们把我们称作“资产者”的原因。

后来，在一个大工业中心举行的集会上，我不得不遭受类似的唾骂，只因为我说八小时工作制不能按“立宪会议”的命令在所有企业立即实施。

这就是我们被称作“资产者”的原因和罪过。我们仔细地掂量我们的每一个承诺，仔细地考虑向我们提出的每一个要求。一旦揪住我们的某个罪过，就把我们称作“资产者”。这是为什么呢？我们拒绝向人民群众做出无意义的、昧良心的承诺。

就在不久前，人们用唾骂意义的绰号“调和分子”描述我。如果拒绝做出无意义的、昧良心的承诺是调和的话，我原则上宣布，我是一个“调和分子”。在这个意义上，我们所有人都是调和分子。人们指责我们这一点，这是非常公正的指责。因为它意味着，把社会进化和政治变革理解为培养社会人的进程是我们整个政治世界观的基础。

当人们指责您是“渐进者”和进化论者时，请您拿起《赫尔岑身后集》这本书。您可以从中找到伟大俄罗斯政论家的遗训，您也可以从中找到赫尔岑的政治遗嘱和社会政治遗嘱。在世界文学中，这位伟大的俄罗斯自由主义者兼伟大的俄罗斯社会主义者的遗嘱是对进化论的最好的、完美的证明。我提到的那部作品是在赫尔岑去世后出版的，是他给老朋友和老同志巴枯宁（Бакунин）的书信。这部并不宏伟的作品是最深刻的政治和社会政治思想的取之不尽的宝库。

我想从这部作品中援引一些内容，而我们世界观的实质也正在于此。在赫尔岑去世前写给巴枯宁的信中，他揭开他们两人之间的深刻分歧。赫尔岑是经验丰富的社会进化论者，而巴枯宁是一个革命浪漫主义者和粗暴革命的幻想者。赫尔岑这样写给巴枯宁：“任何政变和任何冲动都无法理解。历史进程的缓慢和快慢不匀使我们大怒、使我们窒息。我们无法忍受这种缓慢。我们中的很多人违背自己的理智，自己急匆匆的，也让别人急匆匆的。这是好还是不好呢？整个问题就在这里。应该推动和加速内部的工作吗？毫无疑问，产科医生可以加速、减轻和消除障碍，但也是在一定范围内，而消除障碍是困难的，忽视障碍又是危险的。与逻辑的自我牺牲相反，这里需要分寸和令人鼓舞的即兴之作。此外，并非到处都是同样的工作和范围。彼得大帝和议会教会我们一日千里地发展，从怀孕的第一个月到第九个月不加区分地摧毁道路上的一切东西。‘破坏欲就是创造欲’，跟在某个破坏神后面，踉跄地冲向被打碎的、混有各种垃圾的宝库。”

接着，赫尔岑回忆了他所亲历的六月起义的可怕经历，即法国革命无产者的起义："我们看到了血腥起义的残酷实例，在绝望和愤怒中走上广场，在街垒中忽然想起，没有旗帜。尽管他们是团结一致的团体，保守力量还是打败了他们。后来是应该预料到的反动运动。但是，如果胜利留在了街垒一方，会怎么样呢？20年里残酷的战士说出了他们内心的一切吗？我们从他们的遗嘱中没有找到一个有机的建设性的思想。像政治错误一样，直接的经济错误深刻而直接地导致了毁灭、停滞和饥荒。"

赫尔岑接着写道："总的任务并没有指明道路、手段，也没有足够的环境。暴力不能使被火药破坏的整个资本主义世界哀号痛哭。当硝烟散去、废墟清除时，任何一个资本主义世界又会开始各种改变。因为，这个资本主义世界从内部来说还未成定局，因为建设性的世界和新的组织都未做好补充和实施的准备。当前秩序的存在根基和应该垮台并重建的根基尚未如此动摇，以至于可以用武力夺取政权，以至于可以将其消除……每一个认真的人都应该扪心自问，他准备好了吗？我们所属的组织对他来说是否清楚？集体财产和集体团结的共同理想是怎样的？他了解这个完成旧制度转变的过程吗（除了简单的摧毁）？如果他对自己满意，那请他说说，那个环境准备好了吗？原则上，环境最先决定事业的成败。"

接下来，赫尔岑停留在经济变革的特点上，他写道："在所有的宗教革命和政治革命面前，在客观基础方面，经济变革具有极大的优势。它的道路理应如此，它对资料的诉求亦是如此。随着它在不确定的痛苦和不满状态中增强，它将会不由自主地站在现实的土壤上。那时，其他变革一直把一只脚停留在幻想、神秘主义、信教和未经证实的偏见（爱国的、法律的和其他的偏见）上。经济问题则属于数学规律。"

接下来，他又写道："当然，像任何科学规律一样，数学规律自身包含证据，不需要经验主义的证实，也不需要多数人的投票。但是，对于应用而言，经验方面和实施的外部条件经常是第一位的。'动机可以是正确的，但没有足够的条件动机就无法实施'（边沁[1]）这些在人类的所有事业中被接受，在社会革新的事业中却被那些容易激动的人们回避的事。哪个机械师不知道，当不服从的、不相干的或属于其他规律的成分出现在一系列现象中时，他的计算和公式将不会转变为现实。在物质世界里，这些纷扰的成分不复杂，很容易列入公式，像摆线重量、摆动所处环境的压力等。而在历史发展的世界里，可不是那么简单。社会增长的进程、进程的偏离及其最近结果交织在一起，深深地进入人们的意识深处。了解这些并非易事，还要考虑到社会中列出

[1] 译者注：杰里米·边沁（Jeremy Bentham，1748—1832年）英国的法理学家、功利主义哲学家、经济学家和社会改革者。

的否定清单，除了杂乱无章，不能做什么。”

继续发展这一思想，遗憾的是，我不能详细地描绘这一思想。发展这一思想时，我本应指出这种思想和形式艺术美的结合。对于我们和整个俄罗斯社会来说，这一思想应该是特别珍贵的，正如伟大的思想家、艺术家非常成熟的思想里的最后一个词。他说：“我一点儿也不害怕被不坚定和不忠诚所庸俗化的‘渐进性’这个词，一点儿也不害怕各种革命政权。渐进性和连续性一样，是理解任何进程时不可或缺的。数学逐渐地传播，因此关于社会学的思想的最终结论像天花一样流行起来，或者，思想被灌进大脑，就像灌马喝药一样一下子灌进去。在最终结论和当前状态之间存在实际的方法简化、妥协和偏斜（直接说就是‘妥协’！）。要明白其中较简短的、较方便的和较可能的——实际策略问题、革命战略问题。坚决地往前走时，可能会突然想到，拿破仑（Наполеон）是怎么进入莫斯科的？是怎么死的？他从莫斯科撤退时，甚至没有走到别列津纳河。”

接下来，赫尔岑研究了社会主义的主要要求并证明，在何种程度上，社会主义的一般公式不适用于现实。我只向读者宣读一下结论。我可以说，他的理解的深刻及其禁欲主义的真挚全都在结论里得以体现。他深刻而真挚地写下自己的遗训：“站在尸体旁，站在被摧毁的房屋旁，在狂热中听着俘虏被扫射的声音，我的整个身心都在呼唤野蛮力量去报仇，去摧毁旧的犯罪的村庄，甚至没有好好考虑一下，用什么替代旧的。时间过去了20年。复仇来自另一方面，复仇来自上面。民族忍受了一切，因为不管是那时还是后来他们什么也不理解。中庸之道被诽谤、中伤。漫长的、痛苦的时间使人的欲望平静，使人的思想固定，使人们观察和思考。既不是你能改变信念，也不是我能改变信念，我们都不能改变我们的信念，但我们对待问题的方式有所不同。你像以前一样带着破坏欲向前冲去，你把破坏欲当作创造欲……扫除障碍，只尊重以后的历史。而我不相信以前的革命道路，尽力理解过去和现在人们的脚步，为了了解如何与人们的脚步步调一致，不落后，也不超前很远，因为人们将不会跟着我走也不能跟着我走……较之在所有问题上都采取最极端的方式，在我们所生活的环境里说出这一点所需的勇气和独立即使不多于前者，也绝不少于前者。”

在接下来的信里，我还想强调一点，赫尔岑写道：“……我不相信那些人的认真，他们更愿意破坏、更喜欢粗鲁力量和串通（直接说，就是‘串通’）。人们需要宣传，孜孜不倦的宣传，平等地面向工人、雇主、庄稼人和小市民的宣传。我们需要宣传者，向前卫军官和进行破坏的工兵宣传的宣传者。宣传者不仅要向自己人宣传，还要向敌人宣传。向敌人宣传，这是伟大的爱的事业。他们身处现代洪流之外，靠某些过去的未兑现的道德诺言而生活，他们本身是无罪的。我像同情病人、同情站在深渊边上的受害者一样，同情他们。财富束缚了他们，把他们拉向深渊。他们如果想要被拯救，就需要睁开双眼。希腊人更极端地说：智者不需要规律，他的智慧就是规律。现在，我们一起让自己、让彼此都成为智者。”

在我所援引的赫尔岑的作品里，有一种思想非常清晰深刻，我认为这种思想是我们党的中心思想，即社会人的政治培养思想。因此，当人们在“资产阶级性”和“渐进论”方面指责你们时，你们可以用赫尔岑深思熟虑的、饱经忧患的、勇敢的话语“我一点儿也不害怕‘渐进’这个词”作为回答。当人们指责你们支持“串通”、沦入“妥协”时，你们可以用赫尔岑的话“我不相信那些人的认真，他们更愿意破坏、更喜欢粗鲁力量”作为回答。和赫尔岑一起告诉他们，“在最终结论和当前状态之间存在实际的方法简化、妥协和偏斜”。

在我们这个时代被轻易抛弃的“妥协”这个词，是双重含义的，甚至是多重含义的。任何时候都不要忘记，都要不断重复，民主的发展是一连串妥协。因为，正如伯恩施坦（Бернштейн）准确指出的，民主本身是“妥协的高级学校”；因为培养不是别的，正是心理妥协系统。但同时也要记住，任何培养思想都不能证明与暴力和解的正确，不管和解来自哪里。任何时候我们都不应该忘记这一点。任何时候我们都不应该忘记，为了我们党的最高目的，我们务必是暴力的毫不妥协的敌人。同时，我们务必是向虚伪进行胆小而可耻的妥协的毫不妥协的敌人，无论这种虚伪披上多么迷人的外衣。我们绝不向不成熟的思想投降，不管它当时具有怎样的威望。为了民主，不妥协地站在任何蛊惑宣传的对立面。以公正为基础的诚实政策实质上不是别的，正是培养社会人，而与虚伪勾结不可能成为培养与自我培养的基础。这种思想应该成为大家的指导思想。

（于丹红　译，戚杭　校）

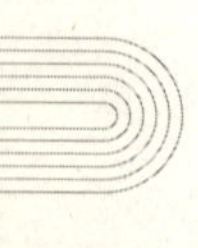

第二编　激进主义

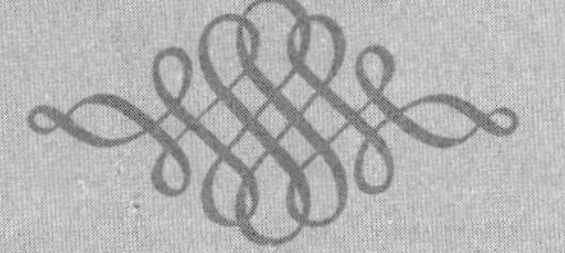

一、彼得·特卡乔夫：恐怖主义是俄罗斯道德和社会复兴的唯一手段

"只要对俄罗斯的现状进行深思，就势必会得出这样的结论：这是一种艰难的境况，不可能长期持续。我们的经济状况令人震惊，财政失调，在农民事务管理上暴露出来这样一些严重的缺陷：政府不得不把改组农民机构的问题转交给地方自治机关审议；占俄国总人口80%的农民贫困化，几乎不能负担落在他们身上的赋役负担；教学方面的安排也是很愚蠢的，而原国民教育部蓄意为国民学校的建立和文化在民间的发展设置障碍；犹太人的骚动暴露出人民群众中出现了不仅是针对犹太人，而是完全针对有产阶级的敌意情绪；警察不称职，低级警官同区警察局长及县警察局长既不能给人民带来好处，也不能给政府带来益处；滥用职权和侵吞财物损害着人民的机体……"

上述引文，我们不是摘自任何"地下"小册子，不是摘自任何革命传单，也不是摘自任何境外出版物——不，它是摘自《呼声报》[1]（1881年6月25日No.174）的社论，当然，任何人都不会指责该报政治上不可靠，都不会指责其奴颜婢膝、警察式的热心、俄国忠臣所固有的其他美德不够。如果《呼声报》都这样描述俄国的现状，如果它都认为俄国的现状异常严重，那么它的实际状况究竟如何，想起来甚至都令人感到可怕！如果对俄国现状的无法容忍性的认识开始深入到甚至备受折磨的官吏的头脑中，开始深入到迟钝并沉溺于掠夺的贵族和商人们的头脑中，开始深入到被惯坏的惯于撒谎并变得卑鄙的"知识分子"的头脑中，而《呼声报》及我国其他类似于它的警察式的半官方的有代表性的报刊，成为了他们感情和观点的反映，那么俄国的状况又会是什么样子呢！但是，到底是什么人把俄国弄到了这种地步？是什么人破坏了人民的福利？是什么人使人民群众处于赤贫和经常饥饿的状态？是什么人使农民处于"过

[1] 是温和自由派的政治和文学日报，自1863年至1884年在彼得堡由阿·阿·克拉也夫斯基编辑出版。

于繁重的税役负担”之下而痛苦不堪？是什么人妨碍了民间文化的发展？是什么人“愚蠢地任命”我们的教学部门？是什么人把“侵吞财物和各种各样的滥用职权”的方式放置在了各个社会管理部门？是什么人用低级警官、区警察局长、县警察局长及其他“社会稳定的维护者”（据一些最忠于君主的人承认，这些人“既没有给人民也没有给国家带来丝毫的好处”）犒赏我们？

是什么人？——是专制的、不受监督的、无所不在的、有无限权力的“沙皇—父亲”的权力。任何一个忠臣，只要他还是忠臣，就不能对这个事实表示怀疑。怀疑这个事实就意味着对权力的源泉、对无限权力、对专制原则本身表示怀疑。但是，如果专制制度把我们弄到了这种地步，以至于忠臣中最忠的人都意识到，“这种状况不可能持续更久”；如果忠臣中最忠的人都意识到这种状况“使我们的经济形势动荡”，“使我们的财政陷于混乱状态”，“使大多数居民陷于贫困和赤贫”，“使窃取和勒索的方式在各个公共管理部门恢复”等——那么它会使每一个还没有堕落的人产生什么样的感觉呢？愤怒、暴怒、鄙视、憎恨和复仇。他们会产生这样的感觉，应当说是十分自然的，这样的感觉的产生甚至不以其意志和愿望为转移，是以纯条件反射式的、不可避免的方式出现的，就像神经受到了某种刺激产生疼痛感一样。无法想象这种精神和肉体上受损伤的堕落的人，他能够怀着诚挚的感激之情去捧保护他的臭脚、去亲吻踩踏他的脚，他能够对把他置于赤贫和无知境地的人、对剥夺了他的所有人权的人、对把他交给贪婪残暴之徒和掠夺者的任意摆布的人充满爱戴、感激和尊敬之情。大概这种道德上的畸形人是不可能存在的，因为他的存在是对我们所知的各种自然法的否定，不仅有思想的人不能存在，就是有感觉的生物体也不可能存在。所以，可以看出，我们的忠臣，即使不是作为有思想的人，哪怕是作为有感觉的生物体，都不可能，也不应当对专制政权——自己的各种苦难和不幸之源抱有除了愤恨、憎恨和愤怒外的任何其他感情。但我们实际上看到的究竟是什么呢？

人们感觉到，也不仅仅是感觉到，而且也认识到，也不仅仅是认识意识到，甚至在口头上表达了这种认识，在可能时以报刊语言表达这种认识——感觉到和认识到专制政权使我们的处境无法忍受，与此同时，我们的忠臣却争先恐后地急忙向对方表达对这个专制政权的“不尽的感激”、“无尽的爱”、“无限忠诚”和“绝对的崇敬和虔敬”！他们把自己的忠言从俄国的各个角落、各个等级寄给自己的专制刽子手、暴君和掠夺者；他们把自己“挑选”的代表从俄国各地及各个等级派到他那去，这些人代表派他们的那些人吻他的脚，亲他的手，泪流满面，使他相信自己的爱、自己的忠诚和感激

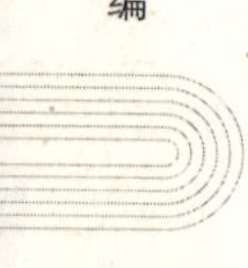

之情！

读官方对所有这些忠良“忠言”、“叩拜”和“亲吻”的汇报，就会感到说自己是“俄罗斯人”很可耻，很可憎，不由自主地想起了诗人的话：

大自然赐予给牲畜的是什么？

可以对它们进行宰割或剪毛——

代代因袭

牛轭、銮铃和长鞭！

怎么使人萎缩到了这种地步，不仅使“人自身的尊严”，甚至是最起码的动物的自尊都萎缩了？人们怎么能走到这种道德极度堕落和自卑自贱的地步？

当然，任何人，甚至不排除最忠君的人，都不怀疑，所有的这些“忠言”、“叩拜”、“亲吻”及“赞美”中真诚和真话很少，但假话和伪装很多。忠臣们以感激之泪洗净殴打自己的双手，表达自己对掠夺自己、使自己破产、损害自己尊严、诋毁自己的恶魔的热爱、忠诚和虔敬，忠臣们的行为显然是受了同样的动机的影响，这种动机在农奴制时代决定和制约了无权的奴隶与拥有全权的主宰地主的关系。这些动机归结起来——众所周知，主要的，也是独一无二的就是恐惧感——就是对自己生命和个人安全的恐惧。在这种任何动物都有的自我保护本能导致的纯畜生的恐惧的压迫下，在奴隶的心里各种人的同情心都逐渐消失，他的各种理性和道德观念都扭曲了，而他变成了某种地道的道德怪物，能够满怀崇敬和感激之情亲吻使其呼吸困难的手，亲吻踩踏自己的脚；这种对个人尊严、对自己的人权完全丧失了任何意识的道德怪物根本不可能进行任何斗争，有任何积极的反抗。废除农奴制，消除了纯法律上农民对地主的从属关系（经济上的从属关系依旧），而丝毫也没有消除，相反更加强了那种从属关系、那种依附关系：即所有的俄罗斯忠臣过去和现在一样都处于对专制的、不受监督的、有无限权力的警察官僚国家政权的依附关系。忠臣在农奴制废除之后仍旧是沙皇十足的无声奴隶及他的仆从和鹰犬。由于专制制度的基本原则，沙皇、他的仆从和鹰犬仍旧是忠臣的财产、荣誉、自由、生命及各种人权的绝对不受限制的主人和支配者。意识到或者如果还没意识到，那么在自己的生存中毕竟明显地感觉到了自己的奴隶、无权地位及对“最高专制政权”的依附地位。各个官衔和各个等级的忠臣们，主要是中间阶级、资产阶级及所谓的知识分子阶级的忠臣们，始终生活在或更确切地说是苟活在长期的动物本能的恐惧的毁灭性压抑之下，农奴制时代专制地主的奴仆就生活在这种压抑之下。这种恐惧也像它迫使地主的奴仆那样迫使人亲吻他们的专制主子的手脚；对其阿谀奉承，对他使他们遭受的各种侮辱、痛苦和苦难满含热泪地表示感激。这种恐惧，如果还不是最大程度那么也是以其扭曲奴仆的本性那样的程度扭曲并仍在继续扭曲着他们的道德本性。这种恐惧使他们完全丧失了能力，就像它使奴仆完全丧失了能力一样——既丧失了进行斗争的能力，甚至也丧失了进行消极反抗的能力；它从他们的头脑中清除了有关真理和公正的最起码的概念；从他们的心里清除了最起码的感情：人的尊严、荣誉和自尊；它使他们丧失了人样；它把他们变成了愚笨的牲畜，蠢驴般地忍受着他们所承载的压制；此外，它甚至使他们丧失了后来提到的牲畜所固有的那些感情：狗、猫都要保护自己的幼崽免遭自己的主宰——人的侵袭；忠臣们为了迎合自己的沙皇主子，用自己儿女、姐妹、妻子的骨髓和鲜血喂养沙皇的刽子手！为了挽救自己的性命，父亲出卖自己的儿子，妻子出卖丈夫，哥哥出卖弟弟！恐惧非常可怕，恐惧无所不能，它使成千上万的人如此道德沦丧和退化，如此精神丑陋！这种恐惧扭曲人的道德本质，同时也就成了警察资产阶级国家的专制政权最强大的、不可动摇的支柱之一。就本质来讲，他们只能感到后者的强大；恐惧一旦从忠臣的内心消失，专制国家连一天都无法维持下去。所以，明白和意识到各种恐惧及俄国令人无法忍受的现状的人的所有努力，诚挚地热爱人民、力求使自己的祖国经济、政治和精神复兴的人的所有努力，都是旨在把俄国人从把他们变成了傻瓜、使他们丧失了人性的恐惧的压迫下解放出来。只有在哪怕是部分摆脱了这种恐惧之后，俄国人才能获得精神上的再生，才能意识到自己的权利、意识到自己被奴役所遭受的侮辱，才会变成能与自己的恶霸、残暴的人及剥削者做积极斗争的人。

但是，在这种政治和社会条件存在的情况下，如何才能使忠臣从压制他的恐惧中解放出来？要知道，这种恐惧正是政治和社会条件造成的，在这种条件下忠臣的命运、自由、名誉和生命全都无条件地由专制官僚的恣意妄为的专横决定。因而，恐惧只能是随着这些造成它的条件的消除而消失。但是，在使人失去个性、扼杀各种人的感情、使其既不能进行斗争也不能进行积极反抗的恐惧的统治之下，怎么才能消除恐惧的影响呢？

如何才能摆脱这个魔力圈呢？按照所谓的自由主义者的观点，只有和平渐进的社会进步才能使我们摆脱这个魔力圈；他们聊以自慰的是幼稚的幻想：似乎在“专制政权出现善意倾向时，各种社会自由将会逐渐扩大，教育将会得到普及，而这种发展教育和扩大自由的自然结果就是专制压迫的减轻，也就是使忠臣从使其变扭曲、使其变成傻瓜的恐惧中解放出来。但是，要知道这是无法实现的幻想、无法办到的不切实际的空想！首先，在我们这里存在着忠臣和专制政权之间的那种关系的情况下，专制政权没有丝毫的理由为前者而放弃自己的权力。为什么？要知道，忠臣不仅不会反抗、不会抱怨，而且，相反还要不断地使专制政权确信（不仅是语言上，而且是行动上）自己的忠诚、爱及感激。其次，假如连专制政权都产生了在自己的忠臣中间发展人的思想的不可能的念头，那么结果又会如何？以前的沙皇的改革尝试非常明显地、不容丝毫怀疑地证明了这一结果将会是什么。难道我们的杜马、我们的地方自治局、我们的高级官员还敢去认真尝试享受赋予他的自由吗？相反，在任何方便的时候他们都拼命地要向专制政权证明自己奴仆式的忠诚，证明自己在任何事情上都绝不会违拗和顶撞它。对有无限权力的专制制度的恐惧，完全自然而不可避免的恐惧使我们的忠臣过去和现在都完全根本不可能享受专制政权赋予他们的任何的自由。至于在那些被恐惧压制丧失了人样的人们中间普及理性的人道教育，一想就感到可笑……难道被恐惧扭曲的奴性能接受和服从任何理性的人道思想吗？

不——实现俄国政治和社会复兴的唯一实际、唯一有效的方式就在于使忠臣们摆脱使他们感到压抑的对"最高当局"的恐惧，只有当他们摆脱了这种恐惧，他们身上的人的感情才会表现出来，他们的人权意识才会被唤起，他们才会有争取这些权利的愿望、力量和精力……因为压制他们的恐惧力量与"最高当局"的权力、纪律和组织是成正比的，由此自然而然地得出结论，要想使前者，也就是恐惧的力量减弱，就必须削弱、动摇及破坏后者的威力，也就是这种国家政权的威力。达到后面的目标，也就是破坏和削弱政府的权力，在俄国政治和社会生活的现有条件下，只有一种方式能够办到：对在一定程度上成了政府权力化身的个别人实行恐怖行动。快速而公正地惩治专制政权的体现者及其走狗对这个政权产生的那种影响，从忠臣的真实需要的观点来看，应当是他们最需要的。这种惩治可以削弱这一政权，引起它的恐慌，破坏它的功能，使其张皇失措。同时，这种惩治能降低它的威信，打破那种大多数忠臣都如此坚信的专制制度神圣不可侵犯的错觉。换句话说，革命的恐怖主义可以破坏、削弱和恫吓政府当局（或者这个政权的代表），有助于让忠臣从把他们变成傻瓜、使他们丧失人性的恐惧的压制下解脱出来，也就是说有助于他们的精神复活，有助于备受恐惧折磨的他们人的感情的觉醒，有助于人样的恢复……因此，革命的恐怖主义不仅是破坏现存的警察官僚国家的最得当和最实用的方式，也是从精神上把奴仆式的忠臣变成公民型的人的唯一有效的方式。

（刘显忠　译，陈金鹏　校）

二、谢尔盖·涅恰耶夫：革命者教义问答

（一）革命者对自身的态度

（1）革命者——是注定要献身的人。他没有自己的利益，没有自己的事业，没有自己的感情，没有自己的爱好，没有自己的财产，甚至都没有自己的名字。在他身上一切都为唯一的兴趣、唯一的思想、唯一的嗜好——革命所吞噬。

（2）在他的内心深处，不仅在口头上，而且在行动上，要断绝与公民制度、整个文明人群、这个世界的各种法律、礼仪、普遍认同的规则、道德的任何联系。对他而言，这个世界是无情的敌人，如果他继续生活在其中，那么只是为了准确无误地摧毁它。

（3）革命者鄙视任何学理主义，拒绝和平的学问，将和平的学问赋予后辈。他只知道一门学问——破坏的学问。他现在研究力学，研究物理学，研究化学，大概还研究医学，都是为了破坏，而且也仅仅是为了破坏。他为此日夜地研究一门有现实意义的学问——研究人的学问，研究现在的社会制度的特点、状况及各种条件的学问，从各个可能的层面上进行研究。目的只有一个——最迅速、最准确无误地摧毁这个最令人厌恶的制度。

（4）他蔑视社会舆论。他鄙视和憎恨现今社会道德的各种动机和表现。对他而言，凡是有助于革命胜利的东西，都是合乎道德的；凡是妨碍革命胜利的东西，都是不道德的和应受谴责的。

（5）革命者是注定要献身的人。他对国家和整个等级文明社会是无情的，他也不应该期待它们对自己有任何怜悯。他与国家及社会之间存在着秘密或公开的战争，而且是连续不断、不可调和的生死战争。他每天都要做好死的准备。他应当使自己习惯于经受折磨。

（6）他对自己严厉，对别人也是严厉的人。在他身上，各种温柔娇弱的亲情、友情、爱情、感激之情甚至荣誉感，都要受到唯一的革命事业的冷酷激情所抑制。革命的成功对他而言是仅存的一种满足、一种安慰、奖赏和补偿。他日日夜夜只有一个念头，一个目标——无情地破坏。他沉着冷静、孜孜不倦地致力于这个目标，始终做好准备，准备自己去献身，准备亲手摧毁妨碍达到这个目标的一切。

（7）真正革命者的本性中不可能有任何浪漫主义、感情、热情和爱好。真正革命者的本性中甚至都没有私仇和报复心理。革命的热情在他身上成了日常现象，时时存在，它应当与冷静的考虑结合起来。他时时处处都不应当做私人情欲驱使其做的事，而应当做共同的革命利益指示他做的事。

（二）革命者对革命同志的态度

（1）对革命者而言，只有在行动上像他本人一样宣布自己也从事同样革命事业的人，才能够成为朋友和最亲近的人。衡量与这种同志的友谊、对这种同志的忠诚和其他责任的唯一尺度是各种破坏性的实际革命行动中的利益大小。

（2）革命者的团结一致没有什么可说的。这是革命事业的全部力量所在。在革命认识和革命热情处于同一水平上的革命同志，应当尽可能一起讨论各种重大事务并全体一致做出决定。在完成这样做出的计划时，每个人应当尽可能依靠自己的力量。在进行一系列的破坏活动时，每个人都应该自己去完成，只有当取得成功需要时，才请同志出主意并提供帮助。

（3）每个同志的手下都应当有几个第二级和第三级的革命者，也即不太专业的革命者。他应当视他们为交由他支配的共同的革命资本的一部分。他应该节俭地使用自己部分的资本，始终争取用其获取最大的利益。他把自己看成是必须要花掉的争取革命事业胜利的资本，只是这种资本在未经非常专业的革命者的整个协会的同意，他自己一个人不能支配。

（4）当同志遭不幸时，决定是否搭救他的问题时，革命者不应考虑任何私人感情，而只应考虑革命事业的利益。所以，一方面，他应当权衡这个同志所能带来的好处；另一方面，也应该权衡搭救这位同志需要损失的革命力量，权衡一下孰轻孰重，再行决定。

（三）革命者对社会的态度

（1）接纳不是在口头上而是在行动上表现良好的新成员，除了协会一致通过外，不可能以其他方式决定。

（2）革命者进入所谓的文明的国家等级领域并生活于其中，只是为了最彻底、最迅速地摧毁它。如果他在这个领域还有什么可惋惜的，如果面对消灭这个领域的地位、关系或属于该领域的任何人他可能会驻足不前，那么他就不是革命者。因为在这个领域，所有的东西他都应当憎恨。

（3）抱有无情摧毁目标的革命者，甚至经常要假装成与他本来面目完全不同的人才能在社会上生活。革命者应该潜入到各个地方、上层和中层等各个阶层、商人的店铺、教会、贵族家庭、官僚集团、军界、文艺界、第三厅，甚至潜入冬宫。

（4）这个丑恶的社会应当分成几类人：第一类——应该立即判处死刑者。这些罪犯名单将由协会以对革命事业成功的危害程度为序拟定，以便按名单次序进行处决。

（5）在拟订这个名单和确定上述次序时，要依据的绝不是一个人的个人恶行，甚至也不是他在协会或人民中所激起的公愤。这种恶行和这种公愤甚至可能有部分的好处，它们有利于激起人民的暴动。应当遵循处死某一个人能够给革命事业带来的好处的大小的原则。因此，首先应当消灭对革命组织特别有害的人，以及突然横死会引起政府最大恐惧的人，使政府失去聪明而有毅力的活动家，从而动摇它的力量。

（6）第二类应当包括那些只是暂时让他们活着，以便让他们用一系列兽行迫使人民发起无法遏制的暴动的人。

（7）第三类是众多的身居高位的畜生，或既没有特别的才智又没有能力，但因所处的地位而拥有财富、人际关系、威信和力量的人。应当通过各种可能的手段和方法利用他们，诓骗他们，把他们弄糊涂，尽可能地掌握他们的各种肮脏的秘密，使他们变成自己的奴仆。这样，他们的权力、威信、人际关系、财富和力量就会变成各种革命事业取之不尽的宝库和强有力的帮助。

（8）第四类是国家中的追逐功名者和形形色色的自由主义者。可以按他们的纲领与他们搞秘密活动，假装是盲目地跟着他们走，实则把他们控制在手中，掌握他们的各种秘密，使他们的名誉彻底扫地，使他们无法后退，然后借他们的手去扰乱国家。

（9）第五类是停留在空谈的小团体内和纸面上的教条主义者、秘密工作者和革命者。要不断地推着他们、拉着他们前进，使他们参与一些实际的、复杂困难的活动，活动的结果是大多数人将无声无息地死去，为数不多的人将受到真正的革命锻炼。

（10）第六类也是最重要的一类——妇女，她们可以被分为 3 种主要类型：一种类型——是胸无点墨、冷酷无情的人，对她们可以像第三类和第四类男子一样加以利用；另一种类型——是热情、忠诚、能干的人，但不是我们的人，因为她们还没有达到真正无空话的、实际的革命认识程度。对她们可以像第五类男人那样加以使用；最后一种类型的妇女，完全是我们的人，即十分专业、完全接受了我们纲领的人。她们对我们而言是同志。我们应当把她们看做是我们最宝贵的财富，没有她们的帮助我们是不可能成功的。

（四）协会对人民的态度

（1）要知道，除了民众，即干粗活的人群的彻底解放和幸福以外，协会没有其他目的。但协会的成员都坚信，只有通过摧毁一切的人民革命才可能实现这种解放和获得这种幸福，所以协会将利用一切力量和手段促进那些灾祸和不幸的发展和蔓延，因为这些灾祸和不幸最终会使人民无法容忍，促使他们普遍起义。

（2）协会所理解的人民革命不是按西方经典样板定制的运动——始终都满怀敬意地停留在财产及所谓的文明和道德的社会秩序传统面前的运动，迄今为止到处都只限于推翻一种政治形式代之以另一种政治形式，并且力争建立所谓的革命国家。只有彻底摧毁任何国家机关并根绝俄国的整个国家传统、制度和阶级的那种革命，才可能成为拯救人民的革命。

（3）所以，协会不打算把任何组织自上而下地强加给人民。未来的组织无疑要从人民运动和生活中产生出来。但是，这是后辈的事业。我们的事业——满怀热情地、彻底地、普遍地、无情地破坏。

（4）所以，我们在接近人民之时，首先应当与人民生活中的这样一些人物联系起来：他们从莫斯科国家权力建立之时起就没有停止反抗，不是在口头上，而是在行动上反抗与国家直接或间接相关的一切：反对贵族、官吏、神甫、行会和吸血鬼富农。我们要与剽悍的强盗群体——这个俄国真正的、唯一的革命者联合起来。

（5）把这个群体团结成一个不可战胜的、无坚不摧的力量——我们的整个组织、秘密活动、任务就是这样。

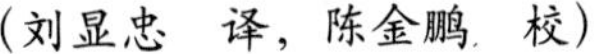

（刘显忠　译，陈金鹏　校）

 三、维克多·切尔诺夫等：社会革命党纲领 

如今的俄国就其历史发展而言，正在与文明世界的先进国家发生越来越紧密的联系，但同时也保留着一系列的特点。这些特点是由其以前的历史、它的地方条件及国际地位的独特性造成的。

人类社会的进步体现在争取实现社会的团结一致及争取人的个性的全面和谐发展之中，它不仅要以无个性特点的阶级对抗为前提，而且要以真理和公正的自觉斗士的参与为前提。与人口增长及人口需求的增长相适应的操控自然界自然力的人的数量增长是人类社会进步的必要条件。

但在当今资产阶级社会，这种增长不是按有计划、有组织的社会经济原则进行的，而是按个体经济、生产资料私有制，把生产资料变成资本并使直接生产者与其分离的不协调和竞争的原则进行的。

既然这种资本主义的形式限制并歪曲了集体劳动形式及大规模的社会化生产的发展，那么一些消极的破坏性方面就成了现代经济发展本身所固有的东西：如在危机中得到了强烈表现的生产的无政府状态，经营人员的白白浪费：在劳动力廉价或间接剥削独立生产者更为容易的情况下高级的经营形式在物质方面无利可图；工人群众的贫困和无保障；为了生存和特权地位展开的一切人反对一切人的追求个人利益的斗争；瓦解了一切道德原则的金钱权力。

因为在资本主义关系的有限范围内出现了集体劳动形式和大规模的社会化生产的片面的、不充分的发展，因此经济发展毕竟还是表现出了自己的积极的富有创造性的各个方面，为未来的社会主义制度准备一定的物质基础，有助于工业上的雇佣工人大军联合成团结的社会力量。

这些积极和消极方面之间的相互对比关系，在工业的高级部门和典型的资本主义国家更适宜，在转向采掘业的各个不同部门，特别是转向农业、转向一批在国际经济斗争中处于更差地位的国家时就越来越不适宜。

这种相互关系越适宜，现代产业无产阶级就越成熟，它的作用与其他劳动群众和受剥削居民相比就越大。资产阶级的财产和经济原则在社会上发展得越全面、越彻底，社会分裂成受剥削的劳动者阶级和剥削阶级就会越明显。受剥削的劳动者阶级所获得的他们用劳动创造的财富的比重越来越少，而剥削阶级把对自然力、生产资料和交换手段的使用集中在自己手中。

随着这种阶级对抗逐渐渗透到社会意识中，社会意识就会逐渐被它照亮。它就会变成各个阶级的有组织的政治斗争，这种政治斗争在与旧的等级间的斗争、种族斗争、宗教斗争和民族斗争残余相碰撞时，越来越多地把自觉的社会力量的有计划的集体纳入了自发的事件进程。

剥削者的各种协会力求巩固自己的地位，通过辛迪加和托拉斯控制生产和销售条件，把国家管理机关变成了自己的阶级统治的工具，并使科学、艺术及文学在精神和物质上服从于自己。

在通过其他方式无力取胜的情况下，他们就会去与过去的教权主义残余、等级残余和君主主义残余联合，去挑逗敏感的种族、宗教和民族斗争。

一旦资产阶级制度耗尽了自己以往的各种进步内容，就会使其内部不受任何限制地产生统治阶级，就会越来越把国内在智力及道德上最优秀的力量从自己身边推开，迫使他们倾心于对立的受压迫、受剥削者阵营。

受剥削阶级自然要随着觉悟的提高努力进行自卫，他们统一进行斗争，为了自己经济、政治和精神上的彻底解放，他们把斗争直指压迫和剥削的基础。

革命的国际社会主义是这一运动的最彻底的体现，是对这一运动的科学阐释和概括。革命的国际社会主义最初是觉悟的革命少数派的世界观，它越来越多地深入到群众之中，导致受剥削的劳动居民的各个阶层——从工业无产阶级到劳动农民都意识到了自己是统一的工人阶级，把自己的阶级团结看成是自己解放的保障，让自己的各种私人利益、地方的及暂时的利益从属于社会革命变革这一个伟大的任务。

劳动、财产和经营管理的社会化，在消灭私有制的同时取消把社会划分成阶级的做法，保留和发展完善社会机构的正常文明职能：即为了全民利益有计划地组织全民劳动的同时，消除其强制的阶级镇压性，是这种变革的纲领。

只有这个纲领变成了现实，才能把源自工人阶级的依附和受压迫地位的社会财富的增长变成其福利和自由的源泉；只有实现这个纲领才能提供人类的各种精神力量和物质力量不断发展的可能，阻止其一些阶层因游手好闲和消极厌世而蜕化堕落，而另一些阶层因过于简陋的体力劳动和最起码的需求无法满足而退化；只有实现这个纲领才能保证人的个性在社会团结一致的基础上全面、和谐地发展。

从这个方面来讲，革命的社会主义事业是全人类解放的事业，就是要消除人们之间的各种形式的内讧，各种形式的暴力和人对人的剥削。为了实现这个任务，革命的社会主义既要努力争取利用在资本主义形态下实现的经济发展的各个积极方面，也要利用无产阶级化和非无产阶级化的工人群众的独创能力。

俄国的社会革命党视自己为国际社会主义大军的队伍之一，它按国际社会主义大军的总的要求精神、以符合俄国现实的具体条件的形式进行自己的活动。

俄国资本主义发展的特点是，富有创造性的、具有历史进步性的趋势和黑暗的、掠夺性破坏的趋势之间的对比关系最为适宜。与这种发展相关联的各种危机，俄国都以浓缩的形式、在短时期内、在国家处于低下的文化水平的条件下经历过了。但在当时、在存在其他国家社会主义政党经验的社会主义知识分子的情况下，剥削人民劳动的比较简单的形式和缓慢变化的宗法式的贵族官僚沙皇制的相互适应，使得提出社会问题的要求变得更为强烈。得到了巨大发展的官僚国家机构，由于农奴解放的环境和富农阶级的发展，真正地使农村的生产力越来越失去活力。劳动农民不得不按日益提高的标准去从事副业和雇佣劳动，从自己的各种短工中获得勉强符合无产阶级的微薄工资的收入。而且苦于国外市场不足的工业的国内市场也在缩小。过多的人口和资本主义过剩的后备劳动大军，通过自己的竞争降低了城市无产阶级的生活水平。在建立在不断压制个人及社会首创精神基础上的宗法—警察制度下，工人运动具有了现代使命，比任何地方都更反动的大工业家和商人阶级更为强烈地要求与君主制结盟反对无产阶级。领地贵族（也称服役贵族——译者注）和农村的富农阶级越来越需要同样的联盟来反对奋起争取土地和自由的农村的劳动群众。为了自卫，君主制及其捍卫者加强了对帝俄征服的民族的压迫，造成了民族、种族和宗教的对抗，以此掩盖了工人群众自我意识的增长。

这种体制的存在使国家的整个经济、社会、政治和文化的发展产生了不可调和的、日渐尖锐的矛盾。在俄国国内，俄国沙皇制度成了寄生阶级的最可靠支柱；在俄国境外，俄国沙皇制度在其发挥影响的时刻是欧洲反动势力的主要堡垒及其他国家工人政党解放斗争的强大威胁，这就是为什么消灭它是国际进步的极其重要的因素。

尽管存在主要波及就阶级关系来讲属于“文明社会”的中间人士的自由民主反对派，但与沙皇制度斗争的整个重担却落到了无产阶级、劳动农民和革命的社会主义知识分子肩上。鉴于这种力量对比，以及政治危机和经济危机的不可分割的联系，在革命时刻扩大和深化与推翻专制制度相关的社会财产的变化，是党的必要任务。

彻底地实现党的纲领，即剥夺资本主义财产及按社会主义原则改造生产和整个社会制度，要求被组织成社会革命党的工人阶级的完全胜利，在需要的情况下建立暂时的工人阶级的革命专政。在因此而组织起来的工人阶级作为革命的少数可能只对社会制度的变化及立法进程产生部分影响之前，社会革命党要力争使体现其部分成果的政策不阻挡工人阶级实现其最终的主要目标，要让工人阶级用自己的革命斗争在这个时期争取这样一些变化：这些变化将会培养和加强工人阶级的团结和争取解放斗争的能力，有助于提高工人阶级的智力发展水平和文化需求水平，加强其战斗地位，消除其组织道路上的障碍。

根据上述的成熟考虑，社会革命党在这个时期将捍卫、支持或通过自己的革命斗争来施行如下一些措施。

（1）在政治和法律方面：承认下列人权和公民权是不可剥夺的。宗教信仰、言论、出版、集会和结社的完全自由；迁移自由、选择工作种类的自由和集体拒绝工作的自由（罢工的自由）；人身和住宅的神圣不可侵犯；每一位不小于 20 岁的公民不分性别、宗教和民族在直接选举体制和秘密投票的条件下都有同样平等的选举权；按这些原则建立的民主共和国，无论是城市地区还是农村村社都实行广泛的区域自治；有些民族之间可以更多地使用联邦关系，承认它们享有绝对的自决权；比例代表制，直接的人民立法（全民公决和动议）；各级官员，其中包括议员和法官的选举制、随时更换制及受审制；诉讼程序的免费制；在各个地方、社会和国家机关中推行母语；对国人实行人人都能享受的义务的、平等的世俗教育；在人口杂居的地区，每个民族都有权享受与自己的人数成比例的用于文化教育目的的预算份额，并按自治的原则支配这些资金；教会与国家完全分离，宣布宗教是每个人的私人事务，废除常备军代之以民兵。

（2）在国民经济方面：①在国家经济及财政政策问题上，党应当在完全免除低于一定标准的低收入人群的税收的情况下宣传实行收入和遗产的累进所得税制；废除间接税（对奢侈品、各种保护性关税、各种一般性的劳动税的课征除外）。②在工人立法问题上，社会革命党提出的目标是保护城市和农村的工人阶级的精力和体力，增强其进一步争取社会主义斗争的能力，某些工人阶层的各种狭隘的实际利益，各种直接的、地方的和工会的利益都应当服从进一步争取社会主义斗争的共同利益。党通过这些形式要捍卫的是：按科学的卫生保健学规定的标准尽可能多地缩短工作时间（最近，大多数生产部门都是 8 小时的标准，而更短的标准对健康更危险和有害）；按自治机关和工人工会之间的协议确定最低工资；各种形式的国家保险（不幸事故险、失业保险、年老及疾病保险）由国家和雇主出资，按受保人自我管理的方式实行；按科学的卫生保健要求对各个生产和商业部门的劳动实行立法保护，由工人选出的工厂检查机构进行监督（正常的劳动环境、厂房设备的卫生条件、禁止加班、禁止不满 16 岁的童工、限制未成年人的工作、在某些生产部门及某些时段禁止使用妇女和儿童劳动、每周有充足的不间断的休息时间等）；工人工会组织及它们逐渐扩大的对工业机关内部的劳动组织建立的参与。

（3）在土地关系的改革问题上，为了社会主义的利益和进行反资产阶级所有制原则的斗争，社会革命党力争以村社和劳动的观点、俄国农民的生活传统和生活方式为支柱，特别是要以在俄国农民中间很流行的土地不属于任何人，只有劳动才有土地使用权的观念为支柱。根据自己对农村革命任务的总看法，党将坚持土地社会化的主张，即停止土地的商品交易，把某些人或集团的私有财产按如下原则变成全民财产：所有的土地都归中央和地方的人民自治机关管理，从以民主的方式组织起来的无等级的农村及城市公社到地方及中央机构（安置和迁移，管理土地储备等）；土地的使用应当按劳动平均分配，也即根据使用的个人劳动、单干农户的劳动或集体劳动来保证使用标准；通过特别税的方式收取的地租应用于公共需要；有着广泛的地方用途的土地和能经营的土地（大片的树林、渔场等）的使用，也要相应地由更为大众性的地方自治机关进行调节；土地的矿藏仍归国家，土地不用赎买就变成全民的财产；这种财产大变革的蒙难者只暂时享有社会援助的权利，这是适应新的个人生存条件所必须的权利。

（4）在公有的市有经济和地方经济问题上，党将坚持发展各种公共服务和公共事业（免费医疗救助、地方农粮组织；各个地方及地区的自治机关借助全国的资金组织群众性的贷款发展劳动经济，主要按合作社原则进行；供水、照明、交通线路和交通工具等共产化），坚持在课不动产税及强制把不动产收归国有方面赋予城市和农村的公社最广泛的权力，尤其是为了满足工人居民的居住需要；拥护最有利于建立在严格的民主劳动原则基础上的合作社发展的市政、地方以及国家的政策。

（5）一般来讲对早在资产阶级国家的范围内、在国民经济的某些部门的范围内就已经实施的公有化的各项措施，社会革命党将只限于吸收其积极的方面，因为政治制度的民主化和社会力量的对比关系以及相应的措施的性质本身，都将会提供反对以这种方式增加工人阶级对统治官僚的依赖性的足够保证。因此，社会革命党提醒工人阶级反对“国家社会主义”，认为“国家社会主义”在某种程度上讲是麻痹工人阶级的治标办法，从某种程度讲也是独特的国家资本主义，它把各种不同的生产部门和商贸部门集中在统治官僚的手中以达到官僚监察目的和政治目的。

社会革命党与专制制度进行直接的革命斗争，号召按上述民主原则召开立宪会议以废除专制制度，以确立自由的人民政体、必要的个人自由和捍卫劳动需要的精神来改造当今的各种制度。社会革命党不仅要在立宪会议上捍卫自己的这一改造纲领，而且也力争在革命时期对其直接加以实施。

（刘显忠　译，陈金鹏　校）

一、列夫·吉霍米洛夫：我为何不再当革命家

二、列夫·吉霍米洛夫：君主制国家体制

三、波别多诺斯采夫：莫斯科文集

第三编　保守主义

一、列夫·吉霍米洛夫：我为何不再当革命家

（一）

如果说很早以前我没有对我们革命世界观的各种理论产生怀疑，那么，当我以如此尖锐的方式看到革命路线僵化至十足的保守是那么的简单而迅速，现在当然就产生了这种怀疑。毋庸置疑，任何事物都会以消亡告终，而在此之前都会经历一个衰老的时期和矿化的过程。但是当你什么都还没有做，甚至还没有从内部矛盾的纷繁杂乱中走出来，一句话，当一切都未尘埃落定的时候，事物就快速衰老——这毫无疑问，显示出事物在萌芽时期生命力就极度贫乏。我在各个单独的事例中发现了这样的情况，但是它们使我觉得有很多类似之处。

当我听到别人在背后对我的指责，当我在当时的《俄罗斯古代》杂志上看到一些最好在我死后再拿出来说的事情时，我只会越来越坚信自己现在已经走上了正确的道路。

我被责难无数：为什么我没有站出来说话，为什么我没有保持沉默，为什么没有稍微等一等，为什么抛弃了党，等等。对大部分这些指责的回应是没有意义的，因为这些指责只不过是别人对道德权利和人的责任的不同看法而已。我只想强调的是，实际上，在这一点上，我从未改变过自己的看法，还和以前一样看待事物。但是，有些事情需要我们回答。

人们指责我：为什么没有保持沉默？他们对我说：您必须要保持沉默……我知道，这是普遍现象：许多有了一定经验并且上了岁数的人，不再相信自己从前的理论和梦想——但是他们却都保持着沉默！他们（不仅）不与年轻人分享经验，还说："干嘛让他们失望？既然自己什么都不做，就不要妨碍别人！"的确有一些人，他们崇拜旧

（事物）的原因在于对逝去岁月的遗憾而发自内心的呼喊："难道这些 5 年或 10 年是个错误吗？我为了什么付出如此多的艰辛，又为了什么放弃这个，放弃那个……这不可能！"这种境况极具悲剧性，也值得同情。意识到怯懦的原因，甚至私下里原谅这种怯懦，但绝不能忘记这种怯懦对年轻力量的毁灭，对我们"运动"的毫无成效负有重要责任。我理解的责任不是如此。当我坚信是对的事，我就说"是"；当我认为"不"，我就说"不"。我 20 岁时规划了纲领；现在我差不多 40 岁，如果我现在害怕我当年写的作品或者不能说出比以前的作品更聪明的话，我就会对自己非常不满。有没有人愿意听我的话——这是另一个问题，但我的任务很明确。

至于说到我对所谓的"人民意志党"的态度所受到的批判，我希望能一劳永逸地建立事实，不给诽谤和误解留有余地。

责任分为两种：一种是道德上的责任，所做都为良心；另一种是形式上的责任，确定完成自己所承诺的。形式上的责任当然从属于道德上的责任，但不管怎么说，我还是肯定形式上的责任的。但事实是，不能责备我对过去的"人民意志党"违背了责任，即使是形式上的。我支持了这个政党很久，比我对祖国的信念和责任更久。

曾几何时我也拥护这个政党的出现，并为之付出了一切的努力。尽管当年我还是个革命家，但已经理解创造的必要性，没有创造就不会有"健康的运动"。在新的运动中，我仿佛看到某些极富创造性的东西，而且我根据自己的理解努力尝试着去习惯这些东西。因此别人批评我抛弃了他们的"党"，但实际上当时我并不是"党"的党员。

这似乎令我矛盾，而这矛盾我解决不了，这使我感到极度绝望。所以我出国了，我唯一的愿望是写回忆录，回忆我所经历的事情。

顺便指出，我告知同志们我将要无限期地离开祖国，大家都表示同意。我是在征得同志们的同意后离开的，是自由的，没有被委托任何事务。就在我"无限期休假"时，在俄罗斯，旧组织的残余覆灭了，跟我谈论义务的人都死了。

谈论当时我在国外这样的行为说来话长，而且我也没有权利讨论类似的问题。我只说一点：这是我人生中最令人厌恶的时期。

小集团主义侵蚀了我们党的全部活力，这是唯一一段束缚我的时期。当然也有自身原因，正是墨守成规的党的义务，使人们在生活中焕发了活力，但是对垂死的事物来说，它提醒我们的罪恶，惩处到第七代为止的罪恶。现实给了我非常惊人的启示。但是如果要利用这些启示，就必须要具有自由的思想和良心，必须要让自己去思考，去感觉，可是很多政党，尤其是我们的党根本没有这些"定义"。我安慰自己说，既然我已经是这个党的党员，我就要更好地致力于改造这个党。这是多么自欺欺人！我总是控制自己，沉默无语，很少思考。

然而，尽管我用良心阉割了自己智能，我也能减缓自身的发展，但不可能彻底停滞。生活太过明了，生活的启示显而易见。格尔曼·洛帕廷（Герман Лопатин）[1] 和他的同志们的活动给了我一个新的警告。我看到，他们的所作所为是不对的，而我在国外也不清楚到底要做些什么。但我几次劝洛帕廷说，需要寻找新路径，因为他走的老路子显而易见不合适。当我看到，他和他的同志们不知道或不愿意离开老路子，于是，我（1884 年夏，日期记不清）以书面形式剥夺了洛帕廷认为我是他们其中的一员的权利，并告知以后不要再使用我的名字。

从那时起我不再参加任何集团或组织的活动。有时候我有重新参加的冲动，可是我已经不属于任何党。读者们，如果你们愿意，我从我 1886 年的日记中摘出一些笔记。1886 年 3 月我指出，在某些情况下（请注意，1885 年 1 月）"我终于确信，在严格意义上革命的俄罗斯毫无创造力可言……革命家存在，他们都像风一样飘荡，但根本不是暴风骤雨，而只是海面上微微泛起的涟漪……他们只会盲目地模仿……除了技术和表象，他们从长者那儿什么也不愿意模仿。"接下来："在我看来，毫无疑问，从今往后一切只能期待俄罗斯，期待俄罗斯民族，而并非革命家。"由此我得出结论，"要这样安排自己的生活：要有机会服务于俄罗斯，跟着自己的直觉，而不听命于任何政党"。

事实就是这样。读者可以看到，我对"民意党"已经很久没有任何义务了。如果有些人希望恢复这个政党——这与我何干？我已经没有任何义务这么做了。我没有这个意图，相反，我一直劝他们不要这么做，说我不同意，我预见这对俄罗斯百害而无一利。但问题在于，以前已经去世的那些旧的运动代表们如何看待这件事，于我而言，这问题在历史与心理意义上很有意思，但在我的道路选择上并没有任何影响力。我可以让我的理智和意志打瞌睡，可一旦它们睡醒了开始说话，我就只好听它们的。如果现在坟墓里某些人复活了，无论是否是我亲密的人——我只能做一件事：尽一切努力、一切知识、一切理由来说服他们跟着我走。然后，无论是同他们一起或孑然一身，我还是会走自己认为是正确的道路。

[1] 戈尔曼·亚历山大罗维奇·洛帕廷（1845—1918 年），俄国民粹派革命家。早年就读于圣彼得堡大学，受到革命思想的影响，1868 年因从事革命活动被捕。1870 年流亡国外，在巴黎加入第一国际，开始翻译马克思的《资本论》。1884 年致力于重建民意党。此后再次被捕并被叛终身监禁，直至 1905 年遇赦。

(二)

有许多我的同龄人也吸取了不少生活教训，但他们仍然被动地“高举旗帜”，同时心神不安地丢开任何“改革”的念头，尤其是走向“温和”的一面。为了不再做革命家而放弃多年的习惯，对他们来说超越了人类的理解。我跟他们做的不一样。为什么？当然有很多原因。顺便说一下，多亏能体验法国生活，它让我看到文化宝贵的一面和革命理想的毫无价值。最重要的是：革命梦想有两面，破坏性的一面更吸引人，创造新的一面也会吸引人。对我而言这第二个任务早就比第一个任务占优势。其实我更感兴趣的是在我的革命历程中找寻现在的我，通过回顾自己的革命历程，我非常感激地看待自己革命前的岁月。多年的教育还是赋予了我某种个性，这种个性甚至也无法被后来淹没我们这一代人的源源不断的先进思想所抹灭。不言而喻，我并不打算向读者介绍我的经历，我只想指出，业已形成的社会秩序和强大国权的思想使我在革命环境中与众不同，我不会忘记俄罗斯的民族利益，随时随地准备为俄罗斯的统一和完整牺牲自我。在我的社会主义概念中我永远不可能追随任何一个学派。至于反抗途径，我曾寄希望于街垒战，抑或期待通过阴谋（来实现目的），但是我从来没有做过“恐怖分子”。

在我的革命主义观中有某些积极特征。总的来说，我可以把我人生中的革命时期分成三个阶段。

梦想着鼓舞人民群众的阶段（“土地与自由”时代），并且我从来没想过冒名等谎话，我只想过“诚实的叛乱”。

梦想通过制造阴谋促进政变的阶段，我容忍了恐怖行为，但我尽力控制它并使它服从创造性的思想（“人民意志”时代）。

通过制造反对恐怖主义和加强文化工作的阴谋促进政变（“人民意志”时代的结束）。

之后我彻底地放弃了革命。第三个阶段现在对我而言，就如同前两个阶段一样成为了过去，但公众（就是那些批评我的人）对第三阶段不甚了解，因为这时候我没留下任何记录。现在我可以恢复它的面目。我有非常客观的文件，是一篇在《人民意志报》第5期被禁止出版发行的文章。

遗憾的是，由于篇幅所限，无法将文章全部刊登于此，以下是文章的大致内容。

我在文章中写道：俄罗斯处于最为正常的状态，但革命党处于不正常的状态。党

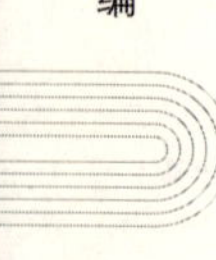

纲的错误就足以说明这种差异。

“人民意志”纲领只不过是一次尝试。为了成为真正的俄罗斯的革命纲领，它要通过当时的文化革命运动被修改 20 次，就是本来它要引起的那个运动……不用与世隔绝、不用维护党的团结，相反它需要与俄罗斯合并。

但是所有这一切超出了革命家的理解能力。“民意党”立即犯了一个巨大的错误，就是在纲领中提出了破坏和恐怖活动。在随后的几年中这种错误又被进一步扩大了。我在文章中从阴谋家的角度详细地证明了这一思想。我非常反对恐怖行动。“如果有人对我说，在这个或那个国家除了进行恐怖活动外别无它路，那我会怀疑这个国家的生命力。”然而，恐怖主义在党内的规模越来越大，完全破坏了自身力量以及准备的工作，同时“真正的革命家”不仅是起到了谋叛的作用，而且有文化的作用。因此恐怖主义思想从各种方面限制了革命思想，并使革命思想失去了创造力，把它限定在“自己人”的框架下（往往是违法的人），因此阻碍了党发展成为一种普遍的社会运动。最后我在文章里想提醒大家，所有的失望都集中在党内。“从广义上说，俄罗斯是在走自己的路。”我们应该希望“俄罗斯与它的知识分子能够互相理解”，因此我勇敢地对读者们说：“等待更美好的未来。”

我本来想在 1886 年夏天在《通报》的告别版中发表这篇文章。但是出版社的同志们怀着某种恐惧，一致认为我的文章是不合时宜的，说我没有权力在《人民意志报》刊登这篇文章，因此这篇文章就这样夭折了。

当时这件事让我很烦恼：这似乎令人难以置信，人们为什么不明白，我要给他们介绍唯一一种严肃、合理的方法，发展我认为是更加成熟的旧时代最美好的梦想。

这是一种非常合理的感觉，但是，现在我不能不承认这种感觉体现了合理的行为和精神，应该在逻辑发展中进一步放弃“革命行动方法”。我在文章中肯定：“只有人民生活中的已知演化，才能为革命活动打下基础。”我要求党与国家的统一。我要求消除恐怖活动，建立“伟大民族的政党”……那么何必要弄这些阴谋、叛乱、政变呢？我打算建立的政党显然能够对改进体系有帮助，能够挖掘出力量，同时有能力向政府展现这种力量，当然这需要我站在改革的前沿。

因此，对于千方百计地想当革命家的人来说，我的观点实在是很危险，完全是异端邪说。我的观点之所以危险，就在于，它最后拒绝革命（虽然革命自它开始），说它是异端邪说，是因为它自觉或不自觉地彻底否定了许多革命宗教原理。

在我们这里（不仅在这里）这种思想已根深蒂固，我们如同生活在“毁灭的时代”里，有些人相信这个时代最终会以社会的动荡、血流成河、炮声轰鸣而终结。在这之后——假设——开启“创造的时代”。这种构成了居维叶（Кювье）[1] 的旧思想和突发地质灾害学派的某种政治反映的社会概念，是完全错误的。事实上，在现实生活中破坏与创造携手并进，失去一方，另一方便毫无意义。一种现象消失了是因为另一种现象开始产生；反过来，新现象的产生是旧现象消失的原因。有能力的人就破坏，没有能力的人立即重新建立起新的，但他只不过是在做硬化社会的机体。但在很大程度上在这些种情况下这种破坏是虚构的：比如说，消灭个性，但是不论是思想抑或阶层抑或机构都充满活力健康地继续存在。

革命的破坏给了我们信心和希望，同时也是有良心的激进分子的责任。所有的骚乱、抗议、颠覆都被看成是有用的东西，是进步的种子。破坏被认为是最为有用的东西，尤其是当直接反对政府或政权，即反抗维护现存秩序的最核心。想到骚乱、叛乱、各种阴谋总尝试体现在不同的形式上，但没有一个得到体现：不论街垒还是阴谋，在俄罗斯都没有“材料”，即人情、人民与社会的愿望。

在这种条件下，真正抗议的表现，除了命运多舛的学潮，只有个人的骚乱——恐怖主义。这种骚乱不需要国家的支持和同情，只需要自己的信念、绝望和赴死的决心。国家越不希望进行革命就会越使别人无论如何都站在破坏革命的基础上。政治暗杀的拥护者很少意识到正是革命的无望构成了恐怖主义在俄罗斯的真正力量；但实际上，他们因为这个原因而追求恐怖活动，甚至不惜违背自己阵营里更有能力的人。

只有通过革命途径行事的想法消失，恐怖主义才会消失。不幸的是，革命的思想被俄罗斯教育的不良方面培养起来。加强文化工作的要求，不是我所能决定的，实际上是强调俄罗斯底层是反革命的。事实本身证明，革命已经在我的脑海中不自觉地被埋葬了。

现在我向那些拒绝我文章的人表示赞扬，他们是正义的人。作为革命家，他们是正确的。同时我的思想也是正确的，作为一个人，我的思想变得更加深远了。当时我只犯了一个错误：我不敢彻底放弃“革命”这一词以及某些叛乱残余，而暴动者们把“革命”一词有效地使用在任何合理的纲领中。我很快就纠正了这个错误。

我思想的革命时期永远终结了，但我并没有放弃社会正义的理想，它们只会变得更加清晰和严谨。我看到了，暴力政变、骚乱、破坏——这都是欧洲经历的一段痛苦的危机产物，这些在俄罗斯不仅不可避免，甚至发生的可能性不小。这不是我们的问题，

[1] 乔治·居维叶（1769—1832年），法国古生物学家，提出了“灾变论”，是解剖学和古生物学的创始人。

俄罗斯的问题表现在缺乏民族知识分子，这件事意义重大。当然，我们的革命运动虽然没有能力使俄罗斯偏离其历史发展的轨道，但它部分地扭曲并放缓了俄罗斯的历史发展，终究是有害的。

我不能详尽地评论大量交织在一起又往往对立的由革命运动各种理论构成的观点，我只需要确定我对它的态度，因此，接下来，我要谈论以下3个较为重要的问题：恐怖主义；学潮；对国家政府形式的评价。

（三）

恐怖主义思想本身其实很软弱，甚至讨论这些没有什么意义。我在“俄罗斯政治与社会”前言中所说的都是完全正确的：恐怖主义作为一种政治斗争体系是无用的或者多余的：如果革命家没有能力实现变革，恐怖主义就是无用的；如果革命家有能力实现变革，那恐怖主义就是多余的。恐怖主义首先从道德与智能的意义上来说是有害的。关于这一点，我在前言中简略提到过，但是抗议书的起草者们强烈抨击我这一点，而所谓的“老异教徒”薄弱的论据可以对年轻人产生影响，因为可以满足他们习以为常的观念，在此我将自己的看法都说出来。“老异教徒”们经常拿那套陈词滥调作为解释——“破坏政府秩序”。我在上面提到的文章中（就是被《人民意志报》禁止发表的那篇文章）还证明，恐怖主义是“瓦解革命家自身”。至于政府，我特别想看看这种“无序”到底表现在哪里。我同朋友在一起的时候说过了，1884年前任何能成为破坏的征兆后来完全消失了。

我观察的结论是这样的：政治谋杀导致政府在一段时间内有些混乱，直至那时仿佛政府还面临着一种可怕的力量；政府确信这是极少数人的行为，而他们之所以从事政治暗杀活动，是因为他们没有能力做更伟大的、更危险的事情。政府好像没有发现其他类似的破坏因素。政府采取了稳定的政治体系，并毫不动摇地坚持走自己的路。毫无疑问，政府官员极易引起恐怖分子的仇视，因此他们的个人生活就会经常遭到破坏，总是有人想要谋害他们。但不管这种生活多么危险，他们并不打算退却，首先这是很胆小的，其次会给将来带来很大危险。今天出于对死亡的恐惧而向社会主义者做出让步，明天农奴主们也会这样威胁他做出让步，后天就是大资本家……这太没有意义了！

从政变方面而言，恐怖主义的意义等于零。但是它以底层最坏的形象影响了革命者本身，并且这种影响四处扩散。它滋长了蔑视社会、人民、国家的情绪，助长了与任何社会制度都不相容的专横心理。在纯粹道德层面上，这种权力也许要比对另一个人的生杀大权更重要？有了这种权力，很多人甚至可以拒绝社会。

因此这种权力被一小撮人攫取，而权力杀人不是因为任何残暴或类似的把受害者带出人类忍受范围之外——它杀人的原因是政治罪行。政治罪行到底是什么？就是人民认可的合法政府根本不愿意满足这一小撮人的冒名请求，而这些人承认自己是微不足道的，所以根本不愿同政府做公开的斗争。当然，从这些人口中可以听到诸如“将权力归还给人民”的话，但这些都只不过是空话。人们从来没有要求“将权力归还给人民”；相反，他们随时准备把“解放者”的头打破。只有革命家们绝望的浪漫主义让他们生活在假象之中，让他们蔑视俄罗斯权力，如同蔑视篡位者的权力。俄罗斯沙皇没有窃取政权，他从先祖的手中继承了权力，直到现在为止，人们随时都可以支持祖先的事业。谁是暴君？难道不是这些革命家吗？他们承认自己是微不足道的少数派，可他们怎能挥手打向被法律和教会认可、代表整个人民的沙皇？

也许有人会反驳我，认为法律问题不会一直都是对的，因为有时所谓的暴动者较之于合法代表们在精神上更能代表人民。的确有这种情况发生。为了证实自己——首先需要事实，但我们不幸的历史运动的事实是：我即使想象力再丰富也解释不了现在“精神代表”的幻想。我已无法用它的生机勃勃来解释这种想象，难道它的因循守旧和不受任何影响干扰的特征就能解释得了吗？难道国家所有阶层还没批判够吗？革命家对他们来说就是“叛徒”。无政府主义者还喜欢推崇“自然”的、天赋的人权理论。但必须注意到，人的自然权利是具有争议的问题；只有社会的自然完全建立起来以后，这个问题才能在理论上被弄明白。只有当“自然权利”被法律认可时，它才能在实践中被弄清楚（如美国或法国的人权宣言）。我们这里没有类似的宣言，革命家也不是完全根据“自然权利”和“人民意志”制定纲领。可是“人民意志”支持政府并要求服从政府。然后，如果“自然权利”成为某个政党纲领的基础，那么它们（“自然权利”）绝不允许有侵犯个人自由和社会权利的政治暗杀。

总的来说，恐怖主义、政治谋杀的实践活动，是一种既没有弄清楚自己生存的权利也没有弄清楚自己理想的斗争体系。实际上这种想法只有无政府主义的个人独裁和对社会权力的蔑视。但是几代人被灌输以这样的思想，恐怖主义甚至不具备无政府主义的合理性，它公开地拒绝无政府主义，同时要求集中管理、纪律……难道这不是混乱思想的学派，让人们在实践中轻视社会学世界观吗？即使不认为恐怖主义采取的是街头强盗式的“斗争”措施，恐怖主义贬低的行动仍然是不可避免的。抗议书的起草者们对于我把这“斗争”称作是贬低——卑贱的斗争感到非常恼火。当然啦！我将这些小冲突看作一个个小片段，一旦以同警察的斗争和对政府官员的暗杀为基础，无疑会使斗争者们逐渐变成改革者的下层人物。真正的革命家的道德和才智应该高于旁人，这样，他才能拥有力量，重新创造和影响周围的人。革命家的自豪与威力便在于此。如果革命家认为这种“文化工作”是完全不可能的，并无耻地承认，他们只能用匕首和假护照来行动，那又怎么说呢？

恐怖分子的生活方式本身是非常愚民的。这是饱经风霜的人的生活。其最核心的思想是要意识到今天或者明天，甚至每一分钟他（恐怖分子）都要准备接受死亡。在这种意识下生活的唯一可能性，是不考虑许多东西，不去考虑那些能让你成为进步的人而必须要考虑的事。在这种状态下，向往各种恐怖主义是一种真正的不幸。对任何问题和社会现象的研究都是毫无意义的，稍微复杂、广泛一点的行动计划都不可能浮现在脑海中。所有的人（除了 5—10 个志同道合者外）都是从早到晚地希望欺骗他人、躲避他人，怀疑身边的每个人都是敌人……要有特殊的能力才能在这种非正常的生活中思考和工作。如果这些人不能从深陷的泥潭环境中逃脱出去的话，那么他们的状况就会恶化。对低层次的人来说，这种连接不断的阴谋同间谍、假护照、炸药、伏击、谋杀的期待、脱逃——更加不可避免。

（四）

我们“革命”的第二个体现在于年轻人的躁动，这样消耗了年轻人大部分的精力。

我知道，在俄国，在那些献身于革命事业的革命家中，不少人都会宽容年轻人。不久前，一个我曾经向其坦言过自己观点的人，请求我给予年轻人同志般的劝诫——要不断学习，迎接生活，而不要过早地干预政治。

国外的反抗势力看法与此不同，他们害怕我不能使年轻人“冷静”下来。他们说：“目前许多成长中的年轻人都陷入了精神消亡，在黑暗时期的内心崩溃，已经定型了人的每一次转变，鼓励并呼吁那些优柔寡断、举棋不定的人。”

我特意引用了这些话。这是衰落的明显征兆，表明那些“进步”的同志们是时候该反思一下，是时候重新塑造自己的性格、思想和良心。请读者们深入思考一下那些指责我的狭隘的、压抑的精神（层面的东西）。

“任何”演变都会使“反抗”的始作俑者感到恐惧；精神生活对于他们来说只不过是为了成为如同“我们”一般的人；批评与独立选择造成“内心的腐化”；他们希望把那些“优柔寡断、举旗不定的人”笼络在自己身边，他们并不担心这些人缺乏信念，他们只满足于这些人被动地服从与模仿。精神理想真好！我并不这么看！在这样一个知识匮乏、道德缺失、动荡不安的时代里，勇于追求真理，面对破坏、诽谤、秽言毫不动摇——我认为，这就是“优柔寡断、举旗不定的人”所最需要的。优柔寡断、举旗不定的人们！你们都还很幸运，没有完全僵化到消极追随“我们”的地步，请听我这个当时为数不多的、不害怕总结自己的经验与感觉的人一番话。你们可以不赞同我（的观点），但一定要注意到我的“转变”，这样你们只会从中得到好处。我只可以给你们进行有效的思想工作。如果思想工作的表现不利于某一种纲领，如果某一政党需要催眠的头脑与被动的守旧者的良心——这就证明该纲领的虚假。精神死亡表现在良心的僵化，只有当你去行动、评价和选择，才能保持良心不泯灭。

我对年轻人有这么几点建议：要善于思考、观察和学习，不要相信（别人的）许诺、不要轻易受“大话”的影响、不要被“伟人的陵墓”抑或“反复无常的人”所吓倒，一定要三思而后行。

我们为什么需要伟人的陵墓，如果活着的人中没有伟人……

我之所以这样说，不仅是因为看到年轻人的牺牲我感到很惋惜，当然也有这个因素在里面。当我听到这种说法时感到非常愤慨：“让他们暴动去吧；这没什么大不了，但这些人根本没什么出息，现在在这里参加抗议是他们唯一的选择。”

我承认，我情愿看到一个普通的、“不适合任何极为重要的工作”的人过着平淡而幸福的生活，而不愿看到他在放逐中愤怒或在单人监禁室里腐烂。但事实不仅在于此，不仅在于数以百计的年轻人的命运。这里涉及俄罗斯各种各样的利益方面。

青年学生——这将是日后诞生国家的精神生活和政治生活的阶层，这是一个宝贵的阶层，如果他们明确地准备承担未来的任务，他们就将给国家带来无价的财富，但同时像做不到真正善事的人那样能够带来邪恶。这给青年学生以重大责任——认真的准备完成未来的使命。光有良好的意图往往是不够的，还需要知识、技能，特别需要培养独立的思想。俄罗斯的青年学生要记住这一点：将来的所有“老师”，所有能够领导政策、指引人民思想方向的人——只能从你们当中诞生。如果国家培养的下一代是不够勇敢、精神不强、不能随时可以找到自己道路的人，不受第一印象影响或赶政治时髦的人，甚至用空话到处欺骗别人的骗子的话，那将导致整个国家的崩溃。

俄罗斯是一个拥有伟大过去的国家，也会有一个更加伟大的未来。但同时俄罗斯有自己的缺点，最主要的一个不足关乎青年学生：非常不重视有学历、有思想、有能力从事严肃的脑力劳动的阶层。这一缺点所带来的危险是很明显的，因为这个阶层通过自己的工作给每个国家定了基调，这涉及政治、工业、教育等领域。这“全国的大脑”的弱点从两方面对有学问的群众产生了影响：第一，群众中广泛流传的观点的负面影响；第二，思维方式、思维能力、理解方式仍不如人意。

我们的政治和社会概念仍然处于一个较低的水平，这是由于缺乏潜在的脑力，而且社会科学不研究自己的国家与本国的社会现象。从这点来说，以前的审查制度罪大恶极，但也不能夸大它的影响力。最重要的原因在于我们，在于我们的思维方式。

在俄罗斯人的思维方式中（强调知识分子）有其特有的两个方面：第一个方面是缺乏品味，不尊重事实。相反，却无限地信任那些很少能表达出我们愿望的理论和假设。这种现象的产生，显然是用低智慧的能力去处理高智慧的脑力工作。第二个方面是疲倦的头脑应付不了一系列充满生活的事实，因而导致对事物的厌恶。相反，假设能使人快乐，因为它能使人在毫不紧张的情况下去理解事物。这是一种不久以前才开始使用的自然现象，不过，要意识到这种现象、了解并改正它。青年学生尤其应该思考他们到底怎样开发思想。

我们的社会思想充满着各种各样的偏见、假设、理论，一个比一个宽泛、渺茫。思想教育使用共同点、共同观点，因此我甚至害怕，它会不会降低正确思考的能力。“俄罗斯的机智”更体现在农民身上，而不是在知识分子身上；更不用说它的实用性……

由于这种智力开发，所以有学识的人的精神生活往往有两种极端！首先是疯狂的幻想狂，他绝不允许怀疑，在讨论中只能看到卑劣或怯懦的行为。可是！生活不是按照理论过的，它无情地打败幻想家；同时他除了逻辑的结构外没有其他的内容，他就开始对生活生气，他认为生活无耻地欺骗了他。然后第二个阶段开始了——愤怒的失望，因为生活没有好好地评价他这么伟大的人，因此有时候他会向生活复仇。最绝望的革命家和最无情的野心家就这样诞生了。

（五）

通常在我们所有接受过中等教育的民众范围内，革命家的幻想的精神状态达到高潮。在这里，世界观的浪漫主义特质发展到极致。现实通过理论的棱镜来研究，在这种世界观中没有任何东西能够显露出真实状况。我可以写出关于在革命思想中缺乏艺术真理的大量批判性的短文，其中不成比例的部分和夸大的形象构成一般规则。无疑，现在我做这些是不可能的。但是为了给年轻人指出这个方向，有两三点我必须强调。

直到今天，我遇到革命青年时能听到一些我曾经说过的话。许多人过早地步入政坛，是因为他们有一种想法，就是如果没有采取紧急的革命措施去拯救俄罗斯，俄罗斯就濒临崩溃，仿佛明天就会灭亡。有的时候不是说俄罗斯，而是说公社等。他们从判断得出结论，不能再等待了，等待就是在犯罪，所有人要立即带着随身的武器去拯救俄罗斯。

还会有什么判断比这个更异想天开呢？无论俄罗斯状况是什么，是什么样的社会现象，有一点毫无疑问：它都不可能这么快灭亡，也不可能这么快被拯救。我相信个性在历史上的重要性；我相信思想的影响力：破坏性的或创造性的思想、被当地的生活环境培养成的或是由外部强加进去的思想——它们的物质条件不如真正的力量。我完全反对一切都是“自然”发生的理论，但也应该有分寸。为何需要这种虚假的思维方式，我们理解一个人非常蠢笨，如果不蠢笨就跨上山——而山在爆裂……

实际上存在另外一个东西。在社会上，如同在大自然中，到处存在各种力量间的相互作用——这是永恒的、有规律、有比例的。对历史而言，个性是某种事，某种一定的值，它会影响社会。社会发展和破坏的速度都有一定的界限，这决定了几代人的协同行动，同时恶意和善意都不能超过这个限制。个人生命的转瞬即逝与社会生活的区别在于，个人总会有时间探讨、了解局势。只有那些已经病入膏肓，再也不能通过任何方式被拯救的东西才会快速消亡。像法国人说的那样：“要把一切当作正剧而非悲剧。”不必担心，也不要贸然地进入未知的地方。只有当年轻人承诺不干预政治、保证至少花 5—6 年的时间去完成学业、了解俄罗斯的历史和现状时，俄罗斯才有可能赢得胜利。学生干预政治后会带来各种民主形式的不良后果，甚至因为不值一提的“压迫”而引发一些微小的“骚乱”，最后数以百计的年轻人失去了生命。“骚乱”的煽动者说：“宁可有一些小骚乱，也比什么都不做强。”不幸的是这种思想很有效，因此继续将俄罗斯文明消灭于萌芽之中！

但是我经常会问：如同回忆录中关于 20 世纪 40 年代人的描述，各界的回忆录里描述大学生们怀揣对宗教的敬畏，准备好为俄罗斯服务，难道这是消沉吗？如果别林斯基被邀请吃饭时回答说：“我们还没决定上帝存不存在，你们就敢说‘吃饭’？”这是消沉状态吗？如果青年们真诚地希望了解自己祖国的历史、结构、社会现象的一般规律，为自己选择一条最好的、最适合每个人未来工作的道路并为之做准备，难道这也是消沉状态吗？

另外，如果成千上万的青年人被不愉快的或不正常的因素所牵绊，精神力量有多高，自控能力发展有多高，是否有能力在这种下意识的勃发中按照计划和计算行动，这样他们都抢走他们原来要对俄罗斯提供的有价值的一切？在这种城市中我看到了极大的轻率。我并不是要维护任何“宪章”、任何“当局”，我只是问：青年人这种行为是否符合未来公民的义务？青年人是否要比这些鸡毛蒜皮的抗议重要，他们应该懂得，没有权力浪费几年后可以成为俄罗斯巨大资本的力量。当然，有些人反对我说：“您对青年人提出不可思议的要求；青年人没有这样的自制力，这么严肃的看待生活。”我不能接受这种反对意见。如果不是被灌输不同的煽动观点，最突出的那部分学生就有自制力,会给剩下的那部分学生指明方向。如果在大学8个月之内没有爆发抗议,“前线”就开始指责“大学生庸俗化了、腐化了”等，难道这不是事实？不用指出的是有直接煽动性质，例如有一些论断会影响青年人：“是的，为了获得社会地位需要做好准备。这样会有严重的、深刻的影响力……但是在服务、奋斗过程中肯定会变坏，就是浪费宝贵生命力吗？”我指出这点是因为这种现象很普遍，而且证明它经常可以听到别人引用毫无疑义的事实。我自己知道这些事实；但在我的理解中，这些事实有另一种解释。

拒绝煽动活动的人普遍都会变成自私的野心家和贪财的人，这都是那些邪恶主意所产生的后果，它们的核心是只有引起骚动、到处破坏，人们才是诚实的。这种思想已根深蒂固，因此人们因为信念而很少放弃骚动，大部分甚至因为反对信念，在一个成熟生物的本能压力下。这平静的煽动者不能了解真理、不能比这些已养成的思想高一层，他只想过更好的生活。他驯顺后，他把这些看作让步、自己的衰落。但是这种变化就是衰落，而一次衰落、放弃荒谬的想法，人当然对这些置之不理，同时进一步衰落。

但我不想要虚弱，不要野心，不要自私，而要追求良心与理智……当一个人认为，他的任务是大发雷霆，这时候我跟他说他错了，当他考虑好后他会同意我，但他的同意并不表现在他会对我做出让步，而是根据有意识的自己的观点。那么怎么会有任何中邪？成年人更平静、更谨慎，这是理所当然的，这并不是不好，因为每一个时代既需要谨慎又需要进取心。但最不需要证明的是，更加平静、更加深思熟虑地为国家服务的态度丝毫不会阻碍人的诚实与老实。纵观事实，当一个人因为自己的信念而不是因为怯懦而为和平发展效力的情况下，他在我们当中会时常体现出自己的崇高尊严。我想，如果在回忆录中摸索一下，每一个读者一定能找到一两个这样的例子。如果直到今天这些例子还很少——这就是主流理论导致的结果，而不是因为如上深思熟虑后采取的那些活动的不良教育意义。

（六）

文化活动的问题把我们直接导向需要提供解释的专制问题。目前对统治方式的态度是革命家最主要的特征。如果一个人反对“专制”，他就是“自己人”，社会主义者们甚至不会关注他其他方面的观点。至于说到文化活动方面，最好别提：“在专制政权下，何谈文化活动？”

可惜，我相信这些话说的是真的，因为我曾经自己也说过这样的话，可是现在回忆起来更觉羞愧难当。在俄罗斯没有更多的证据证明我们的愚昧落后，是不理解思想和知识的力量，也不能独立评价政治形式的优点。首先，任何政府都能够从人民手中抢走一切东西，除了文化活动（假定人们有进行文化活动的能力）。其次，能否在一定程度上忘掉自己的历史说：“专制主义制度下能有什么样的文化活动！？”彼得大帝不是沙皇吗？在世界历史中有没有一个时期的文化运动更快、更广泛？难道不是叶卡捷琳娜二世女王吗？难道当今俄罗斯社会的思想不是在尼古拉一世时期所产生的吗？最后，有多少共和国能像在亚历山大二世时一样在25年的统治之下进行了这么多的改革？面对这些实事我们只能说出一些同情的话语，类似像这些都是“违背专制制度”的产物。

如果是这样的话，也无所谓是“多亏了专制制度”还是“违背专制制度”，但如果改革发展非常迅速，你觉得可能吗？

我对专制权力的看法是这样的。首先，在这个国家里仍然有千百万民众不懂政治，不想了解其他东西，这是俄罗斯历史发展的结果，这种现象无须被认可也不能被消除。同时不能不尊重人民的历史意愿，更不用说一个坚实的事实背后总有支撑它的有力依据。因此每一个俄罗斯人应当承认当今俄罗斯的政府，在改善国家的时候，要考虑到专制制度的体制下，如何与专制制度并存。

一个革命家给我写信时说，这种做法有百害而无一利。像基谢廖夫（Киселев）和米留金（Милютин）这样的人采取某些改进措施的时候，就会“放缓破坏现存制度”。

我完全不赞同这种观点。

首先，支持这种观点的话，就不仅是在指责基谢廖夫和米留金这样的人，而且是在指责所有促进俄罗斯发展的人。难道普希金、果戈里、托尔斯泰还不足以证明最伟大的文学进步是可以与君主专制并存的吗？难道他们的思想对我们有害吗？在这种情况下难道“英格兰乔治阁下”的作者对俄罗斯来说更有帮助？穆拉维约夫·阿穆尔斯基（Муравьев. Амурский）由于巩固了俄罗斯在太平洋地区的势力而给专制制度带来了荣耀，难道他这样做也对祖国不利？难道破坏我们军队实力的军需小偷的行为对国家更有益？可是人们忘记了一点，统治形式终究还没有耗尽国家的生命。无论一个人的政治理想如何，对国家的责任要求无论国家处于何种状态，都要使国家获得最大利益。如果我们反复说“越坏越好”，允许自己故意歪曲甚至破坏现有政府机制的活动，导致其彻底崩溃，这时却发现国家容纳不了另一种机制，那将会怎么样？到时候该如何定义我们那时所采取的行动？该如何评价行动所带来的结果？

在探讨这个问题之前需要确定好我们的出发点：我们究竟希望什么？我们希望走向哪里？

世界上有两种社会概念和与之相关的两种理想。所有人都承认，人们应该有富裕的生活、具备精神发展与身体发育的条件、应该具备个人权利与所谓的个人“自由”，这些都无可非议。但是对社会类型的不同看法之间有着根本性的分歧。

社会机体还是社会的无定形现象？就是这两种看法。对于一部分人来说，所有的工作、所有的社会功能可以也必须要以有组织的方式操作，简单的说就是通过专门的适当的机构来操作，当然这类机构要具备必要的能力和权力。因此人类才会不断取得进步，社会才得以发展，同时它的结构不断复杂化。

另一些人觉得，社会正在走向某种简单化，所有的专业与所有的权力形式都在向公民分流。机构职能向个人化转变，每个人都有管理社会的权力。

我支持第一种观念，对我来说，社会是一个组织、建立一种完整的、组织性不断复杂化的有机过程——这不是理想，这是事实。只有运用这基本的社会学事实，才可以创造出我理想的社会生活。

让我们回到上述的讨论中来，我首先指出，只有当某种更好的制度取代现存制度（确实取代，而不是光说不做）的时候，中央政府组织才会发生变化。没有任何创造的破坏，我认为这样是很有害的，因为这会削弱社会机体。

俄罗斯政治制度原理的批评家们如何取代它们？首先我们制度的敌人是否只会打扰和妨碍它正确地履行自己的职能？单出于这个原因，批评就已经很没有意义了。假如某国王同意或短时间内被迫限制自己的独裁，这种限制其实是虚构的，因为绝大多数人随时都可以驱散这些“限制”国王的人；那么，国王的权力本质上只能被他自身限制。通过这种“限制”能得到什么？

然而，我有更多话要说。如果我们政府的体系可能发生某些变化，我们应该非常谨慎地去思考这些变化。一个国家首先需要的是一个稳固的、不担心自身存在的政府；同时需要一个强大的、有能力实现本国使命的政府。俄罗斯肩负着远无止境的民族任务，国内许多需求得不到满足，因此俄罗斯尤其需要一个上述那样的政府。我们非常需要有强大的君权，同时在考虑某些改进的时候，首先要确定这种改进是否会损害国家的利益。许多人梦想着实行议会制，但议会制只有一个有价值的特点——总是关注人民的愿望和观点，然而，议会制作为国家管理体系，却是极不理想的。

我必须要指出的第三点是——任何政府，除了没有能力管理国家的政府之外，都是基于国内的物质条件与流行其间的观念所决定的方向来操作的。俄罗斯混乱现象的真正根源就要在这里寻找。

在所有统治形式里，如果不从受教育阶层，还可以从什么阶层挑选人才、实施措施呢？最有能力、善良的统治者只会在挑选人才上有成功或失败的时候，但他并不能独自处理行政的、社会和政治经济的所有问题。如果一个阶层集中了国家认知，其中有轻率的、混乱的或完全不符合理论的认识——谁的错？在整个 19 世纪期间，文化水平高的阶层在我们国家享有的政治权利，特别是在我们那一代，远远不及那些只有中学文凭的人所享有的政治权利多，而且政府常常剥夺高学历的人的参政的权利。我不指特殊情况。一般情况是年轻人或进步的阶层在理论上想入非非，而在实践上期待参加一些有可能使官员绝望的运动：有时候，俄罗斯人参加波兰的骚乱，有时候他们怀着独立公社的联邦梦想和广泛的起义计划走向群众，有时候会有恐怖主义斗争的思想和实践。所有这一切都带有狂热的信念和激情的活力！老一辈或更加稳健的人这时候都在哪里啊？他们通常表现地完全没有能力胜任这项脑力（劳动）工作，不能培养有能力的年轻人，使他们具有条理清晰的头脑，也不能用严谨的科学理论使他们信服。另外，这些老一辈的人非常胆小，甚至害怕反对前进的阶层，有时候还会直接受到他们的影响。简言之——这一温和的阶层总的来说是无力领导运动并指明运动的方向的。当该阶层不打算制约最高政权时，他们表现得非常不委婉，因而会招致别人的怀疑和不信任。它没有能力颁布或保留宪法，还是使政府厌烦说“结束”，为了证明结束的必要性，它使用最有偏见的批评。这导致不满并加剧彼此关系的恶化。

在这种条件下，这些进步分子，可以说是自己将自己排挤出了参与治理国家的队伍。如果他们还是勉强参与其中，也只是因为个人自由主义者的工作素质往往很高，而党的本质特征往往是很低。如果政府被迫挑选人员和体制，是谁的责任？从卡特科夫（Катков）[1] 那里？但卡特科夫作为实际的政治家具有独立的、与众不同的思维方式，他根本不是对社会问题有创新思维的人。

他被紧张的革命运动和自由主义者的软弱所吓倒，他一直担任前哨的工作，“逆流而上”，他关心政府外力的发展。他没有创造什么，却保护政府避免犯一些错误，但政府所犯的错误里有不少是他自己建议的。

政府所采取的体系的缺点主要是在知识分子身上，这不仅表现在保守的方面，而且表现在先进的方面。但让这些知识分子努力用自己的智慧创造自己的计划，让这些计划更加符合国家的实际情况——这样，他们现在无疑会收到回应。

以上就是我的观点。

（七）

我所说的这些可以作为著作的结尾，因为向读者介绍我的计划并不是我的目标。但为了最后明确地表明我反对革命思想的态度，我想用几句话说明我的态度引申的几个方面，并希望在俄罗斯看到它的胜利。

革命运动不是理由，而只是当代俄罗斯正在经受的苦难的标志。正如我以前所说，邪恶即是知识阶层中理智的缺失，因此这一阶层的脑力劳动工作效率非常低。由于缺乏教养而造成的缺点甚至影响到了我们最优秀的人才的工作。这种破坏了的邪恶，俄罗斯人所具有的优秀品质帮助我们的祖先创造了一个曾经伟大，而现在却被我们慢慢破坏殆尽的国家，正是这种邪恶破坏了我们的优秀品质。

我认为，目前最主要的任务就是反抗这种邪恶。俄罗斯的命运就取决于最终能否

[1] 卡特科夫（Михаил Никифорович Катков，1818—1887 年）：俄国政论家。在莫斯科大学时曾参加进步的哲学和文学团体斯坦凯维奇小组，与别林斯基、赫尔岑和巴枯宁等人有交往。20 世纪 50 年代以后他曾担任《莫斯科新闻报》和《俄国导报》的主编。他拥护君主制，主张自上而下的农奴制改革，反对革命和社会主义思想。

提炼出成熟的核心思想，能否对其余的知识阶层起到表率作用，并用自己的工作、自己的思想和研究制定俄罗斯国家的重要制度。

为此，人们首先需要一场精神上的震动，需要全盘重新审视我们的社会观、政治观。

当然我没想过要向年轻人说这些，年轻人承担不了如此重任，需要向有经验的高层去说，他们应该了解我所说的观点。他们有义务去创立一个新的（发展）方向。建立积极的、创造性的世界观的职责落在我的同龄人身上，他们像我一样参与了许多"革命"，也像我一样经历了很多。他们的经验和年龄无疑让他们学会了很多东西，使他们用清醒的眼光看待事物。

这些责任落在我们这一代的另一部分人身上，当时这些人极具怀疑性，不希望自己被卷入"运动"之中，现在他们在俄罗斯社会享有充分的权利，其中有不少受社会尊敬的人物。国家的和平发展手段都掌握在他们手中。会有不少为了铺平我上面提到的那条道路而前赴后继、单独行动的先驱者们，他们不低头、勇敢地宣布他们就是真正的栋梁，保护国家不被革命家与反动派的斗争所分裂。

俄罗斯的思想和科学的发展，特别是在最落后的方面——社会与政治方面的发展，对国家的研究、俄罗斯教育的革新、对新闻界的发展与调整——是最主要的任务。同时也要发展生产力、发展技术、改善劳动形式等。最后，要改善各个阶层居民的组织，首当其冲的是赋予地方自治政府认真与严肃的实践性。我就只指出这一种情况。

国家文化的健康发展离不开政府措施的大力支持。比如说，在我们的文化欠发达的时候，不能指望在不调整学生生活状况的前提下停止学潮。镇压骚乱、阻止年轻人参与政治活动，首先需要满足年轻人的合理要求，像在德国、法国等国家那样，要让年轻人能够学习、思考，使他们能够过得更幸福、更充实等。如果政府没有采取相应措施，或者，至少是没有谨慎地选择监督官、检查员——这些善良人的努力将会因为学生们的愤怒而惨遭失败。同时，科学研究不够自由，阻碍了俄罗斯思想的发展。当然，对书刊检查制度的抱怨与日俱增，因此俄罗斯的思想主要体现在我们的文学作品之中。由于俄罗斯的科学还是很落后，因此哪怕是最微小的也毫无疑问会给它的发展带来巨大损失。

政府有权力消除这些干扰，地方自治机关也可以。地方自治机关的现有组织很不理想，这使它成为行政当局的反对派。如果地方自治机关与政府机关合并，这样可以扩大管理范围，同时服从于一定的管理与责任。一般来说，冠以某种政府机构的称谓可以消除许多误解和不满的根源。

没有政府的支持怎么可能实现这一切？这样会出现一种，怎么说呢，政治问题：如何看待政府？关于这个问题我想说几句。在这方面我们确实是“自以为是趾高气昂的人（法语）”，自己给自己制造恐惧、设置障碍。每个国家，无论是在什么样的统治形式下，最重要的任务是及时向中央政府转达国家的需求，促使政府进行必要的改造。不过我要在此提醒大家，在俄罗斯的历史上曾经有过几个辉煌的革命时代。按照俄罗斯人民的观点，现在的俄罗斯的确有进行改革的空间——需要像在别的国家一样把握好机会，并采用现有的政治活动的合法途径。

根据俄罗斯的法律，一国之君享有立法权与行政权，而在共和制的国家，选民享有这种权利。在这两种情况下，无论是从君主还是选民发出，政治活动都由各种知名机构作为载体实施。不仅在国外，而且在俄罗斯国内，这些机构都能介绍不少工作方式。我们有国家议会、枢密院、具有各种附加机关的中央各部委，以及一系列永远存在的委员会。更不用说非官方性质的社会活动，如新闻、各种学会的工作等。合法的进步政党具有非常广阔的活动领域，让其党员服务、工作，让他们构成年度体系适合于现状的需求，向国王证明它的实用性。当沙皇决定让进步的政党来执政时（他会继续这样做，直到该党诚实地认可国王的权力），进步的政党应当不辜负沙皇的请求，并为改善俄罗斯的明天做出切实的努力。难道我们没有发现？那些以前被俄罗斯赋予权力的政治家们虽然在国内享有声望，但是他们根本没有思想体系，不知道该如何管理国家。我不打算单独指责任何人，我只想指出这一事实，希望以后不会再发生。国家各部门存在的原因不在于教导政治常识，而是在满足国家的需求，事先要做好准备。如果最高政权认为向别人请教会更好的话——那该怎么办？只能妥协，并利用从政府那里获得的一点点自由来做下一次的准备。当时格莱斯顿（Гладстон）在众议院失去地位时不是这样做了吗？无论权力来源于谁，一个政权总是具有进步、停滞和反动的时期。不必沮丧、生气，只需工作，同时要记住规则：先要从自己身上寻找失败的原因，然后才在别人身上寻找。

（于维佳　译，陈余　校）

二、列夫·吉霍米洛夫：君主制国家体制

（一）当代的俄罗斯国家体制

1. 未知的时刻

对俄罗斯国家体制准确而客观的考察应当截止到1861年。在此之前，从留里克（Рюрик）到亚历山大二世（Александр II），我们有完整的史实可以说明俄罗斯完成了一系列进化过程，这是清晰无误的。我们可以对此加以分析并进行归类。我们可以从中得到结论而完全不受未来政治因素的影响。

不管俄罗斯未来的国家体制是什么，它丝毫不能改变几个世纪以来国家体制的意义。君主制原则在这一过程中体现出了自己的发展历程，产生了自己的意义和强弱不同的各个方面。我们可以冷静、不偏不倚地观察它的历史，就像观察罗马和拜占庭的历史那样。我们可以认真细致地对此进行分析而不受个人政治偏见的影响。

但是从1861年起俄国进入了一个全新的历史时期，现代人很难用客观的眼光来看待它，对它的评价也更加富有争议性。对尚未成型的历史时期的意义和特征加以界定无疑要困难得多，这种困难主要是在于对偶然条件和固有条件的影响加以区分。

在过去这很容易。偶然现象，比如某些由于个人天赋和缺陷所导致的行为，表面上看会对当时的人们产生或隐或显的巨大影响，并遮蔽掉有机因素无声的潜在影响。在过去，偶然因素和恒定因素的互动结果显而易见。喧嚣或可怕的，但属于偶然的因素实际上只能显示出有限的价值。不引人注目却有机联系的条件发挥了决定性的作用。

但是对于当今事件的观察者来说，区分偶然因素和根本因素是最困难的。

然而在我看来，对二者完全不加以区分是不可能的，与其说是为了预见将来，不如说是为了总结历史。如果我们完全不清楚历史导致了什么结果，我们就不能很好地

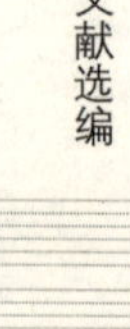

理解它。因此在做出最终结论并对俄罗斯当代的国家体制做出评价的时候应当注意，“这3种君主制类型(专制君主制、绝对君主制和独裁君主制)实质上都是理想中的类型。现实中它们很少表现出纯粹的单一类型，总是体现出几种类型的混合特征，只是其中一种类型占据主导地位”。这种情况既隐藏着进步发展的结果，也隐藏着退化运动造成的结果。我们还要注意，俄罗斯国家思想的政治觉悟发展处于怎样的低水平，在这样的政治意识缺陷中，如前所述，“这种国家体制无法发展自身实力，它是在不断地为其他形式的最高权力做着准备”。最后我们还要知道，国家体制的命运是同民族自觉性的进化相联系的。

2. 农奴制末期俄罗斯的历史观念

君主制本质上是民族道德理想的表达，君主制的命运与民族的历史观念或历史使命密切相关。历史观念是民族心理进化的外在体现，是民族在现实中达到的、早在历史存在之初就意识到自己存在的本质基础，抑或是未来创造的出发点。

在创造过程中，民族要面临的任务是发展力量，为了实现发展目标进行内部建设，与发展道路上的障碍做斗争，最终实现民族内部蕴含的所有目标。

当民族的创造力枯竭时，民族的存在即宣告结束。虽然民族还没有接近目标，但它自我感觉无力实现其内部蕴含的目标、完成存在基础赋予它的使命时，民族也会走向消亡。这个绝望的时刻就是民族死亡的前夜。这个民族会成为种族学的资料，新萌芽和新观念可能会从这个媒介中产生。但是伴随新观念产生的已经是另外一个具有全新形式的民族。它不会是以前的民族、以前的国家，而是一个在性格、任务、制度、文化甚至语言方面都有所不同的民族。

在民族的历史生命过程中，具有崇高使命的君主制能给我们带来什么呢？它所做的最大贡献就是伴随着民族的历史进化，成为民族在复杂的历史发展中完成各种任务最需要的东西，它能够汲取和继承民族的灵感，为民族指明方向，帮助民族克服国家体制领域中的一切障碍。

除此之外，最伟大的君主制也无能为力。如果民族灭亡，任何形式的国家体制都不能挽救它。如果民族的精神力量枯竭，它将走向真正的崩溃——君主制和任何其他国家体制都不能使其复生。戴克里先无法拯救罗马。如果说君士坦丁比戴克里先更加幸运，是因为他相信罗马必然灭亡，让逝者埋葬逝者，扶持了新生命在拜占庭的诞生。这就是新的创造。拜占庭人虽称自己为“罗马人”(ромеями)，但这个名字已经不是拉丁语的发音了。

俄罗斯君主制迄今为俄罗斯民族做了些什么？在1861年前的民族历史中，俄罗斯君主制是伟大的，甚至是最伟大的君主制类型。君主制与俄罗斯共生、共存、共发展，共同经历了辉煌和衰落，走上了共同复兴之路，在一切历史任务中总是处于民族生活的首要位置。说它没有为民族创造更多的东西，这实际上是不可能的。国家权力或好或坏、或完全或不完全地实现了民族内在的目标。它不可能无中生有。俄罗斯君主制在数个世纪的历史中以活力、真诚和能力满足了民族的内在要求，它取得的成就可以作为证明：成功摆脱鞑靼人的压迫，实现俄罗斯的真正统一，扩展了疆域，成为世界性的角色，从伊凡雷帝时代起接受欧洲文化的启蒙。从“灾难”中恢复过来后，罗曼诺夫王朝的君主制使国家得以巩固，彼得一世时代确定了宏伟的目标，从18世纪至19世纪实现了这个目标。在民族发展到应有的文化水平后，在国家最优秀人才的带领下，君主制采取了伟大的举动——摧毁农奴制度，农奴制曾经是发展的必要手段，后来成为发展的症结和障碍。

这是一个伟大的举动，它比建立彼得要塞要困难得多，君主制当机立断地从根本上解决了这一问题，它的成就得到了全世界和俄罗斯民族的承认。

现在历史进入了一个全新时期，我们在1905年陷入了混乱，内外交困，国家的未来被黑暗的迷雾所笼罩……

这是怎么发生的？为了理解这一现象，仅从君主制自身来考虑是不够的，我们要深入民族历史，深入民族的内部进化过程。

让我们回忆一下彼得一世改革时期的国家情况，这些内容在有关莫斯科世界观危机的章节中有详细的描述……

俄罗斯解决了自己的“危机”，以旺盛的精力掌握了欧洲启蒙文化，虽然它的成就平凡，但是200年后它已经被欧洲接受为文明世界的真正成员。世界上不乏这样的民族，它们已经不能自恃在掌握文化的手段上高于俄罗斯，俄罗斯也不再认为波兰人、西班牙人和意大利人在这方面优于自己。因此，生存方式形成了，人们掌握了它。但是目标是什么？从这个方面来说，莫斯科的危机并未得到解决。

我们知道，俄罗斯民族的心理基础无疑是宗教因素。与宗教因素相关的民族道德不是体现在个人的行为准则上，而是体现在民族性格中。这个事实毋庸置疑。俄罗斯人可能会认为他们的行为准则与其道德因素不相称，但是这种道德的特征是纯粹宗教意义上的。它与功利主义不同。道德因素存在于俄罗斯教徒和非教徒的精神之中，其

基础是绝对的道德因素。

既不是社会利益，又不是国家利益，也不是生活的舒适体面决定了俄罗斯人的行为准则，起决定作用的是绝对道德因素。教徒将道德因素与上帝直接联系在一起，而非教徒不建立任何联系，只是下意识地遵从道德。这一民族的基本因素很难得以实现，而它的难以实现将会导致民族的失落和苦闷，在民族无力实现过于崇高的理想时导致民族的死亡。

君主制面临着很多潜伏的危险，因为道德宗教因素将君主制推向最高权力并确定了生活的规范，满足了俄罗斯民族感觉和意识中的需要。

当俄罗斯在自己的生活中应用道德原则的时候遭遇了矛盾和误解，这就形成了彼得一世时期的“危机”。200 年过去了，俄罗斯掌握了许多文化知识和技术。但是在民族的生活基础方面，俄罗斯并未比米哈伊尔和阿列克谢时期达到更高的和谐水平。

历史越接近农奴制的末期，俄罗斯人越感受到他们实质上一事无成。18 世纪的俄罗斯人以学徒的身份看待自己取得的成就时心理平和，充满自信。但是 19 世纪的俄罗斯陷入了如同彼得一世时期之前的内部纷争。

那些敏锐的、具有典型民族特征的俄罗斯人，如弗拉基米尔·索洛维约夫（Владимир Соловьев），在生命的最后时刻直言道，“俄罗斯宗教思想家现在必须面对的基本问题，已经在 200 年前提出了”。这个问题就是，什么是教会？之所以会提出这个问题，是因为还有一个更加普遍的问题：什么是基督教，换句话说，什么是真理？

在描述俄罗斯的民族心理类型时，这是“唯一必须解决的”问题，否则俄罗斯人无法释然。与这一问题联系最密切的是君主制。伊凡雷帝沙皇可以不遵循真理，但他总是理解和相信自己知道什么，什么是真理。起初整个民族都像沙皇一样完全了解这些事实。但后来怀疑出现了。

彼得一世时期的俄罗斯产生了对理解真理的困惑，开始致力于吸收文化，寻找真理的“小红花”，200 年后的俄罗斯不禁以浮士德的口吻反问自己：当掌握了医学、哲学和其他很多东西，

结果是什么？
一个可怜的意识，
我们什么都不知道，
知识的价值是什么……[1]

[1] 歌德：《浮士德》，第 1 部，第 1 幕。

这就是俄罗斯脱离了学徒身份后可怕的心理特征。俄罗斯人如何安排自己的生活，他们有工作的精力和意愿，但是他们要知道真理的存在，在经历了 200 年的探索之后依然不明白，对于他们来说"知识的价值是什么"？

彼得一世之前的时期情况更糟糕。那时候迷失于追寻真理的俄罗斯人满足于学习的愿望，为了寻找光明需要求知。但是 200 年之后俄罗斯人依旧不知道所寻找的真理在哪里，甚至比阿列克谢和费多尔时期更加涣散和迷茫，——这样的状态对于心理上迫切需要真理、离开真理就会感到在世界上微不足道的民族来说无疑是沉重而危险的。

结果，一切家庭、社会和国家的创造成果分崩离析。

在这种情况下，君主制能做些什么？它本身就是真理的权力，为民族所认可。如果民族的真理意识枯竭，君主制将黯然无光。

在理解当代俄罗斯的国家体制时，我们应当关注民族的心理基础。心理上的沉重感出现在 19 世纪初期，至 1861 年到达极点。解放农奴——这似乎是唯一行动，通过它，真理问题对所有人豁然明朗了，君主制被全民族的道德意识所接受。

在摧毁了农奴制权力以后，势必要在国内重新建立各种关系。衡量真理的标准消失了，国家在真理问题上陷入了分裂。

因此，行为的无意识性完全是由于头脑对真理的模糊认识造成的。为了改变这种状态，我们需要对国家观念有一个清晰的认识。但是这样的认识现在还不存在，我们只能在没有明确方向的情况下奔向新的目标。

3. 新时期的革命精神

我们考察了彼得堡时期专制君主制观念的历史，那是一个模仿欧洲文化、君主制基础日益衰落的时代，但是我们可以得出结论，这一时期的不利条件并未动摇俄罗斯专制君主制的理想。

从 1861 年起，我们进入了一个全新时代，从表面来看它具有丰富的创造力，民族力量焕然一新，是专制君主制最辉煌的时代。但是这一时代的君主制中潜伏着危机——此前不曾遭遇的危机。

毫无疑问，危机是存在的。

从 19 世纪初，俄罗斯出现了放弃君主制思想的个别现象。亚历山大一世自命为"共和主义者"。此前他还进行了为了贵族阶层的利益限制专制制度的尝试（"枢密院大臣"

时期)。1825年，手持武器的十二月党人要求在“宪法”中体现人民代表限制专制权力的内容。但是这次运动声势微弱，并未深入民心。19世纪上半期宪法运动的重要意义在于表明了一种趋势：政治关系基础中的道德原则日渐萧条。

从1861年起，道德基础的力量消耗殆尽，宪法运动的趋势更明显了，并处于不断上升的势头，其中掺杂着对君主制的各种误解。贵族阶层中出现了这样的思想，认为从地主手中解放农奴就意味着摧毁专制制度。这充分显示了农奴制度下贵族受到封建思想的影响。很多人认为，独裁君主就是“第一贵族”，在俄罗斯他拥有农奴主对“附属的”农奴的一切权力，所以在逻辑上他应失去贵族的权力。从另一个方面来说，“解放人民”被很多人认为是走向最终“解放”的第一步，即建立人民的最高权力。如果完成了第一步，迟早还会继续走下去，走向“完全胜利”，走向“宪法”，走向以人民意志限制专制权力。将沙皇视为某种“独裁者”，拥有“绝对权力”，这是以前的必然思想，但是当“民族发展获得了解放”以后，这些思想就显得不合时宜了。君主权力只是人民专制的委托代表，此时已经“过时”了，甚至可能成为“篡权”的势力。从这个角度来说，未来国家体制正常的发展方向应该是废除沙皇，逐渐或立刻以人民“代表”的形式限制沙皇的权力。

简单地说，一切对专制原则的误解、将它与“绝对专制”、与民意的全权继承代表联系在一起都是从狂飙突进的改革时期出现的。

对人民专制观念的宣传发展到了无以复加的地步。大量的期刊出版物、大量的秘密社团以及受教育阶层的多数个体，将人民意志和人民专制观念宣传到了俄罗斯民族的所有阶层。

反东正教的宣传规模日益扩大，在40年中不可遏制地发展，以各种形式进行着，从彻底否定宗教到唯理主义基督教多种形式，甚至还有神秘主义，总之一切都是反东正教的。这种运动破坏了东正教，并且动摇了沙皇专制观念，因为它摧毁了人们自愿接受沙皇专制原则的心理基础。

处在发展势头中的社会主义也在逐渐向这种运动靠拢。长期以来社会主义的接受者主要是受教育阶层，现在它开始走向人民，特别是城市劳动者。社会主义来自民主欧洲，体现出强烈的民主意识和对宗教的完全否定。

我们无须详细描述所有的现象，这应是现代人所共知的事实，但我们需要对现象的原因加以解释。

4. 新时期的社会条件

在当代生活中，在一系列普遍和偶然因素的影响下，国家体制几乎走向自我消亡，最伟大的官僚制度代表人物之一、已故的 В. К. 普列韦（В. К. Плеве）对当代宪法运动这样写道："（它的）原因在于近50年世俗生活发展中出现的某些现象。社会意识的发展是改革的自然结果，它解放了个人，与生活条件的深刻变化以及国民经济制度的根本断裂相吻合。社会进化的快速发展决定了国家的工作，即重新调整各种关系。人们开始怀疑国家机关是否能完成面临的统治任务。社会中的部分群体试图在政治自由的基础上建立国家制度。这就是社会潮流，既有对宪法的真诚渴望，也有政治野心家不可告人的秘密，他们利用一切合适的机会迎合社会反对派势力，凭借异族势力发展离心力量，实现分裂企图。"[1]

这一结论有很多合理之处。为什么"社会进化的快速发展"决定了国家的工作任务？ В. К. 普列韦承认，"统治方式已经陈旧，需要加以改进"。但是问题不在于"方式"的"陈旧"，而是在于改革后的俄罗斯被完全官僚化了。

确实，国家的发展条件目前非常复杂。在俄罗斯与文明世界共同经历的两个世纪中，前者的命运逐渐向后者靠拢，造成世界和民族生活的极度复杂化。社会任务复杂了，对个人的要求也复杂了。斯宾塞所谓的"进步"思想产生了极大的影响，即社会因素的"分化"。它并不是受教育人群理解的"进步"的普遍意义——不断的"改善"，"改善"在很多情况下都是有争议的，社会的"分化"就是其中之一。

为了使分化不会对力量产生分解腐化的作用，就需要社会与国家行为的"一体化"，也许还有思想观念的"一体化"。探索和尝试社会—国家行为和观念需要进行政治革新、采取新的政治形式，这就是两个世纪以来的民族历史。

俄罗斯的"进步"、"分化"因素比其他文明国家更为明显。我不说"更多"而说"更为明显"、更敏锐，是因为200年前的俄罗斯比文明国家简陋得多。个人的需要和社会力量建设都极为简单，很容易得到满足。200年间这种现象发生了变化，我们比古文明国家更能发现和感觉到变化的存在。

维持农奴制度已经不可能了，但是生活的复杂进展、个人发展、经济发展、社会力量的分化都是在农奴制度下完成的。在这个过程的某些方面，贵族扮演了显著的角色，他们不是农奴主阶层，而是彼得一世启蒙和文化事业的承担者。正是贵族高度发展了人的个体观念，并用自己的生活环境向民族展示了理想的典范。他们有力地推动

[1]《纪念维亚切斯拉夫·康斯坦丁诺维奇·普列韦》文集，1904年，第41—42页。

了启蒙的发展，甚至为农奴做出了很大的贡献。贵族资助者推举了许多平民知识分子和农奴个体，改善了他们的生活。

关于19世纪中期以前俄罗斯的个人发展，赫尔岑提出了一个最为有趣的证据，他说，在结识欧洲最出色的知识分子代表人物的时候，他还不知道莫斯科的斯拉夫派和西方派小组中有如此优秀的人物。各个社会领域的辉煌创造证明了农奴制末期个人的高度发展。19世纪上半期出现了许多杰出的人物，这是俄罗斯历史上前所未有的时期，他们在不同领域表现出了令人震撼的力量。国家政治领域的杰出人物相比而言要少些，但还是有斯佩兰斯基（Сперанский）、基谢列夫（Киселев）、康克林（Канкрин）、乌瓦罗夫（Уваров）、穆拉维约夫・阿穆尔斯基（Муравьев. Амурский）等，他们是这个时代的模范。在宗教领域菲拉列特・莫斯科夫斯基（Филарет Московской）和因诺肯季・赫尔松斯基（Иннокентий Херсонский）足以成为翘楚。在艺术领域的杰出人物有普希金（Пушкин）、果戈里（Гоголь）、莱蒙托夫（Лермонтов）、格林卡（Глинка）。别林斯基（Белинский）在批评领域的成就至今无人超越。还有一系列哲学评论家，如 А. 霍米亚科夫（А. Хомяков）、И. 基列耶夫斯基（И. Киреевский）、А. 赫尔岑（А. Герцен），来自于不同领域的众多个体已经不再是模仿者的象征，他们是独立的创造个体。

在彼得堡时代的末期，俄罗斯已经成为一个复杂的文明国家。个体需求、权利意识、对自由的需要在贵族阶层和他们创造的文明俄罗斯中变得敏感而紧张。但俄罗斯的个体发展过程也有弱点：真正属于文明阶层的人物为数极少，只存在于贵族阶层的内部。自古以来绝大多数的文化人来自于僧侣阶层，但他们不是固定在僧侣的圈子里，而是融入了官僚或贵族阶层。贵族阶层决定了俄罗斯的文化类型。

从1861年改革开始，贵族走向了衰败，似乎他们应当彻底溃散。贵族贫穷了，他们脱离了原来的轨道，无法维持生活。同时在官僚和受教育者领域出现了“非贵族知识分子”群体，他们来自各种阶层和种族，有着共同的特征，都脱离了原来的社会阶层，进入了“受教育的”阶层——“知识分子”，15年后他们开始这样称呼自己。

这是一个新的社会阶层，“知识分子阶层”，他们的成员不断增加，总体来说他们的教育程度不高，文化水平也很低。即使一贫如洗的贵族家庭也无力负担成员的教育，而真正的“非贵族知识分子”的发展条件更为恶劣。非贵族知识分子经常透过诗歌吐露心声，发泄不满：

在我们国家的屋檐下，

一粒种子都没有，

单纯的人类生活，

富饶的种子……[1]

新“知识分子”继承了传统的贵族知识分子对个人权利的一切要求，但他们既没有力量，又没有独立性，也没有传统贵族知识分子时代人性的细腻。他们的执着气质少了，而自负性和苛刻程度更高。

在非贵族知识分子出现的早期，“虚无主义”盛行，它极端否定一切存在的事物，充满了强烈的革命特征。

“知识分子”职业享受的特权被废除或最大程度地削弱了，知识分子领域的扩展构成了另一个新的社会事实。

在知识分子领域中涌现出很多非俄罗斯的元素，他们在“知识分子”群体中的比例越来越大。特别值得一提的是犹太人，他们此前几乎不为俄罗斯的高层统治阶级所知。在这个时期里他们迅速成为一切智力劳动和自由职业中最有影响力的角色。

俄罗斯对外来因素的涌入并不陌生，以前俄罗斯有足够的实力同化外来的因素。在新俄罗斯中外来的“知识分子”已经取得了对本土知识分子的优胜地位。非贵族知识分子内部的文化实力还很薄弱，他们聚合起来的力量很容易被否定。事实上，来自不同阶层的人们在放弃固有的历史、树立共同的“全人类”抽象目标时更容易组织到一起。

“欧洲的”、“普世的”就是“全人类的”，新生事物的萌芽在欧洲否定了一切“陈旧的”、固有的东西。

新的革命知识分子与西方派保持着传统的联系，二者有某些共同的东西。他们爆发出惊人的模仿性，俄罗斯贵族的知识阶层因而得以恢复。彼得一世时代像缅希科夫（Меньшиков）那样“卖馅饼的人”史无前例地成为“最新发展成果”的疯狂崇拜者，他们在革命的欧洲寻找发展的成就。

新俄罗斯背上了否定的、世界主义的、非固有的和革命精神的沉重负担。

不言而喻的是，作为200年俄罗斯文化的传承者，“民族知识分子”不会消失。相反，在新时期中几乎创造了一切条件，俄罗斯的自觉意识达到了顶峰。这个新时期属于陀思妥耶夫斯基（Достоевский）、Н. 达尼列夫斯基（Н. Данилевский）、Л. 托尔斯泰（Л. Толстой）、И. 阿克萨科夫（И. Аксаков）、М. Н. 卡特科夫（М.Н. Катков）、两位索

[1] 转引自涅克拉索夫的《叶廖穆什卡之歌》。

罗维约夫（父子，Соловьев）、М. 萨尔蒂科夫（谢德林）[М. Салтыков（Щедрин）] 以及许多开辟了俄罗斯各个精神层面的活动家，他们或多或少地为俄罗斯民族自觉意识做出了贡献。

这些成就来自于知识分子的革命性，他们几乎完全被革命性所湮没，但这不是对全民族的总结。

文化阶层的思想情况更加复杂了，尤其是明显、自觉的“革命”知识分子与俄罗斯从事有机智力活动的“民族”知识分子发生了紧密的关联。他们的根本区别在转向政治活动时体现得非常明显，但是在文化领域他们经常表现出相同的人格。

从一方面来说，Л. 托尔斯泰是极端的否定者甚至是革命者；但他也是民族意识的伟大创造者。很多俄罗斯人旗帜鲜明地表示自己不能放弃道德原则的最高地位。我们必须提到萨尔蒂科夫·谢德林，还有其他人。弗拉基米尔·索罗维约夫是谁？格列勃·乌斯宾斯基（Глеб Успенский）是谁？他们对现代性的否定建立在纯粹的俄罗斯心理的基础上。在知识分子的中间阶层中，否定和肯定态度更加对立。叛乱的“民粹派”与斯拉夫派有很深的渊源，他们都努力保持有机现象的基础。知识分子内部的分歧达到了极为混乱的程度，陀思妥耶夫斯基对此曾有过无以复加的描写。

俄罗斯在彼得一世改革之前就提出过真理的问题，在彼得一世时期之后，这个问题变得更加尖锐复杂了。200 年之后，俄罗斯面对的真理问题的复杂程度是莫斯科时期无法想象的。要想得到结论，只有让来自异族的新人物大量进入“知识分子”中，他们与俄罗斯 200 年间的文化事业迥然不同，他们的心理与俄罗斯人不同，甚至与俄罗斯敌对。

我不想指责任何“外来人”不同于俄罗斯民族，这会在有意或无意间增加了我们的否定因素。他们当然有自己的内涵。也许他们的入侵对俄罗斯来说是灾难，但可以预见的是它对于俄罗斯理想的完整表现是非常必要的，它的本质是多面的，因此它必须找到一种方式使受伤的“知识分子”的喜好融合、服从于自己。但是当这个过程完成后，出现了这样的事实，废除了农奴制度之后的俄罗斯，建立起来的权力遭遇了历史上早已有之、现在充分发展的革命知识分子的庞大阶层的阻碍，他们使民族的任务更加复杂。

这些知识分子不仅以极端的，而且以温和的、即所谓自由的表现否定的不是建设细节，而是建设力量本身，他们要求的不是建设力量采取某种措施，而是将国家交给自己。在这种基础上只能产生斗争、胜者的欢呼与败者的毁灭。

政权未必意识到这种形势的严峻意义，当政权基础与人民道德统一的时候，它很难想象在“自己人”中会产生彻底敌对的势力。

革命知识分子，不管是“和平的”还是“好战的”，都能充分地理解形势，以便使政府的一切措施和国家发展的步伐成为反对当前制度的武器。这样的知识分子无处不在——在官僚阶层中也为数众多，他们是对民族的有机因素最冷漠的群体，知识分子经常为政府制定行动措施，反对专制观念。至于纯粹的革命知识分子，他们以政治暗杀执行“恐怖”策略后，很快采取了公开的斗争方式。

5. 民众的状态

废除农奴制使人民的状况发生了深刻的改变。

农奴制使农民群体保持了相对一致的状态。自古以来在农民群体中的确存在着很多阶层，比如小地主、不用交税的土地所有者、车夫等，共有几十种类型的群体。这些阶层是古代遗留下来的产物，它们之间的区别不仅是本质上的，不仅是生活方式、从事的劳动和利益上的，还有法律上的个别不同。19 世纪特别是尼古拉·巴甫洛维奇沙皇时代的政治为废除农奴制做好了准备，试图系统地将这些群体融合为一个属于国家的农民阶层，目的是方便以后向所有人提供新的自由制度。只有少数群体，如小俄罗斯哥萨克人，真正拥有独特的社会面貌。总体上五分之四的俄罗斯民众属于农民阶层，又分为农奴和国家农民，二者比例基本相当。他们的区别在于，国家农民的个体是自由的（虽然他们属于国家财产），农奴属于地主，他们在社会经济关系上属于同一群体。

缺乏劳动自由维持了这个阶层的同一性，因为这阻碍了资本主义工业的强劲发展。工厂发展停滞，工人阶层主要由手工业者组成，而工厂中多数都是临时性的工人——他们到工厂来就像是在空余时间拉车或从事其他工作——即“短工”，目的是为自己的本行——耕地积攒财富。

这 4000 万人生活在与“受教育”的上层社会相对隔绝的状态，对他们来说，上层社会不仅是“受过教育”的，而且是“老爷”、“先生”，是特权阶层和剥削者……虽然地主对农民阶层的启蒙具有重要的意义，但是两个阶层的社会地位差别阻碍了农民接受来自上层“先生们”的智力启蒙。这些先生们出于自己的考虑，极力避免智力成果被“乡下人”获得和在农民中掀起“暴动”，否则“先生们”会首当其冲受到伤害。

随着农奴的解放，这些情况发生了剧烈的变化。

在解放农奴的过程中，社会上层的智慧迅速传播到了各个阶层的民众中，甚至无须事先的宣传，势头逐渐迅猛。启蒙思想的传播，尽管为数寥寥甚至有些假惺惺，但还是产生了民族的思想，为人民带来了质询、争论以及思想观念，震动了受教育的阶层。

农民开始向高级教育和各种高级工业或自由职业接近。这些人虽然脱离了原来的农村环境，但与农村的关系还没有迅速断裂，有人继续保留着这种关系，有意或无意间成为向民众传播新观念和需要的媒介。人民失去了很多富有才华和热情的人才，但他们获得了发展的推动力。

借助很多有利的条件，宗教运动和社会革命运动开始起源了。

人民并未显示出智力或道德上的软弱。他们具有自己的信仰观念，甚至比上层阶级更加坚定。

除了革命运动，即政治上的反对运动，或宗教运动，即教会中的反对运动，在被解放的民众的意识中还产生了对宗教和世俗生活的渴望。

那些困扰 17 世纪莫斯科罗斯并引发彼得一世启蒙运动的问题，那些 19 世纪末期文明俄罗斯面对的问题，对俄罗斯民众并不陌生。人民背负着彼得一世启蒙名义下的沉重使命，可以不去思考这些问题：因为有别人代替他们思考……但是人民仍然在思考，寻找真理。当曾经奴役所有人为彼得一世服务的最高权力承认农奴现象已经没有必要存在，俄罗斯人民可以重新开始自由的生活时，解放的人民怎么会放弃寻找真理！

因此，人民并不反对沙皇，反而对使他们摆脱沉重奴役的沙皇充满了感激，他们需要新的生活。

莫斯科罗斯是人民才能的体现，在彼得一世启蒙的名义下，莫斯科罗斯自己的民族建设停滞了 200 年。这个时代结束于 1861 年。所有的人——具有俄罗斯精神和俄罗斯历史意识的人，不禁产生这样的问题：现在怎样继续被中断的建设？自由的俄罗斯民族如何生活？

土地和村社中的农民如何适应这个现代国家？他们无法得到清晰的回答。但他们会听到有人否定了这个古老的国家，认为俄罗斯不可能存在着自由的生活……

这种否定即使在农民那里也能得到微弱的回应，应该承认，在所有阶层中农民在俄罗斯的基础最深刻，是最坚定的支持者。

从 1861 年开始，以往单一的人民结构将逐渐消失。

人民的社会经济条件发生了深刻的变化。即使在耕地农民中也产生了分化，出现了无地农民阶层。最重要的是工厂产业得到了发展，逐渐吸引了数以百万计的人口。

在理性的情况下，工厂中的大量工人可以成为文化阶层和农民之间的联结纽带。遗憾的是工人的发展超出了任何一种社会结构的范畴。我们的工人生长于农村，他们与农村的联系没有割断。但是工厂没有给予他们社会地位，只有精神堕落、道德涣散。工厂里的家庭生活也缺乏支持，散居的影响却很大。没有群体和共同的生活，涣散的状态影响了人的世界观。但是工厂里的人口得到了智力上的发展，他们对农村产生了影响。

在工厂没有任何社会基础的人群中，负面的社会宣传找到了基础。异教徒也把工厂作为宣传的起点，革命宣传就是从工厂传播到人民中的。

农村在历史和现实实践中见证了人民与最高权力的联系；即使穷困或受了委屈，农民依然觉得自己是俄罗斯的公民。在工厂中，不管工人挣了多少钱，却始终无法产生公民意识。工人似乎不是社会成员，而只是一名工人；如果不是缺乏法律的保护，那么他与在俄罗斯的外国人或在德国和美国的俄罗斯人无异。这就是整个工人阶级的革命状况，在道德上无法避免人民与国家政权的分离。

在“改革后”的俄罗斯中，这一数量庞大的新阶层缺乏内部组织性。但是其他人无时无刻不感觉到国家的组织性很难满足新时代的需要。

这种情况体现在所有的关系中。也许在宗教制度、即教会领域中最为明显。

整个俄罗斯面临着一个紧迫的问题——生活的基本真理。回想已经描述过的教会的情况，就能看到，新俄罗斯的精神生活处于不正常的条件之下，这就是问题的根结。

在人民极端活跃的思想运动中，总是可以感觉到他们对宗教组织的需要。改革一新后的俄罗斯比农奴制下的情况更严峻，而农奴对“老爷”的依附比获得自由的农民更密切。过去他们都处于被压制的状态，虽然在法律上没有宗教权利，但现实中几乎感觉不到它的影响。人民获得解放后一切情况都明朗了。

同时，上层阶级也不再认为自己是宗教组织的活跃成员。

一些旧礼仪派教徒保持了教会中僧侣和出家者之间自古以来的一致，但是他们自称为“分裂派”……

6. 历史的时刻，最高权力与人民的隔绝

我不想过多介绍这些情况的所有细节。我们需要把握俄罗斯最本质的东西以及1861年后君主制的使命。

俄罗斯民族存在的政治本质是建立了国家体制的特殊观念，它将道德原则置于高

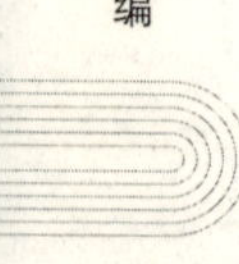

于一切的地位，甚至高于法律关系。

以这种方式建立的俄罗斯君主制作为国家道德理想的最高层次，长期以来引领民族发展兴旺，成为世界性的角色，成为所有民族中首屈一指的角色，它的基础就是国家的这种特性。

但是在国家建设第一阶段的末期即 17 世纪，出现了危机，民族无法界定真理的本质是什么，国家观念需要运用这种真理引导社会和政治建设。如果俄罗斯民族不了解这个问题，如果俄罗斯民族无法解决这个问题，这会威胁到君主制的存在。事实上，如果俄罗斯的国家观念是幻想和谬误，那么国家需要掌握普遍的（罗马的）国家观念作为法律建设的基础，如果俄罗斯的观念过于崇高，超过了民族的实际能力，那么在这两种情况下俄罗斯的观念将会自我毁灭。

同时俄罗斯的世界使命也将结束，因为在法律基础上建设国家，所有的民族将超越俄罗斯。

也许，在俄罗斯观念破灭以后将会有人在俄罗斯帝国的土地上建立新的国家，但不会是俄罗斯人，而是波兰人、德国人、鞑靼人甚至犹太人，不管是谁都不会是俄罗斯人，在公平和真理的名义下拒绝统治这个国家，而是成为臣服者，他不会组织安排国家建设，而是接受智者提出的建议……

这就是历史的两难境地。所有的俄罗斯人都清楚地知道这一点。即使崇拜其他民族、丧失俄罗斯信仰的“西方派”也能看出来。

经历了开局和终结的迷失之后，17 世纪俄罗斯人的历史命运决定被延缓了。他们不承认失败，而是说不利情况只是暂时的，是缺乏启蒙造成的。因此需要对民众的启蒙，一切就会大功告成……这种感觉和判断完全正确，他们赋予了俄罗斯 200 年的生命意义。

像前几个世纪一样，君主制在民族选择和启蒙的任务中发挥了领导作用，这一任务是 17 世纪末的历史抉择。

延续结束了。启蒙的任务完成了，17 世纪悬而未决的问题再度出现了。

什么是真理？俄罗斯民族和国家信仰什么样的真理，俄罗斯民族以什么名义统治国家，他们建立的最高权力的存在意义是什么？

显然，在重新出现的危机中，最高权力面临的首要任务是：帮助民族，汲取民族的力量致力于解决主要问题——启蒙后的自由俄罗斯的组织基础是什么，目的是在国家制度中实现历史上的国家理想。

除了这个基本问题，还有很多普遍的问题。世界民族的生存应该有多种方式，发展经济力量、扩展必需的领土等。但这些都是其次的。首先应当建立国家关系，只有这样俄罗斯才能确定在世界上存在的意义。

最高权力面对的基本问题是要和民族达到精神上的融合，成为民族思想的联合中心，以实现国家的理想，并且最高权力能够在道德上组织协调国家关系。民族解决这个问题的难度越大，最高权力越应该用尽一切方法帮助民族加以解决。

这些方法的主要目的是保证民族的精神道德内涵不被淹没和停滞。教会自由、思想自由和科学自由占据了首要位置，最高权力与民间的密切交往已经实现。从 1861 年起，这成为俄罗斯民族的需要，特别是最高权力的需要，只有俄罗斯保持了正义的国家观念，最高权力才能生存下去。

俄罗斯思想新的历史意义应该是指日可待的。

当代俄罗斯的一切复杂现象以及社会、种族和观念上的斗争，不仅不与专制制度矛盾，而且需要它。

在 70 个民族中，有信教和不信教的，有经济、阶级和其他利益的斗争，帝国内部的关系和争论越复杂，个人掌权就越有必要，他能从道德角度解决这些争论。从社会的本质来说，只有道德基础被所有人认为是最高层次的。人们不会放弃自己的利益，但是在道德要求面前就要保持沉默。

因此，俄罗斯国家体制从 1861 年起最应该得到巩固。为了达到这个目的，君主制需要与人民在思想、心理和交流中保持一致。君主制需要吸收民族精神的有生力量。在这个最重要、最有决定意义、最关键的时刻，在俄罗斯历史上绝无仅有的时刻，在君主制中出现了反君主制的统治理论，它形成于此前的时期。

从彼得一世时期出现，到亚历山大一世时期更加泛滥的官僚制弊病出现了。

官僚制度的膨胀和不良后果在贵族的影响下有所收敛，贵族与最高权力有着密切的直接联系。但是贵族已经不能发挥最高权力与人民之间联系纽带的作用了。

没有任何东西能代替这种联系纽带。贵族的社会历史地位被取消了，在最高权力周围只留下了官僚机构。

这种形势非常危险，在沙皇和人民之间最需要保持一致的时候，他们的联系断裂了。即使最高权力与人民的思想和感受保持密切的联系，建立新俄罗斯也是极为复杂的。但是在所谓的“伟大改革”时期，这种联系缺乏支撑。

在解放农民的过程中，最高权力与利益相关方面之一，即贵族保持了极为密切的

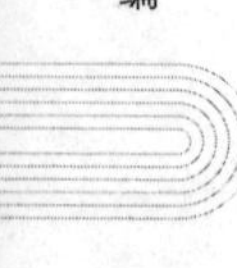

关系。没有人问农民需要什么。但是贵族发扬了民族的道德精神，他们是最好的典范，使阶级利益上升到了一定的水平。

当农民和所有的俄罗斯臣民成为自由的公民，此时需要建立一系列机构以填补最高权力和人民之间因为农奴制基础被废除出现的空白。这项伟大的工作是最高权力和人民之间缺乏直接联系的情况下完成的。

在深刻的改革过程中——几乎是完全的转变，最高权力与人民保持了 20 年的密切联系，这种联系是从 1612 年后米哈伊尔·费多罗维奇（Михаил Феодорович）时期开始的。只有在这种条件下，联结最高权力和人民之间的新组织才能形成，但是一无所成。

1861 年后最高权力中只剩下了官僚。官僚包揽了一切事务。它怂恿着最高权力。它决定了俄罗斯的一切。在 40 年中它造成了沙皇和人民之间的鸿沟，这是在俄罗斯 1000 年历史中从未有过的。

如果君主制权力遭到破坏——在国家科学中，这是君主制权力被其弊病——官僚统治所连累最典型的例子。

从 1861 年起，俄罗斯的一切情况都是官僚机构的结果。

不管官僚制度的作用是好是坏，其管理方式对臣民和最高权力之间的关系产生了极为有害的影响。在正常的社会和政治生活中，最高权力和民族之间的互信和理解最为重要。制度不是单纯的形式，而是精神。一样的制度，它的作用可好可坏，这取决于人们是否信任它。莫斯科罗斯时期最高权力和人民之间的政治关系很融洽，是因为人们保持了良好的一致关系，而“改革后的俄罗斯”制度没有取得这种效果。

人们对制度不满意的原因是在建设过程中沙皇和人民没有进行交流。地方机构就是例子。

不得不说的是，社会结构的建设中出现了毫无意义的自作聪明、纯粹的官场作风以及对人民的恐惧，这就是官僚制度。地方和城市都没有被纳入俄罗斯真正的民族基础中。多数人民被完全排斥在民族基础之外，民族的有机阶层被悉数抹杀了。尽管“知识分子”与专制制度进行了公开的斗争，但是社会机构还是给予了知识分子权力。

社会机构制度的发展情况越来越糟糕，沙皇和人民深受其害，对知识分子的权力越来越有利。例如在莫斯科，有 120 万人口，地域广阔，分为不同的区域，生活方式多样，莫斯科只受杜马的管辖，没有自己的“市政府”，杜马共由 8000 人组成，他们管理着城市的 120 万人口。

现在的杜马（1905年）是由1200名莫斯科居民选举出的，占到了总人口的1/1000，具有发言资格的多是知识分子。这里根本没有莫斯科的社会管理机构。

在地方管理机构中，农民参与的数量少得可怜，似乎是为了“贵族”的利益，事实上——是为了充当政客的知识分子。这里也没有莫斯科社会管理机构。

社会机构的职权范围被限制在极小的范围内，完全缺乏理性的社会观念。

地方和社会自治事宜安排不当在后来的发展中不仅没有得到改善，政权和地方力量反而陷入了相互斗争和不信任的状态。地方政府的反对声音不绝于耳，它更多考虑自己的政治地位而不是地方的工作。因此国家政府需要不断地监视着地方机构扩展权力的一举一动。

1861年2月19日的宣言公布后，人民参与政府机构的可能性彻底消失了。内阁有时从民间挑选专家，但他们的声音只有办公室的人能听得到，而这些人并不注意专家的意见。脱离了人民的最高权力寻求官僚主义的掩饰。亚历山大二世的善良用意所有人都看到了并相信了。皇帝给予人民如此多的恩惠，他不能不相信人民对他的爱戴和忠诚。但是在政府的行为中，沙皇和人民都没有看到，沙皇的意志和人民的需要或愿望是怎样通过管理措施体现出来的。

最高权力和民族的分裂，即国家内部最紧密的联系被割断，这是现代欧洲的政治世界观极为有利的基础，它反对专制制度成为民族现代生活的“整体”原则。不管专制制度的意识形态理由多么充分，不管俄罗斯民族心理上如何需要专制制度，当人民在国家事务中的努力无法得到回应甚至发现异己的存在时，民族对感觉的公平性充满了怀疑。

当与人民的直接联系被切断后，最高权力者已经不能对人民的努力做出回应，也无法消除国家和人民之间的差距。如果把这作为自己的目标，在最高权力和人民的直接联系方式被切断后，这个目标事实上是无法达到的。

在彼得一世时代，完成这一目标的机构被取消了。地方教会没有了。民间机构和个人与最高权力的直接联系被削减或取消了。例如，莫斯科人可以要求取消长官的职位并为其指定人选。对于现在的“省”来说，这是不可能也是不合法的，会引发暴乱。省里没有这样的机构，即使各处的“社会”管理机构，也不是人民的，而是交由无事不管的“文化”人管理，他们是天生的政客，有望成为未来国会的成员。在莫斯科为俄罗斯首都的时候，宗教等级中规定了沙皇和人民的统一。在彼得堡为俄罗斯首都期间，宗教等级与最高权力的关系被割断，接受官僚制度的管理，整个民族都是这样。

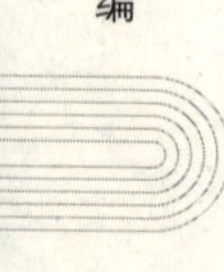

在这种情况下，道德上的统一是最为困难的。而君主制原则只是在道德统一方面具有很强的力量。当道德统一缺少支撑，无法被佐证，不能显现出来时，在民间不可避免会出现对最高权力形式真实性的怀疑，对其他国家制度原则的宣传将发挥作用。

同时，民族力量和国家管理将共同走向衰落。

7. 民族力量的衰落

在历史大事件中归罪于某一个人不仅是无益的，也是不公平的。这些事件是由所有人和一系列条件造成的。上文曾详细指出，尽管有很多伟大的，甚至是天才的思想巨匠，俄罗斯的知识水平和基础仍然没有发展到足以产生自觉的实现体系的程度。当然，谁也没有错。这只不过是一个历史事实。但我们必须知道这个事实。只有了解了自身的弱点、不成功的原因以及有利的条件是什么，我们才有希望前行并完善自己……

在建设新俄罗斯的事业中，沙皇和人民的隔绝程度超过了任何时候，造成君主制完全不可能按照它的本质和历史决定的方向实际发展。这种情况极大阻碍了民族理论思想的发展，因为理论思想主要来自于生活现实和实践。即使伟大的智者也不能抽象地勾勒出国家关系的蓝图。只有事实才能孕育出理论思想。在新时期的历史中，沙皇和人民共同创造的事实被抹杀了。这足以说明君主制政治思想甚至在理论上停滞了。

如果道德观念在政治中保持沉默，那么关于“真理”的古老问题将立刻凸现出来，像以前那样。在人类生活中一切事物都是联系的。宗教阐发着道德，道德解释着宗教。道德阐释着政治，政治说明着道德。如果某一种绝对主义原则失去了作用，从某一领域中消失，那么对我们来说，这一原则或不容纳它的那个领域就是不真实的。

这个原因可以解释精神的普遍衰落、悲观主义的加剧和失望情绪，它们出现于解放后的新俄罗斯三四十年里。

从另一角度来说，俄罗斯原则的无所作为将非俄罗斯原则推向了首要地位。政治工作不能停滞，由于俄罗斯道路的复杂深奥，欧洲的观念成为了指导原则。

1861 年俄罗斯第一次成为官僚制“警察国家”，这是 18 世纪前宪政时期欧洲的国家类型。

绝对主义在欧洲的进化过程有目共睹，所以人们自然认为这是俄罗斯向“宪政”

的过渡阶段。

改革“成功”的意义在于提出了议会的要求。“成功”的是人民议会对沙皇权力的限制。议会的要求被上面回绝了。除了斯拉夫主义者，没人提出保持最高权力和民族联系的方法，二者之间依然保持着距离。

新时期的国家创造了什么？

斯拉夫主义思想提出了地方自治的必要性。这一要求具有充分的依据，在“西方派”的理论中也有所体现，地方自治的构想发展到了一定的阶段，但是完全失败了。因为不限制官僚制度的权力，真正的地方自治就无法实现，而官僚制度不会放弃权力。西方派坚持要求人的权利，国家的历史发展方向指出了人民启蒙的重要性。在实现的过程中，新时期的创造极为踊跃，但是一切的创造者都是官僚制度。它为俄罗斯民族服务。

显然，地方自治的要求不仅没有达到，而且从整体上搁浅了。其他的要求不可能通过官僚制度得到满足，因为人的权利和启蒙与人民的社会独立性密不可分。

在等级社会中实现人的权利是空想。社会之外的个人拥有了权利只能成为革命力量。与社会脱离关系的启蒙只能是幻想。在新时期中，创造只获得了部分自由和独立，但是社会阶层的独立甚至没有人想过。

事实上，没有独立的社会就没有自由的个体，那样的自由甚至不能满足个人的需要。新时期的人们完全没有意识到这一点。新时期实现了人的信仰自由，但不是教会的自由，对于信教者来说教会自由比其他个人自由更为重要。新时期出现了社会力量的活跃，例如“出版物”。但这造成了政权和人民的脱离，因为出版物反映出的不是人民的想法，而是有物质基础和发表能力的阶层的看法。从出版物中听取民间的意见——意味着将知识分子作为人民的代表，将政府思想作为知识分子的奋斗目标。在这种情况下外国人主办的各种杂志发挥了重要的影响作用，例如犹太人的出版物，还有投机商的出版物，他们与任何阶层的人民没有任何共同之处……

我们没有直接听取社会和民间的想法，而看到了充斥着剧本的留声机似的出版物，这并不是人民的选择。官僚制度在出版领域最重要的体现是“社会意见的回响”。

国家和人民在一切领域的直接联系被切断了，从 1861 年起，在国家建设中，官僚制度的集中化趋势和国家权力干涉一切事务的倾向不断发展。行政管理的领域逐渐扩展。个人和社会机构对官僚机构的行为监督日渐萎缩。而官僚制度对个人和社会阶层的严密监视进一步加强。

官僚行政制度的监视范围不断扩大，到了史无前例的程度，导致社会力量的衰弱。社会力量即使不在理论中，也在现实中被否定了。官员和权力事必躬亲。政府机构的数量日益膨胀。民族力量不仅没有得到发展，组织性没有得到巩固，反而在监视、督导、禁令和指示的持续作用下不断衰弱。

民族越来越不依靠自己的力量达到目标，而是等待“上级”满足各种需要。这是成年人政治腐朽的体现，它把人变成了儿童，剥夺了他们对监视者的监督，为了取代对政府行为的理性讨论，官员建立了一个谣言的世界，即使理智的人也无法区分想象或蓄意的猜测和真实的权力滥用。

自然，这样培养出的民族不可能不逐渐地失去政治思想，成为“乌合之众”。

在芸芸众生中，最高统治地位的民主概念是主要的。

政治上被轻视的人民不仅缺乏高尚的道德原则，贵族阶层对杰出人物的信任也没有了，因为这些人已经没有了：千人一面，没有坏的，没有好的，只剩下了数量——多数派和少数派。

这就是官僚制度和中央集中下产生的觉悟和情绪。官僚制度的表现形式与革命知识分子的趋势非常吻合。

8. 国家统治的衰落

官僚制度在民众中起到了道德涣散的作用，它在高层政权中也有深刻的反映。

当最高权力只和统治机构保持联系却脱离了与民族的直接联系的时候，它便失去了履行最重要功能的能力：监督、控制并从民族观点的角度进行全面引导。作为官僚制度的中央部门，最高权力往往在管理事务中完全被官僚制度所拖累。

但这种情况只是假象。无所不在的官僚制度面对不计其数的“事务”，抹杀了公民和国家工作的独立性，它要有意识地参与数以百万计的国家事务管理实际上是根本不可能的。事实上，最高权力不会对任何事情都去了解、讨论和检查。所以最高权力的管理角色是表面的。最高权力被成千上万琐碎的事情包围着，无法对它们加以控制。结果是办公厅成为国家唯一实际的权力机构。

官僚制度专权的可怕过程还不止于此。存在了50年的官僚制度迅速对自身的成员产生了不良影响。这是一种普通的现象，本书第4部分对其原因进行了考察。在新的历史时期中，这种影响很快就出现了，前面提到过这是由于文化阶层自身的衰落造成的。

官僚专权内在逻辑的不良影响与国内社会动荡的不良影响结合在一起。造成这样一种现象，官僚制度统治阶级的自身素质比“被管理者”还要低得多。[1]

在任何危险或复杂的情况下，官僚制度永远像“目中无人”一样：它没有知识，没有判断能力，没有行动力量……它在所有的领域都表现如此：世俗、宗教甚至军事的领域。

因此，在国家体制 50 年的进化过程中出现了非常危险的征兆。

停留在书本上的国家观念权威性越弱，现实中越不完全表现出来，“欧洲的”、议会和革命的观念发展就越迅猛。这是很自然的事。与此同时，非俄罗斯的民族开始团结起来，俄罗斯民族的衰弱只会刺激他们夺取政权，虽然是以不合法的途径，同时他们还与俄国革命者以及对国家制度失望、最终放弃的人结合起来。他们联合起来支持实行议会制度，为了达到每个人的目标，他们组成了联盟，也许只是暂时的，但君主专制制度越薄弱，他们的行为越大胆。最终他们开始尝试变革……

曾经有一段时间，国家的衰退步伐在亚历山大三世的统治才能下有所遏制。他对官僚体制的监督，他的杰出的俄罗斯人格不仅革除了“改革”局势中的不利方面，还激发了民族精神和创造力的崛起。但是最高权力者的个人行为持续时间不长，对统治机构没有任何影响。不久后俄罗斯隐藏在“改革”制度特征中的矛盾再度尖锐起来。所有反对君主制、反对俄罗斯的力量猖狂起来，黑暗的日子到来，最后导致了 1904 年至 1905 年的军事溃败。

战争失败的耻辱使保障俄罗斯外部安全和独立的部门蒙羞，导致了俄罗斯精神的崩溃，给反对俄罗斯的力量以可乘之机，他们打算在外敌入侵的时候击垮政府……这是在和俄罗斯人的勾结下完成的！我们已经无法想象精神衰落还能发展到什么地步……

---

[1] 省长 A. A. 基列耶夫在最近的一部新作(《20 世纪初的俄罗斯》,圣彼得堡,1903 年,第 19 页)中说:“行政机构中缺少能够捍卫社会、国家和教会利益的管理者……在政府和管理方面总是缺少性格坚强并且修养良好的人物——外国观察者早就指出了这个严重的问题。俾斯麦在书信的第一部分提到了这一点。在他第一次访问俄罗斯的时候,令他感到惊讶的是执政者周围修养良好的人极为少见。他说，俄罗斯的高素质人口已经没有了，他们被忠于国家、头脑并不愚蠢却没有修养的人代替了。他非常‘谨慎’地评价了被指定的未来政治接班人。智慧过人的观察者律劳卑大臣也曾对我发表过意见。那时候骚动刚刚开始，并最终导致了 3 月 1 日的灾难。一位参与者指出，革命浪潮既不猛烈也没有危险。一位高瞻远瞩的英国人说：‘你们认为担负抵抗的大坝基础很牢固吗？’我还要列举第 3 种意见，作者是法国伯爵沃居埃，对俄罗斯有很深刻的研究。他比较了作战双方的力量，即政府和叛乱者的实力。他说：‘从一个方面来说，忠于主人却不愿意追随主人的伟大人物对自己的事业没有信心，因为他们没有思想，或者思想含糊不清、充满矛盾。从另一个方面来说，思想是错误含糊的，但是固定不变的！从一方面说，这是很重要的规律，优秀的人物试图了解自己的利益,而另一方面——他们被排斥,没有任何利益。这种可怕的力量足以平息这场力量悬殊的斗争。’这是 15 年前沃居埃伯爵写下的。”

这个时侯的官僚制度在做什么？整个俄罗斯都处于它的统治下，作为沙皇和人民的联结纽带，官僚制度没有赋予社会主动精神。

在最危急的时刻，官僚制度是怎样处理最高权力和民族之间的关系的？

它的精神状态类似于十字军东征时期拜占庭的官僚制度[1]……

不管这个动荡、叛乱、衰落和耻辱的时代如何结束，有一点是明确的，俄罗斯“改革时代”确定的体制在未来不可能存在。

它导致了一系列可怕的后果，因为它在本质上是反自然的。

国家从本质上说是由最高权力和民族组成的。统治机构——行政机构——只是服从、附属于国家的。只有最高权力命令它为国家需要的人和事服务时，这个机构才是好的。新时期的趋势是官僚机构完全掌权，国家的基本机构事实上从属于官僚机构，分散围绕在它的周围。

当然，这种情况是不可能的。它违背了国家现象的本质，不可避免地应该消失。未来的问题是——怎样的权力造成了这种情况。

9. 结论

我们看到，当代（1905年）的俄罗斯处于最为动荡不安的形势中。当战争可能葬送俄罗斯未来之路的时候，当国家机构的软弱无能到了前所未有的程度的时候，当人们大胆尝试进行改革国家的时候，当外族势力企图在俄罗斯人的国家中推翻俄罗斯民

[1] 1905年初梅谢尔斯基公爵描述过官僚风气。他写道，

“稳重的 Т. И. 菲力波夫走向 К. П. 波别多诺斯采夫问他：

——您真的带着 NN？

——那又怎样？——К. П. 波别多诺斯采夫反问他。

——他是个下流的家伙。

——现在谁不下流？——这位国家智者反驳说。

Т. И. 菲力波夫呆住了，这句话是与国家人物多年打交道的经验”。

公爵写道：“我们会认为，对于祖国的荣誉，这句话过于夸张。但是去除夸张的成分后，我们不得不承认，现在官僚机构中下流的人比正直的人多的多。”

情节继续发展。离开 К. П. 波别多诺斯采夫后 Т. И. 菲力波夫来到杰利亚诺夫伯爵那里，向他转述了与 К. П. 波别多诺斯采夫的对话。

“杰利亚诺夫伯爵带着他特有的善意嘲讽表情笑了。

——他说，为什么要说是下流的家伙，只不过是个表里不一的人。

两个人都笑了起来，下流和表里不一的区别是什么呢？

在抽象的意义上可能有细微不同，但是在实际运用中，两个词没有什么差别。

这是10多年前发生的事。

而现在，凭良心说，官僚机构里的下流的家伙多了不少。

2月18日后，在俱乐部里，一位局长大声喊道：早上我读到宣言的时候几乎死掉，又是专制制度！……一直到晚上我都没缓过劲来。晚上的诏书让我活了过来：专制制度的日子到头了！

您怎么看这位局长？

前不久一位高官在午饭时举起酒杯，周围有很多人，说道：为宪法干杯！

您怎么看这位高官？”

《公民》，1905年，第17期，《卑鄙的东西》。

族统治地位的时候，当俄罗斯人思想混乱、产生了内部纷争，不知道该相信什么样的力量，因此寻求建立全新力量并不得已地丧失了国家性的时候，一方面是改革的呼声，另一方面是俄罗斯分裂的危险，此时政府宣布了在各个统治领域的一系列改革措施。

一切机构被审查，政权和人民都不知道应该相信政府中的哪些人，国家陷入了一片混乱和暴动。教会的改革方案也匆忙出台了[1]……这种“改良主义”出现之时，正是最忠诚于国家的人们为了参与内部改革工作而无法拒绝拯救俄罗斯国际角色的时候。

怎样在最快的时间内平息动荡的形势——一如既往，这不仅取决于深刻的有机原因，它们是国家最高权力的基础，还取决于许多偶然原因。在这种混乱的形势下，某个偶然的事件，某个“党派”的少数精英天才的参与或缺席，可能暂时产生巨大的影响。在东方的一次偶然的伟大胜利，虽然是日本人失误造成的，但足以在此后的一年里扭转俄罗斯的国内情况。

但是不管近期内的偶然条件怎样结合在一起，君主制在未来国家体制基础中的命运并不取决于这些条件。在 17 世纪的“混乱”中出现了很多反对君主制的偶然条件。君主制不仅在事实上消失了，而且还遭到了自己的代表人物的诋毁。但是有机条件最终不仅完全复原了最高权力，还恢复了统治体系。

在考察俄罗斯国家体制的时候，我们最感兴趣的只是这些有机条件的作用，因为它们才是历史上决定性的声音。我们能在这个问题上提出什么建议，不是为了预测明天或后天的俄罗斯将会出现什么，而是要讨论在困惑状态即将结束的时刻，俄罗斯国家体制能带来什么?

出于对 18 世纪动荡的厌倦，无须疑问的是现代国家体制的统治体系已经无法恢复。在 17 世纪，君主制与以前的统治结构共同复辟了。现在显然已经不可能了。官僚主义必将垮台，如果它不垮台，君主制将会垮台。作为夺取统治权力的国家体系，为了能在未来生存下去，官僚体系必须通过政党组织联系人民，这需要以议会制代替君主制。如果君主制继续存在下去，那么官僚制度必然走向衰落。君主制既没有理由用现代危机的肇始元凶伤害自己，人民也不能忍受如此无能和作恶的政权。

总之，俄罗斯未来的统治体系必然发生某种变化。它可能采用议会制的特征，也可能走向真正的君主制，即不仅在观念上，还在统治机构的体系中实现最高权力和民族的统一。

[1] 根据 1905 年 3 月 31 日的最高批示，教会的重建工作有幸迅速得以保证。

在最高权力问题上，毋庸置疑的是类似于17世纪的当代动荡形势将以君主制的重新登台而结束。即使君主制在偶然情况下被暂时摧毁，它也能复原。

这是因为现代国家体制中的基本条件对君主制是完全有利的。

在不利方面的各种基本条件中，只有缺乏政治自觉性是严重的问题，它对俄罗斯造成了很大的危害。但是这个问题的严重性较以往已经有所减轻。现在的俄罗斯人在议会制度优势问题上犯的错误比以前少了，对莫斯科时代的政治实践的印象却更加深刻。

在18世纪末19世纪初，议会制度是一种伟大的思想观念和政治发明，因此很能迷惑民众，它是一种全体人民的理想。现在已经不可能这样了。议会制度对政治活动家来说已经失去了价值。但凡智慧的头脑都不会被议会制度所引诱。宪法运动被那些对议会制度感兴趣的人热烈地追捧着，他们把议会制度作为统治国家的阶级武器。议会制度的支持者有律师、记者、小知识分子、一小撮教授、投机商以及一切准备参政的人，但是名誉广受损害的制度已经无法吸引广义上的民族了。

现在，社会主义掌握了更多有吸引力的力量。

但是，显然社会主义制度并不适应俄罗斯当代的经济条件。毫无疑问，未来解决“工人问题”的途径不是社会主义，而是职业组织体系，未来欧洲的实践活动将会证明这一点，现在已经有人认识到了。

因此我们无法想象，有什么伟大的理想能够对抗作为俄罗斯根本理想的专制制度，特别是它恢复了和民族的必要联系以后。对很多人来说，专制制度与宗教的必然联系是矛盾的。但是在现阶段，与其说是宗教意识的衰落，不如说是东正教世界观的衰落，沙皇的思想即从中得来。然而东正教的涣散现象造成一种现象，其思想非常具有争议性。

在东正教中最重要的现象不是宗教观念的衰落，而是教会观点脱离了东正教的范围。它玷污了东正教的理想。造成教会观点扭曲的与其说是信仰的衰落，不如是自觉意识不够，不同的个人利益造成了这样的结果。彼得一世时期的俄罗斯也没有达到现在的宗教意识水平。只要看一下人们对教会、主教和恢复教区等问题的观点，就可以知道改革教会制度不合理之处的必要性，它们极大地损害了东正教。

随着错误形势的转变，东正教对智力和良知的影响作用得到了极大的发展。

俄罗斯人的心理还是像以前一样具有宗教特征。即使建立在唯理论基础上的教派中也无法存在纯粹的、冷静的唯理主义。因此，巴甫罗夫卡的教派狂妄行为或美国的反仪式派扭曲地反映了俄罗斯人普遍的宗教感。俄罗斯人还是像以前那样不能离开上帝，不能缺少和上帝的真诚交流。偏离东正教的范围只是侧面反映了俄罗斯人思想中东正教意识的现实状态。

还应该指出，人们的政治原则不是来自于教条主义的信仰，而是信仰中的道德意识。现代俄罗斯人的道德意识看上去与以前相比无异。从这个角度来讲，大量非俄罗斯因素的涌入对现代知识分子并没有特别的意义，因为人们很容易在道德基础上接受"俄罗斯化"的影响。

"道德"意识，即将所有的生活现象归结于道德因素，对现代俄罗斯人的影响并不比对他们祖辈的影响更小。

现代俄罗斯人道德水平低下，讨论他们的"道德"无疑是一种耻辱。但是要知道，这是一种"罪恶的"状态，而不是常态。俄罗斯人脱离了正轨，缺少必要的生活范围界定，因此走向道德沦丧。但即使在道德沦丧的人那里，道德因素仍然是独一无二的，他的内心深处保持着对道德的敬畏。

其他民族尊崇的简单道德"戒律"、"训诫"，俄罗斯人并不看重，他们发展到今天的道德涣散，是因为精神本质是"道德的"，他们需要真正的道德意识，如果没有，他们宁可放弃一切功利主义的模仿。

俄罗斯人的精神状态如此，他们不会真心地遵从于某个建立在非道德基础上的最高权力，因此他们既不承认贵族政治，也不认可民主制的权力。

俄罗斯人的精神特征决定了他们只能是君主主义者或无政府主义者。如果他们失去了对君主制的信仰，那么他们会走向对政治的冷漠或无政府主义。

也许知识分子甚至所有的俄罗斯人都无法理解这一点。但是心理作用的发挥不取决于我们是否理解它，这种心理将俄罗斯人引向了君主制而不是别处，因为俄罗斯人无法真心情愿地接受其他类型的权力，只能是个人权力。

因此在俄罗斯，至少到现在为止，除非民族精神发生显著的转变，既不会成立共和国，也不会有限制沙皇权力的永久宪法。可以想象的是，我们这里像别的地方一样有动乱、革新、篡权，但是俄罗斯稳定的制度只能是君主制，我认为君主制将会像1612年的专制制度那样从动荡的局势中恢复。

如果这种判断是正确的，那么前文提到的国家统治机构的不正常状态和最高权力与人民之间的紊乱关系将最终得以改变，改变的主体不是别的权力，正是俄罗斯专制君主的权力。

令人惊讶的是，这种令人难以容忍的不正常状态存在了这么久，从1861年起中断的最高权力和民族的联系至今未得以修补。当我们看到君主制弥补了危害明显的疏漏时不应该感到惊奇，因为从君主制的角度来说，这只不过是自然而然的事情。

（二）君主制政治

致读者

这部论述君主制国家体制[1]的著作的写作开始于很早以前，当时俄国社会饶有兴趣地想了解人类生存的法则，本书写作结束的时候则完全是另一个时代，此时充斥着各种急迫的现实问题。

在这样的时代里，人们不可避免地归属于各种彼此敌对和仇恨的党派，他们激烈地指责对方的错误，拒绝接受对手的真心诚意，完全丧失了客观的态度和能力。在这样的时刻，这部致力于在所研究领域寻找客观真理的著作处于任何社会潮流之外，但每一种势力都可能把它当做自己的反对力量。

准备开始阅读这部研究著作的读者将会看到，我的研究其实体现了一种完全不同的精神，并不属于“党派”的著作。我只是在研究君主制的原则，这在政治学中没有被完全研究透彻。

我们不能把优秀的政治文献中研究民主原则的著作与与君主制的片段思想和事实加以对比，君主制（不考虑未来的情况）在人类历史上扮演过重要角色。在历史上发挥重要作用的原则是否应当具有深刻的内容呢？

就是这样的兴趣多年指引着我完成了这部著作。我是否完成了这一任务，这不是作者应该回答的问题。但是无论怎样我非常认真并饶有兴趣地研究了罗马共和体制和莫斯科专制主义观念，我试图完全客观地理解君主制观念。我在莫斯科完成了这部著作，如同美国人在纽约或法国人在巴黎一样熟悉这里。

虽然我不倾向于任何俄罗斯党派，不附合于任何权势下的力量，但这并不意味着我的著作没有任何社会意义。

首先，作者在研究的领域中发现的任何真理，如果现在没有用，那么将来会有用，如果对本民族没有用，那么对其他的民族有用；其次，俄罗斯当代的党派斗争毫无结

[1] 其中没有涉及政治，政治是一种艺术，它有自己的理论。政治原则的实际应用是一个完全不同的题目，在确立总的原则过程中很难分析清楚。

果的一个主要原因是缺乏政治意识。这是妨碍政治工作取得胜利成果的大忌。我通过这部著作呼吁所有人培养国家原则中的政治意识。

我相信，在不同派别中，它们的敌意可以毁灭俄罗斯，但存在真诚的信念，存在着对共同福祉和祖国的热爱。但是他们在内部斗争中不仅耗尽了祖国的力量，而且失去了人类共同的原则。

理智和自觉已经失去作用，什么才能把人们从内讧中解救出来？

我认为，这部著作将在某种程度上激发理智和自觉的声音。一旦人们具有了理智和自觉，内讧就会变成共同的努力。

我举一个和这部书有关的例子。现在所有的人都在谈论君主制，有赞成的声音也有反对的声音，有坚决的反对也有彻底的肯定……人们在争论什么呢？是“君主制”这个单词的意思还是某个现实的制度？反对者谴责的是君主制吗？君主制真的是他们攻击的那样吗？

这才是问题的实质，但是他们并没有考虑到这一点，我甚至不知道他们是否理解了我的话。

如果说民主制度是“暴民政治”的实现，那么民主制度的支持者会怎么想？批判暴民政治是否就是批判民主制度？这个问题可以有很多的争论——但是不会有任何答案。同样，暴民政治的支持者是否可以被称为民主制度的维护者？事实恰恰相反，这种人对民主制度无疑是最有害的……

事实上，任何最高权力的原则都有与自己相适应的民族和国家组织。否则原则就无法发挥作用，甚至不能存在。当民主制度缺乏组织性，离开了人民的参与，而是被充满矛盾、肆意破坏的人群所掌控，民主制度就彻底失败了。虽然有民主的幌子，但民主并不存在，因为民主是人民的统治而不是任意的人群统治，后者不能代表人民，他们只能代表独裁者或贵族的意志。

君主制也是这样的状况。君主制并不是一个人的独裁专制，也不是官僚寡头的意志体现。如果是这样的情况，那么就没有君主制，在君主制根本不存在的基础上批判君主制是不可思议的。君主制是整个民族思想观念的体现，为了使它成为现实而不是幌子，就需要一个明确的组织和制度体系。因此在争论君主制之前首先要考虑君主制此时是否真实存在？……只有解决了这个问题之后才能讨论君主制的好坏。

当一种原则的不存在被确定时，对未来的探索随之停止而成为对过去的探寻。那里有什么原则，是怎样的原则聚合体？

我认为，关于这个问题的争论很多，后来，这些争论被对共同寻求条件的实现取代了，在这些条件下，我们所希望的原则会在现实中实现……

这部著作就是要确定君主制原则现实存在的条件。这些条件可以通过各种纲领被实现，但是我不会加以研究。因为它们不是理论，而是实践、手段和观念等。它们是国家人员和政党的任务。理论的任务只是指出实现某种原则的普遍基础，理论非常重要，离开了对基础的了解，任何理智的实践纲领都不可能实现。只有我正确地理解并确立了君主制国家体制的基础，我的著作才能为实践提供必要的理论研究成果。

实践能够解决它从理论中希望或能够发现的问题。作为本书的作者，我的任务仅仅是确定君主制原则产生和存在的条件，指出它如何消亡，通过哪些制度实现君主制观念，如何付诸实现以及哪些制度导致了它的灭亡。

Л．吉霍米洛夫

1905 年 7 月 12 日于伯达尼(Вифания)

1905 年的国家杜马

本书刊印即将完成之时，1905 年 8 月 6 日颁布了《最高宣言》，根据这一宣言，建立了由“选举人”或人民代表组成的国家杜马以及其他一系列国家高层机构。

这一崭新的机构与前面分析的君主制统治体系有着密切的关系，因此有必要做一些详细的阐述。

除了以上提到的建立联合统治体系的必要性之外，我还要重复一点，国家杜马就其本质思想来说填补了国家机构中一直存在的重要空缺。但是在国家杜马的实际运作中体现了双重特点。

从一方面来说，国家杜马是一个纯粹的君主制机构。1905 年 8 月 6 日的《最高宣言》呼吁由人民代表进行立法工作，宣言中声明，沙皇专制权力不受其制约。

《最高宣言》中提到“在保持与俄罗斯帝国专制权力[1]相关的基本法律不可侵犯的同时，我们呼吁建立国家杜马”等内容。杜马成员的誓言中也提到“我们——卑微的子民发誓，在至高无上的上帝面前，尽最大程度心智履行国家杜马成员的一切义务，保持对伟大帝国君主和全俄罗斯君主的忠心”等内容。

基于君主专制制度不可侵犯的观念，1905 年 8 月 6 日的宣言体现了立法者的倾向，

[1] 基本法律的第一部第 1 条规定：“全俄罗斯皇帝是至高无上的专制君主。服从君主的最高权力不仅是出于惧怕，更是上帝良知的驱使。”

其中提到，第一，在1903年最高思想已经开始考虑“在地方生活中建立稳定的制度”和“协调社会选举机构和政府权力组织”；第二，最高意志现决定“呼吁全俄罗斯的选举人参与到制定法律的过程中，为此在国家最高机构中设立了特别立法规定，其中包括预备筛选工作、立法咨议讨论以及审核国家开支清单”。

在国家杜马的“机构”（即法律、规定）中，它有着更加广泛的权限责任。根据第34、54、55、56、57条款，它要接受立法动议，根据第35、58、59、60、61条款，它有向大臣提出质询的权力，也就是对权力执行者行为的监督。

新机构的广泛权限实际上与君主制思想并不矛盾。在前面提到，国家统治机构中的社会力量在执行立法和监督职能时是有益的。因此，新的国家机构这方面的职能受到君主制思想的严格控制，后者意图建立联合型国家统治体系。

但在我们接触到立法者的实际工作后，并不注意到其持续稳定的特点。

国家杜马的法令招致了不少出版界人士的批评。[1] 但更重要的是，选举机制没有受到持续稳定的原则性观点的影响。

根据8月6日的《最高宣言》建立了纯粹的君主制机构。法令规定的选举体制中公民意志占据了优势地位，使得杜马中不可避免地产生了新事物——议会制度。

立法者认为，国家杜马机构存在的逻辑依据是宣言中的表述，“俄罗斯国是沙皇和人民、人民和沙皇密不可分的联合体”，“沙皇和人民的联合是伟大的道德力量，在几个世纪中建立了俄罗斯”……在这些条文的实践过程中，理所应当体现民族的历史精神，选举人应当表达出俄罗斯的需要和思想，也就是俄罗斯社会各阶层的思想，这里只有全民族真正的思想和利益。

前面阐述了“君主制”和人民代表“民主制”观念的实质差别。请读者注意这一章的内容，这里我只是简短地提示，“君主代表制”的民族本质是社会阶层代表制。我们在前面描绘了一幅大略的蓝图，现阶段怎样才能形成“全俄罗斯”的社会阶层代表制。如果我们需要过去的将土地和沙皇联系在一起的代表制，那么它只能通过选举

[1] 国家杜马的法令（制度）没有完全遵照最高宣言的规定。最高宣言体现了立法者很久以来的意图“使社会选举机构与政府权力相符”。杜马的法令中丝毫没有体现出这一点，虽然里面为缙绅或城市管理者的代表留出了一定的位置。另外，杜马还被赋予了一些权力，而最高宣言中根本没有提到这些权力（立法动议权和质询大臣权）。

虽然国家杜马与国家委员会关系密切，但是杜马不等同于国家委员会。它隶属于后者，在很大程度上通过它发挥作用，但它还有一些它不具有的权力。确定国家杜马的职权范围必须要检阅法令条文，第1条法律和第33条法律体现了显著的不同。国家杜马的法令的表述经常不甚清晰：例如，有一句是“颁布法律和编制的事宜需要杜马管辖”。什么是“事宜”，它们与“编制”有什么关系？很多时候是没有“编制”的。法令对杜马部门进行了必要的划分，甚至规定了部门数量的极限，但没有规定它们应该担负什么职能。这些不一致、不明确的情况导致了在重大事情上极端不便的现象。

体系产生，不能置于全民的基础上。

本章将详细阐述这一点，全民基础只是对人民最高权力代表制有益，而不是对精神、意志和思想的表达有益。

国家杜马的法令中体现了建立在全民基础上的选举体系。为农民（51 个代表）和哥萨克（3 个代表）规定了例外。其余 358 名选举得出的杜马成员是在全体人民的基础上推选出来的，根据多数人的意见，不分俄罗斯人或异族人。此时，民族观念与社会观念同时缺失了。而俄罗斯的基础——沙皇和人民的统一体只是在俄罗斯人中间享有地位，在波兰人、犹太人、亚美尼亚人中却完全没有。当然，所有臣民都可以为沙皇的立法事业做出自己的贡献，但是不分阶层的选举需要保持一定的比例，起码的要求是不能让俄罗斯人的声音被外国人或反俄罗斯人的声音湮没。在现有的选举体系中这一点没有得到体现。可以设想，俄罗斯人在杜马中占居多数席位，但只有在全民或直接投票的时候才能实现[1]。杜马的规定是要提供加倍的机会以及很高的财产资格，这种规定让大多数俄罗斯人没有资格参选，使非俄罗斯人占据了优势，特别是富人。结果是数十万的城市工人作为更高层次的人民代表，他们有重要和复杂的需要，却不能参加选举。

城市代表权落入了权势者的手中，举例来说，在莫斯科，120 万人口中只有 1.5 万名选民。如果说莫斯科的选举资格有社会弊端，那么在外省，选举资格几乎落入了外国人手中，德国人、波兰人甚至犹太人，占据多数人口的俄罗斯人遭受了损失。财产资格成为衡量人是否可以进入沙皇立法会议的唯一标准，它在很多地方甚至具有直接的反民族色彩。

没有什么可说的，全民选举体系完全忽略了教会等级和僧侣讨论法律草案的意义，他们只有在偶然情况下才可能进入杜马。

在俄罗斯赖以生存和巩固的统一体中，人民完全被排斥在沙皇的立法事宜之外。

当然，全民理论认为，社会代表制可以通过政党的方式产生。但是，首先，选举资格与双重选举体系造成了妨碍，因为工人无论如何也不能推举自己的选举人。其次，为了表达俄罗斯民族的需要和思想而组织政党，将不可避免地产生政客阶层。政客阶层的出现必然导致议会制思想的产生。

将最高宣言中体现的立法者的意图与其在杜马法令中的实际体现进行对比，不难

[1] 明确的政治思想为我们指出了二选一的方法：①代表制的社会阶层体系，它是唯一可以表达人民思想和愿望的体系、唯一能够维护人民独立性的体系；②全民体系，但是有必要的条件，即全民直选。

发现内在的矛盾，这些矛盾肯定会反映在杜马的工作中。如果这种情况发生，那么在立法咨议工作中也会有丑恶现象，立法者试图消除这些现象以消除选举人和政府权力之间的分歧。如果分歧进入了高层国家机构中，那么显然与立法者的目标背道而驰。

在8月6日的最高宣言中可以预见到现行的制度需要改变。显然，在杜马成员的选举体系中，进行改变的必要性体现地尤为明显。制度的完善不会一帆风顺。君主制国家思想的不完善，对等级思想的反科学迷信，现代国家科学忽略了在真正的“社会”意义上理解等级思想，这些因素将会妨碍国家杜马按照现实的需要进行应有的完善，现在这些需要比任何时候更加迫切，不需要以社会代表制取代全民代表制。

如果俄罗斯必须建立真正的人民代表制，它只能通过组织社会阶层和从中选举代表来实现。因为在国家杜马成员中，任何时候都有一些这样的人物，他们珍重的是祖国的合理体制而不是政治前途，我衷心地请求他们注意，要使人民真正参与到国家工作中没有别的途径，通过彻底消灭全民代表制思想、建立社会等级代表制是难以想象的。

如果说议会制国家的教训还不足以让俄罗斯避免遭受艰难的考验，在经历了官僚篡权阶段之后还要经受政客篡权阶段，请上帝保佑，在政治生活中，俄罗斯人能够更快地接受人民以合理形式参与国家统治的启示。

Л. 吉霍米洛夫

1905年8月24日于莫斯科

1. 政治中的君主制原则的普遍意义

（1）什么是政治

本章要讨论的问题是君主制政治，即君主制最高权力下国家政治生活中普遍原则的应用。

要解决这一问题，首先必须回答一些普遍的政治问题，它们在不同的统治方式中有着同样的意义。

政治作为一门科学，通常来讲，研究的是实现国家目标的条件和手段。而政治作为一种艺术，解决的是如何适应这些条件、应用这些手段来实现国家目标的问题。

因此，在讨论政治的时候，我们不能忽视国家的存在，国家有着自己的目的。

本书的第一部分已经说明，国家是社会群体成员的联合体，它建立在人类公平的原则基础之上，受到相应的最高权力的统治。

这一联合体的目标是什么呢？这就是实现人们的利益，即所有社会群体成员的利益，包括个人、家庭成员、劳动和智力工作者联合体等，这些利益体现了全人类的思想观念。从最普遍的意义来讲，国家目的就是维护安全、秩序、权力和自由。从细节来看，人的一切利益都属于国家保护的范畴，这些利益普遍存在于社会之中，并且可能受到国家的威胁，除此之外，还包括处于相互联系的社会组织的利益。

界定并列举这些个人和群体的利益是社会学、哲学、心理学和宗教学的任务。政治只关注如何了解和实现人类的需求。

政治只关心国家范畴之内各种需求满足的条件和手段。有人说国家的目的是“共同福利”，这当然是正确的，但要加上这样的限定，共同福利比国家任务更加广泛，它很难被确定，只能存在于全力以赴的实现过程中。

这样的限定取决于国家的环境，国家即社会的实现和各种需求的维护者，这些需求的来源不是国家，而是个人和社会，即社会环境。

国家不过是社会环境的一种需求，如果社会环境被国家取代，社会将会被压制，然后消亡，就像寄生虫离开了依附的树木。

因此，更为准确的政治定义不是关于社会福祉的科学和实现共同福祉的艺术，而是实现国家对社会和个人责任的学问。政治艺术就是履行义务的体系。

从此可以看出，政治最基本的一个问题就是如何确定国家的职责范围，它要在怎样的范围里发挥作用，不能干涉哪些范围以外的事情。

对于这一点下文还要提到。首先我们要确定政治艺术的内容，它是政治作为一门科学的内容。

政治就是国家力量在社会行为中的应用。它的任务是耗费最少的力量发挥最大限度的行动，即最大限度地利用国家力量。

要做到这一点需要具备什么条件呢？第一，应当遵循国家力量的本质，根据其特点采取行动，避免不合适的行为；第二，尽可能把国家力量集中到关键地方，调动一切其他的社会力量，让它们服务于国家任务；第三，应当尽量避免浪费国家力量，要积蓄壮大国家力量以防止将来的突发事件，做好足够的储备；第四，为发展国家力量创造条件，即维护有利于国家力量发展的条件，与破坏其成长的因素做斗争。遵循这些原则才能做到把国家力量集中于所谓“有益工作”之上。

我们知道，在任何有机体中，有两种消耗力量的任务：克服惯性和摩擦等阻力，以及在有机体的“有用功”中消耗。“有用功”的比例越高，有机体就越完善。国家有机体也遵从这一规则。政治应当将国家发展道路上的障碍数量减至最少，尽可能将力量集中于有益工作的方面。

只有在政治的影响下，社会力量服务于国家目标的实现，而不是成为互相敌对的势力，才能实现政治的任务。

因此，国家要对社会上的所有力量保持明确理智的态度。

简言之，我们可以这样简单地表述政治艺术以及政治科学的任务。

政治应当了解国家力量以及自身行为的界限。

政治应当了解其他社会力量的情况，理智地确定国家与这些力量的关系。

政治应当了解国家力量发展和保存的条件。

为此，政治应当了解为何国家需要采取直接的行为以及为何可能甚至必须利用社会力量。

最后，政治应当了解国家最高权力原则的特点。

（2）社会、国家与最高权力

在本书的第一部分我们提到，社会、国家和最高权力虽然共同存在于国家，但是它们是彼此独立的存在。在政治中尤其要注意这一点。

最高权力就其本身而言不是社会，也不是国家。它只是一种指导国家联合体行动的力量，这一联合体对社会力量的聚合是必不可少的。如果没有社会，也不可能有国家联合体。如果没有国家也不会有最高权力。从另一个角度来讲，没有最高权力也不可能建立国家，没有国家体制的界定社会也不可能达到高度发展。社会、国家和最高权力之间存在密切的联系，但同时它们又是各自独立的存在。绝对主义观念越违背社会自然法则，它的错误程度就越深，以至于毁灭社会，如对社会有害的无政府主义和“个人主义”一样。事实上这些观念都是有害的，它们是造成社会性和国家性行为领域混淆的原因。

由于每个人直接和间接的需求以及个性的不同，在每一个群体中形成了不同属性的人群，他们以共同的生活和行为方式联系起来。家庭、不同种族的村社、劳动者联盟、宗教社团等都属于这样的群体。个人的需求越发达和全面，这些基本的组织就越多样化，它们是在半无意识状态下组成的（如家庭），出于经济上的必要性组成的，甚至违背了意愿（如劳动者联盟——类似于工厂），以及在共同的精神和智力需求基础上组成的。这些群体和联盟构成了更为广泛的社会阶层（阶级、群体）。社会就是由这种复杂的社会组织体构成的。

个人存在于各种社会群体和阶层中。社会关系的发展和特点决定了个人的行为，他只有环境允许范围内的自由。同时，社会环境、社会组织也是在个人力量的推动中形成变化的，个人要适应于环境条件，如同珊瑚虫积累形成了珊瑚礁。

社会阶层的分化和其中大量小群体的出现构成了社会的永恒规律，这些小群体虽然没有组织形式，却有很好的组织意识。个人越发展，其需求越复杂，社会阶层的分化就越明显。当代社会中的这种趋势比历史上任何时候更为明显，例如中世纪，在以往的阶层以及它们附近的位置上出现了新的阶级和群体。所有的工厂人口是最为复杂的群体。从事独立自由职业，从事脑力和技术工作的人口构成的群体也同样复杂。

在这些群体中，联合与斗争的结合比以往简单的社会性都要错综复杂。例如，在有些情况下，被称为“知识分子”的人认为自己同属于一个群体，认为自己的群体同心同力。但是在知识分子群体中存在关于方向和利益问题的尖锐斗争，每一个职业或方向（党派）的阶层都认为自己是独立和特别的，并且准备消除异己。加工业阶层也是这样，有时候齐心协力：工厂主、管理者和工人团结一致争取对生产有利的条件。但有时工厂主(“资本家”)刻意与工人(劳动代表)拉开距离,形成两个对立的阵营。“资本家”阶层在从事股票交易的时候立场又变得很不一致，这时候掌握股票的工人也成了“资本家”。大型资本代表通常结合为特殊的群体（辛迪加），与小资产者代表对抗。工人阶级中也有很多阶层，有时互相联合，有时彼此敌对。英国的“商业联盟”组成了自己的特权组织，遭到了“无产阶级”的强烈反对。在法国，前不久“职业者”工人与“社会主义者”工人爆发了严重的冲突，几乎超过了“工人”与“资本家”的对峙。现代文明世界的分化组合趋势如此强烈、无法遏制，它来自于自然本性，以至于其在欧洲超越了法律甚至走向了与法律对抗。工人组织的历史就是与法律斗争的历史，经过了残酷的斗争，法律才开始承认社会新阶层的存在，并最终在多数情况下承认他们生活和工作的权利。

在多数情况下，社会主义对于国家体制的否定是由于法律对生活中出现的现象并成为显著社会事实的长期否定造成的。欧洲的政治觉悟显示了极其软弱的一面，从国家和人民的角度来讲皆是如此。

坚守 18 世纪观念的国家很长时间内无法理解自己的责任，即容纳新的社会群体，这些国家成为新群体的反对者。新群体不能理解国家行为是政治软弱性的表现，为了自己争取尚未写入法律的权利，他们开始反对国家的观念。

这是一个历史的典型：国家忽略了这样的事实，国家的基础是社会环境，它应符合社会发展的状况。

社会环境在国家产生以前已经存在并与之共存。它是社会现象的本质体现，国家只有在社会环境中才能产生和发展。

社会性越复杂，各种利益关系就越复杂，可能还会出现斗争。如果没有国家的建立，社会将通过自己的发展产生出很多内部斗争，如工人运动、“自由职业”斗争，最终将社会毁灭。实际上一切阶层都有权存在，但每一个阶层都不能单独存在。这就是为什么对于每一个阶层来说国家都是必要的。

为了规定个人和阶层斗争不可逾越的界限，国家产生了，它是权力的组织机构，超越一切社会力量之上，并有责任对后者加以规范。

国家从哪个方面实现这一点，取决于国家基础中的原则，也就是最高权力的特点，最高权力能够组织并引导国家的行为。但这种原则只能成长于社会之中，当社会力量的内部工作不再符合它的发展时，它将不可阻止地蔓延出来。同理，社会消亡后国家也不能存在。国家是社会不可缺少的组成部分，但对人们来说国家不能代替社会。

国家和社会的存在之间存在差别。

社会生活的主要条件是个人独立，在某些情况下的创造自由，这些情况是社会进化中必然出现的。

国家的生存条件主要是责任。社会工作的价值在于创造的丰富多样化。国家行为的价值在于维护范围的同一性（被认可为必须的）。一旦社会推翻国家取而代之，社会将陷入无政府状态和暴乱。而当国家取代了社会，国家将走向专制主义，生灵涂炭，国家陷入瘫痪，最终走向灭亡。

因此，国家和社会不是互相排斥或互相替代的两个事物，而是在共同的国民生活中互为补充。最高权力是这一统一体的代表和守护者，它遵循符合最高权力原则的方式运行。

（3）国家行为的领域，“自然权利”

基于这些客观情况——社会环境的必然存在；个人的存在，其需求将赋予社会与国家以意义，最后是国家的存在，它是应个人与国家需要而产生的——国家责任的概念产生了，它指明了国家的权利和行为领域。

国家行为的领域和范围不能由其行为的利益特点来决定。维护国家的利益可以有不同方面，处于时刻变化之中。在某种社会条件下与国家无关的事物，可能成为另一

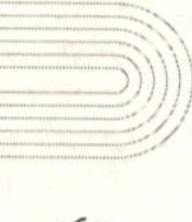

种社会条件下、另一历史时代里国家的必需。没有任何利益可以称为永恒的利益或与国家无关。国家的职权范围则是另外一种情况，国家的责任是为作为独立力量的个人与社会服务，满足个人与社会独特力量所需，避免破坏和违背个人与社会的独立性。

从法律意义上说国家拥有一切权利，但这只是因为权利的概念为国家所创造。但是在现实世界里有比法律权利更高的东西，这就是自然权利，它是与生俱来的天然权利，由此诞生了最高权力，它是国家权力的掌握者，法律权利的创造者。

这种观点古已有之。17 世纪自然权利已经得到承认，而社会或国家权利只有在人的自然或天然权利不受到侵犯的条件下才能得到理论上的法律承认。最终自然权利因为过于自由和虚幻被否定。如今自然权利的概念开始回归，这是完全正确的。

这是因为"天然"或"自然"权利被否定，实际上是对概念的误解。从法学观点来讲，只有以法律途径创建的权利才能够存在，也就是法律中确认的权利。所以如果说"权利"只能是法律权利，那么一切自然权利只是泡影。

但是当我们注意到政治现象的现实时，就不能否认"自然法律"的存在，它比法律文献更加牢固，是一种心理学和社会学上的存在，完全符合"自然权利"的名称。

法律权利是法律规定的行为许可与可能性。

自然权利是根据心理学和社会学规律，来自于天然必要性的可能。

从这个角度来讲，自然权利不仅存在，而且比法律权利更为强大。自然权利自然产生，没有外在的需要，只有在被法律承认后才成为法律权利。即使法律不予以承认，自然权利也不会从人的意识中消失，它是一种道德上的不可摧毁的权利，不能被任何国家法律所取代。

离开狭隘的法律角度，从更为广阔的智力和学术角度来看自然权利，它不仅与生俱来地存在，甚至比法律权利占有更加首要的地位，法律权利是从自然权利中诞生的。

关于社会契约学说的形式和细节是虚构的，但是它深刻地渗透到社会和政治的本质中。在人类社会的早期阶段，国家尚未存在的时候，我们已经可以看到正在形成的自然权利：即人的责任和权利，它从个人和群体的一些简单行为中发展开来。这一开端最终发展为法律权利。

国家和法律出现后"自然权利"并没有消失，尽管委员会或议院通过的法律被最高权力所承认，确立了公民的行为准则。无论法律权利如何牢固，惩罚措施如何严格，它只能在自己的范围内无所不能，而不可超越自然权利。如果法律权利试图压制自然权利，只能遭受失败。

我们举几个现代的例子。就在前不久教育权还被认为是荒谬的，国家和社会没有阻止任何人接受教育，教育如何能成为权利呢？但是几十年后国家不仅承认了教育作为人权的存在，还把教育作为人的义务。

为什么是这样呢？很容易理解。很多工作和政治公民权力的获得开始要求教育资格，教育权利的观念应运而生。这是一种新条件下的“自然权利”，后被写入法律得以承认。

我们再举一个更小的例子。法律保护医生、神甫和律师的职业秘密，但没有任何地方的法律保护报纸记者的秘密。在现代条件下，很多出版业发达的国家里记者职业的物质和道德特点决定了它对职业保密的要求。现在的法庭已经不会要求记者作为证人，即使有这样的要求，也会遭到强烈的反对。爱护自己的西方记者宁可选择交罚款，也不愿意在法庭上为自己在履行记者职业时的所见所闻作证。有一种观点认为记者是“报道”媒介，而不是“施压”媒介。毋庸置疑的是，“职业机密”将很快成为记者的法律权利，就像医生和神甫的法律权利一样。

这样的例子还有很多。现在听上去荒谬的“劳动权”，在条件成熟后会成为必然的结果，到时它会要求得到法律的承认。

自然权利产生于心理学或社会学的本质属性。因此它有某种不变的基础，并随着基础的进化发生细节的变化。它是由道德意识决定的，而道德并不总是指向某一种任务和权利。

最关键的事实是自然权利不能由国家所预见。有人认为自然权利是由理智决定的。但这并不是国家的理智，而是来自社会的理智。自然权利在个人意识中产生，它是内部自觉适应于外部条件的结果。这是个人与群体的独立创造。

社会中自然权利的自我产生使得国家与社会通过最高权力的联系成为必须。如果说国家否定了社会的存在，忽略了社会的存在，试图取代它，那么这样的国家将很快成为道德上的“非法”存在。

一旦法律权利与成熟状态中的自然权利逐渐分离，二者成为矛盾的对立体，国家将引发剧烈的仇恨和矛盾，最终不可避免地走向倾覆。

最高权力需要与社会、民族还有公民个人保持最密切联系，这一特点需要特别引起君主制最高权力的觉悟。

在民主制度下，社会与国家的联系是通过这样的情况实现的，即人们既组成了民

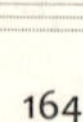

族，又构成了最高权力。但是在君主制条件下，维护这种联系需要事先有所准备，也许最高权力需要对其必要性有足够的认识。

除此之外，将最高权力视为道德理想的君主制应该努力做到使道德理想永远反映在君主制制度中。自然权利反映了道德理想在每一阶段条件下的需要。所以这些需要要永远被听到和感受到。

在基督教君主制中，对自然权利的敏锐性更为明显，因为自然权利在基督教君主制中尤其未受到排斥。

事实上，在承认宗教使命是最高权力的根源的同时，我们就必须对神的意志赋予人的责任保持敬意。但是这些义务赋予个人履行义务的一切权利。这种权利对于建立在宗教使命上的最高权力来说不会有任何触犯。这是人的“自然”权利，它不建立在任何法律基础上，而是在人神联系的自然属性中。

这一特点在事物的本质中体现地尤为明显，我们在所有的君主制国家里看到了对所谓“公平”的敬意，“公平”与真理和道德权利而不是法律权利相联系。在贵族政治和民主制度中，法律意义上的权利占据统治地位。

罗马创造了国家和权利的法律属性，同时也承认了自然权利的存在。在欧洲，“社会契约”学说以自然权利为基础，虽然它是共和制理想的基础，但是却是君主制时期创造的。一旦民主制度的权力上升为最高，自然权利学说就被否定了，法律权利开始占据优势地位并成为唯一的权利。然而自然权利无论是被科学承认还是否定，它永远存在，甚至统帅法律权利。

（4）君主制政治

一切民族大体上说有着相同的需要，因此所有国家的目标都近乎一致，目标的差别来自于最高权力的性质以及国家内外部形势的不同。君主制可以向共和制借鉴很多东西，反之亦然。由此人们自然发问：是否存在一种特殊的君主制政治？

它毫无疑问地存在。

虽然所有国家的目标和政治形式存在着共同之处，但是君主制、贵族政治和民主制政治之间的差别是显然存在的。这是由最高原则的不同特点决定的。在所有的政治手段中，有些方法对一种最高权力形式极为适合，但是对其他形式根本不合适。

为了真正、快速而经济地实现国家目标，需要学会使用这种最高权力体现出的力量和特性，如果我们同时陷入了其他最高权力形式的无知和误解中，我们只能毁灭和破坏自己的最高权力形式。在本书的第二部分我们看到，拜占庭不能抛弃古罗马绝对主义制度经受了多大的争议，绝对主义制度对罗马帝国是合乎情理的存在，但是对拜占庭独裁者并不是最好的传统。有意识地模仿某种权力形式也会造成这样的后果，其他权力形式的做法对本身毫无意义，只能说明自身的孱弱，试图改变民族的统治方式。有意识模仿其他民族做法的国家必将走向衰落，法国在 19 世纪经历了若干次这样的毁灭。查理十世建立无限君主权力和路易·菲利普（Луи Филипп）建立“最好的共和国”的努力都遭遇了失败。

任何最高权力的形式都需要政治的某些特点。因此国家科学中关于政治的学说应当分别关注“纯粹君主制政治”、“贵族政治”以及“民主制政治”。

国家行为的方向是由最高权力决定的。君主制政治就是君主制最高权力达到国家政治的所有目标。齐切林（Чичерин）认为：“任何统治方式都有自己的优点和不足，一部分来自于统治形式，一部分来自于权力使用的方式。”[1]

统治方式越了解最高权力的特点，它就越精确。君主制也是这样。除了某些方面的优势之外，与其他统治形式相比它的劣势也是存在的。尽可能地利用它的长处，降低不良方面的影响，这种双重任务就是政治艺术的基础。

自古以来人们就认识到了统治形式的特点并试图结合不同的权力形式。它构成一种完全错误的学说——“联合最高权力”的基础。在第一部分我曾经提到，联合的最高权力从来没有过也不可能存在。但是权力中不同原则的共存是统治科学领域所常见和必须的。为了利用好这些原则，政治应当了解每一种原则的特点。

这就是君主制政治的任务，由此出现了自觉意识的问题，也就是运作政治权力的必要条件。

（5）权力中不同原则的特性

在比较君主制、贵族政治和民主制度特点的时候，我将引用齐切林在《政治》一书中对各种权力原则特点的分析。应该说这是最为客观的分析，我只是在个别地方做了注释。

齐切林认为君主制的优点在于以下方面。

①君主制是维护权力统一的最好方式，权力统一是君主制的力量来源。权力统一还关系到君主制的稳定性。

②君主制因其独立性与党派力量无关。君主处于个人利益之外，一切阶级、阶层和党派对他来说都是一样的。君主相对于人民来讲不是个人，而是一种思想观念。

[1] 齐切林：《国家科学课程，政治》，第 126—175 页。

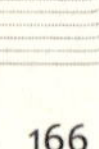

③由上面的结论可以得知君主制最能维护秩序。应该对齐切林的结论加以补充，君主是社会冲突最公平的仲裁法官。

④齐切林说，没有比君主制更合适的统治方式能适应巨大的社会变革。

⑤伟大人物在君主制下最能显示出个人对全体人民的高尚品质。

齐切林认为君主制的弱点在于以下几方面。

①权力的更迭不是取决于能力，而是人物产生的偶然性。人民的命运因此取决于偶然性因素：出生的可能是天才，也可能是能力低下的人。②无限权力对不健全的灵魂产生不良影响。伟大的灵魂懂得克制自己。相反，弱者走向自负或表里不一。齐切林说，抵制诱惑和权力很困难，一旦预言家走向王座，整个社会就会加以效仿。③权力伴随着周围的阿谀奉承。君主是一切福祉之源，人们想尽方法讨好君主以得到好处。阿谀奉承是官僚阶层的主要性格。君主被冠冕堂皇的谎言和真理泡影所包围。④君主制容易走向不受约束的自由。⑤君主制重视外部秩序甚于内部秩序。统治的混乱由此而来："从上面看光辉灿烂，从下面看腐朽不堪。"⑥在专制的情况下权力失去了界限，齐切林认为，除了滥用权力，在维护权力方面君主制无法与其他权力形式相比。⑦在齐切林看来，君主制条件下个人与社会的独立性被削弱了，主动性没有了。君主制度"保护"了所有的人和事物，阻碍了民族的发展。

齐切林描绘的君主制"弱点"非常形象尖锐。需要指出的是，齐切林指出君主制的"不足"很多是由于误解产生的。例如，无限制的"保护"一切是绝对主义制度的特点而非君主专制。

强调外部秩序甚于内部秩序、权力专制化以及由此产生的后果也是对君主制的误解。

齐切林列举的君主制的"弱点"只会导致一种危险：君主制走向绝对主义的危险，即失去了最高权力的精神。这的确是君主制最大的弊端，需要认真加以防备。但这不是君主制真正的本质特点。

至于君主的个人能力和品质，理智地说其实并没有批评者想象的那么重要。齐切林过于强调个人意义的原因——他是我们的同胞——将"无限君主专制制度"理解为"绝对主义"，忽视了专制制度的含义。

君主制即最高权力的优势还应该增加一个最重要的方面：个人权力能够在统治体系中采取联合权力原则的方式。

君主制是道德理想而不是社会环境的表现，首先，它得到了社会力量的支持，因此它能够给予社会力量应有的地位。其次，君主制没有理由恐惧贵族政治和民主制，它是道德理想的真实体现，从这个方面讲贵族政治和民主制都不能取代它。如果说君主制在历史上常常遏制贵族和城邦平民的篡权企图，剥夺贵族政治和民主制度的权力，成为官僚制度的基础，那么这并不是君主制的常态，这是它的弊病和极端情况。

现在我们来看贵族政治和民主制度的特征和属性。齐切林是这样界定它们的。

贵族政治的优势在于：①出身优越家族、受过良好教育的人自幼接触国家事务，培养了管理能力；②阶层中一个成员的能力不足可以由其他成员加以弥补；③贵族政治比其他形式更能保证决策的成熟（一人决策时不会总是这样，更不要说大众）；④贵族政治最能保持坚定永久的意志；⑤贵族政治保持着对传统和历史基础的依恋；⑥贵族政治具有最强大的合法性；⑦贵族政治能够依靠自己的力量实现决策而不必借助其他力量。

对齐切林的总结还应补充一下，正常的，不是衰落状态的贵族成员具备人类的一切优势，个人理想，独立精神，他们是侠义精神和高雅品质的典范，嫉恶如仇。即便贵族没有向人民传播这些精神，他们依然是所有人模仿学习的榜样，存在贵族阶层的地方这些品质会影响每个人。

贵族政治的不足也很明显：①权力分裂和内部纠纷，背叛轻而易举：弱小的党派和低层次领导人不惜蛊惑人心，甚至在异族势力那里寻求支持，独裁现象很容易出现；②小群体意识导致狭隘、停滞和自私；③贵族政治无法完成大规模的改革；④贵族政治中个人利益高于民族和国家利益；⑤为了维护自己的统治地位，贵族竭力阻止人民的教育启蒙事业；⑥为了避免独裁，贵族不鼓励个人能力和水平的进步，贵族政治最害怕个人上升超越他人；⑦贵族政治不仅阻碍人民力量的发展，也害怕人民的富裕，因此他们极力地把持经济势力；⑧贵族政治许可自己的成员滥用权力。贵族很难约束权力的滥用，由此导致傲慢自负情绪。

谈到民主制权力，齐切林认为其最基本的特点是自由公平。但是我们不得不说，民主制下的自由含义是有条件的和狭隘的。民主制度下的个人自由是最少的。它只保护政治平等下的自由，也就是所有人平等参政的权力。民主制度下的每个人都是最高权力极小部分的持有者，从这个意义上与其说是自由，不如说是统治者和君主。在政治上人除了权力不从属于任何人，人本身就是权力的一小部分。因此政治自由确实存在于民主观念之中。

齐切林认为，人的自由随意就是民主制的结果。因此，人的智力和物质生产活动达到了最高水平。

齐切林又认为，人长期参与最高权力实践，或者更加准确地说公民权利的牢固不可动摇体现了人的优越感，社会的道德水平因此得以提高。“人的奴性和懦弱被驱逐至灵魂之外”，齐切林如此评论。事情确实如此。还有更重要的一点，参政提高了人的政治素质，智力水平和独立判断力。所有人都参与到问题的讨论和解决过程中，公共全体利益成为主导性的观点。

齐切林还指出一个有疑问的地方，民主制下政府对人民的依赖使其不得不“取悦人民”，即“努力满足人民的一切需要”。这种观点的依据是很不现实的。取悦人民、满足人民需要，这是两个完全不同的事情，很大程度上是对立的。最终，齐切林认为“民主制成为公民秩序的终结者，而公民秩序是公民社会发展的顶点（？）”。这是一种错误的观点，因为“公民秩序”不是“公民社会发展的顶点”，只是民主原则的必然产物。如果民主制原则成为最高政治原则，那么“公民秩序”将成为最高级的秩序。但是齐切林在描述民主制的缺点时准确地指出，民主制不可能成为最高权力原则。

事实上，为了运用最高权力解决复杂的国家问题，齐切林认为，“需要具备高素质能力。民主公平原则抵消了能力原则。所有的公民都平等地参与最高权力。高层次发展永远是少数人的专利，问题是多数人解决的，最高权力属于社会中能力最低的那部分人”。

这无疑是真实的，由此可以看出齐切林的理论是毫无依据的，似乎在民主制度下政府一方面讨好人民，另一方面“致力于满足人民的需要”。对于国家来说理解并确定“需要”非常复杂，需要“高素质能力”，为了满足“社会中能力最低的那部分人”，与之适应的是最低层次的品质，即君主周围的交际花。因此在任何一个民主国家，政府不会为最重要的需求担心，人民会做出一定牺牲，清除不合适的东西，以保证未来。齐切林指出的雅典民主制似乎是国家的最高典范，其具有完全相反的意义。回忆一下，雅典的民主制只存在了不到200年，如果说民主制的“全盛”时代，还不超过50年！当然，只存在不到100年的国家显然不适合用来比较。

还能有其他的情况吗？齐切林说，“不管我们问过多少蒙昧的人，他们的意见总和中也不会有合适的解决方案”。“通常无知的人们会倾向于选择最不好的意见。总是那些会迁就大众的水平、善于激发大众情绪的人发挥作用。每个人凭着自己的理智表达意见，如果理智的声音不够响亮，不管不理智的声音有多少，理智永远发不出自己的声音。”

民主制本质上的缺点还有党派的无限制主导。党派斗争有自己的好处，但是在斗争中，“一切都是为了战胜对手，为了实现这个目标不惜一切代价。党派目标取代了国家利益。谎言和污蔑是为了从相反方面展示权力给人们。如果公开贿赂被禁止，那么间接贿赂就变得无所顾忌。有一类特殊的政客，他们通过政治宣传手段获得暴利。他们是政治舞台上的推动者和工具。国家成为政客的囊中之物”。

“这种政治组织方式的后果是社会中最优秀的人离开了政治生活。”

可以想象，对于政治理性来说这是多么可怕的损失。

最后，“民主专制是最糟糕的形式。如果不迎合社会潮流，将会付出财产和生命的代价。人们可以做一切事情，但是没有人能控制他们。人们追求一切独立性，而个性消失了”。托克维尔说:“我不知道还有哪个国家比美国的思想独立和真理自由更少。”齐切林说：“多数人不受约束的自由的后果是所有社会关系的不稳定。”在法律和政府中皆是如此。

齐切林得出的结论是：“这样的秩序无论是对国家需要还是对人类的最高目标来说都是根本矛盾的。所以民主制永远不是人类生存的理想形式。”[1]

（6）君主制原则的首要意义，其他权力原则的意义

如前所述，君主制原则并非总是能够处于最高权力。最高权力原则不是从外部强加给人民的，而是从人民中发展而来。Д.Х.先生在《专制主义制度》中精辟地指出，“国家外在制度之间的区别不是与生俱来的优势，而是在于国家制度的内部特征”。因此，在作者看来，“专制制度的主要价值不是其自身的优势，而是它代表了民族的精神层面象征”。由一系列复杂原因造成的民族心理因素决定了在国家中不可能产生除贵族政治和民主制以外其他形式的最高权力。

一旦条件允许从各种原则中选择最适合最高权力的原则时，毫无疑问，君主制是最符合条件的。

从对各种权力原则的特点分析中可以看到，君主制原则最适合最高权力的地位。

贵族政治有着无可比拟的优越性，但仅限于统治领域。它的所有闪光之处——统治阶层意义上的——已经得到了历史的确定。

但是即使贵族政治适合统治者的角色，它也不适合最高权力的地位。它无法保证强势权力，仅此一点就是它最大的缺陷。个人利益凌驾于公共利益之上、过度停滞、

[1] 齐切林：《国家科学课程，政治》，第175—185页。

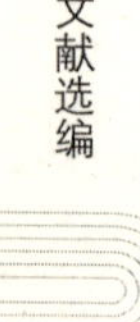

无力进行大规模改革等，这些特点都不适应最高权力的责任。假如贵族政治采用了其他原则登上最高权力的舞台，它的特点决定了它只能适合于行为的统治领域。可以肯定的是，历史上的贵族共和国极少，他们远不能得到其他民族的羡慕（威尼斯、华沙）。

虽然民主制有很多优势，但是对于组织最高权力来讲，民主制原则并不适合。

民主制的优势只能体现在小的共和国里，同时也伴随着其不足。要知道，在多数人掌握权力的情况下，最高权力将不可避免地落入能力最低的那部分人手里。

民主制的不足可以被强大的社会结构所缓和，但只是在民主制能够直接发挥作用的范围里。但是民主行动的直接性取决于民众的聚合程度，只能在小范围或群体内实现，局限在阶级利益范围内，也就是在特殊的阶层里。在更大一些的民族里，直接行动的一切附加条件导致它无法超越本地的集体事务。

因此，民主制的特点决定了它最适合在国家统治的某些领域发挥作用，国家采用这样的民主制原则才可以得到好处。民主制原则的优势还在于控制方面的能力。民主制不善于对措施的好坏后果进行预测。但是对措施结果的感知能力，没有其他制度可以超过民主制，因为所有的民众都是措施的感知者。同样，对官员行为或权力机构的全民监督不仅敏锐而且极为广泛，在民众面前无处遁藏。民间总是流传着很多真假不辨的传说，但是在这些传说中有某些事实的基础。有人经常说“Vox populi – vox stulti”[1],但更有理由说“Vox populi – vox Dei”[2]。按照这种说法,权力可以运用各种方式评价人和机构。如果不听取人民的声音，就不可能有良好的国家管理。

最后，在民主制中，在公民生活中，任何时候永远有对真诚的努力追求。人民心中总是保存着对人类、对真理和对祖国的热爱，在这样的关系中人民对国家事务的影响是有益的，可以净化国家机器的行为。

所以出于很多原因，民主在国家统治领域的作用是很有价值的。但是它一旦成为最高权力的原则，民主制又显得无力维持。

在全国性的事务中，在大国里面，民主制度根本无法采取直接行动，必须求助于“代表”，因此出现了政客，他们集中了在民众、官员和个人专权中一切无耻的品质。民主制度原则与生俱来的优良特征已经完全消失了。

因此，贵族政治和民主制尽管在国家统治方面各有特点，但是在掌握最高权力后就变得非常孱弱。

[1] 人民的呼声是愚蠢的声音，拉丁语。
[2] 人民的呼声是上帝的声音，拉丁语。

相反的是，个人专制的特点最适合国家最高权力的地位。

个人专制也有统治国家方面的优势（统一、活力等），但是这些统治意义上的优势由于对一个人的行动范围限制破坏了。只有在少数个人行为的时候君主制是必要的，因为贵族政治和民主制都可能产生独裁者，而且它们是根据能力来选举人，所以比君主制更具有优势。但是对于最高权力的任务来说，君主制的一切基本特点是最合适的，与贵族政治和民主制相比，它处于无可比拟的优势地位。

最高权力需要的特点与君主制自身的特点完全相符：权力稳定、统一，脱离政党和个人利益，高度的道德负责意识，自信的力量足以应对一切偶然的挑战，能够承担大规模改革等。

还要补充一点，君主制的自身特点决定了它是道德理想的体现，它可以协调一切矛盾，这的确是协调个人利益最高、最有效的原则。

君主制在国家统治方面的不足使它可以吸引一切社会力量参与到国家事务中，即促进了联合权力的产生，这意味着在国家事务中利用一切原则的最好方面，摒弃其不利的方面。

通过权衡我们不难理解，为什么君主制在人类历史上扮演了最为重要的角色，人类在多数情况下选择君主制最高权力作为国家体制。

对君主制在最高权力中优势的认识应该成为君主制政治艺术的基本点，也确实是君主制政治艺术的基本点。为了正确、坚定、可靠的行动——只有这样的行动才能成功——我们要牢记，君主制是最高权力原则中的最高原则。君主制应该维护自己的最高地位，不是为了个人或王朝的利益，而是为了民族的国家体制。一旦民族的道德自觉意识将君主制变为现实中的可能，这一最高原则应该维护自己以维护民族的福祉。

近两个世纪中我们看到，人们维护君主制的自觉意识越来越少。但是人民专制的代表者狂热而盲目地宣扬共和制原则，认为共和制是最高级的形式，振振有词地大肆鼓动，例如我们知道亚历山大一世称自己为“共和主义者”……我们在理解各种权力原则的优势的时候出现了绝对主义精神，而建立国家完全不是按照君主制原则，这样是否明智？

最近在欧洲各国的君主中时常可以听到：“为什么我有无限制的权力？”这已经显示了君主制意识的彻底衰落。很明显，掌握最高权力的君主已经产生了对其他最高权力原则的优势的虚伪信心，统治形式只是为了个人的利益……当然没有君主如此理解自己的意义。

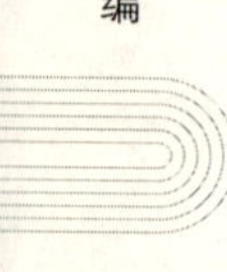

如果没有君主，就没有君主制……

如前所述，君主制思想的根本点应该是准确理解君主制对于国家最高权力的一切原则的优势。恰恰相反，我们应当意识到，君主制在统治领域是各种权力原则的广泛结合，把君主置于最高统治权力之首，而没有陷入错误的绝对主义。

我们已经知道君主制注定要走向最高权力，那么君主制政治应该关注最高权力代表人的产生，君主与道德原则的关系，君主与社会力量的关系，君主与社会政治生活中的其他原则的关系。我们将在下文关注这些问题。

2. 最高掌权者的产生

（1）概论

国家政治关注的首要问题自然是保证最高权力的至高权威性，而最高权力是国家和政府的推动力量。在君主制中，要实现这样的目标就要推选君主并保证最高权力掌握者的连续性。

这样的任务无论是在贵族政治还是民主制中都不如在君主制中那样迫切。最高权力掌握者的连续性在任何群体中都是由自身保障的。高级类型的贵族阶层或人民群体的选拔虽然同样必不可少，但是只要保证了贵族政治或民主制生存和活动必需的条件，这样的任务就能完成。在君主制中则恰恰相反，完成这两种任务需要专门的努力和条件，必须未雨绸缪。

这些条件包括：培养未来的最高权力掌握者；教育君主本人掌握沙皇的行为原则，这些原则是作为沙皇的君主而不是普通人应该具备的；最后是保证国家权力的不间断继承性。最后一项任务的意义几乎是最为重要的，因为它的实现不仅关系到前两项任务的完成，还关系到君主制主要优势之一——权力稳定性的实现，这是通过彻底杜绝权力斗争实现的。

因此君主制政治的首要问题是建立王朝并确立合理的继承制。

（2）王朝与继承制

此前我们详细地描述了存在于君主和人民之间必然的道德统一体。它是个人权力上升为最高权力并产生君主制的首要条件。

但是这一统一体只能通过王朝加以彻底巩固。

通常来说，只有有天赋的个体才能自己深刻地表达民族精神，这正是君主制权力所需要的。但是统治形式不能寄托于统治者天赋这种偶然性的因素。因此在人民理想推动君主制产生的地方，那里自然会出现王朝的观念。

这是对君主制的必要补充。

在与此对应的世界观中，人民向往君主制，它是真理最高权力的专制表达形式。但是为了达到这一目标，必须有人为了权力而生存，他不会引起任何争议和疑问，与民族为同一个使命而奋斗。对个体来说不需要特别的天赋，需要的是全身心完成使命的奉献精神。王朝中孕育了这样的人物。

通过王朝，最高真理的掌握个体似乎成为永恒不灭与民族共存的人。因而君主制民族永远为了孕育王朝而努力，希望出现一个统治家族，家族把实现民族理想的使命通过自己的成员代代相传，就像在自己民族中父辈传递到子辈那样。王朝的使命一旦得以稳固确立，所有的人显然都知道，它就会毫不费力地贯彻下去，即使王朝被颠覆，它也会通过其他的王朝家族传承下去，而物质上的传承本身不是最重要的，它只是精神传承的外在表现和保证。

王朝最能保证权力永恒坚固，它的任务是表现民族的历史精神而不只是君主的个人特点。在君主制的民众眼中，君主是王朝的继承者，而王朝与民族共存。即使在形式上的传承发生断裂，人们的观念上并不会承认这种断裂。不管什么时候，王朝永远是统一的。

从这层含义上说俄罗斯君主制是建立王朝的杰出典型。我们知道，在家族基础的统治下，在国家体制产生以后，从事国家事务管理的是一个家族，一个王朝，不只是留里克，而是他和他的兄弟。俄罗斯民族和统治家族共生共荣，产生了民族的所有基础，它们一同经历了衰落和复兴，最终二者彼此渗透，没有永恒的王朝就不会有君主制。

但事实上的王朝已经中止了。那又怎样？人民不承认这一事实。在这个问题上，米哈伊尔・费多罗维奇・罗曼诺夫（Михаил Феодорович Романов）的选举文献是一份很有内涵意义的有价值材料。

外在历史事实向缙绅会议的所有成员、与缙绅会议成员有联系的地方大会以及所有参与这些大会的俄罗斯人民毫无疑问地证明了米哈伊尔・费多罗维奇是被选举为沙皇的。同时还有其他的人选，他们也可能当选。但是米哈伊尔・费多罗维奇的选举文献是由人民代表完成的，目的是尽可能少地考虑取决于人民意志的选举因素，他们考虑的是尽可能多地继承沙皇与人民、与全部历史的联系。文献中只是顺便提及了米哈伊尔・费多罗维奇与留里克的亲缘关系，但是详细列举了俄罗斯的大公和沙皇，甚至包括了弗拉吉米尔大公之前的人物。

我们要从历史的角度提出一些批评。文件中甚至提到了“奥古斯特·凯撒（Август Кесар）的伟大而高尚的血统”，传说留里克就从以前的沙皇中继承了这种血统。最后提到费多尔·约安诺维奇的时候，文件并没有隐瞒米哈伊尔·费多罗维奇只是他的“近亲”，但又让人们产生了他们是直接继承关系的印象。

“莫斯科公国的所有东正教基督徒，无论尊卑长幼，声势高低：弗拉吉米尔、莫斯科、诺夫戈罗德等公国和王国中的沙皇和大公……全罗斯的历代沙皇和大公。从伟大的沙皇和费多尔·伊万诺维奇（Феодор Иоаннович）大公开始，他们的神圣血统来自于虔诚的米哈伊尔·费多罗维奇·罗曼诺夫·尤里耶夫（Михаил Феодорович Романов Юрьев）。”

米哈伊尔·费多罗维奇似乎成为了前代王朝的一员。这里蕴藏着深刻的思想和伟大的力量。这是整个民族的决定，包括“婴儿”在内（显然不可能是对所有的人），这个强硬的决定是一个心理上的事实，它的真实性不亚于家谱上的记载，正是由于这一事实，继承性实际上获得了精神上的延续性。

君主是所有前辈的继承者，他是最高权力的全部灵魂，而最高权力在几千年里统治着民族，臣民表达的不是当代人的意志，而是为沙皇效力的祖辈人的精神。权力和人民的精神统一体得到了最大程度的巩固。朝代观念清除了人民和君主“选举”、“意志”的一切可能性，它将沙皇个人塑造成为理想的鲜活体现，这种理想在民族中占有最高地位。国王一方面具有理想的所有权力，同时也完全归属于这一理想。

王朝传统一旦产生，那么传承观念的精神力量会把权力继承问题置于家族的任何偶然损失问题之上。但是王朝的产生是一个艰难的历史任务，需要很多时间以及人民和统治家族的长期共同生活。即使对于支持君主制的民族来说，形成君主制基础最为困难的条件之一是认识到王朝对君主制观念充分发展的必要性。

在拜占庭的历史上我们发现，对王朝原则首要意义的不理解是危害君主制的根源。当个人能力原则无论由于何种原因居于不可动摇的王朝权利之上时，当民族的正统性原则破裂，君主制实际上已经不再可能，必然失去了发展最佳力量和方面的时机。

如果正统性与王朝发生断裂，那么国家中任何一个有治国才能的人甚至普通人都会想登上王位，因为皇帝的才能不及自己。阴谋不可避免地出现了，人们试图变革并付诸实施。皇帝没有了安全感，失去了对权力稳固的信心。一旦这种罪恶产生，威胁到王位，最高权力关注的与其说是臣民的福祉，不如说是自己的安危。

在这种情况下，年幼的王位继承者会造成极为恶劣的后果，拜占庭就体现了这一点。年幼统治者力量虚弱无法掌握权力，因为贪图功名的阴谋者总是希望利用时机把权力从皇帝转移到自己的后代手里。而皇帝预见到了这种现象，甚至根据自己的篡权经验发现了这一点。因此皇帝试图事先废除或削弱可能与王位继承者形成竞争的人的实力。而这些竞争者正好是最有天赋的人。在有理有据的怀疑态度影响下，出现了很多不公正和残酷的现象，降低了整个最高统治阶层的道德水准。

但最主要的是继承制的不足之处造成了君主和人民关系的心理基础被扭曲。任何权力都是依靠心理基础来维持的。当基础被破坏，人民和君主即使理智上不能理解，但他们也能感觉出来。

这是因为君主在观念上是最高意志的当选者，最高意志高于君主和民族，君主应该避免对权力的一切想法，同样也不应该服从任何人的意志。当然还有一些特殊的情况，选举、占卜甚至掠夺在国民意识中只不过是最高意志的表现。但通常来说即使处于最纯粹意图的夺权和人民选举也不能避免个人动机的影响。

相反的是，王朝消灭了对权力的一切觊觎、渴望甚至附和。它在一百年甚至一千年前就为尚未出生的个人提前规定了权力和与之适应的权利。这种“正统性”，王朝精神在最高层面表达了对理想的力量和现实性的信仰，民族的生活服从于这一理想。这种信仰并不在于个人的能力（像独裁专制一样），而是在于理想自身的力量。

如果民族没有这样的信仰，那么君主制的存在就非常困难，它将会经过独裁和专制来到更容易被非教徒所接受的民主制。当理想的积累、信仰的能量达到了足够的程度，王朝观念将必然出现，如同君主制那样。

王朝还是在君主制中保持君主观念的最好方式。它能在最大限度上防止君主为所欲为，而是遵照理想的需要，理想将君主和前辈人的事业结合在一起。

布隆奇利[1]用了很大的篇幅描述职务也有自己鲜活的精神，被人接受。他说，当人进入了社会职务，就不再是单纯的自己，而是成为职务理想需要的东西。职务不只是一种机械性的东西。它的职能具有精神特征。当一种职务的生命力枯竭，被机械性取代，这种职务将灭亡，国家走向衰落。每种职务都有自己的特性和精神，对被赋予职务的人发挥影响。担任职务的人能够感觉到心理上的作用。因此，天生意志薄弱的人成为审判官、长官和省长后就会不自觉地超越自己，集中自己精神上的力量，达到职务需要的高度。

在君主制中，“职务”的影响通过王朝的方式得到最大限度的实现。我国历史上

[1] 译者注：布隆奇利（Johann Kaspar Bluntschli, 1808—1881年），瑞士法学家。

有很多这样的例子，阿克萨科夫提出了“沙皇与人民的秘密联系”，即使在条件不允许的情况下秘密联系也存在。这种联系就是王朝道德力量的影响，前人的精神、历史的精神、整个民族的精神使君主的个人意志服从于自身。

与完全成熟的王朝相适应的应当是合理的继承制，继承制应当保持清晰、明了和简洁。如果没有继承制，王朝就失去了相当可观的有益方面结果，但只是有所减少，不会破坏对权力的追寻和斗争。

在拜占庭，王朝观念的发展过程被很多条件中断了，这些条件破坏了继承制的正常形成过程。在俄罗斯，我们发现君主制观念是在皇室家族内部的自上而下王位继承制确立之后才成熟的。俄罗斯以立法形式确立继承制的时间相当晚（1797 年），但是在民族的意识中，继承制的秩序（与普通的家族法律类似）早在莫斯科丹尼洛维奇时期就已经确立了，虽然还并不十分准确。这一秩序只能在家族意识允许的有限范围内变动，彼得一世的思想是一个例外，但是他没能战胜现实。彼得一世去世后他的妻子成为女皇，完全根据家庭中的惯例，通常妻子在家庭主人死后可以成为主人。

然而允许继承制在家庭法律意识允许的一定范围内的变动带来了很多祸患，以至于在 1797 年巴维尔沙皇建立了合法的继承秩序，不允许任何变动，没有为在皇室成员中进行选择留下空间。[1]

（3）王朝政治

王朝的重要意义使得建立有意识的政治非常必要，它能创造和维护王朝。政治无疑应该起源于这样的意识，即对于君主制来说，没有比破坏正统性更糟糕的事情了。

毫无疑问，在很多时候，保持正统性的代价是沉重艰难的。因为首先君主的能力是偶然性的事情。合法的王位继承人可能能力中等甚至低于中等水平，而他的某一个远房亲属智慧过人。最终可以想象，这甚至是整个王朝的退化。

甚至有人认为，每个王朝都将在某个不确定的历史阶段里发生不可避免的退化。

无论如何，合法掌权者的恶劣品质容易导致对正统性的破坏。但还有一条原则，在任何时候和任何情况下，以破坏正统性的方式拯救君主制，如同于割掉头颅治疗头痛一样。

理性的王朝政治应当预见邪恶和危险的情况，以合理的方式给予预防和修补。

首先，为了达到这个目标，统治体系的整体架构应该保证国家的命运不会取决于

[1]《基本法律》第 5—17 款。我们知道，巴维尔沙皇确定了自上而下的继承顺序，先是长子，如果没有长子则是女性替代者。但是从纯粹文字的角度来说，我国法律的表述不能说是足够简单明了。

最高权力者的个人才能。国家中总是能够找到有才能的人，总是有人甚至比君主的才华更为出众。统治机构思想的实现应该保证给有才能的人以出路，不会让他们在默默无闻和一事无成中被埋没。要达到这个目标，需要在最高权力和民族力量之间保持密切的联系，还要建立统治权力的联合体系。这是真正的政治之路，只有这样国家才会有智慧的政府。

君主的个人才能不应该具有决定性的意义。当然，在不好的统治体系中，即官僚制度下，能够挽救国家的只有君主的个人才能。但是，首先，在不好的统治体系中，即使君主的才能拯救了国家，它也是不够的。例如，亚历山大三世具有非同寻常的统治才能，但是1861年后俄罗斯的官僚制度在很多时候破坏了君主的才能发挥，亚历山大三世去世后国家立即陷入了危机。他在世的时候官僚制度造成了教会的严重衰落，歪曲了地方自治精神，甚至降低了军队的战斗力。官僚机构的执政水平也有所下降，政府中已经找不到有才能、务实的人了。

总之，在不好的统治体系中，君主的个人才能得不到发挥，这种情况下君主的任务与其说是运用自己的力量维持统治，不如说是彻底摧毁罪恶的根源。

在良好的统治体系中，即使君主的个人能力不足，也能很容易地被下属的能力弥补。

总之，在合理的王朝政治中应当建立这样的统治体系，其中君主的个人才能不会成为威胁到君主制“存在与否”的问题。

在发生疾病的特殊情况下，像普通家庭一样，最高家庭也可能遇到这个问题，根据人的能力的普遍规律解决这个问题不会对正统性有任何损害。在我们的基本法律中预见到了“无执政能力”的情况。[1]

需要加以补充的是，立法机构对此应当认真、明确地界定条件和形式，以便于及时地阐释“无执政能力”现象，不会引起人民的怀疑。

但是这种情况在历史上极为少见，以此为依据评价统治形式是根本不可能的。在民主制中，最高权力的“暂时错乱”现象更为常见，没有任何可能纠正错误，它将宣布民主制最高权力进入“无执政能力”状态。

更为可怕的是王朝的退化，因此应该在王朝政治中考虑到预防类似不幸事件的发生。

[1]《基本法律》，第1章，第24款，“无执政和监护能力的合法原因有：①错乱，即使是暂时情况；②在执政监管期间的第二次婚姻中成为寡妇”。

还应指出的是，从科学意义上讲，世系的退化是一种假想。当然，经常有退化的家族。但这不是人类的规律，而是例外，退化现象总是有原因的，原因可以早就被排除。根据医生的观察，家族的退化是因为前代人不正常的生活，耽于享乐，不良的体力和智力教育以及近亲圈子里的婚姻等。但是在事先构思的体系中预知这些灾难是完全可能的。

解决一切问题的根源在于在王朝家庭中建立良好的教育、正确的生活方式和解决婚姻问题。在王朝的历史上，出现过很多这些问题方面的过失。王朝政治应该以严肃坚定的方式与之斗争。我们无须在这些问题的细节上做过多的解释，总之需要合理的教育和生活规律，对所有的人都是这样。至于婚姻问题，也需要加以认真的审视。

这是因为在王朝的婚姻问题上有两种对立的观点。如果皇室家族被臣民视为至高无上的地位，那么结果是只有皇室家族内部成员之间的婚姻才是合法的。这种限制保持了皇室大家庭的至高无上，在我国的历史中曾经看到，留里克家族地位的上升离不开他对莫诺马赫“神圣血统”的崇拜，而“神圣血统”来自于莫诺马赫与希腊公主的婚姻。我国的基本法律中（第 14 条）严格禁止皇室家族成员与“没有相应至尊地位”的人结合的后代登基。

尽管这种观点在政治上很重要，但不得不说的是，从生理学角度来讲，人们对这一禁令的实际可行性产生了很多疑问。从政治的角度不能不说的是，在完全遵守俄罗斯君主观念、对沙皇个人保持最崇敬的态度的时代，沙皇的配偶也是来自于臣民。古代的法律观念“奴隶就是奴隶”并不被民族所认可，俄罗斯历史上最受尊敬的皇后不是“公爵的女儿”，而是“贵族小姐”安娜斯塔西娅·罗曼诺娃，她与伊凡四世的婚姻不仅没有引起民间对皇室后代合法性的异议，相反，她以“亲缘”的方式使自己的贵族家族登上了皇位。

在与臣民的女儿通婚问题上有很多并不重要的政治非议，如来自皇后亲属的影响等。但是这种非议可能在任何条件下都会出现，谁也不能说，从外国公主的亲属方面不会产生更糟糕的后果。

无论如何婚姻问题在某种程度上都是王朝政治中很重要的一个部分，王朝政治的复杂任务是维护王朝的权威性和执政能力，使其内部纪律分明，保持一致的亲缘关系，它应该储备和培养最高权力掌握者。

（4）教育

建立周全的最高权力掌握者的培养体系应该是王朝最重要的使命，更何况在未来万人之上的君主周围不可避免地隐藏着许多危险，对君主的发展构成了威胁。

以阿谀奉承、讨好、纵容缺点的方式争取利益的谄媚现象，可能自君主幼年时代就在他的身边存在了。另外，也有相反的例子，以粗暴无情的态度对待皇室子弟，甚至是为了在父母面前展示自己与谄媚的行为无关。M. 科尔夫（M. Корф）男爵描写过对尼古拉·巴甫洛维奇（Николай Павлович）的教育，巴威尔沙皇将他托付给拉姆斯多夫将军照管。

M. 科尔夫男爵写道："不知道为什么拉姆斯多夫将军的教育才能受到如此重视，巴威尔沙皇选择了他……拉姆斯多夫不仅不具备任何教育皇室子弟必要的能力，也不懂得怎样教育普通人。他只是尽量用自己的方式改变他（学生）。大公们总是像被禁锢了一样。他们不能自由地起床、坐下、行走、讲话，不能像普通儿童那样喧闹嬉戏；他们的一举一动被别人打断、纠正和评价，恩威并施……尼古拉·巴甫洛维奇并未得到老师的青睐。其实他是一个性格执拗、暴躁的人，拉姆斯多夫没有用温和的方式改变他的性格，而是以严厉到不讲人性的态度对待他，用尺子、手杖等东西打这位大公。他不止一次地在盛怒之下抓住孩子的领子和胸膛猛打，将孩子扔到墙上，孩子几乎失去了知觉。"这位老师还用树条惩罚过学生。

M. 科尔夫男爵总结说："总之，尽管在他的独立和个性发展道路上出现了很多障碍，为克服本性中的特殊性、回归正常水平付出了很多努力，但通过艰苦的考验，还是锻炼出一位强壮、独特、有天赋的人物，当然，成功应完全归结于尼古拉自身的力量。"[1]

从另一方面来说，不管科尔夫男爵对这种教育体系的指责正确与否，不能不提到的是我们有很多杰出的君主儿童时代经历过无数伤痛和侮辱：如伊凡雷帝、彼得一世。相反的情况是，儿童时代被悉心照料的人成为君主后有的丧失了意志，例如亚历山大一世，他是祖母的宠儿。

总之，如果说教育及其对儿童主观性的适应在任何家庭都面临很多困难，那么在沙皇的家庭里这个问题要困难得多。在这里不可能有任何统一制定的规则。我们只能说，王位继承者的教育事业非常重要，他们至高无上的父母应当对这件事给予最充分的关注，不可吝惜教育花费的时间。

相反的例子在科尔夫男爵的材料中也能找到。巴威尔皇帝喜欢和孩子们在一起。

---

[1]《尼古拉一世皇帝的生平材料和图表》，御前大臣 M. 科尔夫男爵，《俄罗斯皇家历史社会选集》，第 98 卷。

但是皇后不是这样。幼童时代的尼古拉·巴甫洛维奇大公只有一两天是和母亲在一起的。见面的时间只有一两个小时。1789年5月5日到6月1日，尼古拉·巴甫洛维奇与母亲共度的时间不超过六七个小时。11月他见了母亲15次。

科尔夫男爵说："总之，根据现存的各种传说，玛丽亚·费奥多罗夫娜（Мария Феодоровна）（巴威尔皇帝的配偶）皇后，这位善良与仁慈的天使化身在自己孩子的婴儿时期对他们非常冷漠无情，在她年轻的时候，出于喜好和职务的责任要求，她完全沉湎于各种娱乐活动和宫廷中的奢华享受，很少有闲暇尽母亲的义务。"直到成为寡妇以后，她才开始全身心地抚养两个幼子。

但是如果说适应儿童的个性是教育者的责任，那么还有一些针对所有主体的普遍条件。

第一个必要条件是严格的宗教教育。没有任何东西能够为未来君主的素质发展奠定这样的基础。君主应该知道，如果人民没有宗教感，就不会有君主制。如果他个人无法具备这种素质，他不会成为一个好的君主。在君主和人民之间总是隔着一道互不信任的屏障。

对于君主来说只有宗教感还是不够的：还需要信仰本身，它激励着人民，还要有对宗教的理解和感悟。只有君主与人民站在同一基础上，君主才能够在宗教觉悟上高于人民，这是极为有益的。在我们俄罗斯，时常缺乏这种条件。我们的政府对教会持有破坏的态度，这是对人民心理基础的破坏态度，也是对专制权力基础的破坏态度，这很大程度上是因为当政人物的宗教性并不是东正教教会性质的，而是主观的（新教的）性质。人民当然不会直接感觉到这一点，他们看到虔诚的沙皇，就认为自己完全靠近了沙皇。但是在教会政治中，宗教主观主义影响很大，正是主观主义推动了我们的宗教观点在200年间沿着彼得大帝制定的道路向前发展。

集体宗教性（即东正教）的感觉和观念从未预料到彼得一世的改革会持续这么久，导致了教会对人民精神影响的断裂。

这种东正教的、教会的、集体的宗教感不是来自于上帝法典的宣讲，而是来自于人们参与的教会生活。

这种因素的教育必须进入皇家子弟的教育中。他们的宗教教育应该深入教区而不是宫廷教会。宫廷教会更适合成年人，对于儿童来说，他们需要听到各种教民的祷告作用于他们的心灵，包括富人和穷人的祷告，他们的交际能力和平等意识要在沙皇陛下面前走向成熟。不管我们的教区怎样破落，集体宗教生活还是有的，而法律的压迫是成年人感受到的，儿童们还无法察觉到这一点。

我们在这里只谈了教育的一个方面，教育并不是根据每个儿童的个性而不同，它有普遍的意义。所有的儿童都需要良好的环境影响，纯洁的道德环境是培养未来君主的心灵所必要的东西。

无疑，在宫廷中很难做到这一点。这里的最高意志很容易导致假仁假义和伪善而不是真正的纯洁。但是君主为了自己的孩子做到这些并不难：偶尔造访一些安静的地方，到大自然中，接触到纯洁的劳动者的环境，它能给未来要保护这些劳动者的人的心灵留下良好的印象。

这些教育条件通常能够做到，但是做的未必足够，尤其是它们很难持续下去。

总的来说，在皇室的教育过程中，一切与臣民保持交往或建立联系的有关方面都具有重要的意义。与各类臣民保持直接联系对于掌握最高权力的君主来说非常重要，在培养君主的过程中不应放弃任何发展这种能力的机会。不了解臣民、贵族化倾向、身处于"花花公子"云集的环境几乎是皇室教育中最常见的缺陷。而我国最优秀的君主多数是那些没有被指定成为继承者或事先遭到排挤的人（例如彼得一世被索菲亚排挤），正因如此，他们才有机会比在宫廷中的人更了解民间的情况。这样的人还有尼古拉一世，亚历山大三世。

最后我们还要指出，在多数皇室家庭中非常重视培养继承者的体质和英勇的战斗特征：这是完全正确的、从经验中得来的教育要求。历史上，没有任何一个为民造福的君主不具有一定的英勇魄力。君主需要魄力并不只是因为他是军队的统治者，所以应该得到尊敬。这种情况同样很重要。最后的波旁人由于战斗力和战斗知识的完全丧失遭受了很多痛苦。但是在非军事的方面君主更需要魄力和自制力，而培养这两种品质需要良好的体质教育。

在年轻的时候，体质教育是和军容训练结合起来的，这对于培养自制力、永远克制自己的冲动很有好处：这种品质是最为必要的。当我们思考未来君主的每句话、每个行为会造成怎样的后果时，当他因为欠缺考虑、行为鲁莽造成很多错误时，我们就会理解，从小培养君主的控制力、保持克制和抑制反射作用是多么重要。

（5）沙皇的原则

君主权力最重要的自身责任之一就是谨记沙皇的行为举止原则。

当然，被称为"沙皇的原则"的规则对任何人都有意义，但是全部规则对于最高权力掌握者极为必要。

在这方面，人们记述了相当多细微的行为规则，我们可以对孟德斯鸠（Монтескье）和齐切林在这个问题上提出批判。当然，对普通人来说也有最实用的规则。保持言谈谨慎、从容不迫等品行是很有益的。普希金笔下的鲍里斯：戈都诺夫（Борис Годунов）训导儿子：

你要沉默；不应该使皇帝的声音

在空中白白地消失；

正像神圣的钟声，它只应该

报告重大的哀伤，或是重大的吉庆。[1]

人们常说在谈吐中要和蔼亲切、慷慨大方等。这些规则在细节上可能是正确的，但是总体上说没有普遍的意义，有时是对作为统治者的君主有益，而不是对最高权力有益。最后这一点所有支持权力至高无上的人都应遵照，它被保存得越好，行为就越检点。没说过的话不会使人出丑。说过的不恰当的话很容易破坏权威。行为举止也是这样。奢华的仪式和礼节建立在这样的目标之上，更好地维护权力的至高无上、伟大和无所不在，掩盖偶尔出现的意外情况，这些都需要在实践中培养。

但是这些都是接受的教育，它们并不构成原则。

很多君主故意抛弃了礼节，有些君主很计较，在民众面前不愿放弃任何重要的仪式。很多君主的制胜之处是没有保持沉默。例如，拿破仑一世的声望很大程度上来自于他具有简洁明确地表述思想的罕见才能，这决定了形势或冲突的产生。他很善于利用这种才能提高自己的威望，而威廉·奥兰治或亚历山大三世善于利用沉默。总之这些细微的规则是机智的表现，它要求每个人首先要根据自己的能力，发挥自己的优势，掩盖不足的方面。

但是还有一些规则，它们构成了君主制权力的原则，因为它们已经不适用于主体能力的运用，而是所有沙皇对最高权力的掌握。

教育沙皇的主要目标之一是培养自制力，它之所以重要，是因为自制力是最高权力掌握者的必要原则。没有自制力就无法称职于最高权力，因为最高权力的主要任务是掌握控制所有的统治力量。不会管理自己就无法统治别人。因此民主制本质上不适应于最高权力，因为它几乎无法培养自制力。

因此，自制力应该成为必要的统治原则。

齐切林将他称为适中有度的品质引入原则中，这并不是没有根据的。

[1] 取自《鲍里斯·戈都诺夫》，（莫斯科 皇宫）。

他说，“权力的力量主要取决于国王个人的特点。相反，适中有度总是可以成为政治的法则。不好的君主没有自制力。高效率的权力能自我约束：这是它的道德优点。以臣民幸福为目标的政治不是夸大自己的基础，而是设法弥补自己的不足”。这在某种程度上是正确的。

但是主要的沙皇原则无疑是严格履行责任。最大的丑恶现象来自于不受限制的权力，这是向独裁的过渡。在这种情况下，独裁的方向并没有很大的意义：不管是出于真诚的善意还是残酷，独裁都是对沙皇有害的。这是因为沙皇在统治过程中不应有个人的动机。他是最高意志的执行者。在最高意志需要进行惩罚和保持严厉的地方，沙皇应该保持严格并施加惩罚。他只不过是维持公正的手段。对于臣民来说，他给他们制定行为的法律和规定，作为最高权力的沙皇应该监督他们，使法律规定不会变成一纸空文，而是成为现实的东西。沙皇存在的目的不是为所欲为，不是成为暴君或纵容放荡，而是为了让所有的人履行责任。因此他自己也承担着责任。这是最重要的沙皇原则，它要求君主在道德基础上成为真正的最高权力。

因此所有杰出的沙皇都高度重视自己的责任。尼古拉·巴甫洛维奇沙皇为了震慑推翻合法秩序的思想，对被流放的十二月党人不给予任何宽恕。而他自己出于人道精神对他们非常怜悯。因此他把茹科夫斯基派往西伯利亚，下令减轻被流放者的一切负担，但沙皇是以茹科夫斯基的名义这样做的。国王严格命令，不准任何人知道这些优待条件是他亲自所为。

这是真正的责任意识。沙皇是善良的，他表现得严厉而毫不妥协，因为这是必要的，罪犯不应享受到仁慈。要让他们惧怕沙皇，沙皇甘愿接受严酷的指责，把善良的荣誉送给了茹科夫斯基，他只是为了保持在当时权力必要的崇高威望。

毫无疑问，人们乐于保持善良，对周围的人充满仁爱之心。但是对于君主来说，这意味着另一种善良。创造了世界的人，可以做任何想做的事，因为一切存在的东西都是他个人所有。世俗沙皇的权力来自于上帝的指派。他体现的不是自己的意志，而是使他走上王位的上帝。

沙皇必须具备的另一个原则是公平。他不能出于个人不满或仁慈之心去牺牲公平。伊凡雷帝，杰出的专制制度理论家，为君主立下了规定，几乎成为悬挂在君主办公室里的“镜子”。

“沙皇应当永远保持目光敏锐：时而温和，时而狂暴；对善良的人温和仁爱，对恶毒的人狂暴残酷。如果他不能做到，那就不是沙皇……”

与责任的原则紧密联系的还有合法性的原则。前不久П. Н. 谢苗诺夫（П. Н. Семенов）说，“专制权力是法律的唯一来源，在法律颁布以后，它应当第一个遵守并捍卫法律，直到取消或通过正规程序修改法律”。它（权力）“自己的范围是有限的”。“法律是最高权力意志的体现，也是它的良知。就像如果一个人相信自由可以离开良知，在行为中背离良心，那么他将走向衰落和灭亡，专制权力也是这样，如果它第一个践踏了法律，整个国家有机体将被破坏并最终走向死亡。”

仁慈是最高权力的好事。最高权力的职能和义务是履行责任，维护公平和法律。只有在法律公平脱离了神的公平时，才会出现法律的空白。只有在公平不受到损害的时候，才会有仁慈。

责任是沙皇的指导准则。沙皇是民族理想的代表。沙皇并不是上帝的抽象体现，而是体现在民族的具体事务中，因此沙皇是为了完成民族的历史任务，满足民族的需要以及履行历史活动。如果君主不履行自己的责任、统帅民族理想的精神和方向，而是按照自己的意志行事，破坏了履行权力所必要的民族基础，那么他在道德上就失去了统治的权力。

破坏责任的行为动机完全没有区别。也许，君主是出于善意，但是他得到了不属于自己的东西，做了民族理想中没有的事情，为了实现理想得到了权力。他做了无权做的事，没有履行自己的责任，他自己架空了权力存在的基础。沙皇受到理想内容的限制，实现理想是他的责任。破坏了责任就是破坏了与之联系的权力。

出于这些内在原因，谨记并遵守责任、杜绝独断专制构成了首要的沙皇原则，因为放弃了这些原则就动摇了君主制权力的基础。

由于不能很好地遵循这些原则，国家陷入了巨大的灾难，因为国家只能依靠生命机能的合理进化，而管理生命机能是沙皇的责任。沙皇彷佛是操纵者，监视着这台精神机器的运转，但是他不能随心所欲地对待它，因为这会打乱机器的部件顺序，导致整台机器爆炸。

君主作为最高权力责任的执行者，他是民族精神的表达者。由此衍生出一条重要的沙皇原则：意识到自己对民族的绝对必要性。没有这种意识就不能成为君主。

在君主制成为可能，即民族把道德原则视为高于一切的条件下，君主对民族的必要性构成了一个伟大的真理。在这种情况下民族不能离开沙皇。这就是事实，沙皇应当相信它。

当然，只有当沙皇履行自己的义务而不是独裁专制的时候，沙皇才是必要的。但是在遵循这条规则的时候，沙皇也是绝对有必要的，因此无论在任何情况、任何危险、任何诱惑下，沙皇都不能放弃自己的最高权力。

在俄罗斯，优秀的政治思想家曾经多次表述过这一观点。卡拉姆津（Карамзин）致函亚历山大一世："俄罗斯在圣堂上将专制制度授予你的前辈，务必使国家保持至高无上、不可分割。这份遗嘱是你的权力根据：你没有另外的选择。你可以做一切事情，但是不能用法律对权力加以限制"。

M. H. 卡特科夫写道："君主本人不能贬低自己的完整权力。他可以在自己和国家陷入危险的时候不使用权力，但是他不能取消权力，即使他想这样做也不可以。"

然而事情完全不取决于人民的意志。从君主的角度来说，即使人民要求君主限制权力，他也不能这样做，同时不能与人民一起进行非法的（从君主制的角度来看）coup d'Etat[1]。限制君主专制制度意味着废除宗教理想的最高权力，或者用宗教的语言表达，就是在社会结构中废除上帝的最高权力。无论是君主还是人民想这样做，这样做的后果都不会改变。进行国家变革就是这样。即使人民失去了对上帝的信仰，走上了反对上帝的道路，君主在任何情况下也没有权力这样做，因为他只是理想的捍卫者，权力的保管人，是得到信任的人。

对于理想，君主拥有的不是权利，而是责任。如果他出于某种原因不愿意继续履行自己的责任，那么根据原则的含义一切应该做的就是退位。只有当沙皇成为普通公民后才能与其他人实现平等，参加反对君主制的国家变革。但取消了个人责任的同时保留了被赋予的履行责任的手段，这种行为显然极大超越了世俗权力的范围。

在法国君主制的历史上，最后的波旁王朝继承人尚博尔（Шамбор）伯爵以白旗为理由拒绝接受法国王位，书写了令人瞩目的一页。旗帜是一种象征。三色旗体现了人民的权力思想。白色线条——王权。公爵说，他非常相信国会的必要性；他要保持一切自由的制度，他相信它们是有益的，但是不同意赋予其宪法特征的责任。麦克马洪（Мак Могон）时期的法国已经准备接受他的条件，准备和他会面，但是不同意接受白色的旗帜，尚博尔伯爵决定继续保持侨民身份。很难说为什么法国保持了强大的君主制观念，最后的波旁王朝继承者放弃的东西不属于他，而是君主制最高权力。

君主对于民族的必要性这一事实决定了一系列的基本行为准则。

君主对于民族的必要性建立在民族对精神的忠诚上，这种精神将道德理想作为最高原则。如果民族没有这种精神，君主就是多余的、不可能存在的，他只能离开王位，

[1] 国家变革，法语。

也就是道德上被冷落的地方。这样的地方低于沙皇，与沙皇不相配。只要民族保持着道德精神，君主还要面对两种行为原则。

首先，君主要保持和民族最密切和直接的联系，如果做不到这一点，他绝对不能成为民族精神的表达者。

这种联系对于实现统治目标也是非常重要的。齐切林引用了叶卡特琳娜二世（Екатерина Ⅱ）给御前大臣波波夫（Попов）的指示。

有一天，波波夫在例行发言之前向女皇表达了自己的惊讶，她将波波夫的惊讶归罪于周围的人……

女皇回答说：“这不像你想的那么简单。首先，如果没有方便的条件，我的命令不能得到准确的执行。你知道，我在颁布法令的时候非常谨慎。我选择着场合，体会启蒙民众的思想。当我确认能得到普遍的认可时，才会颁布法令，有幸看到了被你称为盲从的东西。但是请相信，在法令没有适合于习惯之前不会得到盲目的服从，在这个问题上我只听从自己的意志。其次，你认为我周围的事物都是为了满足我，这是错误的。恰恰相反，我根据功绩和优点等努力地满足每一个人。”

齐切林说，这真是“金口玉言”，但只体现了问题实质的一部分。叶卡特琳娜做得很好，她了解当时社会结构下一切可以获知的东西。她根据进步贵族了解民族的精神。在她的理解中，民族精神就是君主制的全部本质。

但是在自由民族的生活条件下，君主能够更深入地了解民族精神，民族精神指出了哪些是必要的，哪些是不可能的方法。这些仅靠询问周围的人是做不到的，需要一个全面的交流方式体系。

需要指出的是，君主担负表达民族精神的责任并不意味着必须实现民族全部的意志。这是不好的统治者犯下的错误，他们不能进入民族的精神。

提到民族的意志，必须划分真实意志和表面意志的界限。真实的民族意志来自于民族精神的需要，它是民族的真实愿望，但并不总是能被准确地表述出来。只有人民的需要得以实现，民族才能真正地得以满足。只有满足了民族的需要和愿望，才能根据其精神永远地满足它，才能为被采纳的措施的未来发展和完善建立稳固的基础。

但是民族并不总是能够表达持久地满足其愿望需要什么。在恐吓、刺激、直觉和推论等破坏性的偶然因素影响下，民族表达的需要可能完全不符合真实的愿望。这在党派宣传的影响下很容易发生，它向民众灌输的需要看似体现了人民的愿望，实际上与之背道而驰。这样的欺骗和自欺欺人最容易发生在人民某种情况下被瓦解的状态中。

这时候君主需要保持在民族精神的基础上，勇敢地反对表面的意志。他应当利用自己的权威，不让民族在将为之后悔的道路上前进一步，那时候人民会说本不想让这样的情况发生，人民错误地表达了自己的愿望。

君主最需要的是有时候促成实现民族的真正愿望，这种愿望在民族精神中产生和成熟，而有时候防止民族在确定自己的愿望时犯下致命的错误，还要警惕那些看似为民族的真正愿望，实际上只是民族的狂热情绪或政党宣传的东西，它们与真正的人民精神的实质相悖。

这样的角色和能力属于天才的个人，在他身上能体现出民族的真正愿望。但是天才的产生是偶然的事情。君主制观念试图将这种天分赋予制度本身。只有在宪法形式下实现民族天才治理国家，君主制的最高地位才有可能实现。这是君主和人民必须牢记的事情。君主的使命不是表达自己的意志或愿望，而是表述民族天才的工作。

这就是君主负有全部责任的原因。这就是为什么君主有时必须实现民族的愿望，而有时不能实现，不管要求的声音多么喧嚣。为了履行自己的责任，为了了解天才的愿望，首先，君主应该与民族的历史保持联系，王朝的精神只有在前人那里才能真切地感受到；其次，君主要与民族的组织力量保持最密切的交往，努力使国家永远维持着社会组织形式，不会成为乌合之众，只有在有组织的国家中民族精神才能生存。

如果沙皇个人无法保持绝对的不可侵犯，那他完全无法担当这种角色。这就是为什么保持沙皇个人不可侵犯是一条必需的原则。

在我国法律中，第 241、242、243 条关于惩罚的规定就是出于对这一政治真理的正确认识所制定的。

“神圣的皇帝个人”不会因为任何罪名被判处死刑，也不划分犯罪等级。或大或小的暴力，已经实施或未遂的图谋，甚至对犯罪的知情不报都会被判处死刑。

君主制中不能没有君主的自由和不可侵犯。哪怕是对自由和不可侵犯最小的改变，君主制也难免被歪曲。因此不能有任何程度的犯罪形式和牵连。即使最小程度的犯罪也是绝不允许的。只有这样才能警惕针对君主的犯罪企图。

因为实施这些针对人身的犯罪是非常容易的。君主个人可能成为各种心怀不满的人的蓄谋目标：某种思想的狂热分子可能加害于他，有人为了维护农奴制的存在，有人为了废除农奴制，有人认为对统治家族的支持力量不够，有人认为异族人没有足够的权利，总之，有人们想到的一切理由。君主要消灭或推翻心怀不满的宫廷官员，他们希望在另一个沙皇那里获得更好的地位，还有一些小偷骗子，他们试图以沙皇之死避免遭到刑罚，等等。这种对于最高权力掌握者的犯罪图谋应得到绝对严酷的惩罚。对犯罪的宽容就是对君主制的疏漏。

然而君主常常忘记了这一点，原因有很多，或是性格上的温和，或展示自己的宽宏大量，或是为了避免出于个人报复的责难等。但不管是出于任何动机放弃维护沙皇的不可侵犯，都酿成了大错。

一旦最高权力——无论何种形式——成为暴力图谋的目标，国家就不可能存在了。在任何统治形式下，暴力图谋都是最危险的犯罪。针对君主的犯罪应该得到比民主制下更严厉的惩罚。

在民主制中，国家意志属于大多数人，因此它被巨大的力量保护着。以直接的暴力手段迫使人民屈服几乎是不可能的。君主的情况不是这样。作为个人，他的力量是渺小的。他很容易被杀害，被投入监狱，而完成这一切，只要少数最不起眼的人产生邪恶想法。因此君主的人身不可侵犯应该得到最严格的保证，任何蓄意暗害沙皇的想法都是极度危险的，因而从准备实施的阶段就很难实现。

除了以上的内容，还应该有一条沙皇的原则，它来自于君主制在民族生活中的全部意义，民族选举出来的专制权力是最高国家原则。

这个原则是使自己的权力永远保持进步的方向。

在本书的第一部分已经指出，君主制在观念上有 3 种表现形式（专制制度、独裁专制和绝对专制），在历史现实中它们混合发展成为不同的组合体。因此在同一种君主制中，可能存在进步演化的因素，也就是从低级的形式过渡到高级的形式，也有相反的从高级向低级的过渡（退化演化）。进步演化（例如从绝对专制到专制制度）带来了君主制度的巩固和繁荣；退化演化导致君主制度的衰落甚至灭亡。

如前所说，永恒的沙皇原则应该是使最高权力沿着进步演化的方向发展，即走向纯粹的君主专制形式。

3. 君主制与道德和宗教的关系

（1）最高权力与宗教的联系

我们说过，政治的主要任务之一是保持和发展孕育一个国家最高权力的力量根源。对于君主制来说，首先要让民族精神保留君主制产生的基础，也就是说，保留能够使社会生活服从于道德理想的理想因素俘获地。

君主制伴随着民族精神而生，随着民族精神的死亡而消失。它的首要任务是捍卫和发展民族的精神内涵。这是它对民族和君主制的首要任务和责任，因为最高权力的道德内涵来自于民族。当道德存在于民族之中时，它必将传达到最高权力；当它从民族中消失时，它在最高权力中也会消失。

因此，建立正确的君主制政治与宗教信仰、君主制政治与因宗教而产生并团结民族宗教生活的制度之间的关系是非常重要的。

政治的这种内涵永远存在于所有的君主制形式中，无论民族的宗教特点如何。由于具有纯正的民族宗教意识，君主是民族的最高祭司（如同罗马的操作者）。在伊斯兰教中，哈里夫和国王也要对信仰做出主要的或核心的解释。基督教君主制国家中，国家——教会的关系的重要意义我们已经在第二部分做了阐述。

但是对事实的简单判断还不能解释清楚这种政治现象。实质的问题是国家政治是否可以在信仰和宗教制度中带有某种有意识的倾向，抑或国家政治只能被动地接受它们存在的事实，满足于它们对政治的支持。

其实在历史上，君主制从来不会局限于被动角色。只要看一看康斯坦丁大帝、使徒弗拉基米尔、英国的亨利八世，以及彼得一世的教会改革就明白了。不管人们对这些人物进行的变革评价如何，史实证明君主制权力在对待宗教和宗教制度的问题上并不是被动的。

人们的普遍意识中已经接受了这一不可回避且合法的事实。不仅政治家承认它的合法性，信徒和宗教制度的代表也承认。如同科学的任务一样，政治的任务是为在君主制的宗教事务中施展政治手段建立合理的基础。

这些合理的基础是君主制原则确立的，而君主制原则关注的是最高权力的进步演化，即发展纯粹的君主专制特征，不会退化到独裁专制或绝对专制，而是由它们上升发展为纯粹的君主专制制度。

国家的信仰和建立在信仰基础上的宗教联合体或宗教制度对君主制的进步或退步演化过程具有巨大的影响。

理性的宗教政治需要建立最高权力与民族宗教意识萌芽的联合，宗教意识的萌芽将产生真正的宗教。

任何民族都有这样的萌芽。没有一个人类种族或民族不是在宗教探索中寻找真理的火花，陷入了无尽的迷茫。民族信仰中的真理构成了宗教进化的萌芽，而宗教进化可能被扼杀，也可能超越停滞。不管何种信仰、何种民族，理性的君主制宗教政治都要求在宗教制度中保持民族宗教意识的进步演化运动。

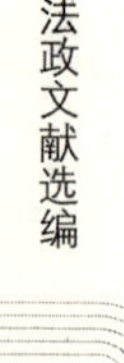

什么是宗教意识的进步演化？

它是一种从低级宗教意识向高级宗教意识的发展运动。

在宗教意识的低级阶段，人将某种事实上为衍生现象的东西作为生命的起源。这是“多神教”阶段，它是“钟爱动物超过上帝”的阶段，不论哪一种哲学体系，它都体现出宗教意识的混沌，必然导致进一步的迷茫。

宗教意识的高级阶段将密切相关的、个体的、绝对的、具有道德实质的上帝作为万物起源，作为生命的唯一原则：这是基督教阶段——全部是对上帝的认识。

这些宗教意识状态的各种萌芽和因素存在于各个地方：多神教民族有真理意识的因素，基督教民族也有多神教的因素。

缺乏深度和准确性的政治意识造成人们时常对宗教真理和政治真理的关系感到不解。而这种关系是最为直接的。一种宗教意识是真实的（即指向真正的上帝），而另一种是虚假的，这种情况本身对于政治来说并没有意义，重要的是它的道德影响。政治与宗教的联系是道德。因此，政治与宗教联系的基础是道德因素，道德来自于宗教。

高级的君主制类型（君主专制）为了自身的生存和发展，需要实现民族的绝对道德理想，它不是臣属的，不是功利的，而是最高的理想。民族或民族精神中的道德基础高于一切的意识是君主制最高权力得以实现和维护的基础。

这就是君主制要在宗教政治中保持民族精神的某些因素的原因以及君主制与这些因素的联系。

我们可以得到宗教政治的两条规律法则。

①君主制最高权力只有在民族宗教的基础上才能生存。

②君主制最高权力应全力推动民族宗教意识的进步演化，即促进民族精神接近真正的上帝。

在历史上通常可以发现第 1 条法则，然而第 2 条比较罕见。只有少数伟大的统治者做到了这一点，如康斯坦丁大帝。平庸的统治者和政治体制永远不能理解这一法则，他们的统治观念极为微不足道。低级的宗教观念更适合于短暂的统治使命。他们很容易从中得出要领，避免令人厌烦的反对派等。

但是这些观念是错误的，在短暂肤浅的方便之后，君主制便无法促进最高权力的发展，只能从最高形式下滑向绝对专制和独裁专制，最后走向灭亡。

我们提到了统治中的诱惑，它来自于在宗教意识的高级状态下，民族道德独立于政治。道德在根源上与上帝相联系，上帝不属于世俗权力，而在宗教制度（教会）中，民族是一种与政治不同的体系，在宗教关系上也不属于国家。在低级的宗教观念中，宗教和政治可以融合为一种统一的、不可分割的东西。

最后这种观点属于多神教的观点，但是也体现在基督教国家的体制中，在俄罗斯，它的表现十分突出。在君主制的历史上，国家与宗教的关系共有以下三种。

第一、将国家最高权力作为宗教的中心。君主在不同程度上被神化了。多神教国家的这种关系最为典型。在基督教国家中，它表现为不同程度的政教合一制度。

第二、与上述国家——宗教关系完全相反的类型是国家附属于宗教制度。这种关系体现为不同形式的祭司制度、等级制度和政教合一制度。实际上它不包括君主制权力。

第三、第三种关系类型是国家与教会的联盟，它是在君主接受宗教思想、君主个人属于教会、国家最高权力保持独立的条件下实现的。这可以被称为神权政治（不是等级制度）的真正体现，也就是上帝通过沙皇实现政治统治，沙皇得到了上帝（不是教会权力）的授权。

在讨论君主制政治的时候没有必要过多介绍国家——宗教关系中的神权政治方式，因为神权政治与君主制是不相容的：它是贵族制的一种形式。至于另外两种类型，多神教国家是宗教和政治结合的最佳典范，而联合关系是东正教君主制所特有的。在最后一种关系下，只有在教会和国家不产生断裂的情况下，才有可能维护宗教——道德基础独立于国家之外。

（2）宗教——道德联盟的独立性

为了使道德基础对政治关系产生良好的影响，就要保证道德产生和发展的根源独立于国家。国家是一种强制性的领域。从本质上来说，道德基础是独特的、自由的。它有自己的纪律，但完全是特殊的、自愿的，是自由承担的。将道德归属于国家是对道德的误解和否定。

现在出现了“世俗道德”的概念，中学生也在学习它。这种世俗道德就是用各种方式替代真正的道德感，如纪律、惩罚、利益等。以这些替代形式理解道德，显示出了对道德和政治理解能力的匮乏。

道德真正的和主要的意义在于它构成了人的本性。对于国家来说，不仅需要公民有所作为，更需要培养发展人的本性，因为社会的创造力不是由某种政治结构或权力构成的，而是人性。人性衰落的时候，社会和文化创造力也随之衰落，从而导致国家缺乏力量和行动的方式。

但是人性的发展不是依靠任何国家机构和权力的命令或指示实现的，它是自由的、

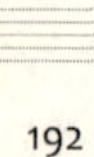

独立的。国家能为人性的发展所做的，就是不去妨碍它，不损害人性发展需要的条件，还要协助促成产生这些条件。而为人性的发展指路、规定其目标，这就不是国家的事情了。国家在这方面没有权威性，相反，人性的发展指出了国家发展的目标和道路。人性是社会生活的根源，它构成了社会和国家，是社会和国家的有生力量。

政治和道德上的短视目光无法理解这一点，它只知道建立“世俗的”“国家道德”。道德替代品可以提出能为人接受的行为准则，但是不能建立人性。相反，如果把道德归属于政治，（有可能）将泯灭人性，只有从自我和自我内涵中才能培养发展出真正的人性，外部力量（如国家）只能作为训练的手段。

理性的国家政治理解国家力量的来源，它的目标是保证人性发展的独立根源，也就是道德因素的根源不被破坏。

对于君主制政治来说，这是尤为必要的法则。

君主制是道德理想的最高权力。只有民族把包罗万象的道德理想置于政治创造之上——高于国家的时候，个人权力才能成为最高权力。如果君主制开始让道德服从于政治，使道德基础归属于国家，那么君主制就废除了道德基础的最高地位，也许还摧毁了作为最高力量的自身。

这就要求君主制必须保持宗教制度的独立性，它是民族精神生活的基础，是民族的宗教——道德内涵。

我们不止一次地提到过道德和宗教的密切联系。包罗万象的道德理想只能由信仰产生。而宗教信仰总是建立起某种宗教集体即教会。现代政治承认良知的自由权利。但是个人的信仰自由不能取消个人对于宗教独立于国家的需要。信仰总是会产生某种团结的集体，这种集体（教会）的自由存在对于个人来说，比个人的良知自由更为重要。如果没有宗教良知给予个人规范的集体存在自由，那么良知自由是一句空话。

在这个集体中，道德感自由独立地发展，这是人性的发展所必须的。道德发展的根源与国家保持独立性，其逻辑结果是教会独立的必要性。理性的国家应当以尊重这种独立性作为自己的准则。它对于君主制来说比其他类型的最高权力更加重要和必要。

建立正常的国家和教会的关系对君主制很重要，国家——社会关系中的其他问题在此面前相形见绌。这种关系必须建立在道德基础上。随着这种关系的建立，君主制最高权力将实现道德理想的统治。当最高权力与教会保持适当的关系时，君主制基础才能应对社会生活中其他领域的混乱情况，如果失去了这条生命中枢，它在社会结构中的其他领域就会失去存在的力量。

（3）什么是教会

理性的政治建立在吸收一切可以吸收的力量的基础上。教会也是一种力量，可以否定它，可以忽略它，但是在国家的建设计划中，国家应该重视教会在自我意识和理想中的存在。如果不是这样，政治只会危害教会，歪曲教会，损害国家，使低劣的力量混迹其中，缺少内在的思想，也许还是虚幻的、无益的甚至是有害的力量。

因此，从宗教的自我意识上来说，教会是什么，这个问题对于理解政治，尤其是君主制政治是必须要解答的。

从纯粹的政治角度来看，宗教自我意识似乎是从“异国”传来的声音。它所关注的问题与政治习惯关注的问题完全不同。从宗教的角度来看也是如此，对“此世界”的关注点似乎都是来自于“异国”甚至是微不足道的。在这两个世界的关系中，它们理解对方要从对方的本质、利益和结构出发，其他的关系都是不现实、不理性的。

宗教意识上的教会是什么？在这个问题上，我只能重复在另一部专门探讨这一问题的著作中的论断[1]。

从精神自觉意识的角度来说，社会性不足以为个体的存在提供必要的和谐环境，因为人们不能在社会中建立无条件性质的组织基础。这是因为人的精神因素不是独立的，而是与上帝相联系的。当人作为组织因素，即处于政治中时，他不能将精神因素置于首位，这种因素取决于上帝而不是人。这样的话人类结构是不完整的、不能完全容纳个体，也不能满足个体的需要。在上帝作为组织因素的情况下，个人只能完全被体系所容纳。

这种体系就是教会，它与社会结构是不相容的，是一种超社会的社会组织。

社会政治环境与教会环境的区别在于社会中的组织基础是人类个体，是心理因素。教会的组织因素是上帝，是宗教个体，是精神因素。在第一种情况下，目标是由人决定的，在第二种情况下目标是上帝决定的。社会中人承担了工作，教会中人是上帝事业的建设者。因此，教会是一种完全与众不同的集合体。

在教会结构中人在自己精神本质的指引下进入集体生活。人的精神天赋不一而足，而神圣的目标是彻底的完善。除非有共同的精神生活，否则这个目标是无法达到的。

巴威尔使徒在哥林多前书中解释得很清楚。他说：“天赋是不同的，但精神是一样的，职务是不同的，而主人是一样的，行为是不同的，但上帝是一样的，上帝制造

[1]《人性，社会与教会》。第一版刊于《神学通报》（1903年第10期），后单独印刷，《宗教哲学藏书》第5部（1904年）。

了一切。”没有天赋就没有人。使徒说：“神灵向每一个人显示了它的好处：有人得到了智慧，有人得到了知识，有人得到了信仰，有人得到了医疗的天赋，有人得到了显灵的本领，有人得到了预言的能力，有人得到了分辨神灵的本领，有人学会了不同的语言，有人可以解释语言。这些都是同一个神灵所做的，他愿意使每个人都有所得。虽然是一个身体，但有很多的成员，成员虽然很多，却同属于一个身体，这就是基督。”因此“眼睛不能对手说：我不需要你，头也不能对腿说：我不需要你”……所有的成员在精神上都是彼此需要的。基督身体的成员利益是团结一致的。“一个成员遭受痛苦，所有的成员都不能幸免，一个成员获得了荣誉，所有的成员都为之光荣”。

团结互助的必要性是精神生活达到完善的法则。

个人不具有全面的神圣性。但是互助能让人享用其他教会成员的天赋成果，他的神性也有所提升。使徒彼得说，“互相帮助，贡献自己的所得，每一个善良的治理者都被上帝赋予了各种不同的财富”。

精神生活上的互助性决定了基督徒不仅需要良知的自由，还需要教会成员共同生活的自由。宗教生活还有另外一个方面，就是联系基督徒，将一个复杂的问题置于国家面前。

基督教的目标是向全世界宣告宗教的最高重要性。正是在教会里，基督的身体才能被人类环境所创造，诸多个体构成其组成部分。基督徒的责任就是积极参与到教会的世界历史使命中，否则无法成为教会的真正成员。

因此，宗教的共同性超越了每一个国家的民族和地理界限。限制这种全世界共同生活的自由或独立性就是破坏了每个成员的宗教生活。

从政治的角度来看，教会的普世性质似乎并不适用于国家，因为它削弱了公民对自己国家的完全忠诚。这种观点是非常错误的。当然，基督教徒的爱国主义并不是绝对的，但是它将全世界、全人类的理念带入了民族观念中，民族观念因而得以净化、升华和扩展。

这对于民族发展来说是一个重要的贡献，与之相比，“绝对爱国主义”对民族和国家的贡献相形见绌了，它只知道祖国高于一切。

在涉及合理公正的利益方面，教会中的基督徒对祖国是全心全意的，只有在祖国违背了最高真理的时候，基督徒才不能去全力拥护祖国。从正常的政治角度来说，这种行为对国家是有害的。对于国家来说，存在着防止出现不公平和剥削相对落后群体的因素是非常有益的，因为一旦国家进入了这样的轨道，通常就是奠定了灭亡的基础。

因此，基督教徒“有条件的爱国主义”从广义政治上看比“无条件的爱国主义”更为有利，事实上，“无条件的爱国主义”只属于野蛮状态下的民族。基督教“有条件的爱国主义”是这样一种观念，它来源于许多伟大的科学或道德思想，因为体现了“全人类”的性质，所以不会允许人们为了国家而牺牲全人类的最高道德要求或原则。

教会的普世主义与代表最高道德原则的君主制思想非常吻合。君主制的思想中融合了人类对幸福和公平的理解，它们体现在君主制的世界政治中，君主制因而成为教会的协助者，它在基督徒中发现了加倍忠诚于祖国的公民。康斯坦丁大帝时期的历史提供了这样的例子。莫斯科罗斯是精神的坚固统一体，人民忠诚于国家，他们甚至不知道什么是“人民性”和“爱国主义”，但是他们充满了人民性的精神，比现在更热爱祖国：这些精神产生在国家政治和基督教的统一使命的基础上。

因此，政治可以将基督教精神与国家利益完全结合在一起。

但是还有问题：基督教的集体性，即国家应与之保持联合关系的教会用怎样的外部形式表现出来？

从外在情况来看，教会含有一切社会因素。其中有人民（信徒、教徒），各种等级的神甫领导阶层，有高层的主教，他们构成了教会的权力阶层。教会中甚至还有长老主教（主教、教父等）和最高权力——宗教会议。当教会因素发生转变时，可能会出现一种与社会政治权力没有差别的权力。但是在通常的情况下，教会的集体性在神权政治君主制、等级贵族共和制或民主制社会中被错误地想象了。

在教会中，个人只是耶稣身体的一部分。

根据教会共同性的本质和目标，教会制度规定，所有的教会成员都是耶稣身体的有机力量。从法律意义上说，教会里没有上级和权力，他们同属于耶稣划定的范围里。

即使是最小的教会成员，也有自己的理智，不是沉默的绵羊。而且无论他的年龄多小，他都具有某种天赋，某种耶稣的力量，对于更强者和地位更高的人来说，他都有存在的必要。

这种意识的表现形式使得教会的一切行为活动都是在所有成员的密切合作中完成的。

因为教会的权力只属于耶稣，而耶稣存在于教会范围内，在教会的基础上产生了教会制度。应当指出的是，齐心协力的思想不是对多数人的统治，而是使所有的人达到完全一致。

齐心协力的本质不是外在形式的统一，而是内在精神的思想和意志的统一。自古以来统一的需要必然要求共同集会和决策。它表现在教会职位的选举过程中。

这种选举的意义不在于代表"社会的意志"，而是保持完全的一致性和教徒的精神融为一体。

信徒有自己的理智，他们不属于别人，只服从于耶稣。主教也属于耶稣而不是社会意志。他们都要维护耶稣的意志，耶稣存在于所有的信徒心中，而不只是在神甫那里。这就是教会的思想，最近东方主教[1]在给罗马天主教徒的信函中指出，"我们的主教和教会不能创立任何新的东西，因为虔诚的主体就是教会，即人民自身"。

这就是宗教观点的内容，只有了解了这些内容政治才能与之相适应。国家希望与教会保持联合，只能在教会的完整集体性中寻找建立这种联盟的可能性。

（4）国家对教会的态度

如前所述，对于国家来说，具有实际意义的不是宗教，而是宗教产生的社会道德因素。没有这种因素国家就不能存在并发挥其功能，这使得国家极为重视宗教。不仅如此，对于深刻理性地认识到自身利益的国家来讲，真正宗教的问题非常重要，要让人民信仰真正的上帝，因为道德的高度取决于它来自是正确还是错误的信仰。

出于对道德的需要，国家必须尊重宗教，而宗教离不开教会，离不开宗教组织，因此国家不得不重视教会的存在。

国家与教会之间是怎样的关系？可以说这是最复杂微妙的政治问题。

国家需要教会，因为国家需要道德，但是道德可以保持独立的存在，不从属于任何人，除了自己的统治者——基督。离开基督，教会就不再是精神的聚合体，不能产生高尚的道德，而这正是国家所重视的。不仅如此，教会应该保持独立性，教会在一定程度上为国家树立了必要的准则。

国家需要教会的独立存在，国家与教会在处理国家事务上经常接触，君主制显然应该任何时候都在教会赋予的基础上处理国家事宜。

从国家利益的角度来讲，教会的作用是广义上的对人的教育。

教会以高尚的道德世界观教育人民，为他们指明生活的目标、个人权利和义务，同时培养出能够达到生活目标、履行义务和行使权利的人格。教会完成这一任务需要条件，它要保持自己而不是别人的精神，同时还要掌握必要的方式。因此教会应当成为民族的独立并有影响的力量。只有这样教会才能满足国家的需要，也许希望得到教

[1]《统一的圣徒、教会和总教堂致所有东正教基督徒的信函》，圣彼得堡，主教公会，印刷厂，1850年。

会福祉的国家必须听取教会的建议，不得按照自己的意愿篡改教会意志。

从很多方面来讲，国家建筑需要建立在独立的民间组织基础上，教会是民间组织的建立者。这种精神组织进入社会领域后具有了法律和经济利益。

教会行为深刻地渗透了国家机体，带动了众多机构的运转，它们实质上已经属于社会，但是与教会还有关系。教会通过教区，通过家庭、各种群体（修道院和其他）和学校，通过各种临时的教徒组织在道德上净化人的每一个行为。教会不干涉世俗事务，但是它与之共存，教会培养基督教徒的人格。

但是国家不能放弃在世俗、政治和经济等领域内的最高地位。教会组织从纯粹的神秘信仰领域进入公共关系领域后，国家不能放弃对教会的最高控制权，教会的圣徒或高级成员属于国家，罪孽深重、无信仰甚至是被教会驱逐的公民也属于国家。

这两种机构在各自领域都不能放弃最高统治地位，以何种形式能让二者共存？如果这两个领域本质上是完全不同的，共存就完全不可能。教会的领域是“上帝的天堂”，它“不是来源于此世界”。

H. 藻泽尔斯基（Н. Заозерский）教授[1]客观地指出，“从法律意义上说，教会应该与社会秩序平行或从属于国家指定的社会秩序，但是教会不属于国家，更不是国家的组成部分”。因为“教会的结构类似于国家的结构，但是二者不但不完全等同，甚至是对立的异类”。国家“等级制度的目的是模仿上帝并与之结合”。教会等级制度的目的是“以精神世界最高的标准要求来引导教徒的生活”。教会权力的活动领域是“人的精神世界，人类灵魂……教会的复活力量帮助人的灵魂与罪恶的念头斗争”。这就是教会权力的使命。世界的政治、经济等方面的活动不是教会的活动领域，它们是国家的目标。但是教会的活动领域不允许任何其他权力的干预。

虽然政治、经济等领域的行为也体现了道德要求，但由于教会与国家行为领域的本质对立，同时二者希望尽可能地避免在边缘领域的碰撞，况且它们的对立不是敌对性质的，只是反映了人类存在的两个不同方面，这两个方面本应和谐共存。

（5）教会政治，教会从国家中分离以及二者的联盟

我们已经提到，将教会和国家混为一体不仅歪曲了国家，也扭曲了教会。

政教合一体制损害了教会的精神性，在本可以采用自愿、自由的精神影响统治的地方产生了强制性的统治。

真正的教会是上帝和神灵的意志统治的地方。但是上帝是如此无所不能，如果他

[1]《论教会权力》，1894 年。

使用外在的强制力量，那么很容易强迫所有的人按照他的意愿行事，不用任何职权、法律、处罚、监禁等。一旦教会走上了强制力量的体系，这一事实足以说明教会已经不再遵循上帝的意志，也就是说它已经不再是教会了。

从另一个方面来讲，国家也被扭曲了，国家从单纯维护公正性规范的现实任务，转向了以强制力量维护神圣性的不可能的任务，它的脆弱力量承担了只有力量无穷的上帝才能完成的使命。

祭司制度的虚伪性与政教合一制度以及任何神圣国家或神圣国家最高权力的虚伪性如出一辙。从宗教的角度来看这是反基督教的观念，这就是“儿子去世了，这比所谓的上帝和圣地更为重要，在神灵的祭坛上，他像上帝那样，将自己当成了上帝”。从国家角度来看，它取消了最高道德理想，以低等理想取而代之，这是国家对民族的犯罪。

解决这些矛盾最现实的出路是教会与国家分离。在这种情况下国家不承担多余的、自身力量难以企及的管理宗教事务的负担。它完全不对教会的行为负责，而是让教会成员自我管理。国家剩下的责任就是从其他角度监督教会的行为，就像监督其他群体的行为一样，对破坏国家法律的行为进行制止，不管是教徒还是非教徒，宗教人员还是世俗人员，对践踏法律的行为一视同仁。

但是只有在国家管理下的民族没有一种共同的信仰时，这一体系才是正确的，甚至是唯一可能实现的。如果国家不能与信仰相联系，那么只能向现实妥协。但如果教会与国家的分离来自于政治关系与宗教道德行为背离的趋势，那么这种体系对民族、对人民和社会关系的发展都是极为有害的。

如果国家中的民族信仰宗教，那么所谓教会与国家的分离就是不明智的，而现实中只能成为教会和国家的民主联盟。事实上，这种情况下的教会没有在民族中消失，它作用于人民的心灵和意识，而人民构成了国家的最高权力。因此，教会只是与国家统治体系分离了，但没有与最高权力分离，它通过最高权力（即君主专制的民族）间接作用于统治机构。

这种条件和意义下的教会和国家的“分离”体系无论如何都要比祭司制度或政教合一明智得多。但是我们要承认“教会与国家分离”的表述是不准确的，因为这里只是教会与国家统治机构的分离。

在民主制下，由于大国的民众对统治机构的直接监督极为困难，建立教会和国家的联盟几乎没有别的方法，只能二者分离。除此之外，国家在观念上也不受道德基础的管理。

在君主制政治中，由于它以道德基础为最高原则、以君主为外在手段，国家与教会的关系可以并应该建立在唯一、正常的联合基础上。

这种联盟对于君主制尤其必要，因为教会是培养世界观的地方，这种世界观向人们传达最高道德原则世界中的绝对统治观念，即君主制的基本原则。

以道德基础作为派生因素甚至附属因素的世界观轻视了人的存在。没有任何国家活动者不理解一定的道德对社会存在的必要性。这些道德行为的实践准则要求公民不得抢劫、杀人，要服从命令，但是在需要公民放弃个体权利的时候，这些准则由于没有宗教感和宗教世界观而缺乏牢固的基础。

它们或者建立在没有接受启蒙的本能基础上，或者建立在社会利益的观念基础上。但是本能是不可靠的、是一种判断能力，而社会利益是一种有先决条件的概念，每个人都可以有自己的看法。

国家观念被处于混乱状态的道德感所折磨，因为这种观念要求国家只能做人民认为必须做的事情。民主制原则还能应付，只要社会中有多数派的力量，就能建立民主制国家。但是当绝对道德理想消失后，君主制的权力基础就无能为力了。

种种情况要求君主制有意识地建立与教会的联合体。

因此出现了双重任务：君主制要在一切教会组织涉及的国家领域中保持最高地位。对于教会来说，要在精神领域保持最高权力。在所有的社会领域中，教会与国家的相互关系是由教会组织的意愿和需要决定的，因为它们得到了国家的承认，也是国家的需要，教会也服从于这些需要。

因此诞生了“教会权利”和针对教会的国家法律：这种关系是在教会和国家共同的历史中产生的，根据国家和教会权力共同行动的需要而改变。

国家和教会的联合体系体现了东正教国家的历史，从拜占庭到俄罗斯。历史中不可避免地存在着误解甚至争论——这是非常自然的，但是总体来说2000年的实践充分证明了这一联合体系的可行性。

至于争论或误解，应该指出的是，随着君主制与君主专制类型的分离，随着教会与正统东正教类型的分离，它们的程度越来越轻。

君主制和教会间的联合因素首先是人民。人民是教会的肉体。同时君主是人民理想和信仰的表达者。如果君主和人民的关系不可分割，君主没有向绝对权力或独裁权力转变，同时教会没有沾染上教权主义和等级制度的毛病，也就是没有将人民排除在

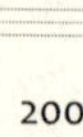

外，那么国家和教会的关系就能保持密切与和谐。如果君主或等级制度脱离了人民，它们之间为了争夺民众必将发生冲突。这就是历史上国家与教会一切冲突的根源。

所以，为了建立国家和教会的联盟，君主制需要关注的是教会要成为一切成分——等级制度、神甫和信徒的真正联合体，君主制不可沾染绝对主义和独裁主义。君主制教会政治的正确本质就是实现这个目标。

除了教会政治，君主制还面临着建立宗教政治的任务。

（6）宗教政治

国家与宗教关系的建立不得不面临复杂的条件，即国家的公民和臣民并非同一种信仰。

在君主制的大国中，如俄罗斯，这种条件表现得最为复杂。至少有三分之一的居民属于异教徒，不仅有基督教，还有非基督教。即使东正教内部也不是一种信仰，一部分人分离出来属于特别的教会（奥地利神甫的旧礼仪派教徒），很多人看上去属于东正教俄罗斯教会，事实上他们背离了东正教的信仰，没有任何宗教信仰。

国家应该怎样对待众多的异教徒和臣民百姓呢？对于所有属于东正教教会的人，君主可以很容易地支持教会对他们提出的要求。君主不需要采取良知的强制方式，因为即使他提出了必须的要求，也是建立在人民的信仰之上。例如，国家要求官员不忘宗教祈祷、参加圣礼，这也是他们的教会、他们尊敬的成员、个人的神父、父亲和朋友等人的要求。国家要求出现的原因是君主认为侍从不忠于自己，认为那些甚至不履行对上帝责任的人不能完成自己的责任。这种说法对于所指的人的良知讲得非常明白。

但是如果人不相信上帝或君主信奉的神圣的教会呢？显然，对这样的人不能要求他们遵守并不信仰的宗教法则……许多人信奉其他的宗教，他们在国家联合体中的地位不是建立在宗教基础上，而是其他的基础。国家应该如何处理这些情况？为了解决这个问题，需要推行宗教政治。

可以从以下两种途径寻求解决问题的方法。

①彻底割断国家政治与宗教的联系，在某种共同的政治或哲学基础上建立宗教政治。

②从自身信仰的学说中汲取国家对待异教徒的理性的方式。

总体来说，宗教政治的解决方式属于第二种。而现在最普遍的解决方式建立在教会和信仰与国家分离的基础上，即将国家关系脱离宗教关系。

这种解决宗教问题的方式破坏了君主制的原则，因为君主制建立在以道德原则为国家最高地位的基础上，道德原则只能以某种“绝对命令”的形式从宗教中得到。

如果人民的信仰情况是宗教已经不能将国家关系奉为神明，那么君主制已经没有地位了。

当然，君主制一直谋求在宗教政治中的领导地位以指挥宗教。君主制有两种选择：第一，根据教会的指令确定宗教政治，国家与教会结成联盟；第二，从宗教学说中抽取普遍的原则，根据国家权力的判断运用于宗教政治中。这些原则是：①宗教自由；②信教自由；③公正性。

它们都包含在真正的宗教内容中，但是任何一个都不能构成信仰的基础；它们只是从基础中得到的推断。人与上帝真理的联系构成了宗教道德的基础，它以君主的形式成为国家的统治者。人的归属性和自由即从这种联系中得来。只有准确无误地理解了宗教道德的基础，才能正确阐释人的自由和归属性，而这种理解只存在于教会中。

问题是：为什么国家不采用直接的方式——教会的通告，不以信仰基础作为政治，只将个体结论作为最高原则？这些结论可能正确，也可能错误。

显然，国家采取这种政治方式只是为了避免教会的影响，也就是说或者暗中破坏与教会的联盟，或者将自己的观点置于教会之上。

“公正”、“信仰自由”或“良知自由”基础上的宗教政治意味着国家为了保持统治地位不是以信仰、上帝的意志作为最高地位，而只是以某些哲学和宗教原则，它们是信仰的真正体现。国家超越了自己的权利。宗教真理和思想只有教会可以确定。作为政治机构的国家如果认为教会的管理不够明智、对自己不利，可以离开与教会的联盟。如果国家保持与教会的联盟，承认教会对宗教真理的阐释，同时又掌握解释宗教自由、信仰自由和公平的权利，这种行为或欠缺考虑，或虚情假意。

然而即使聪明的、完全真诚的人有时候也会这么做。已故的弗拉基米尔·索洛维约夫[1]就是个例子。但是他的情况有情可原，与教会结盟的国家不会遇到他说的情况。索洛维约夫没有看到这个时代具体的教会。他公开宣称没有找到教会在哪里，不知道教会的声音是什么。在这种情况下，因为没有发现教会，不得不满足于对宗教学说的

[1] 19世纪90年代初，我和弗拉基米尔·索洛维约夫争论过国家的宗教政治问题，现在我重复一下这场争论的情况。我认为这场争论对我的对手不能不产生影响，遗憾的是他不愿承认这一点。他的著作已经出版，而我的文章还没有发表，我列举了这场争论的相关文献。在1893年，索洛维约夫在《欧洲公报》6月号上刊登了文章《历史的斯芬克斯》（这个斯芬克斯就是俄罗斯，更准确地说是俄罗斯东正教）。我在《关于宽容的问题》（《俄罗斯评论》，1893年7月）一文中提出了反对意见。9个月后索洛维约夫在《欧洲公报》（1894年4月）上刊文《关于公平性的争论》反驳了我。我以《两种解释》（《俄罗斯评论》，1894年5月）作答。他随后发表《争论的结束》（《欧洲公报》，1894年7月），而后我的文章《争论何以结束》（《俄罗斯评论》，1894年8月）结束了这场辩论。

个人见解基础。但是国家不能说不知道教会在哪里。如果国家确实没有发现教会，那么它有责任停止与幻想或虚构的事物联合，在宗教问题上不再遵循某些“宗教自由”或“公平性”的原则，而是遵循世俗原则，世俗原则决定了国家中思想、语言和社群的自由。

如果君主制希望在与教会的联盟中获得益处，那么它要承认教会的存在以及由此产生的一切后果。

试图在个人理解的似是而非的宗教原则基础上解决宗教政治问题，而在现实中却使用哲学原则，只会造成政治上的矛盾和混乱。

（7）宗教观对宗教政治的必要性

为了所谓的“规范”信仰问题，不能依靠法律或哲学原则，而要从宗教的观点出发。若非如此，信仰自由或宗教自由都不能得到保证。弗拉基米尔·索罗维约夫是哲学家和基督教徒，他试图在宗教自由的基础上建构国家政治，但却陷入了无穷尽的矛盾。

他的论断基础是这样一个定理“己所不欲，勿施于人”。他认为这是基督教的最低要求，与自然公平性的要求相吻合。

我们不希望外力强加于我们的信仰，也不应该把自己的力量强加于别人。我们每个人应当在信仰和民族性方面“尊重别人的生存权和自由发展”。

我们不希望受到约束，在基督教的国家中也不应当约束别人。我们不仅需要自由的良知，还需要自由地信教、传教和招收新教徒。这种宗教不只是对那些被接受承认的信仰，而是对一切类型的个人信仰。显然，在这样的逻辑基础上，不仅信教的人享有自由和发展的权利，不信教的人也有，即使不信教的人属于与基督教社会对抗的势力。索罗维约夫说，他的论断可以“很容易适用于民族性的权利”。基督教徒只能把自己的宗教、观点和苦难与信仰和民族性的自由发展方向相对比。不允许任何“强制性的手段”。

这就是索罗维约夫界定的“基督教国家”的宗教政治。

如果国家不区分宗教和民族性之间的差别，那么国家在信仰和民族上就没有区别了。这是一个必然的结论，是索罗维约夫极力避免的。事实上，从这一观点来说，君主制对同一教派的人不仅不能采取强制方式，也不可放松或采取鼓励措施，因为赋予他们的一切优先权都会破坏权利的平等，强制手段也是如此。我们不希望别人在行为上享有比我们更多的方便。即使和我们同一教派的人，也不希望他们有任何优先权。“在这方面，基督教国家只是一个实行无差别信仰自由的国家。”在一系列世俗和宗教生活中显而易见的问题上，不难看到哲学道德原则的荒谬。

例如，俄罗斯军队有权在战斗中击败入侵者吗？

我们并不希望自己被别人击败，因为这意味着俄罗斯军队没有勇气战胜敌人。

基督教传教士可以寄希望于铲除多神教吗？

还是不可以。但是我们不希望自己的信仰被别人铲除。也许我们不能对别人做出这种坏事……

索罗维约夫得到的错误结论是由于他使用了否定的定理，他用这个定理界定客观的行为。否定的定理只能用于指出不能做什么。人们和国家权力的行动需要客观原则的指导。索罗维约夫的定理在福音书中以客观的形式存在，以另一种方式解决了问题。

福音书中说："如果你想让别人和你的行为一致，那么请你和他们一起行动"。（马太 7，12）

我们不禁会思考，基督教徒应该希望得到什么，不应该希望得到什么？

难道我们只是要得到想做什么就做什么的自由？所有思维正常的人都想得到某种好处，而不只是取消限制。自由发展不仅是我们个人的愿望，也是上帝规定的条件和法则。基督教徒最根本的愿望是实现灵魂的救赎。基督教徒不希望任何人妨碍实现他的愿望，他希望得到人们的帮助和条件，希望对自由加以限制。

自由有其危险之处，基督教徒祈祷上帝能让某些人或某些东西对我们的自由加以限制，使其对我们不会形成罪恶。按照这种说法，基督教徒也不能希望别人得到与自身的使用能力不相称的自由。在有些时候我们需要对别人的自由进行限制，可以对我们喜爱的人这样做。这是否意味着，国家可以用武力或鼓励的方式进行"拯救"和寻找真理？当然不可以。信仰自由是信仰自身的要求。但是我们不能任意确定信仰自由的准确含义，因为有这样一条普遍法则指出只有在教会的解释中才能正确掌握信仰学说。东正教君主制国家也应当关注对信仰自由的理解。国家理解信仰自由的目的不是为了寻找哲学观点，而是为了听到地方和世界的教会的真正声音，只有这样国家才能进行政治调整，它有权这样做。

这是在国家中实现宗教自由的唯一途径。弗拉基米尔·索洛维约夫认为宗教平等是实现宗教自由的途径。他感到很遗憾，"宗教平等原则在其他一切文明国家已成为法律，但是还没有进入我国的法律"[1]，他认为，"信教自由本质上属于教会之间或宗教之间的问题，只能在普遍的公平原则基础上得到彻底解决"。

[1] 从 1905 年 4 月 17 日的最高指示起，宗教平等基本成为我国的法律。

如果用这种方式解决问题，就等于放弃了基督教的观点。对于基督教徒来说，信教自由是他们和教会的宗教义务问题。基督教徒解决这样的问题都是以上帝的旨意为基础的，对他们来说上帝的旨意隐藏于教义。如果我们认为解决信教自由问题的基础不是教义而是“公平性原则”，这就是将国家置于教义之外，使国家接受了这样的观点，即基督、佛、穆罕默德等宗教学说都是有问题的，他们都无力彻底解决宗教政治问题。

这种观点在任何情况下都不适用于君主制。如果君主制没有高级的毫无争议的真理原则，那么君主制不可能掌握最高权力。如果人民对宗教产生冷漠的态度，或者分化为不同的宗教群体，只是在政治上保持联合，那么国家就是非宗教的，对于国家来说信教自由就是“宗教之间”的问题，但君主制也不会存在了。

在这种情况下宗教自由也不可能存在了。

宗教平等要求国家在法律、实践和公务中平等对待基督教和非基督教，它们现实中存在，或者通过“个人的宗教信念”而出现，这就是新出现的教派。为了使国家做到这一点，国家自身及其法律和权力必须同特定的宗教脱离联系。但是这样国家就成了共同的宗教审判员，宗教归属于国家。

国家处理不同宗教之间的各种关系和冲突，它处于宗教之外，只遵循“公平性”和“国家利益”的观念。当国家认为宗教利益与世俗和政治利益发生冲突时，国家保留着施加惩罚的权力和可能性。

因此，国家政治可以影响宗教。但是国家不能也不应该受到宗教的影响。国家必须成为事实上的无神论国家，因为它不知道上帝的旨意，也没有得到行动的准则。经济学家、医学家和将领等人的指令是完全清晰的，依靠的是“客观”的“科学真理”。因此在对国民生活发生影响的一切领域中，国家将遵循科学真理的思想。

在这种情况下如何保持宗教自由？宗教自由来自于信教自由，信教自由的基础是信仰和对上帝旨意的尊崇，上帝旨意高于我们和我们对其他信仰的评价。与宗教分离后的国家中存在的不是信教自由，而是宗教平等。

混淆了信教自由与宗教平等是一个偌大的错误。平等指的是权利上的一致，而不是权利的尺度。在受到共同的约束、普遍缺乏权利的情况下也可以实现平等。当提到信教自由的时候，它指的是宗教自由的某种尺度。这种尺度有大有小，取决于是什么信仰下的信教自由。平等不会带来什么，只有一种情况，当一种信仰被践踏，其他信仰的结果不会更好。所以宗教平等与宗教自由之间没有任何明确的联系。

当宗教平等得到了国家的保证，国家处于宗教之外同时高于宗教，那么所有宗教信仰的命运就不难预见了。今天国家在文化和医学观念的基础上反对犹太人的割礼，明天以妇女解放的名义禁止伊斯兰教的多妻制，然后以健康为由禁止东正教徒的斋期，为了防止传染疾病取缔向圣像和圣骨朝拜，等等。僧侣可能因为不结婚而破坏了国家的利益。祈祷仪式的某些环节可能会被认为对人民产生了有害的催眠效果，即使个人的秘密祈祷也可能受到严重的怀疑……这些不是假设，是现实。库姆政治的不足之处在于企望从非宗教国家中的宗教自由那里得到些什么。

当然，在基督教国家中破坏信教自由的现象有很多。这是由于宗教欠发达造成的，宗教人士对真理精神的掌握程度还不够。

每个人的使命就是提高宗教意识。谈论无宗教国家或保护宗教自由都是荒诞的。只有尊重宗教、将宗教基础——人和上帝的联系放在高于利益或公平思想的位置上才能做到保护宗教自由。只有国家处于教会的影响之下，国家才能做到对宗教的尊重。

别无他选：或者是宗教影响国家，或者是宗教附属于国家的要求。

为了实现宗教自由，对于涉及国民的灵魂拯救的问题，国家不应当根据自己的观念（因为国家无能为力，也没有得到上帝赋予的权力）加以解决，而是应当服从教会的意见。若非如此，国家的信仰领域中必将出现独裁专制，对所有宗教产生危害。

独裁专制对君主制的危害更大，君主制的基础是“上帝之代表”的思想。前文曾提到（第2部分第6章），“只有它（君主制）不是绝对的权力，在道德上受到限制时，上帝的权力代表才能获得严肃的政治意义，即君主制具有明确的规则。这就需要培养人民的宗教世界观和建立教会制度，教会在宗教意义上高于沙皇，因此它能保证上帝选举沙皇管理世俗权力事务的真实性”。

（8）君主制宗教政治

综上所述，君主制下唯一正确的宗教政治是君主确立异教徒的宗教自由，使之永久地服从于沙皇的教会。

以不便之处为由提出的反对意见是毫无根据的，处处都有不便。每一种原则都有自己的要求，原则和要求都不能破坏。君主的原则是不能拒绝维护真正信仰的责任。他不能声称自己不知道什么信仰含有真理，如果他真的不知道，那么他就不能成为国家中最高真理的表达者。如果君主相信真理，那么他不能获得上帝的理性，上帝的旨意决定了这种理性只存在于教会。君主是教会的儿子而不是主人，他只能从教会的诠释中获取真理。因此坚持宗教政治中的“公平性”就必须在教会中寻找对公平性内容的解释。为了捍卫“信教自由”和“信仰自由”，他还必须在教会中寻找它们的准确含义。

这是事情自身的逻辑，离开了它们就破坏了君主制的原则。

从道德法律的角度来看，君主没有解决繁琐艰深的宗教问题的责任，但是解决问题不是他的权利，而是义务。他没有别的选择，在宗教真理的问题上君主的首要责任是履行自己的义务。他不能把应该服务于上帝的权力用于哲学空谈，君主履行义务，权力就是无可争辩的，不用负责的。

当君主试图对自由和信教自由做出哲学的界定时，他便走入了另一个领域，在那里他没有权威性，每个人都能在某种哲学论断的基础上与他争论。

君主只能从上帝的旨意中获得无可争议的权威，即使哲学家认为君主与自己的意见不合，这种权威也不会消失。一旦教会成员发现君主解决的问题与信仰不符，那么君主的权威就会断裂……

在这种情况下责任的意识如此重要，君主的结论会体现在他的行动中。

哲学家可以自由发表自己的结论，因为他的错误不会导致实际的后果。君主不是这样，他的决定应当建立在权威的基础上，满足责任的需要。同所有人一样，君主的宗教权威和宗教义务来自于教会。

这是无可争辩的结论，也可能产生反对意见，认为这是君主制政治不具有容忍性的表现。很多人认为：难道不是在教会的授意下以武力消灭了异教徒，燃烧了宗教审判所的麻杆碎屑等?

这些事情确实存在，但是我们应当正确理解史实中的思想。

宗教战争和对异教人士的迫害只是一种由于思想而产生的暴力斗争现象。对信仰的迫害远不只是在“教会”的授意下产生的。教会没有建议修建“尼禄的火炬”，教会没有让伊斯兰教徒消灭异教，没有让日本多神教以古罗马都闻所未闻的残酷手段迫害基督教徒。难道人类在政治思想斗争中的残酷性更少吗？在巴黎的断头台下，在里昂的散弹枪下，在南特“大沉没”时，成千上万品格高尚的人为了政治牺牲了。

在法国的巴黎公社时期，我们看到了那些屠杀的场面，谁能保证哪天不会在俄罗斯看到这些场面呢?

以暴力和流血的形式消灭“异端分子”不是宗教特有的，而是思想斗争中出现的。宗教迫害产生的原因是国家的思想强制。即使我们建立了非教会和非宗教的国家，也不能消除思想斗争和思想迫害。

国家脱离宗教的影响并不意味着它的容忍性得到了保证。

思想斗争的根源主要是国家、社会、政治和经济利益。宗教信仰很少会引起思想斗争。

宗教导致了迫害和残酷行为是因为宗教信仰与社会、政治、国家和经济利益相结合。如果我们把国家和宗教分离，就能消灭利益斗争吗？这种斗争不是依然会被意识形态的旗帜包装起来吗？我们能使国家权力与这种斗争分离开来吗？当然不能，国家权力无法与斗争分开。最高权力并不是与社会和国家不同的东西；从意识形态和道德方面来看，它的内容与民族并无二致。它要以国家手段完成民族的使命，实现既定的民族利益。最高权力自然要参与国家中的思想斗争。如果这种斗争带有宗教的特征，最高权力也会参与其中。

从国家的本质来说不可能有其他的方式，最高权力的目标永远是将斗争调整并克制在相对的范围内。即使采用暴力手段，国家也要采用调整的手段。国家在多大程度上尊重和许可宗教自由，这取决于宗教观念对最高权力（君主或人民）激励作用的显著性。

历史上的许多宗教迫害正是由于宗教意识的不明确造成的，信仰的声音被民族、社会和政治利益的声音湮没。让君主听到信仰的声音，还有哪里比教会更好呢？

教会不会告诉君主宗教无差别，不会让君主平等对待真理和谬误以及对不同程度的谬误一视同仁。但是教会永远不会让君主轻视信仰——即便是其他的信仰，只要这种信仰不带有“魔鬼”、反道德的特征，从哲学或政治的角度不对民族为所欲为。

来自教会的声音从来没有放弃追求信教自由的基础，如果君主从教会官员中听到了相反的声音，不应把它和教会的声音混淆。

在历史上，君主并不像人们看上去那样经常听到教会的声音……

教会不是等级制度，不是民主群体。它是基督教徒的集体，他们在信仰、等级和圣礼的基础上联合在一起。来自教会等级和同一教区的信徒以及总教会下属的其他教会、自使徒时期至今“父子相传”的声音，这就是国家中以道德为基础的最高权力里“完美”的教会声音。

历史上君主何时对唯一真正的教会的声音给予足够的考虑？并不经常，时间很短，这就是为什么宗教政治遭遇残酷手段和不公正待遇的原因。

为了实现宗教政治的目标，君主的任务应是建立真正的教会制度——独立的、共同的、不依附于世俗权力的教会，同全世界的东正教联系在一起。

当君主具备了这样的教会后，对他来说调整国家和教会的关系、实现信教自由的目标就不是很难了。

真正的教会本质上是精神上的。其中的物质因素并不重要。当教会沾染了等级制或民主制的精神走向堕落，它就成为社会、经济和政治的群体。教会与社会或国家同样的功能和组织发展起来了，与国家机构发生了冲突。对最高权力来说限制行动的范围是极为困难甚至是不可能的。并非精神上的利益使等级制或人民与异教徒发生了矛盾。

真正的教会是一个精神联合体，而不是世界的一部分。教会成员是国家的公民，生活在社会结构下，他们属于国家。像社会和政治事务一样纯粹的教会事务并不多。教会有自己的法庭处理僧侣的事务，它类似于专业的法庭，很容易得到国家的准许。对于信徒的法庭——一旦涉及信仰——就可以不受国家的制约，因为这属于特殊的纪律。教徒和教会群体的财产并不多：这些财产是为了满足祈祷仪式的需要，为僧侣的慈善和修道行为提供场所，包括教育或传教事业。如果教会和国家不改变自己的本质的话，这些都不是很复杂的事。

通常只有在等级制度中才会发生变质，其中出现了“教会大公”，他们是奢华的封建主或地主和商人，拥有完整的学徒组织，这些学徒也有自己的财产，这就需要特权，特殊的不受国家制裁的法律等。国家利益和君主的基督教义务要求他成为教会顺从的“儿子”，君主还应当对等级制度、教权主义和教会组织在世俗利益中的负担充满敬畏[1]。

在反对教会对君主制施加影响的声音中，有人抱怨教规过于古老，与现实的生活条件不符。但是教会是活的，它的教规也是灵活的。如果教会群体与世俗权力或等级制度产生联系，被其玷污，教规就无法保证灵活的精神。当教会遵循宗教世界中的真正规则，教规会永远更新着对自己的解释、补充，将永恒的原则应用于变化的时代条件……

当这一切条件具备，君主将从教会获得关于宗教政治最正确的指示，同时君主与全体人民达到了统一，人民构成了教会，成为保证教会在国家中的权力最坚定的支柱。

（9）俄罗斯宗教政治的使命

作为结论，我们还有必要考察一下当代俄罗斯宗教政治的使命。

[1] 现在很多人说起恢复教区。这确实是很有必要的事情。遗憾的是，这件事从一开始就建立在错误的基础上，试图在教区中首先建立社会和政治组织。这是对作为教会单位的教区的歪曲。教区首先应该是集体宗教生活的场所，而不是行政或经济生活的地方。只有满足了这个条件，教区才能成为主教区组织的全权成员。只有满足了这个条件国家才能赋予它应有的自由，不干涉它的事务。如果教区成为国家的低级群体，那么它必然从属于国家权力，要完成国家要求的义务，不是以最神圣的人作为自己的代表，而是选择最机智的人。这种思想是极端错误的，它对于教会在教徒中保持的精神特征产生了威胁。

在前面的章节中我们详细探讨了俄罗斯东正教会的非正常情况，以及正常的教会结构基础是什么。从国家政治的角度来讲，必须纠正200年间俄罗斯东正教会犯下的错误，但是这项任务在理论上清晰无误，在实践中却极为复杂。

众所周知，1905年初人们开始思考在俄罗斯恢复主教制、成立主教区教会的问题。这项恢复教会制度的建议，从公布的消息来看，出台过于匆忙，结果可能是问题的实质方面没有被考虑到。主教公会的神甫们把恢复教会制度的任务想象得比实际情况简单得多。也许他们不想错过这一“有利”的时机，以维特为委员会主席的政府同意协助改革。主教公会申请“为了建立主教制、讨论教会管理中的变革而成立主教区教会”。国君以时机不当、不宜施行改革为由暂缓采取改革措施，但允诺在合适的时间“成立全俄罗斯教会以商讨信仰和教会的管理事务”[1]。

确实如此，在战争的紧要关头，所有人都被战争卷入了不正常的状态，冷静、全面地讨论如此错综复杂的教会问题是难以想象的，所有的教会为了实现这个目标要同许多分裂现象做斗争。主教区、僧侣、“白色”神甫以及信徒在不正常的教会中处于分裂状态，令人惋惜，他们之间产生了抱怨、怀疑、倾轧，在纠纷中做出的不经意的决定可能导致非常严重的分裂后果，等等。最高决议将改革提案暂缓至合适的时机实行，同时也扩大了改革的内容，对真正的权威力量“全俄罗斯教会”（主教区教会）进行讨论和决策，把所有的问题置于正确的基础上。

此后M. 诺沃肖洛夫先生的文章《致俄罗斯人》（第8期）很快发表了，作者提出了“建议”，我认为这些建议是正确的，它们指出了主教公会方案的不足之处。

①作者认为，恢复俄罗斯教会制度可以根据法律和道德权威进行，由俄罗斯教会的地方教会执行，神甫和信徒在教会中起咨议作用。

②现存的教会管理机构无法完成地方教会的任务，因为它不具备教义上的权力，更因为这些机构需要接受教会的监督和改造，它们无权进行自我监督和自我改造。

---

[1] 在1905年第14期的《教会公报》中刊登了如下内容。

根据主教公会的通报建立主教区教会的提议。

主教公会在通报中提出为了建立主教制、探讨教会管理中的变化而建立主教区教会，至高无上之皇帝于是年5月31日亲笔御书：

“我认为在当今的危急时刻无法完成这一伟大的事业，建立地方教会需要稳定和深思熟虑。我认为，当合适的时机来临时，按照古代东正教皇帝的惯例，我将推动这一伟大的事业，建立全俄罗斯东正教会，处理信仰和宗教管理事宜。”

1905年4月1日主教公会的决议。

“根据皇帝陛下的旨意，主教公会认为：4月1日教会总检察长2338号提议。根据最高指示，命令主教公会建立主教区教会设立宗主教制，研究教会管理中的变化。

参考：为了执行去年3月13日主教公会的最高指示，即撤除关于由特别委员会管理俄罗斯教会转由主教公会管理，建立最高报告，由最高君主确认。命令：接受和了解由最高皇帝下达的命令，在《教会公报》中刊登。”

③主教的选举问题只能由地方教会制定的俄罗斯教会“法典”解决，根据这套法典，只有主教和教会的其他执行权力可以管理教会。

从另一个方面看，暂缓举行地方教会不能算是完成了任务。所有的人都清楚教会的非正常状态，并感到苦恼，“事业暂缓”的思想在必要的时候很难经得起考验，还面临着这样的危险，即“适宜的时机”可能永远不会再现了。建立地方教会需要事先进行准备工作，需要占用教会工作的时间和精力。这篇文章提出的建议是完全有道理的，在等待组建教会的过程中，应当利用时间完成准备工作，现在就很有必要。

“为了使恢复地方教会这一绝对必要的事业不至于被埋葬或滞后于实际需要，迫切需要成立教会筹备会议，它由若干主教、经验丰富的修士大司祭、修道院长、神甫和著名的学者和圣徒组成，他们对于教会事业非常热心，可以完成教会的筹备工作。”

“教会筹备会议应处于政府管辖之外，直接与最高权力和俄罗斯教会主教联系，它有要求一切部门给予配合的权力，包括宗教和世俗机构，它可以获取一切必要的材料以阐释教会事务的真实情况以及它与世俗权力、异教徒和其他国家东正教会的关系。”

“教会筹备会议还应负责对俄罗斯教会成员的解释工作，他们是教会的工作范畴。”

“教会筹备会议不是现有机构的分支，而是未来地方教会的一部分，要向皇帝报告工作的进程，向教会主教通报情况，随时向全体东正教信徒告知进展情况。”

“中央的教会筹备会议不会消除地方主教区会议的可能性和愿望（以主教区的的大主教为代表），后者的工作主要是协商。”

“筹备会议的工作结束以后，全俄罗斯主教将返回莫斯科与最高权力进行交流，在教会会议上提交自己的成果和报告，然后最高牧师邀请宗教界人士和信徒参加咨议工作，在上帝的协助下建立俄罗斯教会的地方教会。”

我认为，这就是改革的正确[1]道路，自建立教会筹备会议以后，俄罗斯东正教世界将全俄罗斯东正教会视为现存的机构，在筹备工作期间，可以纠正一些俄罗斯教会内部长期以来形成的自相矛盾的做法。

随着1905年4月17日最高指示的颁布，非东正教的基督教徒获得了更为广阔的自由权利，而东正教徒可以随意放弃自己的信仰，教会的形势更为复杂，建立教会筹备会议的想法因而具有了特别的意义。

非东正教徒获得了更多的权利，东正教会保持了以往的非独立性，这使教会处于

[1] 诺沃肖洛夫先生在上一本书中表达了莫斯科多数东正教徒的思想，他们激烈地讨论着教会复兴的方案。

非常为难的境地，而从国家政治的角度来说形势更为复杂了。

首先我们不得不注意到，俄罗斯是东正教世界的代表，东正教世界里的宗教立法是从康斯坦丁使徒开始的，而我们是从弗拉基米尔使徒开始的，是在国家权力和教会权力不断相互协调中完成的。这是他们永恒的共同事业。宗教立法的变化总是在教会权力的建议下进行。

当今没有这样的协商情况，也就是说不能认为主教的个人看法与教会的声音有相同的分量。宗教问题是由部长委员会解决的，结果是产生了改革，然后随着东正教会的秩序混乱，东正教徒陷入了宗教世界中最糟糕的境地。这就是教会成员的情况，教会被“统治者”的法律束缚着并与国家保持了上千年的联合关系，这在国家和教会的相互关系中带来了非常复杂的情况。

这种关系要求人们重新审视和界定。不言自明的是，从国家利益的角度来看，国家可以利用一切手段保持与教会的联合关系，使之不发生破裂……

为了实现这一目标，建立俄罗斯地方教会的问题就有了紧迫的意义，时间上不方便的理由在这个问题上显得苍白无力。不管建立教会的时间如何不便，但是教会和国家之间的关系问题更为严峻。因此，建立教会筹备会议是一项迫切的任务。

可以说这是当今宗教政治中最核心的需要，因为只有在地方教会中确立了国家和教会现代关系的基础后，我们才能讨论细节问题。

4. 君主制与社会结构的关系

（1）国家与社会结构的联系

我们说过，从社会的角度来看，国家是人们在共同生活中组成的各种小联合体的最终补充和完善。许多群体和阶层构成了社会结构。人们在各种条件和利益关系中形成了阶层和群体，根据自己的倾向进入联合体。其中有地域群体，其成员有共同的居住地。除了地域群体，还有职业利益群体，它们建立在工作的基础上，或是共同执行某种社会生活的功能基础上，或是追求某种共同的精神利益。但是不同群体的人们具有共同的利益，因而群体之间形成了联系，也就是说不同类别的群体有产生联合的必要。最终的结果是一个人可以同时属于不同的群体……

民族的精神和物质创造能力越强，形成的群体数量就越多，群体之间也越发达和密切。社会组织越复杂，民族的创造力就越强，因为每个人都能在这些群体中找到最适宜的创造环境。

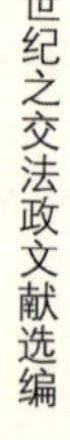

国家组织以共同的风俗习惯将民族统一成为整体，它不能消灭社会组织，国家的形成是为了帮助社会力量。如果以国家的工作压倒并取代了社会的工作，缺少自由性和主动性，那么国家将成为民族的终结者，也会使自己走向穷途末路，因为没有了民族，国家将不复存在。国家的力量来源于民族及其自由的创造。

对任何国家来说，健全的社会结构都是有必要的。换句话说，需要对民族进行复杂的分层，这一层次体系将容纳民族的一切创造形式，给予人们在每一种形式的集体环境中互相帮助的机会。如果没有每个群体的组织，没有同一类别群体的团结和组织，那么这样的层次体系是没有用的。

健全的社会结构对君主制国家尤其重要。君主制鼎盛时期贯穿着对社会结构的关注，君主制国家认真对待社会结构的问题，尽力去保护它，因为国家就是建设在社会结构的基础上的。因此形成了君主制民族的自然等级。这种现象在俄罗斯很典型。

为什么会出现这种关系？因为君主制真正地充满了君主的精神：它意识到自己是全社会的代表。君主制没有走向绝对主义，没有认为自己处于控制力量的中心，但它认识到，君主是整个民族的代表，是民族最高理想的代言者。

如今政治与社会结构的关系变了。虽然在现代文明国家里公民的组织联合集会权没有被否定，但是政治关系的基础是全民结构。

等级结构被否定了。虽然现代国家明白，民族被划分为独立的阶层和群体，但是国家不想与它们发生关系，甚至取消了“阶层”这个术语，在政治关系中只承认个体的公民，公民中的多数人建立国家和政府。

全民结构观念得到了所有人的认可。它被认为是国家观念发展的最高层次以及自由的基础。等级制度的意思是公民的不自由状态和对公民拥护者的反对。全民结构理论不会意识到，它的产生是民主制观念和君主制观念斗争的结果。事实上，对等级制度的谴责和“无限的”君主制是一致的。

齐切林说：“等级秩序自然属于无限君主制，每一种利益都有自己的组织，应当增强它们的联合权力。但它（等级秩序）在立宪政体内是不现实的，社会代表不应体现某一阶层自己的利益，而是国家的整体利益。”

齐切林的解释非常到位，他指出了国家权力中全民理论的错误根源。

从齐切林的话中可以看到，在等级制国家里，“国家的整体利益”没有被忽略：君主和他统帅一切的权力代表了国家利益。也许在君主制国家里，为了“共同的利益”，每个利益群体（等级）可以保留自己的组织。如果取消了君主制，那么在新的国家里，

"国家共同利益"不能被个人利益损害。所以人民代表要求表达国家共同利益而不是"每个等级的利益"。为了达到这一目标，需要撤除等级代表，以全民代表、全民选举和全民投票取代它，废除等级制度的国家特性，建立全民结构。

等级结构和全民结构及其历史争论问题的实质在于最高权力应采用什么形式：君主制还是民主制？"自由"与这个问题没有直接关系，它间接体现在人们的意识里，似乎"自由"与君主制度不相容，它只来自于民主制度。

需要指出的是，认为自由与君主制度不相容指的是绝对主义（或独裁）类型的君主制。在真正的专制君主制中，这种看法并无实证基础，国家权力的科学从未分析过不同的君主制类型，把它们归为普遍的"无限君主制"名下。在没有完成必要的科学工作前，国家权利和政治实践以建立"国家共同利益"的名义得到了解决，"国家共同利益"随着君主制的废除而消失，将必要的等级代表从新的国家中剔除。

事实上这造成了国家和社会结构的分裂。国家的一切现实生活都是在社会结构中进行的，如果离开社会结构对国家的影响，也就没有了社会结构对民族的影响。

这些情况说明，我们需要对关于等级和国家共同结构的当代学说做认真的审视。

（2）等级结构与全民结构

国家科学的根本错误在于，它是从纯粹的法律角度分析了等级结构和全民结构（或曰秩序）。在不同形式的社会结构中，国家科学只看到了现象的法律秩序，认为法律秩序是和某种特定的国家体制形式相对应的。我们简要地引用齐切林对这个问题的论述[1]。

根据劳伦兹·史坦恩（Лоренц Штейн）[2]的观点，随着社会的法律建设，3 种秩序的发展随之进行：宗族秩序、等级秩序和全民秩序。

当第一种秩序失去优势地位时，它没有完全消失，它的残余存在于取代它的秩序中。因此，在等级秩序中，宗族秩序没有消失，只是实力逊色，以残余的形式与占主导地位的新秩序并存。等级秩序行将过时之际也是如此，它没有完全消失，而是保存在了新的全民秩序中。史坦恩的学说没有预测全民结构后的新制度，齐切林激烈地否定了社会主义制度出现的可能性，他的依据是全民结构之后的创造力已经消耗殆尽。

这些秩序的特点是什么呢？

齐切林认为，宗族结构建立在血缘联系的基础上。这不仅确定了全民结构，还奠

[1] 齐切林：《国家科学教程，社会学》，第 3 章。
[2] 史坦恩（Lorenz von Stein，1815—1890 年），19 世纪德国国家法学家、哲学家。——译者

定了国家结构的基础。全民结构和国家结构均取决于于生理上的一致性。宗族结构瓦解后产生了等级结构，这也是一种国家结构。等级结构建立在“个人利益”的基础上，不同的利益构成了各种等级阶层（僧侣阶层、军人阶层、世俗阶层）。在个人利益占据统治地位的条件下国家实力式微，公民社会的影响力日益增强，甚至开始取代国家。随着社会中的国家实力衰退，出现了彼此奴役。齐切林说：“这些互相依存的形式可以被视为农奴制，它是等级秩序的特征属性。”

在全民结构中，个人的意义不取决于他属于哪一个血缘群体或利益组织。个人是一个拥有完全自主权的独立存在，因此从这个意义上说所有的人都是平等的，那么全民结构的基本原则是自由和平等吗？国家在这个过程中“开始分化，形成了自己的结构，作用于公民社会，限制个人力量和奴役现象”。

“由于政治权力领域的分离，在公民秩序中形成了自由和平等的基础。”

从这个角度来看，等级结构不适用于发达国家，在任何情况下它都是一种反动的结构。如果把社会和国家体制视作法律关系的某种组织，这样是错误的。

如果我们从法律的角度看教会，带着偏见，那么教会就是权利的建构体系，我们应该怎么想？如果带着偏见思想观察军队，那么我们会怎么想？如果我们以偏见的眼光把社会看作是某种法律关系的组织，这样的做法同样不切合实际。

社会的本质表现在社会规律和社会现象中，它们的上层体现为政治和国家现象。社会和国家体制的关系事实上是由社会规律决定的，因此需要在社会规律的基础上加以研究，政治艺术就是在这个基础上形成的。

只有在研究了社会现象的规律的基础上，我们才会建立真正的国家政治关系。法律现象与社会现象同时出现，但它不能决定社会现象，相反，社会现象决定了法律现象。如果我们忘记了这一点，那就是把起源现象看做派生现象，那么将会犯错误，贬低了生活。其影响将造成法律观点统帅国家科学和政治实践。

法律现象总是伴随着社会现象，它是后者的产物。从法律角度分析社会是有意义的。但是只从法律的角度分析社会和国家体制是绝不可能的，会造成事实的歪曲。

甚至经济上的唯物主义理论（马克思和恩格斯）也能比法律理论更好地解释社会和国家现象。

为了理解社会和国家体制及其关系，我们需要知道，二者如何以及为何产生。经济理论对这个问题的解答有一定帮助。法律关系既不是社会现象的原因，也不是其目的，虽然法律与社会和国家的原因和目的有关，但并不是它们的本质。

为什么会出现宗族结构？它是法律关系的产物吗？是为了建立某种法律体系吗？当然不是。宗族结构是在家族共同生活、繁衍的条件下产生的，父权制是家族和社会的结合点。为了弄清共同生活的条件，需要研究社会规律。法律体系是在宗族制度发展中出现的，但是宗族不是法律体系的产物。宗族结构下的人们制定法律体系是为了给生活一个限定的范围，他们的目标不是创建法律，而是通过法律巩固自己的社会目的。

同样的道理可以解释国家体制的出现，其原因和目的都不是法律关系。

国家出现的原因是社会规律的产物，是处于相互关系中的社会群体的需要。国家的目的是满足他们共同的需要。在建设国家的过程中，出现了法律，但它不是目的，而是社会在创建国家中，为了达到目的采用的手段之一。

因此，解释社会和国家现象的实质要到它们的特性和需求分析中寻找，这就是为什么经济理论比法律理论更现实。经济理论非常重视需求部分，但它没有看到社会组织的中坚力量，因此并不准确。

我在本书的第一部分中说过，人的心理天性是基本力量和社会的决定因素（参见第一部分第2、3章），而不是经济条件和所谓的外部物质条件。在这种心理基础上产生了法律观念，或许造成了法律影响，但绝不是被法律观念吸收，也不是存在于法律观念中。因此我们不能从分析法律关系的角度理解社会和国家。我们必须直接研究一系列社会和政治现象，不是用法律概念解释它们，相反，要从解释社会——政治现象入手去理解法律关系。

只有用这种方法才能正确地理解国家与社会以及国家与个人的关系本质。

“全民结构”学说——它是黑格尔发展命题的国家——法律变体。

即使不对这种理论加以历史评价，也可以说它颠覆了“全民结构”的现实。这个理论的预兆没有实现，而它没有想到的却出现了。

齐切林说：“宗族秩序确立了社会的内部统一，涵盖了外部因素：它建立在奴隶制的基础上。等级秩序正好相反，它导致了内部的离散和个人力量的对抗，斗争的最终结果是弱者服从于强者：它是以农奴制实现的。最终，在全民秩序中，一切强制性的隶属关系都废除了……每个人都得到了法律上的自由平等，所有人都服从于一个法律。”在宗族结构中实现了生理因素的统一，它与人的精神本质无关，因此在等级结构中消失了。在全民结构中宗族的统一重新出现，但它是更高级的层次，不是生理上的，而是精神上的……“从统一到区别的关系是高等级发展的主要特点，它是在走向高层次的统一的时候，在保持各部分独立性的同时体现出多样性。这种方式非常符合两个联合体的观念本质——公民的和国家的，因此应该认为它（即全民结构）是社会生活的最终形式”。“根本谈不上未来会有什么新的社会结构……”

理论上如此。但是不等这种“最终形式”在欧洲国家建立，新的学说已经问世，齐切林不得不为自己辩护。新的学说同样富有逻辑性，它认为社会历史发展的本质不是“公民”和“国家”联合体的“高层次”统一，而是“阶级斗争”。社会主义观念和史坦恩的学说都建立在黑格尔辩证法的基础上，马克思和恩格斯构思出了截然相反的历史发展纲要，出现了新的社会结构，其可能性被全民结构所否认。“他们可以任意幻想”，齐切林对此评论道……不幸的是，不仅“幻想”（如果可以这样称呼经济理论），而且现实生活也给出了毫无疑问的事实，反驳了全民结构理论。

这种理论排斥等级，宣布全民一律平等。齐切林也承认，事实上社会生活中出现了更多的不平等和弱者屈从于强者的现象。这些现象是怎么出现的呢？齐切林认为并非全民结构的罪过。“公民秩序只是建立起了形式，其中有各种力量的自由互动，但它没有取代这些力量的行为。全民结构具备了形式，其他的应该由这些‘力量’来完成”。应该说这是捏造的现实而不是结构的真相，结构不会创造任何实际的东西。如果说结构不能创造，那么全民结构理论下允许活动的个人“力量”会做些什么呢？

有人以社会主义者的面目勾画出了一幅蓝图，他们要彻底摧毁“合理”而“和谐”发展的“国家”。在完善的“全民结构”——“高层次的统一”——实现之前，社会力量承受着社会和国家，并没有认为它们是有害的东西，需要摧毁。而“社会生活的最终形式”在达到顶点之后，社会力量宣布要给予摧毁，此时史坦恩的论著墨迹未干……

不能以社会主义者是幻想家和无知者为由拒绝社会力量的反抗，社会力量在全民结构中还没有立足之地……在幻想家和无知者中有学者和智者，他们的权威性不亚于史坦恩或齐切林……

不只是社会主义者事实上否定了全民结构理论。根据这种理论，等级是在国家之外的。但是社会力量形成了新的等级：工人进入了职业组织，显然他们认为不是全民结构的“自由”，而是“等级”的团结和服从满足了公民的需要和真正的自由。资本家也形成了这样的组织。这些新型的“等级组织”不仅发展壮大，还试图影响和控制国家。劳动者不想成为单纯的“公民”，他们想成为工人，如同资本家想像资产阶级那样掌握国家。这种场景不是“幻想”，是“全民结构”时代下的历史现实，很明显的是，在实现全民结构的地方出现了新的阶级国家理论。这是对全民结构理论的显然扭曲，只要从历史的角度进行批判，就可以证明历史上全民结构不符合现实情况，在当代生活中也是这样。

造成理论与现实不相符的原因是它研究的不是真正的社会和国家，只是在法律的基础上研究分析了社会和国家不真实的假象。

事实上社会和国家应该并只能在社会规律的基础上加以研究。需要分析的不是“公民秩序”，而是“社会结构”。只有这样，社会——国家关系的建构、国家任务的确立、自由和秩序的保障才会以完全不同的形式和表述呈现在我们面前。

（3）社会结构的进化

现在，我们暂且不去管界定社会法律本质的“公民”秩序的概念和术语。我们来看一下“社会结构”，它是一种真实的社会现象，在任何含有一定真理成分的理论中都不会消失，因此在这个术语中我们不会忽视由“公民秩序”理论演化而来的“全民”现象以及“阶级斗争”理论的现象。

社会结构其实包括各种理论中提到的现象，但并不局限于此。当然，社会结构是一种复杂的进化过程，在不同的社会发展阶段表现不一。如果我们要对社会结构加以分类，那么应该记住两种基本形式，它们分别还有各自的分类。这就是：①简单社会结构；②复杂社会结构。

第一类是同族群体的联合与聚集，第二类是异族群体的联合与聚集。在社会的历史进化过程中，发生了从简单社会结构向更为复杂的社会结构的转变。

简单社会结构里的同族社会群体在其职能上存在着差别，即满足个体需要的能力方面不同。这种群体构成了一个封闭完整的小社会。复杂社会结构里的社会群体恰恰相反，它们各司其能，功能不一，差别很大。

可以想象的是，构成社会结构的组织成分对族群交往的方式以及族群与国家关系的特点有直接影响，国家构成了更广泛的族群联合体。

父系社会与氏族社会属于第一种类别。阶层——群体社会属于第二种。

总体上来看社会结构的发展体现如下。

①简单社会结构，它有两个发展阶段：父系社会、氏族社会。②复杂社会结构，始于继承或强制的等级社会，它们可以被称为简单等级社会，并向下列制度过渡：自由等级社会结构或复杂等级社会结构。

父权制是简单社会结构最典型的表现。氏族制已经体现出社会分化的倾向，在某些发达的氏族社会中已经过渡到了等级社会，其中上层氏族已经成为了贵族，而其他

人是平民。简单社会的第一阶段与发达的氏族社会非常相似，有时甚至是从氏族社会发展而来[1]。

毫无疑问，父权结构是以个体附属于群体为特征的。其中个体权利得到了充分的保证，但他不是作为独立个体，而是作为家庭成员。这种个体特征反映在氏族结构中，如果等级结构由氏族结构发展而来，那么个人与权利的关系也就发展为等级结构。因此“全民秩序”理论中提到的权利关系在某种程度上存在于社会结构中，但是这种关系并不简单一致，为了获得个人的独立自由，氏族结构等某些形式已经体现出比“全民结构”更广泛的空间。高加索居民未必羡慕伦敦的“码头工人”。

在任何情况下，社会结构中的最初级群体形式无疑不会随着社会的发展而消亡。在复杂的社会状态下家庭依然存在。齐切林客观地指出，氏族基础以继承的形式保存下来……尤其是在等级结构的最初阶段氏族的影响非常明显。因此当我们谈到“等级”结构时，确实会想到它已经不适应于现代条件，但这只属于“继承等级”结构。

建立现代国家的等级制度经历了氏族结构并保持了它的一个重要特征：“职业继承”。如果说“等级”指的是不同的职业形式，通过这种形式等级归属得以继承，并且这一过程是强制的责任，那么这种结构当然不适合现代个体的发展，不适合于经济条件，也不适应于国家任务。如果说“等级结构”这一名称泛指国家内部存在的不同群体而非个体，那么这种结构不仅对当代来说是必要的，也是一种政治现实，但是以隐藏的面目存在。

需要说明的是，为了防止误解，当我提到国家等级结构的时候，我指的是具备现代等级形式的国家，即“自由等级”结构。

现代文明国家根据其社会结构的特点属于这种类型——自由等级结构。政治科学要解决的问题是，这种自由的等级现在是否具有国家意义？

它们之间的直接联系无疑是必要的。当我们观察社会结构的规律时会发现，社会结构越复杂，它和国家的关系越密切。社会群体越单一，其职能就越全面，独立群体的自我满足能力越强，国家存在的必要性就越小——在国家出现以后——国家的职权范围就越小。反之亦然，社会结构越复杂，社会群体的职能越专一，它们之间的互助程度越高，合作的必要性越强，即彼此利用的可能性越大，对于社会来说国家的必要性就越大，社会赋予最高权力的职权范围就越广。

这是确凿的社会和历史规律。

[1] 等级制度来源于征服占领。

父权制下不存在国家体制。国家体制的萌芽直到氏族结构下才出现，并有了不同的发展方向：君主制、贵族制以及民主制，这取决于最高权力观念存在的条件。等级制产生时已经不能离开国家，在其最初阶段也是如此。等级制创造了迄今为止最好的国家体制类型。高度发展的自由等级制更需要国家，但自由等级制至今尚未找到最相符的国家形式。

造成这种情况的原因很复杂，对于君主制度来说，最重要的是产生了向绝对主义制度的转化，由此衍生的官僚制度，以及在社会结构最需要国家的时候出现的国家与社会结构的隔绝。

在所谓全民结构出现以前的时期是继承制等级结构解体的时期。继承制等级结构是在两种现象的影响下分解的：第一，智力的高度发展，知识的巨大进步以及个体发展缔造了最强势的阶层，他们以智力劳动为生，操持多种智力基础上的职业；第二，智力和知识的高度发展在殖民政策的配合下推动了复杂经济前所未有的迅猛发展，彻底改写了继承制等级职业制度的界限，二者从此势不两立。这种对立形势是以劳动自由和根据职业能力自由选择劳动力的必要性为基础的。

以前的等级范围中并未容纳工业活动和智力活动的巨大差别。在职业群体中等级根本没有消失：相反，新的群体之间的关系比以往更加牢固，更为社会内部组织所需要，在群体中体现的不只是一致性，更是对立性，等待国家的调和。为了实现这一目标，国家需要面对的不是以往腐朽的几乎不存在的等级，而是充满活力的新群体，即所谓的“阶级”。

为了给社会结构里的现象一个明确的术语，可以称之为“阶级”，它指的是彼此隔离的阶层和群体，它们事实上已经存在，但并未被国家承认。等级就是这样的群体和阶层，但是它得到了国家的承认，并有合法的组织机构。在“全民结构”以前的时代，国家是一种荒谬的状态，它规定了阶级的生活，这些阶级事实上已经不存在了，新阶级的存在不仅被国家忽视，其组织和内部力量之间的关系也遭到国家的干涉。

对于国家来说另一类真正的需要就是必须保证个人的权利。

这是因为在建立社会结构与国家的不同关系中，随着社会结构的发展，国家与个人的关系体现出越来越多的重要性。

问题不仅仅是自由和个人权利本身。无论个人享有怎样尺度的自由和权利——在简单社会结构中个人主要是受到社会群体的保护。这种保护的程度依据个人发展情况而定。而社会结构越发展，群体的专业化程度越高，对社会成员自由和权利的全面保护就越差。如果说氏族结构中的个人比等级结构的个人更加发达，那么等级对个人的保护无论如何也不能胜过氏族。这是由等级的职能全面性不足造成的。

在自由等级结构中，国家更加有必要对个人自由和权利实行保护，但实施程度也更加复杂和困难，在这个过程中，国家与群体以及国家对个人的关系之间可能发生冲突。在简单社会结构中国家几乎不与个人发生关系。国家的职责范围是群体之间的关系。在复杂的社会结构下，个人需要得到国家的保护，可以说任何时候都需要，因为等级（职业）群体对个人的保护是非常单一的。

伴随着物质经济力量的迅猛发展，对国家保护个人自由和权利的需要日益增加，这一时期的国家显得力不从心。君主制长期统治着继承等级制国家，在这一时期最终被官僚主义疾患所击倒——这就是走向绝对主义的直接后果。

当君主制国家为了满足自身新的需要，并根据现存的社会力量及其需求采取国家行动而与社会结构发生联系时，国家最高权力脱离了与遭受官僚主义“纵隔”之害的民族的接触。

这就是造成欧洲君主制崩溃的经济、道德和政治原因，因此有必要建立一个以民主制为基础、以“全民结构”为出发点的新国家，虽然它很虚伪，但它的目标是在君主制崩溃的时候，在国家政权中建立某种“群体利益”的代表[1]。

（4）国家不能存在于社会结构之外

建立全民结构新国家失败的原因在于政治结构与社会结构分离的观念。从社会的本质来说，国家应当建立在社会结构的基础上。否则国家必然会成为民族的奴役者，不管国家采用什么“自由”的形式。根据社会法则，任何人都不是孤立地存在着，而是在集体组织中生活，人和集体之间有着千丝万缕的利益关系。一个人无法也不能单独生活。虽然在社会群体中生活限制了个人的自由，但是也给了他力量。当一个人有众多志同道合的伙伴时，他才会在意志中显示必要的力量。社会结构首先赋予了人真正的切身利益，其次使人产生了需要，或许同时提高了人的独立性，以此保障人的自由。

如果我们没有把国家建立在社会结构之上，那么我们建立的凌驾于各种独立组织和群体之上的可怕力量将把它们摧毁。

当这些小的组织群体消失之后，人的独立性和取得利益的机会就没有了。个人的一切独立活动将遭到破坏。国家必将强制性地决定一切秩序的问题。

[1] 需要提及的是劳伦兹·史坦恩，他的著作内容是关于“全民结构”的理论，他是一名君主主义者，并希望君主制最高权力消灭阶级斗争。他支持在社会群体、地方以及小群体等地方实行广泛自治。但是如果把政治领域从社会中“分离”，广泛自治将完全不可能实现。

对于那些处于孤立状态、被强大的国家组织控制的多数人来说，不管我们给予他们什么样的权利，他们也只有参加权力组织和要求权力履行职责的权利。如果要求国家满足这些要求，那么民族的创造力不是由民族实现的，而是权力。

这种官僚主义——社会主义式的理想将导致民族的灭亡。到时候没有人自己能做些什么，后果是人们失去了独立做事的能力，失去了这种能力，人们也失去了在社会创造领域判断好坏的能力。除此之外，为了公民而存在的国家，在爱戴、关注和热情情绪的控制下将一事无成，这些特点是个人从事自己喜欢的事业所具有的。

柏拉图（Платон）和康帕内拉（Кампанелла）[1] 曾设想由国家当权者为个人婚姻选择配偶。但是由婚姻双方自由选择配偶不是比国家官员代劳更好吗？在自由选择的前提下，婚姻不是更加幸福，家庭更加单纯、稳固吗？

但是人们在面对各种现象时喜欢按照自己的观念和成就选择，他们喜欢不同的生活方式，当他们自己动手创造一切时，他们精神振奋、投入、充满活力。他们的劳动成果是伟大的、美丽的、有益的。从数百万个这样的创造中产生了人类的文化，它有多种表现形式——科学、机构、艺术、技术，人际关系等。

一切创造都是自由的，只需要根据个人的选择、爱好和思想观念进行。当人们有了合适的同伴与自己相处后，这样的创造才有可能。

在民族成员的自由工作中产生的社会群体、阶层和阶级有权要求自己的思想、需要和愿望在国家活动中得以体现。只有民族代表者是群体和阶层等机构自己指派的人时才有可能这样。至于社会管理事务，它应当由有组织的社会群体而不是非组织的“全民”群体管理。国家需要倾听“民族”、“土地”的声音——这些声音应该由社会群体代表发出。只有在这种条件下，国家越实力强大，那些思考、工作和创造的人们越会成为国家的基础，国家会采纳他们的思想，完成民族需要的事情。来自社会群体直接的声音应当是国家的激励者。只有这样国家才能完成民族的组织任务，成为国家组织创造力的工具，从此国家走向强大并具有创造力。

国家力量的根源只能存在于个人及它建立的社会结构中。随着社会结构的封闭，国家有生力量被扼杀了，没有力量的国家将走向崩溃。衰弱的国家容易受到外敌的入侵。这是对忽略社会结构的国家最常见的惩罚。即便没有外敌也会有内部敌人出现。再强大的国家力量，如果不能保护社会的独立性，也会沦为幻影，充满反抗的组织也

[1] 康帕内拉(Tommaso Campanella，1568—1639 年)，文艺复兴时期意大利空想共产主义者。——译者注

会比失去了生命力精神的大国更加有力。

（5）“无等级”国家的统治阶层

社会结构对国家的影响从本质上说是不可避免的，也体现在政治结构与社会结构“分离”的国家中。社会结构对国家的干涉是以极不正常的形式出现的：表现为一种特殊的社会阶层“政客”。

卢梭在理论上一贯坚持将国家视为一种特殊的秩序。卢梭倡导的国家建立在民意基础上，这是普遍民意，他认为在每一个公民身上除了个人和集体的愿望外，还有普遍民意的一部分[1]。卢梭认为这一部分民意才是政治的基础。

他要求所有的人拥有投票权，同时强调公民不能归属于任何群体，只能为自己而投票。因此卢梭彻底反对政党，要求取消政党。

但这些来自抽象理论的要求无法得到实现。国家很快被政党所策划和组织，没有一个政府能否定政党，因为国家靠政党维系。后来由此出现了政党的理论维护者。

不难理解的是，当国家失去了和社会结构的直接联系，政党是不可避免的，也是必要的。人民的组织形式是政党，如果人民代表没有机会进入国家组织，人民就无法管理国家，国家事物将旁落专事于此的政党。“职业政客”是政党真正的力量，他们以某种方式将“社会”、“人民”、“社会结构”和与之分离的国家联系起来。控制了国家的政客成为民族的统治者。

这是一个特别的“阶级”，他们发挥了社会结构不具有的功能：政治号召、组织政府和策划行动。国家——社会关系的性质影响了政客这一阶级的形成，它产生于18世纪的法国“哲学”信徒，现代俄罗斯的“知识分子”即由此而来。在绝对主义——官僚制国家和社会结构之间，人民形成了空白。国家失去了社会结构联合者的功能，国家与社会之间的空白被等级外的“哲学家”因素所填补，他们代表的不是自己的等级观念，而是整个国家的不满情绪，寻找新的国家关系形式。

众所周知，1789年法国国民议会发布的“宣言”并不具有革命性，在要求改革的同时坚持保留君主制。在“哲学”教育家中体现了强烈的阶级观念，他们发动了与人民要求背道而驰的革命，这种转变是党派专制下的空前恐怖主义造成的。转变的原因在于新的政客阶级摧毁了王位以后，占据了国家有机体和人民之间的空白位置。

[1] 卢梭对这个术语的理解是完全正确的：这一部分“民意”是“民族精神”的体现。卢梭是正确的，只有在“民族精神”的基础上才能建立*Souverain*——最高权力。卢梭应该是君主主义者，因为只有小型共和国的公民才能从民间选出*Souverain*，实现人民对国家的直接治理。在大国里只有通过君主才能实现。

政治手段对国民生活有很多危害，其中包括对人民智慧和良知的表达者和创造者的损害，他们是真正意义上的“知识分子”。

这些与生活处于密切联系的最智慧和敏感的人表达了人民的理想、自我意识，体现了人民的创造才能。他们是思想家、学者、人民精神的创造者、真理和知识的传播者、人性的呼唤者和教育者……但是这些人只有在自由的状态下，在无私的创造中，在没有任何宣传和影响的强制下才能成为精英。在政治手段中，这些人失去了发展的意义，他们越忠实于信仰的真理就越有害。

在“政党”中，思想和良知已经失去了自由，它们在规划的范围内为了实现预定的目标行事。从智慧和良知得出的结论在向人民传达时已经不是建立在个人的自由信念上，而是强制的措施。思考、感受和创造良知、智慧和自觉意识的阶层，其从自由创造向行政的、强制性的、为“知识分子”预先规定并对人民具有强制性的工作转变，这一转变损害了创造，使其庸俗化。

在政治关系中，职业政客的统治是对人民权力的阶级篡夺。

这种政党活动家“等级”在其政治角色中与官僚非常相似，他们构成了最高权力及其附属的“纵隔”，将国家和人民掌握在手中。当国家权力和社会结构发生分裂的时候，某种篡权现象将不可避免。

从君主政治的角度来说，要知道政客阶层的职能是管理国家、探寻并组织所谓的“民意”，通过不同的政党将社会结构与政治联系在一起，这是民主国家的必要手段。

政客阶层与君主制并不相容。它废除了18世纪法国的君主制，造成了政客现象在各处迅速发展的趋势。“全民结构”思想、社会结构中政治关系与大众生活“分离”对国家体制是有害的，它不能允许真正的君主制存在。

因此理想的君主制体系不应将政治从社会结构中分离，而是应该在人民生活中将两种现象紧密相连。只有做到了这一点，君主制才能胜任最高权力的使命。

（6）社会力量的建设

怎样可以或者说应该怎样将社会力量（阶级、阶层等）与国家联系起来？为了回答这个问题，首先要知道社会力量是如何被建构起来的。

在人类社会中，同时存在着两种对立的力量——分化与联合，社会因素分化成群体，同时它们也走向联合。所有的物质或精神活动将同一种因素结合成群体和阶层，同时又将它们分化为利益冲突的群体和阶层。在自己的阶级利益范围内，它们彼此间处于对立的状态——在某种程度上，它们是敌对的。但同时这些对立的阶层还有某些

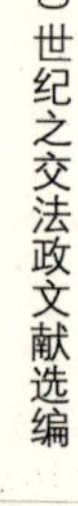

共同的利益将它们联系起来。不能忘记的是，在专业化的过程中“共同事业”完成得最好，这是分化产生的原因。

如果专业化力量的对立发展到忽略了共同事业的利益，那么就会产生危害，直至分化力量走向灭亡。

以工厂作为例子。工厂取代手工业成为可能和必然的趋势，这是因为它对劳动力和资本双方都更为有利。劳动力与资本的分离成为可能（也是必然的）是因为在这种状态下共同事业，即生产力更具有活力，可能对双方更为有利 [1]。因此，工厂对于雇主和劳动力都是必要的。但同时资本积累与提高工资在利益上是矛盾的。为了积累资本就要从工人身上获取更多的劳动力，尽可能减少总利润支出量；而工人希望以较少的劳动获得尽可能多的工资。斗争就这样出现了。

这种斗争有其社会理性的意义，因为只有利益的相关方面才最关心自己的利益。但是如果破坏了共同的事业，即生产，这种斗争对双方就是不理智的，为了共同事业的繁荣，雇主和工人不是对立的，而是联合的关系。从这个方面（社会理性的角度）来说，他们之间的关系不是斗争，而是合作。

但如果我们以生产同一产品的两个工厂为例，那么它们就是竞争者，每个工厂关心的是使自己的产品尽可能价廉物美。在这个目标上，同一个工厂的雇主和工人是联合关系，而与另一个工厂则是对立关系。同样，两个工厂的雇主作为同一阶级（资本）的代表，彼此间是联合关系，但是作为不同群体（企业）的代表，他们又是对立的。工人也是如此，两个工厂的工人阶级利益是相关联的，但是从他们分属的不同企业来说他们是对立的，与自己的资本方是联合的。

这一分化和组合的例子指出了国家中社会群体的复杂性，国家内部有诸多不同行业的阶层，将人们分化为不同的阶级、等级和群体，他们有着不同的利益，但是彼此之间是互相需要的，斗争的同时也进行着合作。

如果我们任由利益斗争与合作的双方“自由地”走向势力平衡，没有中间调和力量，那么我们将会看到最严重的内部混乱，其中实力最强的一方早晚会取得优势地位，建立秩序，但社会的文明水平被大大降低了。

文明水平的降低是因为许多自由阶层的萌芽被内部力量的斗争所摧毁。所有实力弱小的阶层几乎被破坏殆尽。利益再度回归主要阶层，他们类似于中世纪的等级，固

[1] 俄罗斯工人的平均工资约是每年 150 卢布（参见《1897 年工厂数据汇总》圣彼得堡，1900 年）。手工业工人的平均工资几乎没有超过 60 卢布（参见 B. B.《俄罗斯手工业概况》，圣彼得堡，1886 年）。

守着自己的内部组织和纪律。为了保证相当的阶级力量和牢固的内部纪律，每个等级都不允许过度自由的分化，这会破坏阶层的统一。举例来说，也许当雇主胜利以后，工业等级将会在两个阶层中分化：高度团结、服从内部纪律的雇主，以及被迫服从的工人（类似农奴制）。但如果这样，在工业等级内部就不会产生根据所有成员自由倡议的现代性分化。这将是对中世纪等级结构的回归。

或者说如果以社会主义的方式解决力量的联合，将出现一个共产主义国家，所有公民都成为整体社会名义下的农奴，这个社会的命运由分化出来的“阶层”控制，他们是来自于“代表者”或其他什么称谓的统治阶层[1]。这是一个更加简单的社会，不会出现任何的分化，因为社会、智力和经济的创造力被完全遏制了，社会不可避免地逐渐走向荒芜。

因此我们不能从社会力量的“自由斗争”中寻找联合的力量，而要去国家中寻找，国家高于一切社会力量，同时对它们的合法要求一视同仁，国家遏止一切自私和危害整个社会的行为。

（7）社会结构与国家的“党派”联系体系

为了使国家有能力担当这种角色，国家必须涵盖社会结构中的一切利益和力量，与之发生联系。“全民结构”试图以现代化建构方式给予国家这样的地位。

首先，国家“被划分”成一种特殊的“政治”领域，即与社会结构分离；其次，国家是由全民、超越等级的代表创建的，因此社会结构中的力量有权建立自己的政党，在影响国家领域的同时提出对社会结构的要求。

这是理论上的观念，但它丝毫不解决问题。

如果把国家与社会结构相分离，我们就可以无限地对阶级加以分层，也可以将它们组合成各种群体。社会斗争以这种方式发展到了极点，获胜方取得统治地位。但是由于国家作为一种特殊的力量，阻碍了统治的形成，所以从斗争阶级的角度来看，它希望控制国家，将国家变成“阶级国家”。

那种认为国家永远是阶级的、全部历史就是阶级斗争史的思想出现于我们的时代，即“全民结构”下，它认为国家是一个特殊的领域，是所有阶级的共有财产。这种情况非常典型。在等级结构中，没有人会认为国家属于某个等级，但是所有人都认为他们同属于一个共同的联合体。

[1] 我在《自由民主与社会民主》一书中详细地分析了这种方法的必然性，对于那些希望检验我的结论，即社会主义制度不可避免要出现的读者，建议他们阅读这部著作。

与此相反，在19世纪出现了一种国家，它并不毫无根据地被称为“资产阶级国家”和“第三等级”国家，即资本主义制度国家。同时出现了一种与之对抗的思想，它属于国家“工人”等级，“无产阶级”夺取国家的方式甚至与“资产阶级”如出一辙，即建立工人代表占多数的政党，然后建立“工人专政”。

总之，“党派”代表制不赋予国家联合所有阶级的能力。全民结构不能在一致的基础上联合所有的社会因素，它将人们组成了阶级群体，每一个阶级都试图将国家政权完全掌握在自己手里。

这有两方面的原因。首先，在选举人民代表的基础上，政客阶层发展起来了，以夺取政权为己任，它在社会结构与国家之间的地位类似于官僚“间隔”在君主和人民之间的地位。构成政客等级的“党派”有独立的存在、自己的利益，它完全不等同于被选举者的利益。代表自收集意见（完全服从于党派而不是人民）起，其未来的代表活动已经取决于党派而不是被选举的代表。因此在党派代表制度下，社会利益对于国家的倾向非常微弱。

其次，社会群体和阶层的复杂利益不能以算术的统计形式表达。即使算术统计结果非常准确，也不能表现出国家中社会结构的利益关系真实、生动的情况。

在选举政府中的人民代表时，假设1/10的居民为“资产阶级”，1/10为脑力劳动者，8/10为体力劳动者。如果按照这种力量对比，那么将有80名代表为工人阶级的利益发出声音，即使10名“资产阶级”代表和10名“知识分子”代表组成联盟也无法改变相对于工人阶级的劣势。但是如果议院按照这种对比情况遏制了资产阶级和脑力劳动者，那么工人阶级也不会生存下去了。

“利益全体化”的目标并不是让多数人掌握政权。这样会消灭社会，而少数派在社会中的作用并不比多数派更小，有时少数派甚至比多数派实力更强，在斗争中战胜多数派。事实上，政治思想家很早就在构思一种表决方式，使少数派也能有自己的代表，但这并不是最需要的。在社会结构中并不是只有一种“少数派”，而是有成百上千个不同的少数派和多数派。此外，如果他们都在议院中设立代表，那也不能完成建立联合政权的目标。

只有发挥所有阶级和阶层中最优秀的智力和道德创造力代表的自由思想和感情，才能实现国民生活中理想的综合、“联合”原则内容。国家的联合机构只能是最高权力，它要做的不是利益的运算，而是对社会必要性的鲜活的统计，它的表现形式不是各类别的数字，这些只有在达到目标后才能清晰起来：全民族的繁荣。

最高权力的角色体现在使所有人认可这个目标，最高权力就是 Souverain[1]，是“全民族的精神”（或者如卢梭所言的“意志”），它能理解全民族的利益。

这样的机构不能从那些只代表个人、群体利益、完全不符合“联合”地位的选举人中产生。因为代表不同“党派”利益的人共处一室，他们根本不能成为“民族”利益的代表。

事实上我们看到的情况是，议员代表越能代表党派的利益，就越不能代表民族的利益。全民结构的国家因此成为削弱民族统一、加剧阶级斗争的工具，阶级斗争已经将现在的民族推向崩溃。只有社会主义观念反对崩溃的思想，它要消除斗争，但是它要消灭自由、将所有人纳入被奴役的范围，破坏普遍的生存方式。

（8）社会结构与国家结构的君主制联系

两个世纪以来的全民结构观念的经验，不能不说是在简单的“等级”社会向“复杂”社会转变过程中建设新国家的最失败的尝试。

旧国家一点都没有错，它与国家的等级生活相联系。但这里已经不是以前的等级，绝对主义观念将国家与社会分离，从君主制那里获得了嗅探新社会群体利益的能力。它因此而衰落。代议制国家不能担当联合的角色。担当这一角色的主要是君主制。君主制在复杂等级社会中需要做的与在简单等级社会中做的完全一致。相对于代议制国家，君主制国家的巨大优势在于在建设复杂等级社会的过程中，它没有代议制体系遇到的那些障碍。

君主制没有组织“民意”的使命，它本身就是民族意志机构。因此君主制没有必要对代表各种利益的意见进行无益的统计。它可以把注意力完全集中在这样的问题上，什么东西能使所有的人和谐共处？

为了解决这个问题君主制需要了解社会群体的多方面的利益。最好是直接向他们了解，而不是通过党派，从社会群体成员那里了解。此外，君主制不允许争夺最高权力，不允许政客为了实现目的争夺“民意”，君主制没有赋予“国家的脑力劳动”代表在“政客知识分子”中重新露面的机会，结果是这些国家智慧的代表的自由创造力毫无阻碍地成为社会生活的联合启蒙基础。

在联系社会结构与国家的过程中，这些特点赋予了君主制特殊的方式。联系社会结构与国家是君主制的主要任务之一。

联系的方法是什么？首先需要维持正常的社会结构，即国家中必要的阶层和群体

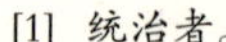

[1] 统治者。

分化过程中没有障碍，也不会中断，不会忽视利益的共同性。方式就是对这些阶层和群体进行组织。这里的问题不是简单的结盟合作的，虽然这种自由是必要的，但主要是针对个人权利。在所有的阶级中建立社会组织对于国家是必要的。

现代国家的伪理论只允许工人自由组织成为非必要的“工人联合体”，由此产生了一系列不良的后果。组织中只有那些敢于团结起来的工人，其他人处于联合体之外。在两个工人阵营之间出现了斗争，有组织的一方以暴力行动对抗无组织一方，他们在斗争热潮中被称为对付“敌人”——雇主的过程中的“内部”叛徒[1]。

两个阵营之间的敌对关系发展到互不相容的程度，法国有组织的工人是英国有组织的工人的兄弟，却被不加入组织的工人视为叛徒、强盗和恶棍！

社会感被极度扭曲了，它要求共同生活和劳动的人们将彼此视为兄弟。取而代之的是“全世界的阶级团结”，它破坏了社会有机体的团结。在阶级中出现了一种类似于工人“犹太人”的阶层，他们只吸收有生命力但是丧失一切道德联系的民族。

自由工人协会体系还有其他不良的影响，如它的内部是团结的，而对其他人采用暴力行为，他们不愿接受“法人”的地位，因此受到委屈的人（甚至自己的成员）没有对抗他们的力量[2]。工人协会内部行动一致，但是他们不向任何国家为自己的行为负责。

这种关系和感觉的发展为破坏人类社会做好了准备，人类社会只能变成社会主义奴隶制度的形式，以暴力融合的方式替代逐渐消失的道德团结行为。这种非正常的分离状态是由于国家联合力量的不作为造成的。

团结关系的萌芽无处不在，不仅在各个工人阶层之间，在工人和雇主之间也存在。即使当利益相关的方面准备用协议取代斗争而国家无所作为的时候，这些萌芽依然冲出了土壤。在职业工人联合组织的历史上，他们为寻找促成工人与雇主一致的方法做出了许多有益的尝试。从而形成了不同的“协商密室”和仲裁法庭体系[3]。这些尝试曾

[1] 有组织的工人对非组织工人以及妨碍斗争的工人的仇恨发展到了可怕的程度。“苏利安是北美工人运动最有影响力的领袖之一，他说，虚情假意不能缓和商业协会对不愿加入协会的工人的态度，我们不会向他们伸出一条树枝，我们不会对他们的参与流一滴眼泪，不管他们遭遇了什么样的不幸，我们也不同情他们的痛苦。”美国法庭不止一次地审理进入“黑名单”的工人反对协会的案件。维古鲁指出，商业协会的残酷是不可饶恕的，但是可以理解……（Л. 维古鲁《北美地区的工人协会》，圣彼得堡，1900 年）

[2] 英国商会在国内也不承认自己的法人地位，据韦伯夫妇说，承认商会的法律地位“将给不满意的成员和认为自己受委屈的人使商会承担法律责任的可能性”。

[3] Г. А. 佐托夫（Г. А. Зотов）在自己的《英国大工业企业家与工人之间的协商和仲裁法庭》（圣彼得堡，1902 年）一书中对它们进行了详细的描述。如果我没记错的话，Г. А. 佐托夫就是弗拉基米尔省的工厂主，他在英国不仅从事了理论研究，还进行了个人的探索。他的观点对俄国非常具有权威性。

经多次产生了极好的效果，并且在几十年里，在激烈的斗争、罢工、罢市、解雇的紧急时刻，充当了社会调节的角色……

我要指出一种典型的情况，实际情况表明，社会和平不是通过实力和声音的数字统计得到的（全民制度的党派实践就是这样做的），而是通过寻找双方都可以接受的一致意见得到的。

这一运动的杰出代表人物之一，工厂家芒德拉（Мунделла）很好地记录了一次这样的经历。在罢工的激烈时刻，雇主本来决定解雇所有工人，以切断罢工者从工友得到的帮助，使工人服从命令。芒德拉说："我们知道这意味着什么，这意味着将所有人推向大街。我们讨厌这么做，一些人想出了更好的方法……。"协商密室由此产生。起初在密室里，按照惯例，人们想通过多数人的意见达成和解，但结果只能是新的斗争和敌对。芒德拉说，最后"我们对自己说，不再考虑不同意见。我们试图达成一致，事实上我们总是能够达成一致……"。他们决定不再使用投票，而达成所有雇主和工人都同意的一致意见。这个典型的例子说明了社会和平的秘诀在哪里：寻找公平。

19 世纪阶级斗争和职业组织历史上另一个典型的情况是作为组织基础的自由理论的虚构。这在理论上并不难预见到（参见本书第一部分）。在"自由"原则之上建立社会是不可能的，社会结构的完善只有在支撑社会的需求不越界、为个人力量发展的自由因素留出足够的空间时才是可能的。

19 世纪工业阶级斗争史完全证明了这一点。劳动力的法律自由总是虚伪的：社会力量否定了这种自由。工人不仅在自己的组织成员内部无法逃避暴力胁迫的危险，也无法逃避和他们没有接触的人的要求，对于雇主也是这样。因此"全民结构"的国家否认了自己有管理社会力量的责任，这只能导致社会力量以非法的、极端残酷的、随心所欲的和具有偏向性的方式去做国家本应以冷静有序的态度做的事。

从个人的理性社会——国家政治角度来说，个人从属于某种独立的阶层，这种生产力下的工人应当具有内部的组织：不仅是有这种希望的人具有，而是所有属于这一阶层的人都有。没有人有权否定从事这种工作的人是这个"车间"或"阶层"的成员。社会状态的事实应该是人们拥有作为"阶层"成员的权利和责任。同样，作为生产力单位的工厂，作为社会经济单位的事实，应该为国家构成某种"社团"，它具备应有的内部组织，以及所有成员应有的权利和义务。

分属于不同经济单位的阶层、工人、行政单位、技术工人以及雇主的不同性质要求把每一个阶层都组织起来，成为特殊的团体，但同时又要让他们具有共同的组织，当他们成为共同事业的合作者时，能把他们联合起来。雇主和工人的权利应该得到同样的保护，不仅要惩罚独断专行和篡夺权力，还要建立内部的组织，保证他们处于持久的联合一致状态。现代的君主制应当理解社会结构现实的思想和趋势，应当有意识地、有计划地建立复杂的社会组织，在其中，新的“阶层”不管“全民结构”的法律如何分化他们，仍然试图进入这种组织。

事实上，在这种情况下有很多局部的问题：哪些阶层应当被认为已经属于阶层联合体或合作联合体，一种职业的工人需要花费多长时间才能成为阶层的成员，当旧联合体的成员进入新的联合体时，他的权利在多大程度上得以保存，等等。根据形势发生变化的社会立法机构的任务就是解决这些问题。社会立法机构的永恒任务还在于在个体和群体的相互关系中确定责任和自由的程度。这个问题体现了立法机构的智慧，立法机构从社会结构的实践中取得了巨大的帮助，后者总是为国家提供智慧，因此要加强自由的行为以及巩固已经松懈的责任。

因此，国家对社会结构行为合理性的关注自身构成了社会结构群体与国家之间的道德联系，在对人民最尖锐的生存方式问题上，它将二者联合起来，但问题并不仅限于道德联系。

当社会结构力量以国家的理性政治为手段进入有组织的状态时，它们事实上会成为地方统治组织的基本单位，它们与国家关注的任务有着直接的关系，如法庭、警察、社会福利机构、教育机构等。

地方统治，人们为了组织它花费了很大的力气和无原则性寻求选举资格，在社会群体的组织中，它是通过他们的代表、统一调整国家权力的“官宦”因素形成的。在国家中央体系中、在所有问题和所有需要人民“顾问”的机构中也是这样，有组织的社会群体和阶层最有权使用消息灵通的人士，他们是民族需要和意见的真实表达者。

因此，在组织社会结构的时候，国家也在准备着使社会结构进入国家统治体系的方法。

在前面的章节中，已经以取自工厂里最复杂的例子说明了国家与社会结构的关系。在农业人口中运用这种政治要简单地多，他们的分化没有那么复杂。从事“自由职业”的人，即从事脑力劳动和艺术活动的人更加容易被国家政治所关注，因为这涉及了手艺（而不是个人的自由创造）。

（9）社会结构与道德——宗教原则的联系

为了保持健全的社会结构，必须把社会结构与国家统治体系结合起来。

社会力量稳定健康的发展需要结合社会机构，社会机构是道德——宗教基础的保存者。

君主制原则与道德和宗教因素的密切联系已经在前文做了阐述。君主制应该关注的是其原则的应用永远限制在社会结构的领域中。人民在社会结构中生活、接受教育，生活在社会机构下的人民的精神对社会机构的运行具有不可抵消的影响。

社会结构中占据首要地位的是物质和经济利益，它不能不对人的倾向和生活要求产生影响。但是这些以物质形式存在的利益导致了生活中的斗争，导致了人类环境中极大数量的敌对现象。社会中的团结过于“以自我为中心”，由它产生的纪律是表面的、机械的。

人的道德力量的基础只能存在于道德和宗教中，道德力量可以产生自由的内在纪律。

社会运用的其他教育手段只能对道德力量进行整合分配，道德力量是由宗教产生的，教育手段对道德力量有理性的保护作用，也可以让它完全消散甚至消失，但教育手段不会产生道德。

前面已经指出，人的精神层面决定了他高于社会，社会是一个有机的过程，因此社会本身不对个人具有足够权威性。个人只承认上帝的指示是绝对正确的。所以，没有了宗教便没有了有意识地主动服从纪律的基础。从社会自身来讲，它也能产生命令和强制性的纪律，即使在必要的时候使用它们，对个人的影响也是不良的。只有宗教，它既能保持人的独立性，又能使人自愿服从。

这是因为宗教保持了人心灵深处的自由，为个人力量的发展提供了可能。内在的精神自由会产生人的力量，这种力量能提高社会的水平，个人会对社会产生更高的要求。同时个人知道了对于生活来说最重要的东西是在社会之中，他不再对社会抱有憎恨和过分的要求，来自这些要求的革命热情能够打破社会的平稳发展。

首先，信教的人尊重体现在社会规律中的上帝意志；其次，在深刻的自我认识后，他会感到圆满地实现世俗幸福是荒诞的幻想；最后，他对社会的关注点更多是具体的人，而非抽象的“人类”蓝图。

因此人与邪恶搏斗，环境里的邪恶是真实存在的，也就是在人身边，它对人有着直接的影响……结果是在与社会事务的接触中，人的影响更深刻了。他的社会活动主

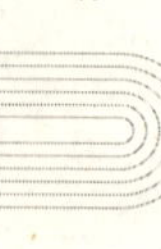

要是维护和提高自己生活于其中的社会群体。

在社会力量的根源中，教徒是最富有生命力、最有改善能力的因素。为了社会和国家的发展，必须重视并悉心保持教徒的影响力。宗教对人和事业的作用是在不盲目跟从社会、不以抽象的蓝图肆意破坏社会一切的前提下，建立和保持人与社会之间和谐关系的最主要方法。总体来说，教徒是正常进化的力量，他们生来就是反对革命的。

因此在保证社会结构处于正常状态、支持根据组织原则出现的自然群体的同时，政治应当关注的是使社会群体更多地处于宗教精神的影响下，更多地吸收宗教精神。因此必须保持社会结构与宗教结构的联系。宗教结构在教会之中。

在历史上，社会与宗教结构之间的联系主要是通过教会维持的，宗教因素参与民间启蒙教育（中学），在地方和国家统治的不同领域，主教和神甫被赋予了宗教权利甚至宗教责任。但并不是所有的联系形式都是成功的、合适的。

社会和宗教结构之间保持适宜关系的最理想的准则是教会尽可能多地获得参与社会结构领域的机会，但它没有法律责任，而是一种道德权力。这种准则表述起来容易，实现却很难，因为教会是被社会自愿接受的，完全不是强制性的。这种情况无法避免，更是由于在很多情况下人需要一种强制力量保护自己不会堕落。在社会关系领域也是如此。自愿接受道德责任的人经常会自我产生强制性的力量，它应该在道德衰落的时候给人以支持，使他走上自己选择的道德责任之路。

人们对教会道德影响的所有期待，就是教会因素不会进入纯粹的世俗领域。

从这个意义上说，向主教和神甫提供在社会和世俗领域事务中的咨议权也许是有益的。但是他们作为责任参与社会事务则是不允许的，这在东正教教规中有规定[1]。在保持咨议权力的基础上，主教参与国家或地方的管理机构是非常有益处的。作为非必要性的监督，主教有权对世俗权力的行为加以质询，提出自己的意见和观点也是有好处的。但是一切以责任形式出现的监督都是非常有害的。

在宗教道德观念中，主教负有教育的责任，他需要了解基督教社会中的一切事务。但是否接受主教的命令则完全取决于当权者，所有的劝诫和建议都是给他的。

如果不是这样，主教的道德权力将变成世俗权力。

对于教区也是如此，现在人们都在致力于公正地重组教区。当然，教区应该按照教会的整体形式加以革新，教徒应当成为自己的宗教群体的真正成员，他们有权参与教区的事务、选举牧师、关注教会的需要以及教区的慈善事业和教育事业。但是具有

[1] 圣徒的第 6 条规定是："主教、神甫或助祭不得参与世俗事业的管理"。否则"将被革除教职"。

行政权力和责任的教区已经不再是一个宗教联合体。它要抓捕罪犯、收税，还卷入了世俗选举中的党派斗争等。这是作为“精神联合体”的教区的末日……

像教会一样，教区应该是这样的地方，为争夺“世俗利益”的人们可以坐在一起共同祈祷，达到道德上的统一，谨记永恒的生活目标。人们应该有机会冷静下来，对自己说：“我们做得不好”，向彼此伸出援助之手……

国家政治的使命是保证教会结构的独立性，不在任何情况下强迫教会，同时也不允许它染指世俗结构。应该允许教会宣传自己的教义、主张、赞同和反对的观点，但是不能与世俗机构混杂在一起。破坏了这一法则将危害到世俗结构和教会结构，如若不然，政权也不会再给予教会结构必要的自由和独立性。

5. 统治体系

（1）论题

统治理论是国家科学领域里的一个重大分支，因为它关系到实现国家目标的一切行为。

接下来要讨论的问题并不是国家统治问题的全部领域，而只是其中一部分。在国家的整体任务和实现目标的方式上，国家之间不仅有相似之处，有时甚至是完全一致的，君主制国家体制也不例外。本章中我们考察的目标只是国家统治机构的建立和治理原则的关系，它们是君主制原则本质的体现。简而言之，我们要解释的只是君主制国家的统治体系。

我们首先面对的问题是君主的地位，他是国家统治总体系中的最高权力。因此首先应该区分君主的两种不同行为，我认为是：第一，沙皇特权行为；第二，君主制宪法行为[1]。

（2）沙皇特权

沙皇的特权行为以最高权力的本质为条件，这些宪法条件之外的行为也可以被称为沙皇的自然权利行为。

建立在正常法律规范基础上的“权利”行为很常见。也可能有相反的情况，有的“特权”行为虽然不是与权利对立的，但是它处于“权利”行为之外。特权行为是具有某些特点、被赋予或要求绝对权利的人或机构所特有的权利。沙皇特权行为的特点在于，

[1] 这里的“宪法”一词并不是“限制”君主权力的意思，而是它的直义，即建立正确合法的机构。君主制宪法就是由君主建立的有良好组织机构的体系。

它可以在法律规定的范围之内实现，只要它履行向最高的、道德的、上帝的真理表示尊敬的责任。

为了解释这一点，需要回忆国家的诞生过程，此时政权是为了建立国家而存在，但是它还没有能力组织国家。这个时候最高权力担负着一切统治责任，担负着支持真理的全部责任。其中权力是不可分割的：它确立了法律，审判破坏法律的行为，执行一切决议。同时，作为道德原则的最高理想，君主制权力没有任何不能管辖的东西，只是在某种情况下掺杂了某种道德利益。沙皇的责任是支持真理而不是维护尚未实现的个人命令。实质上任何违背道德的行为都不能以法律未禁止作为存在的理由。不能存在任何最终决定和对权利的破坏，不能有任何默认的东西。同样也没有个人权利能够否定国家权力对个人行为的干涉。没有人有这样的权利。作为道德最高权力的沙皇监视着一切，没有社会、家庭和个人关系能够躲避国家赋予沙皇的道德监视权。

从此开始了国家的建构过程，其目的在于以法律体系和机构形式实现最高权力的总目标。这个目标实现地越好，国家就越完善。国家最高权力的普通监视行为和良知行为被国家专门的法律和机构以及国家设立的社会机构所取代，最高权力的角色转变为指导和监督力量。

但是绝对完善的制度是永远无法实现的。如果想象到在某一时刻法律和制度体系准确地预见了维护和恢复真理的方式，那么生活必定发生变化。自然权利、形势的新要求以及良知正在与落后的、不完善的法律和制度发生分歧。如果国家改革能够迅速地恢复新生活、建立法律和制度之间的默契，那么它不会早于在实践中发现不和谐之处。在不和谐尚未被国家强制消除之前，国家维持着自己的法律，也维护着道德的不合法性。从崇高的国家目标角度来看，此时国家似乎不存在了。

此时最高权力将重复在国家建立之前所做的行为：出于良心，最高权力将亲自履行国家不能完成的任务。

但是这样的时候很少吗？当然，几乎无法想象法律和国家与生活的要求完全分离。但是在国家生活的个别领域，法律制度与现实要求不相符的现象总是多少会发生。

除此之外，无论法律多么完善，多么现代，它只能维持中等水平的公平，而人们生活在具体的规范之中，总是高于或低于中等水平。在很多情况下，法律公平并不等于道德公平。

从理想的角度来说在这种情况下国家和法律似乎已经不存在了。如果国家所做的一切对所有人都是公平的，但是对我不公平，那么我有权抱怨国家对我来说是不存在的。国家有责任为所有的人而存在。在这里，最高权力又面临着运用个人特权恢复公平的任务。因此沙皇被最高权力赋予的特权行为从原则上来说不会消失，也不会受到任何约束。由于最高权力不可能完全放弃对真理的支持，在必要的时候最高权力将运用特权维护良知，而臣民应该有权向沙皇诉说自己的任何请求、臣民彼此之间发生的矛盾以及臣民与合法的国家制度发生的矛盾。

如果说沙皇是道德原则的最高权力，那么这是沙皇的责任，由此衍生的特权不会消除。伊凡雷帝准确地表达了对无限责任的认识，他说："我相信，法庭不会接受我的罪过，并且我统治下的子民也不会怪罪于我。"

我们以更容易明白的例子向现代人解释这种现象。

什么不能被置于社会舆论的监督之下？没有这样的东西。不诚实的行为、不听话的儿子、父权专制、欺骗等，没有任何隐私的事情不能在"社会舆论监督"、"社会良知"中得以解决。

沙皇是真正意义上最伟大的"社会良知"机构。他是最高级的真理代表，在涉及真理的任何地方，在人们追求真理的任何地方，人们都要有向沙皇求助和申诉的渠道。

这是道德意义上的最高权力的基本功能。

完全实现此功能自然不切实际。即使在法律领域内沙皇也无法去检验和纠正成千上万的罪恶与不公正，即使追求真理的人们将这些事情诉诸沙皇。沙皇永远不可能去倾听无数的抱怨，那些人们以寻求真理的幌子歪曲真理。当然，这与"社会良知"无法处理大多数的冲突如出一辙。但是"社会良知"能否拒绝寻找真理的人们？这在道德上是不可能的、不允许的，对沙皇来说也是不可能的。

除了最高权力不能拒绝履行捍卫法律和真理的责任，沙皇的特权对于社会和国家来说还具有积极的意义，它丝毫不比法律统治综合体系更差，这一特性不是出于法律，而是出于道德。

这是因为维持公平的人际关系，保护社会免受犯罪行为侵害的不是法律，不是惩戒，不是监督权，而是人们对真理的信仰，真理的神圣和至高无上。如果人们对真理的感情足够真挚，那么社会即使离开了法律和权力也能存在。因此从国家利益的角度来讲，以法律替代人们对真理的感情是完全没有意义的。发生这种蜕变的人可被视为毫无道德。他的生活原则是"偷窃，但不要被发现"。这样的人没有一丝羞耻感，如果法律有疏忽，他可以去欺骗，去犯罪，去剥削别人，而法律不可能预见到人们之间所有的剥削现象。当人们失去了对真理的感情，时刻充满了犯罪的欲望，一旦人们认为可以免受法律的惩罚，人类社会将变成地狱。为了防止良知的消失，需要大力发展国家的力量，即使如此也不会有效果，因为权力机构本身也充斥着良知的匮乏。

总之，对真理的尊重和信仰，其意义不亚于理性的法律和权力组织。因此，在赋予诸多国家管理机构合法性的同时，不能忽视真理的手段以及真正意义上的公平。

最高权力在真理基础上的特权行为就是绝对真理的手段。

由于人类力量的有限性，在维护公平的时候，最高权力的直接行为实际上不会有很多用武之地。狡猾的剥削者很少以这种方式被揭发和惩罚，极端贫困的人很少被沙皇以法律之外的行为拯救……但是这样的事情将会出现，它们将给每一个受委屈的人以真理的信仰，给每一个犯罪的人以震撼，被掩盖的犯罪行为将受到法律严惩，不会姑息任何犯罪的人，不管是“很久以前的”决定或“最终的”决定……

沙皇在整个民族中的特权由这样一种意识支撑，即真理高于法律，法律是神圣的，是真理的痕迹。

从君主制政治的角度来看，开明统治的方式要比崇拜绝对真理容易得多。因此沙皇有良知的特权行为在君主制中没有消除。在没有特权的地方，作为最高权力的君主也就没有了。

虽然君主制政治赋予沙皇特权以很高的原则和道德意义，但同样应该认识到，崇高的意义只是原则上的，现实中特权对于国家最重要的意义在于建立良好的统治。沙皇虽然是最有才华的人物，但也是人，实力有限。人际关系中无数的请求、需要、冲突、抱怨无法到达沙皇那里，如果沙皇的一日工作量相当于一年，那么沙皇的一年仍然无法完成国家一天需要做完的工作。沙皇的直接行为可能看上去很渺小，君主关心的应该是国家的运转组织，即建立法律和制度。

我们接下来要讨论这个问题。

（3）君主在统治体系中的地位

在国家的统治中，对于君主制权力来说最重要的是牢记并保持自己的地位，即最高权力的地位，而不是单纯的统治地位。

我们已经提到，最高权力构成了民族和政府之间的联系。最高权力与民族共同构建国家的同时也构建了政府，即国家统治体系。民族成员作为最高权力的属民，同时也是国家和政府的公民。

将国家置于政府管理之下，取消国家的公民权力是极端错误的。最高权力即君主应该捍卫民族的独立并使政府机构保持服务性的功能。政府机构维护公民法律上的普遍义务，同时也是一种依附力量。公民服从最高权力的命令，遵守政府规定的普遍行为规范，最高权力要求臣民履行法律的要求，要求政府监督法律的执行。

臣民对最高权力的服从不是奴隶式的，而是自由的，因为任何形式的最高权力都是民族特有的高层次基础，其心理特点决定了它要服从于高级的联合与统治原则。最高权力的起源是民族的精神，因此民族精神是最高权力的支撑，是实现最高权力的基本力量。民族对最高权力的抱怨其实就是对自己的抱怨，这是一种自愿的、有意识的主动服从。

由于最高权力与民族之间存在着内部关系，君主必须捍卫民族的独立性，因为君主是民族的代表，只有民族代表才能成为民族的最高权力。

此外，君主在组织强制性因素的时候，他要保护政府机构，但其程度取决于无法通过国家机构建立的民族的力量。但是当社会力量足以独立维护普遍责任形式时，政府机构的行为就是多余的，不必要的，也许是有害的，因为没有必要削弱民族的独立能力。

因此，在构成统治体系的同时，君主制权力还有重要的责任和兴趣，在这一体系中赋予社会力量充分的地位，使其尽可能地发挥保护作用。

通常人们说，只有在社会统治下的利益失去国家性质上的意义时，社会统治才会取得自己的地位。对此我们无法苟同，因为几乎不存在没有国家性质的利益。事实上，社会统治在社会力量得以直接发生作用的时候才有自己的地位。当社会力量只能间接发挥作用时，社会自治已经失去了应有的位置，统治权应当转移到国家政府那里。

因此在统治组织中，君主的任务是保证社会自治力量适用的社会统治范围。但是社会统治不能被视为一种国家之外的东西。相反，它是国家统治范围的一部分，同样受最高权力所辖，如同官僚机构和“公务”机构，很多时候它与后者是直接联系的。统治体系中社会力量与官僚力量的结合巩固了作为最高权力的君主的地位。

还要注意君主参与统治的方式问题。他的角色不是内阁，而是沙皇。国王统治一切，而不是治理（法语）。立宪派作者的这一表述时常被人嘲笑和忽视，它将君主看做统治力量、确认措施的形式手续、富丽堂皇的代表，但是这句话的真正思想并非如此。

作为最高权力，沙皇的地位在于管理统治力量，进行引导、控制和评判，改变其人员和设置。君主使统治机器运转而不是自己变成统治机器。如果说统治艺术的任务就是以最小的力量获得最大的效果，那么在运用最高权力的力量时也必须遵循这一原则。

君主参与统治责任的程度越深，参与直接统治工作的力量越小，君主的统治艺术就越高。君主放弃船长的责任亲自掌舵、担任司炉的时候越少，统治系统就越完善。与别人相比，君主必须不能忘记如何使用权力和工作分担的法则。直接运用君主的力量体现在他担负管理和掌控一切的最高权力责任。但是没有一个人敢夸耀他能统治一切事务，因为这样会丧失工作分担，没有工作分担就没有良好的统治，更没有必要的监督。

最高权力的有益活动不是进行个人统治，而是联合国家中的一切力量进行统治，将他们组织起来，共同关注开动的国家机器的运转情况。

孟德斯鸠在批判君主制的腐朽方面时对君主提出了警告[1]:“当人民剥夺了元老院、官吏和法官的职权的时候，民主政治便归于消亡；当君主逐渐取消了贵族群体或城市的特权的时候，君主政体也就腐败了。前一种情况导致多数人的专制主义；后一种情况会导致一人独裁的专制主义。”

“一个中国作者说，秦朝和隋朝灭亡的原因在于，君主不像古人那样对政务只进行一般性的监督，这是作为元首唯一应该做的事情，不应事必躬亲。”孟德斯鸠说，“这位中国作者在此几乎道出了所有的君主国之所以腐败的原因。”

作者在另一处还提到，“红衣主教黎希留（Ришелье），也许想到了他曾经过于贬低了国家各阶层人士的作用，所以他试图凭借君主和朝臣的美德维系国家。但是他对他们的要求过于苛刻，所以实际上除了天使之外，没有人能够像他要求的那样审慎、智慧、果断和博学；君主政体存在的全部进程之中，人们都无幸目睹他所要求的那种君主和朝臣……”[2]

孟德斯鸠提到的国家等级实际上是指所有的统治机构。君主应当保持在最高权力中的地位，只有这样他才能更好地运用统治权力。

君主在分配最高权力职责的时候应该遵循什么呢？首先他要确保权力的全面性。在统治手段中，为了更好地统治国家，区分了不同的权力，又叫分权。但这只是在统治权力中。最高权力的本质是涵盖一切的，它包括各种权力现象。如同光线一样，在统治的棱镜中分散成独立的不同现象。

[1] 孟德斯鸠：《论法的精神》，第 8 部，第 7 章。
[2] 孟德斯鸠：《论法的精神》，第 5 部，第 11 章。

通常人们认为有3种形式的权力领域：立法权、执行权和司法权。有人认为监督权是特殊的权力种类，但其实质是执行权的一个分支。无论权力有多少形式，它们都统一于最高权力，即君主的统治，属于君主个人：君主是最高立法者、最高监督者、法官和执行者。他将自己的权力分配给不同的国家统治机构（多数的权力是以专门化的形式确立的），但他仍然是一切权力的唯一来源，不仅维护权力，还在必要的时候，担负每一项具体的立法、司法和执法职能。

我们无须证明君主有这样的权力。他是最高权力，拥有一切的权力。但是政府体系的完善需要君主时刻都直接担负起任何的统治功能。一旦这种可能性完全消失，统治机构就成了篡权和专制的工具。因此，统治应建立在这样的基础上，在通常情况下，国家机构体系自我发挥功能，接受君主的整体监督。如果政府体系在某个地方功能衰退或不称职，那么最高权力必须立即发现并纠正国家机器的错误。

为了保证君主的这一角色能够实施，整个政府机构体系要在所有的领域中——立法、司法和执法——将最高权力视为中心，随时接受君主的监督和影响作用。

没有一种统治权力可以逃避最高权力的监督和直接干预。但是最高权力的直接参与总是局限于自身的力量。由于一个人不可能管理所有的事务，出现了权力的交接体系。对于需要寻求力量和时间参与统治领域工作而不至于受其他部分的压力的君主来说，这是完全正常和必要的。

所以，我们可以确定的是：①要保证国家统治的任何一个领域原则上不能逃脱最高权力直接干预的可能性；②在正常的国家统治中多数事务要移交给政府机构，但必要的条件是行为的合法性和所有行政等级机构的合法负责性；③最高权力在解决国家统治和民生需要问题时要保持完全的消息公开，要进行认真的专业化的讨论和准确无误的决策；④在建构统治机构的过程中应遵循行为完善的原则。

（4）完善统治机构的原则

完善国家统治机构的大多数原则都是在实践中产生的，并被统治理论所阐释，这里没有必要详谈。我们只需要在这里捎带提及其中的大部分内容。

首要的原则应该是机构行为的合法性。法律——作为长久实践和多方面讨论的结果——多数情况下都能准确、实事求是地指出应该做什么，它比个人的目光更加敏锐。最主要的是：法律为所有人明确地提前指出了行为的方法，并在人和制度之间的关系中维护着稳定的秩序。在社会关系中没有比秩序更重要的事。

每一个政权都应该掌握广泛的权力。如果不是这样，政权的行为就会缺乏谨慎性和活力。

没有任何政权应该允许独断现象的存在。

为了限制权力的独断，确保权力行为的活力和准确无误，应该对不同的权力加以专门化管理。这是通过分权原则实现的。

对权力的分割和专门化管理是为了提高权力在不同领域的行为效率：①根据权力的表现方式，权力分为立法、司法和行政；②根据具体事务分为不同的部门，分别负责社会事务、经济事务、国防事务等；③根据权力的行使范围分为全国管理、地方管理和专门管理。

每一种权力都应该根据其行为的目标建立，需要讨论的问题最好通过集体制度加以解决，需要采取执行的问题最好通过个人权力来解决。

具备了广泛权力的政权应该为自己的行为负责，接受相应的监督。

对权力制度和机构行为的完善需要有纪律和等级制度，还需要有履行责任的觉悟。这种觉悟要求从属者比首领更能理解责任的精神，在必要的时候能够担负起自己的责任，不去顾及等级制度甚至在极端的情况下违背它。

如果没有了对最高责任的忠诚，纪律和等级制度有可能成为权力机构最大的祸患根源，造成制度的瘫痪。

还有一点没有得到共识，但已经在研究过程中提到了，君主制统治体系无疑是贵族政治和民主制力量的有机结合。

因此君主制统治体系应该体现出官僚机构和社会组织的结合。我们接下来还要详细讨论这个问题。

最后需要指出的是，实行分权和专门化的国家统治机构应当永远保持唯一的中心，它不仅体现在最高权力中，还体现在国家统治中心，它联合所有的机构，对最高权力负责。为了使负责意识落到实处，还需要一个直接隶属于最高权力的监督中心，它把最高权力和整个国家联结起来：一方面是政府体系；另一方面是民族。

（5）官僚力量与社会力量的结合，专制制度与自治制度

由于最高权力的直接作用无法超出一定的范围，出现了一种中间权力，它的形式是等级制和自上而下的官僚等级机构。对任何国家来说，中间统治机构的公职人员和官员都是必要的。但是如果他们篡夺并代表了最高权力的地位，那么他们的作用就是

极为有害的。

民主制尤其会扮演君主制中这样的角色，因为在民主制中对最高权力的篡夺完全是另外一种形式：那里有政客，即所谓的"民意代表"。在民主制中，政客通常和官员结合起来，也就是说官员来自于政客阶层。这是两种不同的"政治职业者"，他们的精神和在国家中的角色是相似的，在君主制中的典型形式是官僚制度，在民主制中的形式是党派政治。

最高权力中这两种势力的篡权倾向是一种危害，它能导致国家的毁灭，因此最高权力（任何形式）必须不断地同其做斗争，不只是消灭已经出现的篡权行为，最主要的是预防此类现象发生。

一切为了最高权力"直接"作用的解放力量都是预防篡权的有效手段，由于直接活动的不足出现了公职阶层势力的篡权。在民主制中，应对这种现象的最好方法是尽可能扩大人民的自治范围。君主制的方式更多（它的控制能力更强），在这些方式中，它需要吸引社会力量参与管理，也就是官僚力量与社会力量的结合。

在正常的君主制中，这种结合体始终发挥着作用，当君主制遭受绝对主义的侵害时，它就会衰落甚至完全被否定。绝对主义混淆了政府和最高权力的概念，混淆了政府和官僚制度的概念，最终将专制制度等同于官僚统治。

由于这个问题非常重要，我们要对绝对主义的学说做更加详细的考察，这种学说融合了专制制度与官僚统治。

1899年在俄罗斯发表了一份极有借鉴意义的官方通报，一个重要的部门发布了一整篇关于专制制度与自治无法相容的文章。这份通报后来在国外出版，我借用这份公报说明官僚制度——绝对主义者在争论中使用的理论[1]。

通报作者非常肯定地指出，专制制度与自治是不相容的。作者声明并不否认某些

[1] 1901年，这份通报在斯图加特以《专制制度与地方自治会》为名出版。

我不能不顺便对通报作者提出两方面的批评。第一，他把我称为"革命者"，这是不对的，在正式的通报中也是不体面的，我没有机会加以反驳。第二，作者过于片面地使用我的小册子《1881年的立宪主义者》反对地方自治。我根本没有说过地方自治会是立宪主义的特殊避难所，我相信1881年的官僚制度为建立宪法付出了巨大的努力。

同时我还写了关于专制制度和自治的问题。"绝对主义的最高权力造成了国家与社会之间的对立，一方面是国家的统治；另一方面是社会自治。有人预计这两种力量相互制约，'国家'越发达，'自治'程度越高，反之亦然。纯粹的君主制度几乎不能与这种权力分离相融合。"

"从社会的角度来看，整个的国家就是民族自治最终形成的组织。其中没有对立，只有补充。"

"当国家与社会之间出现某种不正常的疏远感时，这是信号，官僚制度在统治中占据了与自身不相符的位置，将社会分离出了国家，因而阻碍了最高权力在国家的社会组织中寻找有生力量。但是自治即最高权力使社会群体在其职权范围内直接参与管理国家事务，它就是从君主制观念中直接得来的。"

《作为国家建设原则的个人权力》，第127页，莫斯科，1897年版。

联合体的存在和自治，它们有自己的利益，如学术和教育团体、慈善机构、商会等。他承认等级自治，但只有“在等级履行自己的直接职能，从事完全属于自己的事业，在没有一人获得相对于别人或所有人的行政职能时”。通报作者认为在这种情况下自治“不会威胁到中央权力”。[1]

根据官僚制度的理论，当自治超越了自己的范围以后就会对专制制度形成威胁。

根据这一理论，君主专制制度不应允许地方居民中的少数人或他们的全权代表在法律的范围内参与国家事务的管理。似乎只有宪政国家可以这样做。“在宪政制度下，地方自治只是分散管理的一种形式。从上至下的一切国家管理领域都是以人民政权为原则的。所有的统治机构，从中央到地方，都贯穿着同样的精神。在专制国家中，地方自治与政府或最高权力的矛盾必然体现为：中央的权力建立在某种原则基础上——君主意志是唯一的、不可分割的，不受人民代表的独立行为的任何限制，而地方自治是另一种原则——由人民选举的代表行为独立，只受到君主和任命他的人的监督”（第27页）。

总之，我们发现，绝对官僚主义者坚信“政府”和“最高权力”是一致的，在证明了“自治”与“官僚制度”的对立之后，他们认为自治与最高权力本身是矛盾的！整个论证是以这种方式进行的，论证的基础是“自治机构与官僚机构完全不同，它们彼此之间是矛盾的”（第21页）。

通报说，最高权力授予官僚机构和地方自治机构的权力有很大的区别。官僚机构没有独立性，它们只能严格执行上级权力指派的任务。《职务章程》第712条规定：“每一个低级官员应接受来自上级的命令并准确执行。”

自治机构恰恰相反，它们要保持独立。它们的决议可以被更改或取消，但是这些决议是由它们独立通过的，没有政府机构的直接指示。

自治要求分散管理，与官僚制度密切相连的是集中管理。

官僚制度完全建立在命令和等级服从的基础上，自治建立在选举的基础上。

通报作者指出了官僚机构和社会机构的不同特点，明确无误地提出将官僚制度的特点赋予自治制度是毫无益处的。每一种制度只适用于自身的情况，如果把它放到另一种类型的情况下，结果只能是无所适从。“地方自治会没有独立性，在一切细节问题上遵循中央的规定和指示，因此它没有任何意义。对于统治的目标来说，地方自治

[1] 官僚制度嫉妒绝对主义的特征在这个声明中体现地很明显。但我国的贵族相对于其他阶层拥有广泛的行政权力，拥有自己的警察局等。难道这对专制制度非常“危险”吗？相反，当取消了专制制度代之以官僚制度时，对专制制度就没有“危险”了吗？

不仅无用，而且有害。”

由于缺乏独立性，地方自治会对指派给它的事务没有兴趣。“这种兴趣表现为体现出自己的观点，根据自己的想法建立地方秩序，但这些条件不会具备，因为地方自治会必须根据命令行事”（第 174 页）。

总之，官僚制度和自治制度之间的不同特点不会消除。

与此同时，官僚制度的理论还认为，“只有在从高到低各个等级，中央和地方机构中秉持一种原则，才能实现真正一致的统治，后者（统治者）才成为国家真正的主人。只有在这个条件下地方机构才能成为执行中央权力命令的可靠部门，这样的地方机构才是‘自己人’而不是‘别人’”。

因此在君主制专制制度下不允许实行自治。

“每一种制度在相应的范围内是合适的，反之则不适合。在宪政制度下，地方自治可能是很好的统治手段：地方自治是链条中的一环，被同一种金属束缚着。它们的地位是确定的，可以专注于自己的事情，不用抢先，也不用每时每刻为生存而担忧。在他们之上的中央机构里有他们的代表，因此对于中央机构指派的任务他们可以完全信任，尽心尽力地执行完成。同时中央代表机构总是可以敏锐地倾听到地方机构的要求。在专制国家中，自治制度完全是另外一种情况并且永远是这种情况。在这种制度下的机构同周围和上级之间差别很大。这些机构形成了另外一种原则，从此开始了无穷无尽的误解、警告、镇压、争端、冲突、镇压措施等。政府和官僚制度不信任地方自治，地方自治也不相信政府。自治会当然希望对立法机构施加影响，立法机构的活动与地方有密切的联系。政府将这种倾向视为对特权的觊觎，政府希望在地方实现各种目标：地方自治会发现了对自己权利和独立性的侵犯企图。政府发现了带有偏见的思想并加以拒绝。政府下达命令：地方自治会站在了与政府隐蔽或公开的对立面上……最终产生了误解、争执、怂恿、地方的衰落，同时还有地方与政府的对立，政府在危急时刻对宪法产生强烈的需要”（第 198、199 页）。

作者的最终结论是“全等级代表制度在地方事务中承上启下的发展必然导致人民代表进入中央统治的领域，以及人民参与立法和最高统治机构的活动”（第 211 页）。

总之，根据绝对主义官僚制度理论，必须二者选一：或是官僚化的君主制，或是以民主制取代君主制，以实现自治。如果在绝对主义官僚制度镜子中对君主制的丑恶扭曲类似于真正的专制君主制的话，那么我们不能给君主制更加严格的判定。事实上这面镜子反映的只是官僚制度伪装成“专制制度”的形象。

官僚理论否定了君主制中存在自治的可能性，这种理论错误的根源是不理解国家体制的基础。官僚理论混淆了最高权力和政府，因而认为在君主制的统治领域中除了个人不存在其他的原则。事实上最高权力可以以任何原则组织政府：罗马的共和制起初以贵族政治原则建立政府，后来以个人专制为原则。关于这一方面的阐释本书不做重复。

官僚理论将政府与官僚制度混为一谈，它还认为官僚统治是君主专制制度的特有属性。这是完全错误的。在政府中，任何形式的最高权力都是各种不同权力原则联合的结果。官僚制度并不是君主制特有的，它可以属于任何国家。在法兰西共和国期间，官僚制度比在君主制下的发展更为迅猛。在美利坚合众国——实行民主自治的典型国家，充斥着官僚风气，它有自己的政治特点，但很大程度上是属于官僚制度的。我们不能不注意到官僚制度必然甚至必须存在于任何复杂的国家体制之下，它们无法回避中间权力体系。

为什么民主制可以运用官僚制度，而君主制不能采用社会统治？

官僚制度理论认为，需要保持从上到下、从中央到地方统治机构的一致性，只有在这种条件下政府和官僚制度才能成为“主人”……是的，如果官僚制度的任务在于使“官僚制度”成为所有地方的“主人”，那么就需要在每个地方培养官僚制度，将其他的政府力量从国家中驱逐出去……但是官僚制度有必要成为一切的“主人”和主宰者吗？对于最高权力、政府、国家和人民来说都没有必要。只有官僚制度需要这样，这只是出于自己的利益考虑。在社会和国家的利益中官僚制度独断将导致一切的灭亡，因为在这种情况下官僚制度已经完全堕落腐化，变成了独断专行和掠夺的组织工具。

这份通报描述了俄罗斯的地方自治会同官僚制度、政府甚至最高权力之间持续不断的冲突。它所传达的历史图像非常真实。但其政治含义另有所指。

地方自治会与中央、政府和最高权力之间的冲突起源于 1861 年起俄罗斯逐渐打击官僚制度篡权，因此社会管理在政府和最高权力中挤占了它的位置。但是从正常的、理性的统治理论来看，允许官僚制度的扩张不止是一个可悲的、也许是冒险的错误。

通报作者认为，政府保持着对官僚制度的倾向，导致了自治会丧失了对政府的信任，走向了全面的反对立场，结果却是招致了政府的不信任……为什么会发生这种现象？作者描述了宪政国家自治和官僚制度和平共处的画面，他认为行政长官和城市委员会之间不存在任何冲突，但是冲突无处不在。官僚制度与自治的不同原则必然导致冲突，这并不是灾难。真正的灾难在于我们的政府完全站在官僚制度一边。为什么会这样？因为政府完全被官僚制度控制了。这并不是君主制必然出现的结果，它是不正常的。通报作者说："自治会确实希望采取某些立法措施"，因为地方和国家事务联系密切。但是我们为什么无法满足这个理所应当的愿望呢？错误是官僚制度对专制制度造成的，没有任何其他原因。真正的罪魁祸首是官僚制度的独断专行，它控制了立法机构。

但是这与专制制度的原则并没有联系。

对于最高权力来说，立法提案的动机并不需要完全来自于官僚领域。对于君主专制制度来说由谁向立法机构提出建议都是一样的。从原则思想来说每个公民都可以这样做，因为没有任何人被禁止向最高元首提出通报，甚至全民提出通报或进行某种改革的请求。如果现在这样做不能取得任何效果，那么不是专制制度原则的问题，而是官僚制度篡夺了立法机构的权力。官僚制度实际上剥夺了君主的立法动议权，根据惯例，如果国王需要实行某种措施，应该以个人名义委派官僚阶层的"负责人"以独立的形式提出这个问题……

因此，如果官僚制度希望始终保持开诚布公，应该承认，根据官僚制度思想，不仅人民自治与专制制度不相容，君主的独立权力也与其不相容。

这并不是"君主制结构"的思想。这是不称职的主人的政治体现，就像瘫痪的主人雇用了侍从，付给他薪水，然后全部家庭都由这个奴仆掌管了……

如果由于官僚制度的篡权导致了人民和权力之间出现了怀疑和争吵，其原因不在于"自治"，而是国家体系破坏了正常的国家体制原则，更破坏了君主专制制度的一切原则。

国家就是由最高权力联合而成的民族。政府只是一种服务性的力量，在官僚国家体制下政府成为国家的"主人"，也是民族和最高权力的主人。在这样的"宪法"下，"信任"自然消失了。而民族依然存在，但直接管理国家事务、成为最高权力的想法越来越少……

这种情况只是官僚制度损害君主制的一个典型。政客阶层损害民主制也是这样。

（6）官僚制度的篡权

齐切林指出了官僚制度的危险之处。他说，官僚制度"是新国家的主要组织者"，但是"它可能从权力工具转变为独立的实体，拥有自己的利益，处于君主和人民之间。

官僚制度的利益是谋求在行政领域中不受限制的权力。这个目标是通过给予社会尽可能少的独立行动权，向君主隐瞒事实真相达到的。通过这种途径官僚阶层掌握了一切。君主的意志以独裁形式取决于它（官僚阶层）"。结果是"上层被官方的谎言统治着，下层是完全的独断专行"。

这个表述是准确的，但并没有深入问题的内部。从技术角度来说官僚制度是最完善的中间权力体系。这是因为君主制度的特点得到了最大的发挥：命令通过等级制度从上到下准确地传达，专业化，务实，驱动传导系统无条件服从的纪律等。但是这些优点具有危险负面的一面：泯灭公务人员的人性，视工作责任高于良知，降低对人和祖国的幸福的独立判断力，为了统治体系的利益忽视了生命的精神。

可以想象的是，如果这种没有灵魂的统治体系成为人民之上的最高权力，它将成为堕落现象的根源。

我们不应忘记，官员越具有独立性、具有不经过上级指示独立思考社会福祉的权力，就越容易关注个人利益，这种自发产生、不经指示只考虑自我利益的习惯能产生可怕的自私行为，一旦机会具备，这将导致中饱私囊和权力滥用。

为了避免官僚制度成为没有灵魂、冷漠、与人类感情相左的机器，必须让"官员"接近"平民"，培养官员的世俗精神和人性。

为了克服官僚制度的缺点，需要建立联合的权力体系。另一种方式是保证最高权力不受统治机构的胁迫，为此需要建立一个综合性的机构，将所有权力（立法、司法、执行、监督）集中于自身，成为最高权力监督专门权力（"部门"）的工具。

俄罗斯是典型的官僚制度国家，类似于美国的政治制度，它比其他国家更能证明官僚制度在最高权力失去了必要的监督作用后是如何篡权的。我同意 П. Н. 谢苗诺夫的观点，他对俄罗斯的制度进行了长期细致的研究[1]。

在俄罗斯，完整的官僚制度体系是随着内阁制度建立起来的，最高权力逐渐走向了"总理"的位置，但它具有不受限制的权力。内阁的所有事务表面上是由最高权力决定的，实际上它只能从内阁报告中了解进展情况。

这就形成了一套事实上没有监督、不负责任的统治制度体系。

[1] П. Н. 谢苗诺夫：《专制体制的国家结构》，圣彼得堡，1905 年版。这部研究专著以"手稿"的形式发表，读者是看不到的。对此不能不感到遗憾，因为作者关于构建统治体系的观点值得引起注意，特别是在当代，整个俄罗斯都在讨论改革，但由于缺乏改革的知识，俄罗斯只能在欧洲宪法思想中进行思考。П. Н. 谢苗诺夫提出，"俄罗斯真正的进步在于改善自己的历史结构"。这份手稿对现存制度的批判引人瞩目，作者准确地指出了制度的不足之处，在现代的文献中还没有与之媲美的评论。

П. Н. 谢苗诺夫（П. Н. Семенов）描述了这种制度产生的后果[1]。

"一旦官僚制度摆脱了监督，就具备了 4 种主要的负面特征：第一，它不是从国家利益的角度对一切事务进行分析和决策，而是从它所处的职位角度来衡量；第二，它总是关注并致力于提高逃避担负责任的能力和灵敏性；第三，它致力于构造规避法律和规则的方法，以逃避制度的监督，提前解决问题，回避涉及到其他部门的事情等；第四，它的能力、知识和才能没有用于寻找对人民和国家最有利的解决问题的方法，而是用于根据不断变化的上级口味、反复无常地炫耀自身实力，因此在平衡各方观点、协调妥协的方面获得了精湛的技巧，将解决问题的任务放在了一边。"

"官僚制度的代表摒弃责任、规避法律，将事情引向最高权力，负责任的权力应该自己执行的事务被最高权力的签字掩盖了。这种情况导致所有的权力都放弃、畏惧了良知……出现了无休止的拖延。很多方式和手段渗透到了官僚制度中，如官样文章、各种关于管辖范围争论以及各种不必要的信函，目的就是为了推诿事务或责任，让事情数年无果而终。在这种条件下谁才是'有才能'的官员？最善于推诿事务或将责任最大程度转嫁他人的人，如果有必要，他甚至将责任转给君主本人，以君主的批准为掩护……"

"最严重的后果之一是在这样的条件下在政府的措施中很难确定君主的权力被导向了哪里，权力在哪里结束又在哪里开始？因而无法产生共识和表现对政府行为的议论。"

"从另一方面来看，加剧的掠夺是责任意识减弱的后果……多数情况下有罪的人物没有出现，很少有人为自己的行为负责。"

现代的内阁权力设置时常被认为是"夺取最高权力"。从 П. Н. 谢苗诺夫的观点来看，"统治者夺取最高权力"造成了"最坏的统治形式之一，类似于寡头政治，它不是独立的，由固定的人员组成，而是由随机变化的人员组成，事实上获得权力的少数寡头隐蔽了起来，在需要的时候，为了夺取最高权力，他们得到了不用负责的准许并损害了最高权力的名誉"。

这是官僚制度高层的情况。下面的情况又是怎样呢？每一个基层官员要接受上级指派的任务，并准确执行……这就是"统治"阶层的场景，就像沙拉波夫先生与《公民》杂志的编辑 В. 梅谢尔斯基（В. Мещерский）公爵的通信中描绘的那样，"受过高等教育的人，怀着自由的原则，起初与带着良知的交易妥协，学会了讨好奉承，被谎言

[1] 引用原文略有删节。

毒害，然后沦落腐化，几乎成为官僚制度的歌颂者”。[1]

（7）政客的篡权

我们对官僚制度的篡权行为的描述远没有结束，现在继续回到这个问题。首先来看民主制国家体制中类似的弊病——政党制度的篡权行为。

虽然政党现象属于一种完全另外的国家结构，但是对于君主制来说，它的重要意义在于指出了中间统治权力篡权现象的普遍性。

布赖斯（Брайс）研究共和民主制的经典著作[2]尖锐地指出了篡权现象的蔓延，即使美利坚合众国实行了最广泛的自治，而这是民主制度下维护人民专制的最佳方式。

不谙事实的人可能难以相信，在人民专制原则下“独立”选举出的官员，怎么会篡权？[3]

原因在于，首先，民主制只能在公民可能直接交往的狭窄范围内实行直接统治。更进一步的统治就需要选举，赋予他权力。其次，在大量的事务和任务中根本没有“民意”的统治地位，需要创造“民意”。需要有人来从事这个行业，“政党”应运而生。

---

[1] “请允许我举一个例子。一个重要的政府委员会由高级官员组成，基本都是达官显贵。一个新来的办事员为了活跃气氛而被调来，精明强干，正直廉洁，愿意为祖国奉献一切。在一个部门里发生了巨大的侵占财产事件，部门的某些官员来自于委员会。在第一次的会议上揭发了所有的丑事。杂志做了示范。主席同意了，摇着头说：

——什么事，政府？

——您非常年轻……怎么办？没关系。请让成员签字。

记者去找一个成员，他是案件的主要人员。回来的时候成了这样：办事员的所有笔记都被勾掉了，附了一页新的说明，上面所写的内容与所说的几乎完全背离。

办事员去找主席。主席笑着说：

——啊！就是这样！

——政府，这不是伪造吗？

——不能用这样的词，亲爱的同志，这是“编辑修订”。我们没有别的办法。

——然后怎么办呢？其他的记录都没有意义了。

——杂志会送到所有的人手里。一切都被改正过来了。

几周之后杂志重新返回来了，不得不重新改写，最后已经是面目全非了。送到部长那里的是经过另一位官员大幅“修订”后的杂志……

还有一个场景：正直的部长，更为正直的部门主任，正直的理想主义的科室领导。他们是专门被派来“根除侵占行为”的。科室领导在向主任报告。

——谢苗·巴甫洛维奇，不能对这样的行为置之不理。这是违法的。

——请听我说，亲爱的。这是公爵夫人捷尔·阿德尔贝扎诺娃亲自向部长要求的。此外她还带来了伊克斯·伊格列科维奇的信函，明白吗？让她见鬼吧，应该做。这个妖婆可能把事情搞得一团糟。部长命令很急。现在他不能争吵。我们进行我们的计划。感谢上帝，做点什么吧。

新来的领导没有服从。

——谢苗·巴甫洛维奇！什么都不许做。太引人注意了。

——已经做了。请吧！部长需要这样。看一下建设章程和工业章程。见鬼吧，让她来迫害我！但是您给我们帮了大忙……

您是公爵，很了解我们的官僚社会，您不会认为这是极端的例子，像漫画一样。”

C. 沙拉波夫：《俄罗斯政治纲领的经验》，莫斯科，1905 年版。

[2] 詹姆斯·布赖斯：《美利坚合众国》，涅维亚多姆斯基译，第二部。

[3] 我在《自由和社会民主》一书中阐述了对“人民代表”和政客制度的关系的看法。虽然法国和美国的议会制度在起源和体系方面存在差别，虽然“普通”的政客类型中存在差别，但是在两个国家中都出现了在人民“专制”理论名义下的夺权，原因和方式都如出一辙。

布赖斯说："对于统治机构而言，政党组织的作用就像运动神经对于人的肌肉、血管和骨骼的作用一样。"

为了组织政党，在政党组织的帮助下，所有的政府权力被政党组织所控制，出现了职业的政客。他们通过掌握中央、联邦以及地方的州和区的一切职位来统治人民。政客从属于不同的政党，虽然每个政党的纲领不同，但是政客的角色和特点是相同的，他们的主要行为目标是获取生存的资金。

"政治成为一种有利可图的职业，就像律师、经纪人、毛纺织贸易、工业公司一样"（324）。政客通过自己的斗争获得了职位的报酬。此外，"在联邦、州或市的组织中占据显要公职的人，特别是国会成员，有机会为富人或公司效劳，他们秘密获得了金钱作为酬劳"（324）。

政客官僚的收入几何，可以从他们为了获得所谓人民"选举"出的职位而向政党支付的费用中看出来。

竞选的开支取决于政党团队和政客获得的地位所带来的好处。例如为了得到纽约审判员的职位，政客要向政党支付近15000美元，陪审员——15000美元，国会成员——近4000美元。在1887年纽约的民主党"小组"为监督员职位索要25000美元，成为参议员（州）要5000美元。监督员每年的收入是10000美元，3年是30000美元，他要向政党支付25000美元，3年的"真实"收入是5000美元，平均每年是1600美元！美国的优秀工人收入更高，政客当然不是为了这个可怜的数目花费3年的时间得到监督员的职位……参议员每年得到1500美元，任期两年。因此，他在自己的职位上只能得到3000美元，而要付出5000美元。显然这个损失要通过不错的"收入"来弥补。

美国一共有多少人参加政客选举，没有人知道。但是整个国家都在抱怨官僚制度的昂贵，以及获得的薪水数量。例如在纽约州，地方政府在薪水上的开支为1100万美元。在对立的政党的压力下，美国的官员经常轮换，职位是不稳定的，只有通过"积蓄"来发财才是有好处的。美国充斥着官僚肆无忌惮收受贿赂的传言，这群贪婪的政治群体数量惊人。布赖斯说，"大概共有超过200000人从事政治行业，以此谋生"（第二卷，第327页）。

这个数字是根据对支付报酬的职位统计出来的，去除了"无私"的公民，他们不为报酬从事社会活动。从布赖斯提供的数字可以看出，政客的数量还会更多，很多为政党工作的"小人物"在未列入统计范围的职位上获得酬劳，如看门人、铁路工人等。

在美国，由"活动家"构成的阶层因缺乏道德感和原则受到正派人的蔑视。对于他们来说，不存在社会责任、祖国利益等问题。“政治”的全部任务就是获得职位和发财。在构成政党灵魂的政客“小组”中，领袖经常是外国人，管理一切的“小组”几乎是秘密组织，它们宁愿保持不为人知的状态，以便按照自己的意愿操纵政党。

政客通常从低微的职位做起。他们依靠灵活敏捷和热心效劳升至中央部门。

“成为中央部门的成员后，他们明白了一个真理，统治世界的人物并不多。他属于一个不大的小组，这个小组让整个城市受自己的摆布。这一小部分人被称为‘小组’，负责组织最初级的会议，管理议会的活动，控制选举的结果，与同一政党在其他地方的领袖进行谈判。”

“这些半秘密状态的小组构成了政党的本质。它们不仅为成员谋取最好的职位，还试图控制整个城市，把自己的亲信安插在城市的岗位上，强迫州立法会议颁布小组需要的法规。他们的影响是巨大的”（第 373—374 页）。

小组的领袖通常是那些能脱颖而出，有能力让其他人接受自己的影响，善于和大金融家、铁路工人等建立联系的人物，这些人能为他的政治工作提供资金。这种人借助手段和能力取得了对其他同志的领导地位。他任命职位、奖励忠诚、惩罚邪恶，起草运动的计划，进行签署条约的谈判。“通常他会避免露面，喜欢掌握权力的实质而不是外在的光辉，对于他的对手而言他是危险的，因为他像蜘蛛一样把自己藏在迷魂阵里。这就是小组的首领——Boss”（375）。

有时候整个州都受到这样的阴谋家的影响。他通常是一个能力突出的人物，多数情况下是国会的成员，更可能是联邦参议院成员。总统熟悉他的名字，部长照顾他，这是一个在道德上最不可救药的野心家（276）。

但这些人是政客领域的“明星”。在政党的底层聚集着这些人，谁也不允许他们踏入门槛。

“在纽约的贫民区，政治小组中不乏罪犯、他们的亲属以及同谋者……一个半政治化的强力联盟首领是以小偷为职业的人”（446）。

就是这样的组织统治着专制制度下的美国人民！在人民权力的幌子下他们任命管理人员。这里不是讨论布赖斯所说的篡权技能的地方，但是指出它的可怕力量并非无益。

政客们事先拟出一份人民选举的名单，他们总是能够达到目标。在本该各抒已见的核准选举会议上，只有“自己的”人。

“独立的”选民不准要花招和无赖，根据布赖斯的统计，总体来说，政客用这种手段剥夺了大约 4/5 美利坚合众国公民的选举权。在纽约 58000 名合众国的选民中，只有 6000 或 8000 人在 1880 年成为合众国“组织”的成员，有权参与初级会议。在 1888 年，只有 2% 到 10% 的选民参与了不同地区的初级会议。

布赖斯说：“这种程序只是对人民选举的讽刺。只是造成了一种遵守规则的假象，仿佛一切取决于选民。实际上选举是由政客一手操纵的。”

人民怎么能忍受他们的篡权、欺骗和掠夺呢？因为人民在政客面前是没有力量的。因为政党的行为是有组织的，以完善的体系和严格的纪律占据优势地位（战斗意义上的），他们在广告、报纸和贿赂选举人等方面的花费数额巨大。而公民是孤立的，只能组成小型群体，谁也不愿意放弃自己的事业全身心从事政治。通常公民会认为忍受不好的、代价昂贵的、受贿的人统治要比放弃自己的事业好得多。人民只有在极端的情况下才会与政客斗争，这时候的政客已经令人无法忍受，但这种斗争很难……

当然，被征服的人民对篡权者周期性的反抗还是有一定的威慑作用，政客们会降低自己的胃口，缓和粗暴的行为，直到人民满意。

这就是民主自治制度的现实。

布赖斯是民主制的崇拜者，他寄希望于随着公民的巨大发展而政客制度的不良之处会减少。这是完全不可企及的。高度发达、受过良好教育的美国人出于厌恶感离开了政治。另外，虽然人民在发展，政客也没有停止进步，他们总是能够适应新的条件，保持对人民的统治。

本书的目的不是为了研究民主制，我只是简单地声明自己的观点，美国的民主制最终必将走向帝国体系，帝国可以遏止政客制度，而政客制度正在牺牲劳动人民的利益服务于大资本。

由于民主制自身对统治权力的联合无能为力，它永远不能对抗政客制度，避免篡权现象的唯一方法是联合不同的原则，使它们互相修正、互相牵制。

联合的权力体系只有在君主制中才能实现，当然，前提是君主制了解自身政治的理性基础。

（8）官僚制度与政客

我们知道，设想在和平安逸的世界上实行民意“自治”是毫无根据的。在民主制或君主制的最高权力中，如果不有意识地采取明智的防范措施，永远存在着篡权的风险。

在这个问题上，君主制可采取的方式要比民主制多得多。如果不针对篡权采取措施，在某种程度上官僚制度的危害远比政党制度大得多。官僚制度相对于政党制度的优势在于，人们拥有体面的外表，总是在努力学习上层社会的习惯，以及其职业的专业技术性。即便如此，官僚制度在能力和活力方面还是有可能下降到比政党制度更低的层次。出现这种现象的原因是政客为了夺取政权而进行的无休止的党派斗争，结果是力量薄弱的一方不得不离开政治舞台，他们不适合这种职业。

官僚制度将最高权力围上了自己的堡垒，在事实上控制了政权，因此它的活动能力大大减弱了。

这种情况非常重要。国家即使被欺诈小人所控制，如果他们富有能力和精力，国家还是能够生存下去，因为统治者出于自己的利益考虑会竭力避免国家的衰落。但是官僚制度在其权力的扩大过程中发生了实力衰减。原因在于对官员的要求主要是纪律、执行命令以及了解各种形式。这些任务对智力方面的要求非常有限，甚至由能力平庸、没有独立性的人来做最好。至于提升、官阶、薪水和待遇的提高，这些都是规定好的，只要“无可责难地”完成公务就能得到。

这些平凡、渺小的人们生活、工作并求得别人的赏识，虽然他们并不崇高，但是足以满足普通人的虚荣心和保证老有所养以及家庭的需要。

政客需要保持活力，除此之外，他还要能力过人、精力充沛，不能被遮掩……他自己会得到相应的地位。因此政客最好是那种人，让他们自由发展，最后成为政党的工具。此外政党制度还有一个特点。虽然政党人士失去了道德感，但他们需要在党的内部保留若干诚实可信的成员以向人民展示。当人们为欺骗所困扰，人们开始铲除邪恶，政党便自我解脱，以诚实可信的党员面目出现。

因此，政党制度会在国家统治机关保留能力和活力，甚至还有一定程度的真诚，虽然通常情况下并不会真正用上。

官僚制度则是另外一种情况。那种为了生存的斗争，是高层领域（发展到寡头政治状态下）的特点，其建立的基础不是强者胜利，而是权力垄断体系，使有能力的人远离权力，因为他们可能破坏已经占有绝对地位的垄断政治。更何况垄断政治家害怕毫不妥协的诚实者出卖自己。官僚制度和政党制度行为方式上的区别取决于独裁的最高权力完全不可能为人民开放，也不可能对权力滥用加以监督。政客们可以将人民群体（民主制）控制于手中，但他们不能关闭通向人民的渠道。在民主制下他们永远可以向人民呼喊，而反对的声音很容易避免被沙皇听到。这就是为什么权力垄断体系在君主制下是可能的。

但是采取这种制度的国家后果是最为危险的。

事实上，有才能、信仰的人遭到嫉妒的权力垄断者的驱逐，自然不得不从事较低的职务，也可能被完全终止工作，后果是执政集团的能力逐渐下滑。有才华的人受到委屈并开始反抗，他们转而从事其他领域的工作，逐渐地，社会的发展超越了执政领域的水平。革命运动中的这种现象非常危险，当政府寻求对付自信而实力相当的敌人的方法时，已经找不到有能力的人了。

这种现象在国际冲突中也会出现。

缺乏实力的官僚制度在与强国的对抗中逊色于竞争者。他们总是在寻求方法隐瞒、恐吓甚至收买官僚制度国家。一旦遭遇战事时，官僚制度的精神就不可避免地表现出来，而且这种精神充斥着所有的统治领域。

它导致了等级制度和军队规章法则的过度发展。优秀的司令最关心的是在军队里的个人主动性。在要求纪律的同时，他们还需要进取精神和主动精神，以及独立思考怎样做的能力。例如，彼得一世的军队的主动性就很显著。苏瓦罗夫能够出现的原因是，在他的时代里，团长也可以为自己的团单独制定法则。我们的军队中，主动精神存在已久，它伴随我们度过了最艰难的时光，叶卡特琳娜女皇甚至规定了原则“胜利者免受审判”[1]。

当军队充斥着官僚主义时，军官的工作独立性就消失了。他要一切听命于上级，到处都一样。小块的空余时间——士兵午餐、散步、休息、学习——都是规定好的。军官成了机器上的螺丝钉。他自己什么都不能做。没有请示师长的时候，团长同样也没有独立做事的权力。军队中的文牍主义程度甚至超过了社会。文牍主义形式要求军官学会在做事之前要请示，不能根据自己的意志行事。不能适应机械式生存方式的人要么离开，要么去更低的职位。只有经历了失去个人特性的考验的人们才能向上攀升，当战争来临的时候，这会成为最危险的方式。所有的人都在等待上级的指令，没有人敢随便讨论什么，他们也不能讨论什么，千里之外的上级下达命令之前，敌人已经摧毁了军队。

因此，在内外交困的紧急时刻，官僚制国家几乎注定要遭受致命的毁灭。在这种情况下即使政党制度也要比寡头政治的危害性更小，因为在政治环境中，永远存在着智者，他们可以拯救祖国，至少在他们没有被发现出卖祖国利益的时候是如此。

[1] 在沙皇尼古拉·巴甫洛维奇时期，韦利亚米诺夫在收到战争最高指示时指出，国王可以将他杀死，但是执行这样的惩处毫无益处，国王应该做的恰恰相反。韦利亚米诺夫最终得到了自由，国王对他忠心耿耿维护君主的利益表示感谢。

（9）君主制中联合统治体制的必要性，社会统治的原则

君主专制制度比任何其他制度更需要官僚制度与社会统治联合的体制。

君主并不是“官僚之首”，他是最高权力、民族的唯一代表。最高权力掌控了社会生活中所有的权力和力量。这些因素都是君主可以接近的、获得的，处于君主的统治之下。

民主制使用了贵族制的统治方式，或者选举出了专制者，但是人民专制并没有消失。同样，君主可以在全国推行社会统治，这并不意味着他不再代表最高权力。

如果说正常的政治不建议君主制在社会统治的基础上建立国家统治，这不是因为对君主权力崇高性的担心，而是因为这是一种非常不好的统治体系。

社会统治不是在所有的方面都好，在很多情况下甚至是完全不适用的。所以在实行民主制最彻底的国家中也有官僚制度。例如，在地方自治中也出现了官僚制度。即使在工人联盟中，也不可避免地存在着官僚制度的因素，它是有利的。因此在君主制中同样不能不建立官僚统治体系。但是没有丝毫依据不同时建立社会统治，我们有充分的理由将社会统治与官僚制度结合起来。

良好的统治体系需要吸引社会力量在必要的时候参与国家的管理。社会因素参与国家统治的好处体现在 3 个方面：①在允许民间力量（民主或贵族力量）直接参与的统治中；②在国家的立法行为中；③对统治的监督领域。社会力量在这些情况下能对君主制最高权力发挥难得的推动作用，丝毫不比官僚制机构逊色。

除此之外，官僚制度和社会统治的力量联合对双方的行为都是十分有利的，条件是最高权力不会成为任何一方的工具，保留着与生俱来的毫无偏向和公正的最高地位。

官僚制度和社会统治的不同原则不仅不会成为联合的障碍，相反，它们证明了联合的好处。它们之间的竞争构成了对彼此的监督、纠正，可以指明错误和滥用权力。除此之外，官僚制度在与社会力量保持联系的状态下，社会力量不会允许它扭曲公民的身份感，以至于“官员”感觉自己不再是国家的成员、祖国的子孙。同时官员的办事效率为社会权力机构树立了有益的榜样。

社会因素参与地方事务和最高权力周边（立法和监督职能）的管理有利于最高权力保持正常的最高特征。由此引起的对最高权力的加强监督以及社会因素参与国家统治能防止政府成为国家之外的“部门”系统。在整个官僚体系中，民族精神得以巩固，“官员”不会忘记他是在为沙皇和祖国效劳，而不是自己的部长和部门领导。因此官僚制度也借助联合统治体系保持了世俗精神，牢记对于沙皇和祖国的责任，而不只是单纯

的“上级”命令。

最后，社会因素参与国家统治使最高权力对民族精神有了更广泛的了解，扩大了为国家公职选择合适官僚事业人才的范围。

官僚制度和社会统治的联合体系存在于一切发达的君主制中，从总体来说，它不仅直接来源于国家思想和君主制原则，而且对于最高权力来说也是建立真正良好的统治体系的唯一方式。

社会力量进入国家统治有两种主要形式：①在社会和等级—阶级统治的基础上建立机构；②将社会代表引入国家的统治体系。

社会和等级统治一直在俄罗斯存在着，直到现在。它的不足之处前文有所描述，这里的任务不是对存在的事实进行批判，也不是勾勒出更加合适的制度方案，而是确立社会统治与官僚制度合理结合的原则。

在可以实行人民直接统治、可以将权力转交给最初等级的地方，地方社会统治都是有益的。被选举的人应当被人民充分了解，并且处于被监督的状态。因此，地方的社会统治与等级——阶级统治只有在范围有限的地方或社会群体直接控制的范围内可以获得应用。如果人民不得不建立复杂的代表体系，以及若干选举权力的等级，那么社会统治已经不存在了，只是一种掩盖被职业政客阶层掌握的假象。

建立社会统治的第一个规则是只能将它力所能及的事务交由社会统治。

为了建立发挥社会统治功能的范围，必须建立复杂的中间权力等级，社会统治没有了合适的位置，这些统治等级应当来自于官僚体系机构，在必要的时候需要得到人民咨议机构的巩固。

社会统治的第二条规则是保持代理人选举的等级性。

必须保证每个社会群体在共同管理中的代表只能是自己的成员。如果我们允许在全民的基础上选举代表，社会阶层将自己的事交给阶层之外的人管理，那么地方统治权将不可避免地很快落入政客手中，社会统治的优势将无从谈起。

当然，政治中没有任何原则的应用是绝对的。现实的生活条件是主要的。例如，我们不可能阻止知识分子进入农民社会，成为农民的代表。这种半虚假的行为不能不在一定程度上使他和这一阶层更加接近。同样，经常会出现关键的危急时刻或共同的崛起，一切只取决于精神，所有的形式都失去了意义。但是通常在普遍的规则中，一个毫无疑问的原则是，只有与社会群体在习惯、精神和利益上联系最密切的成员才能成为代表，只有以民族成员的身份直接参与统治，社会力量才有可能避免被职业政客所奴役。

对于有效的地方统治以及联合部分社会群体的一切社会统治形式来说，第三条准则是所有的群体在共同统治中都有自己的代表，不排除任何群体。

社会统治以及与之联系的官僚机构的任务之一就是对此进行监督。因为人口的社会组成时刻在发生变化。在人口过剩的地方，享受特权的“原住民”周围出现了孤立贫困的“新居民”。经济的发展在其他地方造就了工厂或矿业工人。有时会出现独特的现象，例如莫斯科省非常重要的“别墅工人”阶层……我们有必要跟踪这些现象，以防新的群体被孤立于地方统治之外。

第四条准则要求各个群体的代表数量与群体的总人数、经济和社会重要性保持相对的比例。需要召开简单的会议时，没有必要追求代表数量的比例。但是地方统治“决定”了措施并加以执行。无法想象弱小的群体统率强大的群体，无法想象数量巨大的人群如农民被上百个“特权等级”家族所压迫，数量上占优势的穷人通过扩大的税收逐渐使数量上占劣势的富人破产。为了避免这些现象，需要确定不同群体的代表比例。这是一项非常复杂的任务，地方的社会力量和国家权力应当携手解决这个问题。

建立良好地方或等级——阶级统治的第五条准则是对国家权力的必要监督，自认为受到压迫的少数派有权向国家权力申诉。

我们不能说，任何形式的社会统治都有不受国家监督的自己的事情。这种观点是根本错误的。联合管理思想毫无差别地对待由政府和社会群体进行的统治行为，因为它们同属于国家联合体。如果社会群体脱离了国家联合体，专注于“自己的”事情，那么它就没有能力参与到国家的统治中。事实上，在社会群体中不可能存在与国家毫无关系的事情和利益。从最高权力的角度来说，民族的一切事情都关系到最高权力自身，必要的时候需要最高权力的干涉。

我曾提到，国家行为的范围不是由它所捍卫的利益决定的，而是出于一种责任，不能妨碍个人和社会的独立性。但是在具体的社会群体的事情上，总是需要国家权力的干涉，也就是国家权力履行自己的责任。一切群体和社会都可以压制个人。但是君主制最高权力，作为最高道德理想的拥有者，不能容忍在任何群体和个人事务中非真理的存在和道德观念的消解。

在遵守建立社会统治的原则时，还有一条规则：任何类型的社会管理都需要确定足够广泛的职权范围。

任何制度的基本准则是它只能承担力所能及的事情。但还要对这个准则进行补充，要赋予执行机构一切完成任务所必要的权力和权利。若非如此就不能成功。这与职权范围有关，它应涵盖与完成任务有关的一切领域，而任务是由社会统治承担的。

在结论部分我想谈谈教会在社会统治中的地位。我曾经指出在教会——教区基础上建设地方统治的不可能性。但是在地方统治中保持教会的监督和道德影响是很重要的。因此，在社会统治中设立专门的教区和主教区代表是很有必要的，但不是代表僧侣，而是教会组织，也就是教区和主教区。

至于僧侣，每个主教都应该具有监督社会和官僚统治机构的权力，对所有的机构表示“关注”和“规劝”，向最高权力表示对世俗统治进程和世俗精神的关心。拜占庭国家体制的历史表明，主教的这种权力不应变成责任，要以主教的基督教良知对待它。现在我们来看社会因素在国家统治中的参与。

（10）人民“代表制”的君主制体制，顾问

除了社会统治，官僚制度与社会力量的联合在国家机构中还有另外一种以口号形式出现的所谓“人民代表”。

首先应当对“人民代表制”这一术语的含义加以说明，它取自于宪法理论，意思是“人民权力”或“民意”的代表。从这个含义上说人民代表思想与君主制是完全不相容的。

人民或民族“代表制”这个术语在使用中并不是只有国家民主的含义[1]。在表示君主制与人民的联系时离开这个术语是不行的。“人民代表制”在运用中有两个方面的含义：①可以代表人民权力或民意；②可以代表人民精神、利益、观点等。

第一种含义是人民代表制的民主形式；第二种含义是它的君主制形式。

在君主制中，人民代表制是君主与民族精神和利益沟通的工具。这种交流观念不仅与代表民意的思想毫无关系，甚至与它不相容。

由选举出来的人代表民意，这一观念是对君主制的否定，因为代表人民意志的机构就是君主。

君主制最高权力的思想不在于表达国家基础上的君主个人意志，而是在思想的高度上表达民族的精神、民族的理想、国家思考和想做的事。

如果“缙绅会议”能够到达这个高度，那么人民就不再需要君主制的基础。但是君主制基础是必要的，它以个体的特征填补了社会集体性中本质的、无法以其他方式消除的不足。

[1] “人民代表”一词不仅表示政治思想，还指的是公民权力和道德思想。我们有“等级代表”的法庭。

因此在君主制中存在的问题是与民族的交流方式，而不是君主代表人民的意志。

在君主和人民的交流中，国家的道德代表是必要的。这种必要性体现在，道德代表使最高权力处于民族精神的创造氛围中，民族精神有时候通过个人行为体现出来，有时候通过在社会机构和组织的行为以及它们的代表人体现出来。担任建设和捍卫职能的阶层对于君主来说是必要且重要的，他们是国家的精英和有生力量。

这些人能否齐心协力是次要的问题。也许最高权力需要他们成为一个整体，也许恰恰相反，但无论如何，他们都是必要的。他们使民族的精神交流成为可能。

在这些人中，最高权力的所见所闻并不是人们所说的话，而是人民在能够进行独立思考、发现和表述自己的思想状态下的想法。在民族道德代表的思想、行为和情绪中，君主制的责任是带领人民进行创造活动。君主制最高权力的全部本质和任务是代表民族生活的理想，使国家的作为符合这种理想，而不是跟随着偶然的叫骂和个人错误的意愿，还要与国家的优秀人才、现代和历史上的天才人物进行交流。一切的交流是为了使这些人围绕在最高权力的周围，进行区分选拔，使他们能够被权力所发现和利用。

在君主制中，这些社会或“人民代表”并不是人民权力或意志的代表，而是作为“顾问”。为了吸引他们为国家工作，可以采用人才选拔体系，也可以用国家权力号召他们，或者两种方式并行。在这两种情况之下，最关键的问题是共同的思想，它是选举或号召的指导原则。

从这个方面来说，君主制的人民代表观念与民主制区别明显，这种差别在历史实践中有所体现，在君主制思想中也得到了诠释。

民主制代表制度的任务是在人民意志的基础上建立国家统治。我曾经提到，代表别人的意志是一种人为的、虚假的思想观念，只有极少数的例外情况。虚假代表民意所导致的通常结果是在人民意志的假象掩盖下建立了统治阶级。

这种虚伪代表民意的统治阶级对于民主制是必要的，因为代表的假象造就了真实的统治力量，离开了它就没有国家。因此在民主制国家中确实存在着投票和选举机构，表面上看来准确地传达了设想中的人民意志。因为通过这种假象，人民意志平均分布在了整个国家之中，每个公民得到了（还是根据假象）同样多的选举可能性，人们开始计算每个竞选代表者有多少单位的民意，然后积累了大量“民意”数量的人以民意为名成为掌权者。

这些全部都是假象。在多数的统治问题上，民意是根本不存在的，即使形成了民意，在每个公民身上的体现也不是等量的。它是极不平等的——取决于人的能力和影响力。

一个天赋聪颖的人所表达的民意可能是其他数百人民意的上百倍；几百万的人口可能根本不具有任何“民意”，他们无法理解这个问题，甚至不感兴趣。在民主制的统计结果中，他们被算作一个单位。自此以后——根据对单位数字的统计——确定民意的数量，为了计算方便，然后进行全民表决。

代表体系从国家理性的角度来看非常可笑，但是在民主制度中是必要的、实用的。因为政治的首要任务是产生一种没有争议的权力。民主制下的选举统计结果创造了这一点，国家统治成为可能。民意首先要建立某种统治，在这一基础上，并且只有在这个基础上，民意才能成为全民表决的体系。

但是君主制不需要建立这些体系。君主制已经具备了政府。国家意志已经体现在了君主身上，君主是民族内涵的代表，当人民思考自己的内涵并确定对各种问题采取怎样的行动时，国家意志从其内涵而来。

这是唯一真实的民意代表，也就是人民精神意志的代表，它属于君主。因此君主制中人民代表的任务完全有别于民主制。

君主制中人民代表的任务是使君主代表的民族精神、理想和在政治行为中的运用不会流于假象。

因此，君主制中人民代表的首要目标是联合君主和人民的头脑、良知、利益和创造才能；其次是防止国家基本因素也就是沙皇和人民的分离，不让它们听命于服务力量，对于沙皇来说是他的官吏，对于人民来说是他们的选举代表。

第一种人物代表了沙皇的意志，他们构成了官僚制度；第二种人物代表了人民的意志，构成了政客体系。当这两类职业阶层导致了最高权力和人民的分裂时，便成为了他们的奴役者[1]。

总之，对于君主制来说，人民代表的任务就是保持国家基本因素的一致性。沙皇和民族要保持国家（沙皇）的自由意志，用民族人才的创造力武装自由意志；使民族的各个阶层和整体接近最高权力，保证民族的思想、需要和愿望在国家中的实现。

为了实现这个目标，完全没有必要统计人民的意见。需要衡量民族的智力、良知和天赋，以及利益，它们存在于国家中，需要通过运用民族的良知、智力和创造才能加以实现。

对民意进行数字统计不仅是不必要的，甚至是有害的，因为在统计中多数人都是

[1] 从理论上说，最高权力和人民的分裂同样发生在官僚制度和议会制度（政党制度）中。所有的区别在于篡权势力在一种情况（君主制）下遮盖了具体化的民意（沙皇个体），在另一种情况（民主制）下于人民内部遮盖了民意，从人民的良知和头脑中窃取了民意。

愚蠢的，缺乏责任心，没有创造力，在人民中没有影响力。

通过全民投票的数字统计体现的不是民族的高层，而是它低端层次的状态，因此对于完成君主制人民代表的任务没有任何意义。

那么君主制需要什么样的人民代表体系呢？

这样的代表体系需要国家建立在阶级和等级之上，总之保持着构成代表体系的真实的集体形式，它是公民个体生活和活动的环境。民族中社会群体的组织性越好，君主制人民代表体系就越容易发挥作用。国家的组织性越差，建立代表体系就越困难。在组织性不佳的民族中，创造力无法显现。在最高权力需要创造力的时候，它们很难被唤起，因为不知道它们在哪里。甚至人民都很难做出选择，因为人民并不总是能看到它们。在组织性不佳的国家中，必须建立一套涵盖多数人意见的选举体系，就是自发的选举体系，也就是调查社会中的低层次而非高层次因素的体系。

一旦民族被组织起来，一旦法律为构成民族的社会群体提供了存在地位，在社会统治和国家统治中的代表就很容易达到一致。每一个群体——地域的、经济的或智力领域的——都很了解群体中的优秀人物，能够不费吹灰之力将他们推举出来。每一个组织起来的群体都可以观察自己代表的行为，了解他们是否代表了自己的利益和思想，或者被他们歪曲了，在需要的时候揭发或替换他们[1]。

在这个过程中需要遵循一个非常重要的准则，它来自于民族代表制度的目标本身。一切代表应当隶属于自己的阶级和社会群体，这个群体选派代表在最高权力面前以及在国家统治使命中表达自己的利益和思想。必须要让他们完全直接服膺于自己代表的事务，与自己所代表思想的社会阶层联系起来。做不到这一点，代表制度就是虚假的，将落入政党之手，他们给国家带来的将是职业政客而不是民族代表。这将会损害国家代表制度的目标本身：沙皇与人民群体以及民族创造力的联系。

这里当然不是说要让农民代表必须是最好的种田人等。随着时间的流逝，毫无疑问，机械工人或农民的代表将会专事于国家事务工作，放弃了工人或农民的本性。但是在代表自己社会群体的时候，在被其改变的同时也在改变着它，总之一切听从于群

[1] 如果我们试图举例说明在社会涣散的俄罗斯能否存在国家代表制度，我们可以列举出很多群体，它们可以向沙皇会议派出自己的代表：

1——俄罗斯主教或主教公会的代表；2——贵族社会；3——乡：农业的，耕地的，捕鱼的；4——哥萨克军队；5——各种工厂工人（机械工人、织布工、矿工等）；6——城市管理机构；7——地方自治会；8——各种商会组织；9——不同地区的工厂主会议；10——手工车间组织；11——大学；12——陪审团等。我没有提到异族的代表，他们比俄罗斯人更容易组织起来。这些组织现在也很容易不出大错地辨别出自己的代表。如果这些群体以组织的形式参与地方管理，代表的选举或召集要比任何体系下容易些。

体，虽然代表人专门从事群体代表工作已经有30—40年，他依然是群体的成员；此时他比最初担任代表工作时能更好地了解群体的事务和全部精神。

只是需要避免一种危险，在他接受公共政治角色的时候，不能走向政客组织而放弃自己的社会群体。这种危险会被一种基本准则所消除，即代表选举不能取决于“公民”，而要来自于本社会群体的成员，当然，社会群体也会召回脱离自身利益和需要的人。

这样的代表制体系保持了最高权力与民族、社会阶层和群体的直接联系，是维护最高权力和国家免受公务篡权的唯一方法。除此之外，这一体系使民族的所有创造力集中于国家工作中——包括经济、智力和道德任务中。在这种情况下，国家不仅是简单的实施统治的工具，而是在不断变化的复杂进化过程中称职地体会民族现实生活需求的机构。

至于“顾问”的数量比例问题，它对君主制来说没有任何意义。在民主制中，为了建立权力，可能会迷恋于宣扬各个人民阶层代表的比例关系。对于君主制来说，这种无法实现的幻想是完全没有必要的。根据统计，农民或资本家在任何经济领域的数量都要比代表的数量多得多。代表制应该阐明这个问题。如果在议院中只有一名农民代表和十名商人代表的话，他们都会知道前者代表了8千万人口，而后者仅代表了几十万。对于最高权力以及国家的使命而言，需要的不是人口数量统计表，而是要让所有阶层居民的利益和思想得以牢记和阐释。

有必要让最高权力思想和国家任务中没有人被遗忘：不管是几亿人还是几十万人。最高权力的任务是赋予所有的人公平，不牺牲、委屈任何人，在公平的利益和需求关系中将所有的人联合起来。

总之，在君主制民族代表制中，重要的不是代表数量和代表的数量比例，而是代表的优秀品质、真诚态度、称职以及兼容并包。

在这样的代表制下，并且只能通过这样的代表制，君主才能真正与人民取得交流和思想上的一致，而沙皇与人民可以共同在国家统治权力中建立应有的内涵和行动的方向。

（11）官僚机构

准确地确定哪些领域属于社会管理、哪些属于官僚管理是立法机构实践的任务。从理论层面上判断，应该承认官僚制度在任何情况下都是必要的统治方法。从技术的完善性上说，官僚制机构超越了其他的方法。因此，联合统治体系越需要预防国家陷入被篡权的危险，就越要相信应该在官僚制度适用的一切地方使用这种形式，而官僚制度的运用范围非常广泛。

官僚制度的合法位置首先是在一旦离开官僚制度将存在政治篡权危险的地方，也就是社会机构离开复杂的中间组织将无法正常活动的地方。因此，官僚制度应该占据所谓社会机构之间的空隙，成为它们的纽带。

官僚机构的执行功能是完全不可取代的，特别重要的是确定个人行为、纪律、等级制度，还有人才的专门选拔。此外，还有一些国家需要，如果它们落入社会机构的手中，将会非常危险。这里指的是地方居民的自我利益可能导致对国家共同利益的疏忽。

从总体上来说官僚机构不可避免地（有利于事务）应该掌握一大部分的统治功能。社会机构和官僚制度的功能总体框架是这样的。

①地方、等级和职业管理主要由社会机构负责，官僚制度在这里主要只是一个监督机构；②国家的中层管理主要集中于官僚机构的控制之下，社会力量在这里存在的意义是咨议和监督；③在国家的高层管理中，官僚机构事实上掌握着一切执行职能，立法和监督职能属于社会力量和官僚制度联合体系。

前面我们已经指出了完善统治机构行为的普遍原则，完全可以说，他们在官僚体制的机构下能够得到最充分的实现，它们能保证行为的稳定性。如果在国家统治中的社会因素以及保证最高权力的独立性能够预防官僚制度丧失世俗精神，那么官僚制度的人员构成不仅不会低于，还可能高于社会机构水平。为了保持行为的高度，官僚制度比任何制度更需要监督和负责。

在高层官僚机构中尤其需要这样，它们的精神将会极为精确地传达到底层一切分支机构。

出于对官僚机构实行监督的意识，彼得一世产生了采用集体机构体制的思想。当前，出于对现代官僚制度的恐惧，有人提出返回彼得一世时期的集体领导体系。这种思想是完全错误的。集体制度的不合时宜已经在 18 世纪的实践活动中显示出来。18 世纪的官僚制度遭到所有人的批判，俄罗斯在始于 1861 年的官僚“寡头政治”下退化到前所未有的糟糕地步，原因不是 18 世纪的集体领导体制，而是因为官僚制度不是唯一的统治力量，它受到贵族的社会政治力量以及良好的沙皇监督体系的限制。官僚机构的集体体制不能保证监督，实际上摧毁了责任，更延缓了办事效率。在摧毁了当前的邪恶之后，没有任何理由重返另一种邪恶，亚历山大二世的改革将俄罗斯从这一种邪恶中拯救出来，也不需要否定国家机构已被证实的效率基础。

总之统治机构行为的正确与否直接取决于对最高权力行为领域的确立是否正确，最高权力是一个机械师，他指挥并纠正着机械的运行。国家高层机构是最高权力的直接工具，它需要引起政治统治的特别注意。

（12）高级政府机构：缙绅会议

中层和底层的统治组织的目标除了完成直接的统治任务以外，还为高层统治机构提供良好的基础。

高层统治组织除了完成直接的统治任务目标外，还应为最高权力的行为创造最好的环境。它要为最高权力提供最好的统治工具，为它吸收最优秀的国家力量，使它们互相取长补短。最后，国家高层统治机构应保证最高权力者的个人能力问题对于国家不会具有冒险的意义。在不妨碍君主发挥个人才能和事业的同时，国家高层统治机构应当为能力欠缺的君主提供支持，在智力上给予他全力的帮助，为君主了解和批判篡权危险提供条件，不仅国家的活动家有这种倾向，国家机构也在寻找向最高权力施加影响的可乘之机。

只有对国家高层机构的权力进行最严格的划分才能保证最高权力的良好运行和独立性。立法机构（更准确地说是研究法案和执行法律的机构）应具有完全的权威性和力量，防止来自司法和执法权力部门的篡权行为。司法权力部门应保持自己的独立性，防止自己的职权范围被执法部门破坏。执法权力部门在法律规定的范围内保持行为独立性的同时，应在行为、监督和责任方面完全服从于立法和司法权力部门。

立法权力机构不应该被回避，作为颁布机构成为点缀，除了各种“临时规则”，还有广义上的最高命令[1]，法律之外的内阁通告或司法机关的自由“法律解释”。同样，司法权力也不能被“行政处罚”导向无所作为。每一个专门化的权力机构都应当以法律秩序追溯类似对职权范围的干涉，并且应当为这样的行为担负起最严格的责任。

最高权力本身位于专门化的部门中，是唯一全面的、具备所有功能（立法、司法和执法）的机构。

最高权力中没有专门化的区分，在不歪曲最高权力的情况下无法专门化。最高权力行为中的唯一区别是它的部分行为是自我完成的，通过直接的方式，而其他行为是由中间权力机构完成的。

[1] 在我看来，如果内阁以法律之外的途径请求最高指令，它也不能无条件地掩盖内阁的罪恶。虽然最高权力的意志是法律的基础，但可能出现这样的问题，即内阁是否应当承担滥用最高权力信任的责任。

最高权力可以根据情况直接采取任何行动。在健全的政治所需要的正常秩序下，管理一切事务并进行监督是最高权力的直接行为。统治机构的完善目标是尽可能解放最高权力用于直接行为的力量。

高层专门化的政府机构——立法、司法和执法部门被最高权力赋予了行为的权力，它们都应当接受最高权力的监督。至于它们的决策，有时候要为自己的权力部门负责，从权力部门的自身加以考虑，而有时候必须得到最高权力的确认。

即使司法或执法权力部门作出了最终的决定，臣民向最高权力的无限申诉权依然存在。当然，最高权力可以只参考这些抱怨中很小的一部分，但是原则上来说它不能摆脱检查中间权力机构行为的责任，也不能剥夺臣民要求得到最高权力庇护的权利。无论这些抱怨中有多少得到了认真考虑和满意解决，都为沙皇的监督提供了强大的力量，对统治权力的错误决策进行惩罚，这是对付权力滥用或玩忽职守最有力的手段。

立法权需要君主个人最高程度的介入，因为法律是普遍永久的规范，必须得到最高权力的直接确认。

法律是最高权力意志的体现。但是我们不能问：为什么君主制还需要立法机构？没有立法机构君主能了解自己的意志吗？这种思想是幼稚或无知的。君主也是人，他也有某种愿望或“意志”。但是普通人（穿着皇帝的紫红袍）的意志和作为国王或最高权力的君主意志之间存在着巨大的差别。

君主最大的责任和艺术就是不能把个人的倾向和愿望与国家的意志混淆起来。

因此在君主制国家中，健全的立法机构几乎是比其他部门更为必要。处于正常状态下的君主立法意志是最重要的事。

君主即最高权力的意志应当表现出最大程度的知识渊博、深思熟虑、理性、与现实和民族精神的吻合。君主是普通人，他也许不知道，甚至不可能知道许多建立法律所必须了解的事情。君主是普通人，他可能想不到一部法律是必要的，而另一部需要废止。国家有机体的存在是为了在国家的一切理性和知识力量促进下，扩大君主的力量。正常的立法机构应当达到这一目标。它们应当保证敏锐的立法动机，全面了解支持和反对法律的一切情况，深思熟虑地决策并最终成功地修订法律。

因此在君主制国家里，法律草案的研究工作应当由国家中可以找到的最优秀的力量进行筹划。

历史上最优秀的力量中有民族的代表人物。事实上，在完成任务的时候，立法机构需要的不仅仅是公务人员的代表、法律专家的代表，而是民族思想和良知的代表。

这就是国家的高层机构中，被统治的人民、等级和社会机构尤为希望和需要的“顾问”。

应当指出的是，高层司法机构在保持独立性的同时，它不可能不受监督，不能在和最高权力的关系中传达出独立的思想观念。这种要求虽然非常普遍，却无法得到实现，它只会导致独裁和法庭的风气败坏。专门化权力部门的独立性只有在与其他部门的关系中才是必要和理性的，最高权力是一切的统治者，它不能将一个重要的专门化管理领域从自己的权力范围中割让出去。向最高权力的申诉权不能被取消，并且应该确定一个时限，过了这个时限，如果不违背最高权力，法庭的决议必须得到执行。

赋予法庭监督统治机构的职能是一种错误的思想。法庭部门当然是容纳法律的地方，但是，首先一切部门都应该保持并维护法律，其次对于监督机构来说只维护法律是不够的。俄罗斯的枢密院是法律保护者，它是高级司法机构，也是沙皇的监督部门。这当然比没有任何监督要好得多，但还是不够的。

一个只从法律角度监督统治的机构不可能顾及所有的沙皇监督领域。在个人权力的行为中，即使完全遵守法律也会出现不良的品质，例如精神萎靡、疏忽、能力低下等。管理过程中这些品质的危害并不比违反法律更小。从另一方面来说，可能会出现“不合法”的行为，但却是公民履行自己对最高权力的责任。

法庭不能评价这样的行为，对于这种行为应当保留严格的法律基础，站在社会利益和最高真理的角度来看。如果那样会破坏法庭的风气，破坏统治权力体系中必要的法律维护和教育部门。并且，司法权对“法律以外”领域评价不会作出正确的判断，也不具备应有的职权多样性。好的法庭应当恪守自己的司法权而不是监督权。它的目标是维护法律公正性。

司法机构思想的扭曲是由于它掌握了法律的解释权。法庭的责任是使用法律而不是解释法律。如果法律不明确，就必须查明它的准确含义或与其他法令的关系，这是立法机构的过失，需要由立法机构进行纠正。在这种情况下法庭的责任是要求立法机构对法律作出详细的解释，向最高权力告知立法权力部门的行为不当。即使在最小的传播范围里，司法机构执行对法律的独立解释权能导致法庭不可避免的独断专行，最终的结果不是解释了法律，相反，是不同法律理解方式之间无休止的混乱。

在取消法庭不应该掌握的权力同时，更要巩固法庭的责任，无条件地执行法庭的权力。司法机构的责任是使违法者为行为负责，这种责任对于政府部门的最高人物也不应免除。检察长在这个问题上应当与最高权力保持直接联系，在追踪高层官员问题上的疏忽应构成最严重的职务犯罪。

现在来说执法权力部门，应该指出，执法权力固有的特点很容易在君主制中遭遇阻碍，这种阻碍由于专制原则的特点而产生，专制原则具有特殊的执行能力，因此很容易分散执法权力。

这种现象产生的危害非常巨大，由于君主过分使用执法权力，破坏了作为最高权力的君主制的意义。

众所周知，执法权力根据不同职能分属于各个独立的部门，但是它们仍然从事一项共同的事业，因此它们应属于同一个政府。

从这个意义上说，君主制权力很容易变成各种部门的中央联合机构，也就是在宪政国家里的第一首相,国务院总理。但是这种情况最终会造成前面所说的“官僚寡头”，成为有缺陷的政府体系。作为“总理”的君主被剥夺了直接行使最高权力职能的可能性，事实上不但无法执行权力，甚至也无法准确了解许多大臣呈送给君主决定的事情的真相。一切都被君主的名义掩盖了，大臣担负的责任被剥夺了。结果是在统治中开始出现许多疏忽和权力滥用，执行权力的代表扰乱了立法和司法权力，他们更愿意在彼此斗争中夺取权力而不是认真履行自己的责任。

为了预防这种不正常的情况发生，执法权力部门应当在合法的范围内具备独立行为的权利（以及责任），以求自己的职责。要使执法权力部门在最高权力前无法隐藏，这会使它们逃脱责任。最高权力直接参与执法领域应当严格限制在必要的范围内。

从理论上说，完善统治的目标是执法权力的活动范围被正确划分为两种，一种是大臣独立行事；另一种是请求最高的准许。

这可以作为君主制统治的普遍法则。

П. Н. 谢苗诺夫在对俄罗斯制度的批判中也持有同样的结论。他认为应该同时存在着强力的监督机构，对部门和可能出现的大臣对国王的个人报告减少现象进行监督[1]。

---

[1] 我的著作探讨的是君主制的原则而不是专门研究俄罗斯的政治实践，因此没有必要详细分析统治的技巧。但是个人报告作为官僚制度篡权工具引发了普遍的创造兴趣。我们不能不注意到，个人报告作为许多罪恶的根源正在被官僚机构的批判所揭露出来。А. А. 基列耶夫尖锐无情地指出了这一点。谢苗诺夫以一整套起诉书反驳了他。

П. Н. 谢苗诺夫说，“在这些情况下，专制制度主要的基础——法律和秩序被个人报告破坏了。①用报告蒙骗最高权力或无意中迷惑了最高权力；②违反法律和滥用权力现象被报告掩盖了；③报告更改了法律，最高指示通过枢密院颁布，获得了法律的力量，或者是未颁布但秘密起作用；④报告提前确定了国家的措施，具有合法权利讨论措施的机构意义被削弱了；⑤国家机构和秩序被报告回避了；⑥部门之间意见不一致的报告造成最高权力行为的矛盾；⑦报告将最高权力带入不属于它的领域里，内阁部门要承担风险，没有最高权力的保护”。

这是经过几百年内阁机构的实践形成的反对个人报告的陈述。斯佩兰斯基从一开始就反对个人报告，他认为有3种会议是必要的：①枢密院中的内阁会议，讨论现在的事务；②枢密院中的内阁会议，讨论需要最高批准的事务；③内阁对陛下的特别报告，讨论紧急和机密的事务。

他认为（未必是正确的）这种机构应该是枢密院，他说："专制权力应尽可能防止对需要它批准的事情了解不够或有意无意间被个人报告所迷惑。因此在法律规定的情况下大臣应根据情况全权行事，通过枢密院向最高权力负责，其他情况下他们应当在枢密院中遵循规定的尺度……第三种情况，请求君主的恩准"，通常是在集体的形式下向君主报告，只有在例外的情况下单独报告。

尽管执法权力部门必须成为独立和负责的机构，但即使区分应由它们直接决定的和最高决议决定的事情也不能达到这个目标，因为这种区分写在纸上很容易，做起来很难。

首先要面对的问题是：怎样保持所有的内阁部门和政府的行动一致性？如果一致性是由皇帝来维持，那么内阁部门在应该自己决定的事情上很难保持独立。如果一致性是由内阁集体来维持，当首相认为内阁部门的要求不合适或完全有害的时候，具有个人责任的大臣是否应服从于内阁集体？

这些复杂的问题也许可以通过内阁办公室加以解决，内阁大臣（首相）是负责人。但是即使这样，责任在多大程度上是真实有效的完全取决于对执法权力行为的监督力度。

因此，合理解决大臣或大臣办公室行为独立的范围，主要精力应集中于建立一个强力的监督部门。

要怎样组织这个机构，才能保证它不流于假象，而真正成为监督和负责的工具呢？这是国家高层机构的基本问题之一。从彼得一世到现在，俄罗斯政治对这个问题给出了重要的指示。

彼得一世建立了执政枢密院，它是所有权力在最高权力中的联合机构，是监督部门。在亚历山大一世改革期间，这种监督的必要性没有被忽视，枢密院看上去获得了非常广泛的权力。П. Н. 谢苗诺夫引用了 1802 年 9 月 8 日的指示中可资借鉴的部分。

"根据……我们心灵的劝诫，根据俄罗斯改革者——彼得一世的伟大精神，我们将国家事务划分为不同部分，为了保证过程顺利，我们指派了选举出来的大臣，给他们规定了必须遵守的主要规则……我们根据最新的指示确定了枢密院的责任和首要权力，对于最高位置来说他最重要的责任是观察内阁部门执行被委托的管理任务，与直接呈送给枢密院的国家规定和报告进行对比，得出自己的结论，以报告的形式呈现给我们。"

出于这些目的，枢密院被赋予了广泛的权力。但结果是怎么样呢？ П. Н. 谢苗诺夫认为，内阁权力迅速压倒了枢密院，后者的监督权力成为一纸空文。当时内阁机构的成员也不相信枢密院的监督权力。斯佩兰斯基的看法非常有价值，他的观点不是臆断，而是通过新制度的若干年实践后得到的。

"斯佩兰斯基（Сперанский）伯爵在 1809 年呈送给亚历山大沙皇的国家改革方案中，真实地预言了设置内阁机构过于匆忙。他认为应当建立国家等级，内阁权力实质上对其负责。他认为枢密院不能符合这个要求。他说，如果内阁试图确定自己的责任，他们做不到这一点：因为法律没有牢固的基础，就不可能对法律负责。由于这个缺陷导致了内阁机构的所有行为都带有专制的特点。"

为什么会出现这种结果？部分原因来自司法权力部门的机构如枢密院不能成为执法权力部门的监督者，因为它的权力范围没有那么广泛[1]。

以普遍监督减轻司法机构的压力是对专门权力彼此独立原则的侵犯。

在议会制国家中，最高监督机构是立法局，这是很正常的，因为分权中的最高权力（接受普遍监督）与立法权力在行为上最为接近。在宪政国家里，立法局的最高监督权不是来自于某种深邃的构想，而是来自于这一事实，即立法局是由人民代表组成的，他们应该成为最高权力的代表。

在君主制国家里，可以以君主的名义使最高权力永远成为立法机构，它的最高监督机构比议会制国家的监督机构更为理所当然地与最高立法机构接近。但是更加正确的做法是在君主身边设立一个特殊的机构，可以采用沙皇杜马或沙皇委员会的形式。它是对一切专门权力的监督机构，它要具备广泛的权力，因此应由各种权力部门的代表组成：立法、司法和执法权力部门，但不能只由他们组成。彼得一世时期的枢密院证明了这一点，它由执法部门的代表组成，缺乏监督的动力和能力。

为了实行监督，要建立类似于斯佩兰斯基设想的"国家阶层"的机构。它应该从社会范围内选举或召集大量的成员，因为社会力量是监督中最重要的因素。作为沙皇杜马，这个机构的成员应当是完全独立的，与最高权力保持直接的联系，它具有立法

[1] 我无法赞同 П. Н. 谢苗诺夫和已故的约瑟夫维奇关于枢密院的看法。我不否认彼得一世的枢密院作为权力联合机构的重要意义，但是我在历史上任何时刻都没有看到过它成功发挥过作用。枢密院的监督职能只有在执法权力衰弱的时候，在监督能力无效的时候发挥作用，自从亚历山大一世改革后，枢密院的监督能力已经软弱无力，П. Н. 谢苗诺夫准确地描述了这种现象。以执法权力的软弱换取监督能力是不可能的。执法权力的重要性不亚于其他权力，由于它的官僚篡权和"内阁寡头"的倾向所引发的愤怒不应当掩盖建立强力的、等级的、集中的执行权力的必要性。为了保证执行权力不会成为寡头政治和篡权，需要用其他的方法，而不是破坏和削弱执行权力。这种方法就是让最高权力不与内阁部门相结合，但是处于最高权力的各种权力之上。

最高权力的最高咨议和监督机构应当是一切权力的联合体，并由社会力量加以补充。如果做不到这样，不管我们怎样分裂统治权力，最高权力都不能保持事实上的行为和监督独立性。

动议权，也是大臣做例行报告的地方，具有向大臣提出咨询的权力，代表最高权力鉴定大臣的各种不同责任，直到把他们送上法庭。

在议会制国家里，类似的机构一般分为两个阵营，一个是人民的代表；另一个是“贵族”或“州”代表，或者是不可替换和更为独立的人。对于民主制来说这些联合都是有意义的，特别是赋予了国家最高机构更多保守主义色彩，控制了轻率和“人民代表”的思想倾向。但是这些对于君主制国家未必有意义。

工作经验、对统治体系的直接了解、召集或选举出的人民“顾问”是互为补充的因素，他们的建议和决定来自于彼此的交流。将这一机构分裂成对立的部分没有任何意义，它的目标是将国家和民族的所有力量联合在最高权力周围。

这是管理和监督的总体系，其中人民的“顾问”占有一席之地。最高权力和民族的交流非常重要，即使国家机构中有“顾问”，缙绅会议的定期咨议依然不失其意义。

对于缙绅会议，应该指出的是他们的有益之处完全取决于它是否表达了社会阶层的真实思想，或成为政客的简单集合。在第二种情况下，它只是潜在反对派的工具，丧失了理性的意义。缙绅会议有意义的活动与国家阶层内部组织的发展有密切联系，作为社会群体组织的代表，缙绅会议具有巨大的意义，是国家机构中的“顾问”所无法替代的。

（13）理性统治组织的目标

我们说过了最高权力在国家机构中的正常位置，它们应保证最高权力的顺利运行。但是只把位置准备好是不够的：还要使这个位置真正被最高权力所占据。

如果权力遗忘或失去了自己的精神和对存在意义的认识，那么最好的制度也可能导致行为的不力。

其实，使统治体系服务于统治事业是政治上的艺术，这不是本书要探讨的主题。但是对统治体系思想的阐释属于政治科学领域的一部分。因此人们应当知道合理的统治制度体系的目标是什么。

这个目标就是建立权力，权力具有自己的特性，离开了特性它就失去了存在的意义和权利，也不能履行自己的责任。这些特性就是：①力量；②理性；③合法性。

权力的第一个最为必要的特性是力量。它几乎是权力的同义词。软弱的权力就像是不学无术的学者、不虔诚的神甫等，它是一种荒谬可笑的现象，是对形式的虚伪模仿而毫无内容。在本书的第一部分已经解释了力量和强制性对于社会的意义。无论社

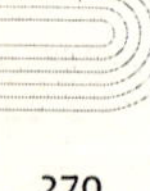

会风气是否良好，成员是否热爱自己的社会环境，维持社会的首先是力量，它以强制性的力量维持着共同生活的条件。

这是因为生活在人类共同体中的个人，任何时候都要克制自己不能为所欲为，而要做必须做的事。即使他很高兴地承担了这种责任，他仍然受一些拘束，永远有一种逃避责任的倾向，即使不是全部责任，也是某些责任。当所有的人都开始满足自己的愿望，社会将失去秩序，集体行为被破坏、割断，变得欠缺考虑，一旦这种情况发生，所有的个人就更有理由（更加合理地）各行其是了。这种情况加剧了社会的无秩序状态，最终社会将进入无政府状态并灭亡。

只有永远地固守力量才能防止社会的灭亡。我们提到的是并无恶意甚至是善意的破坏共同生活秩序的动机。但是社会中有许多邪恶、自私、毫无道德、利用一切可能剥削别人的人。只有力量能控制住这些人并使其转向正派。力量应该是理性的、善意的，但首先必须保证它是一个统一的力量。即使一个剥削者、暴君，如果他自己无恶不作却不允许别人像他那样，也要比无政府状态好，非法状态下一切微小的力量随时随地有可能向人发起攻击。所以说即使存在最可怕的暴君掌握力量，社会也不会灭亡，能够存活下去，但是在心慈手软的情况下社会将覆灭。

总之，最高权力（君主制和共和制，民主制和贵族制都是如此）的首要责任是保证权力的力量，保证没有人敢反抗最高权力，保证任何反抗会被立即镇压，保证社会对权力的力量充满坚定不可动摇的信心，换句话说，就是坚信权力的真实存在。

合理的制度体系是最为必要的，它能保证权力充满力量，能避免权力的软弱，在丑恶现象出现时立即以有效的、有力的权力取代它。

但是权力力量的内部必须包含理性。不理智的权力不会保持长久的力量，最终它的无能会被臣民发现。一旦人们发现了权力的无能，他们就会开始回避它，利用它为自己谋利。对社会法则的破坏以同样的方式再度发展起来，出现了权力真空时的无政府状态。

什么是统治权力的理性？它不是抽象的哲学理性……最高权力应该掌握抽象的哲学理性，但是统治管理行为的领域需要的是真实的实践理性，也就是考虑存在于此时形势中的现实利益。

举例说明，即使暴君、篡位者出于自己的利益依靠于某些强大的剥削帮派，他的实践理性也要比路德维希十六更强，还有那些用讨好自己的根本敌人、牺牲忠诚于权力的力量的方式苟活的政府。无论这种政府的抽象理性是否存在，它的实践理性是没有的，因此形式最完善的政府机构不服务于任何目的，而软弱的权力不是给自己的行为增加力量，是给敌人增加力量，它必将导致国家的无政府状态，最终权力也会灭亡。

政府的理性在于将现实的力量联合于政府中，现实的力量存在于社会中，不是抽象的，不是哲学套话，而是真实存在于社会里。联合了所有力量的权力要强迫它们服从自己的命令。

统治结构的完善首先是使权力成为全民力量的储藏器，保证权力命令的威力；其次，以理性内容充实这个储藏器，也就是民族的真正利益所在。因此需要广泛积累人民思想和对权力的要求。

当权力具备了这两种最为必要的特点——力量和理性时，它们还需要补充的是合法性。合法性是政府力量得到全体居民支持的必要条件。

法律就是最高权力的意志，权力建立在牢固的基础上，人所共知，只要不是故意造反的人都能很容易做到它的要求。对同一个意志的普遍遵守赋予了政府不可战胜的力量，意志是以政府机构来维持的。如果政府的突发特别命令中断了法律的执行，那么就会造成政府机构和人民的社会力量行为之间的不协调。公民应该做些什么，他们的哪些权利是真实的，哪些是虚幻的，这个问题让所有人感到黯然。生活道路的迷茫使公民配合政府行为的可能性消失殆尽，人们不禁会怀疑，哪一个政府命令才是最高意志的体现？缺少了主要的支持，政府的行为不再有力，对人民不再透明，它的影响正如缺乏理性的状态，因为人民不懂理性，理性具备与否对人民的意义都一样。

因此，国家机构完善的目标应该是保证：①权力的力量，不能使其软弱；②权力的实践合理性，不能脱离现实利益和民族的思想；③权力行为的合法性，不能明显地偏离事先确定的行为准则，它们是政府和臣民共同遵守的行为规则。

最高权力的使命是进行统治，它的“统治”角色在于在政府机构中占据应当的地位，使它们接受强大、理性和合理的权力。

最高权力的普遍使命对于君主制权力来说更为重要和明确。作为个人专制权力，君主制带有鲜明的道德责任感，在其他的权力形式中，道德责任感正在破灭，变得越来越不明显。作为个人专制权力，君主制最有可能实现集中的、理性的行为。因此政府机构脱离正常轨道（力量、理性和合法性）的行为损害君主制权力的程度更甚于其他类型的权力，它带来了灾难性的后果，这是由人民对权力真实性的怀疑造成的。

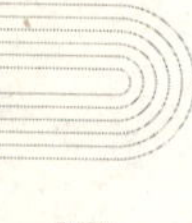

6. 个人、自由与权力

（1）国家与个人

此前，我们讨论了群体和国家的各种组织机构，以及最高权力在其创建中的任务。

但是一切组织机构和集体的基础都是作为人的个体，人在国家中是作为公民的个体。所有集体都是由个体组成产生并为了个体而存在的。

作为人的个体是政治中最基本的现实。政治经常忽略个体，只关注集体的命运，这种短视的观点没有看到形式的实质内容。

政治可能会这样问：如果你得到了整个世界却失去了精神，对你会有什么好处？集体、社会和国家当作个体发展和生活的环境时才有意义。一切集体都如个体所构成的那样，如果我们削弱了个体的创造力量和能力，就会损害了集体，所有看上去最严整、最深刻全面的国家形式都会走向事实上的腐朽衰败。即使从政治家的眼光来看，对他来说伟大的国家就是一切，为国家耗尽智慧，为了获得世界泯灭了个体也是毫无益处的。离开了个体，即使他用尽所有的能量和才华也不能创造任何伟大的事物，国家将迅速走向萎缩衰落。

因此，政治与个体的问题直接相关。在完成了社会和国家机构组织的建构、考察了改善这些组织的条件之后，在个体问题上政治不应该忘记的是：社会和国家机构如何与个体协调并作用于个体？如果有了强大的集体力量后毁灭了个体的力量，那么集体应该得到谴责和惩罚，那些虚假的完美只是幻觉。

然而政治经常无视甚至敌视这一至关重要的问题。总之，如果在所有的国家，政治向个人作出某种“让步”，那么这种行为通常是被迫的，是对个人反抗和阻挠国家压制计划的回应。个人和国家的斗争由此产生，在这场斗争中，有时候为了国家本身的利益只能希望国家遭受更多的失败，因为个人对制度的每一次胜利都促进了制度的发展和完善。

这是争取个性的斗争[1]，是社会学最伟大也是最少被研究的现象之一。社会是个体不可缺少的合作环境，因而不可避免地出现了中等程度的生存压力，因为是“中等”，所以给个性以压力，即个体的本质。所以个体与集体的斗争不可避免，如果集体完全

[1] H. K. 米哈依洛夫斯基教授曾研究过此问题，他的杰出才华远远没有发挥出来。可以确定的是，我非常熟悉这种力量，如果在别的国家，它可以在政治哲学方面做的更多。但是在我们的国家，社会压力对自由智力工作是很可怕的。对个人的尊重，对个体自由工作的尊重是社会发达程度的标志。在俄罗斯当前社会，这种尊重比任何地方都少。我们的社会只知道“政党”并要求所有的人参与“政党工作”。社会从未考虑到人是“自我”，也没意识到只有这种人的工作才是社会发展的财富。因此天才无用武之地：屈服于社会的人不再有创造力量，为保存个性而斗争的人成为“脱离集体的人”，他的力量是在与“社会意见”专制的“对抗”中而不是在创造性的工作中消耗。

服从个体那将是集体的悲哀，这是集体灭亡的开始。

国家政治很容易出现对“个体”、“个性”的忽视和敌视，因为国家和个体的基本创造法则是矛盾的。国家行为是强制性的，遵从公共准则。而个体的创造是完全自由和个性化的。如果冲突不能被政治觉悟化解，生存创造原则上的矛盾自然能导致冲突。政治觉悟中的政治应该是这样的，即国家为了自己的利益应当保护个体，在和个体的关系中应遵循个体的而不是自己的规律。问题在于，个体需要自主性、独立性和自由，否则个体不能发挥创造力。这与国家创造原则背道而驰。政治觉悟应当敦促国家承认自由，社会中的自由因个体而产生，也只有在个体的活动环境中才会出现。

因此，自由和权利问题由于政治中的个体而产生，主要问题有 3 个：①与人的个体的关系；②与社会群体成员的关系；③与公民，即国家成员的关系。

集体的要求与个体的自由和权利产生了矛盾的责任需要。

由此我们看到，个体使心理学与国家体制联系起来，心理学内部力量与国家机构联系起来。政治中被称为权利和自由的一切——公民、政治自由和权利——出于心理学上的个体独立性和与生俱来的自由。个体的心理力量越发达，它在公民、政治自由方面的表现越强烈。从反面看，对待个体的态度是衡量国家完善能力的标准。

在各种权力形式中，高级形式给予个体极大的关注，广泛体会个体的影响，最大程度地赋予个体创造空间。国家的自我发展能力取决于它对个体的态度，给予个体自由创造的空间，特别是国家控制的社会领域的创造。所以我们看到这样的历史范例，例如拜占庭，国家具备了高度发达的统治机构，生命力却比粗糙、半野蛮状态的日耳曼国家匮乏得多，这些半野蛮状态的国家只有一种优势，它们给予个体创造的自由和建立社会体制的自由。

从这一意义上讲，我们应当区分不同条件下存在的重要差别。

个体中能表现出高级的心理学类型，也就是说一个种族的个体在心理特征方面可能非常强大，能发展出强大的独立力量，虽然个体现在还不发达，没有意识到自己的力量，也不能实现这种力量。也可能发生相反的情况，民族的个体天生孱弱，但经过了发展，也就是实现了所有的复杂生存和行为能力。与个体心理基础脆弱的国家相比，建立在第一种心理类型基础上的国家体制显然具有更高级生活的基础。当国家里的个体不仅天生强大而且高度发展之后，国家才能具备良好的发展条件。当我们历史地评价国家体制以及运用政治技巧的时候应该注意到这一点。

一个国家只有为作为心理现象和作为“人”的个体提供增强自己的力量、巩固和发展这种力量的可能性，这个国家才会有伟大的未来。甚至可以说，即使机构组织不完善的国家显示出最大程度的颓势，违背民意，泯灭个体，与那些运用各种方式压制个体的濒临灭亡的国家相比，它们的未来更好。

在国家和个体的关系中应当区别两种因素。

国家对待个体的态度是基础，它将个体作为“心理现象”，作为人的存在、理性的、道德的、感觉和意志的存在来对待。对个体的尊重达到对某种独特的心理存在物的程度，这种存在物对“自然权利”方面的意识虽然在某种程度上存在着，但是可能多种多样。能够体现这种态度的国家机构是最高权力本身，因为管理权力包含的只是针对公民的态度，如果能够称之为对人的态度的话，那么不是指人自身，而是已经被置于国家保护之下的人。只有最高权力能够决定这种保护或者说国家对“人”本身的忍让程度，而它不取决于人对国家的态度。

最高权力的灵敏程度、人文和文化创造力表现在对“人之个体”、独特性和自然权利进行评价的能力中。这种能力的高低决定着这一最高权力在国家活力方面的强弱。

人之个体除了作为单纯的人存在，还是国家的成员、公民和百姓。由此产生了某种公民的自由和权利体系，产生了国家对公民自由和权利的某种态度，及对这两方面的理解和调整，这是国家思想发达和艺术的体现。这是立法者和政治家的活动领域。

我们知道，权力对自然权利天然的敏感性可能伴随着政治上国家意识的不发达，反之，在中等程度的敏感性上，立法思想和政治手段可能高度发展。最高程度的国家行为体现为两种必要条件（最高权力的敏感性和最高权力思想的发达性）的结合。但是在我们的历史评价中必须谨记两种条件不吻合发生的可能性，以防把实践经验的东西归咎于国家政权形式。

（2）关于“人”的权利

任何发达的法律意识都必然推动“个体”权利的产生，这里说的“个体”甚至不是公民，而是人。国家立法承认人具有某些法律义务。从国家“管理”机关的角度来讲，人只具有法律赋予他的权利和义务。但是从最高权力的角度来看，它确立了法律，需要对人的权利和义务进行更加严格的界定。因为没有最高权力的界定，法律权利的确立就失去了一切基础。

在决定是否赋予个人权利、确定个人义务的时候，立法者是否需要遵循某种原则？

从这一角度来说，首先必须清楚地意识到人的权利和义务最初来自于自然权利，自然权利生来与自然的个体本身、社会和国家相联系。这一看似抽象的“哲学”问题非常现实，历史上对它的不同理解产生了各具特点的法规，它还引发了一系列革命，改变了统治形式。只有当人类的法规与现实的自然力量和社会政治现象世界中的关系相符时，它才具有理性、有效和巩固的特点。对自然权利和个人义务的不正确理解导致立法机构职权和要求的错误方向，使政治实践和社会生活走入歧途。

前面已经指出，“社会契约”理论从本质上讲已经进入了个人和社会关系的基础。“社会契约”不应从法律条文上加以理解，它是一种心理学现象，是一种根本的、不可避免的现象，因为社会性本身就是心理学现象[1]。

当然，当所有的个人已经归于社会，也许义务和权利已经密不可分的时候，国家就会历史性地产生。但是我们的精神活动不是遵从事实的历史进化过程，而是其内部思想。事实上个人不能存在于社会之外。作为历史立宪行为的个人与社会之间的契约从来不会实现。个人无论是过去还是现在都始终意识到自己不仅存在于社会内部，也存在于社会之外；个人从过去到现在在自己的意识中无时无刻不在与社会缔结契约，或赞同自己与社会的态度和社会对自己的态度，或为此而烦恼并试图改变它们。从这一意义上来讲，这一心理学事实是世界历史中的普遍现象，在其影响下法律权利得以建立和改变。

从直观意义上讲，国家是为了个人及个人的需要而存在的，因此一旦进入国家，个人就不会消失，他不只代表自己，他是为了保持自己的独立性以及支持国家的存在。这种个人与国家的关系决定了国家的义务，它要遵循由自然个体本身所决定的内部规律，不能有任何压制个人独特性和自主性的行为。因此个人具有某些作为“人”的自然权利，国家在规定公民权利和国民义务的时候不得侵犯。

意识的清晰敏锐程度并不一致，人的权利是由我们的意识决定的。个人的发展程度也不一而足。原始巴布亚人对权利的理解与现代英国人不太一样。为了领导自己的机构，国家试图赋予在某个时候所承认的人的权利以法律定义，但是法律定义在必要的时候变动性很大。在一般的哲学公式中人的“超国家”权利可以确定人的独立生存权，它包括道德——理性和感觉的存在，具备实现道德理性存在的能力。

具有这种权利的人进入国家领域后，国家不能对个人加以限制，因为这种“权利”来自于人精神自然领域中的“义务”。

事实上，人的本性决定了人的独特性，这一概念将人和更高级的原始存在——上帝结合在一起。个人是由上帝创造的并带有某些显著的特征，人在世界上的使命是以

[1] 参见《君主制国家体制》第1部分，第1章。

独立活动实现潜在的、既定的道德上的理性特征。它实质上是义务而不是权利。如果说个人不能不服从某种能赋予他生存使命的力量，正因如此他意识到自己的独立性是一种权利，那么这种权利恰恰来自于成为独立力量的义务。

如同所有的自然权利一样，这种权利是纯粹道德上的。它没有法律上的定义，只受到道德上的评判和限制。但应该指出的是，它从道德角度来讲还是能够被讨论和限制的。

个体即“人”的权利，取决于人在多大程度上履行了自己作为道德理性存在的使命这一义务。如果人抛弃了道德和理性基础，他的权利即被废除。如果人的存在扭曲了自己的本性，以反道德和非理性取代道德上的理性存在，我们的道德评判就可以甚至必须拒绝这种被扭曲的“自然权利”的实现，拒绝承认自我扭曲存在的现象。

但是这种评判——重复一次——只能是道德上的评判，建立在道德理性存在的“自然权利”基础之上。道德理性的存在从来不会也永远不能忘记，采取这种评判的态度应该多么谨慎。苏格拉底之死曾经受这种评判，它亵渎了神灵，教唆人民。人类的救世主上帝也经受过这种评判……

（3）权利与义务

人与生俱来、不可剥夺的独立性赋予社会中的个人以各种权利，它们维护社会和国家成员多方面的自由。一种是“个人”权利，它的目的是确定个人自由与国家政权的关系；另一种是“政治”权利，它确定的是公民参与政权的程度和形式。国家最高权力决定这两种权利，权利的建构体现了最高权力的类型，最高权力促进了各项权利的实现。总体而言，保障个人和政治自由的权利体现于下列方面。

个人权利：①人身自由（例如不受任何非法拘禁）；②维护个人自由的住所不受侵犯；③私有财产权利；④劳动和学习自由；⑤良知自由；⑥言论自由（出版，传授，宣传）；⑦家庭权利；⑧集会、组织自由；⑨要求政权保护的权利；⑩反对政权非法要求的权利。

齐切林增加了“请愿权”，手稿和书信不可侵犯…… 这样的细节还有很多，它们属于比较普遍的权利。与之相比更加重要的是婚姻权……这些权利都受到法律和政府规定的制约。在政权的干预条件下，权利可以变得非常广泛，也可以成为事实程度上极为狭隘的自由。

公民的政治权利包括：① 参与法律允许公民权利范围内的决策；② 参与国家职务；③监督政府行为。

这些权利也要受到法制纪律的约束，结果就是这些权利的使用程度及范围可能差别很大。国家在赋予公民系列权利的同时，公民也承担着各种义务，齐切林概括如下。

公民的个人义务：① 服从，但是在合法范围内。一旦国家超越了法律界限，服从义务随即终止；② 对国家忠诚，指的是思想和行为要维护国家和政权的稳定。践踏这一原则意味着背叛；③为国家提供必要的资金（赋税等）。

政治义务：①服兵役；②职务督察（陪审团，警察等）。

我们可以不去详细地考察权利和义务的分类，只需粗略列举权利即可了解国家中的人有哪些自由。

需要特别注意的是，权利和义务是均等的，它们都受到法律即最高权力的制约。很明显，一个国家自由的真实尺度事实上取决于最高权力在何种程度上承认人的自然自由，它是公民权利和政治权利的初始源头。承认的程度首先取决于人的力量，人对独立性需要的迫切性和不妥协性，也就是完全的必要性；其次，对人的权利的承认取决于最高权力的特性，权力形式和类型不同，特性也不一样。

任何国家的最高权力都确立并保护所有出现的权利，但是它们的程度和建构方式不一样。

（4）权利建构体系

国家科学的任务在于深入了解政治现象的规律，概括其内在思想，为政治手段指明达到所愿目标的行为方向。在君主制的权利体系中，我们首先应当了解最高权力观念逻辑，以及表达最高权力内涵的手段，虽然历史实践中也不乏类似手段。

前面我们指出，觉悟在政治中具有非常重要的意义，在国家体制的历史上我们遇到的政治觉悟行动远不及无意识行动的例子。因此基本的最高权力类型——君主制、贵族制、民主制——在历史上不仅以纯粹的形式，还以变形的形式出现。如前所述，君主制的各种形式（专制政体、绝对主义政体和独裁政体）只是最理想化的政体，而在历史上它们从未以纯粹的形式出现过，总是混合着各种政体形式的特征，其中一种政体形式处于基本地位[1]。

科学的任务是解释最高理想原则的特点，为政治手段指出防止最高原则从衰减到变形的方法，以及从衰减状态复原的方法。接下来我们将根据历史语境，主要分析纯粹的君主制原则内容的逻辑，即属于君主制原则个体的真实的东西。

[1]《君主制国家体制》，第1部分，第4章。

当我们注意到某种权力的本质时会发现，它对人的自然权利越敏感，就越倾向于保护国家中人的权利。在这方面君主制政权比民主制更甚。

在确立和建构政治权利的时候，情况恰恰相反，民主政权比君主制做的更多。

君主政权本身就是道德原则的构建，在构建过程中它不可能意识不到个人的国家意义，个人是道德原则的承载者。相反的是，民主政权是全体民意的最高权力，是力量的权力、自我满足的权力，因此与道德没有必然联系，除了人民专制的强制力量以外不受任何制约。因此民主制对个人的独立性和权利缺乏天然敏感性。但是民主制与个人的政治权利关系密切，后者是人民意志专政的组成部分。

如果我们考虑到最大程度上保护人的权利，即一切个人和政治权利，君主制比民主制具有更多能力上的优势。

不管权利学说的意识发展到什么程度，在不同的最高权力原则的作用中不可能不真实地反映出权利的本质。所以君主制对个人权利的敏感性是一个普遍的历史现象。相反，民主制对个人权利的漠不关心举世皆知。在最好的共和国里，总是有对个人被压制、多数人对个体生活方式专制的抱怨。在君主制中，人的个体只有在君主制原则向专制主义转变时才会被抹杀。甚至在绝对主义条件下，对个体的压制主要体现在政治权利领域，在个人权利方面，在罗马和欧洲的历史上，绝对君主制为发展和保护个人权利作出了许多贡献。

真正的君主制观念中含有保护个人政治权利的一切因素。它需要的只是发展强烈的政治自觉意识，或者为了弥补其不足，创造合适的历史条件。

从君主制和民主制的内在思想来看，它们建构权利和义务的方式并不一致。这在保护自由和权利方面有所体现。

在民主制中，最高权力是人民大众，是大多数，是集体的力量。公民个体作为大众的成员，但他不等同于人民大众。他是最高权力的一小部分，也只是一小部分，其余的部分对他来说无关紧要，但他必须服从权力，即使违背了意志。因此国家中的个人是一个独立的存在，他与国家是契约关系，但不会与国家完全融合。他的自然权利不会融入国家，对个人来说个人权利高于国家权利。在个人与国家的关系（契约关系）中，个人的权利基础不在国家而在自身，个人权利的一部分要让位于国家利益以保证他能从国家获其他权利。个人对自然权利方面的让步就是对国家履行的义务。因此，个人义务是权利产生的一部分要素。权利是基础，义务从权利而来。国家怎样保证人的权利，个人就怎样履行自己的义务。

君主制中权利和义务观念的关系是与之完全对立的。

最高权力（君主）就是作为个体实质的道德基础本身的权力。在君主制中对个人来说最高权力不是无关于己的东西，而是他自身的权力。在君主制中，最高权力不是个人的意志，而是个人理想的意志。因此，在君主制中公民个体构成最高权力的组成部分，但方式与民主制不同，他不是作为最高权力的一部分，而是以其全部存在进入最高权力。个人附属于最高权力，是同一道德理性因素的承载者，他被国家最高权力树立为君主。道德理性因素不是个人意志，而是它存在的一方面，是个人意志的归属部分。这就是个人责任和义务的来源，为了履行责任和义务，个人需要获得必要的权利。君主制最高权力的情况完全如此。

君主的权力不是凭空而来、自我获得的，它来自于上帝，是为了维护国家中道德原则的最高地位。为了履行自己的这一义务，君主获得了最高权力。权利的产生和个人意识都来源于义务。君主制的权利建立在义务之上，忠实于君主制思想，君主制只能在指定的国家里实行，与个人的自我意识实现和谐共处，个人的权利决定了如何完成道德理性存在的生存使命。

从表面上看，如果我们把义务建立在权利基础之上，承认权利的基础地位，把义务视为派生物，就能更好地维护权利。但这毫无疑问是错误的。M.H. 卡特科夫对权利心理学有极好的表述，他说："最有益的权利是自身包含义务的权利。没有用处的权利是没有义务的权利。没有义务的权利像肥皂泡，它一无所有，也不会带来什么。这种权利不是力量，而是软弱。如果思想者充满责任感，从义务而不是权利的角度出发来行动，那么社会意见可能会有益和见效。看不到自己的义务，只知道自己的权利是无益的。"

为什么只有包含义务的权利才是有益的呢？因为这是个人最真实自然的本性。人，作为理性、道德和意志的存在，并不是世界本原，人来源于宗教基础，这种基础赋予人来到世间的使命是独立地发展精神力量。人生来就感知到了这一点，坚决要求必需的自由和权利，因为这是履行自己的义务和使命所不可缺少的。在相反的情况下人不会意识到任何"权利"，即使得到权利也不能使用。卡特科夫说得没错："只知道权利，看不到权利要求的义务是无益的。"这种权利是僵死的、没有生命力的，个人使用了它只会变得"肆意妄为"。

君主制原则的伟大之处在于它的国家观念与心理学的现实相吻合。国家权力建立在个人心理本质的基础上，个人的心理本质表现为只有作为世界义务的履行者才有权

利。只有在国家领域掌握了个人的普遍心理规律，权利才是有力的、现实的。君主制原则中完全体现了这个要求，它生来潜在地包含最大程度地实现理性自由和权利的一切因素。如果人们缺乏政治自觉性妨碍了这种可能的实现，那么我们不应该把不理解君主制原则造成的后果归咎于君主制原则。

（5）权利的实现

通观人类国家历史，我们发现没有任何地方、任何政权下的国家里不存在自由和权利。在这一点上，君主制国家体制堪称创造权利的楷模，在实现自由和权利的整体方面，几乎没有任何其他国家能比得上君主制国家。但是需要指出的是，它在自由实现和权利保护上总是低于理想目标，甚至经常不能令人满意，由此引发了个人的抗议和国家的变革。

自由和权利的实现不令人满意的根本原因在于权利的任务非常复杂，政治意识和艺术不足以解决权利的复杂任务。同时，人类滥用一切政治制度中均会存在的大量漏洞。自由和权利的实现不单纯取决于狭义上的政治条件，而是需要人类社会中一切因素的共同作用。

受过法律教育的人特别不想知道这些原因，在关注社会自由和权利的同时，我们应该把实现个体的自由放在一切政治条件之首。

懂得国家中权利含义的人，应当首先关注个体的力量和独立性，其主动性，其创造才能，这是个人最为珍视的、不能放弃的东西。实现独立的个体需要一系列的教育条件，它们形成了人的性格。前文已经提到：正确真诚的信仰能赋予人独立性；稳定的家庭能给人关怀教育；完善的社会结构能培养个人的社会实践能力和应对偶然因素的能力以及自信，这就是成为国家独立公民需要的一系列教育条件。

需要指出的是，在实现自由个体的所有因素中，个体的权利意识来自于义务意识。这属于宗教，属于家庭，属于人的社会角色。人很容易放弃自给自足的权利。人无权放弃自己的义务，也没有必要放弃为了履行义务所必需的权利。这是形成健全个体的正确方式，他不会放弃自己的道德和理性，即自由的基础。

这种方式形成的个体是社会和国家中自由和权利的支柱，也是管理国家和社会的基础。

这样培养出的个体不放弃自己的权利，更不会滥用权利，他构建了自由和权利赖以形成的社会准则。

如果说实现个体是使法律条件发挥作用的必须条件，那么法律条件对个体形成也是必要的。

以立法形式对社会中个人的自由和权利的尺度加以界定是实现权利的第二类条件。立法机构需要灵敏、迅速并富有远见，它建立的机构应当具备这些特征。

这一事实凸显了国家机构问题，并把自由和权利问题引入了政治领域，提出任何权利都取决于公民的政治权利。

如前文所述，民主制下公民具有的政治权利在君主制下可能被完全否定。这是事实，但是违背了君主制观念的真实思想，君主制观念和民主制观念一样，它不能不承认公民是政权的参与者，给予公民相应的政治权利。

任何权力形式下的国家成员都是国家关系中的公民，关系隶属于最高权力。共和国的公民也隶属于人民专制的最高权力，他拥有政治权利但不是最高权力的组成部分，而是国家公民，他以某种方式附属于权力。

君主制是道德理想的最高标准。它存在于臣民的精神中，因为每个公民承认君主制在个人精神中的最高地位，因而成为国家的最高理想。因此，每个公民都是君主制最高权力的建设者，类似于在民主制中每个公民都是人民专制最高权力的组成部分。君主制下的公民更贴近于最高权力，因为他与最高权力完全融合在一起，是道德理想的承载者，君主就是最高理想的代表。

君主制臣民的政治义务由此而来，它本是就是政治权利。M.H. 卡特科夫对君主制精神有精辟的见解："俄罗斯人拥有比政治权利更多的东西：他们有政治义务。"卡特科夫的看法非常典型，最高权力对于君主来说并不是权利而是义务，君主有了义务才有了最高的权利。精神上的接近、臣民与君主最高权力的亲缘性，在对最高权力行为的要求中都有所体现，这一要求是俄罗斯专制主义最具天赋的代表——彼得一世确定的。

这不是仅仅要求服从，而是要求原则上的配合。它是对君主的效忠，不是随心所欲的，而是臣民的义务。首先要发誓忠诚和服从。除此之外，每个人要发誓以最大的理智、力量和一切可能性维护属于专制制度、国家力量和君主的一切权利和优越性。这还不够：臣民有义务阻止任何可能妨碍效忠君主和危害国家利益的行为。不仅要及时发现一切可能会对君主利益带来危害、消耗、损失的事物，而且要对此"不惜手段加以阻止，精心过滤"。在这里，效忠的臣民和行为人、公民没有分裂，而是融合在一起的。誓言中指出，只有"那样"做才能表示"一切行为效忠皇帝陛下"。臣民还要以这种方式向"上帝和他的大法庭"提出建议。

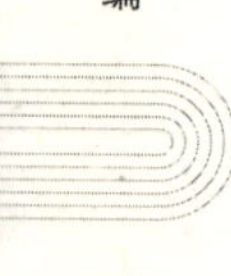

这是彼得一世著作中的内容，在书中彼得一世已经不再迷恋胡果·格老秀斯的理论和霍布斯，沙皇洞察了权力原则的精神。

“忠诚宣言——这就是我们俄罗斯的宪法”，卡特科夫的结论如此，这是完全正确的，需要补充的是，这部“宪法”是不完整的，其中没有提到履行义务所需要的必要权利。

对于君主制国家的公民来说政治权利并不稀奇。他们有参与国家公职的权利，在一定程度上具有监督权力运行的权利。我们的法律容忍批评，1895 年 1 月 13 日的最高法令确定了这样的原则，在科学、文学和刊物事业上贡献才华和辛劳就是为国王和祖国效劳，也许这种效劳本身也是权利。1905 年 8 月 6 日国家杜马章程中确定了杜马向大臣提出质询的权力。全民请愿权不受任何条件制约，我们见过很多全民请愿书，上面是最高权力签署的意见，是关于国家治理的重要事宜……

我们不得不承认的是，君主制国家的公民由履行义务产生的政治权利在任何地方都没有明文规定，不受限制，没有法律部门的准许，也没有实际的运用保障。

“君主制宪法”不完善的原因完全在于绝对主义，它扭曲了君主制的真正意义。君主制原则本身无疑保证了一系列的政治权利，它们与民主制国家的政治权利完全一样。这些权利的实现事实上是个人权利得到巩固和拓展的结果，个人权利为政治行为提供了方法。在政治权利不发达的情况下个人权利自然受到限制，公民的政治权利受到限制，公民的政治权利受到绝对主义的影响，与君主制公民义务不相符。这样的权利包括出版自由、组织和集会自由、反对政权的不合理要求等。

为了使君主制公民的政治权利不至于在法律上成为空谈，需要建立一套管理体系，前面曾经提到，它通过集中社会和官僚制度力量的方式使君主制公民进入到国家管理机制。

在君主制国家中要想实现自由和权利，我们认为这些条件必不可少：①正确选择个体；②先进的社会结构；③在国家统治机构和最高政府机关中实行联合统治体系；④个人和政治权利的法律保护制度。

需要这些条件的不只有君主制。为了保证个人权利和政治权利的实现，民主制国家也需要具备这些条件，否则它们就会在共和国中毫无用处。但是君主制实现了这些条件，它是个人和公民权利更加有力的保障。如前所述，在个人权利领域，专制最高权力比民主制更加敏锐。至于政治权利，在民主制国家里政党和政客获得了政治权利的好处，对于广大公民来说政治权利既无意义也无兴趣。健全的君主制完全相反，它可以很容易地阻止公民滥用官僚和政治权利。

7. 民族的历史命运

（1）民族的政治目标

为了使国家力量更加有力、理性和高效地发挥作用，我们探讨了各种方法。但是评判理性和高效的标准是什么？国家行为应该遵从什么总目标？最高权力的目标是什么？

个人和民族都有当前的任务，也有终生的任务。但是二者并不总是一致的，一日的理性目标可能对终生的目标是不利的。

某些野蛮民族如此短视，以至于有了今天的食物就不考虑明天吃什么，把今天获取的食物消耗完后陷入今后几天面临食物短缺的危险之中。儿童也有这种短视性目光。没有理性的地方，那里的人们就生活地朝不保夕。理性出现以后，人们开始考虑一生，理性程度越深刻，人的前瞻范围就越长远。理性的高级状态甚至让人开始考虑死后的生活，在关注理性生存的同时，将自己当前的目标和世界的生命以及对个人来说不可思议的永恒联系在一起……

政治理性将国家的日常问题与民族生活和历史命运的问题联系在一起。

经常有政治代表人物这样说：“我们的任务就是以现在的努力引领国家走向成功。明天属于明天的人们。让他们去关心自己的问题，我们只关注自己的今天。”这种政治不值一提，不能被称为政治。它既不真诚也不理智。那样的历史时刻一旦出现，其实是政府或国家甚至民族走向灭亡的征兆。不能从当下的任务中考虑到未来任务的人没有资格成为执政者，因为对于国家和民族来说，未来的重要性不亚于当下，甚至比当下更加重要。以损害未来为代价换取现在的发展是对民族的终结。

国家和民族不会只存在一天，而是一个不确定的期限，这个期限对每一天来说是“永恒”的。我们甚至不能断定国家和民族的生命是否有期限。有些民族以国家的形式生存于已知人类历史的全部时期。中国和日本民族的国家存在了几千年，没有人可以肯定中国明天是否会迎来比历史上更加广阔的世界范围里的生命力。日本已经走上了世界舞台，它焕然一新，能量充足，毫不逊色于征服岛屿的史前时期以及中国远征丰臣秀吉时期的状态。我们无法获知民族和国家的生命是否有界限，我们的政治着眼点不是短时期而是永恒。

可以肯定的是一切早晚都将走向消亡。但是理性生存的目标应该考虑到尽可能长的时期，如果能做到这样，生命就会变得很长。短期政治以“在我之后，哪管洪水滔天！”[1]为口号，以牺牲明天换取今天损害了民族和国家的力量，因此毁灭已经提前到来，民族和国家不可能继续生存数百数千年。无论如何这种政治都是对国家和民族的罪恶，出于自私的短期目标埋葬了国家和民族的未来。

因此在谈到政治概念的时候，我们不能把日复一日、苟且生存、信奉“满足于每天的工作”口号的状态包括进去。救世主在比较生活中微小的物质目标和永恒的目标时说，应该考虑永恒存在而不是每天的微小目标。

政治不像科学和艺术那样与得过且过的生活有一定的共同之处。这种卑微的生活没有政治规则。得过且过的生活就是消耗国家和民族之所有以满足统治者的个人需要。利用前代人积蓄的信用大量举债，取代了发展民族生产力；出卖、割让领土取代了捍卫、扩展国家疆域；没有了抵抗敌人入侵的英勇军队，取而代之的是以人民的财产和土地向敌人换取可耻的和平；没有了良好的国家组织机构，取而代之的是漫天谎言，笼络不满的情绪，贿赂敌对党派领导人，民风堕落……统治者经常用这样的方式维持自己的生活，后果是留给子孙后代一个贫瘠孱弱、债务缠身、诚信丧失、民风凋敝、政府无信、谎言充塞的国家……经历了这样的“政治”，如果幸运的民族生命力得以保存，它将以革命迎来新的国家。但不是所有凋敝的民族都能指望这样的出路，虽然这个出路很可悲。有了国家以后，民族还有必要建立新的国家吗？建立国家是一件很不容易的事，需要花费大量的人力、财力和精力。任何一个民族的实力都经不起多次建立国家……

国家自其诞生之日起应将自己视为终极的事物，要满足民族的所有需要，一直持续到民族进化过程的结束。国家、国家机构及国家行为方式，简短地说即国家政治，应当为这一目标付出努力。

政治就是为了国家生活而存在的，它是科学，是政治智慧的体现，也是艺术。政治艺术不是魔术艺术，以蒙骗和欺骗观众维持生活，政治是一种国家中人的艺术，他以国家的永恒生存为目标，为了国家的存在运用一切积累的方式，并为后代准备了更多的途径。

政治科学只关注国家和民族的整体历史生活。政治艺术的目标在于服务国家的永恒目标。因此政治的整体目标就是民族的目标，从理性和崇高意义上讲，政治只能是民族的。

[1] 法语，出自法国皇帝路易十五。

但这不意味着政治只有狭隘的民族目标。民族的生活目标狭隘与否取决于其内容。一切伟大的民族都是为全人类效劳的并以各种方式实现人类的各种福祉。建立在理性和良心基础上的政治不能不注意到全人类的总体目标。但是为了服务于人类，民族的生命不能只有一天，而是几百几千年。政治指明了实现这一目标的途径，将国家目标的实现与民族的历史命运紧密联系起来。

只有从这一意义上说政治才是民族的[1]，它的对象是民族的整个历史生活。

君主制尤其需要理性的政治。

随便一群乌合之众都可以在民主制基础上建立国家。在众人皆知的热尔图加金矿上，流亡人士、流亡囚犯、流放移民、混血种族以及很多中国人建立了我们记忆中的“热尔图加共和国”[2]，成立了政权，为这些人提供了逃避屠杀和掠夺的庇护场所，建立了法庭，规定了金矿管理办法等。借助于力量，多数人借助武力维持的意志使得屯宿地满足了各种人群共同居住的需要。君主制在这些人中间不可能存在。如果热尔图加没有被消灭，继续生存下去，在这一种族混合的人群中会逐渐发展出共同的习惯，出现某种共同的生活哲学、共同的文化。如果是这样，即使存在种族差别，他们也是一个民族，有共同的精神，共同的“责任”（“真理”的基础）。那时候可能会出现君主制。

君主制只能存在于民族之中，即有内在发展逻辑、公认的传承习俗以及“民族精神”的共同体。君主制只能存在于有内在发展逻辑的共同体中。君主制政治只能建立在实现代代相传的整体发展目标的基础之上，也就是说，君主制政治必须是民族的，如果不是这样，君主制就不会被社会所需要，甚至无法立足于社会。

政治为人民福祉进步、智力发展、道德上进、社会制度和国家部门的巩固以及人的自由和权利等所做的一切，不仅与满足现在的需要息息相关，还与民族的历史命运有关。只有对民族历史命运有利，才是对民族的现在真正有利。也就是说，对民族历史命运有利的东西对民族的现在都有利。有时候为了将来的利益不得不现在做出一些牺牲……如果这种牺牲是物质上的，那么在道德意义上它不是牺牲而是获得，因为民族以牺牲的代价得到了精神力量发展。

在民族的全部生命中，每一代人的团结是政治的基础，因为这是民族的灵魂。一旦个体和整体的团结感消失，民族就不能成为民族。如果团结感曾经存在但已消失，那么民族已经消亡或正在走向瓦解。对于这样的行尸走肉政治无能为力：它不是为死

[1] 不是“民族主义的”，而是“民族的”。

[2] 1883年，为了盗采金矿，来自各个国家的盗矿者、商人和投机者在中国漠河地区建立了所谓的“热尔图加共和国”，后于1886年被中国清政府取缔——译者注

人准备的。但是政治知道，如果有某种东西可以唤醒堕落民族沉睡的生命力，那只能是可怕的集体灾难，它告诉堕落的人们不能单独存在，如果离开了与前辈和后辈的团结，人们将走向自我毁灭。

（2）保守主义与进步，生命力

作为一个整体存在的“民族”，它在代代相传的过程中，决定了某种生命“传统”，保持着某些生活的基础。政治中的保守主义观念就这样形成了。但民族生活条件的必然变化事实上改善了生活，或者是某种假设程度上的改善（因为人们希望改善已有的生活状态），这造就了进步的观念。在这两种观念的展示过程中，一方面产生了反动的观念；另一方面产生了革命的观念。它们进入了人们的思想体系并在政治原则中得以确立。但它们又是假象，只是生活中某个方面现象的简短概括，而现象的整体有着截然不同的法则。

同任何具备继承性的整体事物的存在一样，民族真实的生命运动遵循“有机”法则，这种法则体现了许多“意志”的联合过程，它们最终形成了某种中立的、坚固的联合体。这种意志联合体一旦形成，它们就成为一切群体和每个人的生存法则，决定了一切个体“必要的”、不由自主的行为，确定了事物的逻辑。人们使社会环境适应个人新需要的一切努力应考虑到先前的形势，遵循其限制，利用现有的手段，而不能创造一个全新的环境，只能改变先前的形势。因此任何改变事实上都是以前的环境中已经存在改变的、可能并允许其发生变化的部分，就像新树枝和花瓣的生长过程那样。因此社会中存在着先前环境的发展和进化。

这一现象是不可避免的，也是不可或缺的。在任何社会环境中都存在着智力和经济的发展基础，以及个体发展和制度运动的可能性。但是当这样的基础实现并消耗殆尽后，一个不同于以往的全新环境形成了：社会中出现了更多的力量、更多的发展，在新的环境中以前的制度已经落伍。它们限制了更为发达的个体，也无法适应更为复杂的生产形势，或不能充分满足其需要；出现了改变整体形势、使之适应社会力量新局面的需要。此时固守以前的状态是不明智的，因为以前的状态已经成为社会的危害，固守是不可能的，因为在新力量聚集的地方出现了改变的需要，也许力量赞同改变，而支持维持原状的只有走向衰落的因素。旧的环境必然以自愿的方式被新条件的需要所取代。有时这一过程是在新旧环境的暴力冲突中完成的。

一定程度的暴力是不可避免的，因为对于目光短浅、自私的旧秩序维护者来说，只有这样才能证明改变的必然性。在残暴迅猛的改变过程中产生了革命和“改革”的观念，它是发展的原则：从哲学上来说这是最孱弱的思想之一。

先不考虑革命的原则问题，我们应该注意到，保守或进步都不能成为理性政治的基础，理性政治就是国家履行服务民族生活发展的义务。在有机体的生活里保守主义的成分与进步完全等量。保护社会和它的基础当然是必须的，但它要遵循民族生活的某种目标。固守民族生活中不需要甚至有害的东西显然是荒谬的，它们意味着对民族某种可怕（从民族理性的角度）的暴力。改变需要有理智的目标和原因，不然它就会成为对民族生活无意义的破坏。从理论上、个人和政党的角度诠释“进步”，以此为基础呼吁社会改变是可以的，这是宣传，但是对于将改变列入政府工作计划，这种个人的理解是不够的。只有民族本身确实需要改变的时候，政府才能采取行动。否则国家就不再是为民服务，而是对民施暴的机构。除此之外还要注意，民族生活过程中的进化总是反映在人们的意识中，为了促成变化的实现国家需要采取必要的手段。

如果国家不注意聆听民族的声音，使用权力强行推动所谓的“进步”专制政治，那么国家很可能走上纯粹的革命道路。

作为政治行为原则的革命，其观念与政治自觉性距离最远。

革命迅速而强制地改变了旧世界，用新世界取代了它，历史上革命并不罕见，有时是必须的，但它失去了人们赋予它的意义，迅速且强制的改变成为革命的原则。人们得出结论，世界正在经历“转变”，事实上这些转变只是部分的现象，在进化过程中微不足道。

真正的变化是通过以往环境中各种力量的此消彼长产生的。显然，在某些因素发展而其他因素削弱的过程中，不可避免地会发生变化，可能是平静的渐进式的，也可能是迅速强制的。在什么条件下必然出现最后一种方式？只有当旧环境中的劣势力量意识不到自己的软弱，看不到新力量的需要，不愿意放弃自己的地位的时候。当改变的需要积累到强烈的程度，顽固的旧势力引发了愤怒，形势陷入了争执状态，最强有力的一方获胜，这就是“革命”。

那么革命改变了什么？它只是改变了已经被进化改变的东西。革命的力量来自于进化的创造，革命的敌对势力无法与之抗衡是因为它们在进化的过程中丧失了力量。因此革命只是扮演了纯粹的执行者的角色。革命的过程中是否必然采取迅猛的暴力行为？这种情况极为少见。这既不是规律也不是原则。恰恰相反，作为一种行为方式，作为一种执行手段，革命具有损害性，很多时候犯下了不必要的罪恶。迅

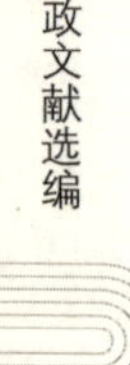

猛的暴力改变在任何时候都是无序的，带来诸多的牺牲。无序而受恐怖意识支配的暴力行为不仅伤害了无辜，甚至还危害了优秀的人才，他们不会或者不愿意讨好别人，而最坏的人接受了新力量，在混乱的革命中甚至成了“运动”的领袖，他们在运动中总是能得到好处。18 世纪的法兰西革命杀害了许多优秀人才，结果就是不惮使用暴力手段维护自己利益的人成为新秩序的建立者。优秀人才遭到扼杀成为所有革命的普遍现象。

从革命中的混乱行为和优秀人才遇害可以得出这样的普遍规律，革命不仅推动了必要的变化，还带来了不必要和有害的破坏，它干扰了改革的事业，最终结果是出现了反动派，他们尽可能地破坏一切革命的成果。

从总体来看，革命是最低劣的、具有破坏性的改革手段，很难达到理性的目标。当然，在政治和智力不发达的社会里，有时候革命是唯一可行的方法。但是革命仍然是最低劣的手段方式，齐切林总结的规律是完全正确的，“革命努力是最不能象征改革者政治能力的标志”[1]。追随革命的人们放弃了以和平方式改变现实的机会，他们只有不满和恐惧而没有政治理性，他们甚至不明白改变的目标是什么，因此他们的行为不合时宜。

一旦革命理念上升为原则，它就成为邪恶的根源。在这一“原则”的指引下，心怀不满的少数派开始用暴力胁迫整个国家离开原来的道路按照自己的意愿前进。在发达国家里，类似的篡权企图不可能得逞，只会导致彼此屠杀和国家力量的内耗而不是用于创造性劳动。在政治不发达的国家里情况可能会更糟，篡权者的企图很可能得逞，他们带来的是彻底粉碎性的后果。在革命政党统治的国家里，无论如何治理国家，它永远是滞后和被谴责的，不能按照理智行事，而是遵从掌权者的命令。人民的地位降低了，在政治和社会领域的创造力降低了，因为只有当人凭借自身的理智和良心创造时才会有创造力。

理性政治行为的基础，既不能是保守主义原则，也不能是进步原则，更不能是革命原则。

理性政治只能建立在进化原则的基础上，即从民族的内在事实中发展民族力量。这个过程总是伴随着保守主义和进步原则，如果出现了作为个别现象的革命，那么它的目标绝不是在社会上建立进化所未能实现的东西。

[1] 齐切林：《国家科学教程》，第 2 卷，第 82 页。

我们应该把在现实生活基础上形成的国家政治主导原则确定为保持民族的生命力。

政治越能给民族生命力以多方式的支持，民族生命力发展中的障碍越少，政治的理性程度就越高,不管它们来自哪里。在明确了主导原则以后,在进步真的出现的地方,政治不会封锁“进步”,在以往生存状态要素悉数存在的地方,也不会缺乏“保守主义”;这样的政治异于“革命性”，因为它考虑的是如何改变过时的东西，它不会允许革命篡权发生，也不容许其他人侵犯国家权力和民族自由发展。

国家的“生命力”是唯一理性的政治基本原则，它理解的国家目标和义务是成为民族生活的工具。

这种政治任务贯穿于民族永恒的构建过程中。像一切有生命的共同体一样，民族一旦形成就不会停滞，它不断地培育和发展着自身的生命要素，摒弃死亡的成分，用新鲜的枝叶替代干枯的部分。一切物质的存在过程都是生命与死亡永恒的斗争。在斗争过程中民族的力量与日俱增，内在理想得以实现。因此，生命力就是一种只有发展中的集体处于自主状态才能完成的过程。民族的内部力量越强大，建立在民族独立性和自由基础上的生命力就越具有发展力。

最高权力的各种形式不同程度上具备了适应发展进化逻辑的天然能力。

作为最高权力的掌握者，贵族阶层具有凝滞、保守的特征。取得最高权力的民主制吸收了众人的智慧、活力、热情和沿着“最少反对力量的路线”前进的趋势。君主制原则生来就能以最大程度的智力平衡性地处理国家事务。

除了历史上的例子（非常丰富）以外,不言自明,君主不能拒绝有益的变革。相反，君主的一切利益，一切道德动机，一切虚荣心都可能导致改善的失败。改革的吸引力甚至比停滞状态更加符合人性。即便如此，在君主制中保持民族历史发展道路的特点仍显而易见。

在群体运动的自然传播、模仿、娱乐和被其他人无意识催眠的影响下，人民可能短暂地离开历史发展道路，在这种情况下理性的变革几乎不可能。这时候君主制权力比其他形式更具有吸引力。出于继承性特点和道德责任感，君主权力掌握者在受到拥戴的时代里是最能抵御偶然情况的力量，君主的声音唤起了民族与生俱来的历史使命，激发民族忠于自己的历史基础。因此，君主制原则是防止国家陷入停滞、不忘其发展基础的最有力工具，它能保持国家的生命力，促进国家力量健康发展和适应新的条件。比较而言，保守主义和进步主义在君主制原则中处于平衡的态势。

（3）缔造民族的共同任务：物质力量与精神力量的发展

前面曾提到，一切社会现象都是由人的心理本性确立的。无论是个体还是集体中的人都生活在物质环境里，人社会性的出现和发展受到经济条件的巨大影响，也就是人们获取生存必需的物质资源条件。可以把社会和个人做比较，在人身上精神和肉体密不可分，健康的精神离不开健康的肉体。

经济唯物主义理论从一个侧面让我们看到了社会生活和历史中真正重要的因素。经济构成了基础，作为心理现象的社会性在此基础上发展起来。经济不产生社会性，但是社会性必须符合和适应经济条件。

然而社会法则（本质上是心理的）深刻地影响了经济，因为自然物质条件允许不同的方法存在，选择和利用哪种方法根本上取决于个人的能力和倾向，在社会环境中取决于社会性的形式。

为了更好地完成生命过程，在为民族和人类创造自身类型所蕴含的内容同时，民族应当尽可能地发展精神和物质力量。民族和个人发展的基础和动力是精神力量。

齐切林很好地描述了民族发展的基本状况。

“除了具备国家意识和意志外，还需要足够的实力，以保持国家在其他民族中的独立性和地位。每一个独立的民族都是历史活动者。民族之上没有最高权力可以保护弱小的民族。每个民族都应当维护自己的利益，这需要实力。没有实力维护独立性的民族就应该放弃独立性。这是历史的高级定律，只有在世界舞台上能够发挥实力的民族才能参与到世界的命运中。在最高权力和下属的关系中，物质力量是通过道德维系的。这是一种建立在高层次意识和意志基础上的精神力量。民族的力量来自于国家意识。”[1]

他指出：“民族之上没有最高权力。每个民族都要学会维护自己的利益。这需要实力。最重要的内部实力条件是组织能力。对于实践行为来说，仅有精神上的努力是不够的。需要获得政治独立性的民族，首先要学会斗争，其次要组建稳定的政府，团结优秀的力量。缺乏战斗力的民族不能维护国家的存在。”（第 84 页）

组织能力对发展经济实力也是必要的，没有物质基础无法建立伟大的国家，也无法在国家中建立足够数量的必要机构，这些机构对社会和政治生活都是不可缺少的。此外，个人也无法达到相应的发展程度。

国家要面临的问题是国民劳动力的生产效率，也就是合理的国民经济体系。弗里

[1]《国家科学教程》，第 1 卷，第 83 页。

德里希·李斯特未引起我们的足够重视，但他指出了国家的经济问题与民族智力和道德实力有密切的关系。

有一句广为人知的格言，“财富败坏民族”……当物质资源财富过多的时候，情况确实如此。根据资本主义学派的“增值”原则确立的以积累财富为目标的经济活动，确实会导致人民和民族的衰败。但是经济原则的真理不是积累“财富”，而是发展生产力，也就是人的高层次发展，因为在国民生产体系中起重要作用的不只是智力，还有道德力量。

弗里德里希·李斯特（Фридрих Лист）对这一问题有着很好的研究[1]，他以“生产力理论”与资本主义政治经济学“价值理论”加以对比。他说：“创造财富的能力比财富更为重要……西班牙的富饶首屈一指，但在专制主义和僧侣阶层的重压之下越来越陷入贫穷……北美独立战争耗资千万，但是获得了民族独立的美国的生产力得到了异乎寻常的发展。”“这个学派的观点非常荒谬，只是把物质财富或交换价值作为研究的对象，认为只有体力劳动才是生产力。根据他们的观点，养猪的人是社会生产成员，而从事教育工作的人不是社会生产成员。治病救人的医生不是生产者，而药房的伙计属于生产者，虽然他们创造的交换价值和药品只存在几分钟！”

事实上，生产力的创造者远比交换价值的创造者更重要。

从这个角度来讲我们在思考民族物质实力的时候必须更多考虑到其精神力量。

“任何财富都是由身体和智力创造的……是什么指引人的头脑和手脚从事生产？还会有别的东西像精神那样吗？它使人和社会机构充满活力，保证他们卓有成效地进行工作。人越关注自己的未来，越注重自己周围的人的未来和幸福，从小越习惯于思考和行动，越具有高尚感，从小接受的优秀范例越多，行为越不受限制，劳动成果越有保障，偏见、迷信、虚伪和无知的性格越少，他就越能集中智力和体力，生产效率就越高，创造力就越强，越会支配自己的劳动成果。”

“在所有的关系中人们接受教育和活动的社会环境是最主要的。这些因素很重要——国家机关和立法机构、宗教意识、道德和智力发展、人身和财产安全、自由和权利、国家里的物质福利因素是否得到均衡和谐的发展——农业、工业和商业，民族是否具备实力保证每一代人享受福利和教育权利，提供使用一切自然力量的机会，通过外贸和殖民使得其他国家成为自身的自然力量……”

“基督教、一妻制、废除奴隶和农奴制、继承制、印刷术、媒体、邮政、货币体系、

[1] 弗里德里希·李斯特：《国家政治经济学体系》，圣彼得堡，1891年版，第194页。

度量衡、历法和时间、警察、自由的土地所有制、通信——这些是生产力发展的源泉。”李斯特说：“民族的现代形势是前代人不断的发现、发明、提高、改善和努力的结果。它们构成了人类的智力财富，每一个民族的生产能力取决于它从前代人继承的遗产多少以及如何运用自己的成果加以扩大，还有它的自然资源、领土和地理位置、人口数量和政治能力为其提供的在一切领域高度和谐发展的能力，以及在道德、智力、工业、商业和政治方面对其他民族和世界发挥影响力的可能性。”

（4）领土政治

我们在强调精神力量重要性的同时，不会专门去讨论政治问题，它的主题是发展民族精神力量、启蒙和道德等要素，因为政治的基础问题已经在前面章节有了详细的论述。然而领土政治和经济政治需要加以专门解析。

领土是国家生存的必要条件，因为种族离开各个方面的发展和充分的独立性就不能成为民族。但是种族或族群只有在获得了相应的领土后才有发展的机会。如本著的第一部分所言，获取领土被认为是国家体制面临的基本条件之一。

因此领土政治应该是国家关注的主要任务之一。

齐切林说：“领土政治最重要的任务是使国家拥有自然边界。自然边界能抵御外敌入侵，保持与外界隔绝，维持各部分的关系。[1] 如果国家没有海洋边界，那么国家就不能扮演世界性的角色……彼得一世的政治智慧最明显地表现在他以此作为人生的主要目标。”

自俄罗斯国家形成以来它就认识到了这一任务，在伊凡雷帝时代，俄罗斯开始争取波罗的海海岸。

将国家隔开的自然边界对于维持国家封闭性是很有必要的，封闭性是国家统一和力量的要求。海洋边界的意义恰恰相反：它为对外交往提供了方便，将内部封闭的国家推向世界。不管各种交往方式的成果如何，这些条件有着各自的意义。

“自然边界”的概念里不仅仅包含保持内部团结和对外隔绝的条件。内部团结和独立与内部经济自足关系密切。因此国家应当尽可能将一切空间纳入自己的边界，以获得足够的产品和加工能力。海洋和与远方国家的往来对某些国家具有特别重要的意义，它们应该在远方占有小块的土地或岛屿，以作为海上交通的根据地。

所有这些条件不仅需要边界的自然性，还需要边界的完整性。在国家获得完整的

[1] 齐切林：《国家科学教程》，第3卷，第55页。

边界之前，其领土政治就没有终结，没有完成最后的目标，为了巩固这些目标，领土政治只需维持已经达到的成果。

对于发展中的民族来说，完整的领土政治根本不可能存在。国家的内部发展和与其他民族的交往使其领土时刻处于变化和补充的状态。出现这种情况的原因有很多。

日本的边界非常理想，完全自然形成，已经持续了几个世纪，当它接触欧洲文明以后立刻产生了扩张领土的需要。这不是因为某些人猜测的日本日益增长的人口使其领土“窒息”。日本人口很多年前达到了2500万，近年来才开始向松前岛迁移，至今岛上人烟荒凉[1]。日本人口在明治政府时期增加了400万，每年的人口增长率清楚地表明它的人口还没有导致领土物质上的“窒息”。但是道德上的窒息发生了。它释放出了谋求世界角色的想法，但是原有领土的物质资源不能满足它的需要。于是日本倾习得欧洲文化之力，大肆推进对外扩张政策，结局尚无人预见……

奉行领土政治的另一个例子是美利坚合众国。美国的传统政治是获得“自然边界”，它是由周边的海洋构成的。门罗主义认为，“美洲是美国人的美洲”。当美国工业得到了高度发达，需要开辟广大市场的时候，合众国开始推行掠夺他国土地的“帝国主义”政策。美国人围剿了孱弱的西班牙，以“解放”为名攫取了阿根廷，还公然强占了菲律宾，完全不顾及菲律宾人反对美国统治的态度，准备占领巴拿马海峡，还认为萨哈林岛天经地义地属于美国。很难说美国的“帝国主义”政策何时停止……

国家推行领土政治所发生的变化必然会影响到其他国家，为了应对这些变化，他们根据自己的实力和形势或缩小边界或扩大自己的边界，以求安全。

当今俄罗斯的满洲政策的结果是对日作战，满洲政策是相对于日本的新领土政治产生的。它是在日本向中国和朝鲜提出领土要求时俄罗斯捍卫自己的方式。[2]

从根本上说，边界的自然性和完整性是由民族最初居民的领土特点决定的。在山地或海洋国家中，自然边界中的国土面积通常小于平原国家的面积。从这里可以看出，一些国家的面积较小，它们可以很快奉行领土政治，而其他国家领土广阔，他们的领土政治要延续千年，如俄罗斯。

俄罗斯从留里克王朝时代起致力于领土政治，寻求边界的自然性和完整性，这一

[1] 从（中国人的）利用土地的角度来说，这很糟糕。

[2] 我们的满洲政策充满了巨大的错误，但是它的本意是积极防御日本的进攻态势，这一点是正确的。俄罗斯社会思想完全否定了满洲政策，显示出令人惋惜的政治不成熟性和对远东局势和俄罗斯根本利益的无知，虽然日本的威胁从19世纪90年代初就出现了。

目标至今尚未完成。俄罗斯在乌苏里和萨哈林奠定边界后，我们在太平洋的边界线已经基本确立了，剩下的就是阿穆尔河右岸，以及坐落于阿穆尔边区和萨哈林通向太平洋沿线以及从欧俄部分到俄罗斯太平洋沿岸的海路上的据点。但是日本发起的对俄战争严重阻碍了边界的确立，也许它决定了俄罗斯将在太平洋地区长期不懈的战争，这场战争迟早会在波罗的海爆发。[1]

长期寻求自然边界的国家以及拥有广阔领土还在继续追求自然边界的国家，或者成为世界伟大角色，或者很快耗尽自己的力量。确定自然边界非常复杂，需要很强的国家能力。在谈到国家的形成问题时，齐切林对这些条件的表述非常公允。

“不是任何民族都能建立自己的国家。这需要高度的政治意识和国家意志，这不是每个民族都具有的。不能理性自觉地服从最高权力、全力支持最高权力的民族永远不能建立起国家，即使存在类似国家秩序的事物也不会牢固……有能力建立国家生活的民族首先应该尊重法律秩序。”[2] 除此之外，齐切林还指出，人民需要力量，还要学会发展和保存力量。

如果民族的实力足以建立国家，成为世界上的伟大角色，那么广阔的领土既会给国家创造力带来很多问题，也会带来特别的资源。

齐切林列举了大国的好处。

“它们捍卫独立性的能力更强。大国可以扮演比小国更加显著的历史和政治角色。它们拥有更多的物质资源以规制其内部生活。虽然自然条件有差别，但是它们具备了

---

[1] 在这个问题上，对历史负有的重要责任不仅出现在我们错误的远东政策上，还体现在现代的俄罗斯知识分子中，他们尽一切可能地在被日本包围时期消解俄罗斯的实力、瓦解军队的士气、为国内政府设置许多障碍等。只有用政治不成熟能解释知识分子为什么在国际斗争最关键的时候葬送俄罗斯的历史使命，他们这样做的目的是进行国内改革！

当然，对日战争加深了俄罗斯进行国内改革的必要性。这场战争显示了国家机构在面临各种“考验”时行为的不合时宜。俾斯麦公爵对议会说过，对外政策有时需要暂时牺牲部分内部利益，因为内部利益的矛盾在国家需要的时候就可以解决，而对外政策中的时机不由己。放弃时机意味着葬送国家的使命甚至国家本身。俄罗斯在远东就面临着这样的局势。如果日本战胜俄罗斯，把俄国人赶出满洲，在远东地区羞辱俄罗斯，他们就会进一步夺取萨哈林，西伯利亚将失去保护，这会是一次历史性的溃败，只有不懂事的人因为获得了内部改革的机会而感到高兴。

被太平洋抛弃的俄罗斯，面对经济失控，面对邻国经济剥削的指责，怎样的“改革”才是有益的呢？在日本战胜并羞辱了俄罗斯，迅速夺取了中国的保护国地位，若干年后将成为拥有上千万军队的国家时，什么改革才有用呢？……等待俄罗斯的是什么？如果不是蒙古人的再度压迫，那么它将清洗蒙古东方带给它的一切耻辱。穆斯林世界面对战败的俄罗斯又如何反应呢？如果是其他时代的俄罗斯人，恢复了政治理性、良知和现实感，他们的力量可以击退可怕的敌人——联合起来的蒙古世界，这场浩大的未来之战将会耗尽多少人的生命、多少金钱？

为了使俄罗斯免遭此可怕的命运，现在就需要继续战斗，虽然战果并不辉煌，但日本将在两三年后彻底灭亡，在一切战役结束以后需要放下一切负担。而中国人在丰臣秀吉时期也敢和日本交战。

历史将会怎样看待这一代人，他们不敢讨论这个问题，甚至失去了勇气，他们的“改革”损害了俄罗斯，未来的正派人民会逐步推进改革措施，而现在我们没有实行这种改革，因为俄罗斯还没意识到改革，也不需要。

[2] 齐切林：《国家科学教程》，第 1 卷，第 82 页。

生存所需要的一切，因此它们很少依赖其他国家。丰富的资源确实为广阔的事业发展提供了更多的机会。大国中聚集了大量从事各种职业的优秀人才。优越的条件为各行各业提供了发展的深度和广度。大国的利益更为崇高伟大，人们不纠缠于日常生活的小事，从地方关系、偏见和看法的狭小领域中抽身出来。国内问题更加广阔和复杂，广大的活动范围赋予了政治生活崇高的意义。虚荣心和碌碌无为被人类的共同利益所振奋，公民被号召参与到人类的共同事业中。这就是民族的性格，在共同的伟大任务面前，一切力量和才能都被调动起来。人们从属于一个伟大的共同体，它将在历史上发挥重要的作用。这不仅激发了民族的尊严，还使人们的心灵得到了升华，迈向崇高的目标。"[1]

大国在各种条件的作用下都主动或被动参与共同组织和协议，因此发挥着国际社会的作用。这是大国角色的伟大之处。

小国在保护本国的居民方面有着自己的优势，在创造文化财富（科学、艺术、生活方式）的方面也能为人类的发展做出贡献。小国和大国这方面的区别在于，前者创造的只是被人类利用的"材料"，后者能够在复杂的世界环境中实现一切材料的价值，因此大国引领着全人类的发展。

无论在什么情况下，国家总体政策应当与国家生活本原的条件相符，也就是缔造领土的条件，这种领土是自然的、完整的，能保证民族的独立性和力量发展的完善性。

对于天然面积狭小的民族来说，奉行大国政治是不明智的。但是如果国家具备了成为大国的自然条件，那么无论如何国家都要成为大国的角色，为此付出一切，如果国家精神上无法达到自然条件赋予它的地位，那么它就会走向完全覆灭。

（5）经济政治

经济政治类似于领土政治，它的目标是实现民族生产力的完整性，在满足自我需要的基础上保障民族的独立性。

面积狭小的国家可以通过发展最强势的生产领域来达到这个目标，利用本土的自然资源，发展与他国的交换关系，因此小国的政治目标是稳定诸多市场，防止国家过度依赖某一个市场。小国经常在国际交换中形成专门化的趋势，这在某种程度上鼓励了小国发展自有工厂的决心。

还有些面积不大的国家通过发展加工业解决经济政治的问题，通过交换获取其他必要的资源。这种国家最典型的代表是英国。这种经济类型需要特别广阔、稳定的市场，

[1] 齐切林：《国家科学教程》，第3卷62页。

为了迁移过剩的人口和开拓市场，殖民政策是必要的。这种经济发展方式有很大的益处，但前提条件是它的竞争对手实力微弱。

基本上所有的欧洲国家都追随英国走上了这种发展道路，如今美国也加入了这一行列。但是如我们所见，它绝非稳定的国民经济方式。所有的国家试图逐步摆脱被工业国家开发利用的地位，着重发展自己的加工业，努力占领落后国家的市场。不同国家之间的竞争很激烈，利润降低了，最终的结果是，随着世界各国工业的发展，在一些国家里，如工业片面化发展的英国，或是国家的独立性受到了威胁，或是国家必须为生产方式转向多元化、协调发展付出极高的代价。

单纯发展农业的经济更加不利，这类国家长期以来以农产品交换获得工业产品，发展基础逐渐被“腐蚀”，无法继续维持土地生产能力，国家实力衰弱，由此造成了贫困和对工业国家的依赖。

专门化经济体系的基础是重商主义观念，它以价值理论作为国民财富的基础。

重商主义观念没有深入到经济基础，因而受到李斯特的严厉反对。稳定可靠的国家经济体系只能建立在发展生产力的基础上。这是一种独立的经济体系，一切部门完整，采掘业和加工业协调共存，互为补充，国家取得了经济必要范围之内的独立自足。

这种体系的内部思想与国家目标和思想中蕴含的独立观念非常相符。

在这一体系中，民族不仅获得了最大程度的经济保障，还具有经济上的高尚品质，没有了对落后国家的剥削，也没有成为发达国家的奴隶。但是自给自足的经济体系只有国内资源充足的大国才能实现。美国已经建立了这种经济体系。而俄罗斯至今还没有走上这条经济发展的平坦大路。

生产力协调发展的经济体系首先需要国家各地区的生产力配合，以及采掘工业和加工业的配合，即“土地”与“工厂”。

地区配合的目的在于使不同地区在经济上做到互相支持和保护，互通有无。在生产领域，协调生产力的目的在于使国家的各类资源不会被闲置，被充分利用起来，在工厂得以加工。在交换领域，工业的目标应该指向国内市场，也就是开采国家需要的东西，在国内的工厂里加工产品。采掘业、加工业、农业、林业、畜牧业、渔业、矿业和工业实现了各自领域的相互支持，人们可以从各种途径获得生活资料，国内的劳动力被精确分工，农业人口在工业和城市人口中发现广阔的市场，同样，加工业也在富裕的农村人口得到了市场。

我曾在别处指出[1]，国内市场是最有利可图的，也是意外情况最少的市场。它还是工业和商业最熟悉的市场，因为国内市场可以规避生产过剩的危机。

国内市场体系必须关注的是其必要的结果，即购买能力和资本的民族属性。

购买力是指人民的生活幸福程度，它一方面取决于合理社会结构的任务；另一方面取决于生产计划安排的合理性。

事实上，在农业领域人们的幸福生活首先需要的是建立土地所有制，这是发展农业生产力的必要条件。土地所有制有 3 种形式：小土地所有制（个人所有）、大资本土地所有制和国家土地所有制。每一种形式都有自己的长处和不足，但是 3 种形式都是不可或缺的。大土地所有制是经济发展的源泉，容易与产品生产的最初形式结合在一起，人们可以领到辅助的工资。国家土地所有制是保护必要的“防护林”以及带有受保护的沼泽、饮用水源等资源的土地的唯一方式。国家土地所有制除了保护具有气候和土壤研究意义的土地资源外，还是人们使用燃料、附属土地、牧场、草场等资源的保障，这些资源在以耕作为主的农业土地所有制下不可能得到保存。从经济意义上来说，农民的土地是劳动效率最高、劳动积极性最高的土地。

因此国家应当出台政策，分给农民土地，但是要使农民、大资产者和国家的土地紧密相邻，确保 3 种土地所有制能得到互相的支持。

建立稳定的农民土地所有制是增加农民收入、保证农村购买力的根本途径，农村为工业提供的市场比国外市场更为广大和稳定。

幸福稳定的生活也是工人最关心的问题。这个目标是通过工人互助、储蓄、个人或集体住房等条件实现的。不受工业危机和失业因素影响的工人群体是非常稳定的国内市场。

因此根本上理性的经济学体系能保证人们生活幸福的各种细节条件。

以国内市场为主的经济的另一个条件是资本的民族属性。这意味着生产所需的资本要属于本国国民，尽量减少外国资本的份额。

这样做的原因是利用外国资本的代价极端高昂。涌入他国的外国资本试图获取比

[1] 参见《土地与工厂》（莫斯科，1899 年）和《经济政策问题》（莫斯科，1900 年）。国内市场的利润取决于原料产地和产品加工地的距离是否缩短至最近，这样可以将运费减至最低。我们看到一种奇怪的现象，在普斯科夫省出产的亚麻运到伦敦后制成了麻布，又返回到普斯科夫销售。这是商品在世界的旋转，没有任何经济意义，只会提高商品价格。而普斯科夫的生产者无法预知伦敦的需求量，但是对普斯科夫工厂的需求了如指掌。我必须向费多罗夫先生证明这一点，他是财政部长（С.Ю. 维特时期）官方机构的主席，他不遗余力地维护重商主义观念，如果说重商主义对英国来说是有意义的，那么对俄罗斯来说它绝不会起作用。在陈旧的思想指导下，10 年来俄罗斯的生产遭到了极大的破坏，已经被“外国资本”侵吞！

本国更高的利润，因此外国商品的价格比在外国直接购买要昂贵得多。在获得利润的同时，外国资本雇用了大量的境外劳动力，但是他们支付本地公民的工资远远低于本国民族企业的工资数额。外国资本的利润最终会离境。由此看来本国和人民在这一过程中获得的利益极少，因而生产失去了意义。外国资本获得了有利于所属国的双重利润，但它们依然属于外国所有，对于本国的企业不会有任何积极作用。因此外国资本是剥削国家的工具，如果我们不得不允许外国资本进入，那么前提是政府不能利用外债发展民族工业生产力。尽管向外借债劳民伤财，但是外债对国家的损害（代价更小而且会消失）要小于任由外国资本在国内永远剥削、任其停留。

这就是建立在自给自足条件下的国民经济政策的合理基础。这种经济以国内市场为基础，同时也在必要的时候关注国外市场，只有在实力成熟、不允许剥削的情况下才能向外发展。

前面已经指出，只有在领土连贯、边界明确并有出海口的大国才能建立协调、完整的经济自足体系。在世界各国中美国早已进入了这一体系。美国起初是一个农业国家，只有大西洋一个出海口，美国人凭借着独有的敏感性迅速意识到了依赖于工业国家的不便，美国的发展离不开以下几个基础：第一，美国在周边海域都获得了出海口，沿海各州得到了发展，遍布全国的铁路将各港口联结起来；第二，与此同时完成了农业区域的有效迁移;第三,美国借助有效的保护体系快速发展了加工业。结果美国的经济实力得以大大增强，转向以殖民政策作为经济体系助力，这一政策至今尚未有定论。

与之相反的是俄罗斯普遍的智力和科学发展水平还很低。它总是抓住事物的一个方面而看不到经济发展的全部条件。最近人们都在关注加工业，几乎忽略了采掘工业（特别是农业）的利益所在。我们很少考虑到向广阔无人的区域移民，几乎完全忽视了太平洋沿岸的开发。与此同时，美国的加利福尼亚州已经迅速成为人口密集、高度发达的地区，通过铁路与东部各州联系起来，俄罗斯的阿穆尔边区 50 年里在严苛的制度下（例如禁止土地私有制）涌入了大量移民。西伯利亚大铁路迟到了 25 年，直到人们意识到来自日本的威胁后才开始修建。因此，是战略而不是经济上的考量促使人们采取措施，这些措施对俄罗斯成为完整的经济体是很有必要的。如果太平洋沿岸经济落后，那么俄罗斯的东部和西伯利亚地区依然停留在半野蛮的状态，这将会影响到俄罗斯工业的真正发展。在俄罗斯的落后地区，在类似于蒙古的野蛮亚洲国家，俄罗斯的工业缺乏竞争刺激，没有进步的动力。

合理的经济政策应当是在提出了发展工业的思想之后，国家致力于在太平洋沿岸建立经济发达的边区，以两侧带动中央地带的发展，保护俄罗斯免遭美国的经济掠夺。但是人们没能理解这样做的必要性，开发阿穆尔边区几乎无人问津。李斯特说，“国家应当牺牲物质资源以换取生产力的发展”。我国投入太平洋沿岸发展的每 1000 卢布都能引发社会的抱怨，人们认为这是“无用的开销”……

现在很多人默许俄罗斯放弃满洲甚至将萨哈林拱手让与日本，只能用俄罗斯缺少正统的经济学，因此社会不能很好地理解国民经济的任务来解释了。将来的人会认为现在日本要求统治远东的举动是完全不可能的。

如果现代俄罗斯人还没有把国家置于灭亡的境地，那么未来一代的俄罗斯人的任务将是争取太平洋沿岸，特别是附属于它的萨哈林[1]。离开了它们，俄罗斯的经济发展就无法独立，无论是民族还是国家，没有合理的经济发展方式就无法生存下去。

（6）民族—种族关系

国家内部不同种族和民族之间的关系是最重要的历史政治问题之一。这个问题主要是大国所特有的，小国历史上未遇到类似问题，它们完全没有必要面对种族和民族的关系问题。在大国中，这个问题意义重大，处理不当会导致严重的后果。

国家需要人们保持精神上的统一和物质利益上的团结，这有利于巩固共同生活免遭分裂。精神上的统一是每个种族多少所具备的，所以国家通常出现在种族的基础之上。领土政治发展的初期其他种族自愿或被强制地进入了国家，每个种族都有自己的精神、自己的特点，甚至还有构成国家的能力或意图。在长期的历史生活中，大国内部不仅融入了不同的种族，还有不同的民族整体，以及以往国家体制的残片，这些残片与后来历史命运所确立的国家体制完全不同。这些给国家生活带来很多异见、纷争甚至内部斗争。

民族政治的任务是解决这些困难，以内部统一体战胜困难。

在君主制政治的国家里，内部的统一尤为重要。如果构成国家的民族中没有一致的精神，真正的君主制就不可能存在。帝王凌驾于不同观念的国家之上，帝国观念塑造的与其说是君主，不如说是某种独裁者。君主像普通人一样，不可能为了代表不同民族的思想观念同时成为东正教徒、天主教徒、新教徒、伊斯兰教徒、佛教徒、俄罗

[1] 萨哈林是现在俄罗斯的“远东”。没有萨哈林，符拉迪沃斯托克作为海上堡垒将没有任何意义。但我们在控制这个岛屿的时候没有想过，需要首先在科尔萨克夫斯克和布塞海湾、莫尔德维诺夫湾设立堡垒……当我写下这些文字的时候，俄罗斯已经将自己唯一的太平洋据点拱手让于日本人，包括整个南部萨哈林……这是无法弥补的损失！

斯人、波兰人、鞑靼人等。在多民族的国家里建立君主制，需要有一个民族在国家生活中占据主导地位，它能决定国家生活的主流，它的精神在最高权力中得以体现。

各个种族的不同特点不但不会对国家统一造成危害，还会促进民族和国家创造力的多样性。但是需要有一种共同的力量支撑起种族的爱国精神。占据主导地位的民族应该有能力做到这一点。

从历史上可以看出，拥有缔造国家能力的民族并不多。它们的来源成分通常是非常混合的，正是这个特点造就了民族的多样性，这对它们成功地征服其他种族是必要的。

多种族的存在没有对统一构成威胁，为了建立国家的种族融合过程不应当是机械的，而是有组织的，形成一个精神上的整体。

精神统一体是由文化基础发展的共同性形成的，在帝国追求统一体目标的时候，政治应该注意到这个方面。

为了真正达到统一的目标，首先应当发展国家的力量。正如在精确整合统治机构的过程中最重要的条件之一是权力的力量一样，在统一多种族国家的过程中最重要的条件是占据主导地位的种族力量。一旦占主导地位的种族力量走向衰弱，无论什么时候，其他臣属民族采取什么措施，用什么文化统一方式，发展的程度如何，都无法保证国家的统一。发展主导地位的民族力量应是理性政治的主要问题。

绝对主义政府经常忽略这一规律，他们不惜一切以国家[1]得以构成和建立的种族的利益为代价收买国家的敌对种族。这是自取灭亡的政策。

发展生产力主要是作为国家建立者的种族的责任。即便国家充满了人类普遍精神，即便国家怀有实现普世幸福的观念，它越具备这种观念，越应该相信，实现这些目标需要力量，只有创立并支持国家最高权力的民族才具备这种力量。而其他民族由于历史的偶然性进入了国家生活，它们有时违背国家的意志，它们对国家的尊重是出于对主要民族实力的敬畏。当他们感到主要民族开始衰落时，他们不可能不会企图建立符合自身精神的另一个政府。

离开主导民族力量的深厚根基，理性的政治就不可能存在。政治的一切计划，无论它们如何高尚，充满人道精神，只能成为泡影，甚至不能为民众带来遮风避雨的窝棚。

社会和国家领域的活动家，如果忽视了民族力量的重要意义——民族力量能够推动政治目标的实现，他的政治活动只能导致国家的灭亡。

---

[1] 在这个问题上，对俄罗斯政策的批评是合理的。

没有力量就没有政治和文化，因为没有了生命。

但是，在保证力量的前提下，即保存了主要种族（或很多种族）的力量时，政治应该以多种方式实现各个民族的文化统一。

交流是走向统一的开端，在此基础上产生了志同道合和共同利益。交流的第一方式是语言。

布隆奇利说："语言的灵魂是凝聚和分裂一个民族最有力的武器。共同的语言是民族统一最显著的标志。它显示了'精神文化'的统一。"语言不仅是统一的象征，也是统一的重要手段，各个种族没有共同的语言就不能交流。因此在多民族国家里，需要树立一种国家语言，它只能是处于主导地位的种族语言。

在有些国家里，若干种国家语言处于平等地位。只有在种族数量不多的时候——两个或三个——可以这样做。这是在没有民族处于主导地位情况下的唯一方式。在民族语言诸多的大国里，多语言体系是不可能存在的，必须存在统一的国家语言。没有统一的语言，行政机关、法庭、国家最基本的组织结构就不可能存在。

在完全属于异族的地区，地方语言可以作为国家语言的补充，但只有在所有人口没有掌握国家语言的时候，这种方法才有意义。没有掌握语言的公民只能变得粗俗，这是政治和学校教育的巨大失败。

在罗马尼亚，根据法律规定，不懂国家语言（罗马尼亚语）的人在法律上不能享有政治权利。这项法律非常合理，很难想象不能够和自己国家的公民交流的人可以参政。

在俄罗斯，迄今为止，不懂俄语的人还是可以进入陪审团。这只能损害审判的公正性，因为翻译不可能取代陪审团主席对被告、律师和检查员语言的个人理解。

统一的国家语言不仅不会压制地方语言[1]的存在，相反它还能通过地方语言的发展得以补充。

地方语言的发展对于国家语言本身来讲是有利的。地方语言影响着国家语言，为其提供词汇、短语甚至语法形式，这些因素丰富了国家语言的内涵和灵活性，使它成为国家更为有力的文化武器。

统一的国家语言是第一要素，它是实施对外政治交流中最基本、最容易获得的工

[1] 在俄罗斯政治中，有关这一问题从未有过定论。我们没有采取促进学校发展的措施，而学校是培养人掌握国家语言的地方，与此同时，有一些措施压制了俄罗斯方言的生存，如小俄罗斯语，它在历史上是文学语言的主要来源之一，还会继续丰富俄语文学语言。为了达到语言的统一，我们不是集中所有的力量，而是通过削弱地方语言的方式。这种政策是没有意义的内部斗争的结果，而绝非内部统一。

具。各个民族的内部统一建立在多样化生存中的共同行为基础上。其中第一位的是精神生活——寻找和掌握真理。信仰与知识，宗教与科学——不管它们的特征、倾向和历史命运有何不同，这是维持凝聚力的两种因素。

真理使人态度恭敬，在共同认识真理的时候，人们意识到他们由于生活中最重要的事情而互相联系成为整体。

信仰的共同性是国家统一的重要手段。国家政策可以促进共同信仰的实现，国家政治的直接责任不允许它放过这样的时机。但这个目标需要由教会来共同完成，国家只能提供相应的条件，有关共同信仰的问题已经在宗教政治的章节中做了详细说明。

国家统一的另一种重要方式是科学。从根本上来说，文化包括科学，科学为实现发达完善的生活提供了实现方式，这种生活需要外部的支持。如果科学思想的实际应用能体现出民族的差别，那么致力于寻找和掌握真理的科学将被全人类接受，如同信仰般成为所有民族的共同事业。

因此，不管是发展国家实力还是实现民族统一的目标中，发展科学应成为国家政策的基本任务。科学真理只能像宗教真理那样独立成长。科学的真正主体不能来自于任命、选择或预约，他是在个人能力和对真理的热爱中成长起来的。科学必须建立在自由使命的自由活动基础之上。对于科学思想来说，它没有外在的审判员，只有它自己，科学必须自由地发展。

为了发展民族的科学思想，国家应提供成功发展的外在途径，“科学与理论是自由的”是国家不可动摇的原则……

人类很难恪守这一原则，在披着“科学”幌子的虚假信息面前坚持原则更难。伪造品经常对国家秩序或社会道德构成威胁，因此不可避免地导致了权力的干涉。不管区分伪造品和科学多么困难，尽管权力有时会犯错，绝对自由应成为科学的自觉原则。

只有遵循这一原则，国家政治才能从外部环境促进科学工作快速深入发展。国家提供的条件越好，不同民族的智慧力量越能团结一致，共同的思想和成果将各个民族联系在一起，成为一个整体，他们有共同的信仰，在这种“崇拜”中建立共同的智慧。

国家各个民族的共同物质劳动也具有巨大的团结意义。

我们已经指出了理性的经济政策基础。除了直接的目标——提高国家的物质生产力之外，协调组织国家的劳动力具有最强的团结意义。如果说真理的高层领域结合了智慧和良知，在众多民族中形成了一致的精神，那么理性的国家经济组织产生的是一致的实体。

首先，不同民族之间的物质利益结合在一起，劳动成果互为补充，共同努力，他们不再视彼此为敌人，而是友好的合作伙伴。其次，任何分裂民族的企图都会导致破坏、艰难和痛苦——它们并不遥远，即使感觉最不敏锐的人也能体会到，所有的种族都反对分裂的行为。

人们需要做到的是主要民族的团结力在国家联合体取得成果之前，不给来自其他民族的离心力分裂国家联合体的机会。如果最高权力采取明智的政策捍卫缔造国家的民族的力量，那么建立在合理的统治方式、统一的良知与理性以及统一的经济活动基础上的未来将是多民族融合的伟大国家。

因此，建立在主要民族基础上的国家是成为更伟大民族统一体的有力武器，在这个联合过程中，它表现出的能力表明它既是国家的创造者，又是各民族的团结者。

（7）国家在国际和世界中的存在：世界国家

国家内部的种族冲突、敌对与合作于国家之外同样发生。在国家之外，所有民族组成了强大的国家，如同自身一样。在国家内部，国家有权调整种族和民族之间的关系。而在国家之外，它没有任何权限和权力，除了力量。一切国家权利平等，因为每个国家都有自己的最高权力，它是一切权利的起源。

这些强大的联合体是平等独立的，它们不承认凌驾于国家之上的任何权力，只承认自己的国家权力，它们并不是孤立地生存的。这些联合体在实力和道德上相互影响。每个国家联合体都是由人类的本质构成的，有着人共同的心理特点和物质需要，因此一个国家的创造对其他国家有直接的意义。国家最高权力的内部活动不仅反映在本国的国民身上，对其他国家的国民也有影响。所以说每个国家都自觉或不自觉地接受了国际生存的方式。与此同时，每个国家和民族中都保留了某些特别的、不对外开放的东西。每个国家有自己的生活方式，如同其他国家一样，同时它还构成了世界生活统一进程中的一部分。

因此国家内部民族的生活有两种截然不同的表现：国际生存和世界生存。从外面看起来它们非常矛盾，其实它们的内部思想是密切联系的。

在国际生存中，国家的目标是维系、发展自身实力即民族（或多个民族）联合体。国家的国际政治是为了实现民族联合体的幸福和利益。这与国家的世界角色并不矛盾。我们曾经提到[1]，国家的最高思想不是为小群体、等级和其他具有目标的小群体的生存创造条件，它是为全人类的生存创造条件。国家创造的一切，它的过失和错误都体现

[1] 参见第一部分，第 31 页。

在人类身上，推动或延缓了人类的发展。国家除了自身的内部生活以外还有世界生活。内部封闭性是世界生活的方式。像个人一样，集中能力、自决能力和自觉性越强，越能推动周围环境的提高，国家也是这样，当它内部积蓄了巨大的个人联合体能量，就会成为世界人类生活的工具，人们聚集、自决和为集体生活共同创造的能力越高，这个工具就越强大。

这种参与世界生活的方式不能使人类的精神得到满足。我们不禁有这样的问题，为什么人类要成为独立的甚至是敌对的不同国家，而不是成为一个国家？为什么国家内部的团结性不能出现在人类共同的世界国家中？

世界国家思想吸收了人类的智慧，但仍然有争议。有些人认为这是幻想（例如，我国的齐切林）[1]，有人认为这是历史的必然结论。布隆奇利反对罗兰（他否定了世界国家），他写道："世界国家是人类进步的理想。作为单独的人和人类集体，他们是最初的也是永恒的矛盾。从本质上说，个人和国家间权利的不同就建立在这种矛盾的基础上。的确，人类大同的意识还停留在幻想阶段。这种意识还没有完全展示出它的全部细节，也没有达到意志上的统一……"但是他相信，人们正在致力于建设一个有组织的生活共同体，"未来的世纪将会见证世界国家的实现……"

从史实中，我们可以看到两种矛盾的现象，它们造成了对世界国家思想的两种对立评价。

人类的精神中充满了对人类大同和世界大同境界的渴望。同时我们看到，在建立了国家的民族中存在着不同的权力基本观念，每一种观念都体现出多重特性，因此这些观念无法有机融合。相反，随着发展不断深入，它们之间的矛盾越来越激化。人的联合体是协调个人行为的组织，其中形成了一些中间的发展路线，具有有机特征，体现了向共同生存类型发展的内部趋势，这是根据内部逻辑得到的最后结论。

在这种情况下，各种民族——国家类型的发展程度越高，从一种类型向另一种类型跨越的难度就越大。在历史中我们总是能看到，民族和国家一旦选择了发展道路，就很难再去改变。他们的过去决定了未来。他们只能根据过去选择的道路继续走下去。古老的经验主义政治原则是"环境造就了什么人，链锁就捆住什么人"（拉丁语）。新

[1] 俄罗斯人的性格体现了多重特性，俄罗斯民族最典型的创造是民族类型思想，这是反驳世界国家思想的最佳方式。斯拉夫主义者秉持的民族类型特点思想在达尼列夫斯基和列昂季夫这里得到了进一步发展。俄罗斯文学中这样的思想并不常见，如普希金曾写道：

……那么一天，
民族间忘了彼此的争端，
开始结合成为一个伟大的家族……（引自普希金诗歌《他生活在我们中间》，1834 年，这首诗是普希金写给密茨凯维支的，更多是表达了对方的"理想"而非普希金的"理想。"）

的类型还会出现，但要以先前国家的死亡为代价。我们可以看到那些不同的、稳定的、不能被融合的国家类型总是在世界上同时存在。

虽然各种民族和国家类型极为稳定，任何一种类型都不会放弃自己的特性和统治权力，但是统一的趋势确实正在人类[1]中发展。

人类至今从未组成过一个整体。但是几亿零散分布的个人之间的相互关系一直存在着，因此我们看到了“人类历史”。人在世俗生活中虽然彼此不相识，但是都在走向一个共同的目标，实现目标的前提是心理和物质环境的统一。

“世界历史”观念体现了人类的天命思想和共同目标，它来源于宗教思想，是“神启性质的”。这种宗教思想来自于以色列的犹太民族，同人神联系的观念密不可分。基督教中对“世界历史”即全人类历史解释地非常清楚，在旧约秘密观察者的预言和启示录中更是对从人类起源到世界结束的历史勾画出了轮廓。当然，世界进程中的人类统一不等于国家的统一。但是人性的统一，如人们之间，如天父之子，其内部的关系比政治联合体中更加密切——与和自己国家的关系相比，这种统一使人们在心理上与全人类更加接近。人们同国家的关系是通过共同的政权、共同的利益、公民的共同行为维系的，而与全人类的关系是通过人性的维系。这是一个心理学上的重要事实，一旦人们接受了某种宗教，人就会保持精神上的无穷力量，即使宗教已经消亡。

在历史生活中，人们之间心理上的接近取得了巨大的成就。不能忘记的是，一切社会联合体本质上是心理现象的体现。因此日益增长的心理接近意识会促进外部统一联合体的出现。除了历史上的内在心理事实，不同种族之间的实际交往也在发展。

历史就是民族之间接近的过程。起初人们甚至不知道彼此的存在。现在人们已经互相了解。以前他们的交往没有跨出近邻以外的地方。现在整个世界都处于密切的联系中。以前人们把外国人称为敌人、野蛮人、“德国人”（沉默）。现在人们已经意识到各个种族有同样的内在特点，对其他民族的敌意已经大大消失。全人类团结的观念通过基督教传播到了异教徒的地方。共同的科学成为世界各地的共同事实。不同民族之间事实上的接近发展不再是以天计数，而是时时刻刻。简言之，随着历史的发展，民族之间的交往获得了巨大的成就，基督教世界和非基督教世界的区别已经难以辨认。外部手段——智力、道德和物质在联合各个民族的交往过程中获得了极大的发展。这

[1] 我所指的人类不是空想意义上的“个人集合体”——Etre Upreme l’ Humanite（人类是最高的存在，法语）——其中非教徒伪造了一个神。构成“个人”的不是“人类”，不是民族，也不是国家。唯一真正的个体就是“人”。人类是不存在的，它是一种抽象概念，不是“客体”。但是作为个人集合体的人类是存在的。人类不是“政治现实”，因为还没有形成一个统一的联合体。如果人们能发现共同的政权原则并在这一基础上实现联合，那么统一体在逻辑上是可行的。

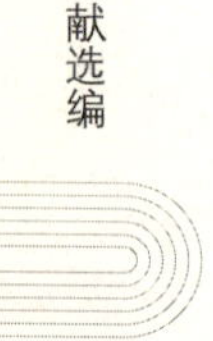

种总趋势扩大了世界国家出现的可能性。

但是还不能据此得出世界国家将会出现的结论。不同种族和国家之间的接近造就了社会生活中文化上的统一，但这并不意味着国家的统一。

精神、智力和经济上的统一，这是人们自由交往的形式。但是社会和国家现象离开了共同的政权是不可能的。

自由是人的天性，但是社会通过服从维系，这是社会的本性。国家的出现需要政权，也许还需要武力，用以强制创造人们交往的条件。在没有统一的武力之前，人们道德上的统一无法建立国家。

这是因为道德上的统一是自由的。道德统一可以被人接受，也可以被否定。人天性中的自由是社会中武力和服从的必然条件。如果人生来没有自由，那么社会就不会有强制力量，如同植物的生长过程。人与生俱来的自由决定了社会不能没有政权和强制力量。世界国家中也要有政权。

文化统一是未来出现世界国家的基础，但它不能建立最关键的因素——共同政权。

在共同政权没有出现的情况下，各民族文化接触完全是另一种后果。先进的观念如全人类统一、团结一致、发展国家间精神和物质联系的意义仅仅在于提升民族的理想。他们坚持全人类福祉观念，它是每个国家实现幸福的衡量标准。但这并不影响国家内部的个人生存的动机。

恰恰相反，社会的理想越高尚，人们就越希望它能实现，越重视实现理想的工具。为了实现理想，需要有组织的力量，当然要有道德因素，具有强制性的物质力量。强制性的力量只存在于国家内部。全人类的道德统一没有建立起带有强制力量的共同组织。因此道德统一不能建立世界国家。

总之具有人类共同福祉观念的人们只能依靠自己国家的力量去实现这一目标。他们越相信自己的国家是人类共同福祉的工具，爱国主义[1]热情就越高涨。

在组织和管理国家的过程中，人们以各种方式实现人类共同福祉的思想，国家实现本民族的观念情况越好，就越不愿意放弃自己的成就。国家公民对自己民族创造的理解和评价超越了表达人类思想差异的其他人。公民永远不会允许破坏本国的实力，因为只有保持国家的至高无上，他的创造才得以保证。创造成就越高，民族就越难阻止国家的强大。野蛮和不发达种族这方面的能力最强。在共同理想的影响下，所有的民族和国家共同发展，出现了创造力的激烈竞争，民族的工作效率越高，国家之间的

[1] 18世纪的法国爱国者是典型的例子，他们的观念非常具有“全人类性”。

差别越明显，民族就越不想放弃独立性和在国家工作中的绝对自由。

这就是为什么人类普遍观念只能在每一个独立的国家中发展。为了把所有的国家联合成一个整体，要让它们感到一种不可抗拒的力量。这种力量应该具有很强的多面性，要让成员认为自己的独立创造不会被破坏，没有霸权的存在，因为要服从于联合的力量。但是没有实力就无法联合不同的国家。

如果说未来注定会出现一个世界国家，它必定是强国中实力最强的那个，它能夺取世界霸权，以这种方式将所有国家联合为一个整体。

我们不应该夸大世界国家思想的作用。当世界国家出现的时候，它将以每个民族国家中已经取得的许多成果实现准备好的很多东西。但是世界国家将成为人类未来发展的障碍，它把人类进步分割成了小的部分而不是一个整体，建设社会整体需要联合的力量，实践每一个新生事物。这种联合体已经不可能出现。

可以相信，随着时间的流逝，只要人类还没有走到历史的尽头，所有进步的萌芽力量将会扼杀世界强国的存在，恢复“自由”国家……

全人类观念的产生和实现很大程度上取决于几种国家类型的平等竞争，竞争的结果不会是停滞、守旧或陷入“中国式”的停滞不前。

一旦统一政权在世界出现，这种力量将是可怕的，能置人类未来的发展于死地，也可能是衰落和停滞的开始。没有人能阻止“世界国家”的出现，人们对斗争的历史评判是社会进步的巨大力量，是对停滞不前、“懒散狡诈的奴隶”的威慑。

（8）国家的国际权利

就国家的概念来说，它在国际上不受任何法律的限制。国家作为建立了最高权力机关的人类最高层次联合体，它对于别的国家具有为所欲为的权利。民族和国家的世界性、人类普遍观念的贯穿，丝毫未改变国家独立性的法律基础，因为全人类观念给每个国家规定的只是道德责任。

在所有国家实力相当的情况下，任何责任关系都只能建立在自由契约的基础之上。即使是承认某一国家的存在和独立，也并非其他国家的责任，其他国家有权决定是否这样做。国家如同联盟一样，处于最高权力的领导之下，在法律上拥有一切对外权利，只是通过协议对自身加以限制。国家的世界生活中规定了它在国际关系中的某些道义上的责任，这些责任是最高权力中的意识形态内容。

契约的内容和道德规则构成了所谓国际权利的基础。但是国际权利的原则并不稳固，因为国际交往中没有权利的保证力量。

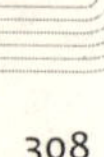

国际权利最牢固的基础是全人类的道德规则，这些规则得到大国内部法律、个人以及个人组织的承认。大国在与其他国家交往过程中遵循道德规则，不是出于其他大国的“权利”（如果他们尚未被协议所承认），而是自身的正义感。即使这样也存在着很多前提条件。例如，在国际权利中，是否可以不经宣战直接开火，至今尚未有定论。

人类的良知反对背信弃义和对信任的践踏，要求战前宣告。这种要求现在变得更为迫切，因为在任何文明国家的法律中警察和军队不能在没有警告的条件下采取武力行动。因此文明国家认为在和平决裂的时候必须发出战争宣告，但是在国际关系中这一权利极少被实现，只有那些遵从道德法则的国家才履行这一规则。日本对俄罗斯不宣而战，英国也不止一次这样做。双方纯粹的道德警示显然不能比不宣而战带来更多的好处。

在这种情况下，什么力量能够保护权利并对践踏责任的行为给予惩罚？这种力量不存在[1]。

在对外交往的过程中大国之间有必要建立协议。国家通过协议限制自己的权利，获得某种相对于其他国家的责任。在某种程度上说，协议类似于法律，但是二者之间有着根本的区别。法律是一种指令而协议只是一种双方的约定。法律不能被遵守者取消。协议可由任意一方以不愿继续遵守为由停止履行。国家通常会从始至终地遵守协议，如果国家认为严肃的警告已经失去了作用，没有人会阻止国家停止履行协议。

没有权力会阻止这样做，因为缺乏实力。只有一方的武器能够敦促对方遵守协议，起作用的不是权利而是力量。

出现这种情况的原因是每个国家都服从于至高无上的最高权力，它具有全部的权利，以及对本国家和民族的全部责任。权力的责任是关注本国的利益。它既没有权利，也没有责任去关注其他国家的利益。政府没有权力签署对国家有害的协议（契约），除了 force majore[2]，即使如此，在力量关系允许的情况下必须立即停止协议。

总之，国家的最高权力不能否定国家的独立性，不能允许有高于自己的国际权力。这意味着把国家的最高地位让与他人，国家没有这样的权利。这是对民族的背叛，国

[1] 在与俄罗斯的交战中，“罪恶的”日本获得了远东地区的一切荣誉和霸权，俄罗斯不仅将自己的威望和巨大的财富拱手相让（在大连港的铁路权、租借权和捕捞权），还有俄罗斯的领土南萨哈林，甚至没有收复千岛群岛，在 1875 年俄罗斯以千岛群岛为条件获得了南萨哈林。罪恶的一方没有受到任何惩罚，因为日本政府比俄罗斯政府更为强势。这个例子可以证明在国际关系中一切问题的解决取决于强国的力量。俄罗斯民族的实力是日本的三倍到四倍，但是俄罗斯的实力似乎不及日本，结果就是“力量的权力”解决了与俄罗斯的争端。由此可以看出，在国际政治中国家最关心的应该是国家的实力（物质力量、智力力量和精神力量），因为只有这种力量才能在国际关系中解决一切问题。

[2] 不可抗力情况，法语。

家为了保持独立性树立了最高权力，而不是让最高权力将民族的控制权交给别人。

即使民族和国家在参与全人类生活时，为了人类共同利益最高权力被赋予了一定的道德责任，即便利益体现在国界的另一方，国家的权威地位和独立性也不会受到损害。恰恰相反，独立性得以加强，国际协议的意义被削弱了。例如，不干涉其他国家的内政是国际关系中的公认准则之一。但是这一准则总是以国家利益、人类利益的名义被破坏（完全有法律根据）。欧洲列强以人道的名义介入土耳其的内部事务，要求苏丹进行内部改革。在希腊起义的过程中，欧洲列强不仅干涉土耳其内政，还不宣而战地消灭了土耳其舰队。出现这种情况的原因是拥有舰队的土耳其军队屠杀希腊人，欧洲人为了停止屠杀，没有时间正式预先宣战。

保加利亚是土耳其帝国的一部分，但是俄罗斯毫不犹豫地强制土耳其承认这个省份的独立性等[1]。

因此，国家普遍认为人类的利益高于国际权利。但是大国的内部利益足以诱使他们出面干涉被认为是其他国家不可分割的权利。假如俄罗斯无力维护波兰的秩序，威胁到了波兹南地区的稳定，那么德国将立即占领俄罗斯的普利维斯林……

对于国家来说，衡量一切行为的标准是自己的民族利益，而其他国家的权利和利益需要他们自己去维护。

国家之间的关系存在于高层次的大国联合体的本性之中。只有实力可以使大国联合体放弃实现自己民族利益的责任，这个民族越关注全人类的利益，就越能舍弃自己的利益。

当两个大国的根本利益针锋相对的时候，解决争端的唯一方式是力量，即战争。宣战权是国家履行捍卫自己民族和全人类利益的直接结果。

当然，战争是一种沉重的事实，理智的国家会通过和平的方式解决问题。但是在非常关键的利益问题上不可能有和平的途径。例如，在南非共和国宣布独立的时候，英国不可能在非洲推行完善的经济政策。因此英国人给予“布尔人”[2]一切公民权利、个人的权利、劳动权、自治权……只有一件事和英国的利益不相容：英国政府认为压制南非的霸权是自己义不容辞的义务[3]。

只要世界上还没有出现一个具有世界性强制力量的世界国家，这种情况就会一直持续。只要大国联盟依然是各自独立的民族国家，他们的实力就会在解决利益归属问

[1] 这里指的是1877—1878年的俄土战争，结果是保加利亚获得了独立。

[2] “布尔人”是居住于南非的荷兰、法国和德国白人移民后裔形成的混合民族的称呼。——译者

[3] 这里指的是1899—1902年的英布战争。

题上成为“最后的依据”（——拉丁语）。

因此国家必须具有发展军事的实力，否则就无法生存。如果没有军事实力国家就是一个权力的伪造品，不能承担权力的责任，也许还没有掌握权力和统治国家的权利。

众所周知，人们通常幻想忽略这个逻辑，用国际协商的方式取代战争解决国家争端。但是这种观念与政治现实意识有很大的出入。这种意识来自于国家的世界性原则。但是我们已经指出，国家的世界性和国家的国际性有着完全不同的法则。国家的世界性强调的是道德力量，而不是具有强制性的权力。

在细小的争端中可以通过自由选举的国际仲裁法庭加以解决。在这种情况下选举与自身利益无关、置身事外的个人作为法官会更为公平合理。对于大国之间的问题，这种解决方式与现实有很大的不同。大国之间的争端总是多少会牵扯到其他国家的利益。没有一个所谓的“无关”国家。

除此之外，政府的责任在于实现本国的利益而不是抽象的正义原则，在国际社会中没有任何可靠的、不偏不倚的衡量正义的尺度。

这是为什么呢？民族性的独立权利是一种完全不受拘束的事实。我们甚至很难界定什么是“民族性”。其他民族的领土要求都具有争议性，从全人类的道德角度来看，甚至不能确认有这样一个种族——偶然占据了富饶的土地，拥有绝对的权力，或是一个被历史所驱逐的种族，永远陷入被动的境地，没有权力向自己的睦邻要求一点自然的恩惠……从全人类的角度不能否定有这样的国家，它具有自己的文化和崇高幸福的生活，没有权利通过武力使其他制度野蛮、日益衰败的民族臣服于自己……

很少有人能像神灵那样可以判断国际争端中的哪一方最为正义。任何一个政府都应该谨记自己对民族的责任。最高权力的建立是为了民族自己而不是别人。最高权力和国家要关注本民族的利益，并在与其他民族的交往中伸张自己的利益。政府没有权利把本民族的利益交由他人或他国决定。这不是国家的观念，而是世袭的观念，异于对民族和国家的责任意识。那样的政府不会长久，因为与政府关系密切的民族不允许如此随意地安排自己的命运。

因此，取消由国家解决利益争端的想法不仅在理论上不正当，而且在现实中也不可行，因为缺少实现它的实力。

8. 君主制原则的命运

在世界上各个国家几千年的历史中，君主制原则占据了主要位置。如今，现实形势与人们的观念都发生了巨大的变化。在现代人看来，人类的未来将是民主制原则。虽说欧洲的共和国数量至今还不算多，19 世纪中只有法国和巴西从君主制度转变为共和国，但在其他的君主制文明国家里对君主的最高权力都进行了限制。这显然是君主向共和国总统身份转变的一个步骤。而且，在这段时间内没有发生过一次王权或皇权得以巩固的例子。[1]

但是历史进程的意义不能只从对一个时代的趋势观察中得到。人类的未来并不总是能预测得到。希腊的政治家和公民普遍认为，希腊历史是民主制度的发展历程。而实际上希腊的民主历程最终是以亚历山大·马其顿的君主制终结的，他是文明世界的代表，此前的民主发展阶段为他奠定了基础。地米斯托克利时代和伯里克利时代的希腊人都没有预料到这一结局。布匿战争中英勇的罗马共和者也未曾想到凯撒和奥古斯特大帝的出现。

与民族发展任务相联系的民族内部政治能力为预测民族政治权力原则的命运提供了丰富的依据。最能促进民族有机发展的策略永远都是未来占据统治地位的原则，通观现代文明国家的历史进程，君主制原则很有可能再度复兴。

首先，自 18 世纪起被欧洲国家体制的进化论批判的绝不是真正的君主制。被淘汰或隔离的不是君主制，而是绝对专制，它已经不能组织复杂的社会力量和维护个人自由。要预测未来会怎样，重要的是需要考虑到这一情况，即被推翻的绝对主义无法满足的要求，在民主制下能满足的可能性也微乎其微。

在任何一个国家，除了自己的“代表制”，民主制都不能创造任何其他的统治工具，它在一切充分发展的地方显露出极力将人民权力篡夺到新“贵族”职业政治家手里的倾向。任何地方的人民都不会满足、信任这种统治形式，新社会的任务就是协调组织各种社会阶层，但这一目标从未实现过，而社会内部的斗争此起彼伏，带来了革命和最后的“社会终结”，到处一片狼藉。

在现代社会的新条件下，民主制度的政治能力还很不完善。寄希望于出现稳固的贵族力量以满足现代社会的需要几乎是不可能的。[2]

与此同时，如果君主制重新获得人民的青睐，那么它凭借自己的特点足以达到这

[1] 只有日本的君主权力得以巩固，但巩固的并不是天皇最高权力的意义，而是他的统治权力。明治天皇以前的皇帝几乎没有统治权力，统治权基本上完全归于将军。现在日本有了国会，但国会的权力比以前的将军少了很多。

[2] 如我在《自由和社会的民主制度》中提到，在社会主义制度下更容易理解这一事实。但社会主义国家的可能性几乎等同于零，如果不把它当作“锡安智者”的话（如果“锡安智者”不是神话）（这里指的是所谓“锡安智者的记录”，关于其真实性至今仍有争论。在“记录”中以无人称的万能“锡安智者”的口吻描述了犹太人夺取世界统治权的过程）。

一要求。

国家的意义在于它能为人类的自觉创造提供空间。这种创造的力量源泉来自于个人，个人越坚守自己的基本原则，这种力量就越活跃。个人创造越自由丰富，集体创造就越广泛。构成民族的个人力量在集体创造中越积极，国家就越完善。最高权力更为完美的原则是，它能够最大程度地保持个人力量在群体条件下的存在和生命力。从这个角度来讲，君主制在理念上拥有民主制和贵族政治不具有的一切优越性。

君主制建立在秉持理想联合原则的最高权力基础上。但秉持理想联合原则的最高权力不仅不排斥个人力量，甚至需要个人从属原则的参与。与其相反的是最高权力的其他原则，它们天生排挤非我因素的参与。建立于集体制最高权力的民主制度无论就其贵族政治形式亦或个人专权形式，实际上与道德力量的影响是对立的。君主专制体制避免了这样的倾向。它不会允许集体力量凌驾于道德之上，而是使多数人服从于理想的统帅，但是君主制原则不会反对多数人的意志，只是不会让他们成为社会发展的阻碍。因此，实行君主制最高权力的国家使集体创造的质量方面有了保证。

君主制还能最好地保证数量方面的集体创造，因为它能够联合大量不同的群体。

除了在数量和质量上为民族发展提供了更多的机会外，君主制在稳定性和权力统一方面也超过了民主制度。民主制国家里几乎从来没有统一的民意，因为最高权力通常具有一些缺点（摇摆、多变、了解不充分、变化莫测、软弱），而它们被排斥于君主制之外。一个人的意志统一很寻常，但是一群人的意志统一格外罕见。在国家管理组织方面只有君主制能够维护人民群体的独立性。

由于具备这些天然的优越性，君主制成为迄今为止人类国家生活的通常形态。历史上君主制国家最为常见，民族最伟大的时代多数是以君主的名字命名的。很有可能的是，只有当全体民族意识到，君主制将在子孙后代中重新登上世界舞台并完成民主制度下不能完成的任务时，民族的现代诉求才能得以真正满足。

如今，阶级对立遮盖了民族的凝聚意识，“全民制度”理论阻碍了国家力量联合体的出现。绝对主义损害了君主制理念和王朝自身。阶级对立随时给所有人带来灾难，科学思想将创造出更加美好的国家体制观念。绝对主义的深重罪恶将被深受政治篡权之苦的人民所遗忘，政治生活将被那些有资格执掌全民理想旗帜的家族所掌握……到那时，君主制可能重新成为全世界进步的推动者。

君主制存在和发展的难题在于它需要民族共同的道德理想。

因此，在现代文明国家里，君主制原则的未来取决于在文明世界的世界观中将会采取哪一种最终方向。在这一世界观的产生过程中，政治科学扮演了显著的角色。如果政治科学致力于认真研究权力的基本形式问题，君主制原则很可能再度走向世界舞台，成为文明发展的最佳工具。

（陈金鹏 译，郭春生 校）

三、波别多诺斯采夫：莫斯科文集 

（一）教会与国家

一

当代有重大意义的现象是教会与国家的斗争。当由于宗教因素而开始斗争时，就不可能确定该斗争局限于何种范围并包括哪些成分以及将达到何种程度，为信念和信仰而论战的无尽激情将在何处消退。为了不涉及民众的自我意识所不允许触碰的那些感受和精神需求，在人民信仰国家权力的问题中，必须特别小心地宣布自己的要求、确定自己的准则。

无论国家政权多么强大，它都是依靠人民和政府间统一的精神自觉及人民的信仰来确立的，政权的根基从这种以信仰为基础的意识产生分歧时开始动摇。

人民与国家团结一致时可能会遭受很多的艰难困苦，可能会为国家政权放弃和奉献许多东西。国家政权无权要求、人民也不会奉献的只有一点——那就是每位信徒个人以及全体一致所认为的、自己与永恒相连的、精神存在的基础。为不扰乱全体及个人内心信仰的本源，存在着某些国家政权不可能也不应当涉及的深处。

国家与教会间人为制造的关系理论是人民与政府间产生误会的主要源头，该误会将进一步加深。西欧的历史进程与罗马——天主教会的发展是分不开的，在该进程中形成了教会是有权力的思想政治机构的概念，并列入国家制度的体系。教会的这种权力与国家相对立，同国家展开政治斗争，这种斗争事件充满了西欧的全部历史。由于教会的这种政治意义，教会作为因统一信仰上帝创立的联盟而被有机联系在一起的、基督徒的集合这一简单、真理、天赋的概念则退居次要地位，并在国家意识中黯然失色。但是，教会的后一概念隐藏于人民意识的深处，符合人内心最根本、最深层的需求——

信仰的需求与在信仰中团结的需求。在这个意义上，作为信徒团体的教会没有也不可能把自己与作为世俗联盟组织团体的国家相分离。无论国家与教会相分离的逻辑体系关系在社会思想中达到何种完善的程度，它都不能满足大众信徒的简单意识。令政治家满意的可能是最佳的契约形式和最完美的哲学认知结构，但在人的心灵深处，人们总是对信仰和将信仰与现实相统一有鲜活的需求，因此这种人为的体系不具有真理的特征。

宗教生活追求精神的最高统一，认为自身存在的理想就在于此；而当向内心展示的这种理想被一分为二时，内心则不接受并排斥这种理想。就其特征而言，信仰是无条件的，在自己的理想构造中，它不能容忍任何条件的限制。确实，全体及个人的生命实际上都是不断衰落和分裂的历史——是思想与行动之间、信仰与现实之间的悲惨分裂；但在这种不断的斗争中，人类的精神正是依靠信仰最终的完美统一而保持稳定，并珍视该信仰如珍视自身存在所素有的首要财富一般。如果一个人陷入这种分裂的意识中，他将会精神委靡并受思维的控制。如果向他展示精神追求的分裂终端，他会抬起头来，意识到自己生命力很强并保持信仰努力向前。但当你告诉他，现实是现实，信仰是信仰，你将把这概念奉为生命理论时，他会厌恶地不接受这种概念，就像厌恶地对待关于世界最终会被彻底消灭的思想一样。

也许有人会反驳说，这里涉及的是关于个人信仰的问题。但个人信仰不能把自己和教会的信仰分开，因为它实质的需求是信仰的统一，只有在教会中才能满足这种需求。

自古以来，教会与国家的斗争在西欧就持续不断。这场斗争的最新情况不得而知，也不知结果将会怎样。于是双方都在评估自身的力量并邀集自己的亲兵。国家依靠知识分子的力量，教会依靠民众的信仰和宗教权威意识。毫无疑问，胜利最终将属于有效联合了迫切的深层信仰的一方。国家知识分子毕竟面临一项艰巨的任务——让民众坚定的信仰站到自己这边并与之联合在一起。但为了运用信仰并与之融合，需要自身充满积极的信仰；为此仅靠知识分子是不够的（“如果你要让我流泪，先要使自己深感悲伤”。——拉丁语）。人民的信仰是敏感的，未必可以用信仰的方式迷惑他或把他带到信仰的交易中。积极的信仰不允许交易，不承认理性逻辑的绝对统治。尽管经常把关于信念的概念运用于信仰，但不能把理性的信念与信仰的信念混合。如果作为理性和思维的社会力量的知识分子阵容认为，精神力量所需要的一切不取决于构成精神力量实质本身的信仰，而在于自身，那是十分错误的。

对国家而言，在这种概念的混淆中隐藏着与教会斗争的巨大危险。在宗教改革运动时代，德国的国家政权逐渐领导了反对旧宗教权力的运动，并创立了新的教会组织，国家政权具有了真正的精神信仰力量。政权参与其中的运动在民众中产生，渗透了深层的、强烈的信仰。作为当时社会的高层知识分子，运动的首批领导人那时点燃了联合自己与人民的深层信仰的火焰。于是，这场运动集中了巨大的精神力量，超过了几个世纪以来经过多年斗争才确立的旧法的力量。

现在完全是另一种情况。从国家方面来看，人民的信仰和教会的政治结构之间在国家意识中发生了分离。对知识分子而言，信仰与信仰合乎科学的结构之间的分离尤为惊人。神学不满足于自己最初的任务，即让宗教信仰成为意识并以总的观点支配它，神学已经具有了吸收任何一种信仰的危险，即使是对该信仰进行了理性而残酷的批评分析，如同对事实和外界的研究对象进行分析那样。政治学创立了规定严格的学说——把教会与国家坚决分离，该学说依法不允许把中心力量进行双重划分，那么教会事实上必定成为从属于国家的机构；同时，在自己的政治思想中，作为机构的国家脱离于任何信仰，也不关心信仰。自然，从这个角度来看，教会不是别的，而是能够满足国家承认的、居民需求之一的宗教需求的机构。现代国家对宗教需求有审定、监督和控制的权利，不关心信仰。对于作为最高政治机构的国家而言，这种理论是吸引人的，因为该理论允诺国家能完全自主，坚决消除一切的、甚至是精神的反抗，并简化其宗教政策的所有行动，但这种许诺是骗人的。人民的信仰不接受这种在部长和学者办公室里臆想出来的理论。在信仰的范畴内，人的认知只有通过简单完整、能渗入心灵的表象才能满足，当感觉人为制造的概念中存在谎言或与真理不一致时则摈弃它们。比如，政治理论也许适当地与宗教讲坛上的某位现任牧师或神学教研室教授的观点相一致，后者（这不幸已成为德国的经常现象）公开宣称自己不信仰救世主；但人民的良心永远不能理解关于宗教牧师的这种概念结构，并厌恶地称之为谎言。当人民的良心习惯把国家政权对与信仰有关的事物所发布的命令和行动看作谎言并将其归入无宗教信仰时，国家政权的地位将变得悲惨而不稳固。

二

曾做过神父的吉阿钦特（**Гиацинт**）对教会与国家的分离论述得非常好，1873 年他在日内瓦开设过这门课程的公开讲座。同教会作殊死斗争是革命党的理想，至少是在政治上把自己看作雅各宾派、在宗教思想领域传播不信神和唯物论的革命党极端代表的理想。诡辩和暴力是他们的武器。各地的人们都失去了对他们的信任；他们是盲目的，无力进行斗争，因为他们把一切都混淆成自己的敌人，不加任何区分，无限夸大对手的意义。

法国大革命以社会改革为目标，但只有使基督教因素适应公民社会才能实现社会改革。大革命与罗马神权国家之间出现了斗争，而且大革命把罗马神权国家与天主教会、与联合所有基督徒的普世教会混杂在一起，将福音书与救世主混杂在一起。因此，与其说是向罗马宣战，不如说是向世俗的基督王国宣战。在基督教中，这些人开始追求宗教情感本身，该情感两千年来已与基督教不可分割地融合在了一起。他们就向这样的对手挑战，并为对方准备好两种低劣的、侮辱性的武器：刽子手的斧子和诡辩家的生动演说。

在当时社会上流行的轻浮思想的影响下，拥有自由派思想的神甫挤满了宫殿的入口。因此，法国的天主教会并没有良好的声誉。突然，人们开始推崇天主教，振兴它，并将它引入监狱。神甫、村姑、农夫和显贵，诗人和国家人才为了它而一起登上绞刑台——就像在罗马皇帝执政早期。在天主教的法衣上曾溅有来自圣巴托罗缪之夜的鲜血，粘满了南特法令废除后父母和孤儿的泪痕；但这些痕迹突然都消失了；由于天主教自身的血液和泪痕，其他任何事物都看不见了。这就是天主教后来兴起时充满荣耀，没有任何污点的原因。扼杀天主教的人又为天主教营造了光芒。

诡辩哲学家就是这样做的。他们开始发掘一些现代科学宣布无法解决的问题；开始探索死亡的奥秘，认为它是一种理想和臆想；他们开始深入研究人类的起源，承认后者从诞生起就代替了来自泥土的圣经中的亚当，是某种从肉欲生活中显现出来的、首先变成猴、然后变成人的、神秘莫测的活物。于是，他们把人置于其诞生时，放在其通向纯粹肉欲生活的路口，因其腐化而贬低人之后，又开始拥护人的伟大："拥有无神论、唯物主义、主动自由、丝毫不服从道德的人啊，你多么伟大！"但在整个奇怪的伟大中，人却显得很忧郁。他失去了上帝，但保留了宗教的需求。这种需求如此明显，所以我们认为，即使没有上帝，宗教也是可以存在的；鼓舞几百万信徒的佛教就是这样的宗教。事实上，尽管第一个人来自动物环境是真的，那我在其中是什么呢？《创世纪》中所指出的创造人的物质更为粗劣：灰尘和泥土。那种物质无论是怎样的，难道在那里面、在那种外壳里——会是整个人吗？人从自己的创世主那里得到了活的灵魂和那种不可能摆脱的宗教和道德生命的呼吸，尽管曾经想要脱离。因此，将来有一天否定基督教是不允许的。

现在宣传教会与国家相分离。同样的话语，但理念不统一，因为“分离”这个词可以被多重理解。首先要明确，它在这里到底指什么意思。如果是要更精确地划分公民社会与教会、宗教与世俗，而且是不施诡计、不用暴力、直接地真正来划分的话，那么一切都将捍卫这种划分。如果坚持以实践为基础，希望国家放弃给教会牧师授职的权利和供养他们的义务，这将是愿意变成的理想状态，该状态需要在适宜的情况下以法律形式实现。这个问题准备好后，如果国家想如此解决它，就必须把选举牧师和主教的权利返还给相应的人；这样就不能把在历史法规和使徒权利方面属于全体教士和人民的东西奉献给教皇。国家实质上只是为了自身而支持这种权利，该权利并不属于国家。

但据说，应当从另一种更广泛的意义上来理解这种分离。明智的学者是这样来定义的：国家不应当与教会有关，教会也不应与国家有关，因此人类应当周旋于两个大的领域，一个领域中将只存在肉体，而在另一领域中只存在人类的精神，这两个领域之间隔着巨大的空间，犹如天地之间。难道这可能吗？肉体不可能与精神分离；精神和肉体都依靠统一的生命而存在。

可以指望教会——不仅是天主教会，而且是任何教会——同意将公民社会、家庭社会、人类社会，即“国家”一词所指的全部事物从自己的意识中消除吗？从何时起教会应当为培养禁欲主义者、充实修道院的人员、在教堂仪式和队列中表现诗意而存在呢？不，这一切只是教会活动目的的一小部分。教会被指出还有另一种身份：教授所有的语言。这就是它的事务。它的任务是在俗世培养一些人，让这些凡尘中人和俗家子弟有可能进入天国。在出生、结婚、死亡这些人世间最重要的时刻，教会都要参与这 3 种隆重的仪式，还能说它与家庭无关吗？而使人民尊重法律和权力、使政权尊重人类自由的希望被寄托在教会身上，还能说它与社会无关吗？

不能。道德原则是统一的。它不能分成两个：一个是个体道德学说，另一个是社会道德学说；一个是世俗原则，另一个是宗教原则。统一的道德原则包括所有的关系——个体的、家庭的、政治的关系，而保持自身尊严意识的教会，在涉及家庭与公民社会的问题时，永远不会放弃自己的合法影响。于是，在要求教会与公民社会无关的同时，赋予了教会新的力量。

人们常说：国家与教会无关。在最初的家庭结构中形成了公民社会，并使每位家长成为公民；那时信徒团体与家庭和全体人民尚无区别。随着公民社会的结构逐渐完善，形成了包括许多家庭和民族的普世的基督教。现在应怎样对父亲、对公民说话呢？

说：你是你，而教会是教会吗？不幸的是，无论是父亲还是公民本人早就对自己说过这回事了。父亲开始不关心宗教意识和自家生活环境的发展方向了。当妻子有疑惑找他时，当孩子幼稚地问他：什么是上帝？你为何不向上帝祈祷？什么是所有人都会遭受的、会把孩子带走的死亡时，他没有答案。如果父亲都没法回答这些问题，那孩子以孩童的智商怎么回答这些问题呢？而孩子如果在家长那里能得到答案，那只将听到某个童话，而听不到人准备为之赴死的积极信仰的声音。这样，孩子就会成为一个像父亲一样的怀疑论者，或是像母亲及其神甫一样迷信的人。这样，在家庭中就表现出国家与教会的分离，外来的神甫作为精神领袖被介绍到家里占据了父亲的位置，装作指导者主宰天良。毫无疑问，神甫有过错，但父辈本身的过错更大，因为他们允许神甫到自己家中取代自身的地位。如果公民和国家政权建造的大厦任何时候坍塌了，前者被碎片砸死的话，请他们自己不要感到惊讶。由此可见，国家与教会意识是如何地相互分离！

三

19 世纪 40 年代初，普鲁士国王得知柏林的一些居民脱离了基督教会，很是惊奇，并笑着问："他们想归属什么教会呢？"现在，这个问题在西欧已经失去了任何意义。而那时侯认为，谁脱离了基督教会，就明确丧失了坚实的基础，犹如悬在半空中。现在这种情况已经不是悬空了，不信仰任何宗教才是坚实的基础。

如果有人在中世纪宣布他不承认任何信仰，那会被认为是疯子，并被认为极其恶劣和危险，将被处以火刑。

那时侯的非信徒没有地位，而丧失国籍的流浪者和国家拒绝提供法律保护的无权者可以成为信徒，因此他们不得不让自己受到诸侯之一的封建领主的保护。这些强大的诸侯不服从国家政权，能参加同封建统治者的斗争。

今天谁要是决定宣布自己脱离国家政权，不缴纳赋税，不服兵役，谁的话都不听，也不服从任何人，自己成立国家，那这样的人会被认为是疯子，就像中世纪看待无信仰者那样，只是不处以火刑，但会强迫他服从或离开该国。他可以到另外的国家，那里同样会让他顺从或将他驱逐。

因此，现在我们可以自由地离开宗教和教会，但不能离开国家。国家保障我们全部的社会生活，而教会已经不能像从前那样主宰社会生活了。当今时代的特征是努力把所有的关系都吸引到国家政权中；而教会哪怕想部分地着手吸引社会关系，也会遇

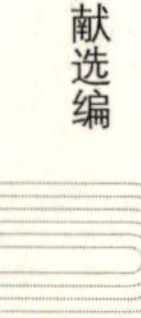

到来自各方面的阻碍和反对。

由于没有看见被到处宣传的任何自由，我们正努力使一切都置于国家政权的控制之下。我们需要法律，需要政府对我们社会生活的任何重要体现给予尺度和标准；很多人要求借助国家，从形式上对个体生活进行集中和统一安排。谁脚上的靴子有点挤脚了，你听到了喊声——那么国家应当进行干预；某地有两三个人在抱怨负担太重，于是要求政府帮助，从前也许是求助教会。任何私人生活都应当融合到社会中、任何社会生活都应当集中在国家中并由国家控制，这种思想是重要而有推动力的社会主义思想，以这种概念清晰或不清晰的思想在最顽固的头脑中都能扎根的程度来看，最平凡的人也会无意识地被归入社会主义者。

不得不承认，教会对构成其联盟的信徒团体的态度本身发生了变化。现在信徒们也不能容忍教会恢复其同教民过去的关系，不能容忍教会干涉私人和家庭生活、社会日常生活、政治和社会经济。国家正在颁布各项法规，教会现在不仅没机会公布新的教义，也没机会像从前一样，用严格的形式解释和运用自己的学说。

这样看来，教会与增加到巨大规模的国家威力相比，开始变得衰弱了。但事实上不是教会在变衰弱，因为教会依靠的是人民的精神力量。（黎尔[1]）

四

教会与国家间最古老、最著名的关系体制是已确定的、国家教会的体制。国家承认所有的宗教信仰中只有一种是真理的信仰，只支持和保护一种教会，并预先判定其余所有的教会和信仰有罪。这种预先判罪一般来说意味着，其他所有教会都不被承认是真理的或完全真理的；但事实上这种预先判罪的表现形式并非一种，而是带有各种不同的细微差别，由于不承认和疏远有时会达到迫害的程度。毕竟，由于实行这种体制，与自身占统治地位的信仰相比，陌生的信仰在名誉、权利和优势方面或多或少会产生衰落。国家不可能只是社会物质利益的代表；这样它会使自己丧失精神力量并脱离与人民的精神团结。国家越强大，意义越重要，其精神代表的作用就表现得越明显。只有在这种条件下才能在民众与世俗生活中保持并加强法制感、对法的尊重和对国家政权的信赖。无论是国家完整、国家福利或国家利益的原则、还是道德原则——用来确立人民与国家政权间的巩固联系本身都是不够的；而且道德原则是不确定的、不稳固的，一旦丧失宗教制裁，就失去了主要的根源。为了公平对待所有信仰而本身放弃

[1] 黎尔（1844—1924年）：德国唯心主义哲学家。

无论任何一种信仰的国家，无疑将失去中央的、综合的力量。民众对执政者的信赖以信仰为基础，也就是不仅以人民与政府有同一信仰为基础，而且是单纯地确信政府有信仰并依信仰行事。因此，即使是异教徒和穆斯林都更信任、更尊重无论哪种具有坚定信仰原则的政府，而不是那种不承认自己有信仰并同样对待所有信仰的政府。

这一体制毫无疑义的优势就是这样。但几个世纪之后情况发生了变化，使这一体制获得新的因素；同时又出现了新的情况，在新情况下该体制的运转变得比从前更加困难。当欧洲文明和政治基础最初奠定时，基督教国家与统一的基督教会是坚固完整的联盟。后来在基督教会内部，从最初的统一分裂出多种解释和不同的信仰，其中每一种信仰都赋予自己唯一真理学说和唯一真理教会的意义。因此，国家不得不拥有几种不同的、民众会时而信仰的宗教学说。随着信仰的统一和完整被破坏，由国家支持的、占统治地位的教会将变成微弱的少数，支持率下降或完全失去民众的支持。于是，在明确国家与多数人所属的教会和教堂之间的关系时会产生困境。

五

18 世纪末，旧体制在西欧开始转变成国家各基督教信仰平等的体制，但因这种平等而消灭了宗派主义者和犹太人。国家承认基督教是自身存在与社会秩序的极重要基础，认为每位公民必须从属于一种宗教，拥有一种信仰。

从 1848 年开始，国家对教会的这种态度发生了重大变化：汹涌的自由主义浪潮冲溃了旧的屏障，基督教国家机构的古老基础面临被推翻的危险。宣布国家从教会中解放出来——国家与教会无关。教会也宣布与国家脱离：每个人都有信仰任何宗教或不信仰的自由。1848—1849 年法兰克福议会宣布的主要原则是这一学说的象征。尽管这些原则很快便不再被认为是现行法律，但它们曾经是、迄今仍然是把自由主义原则运用于西欧现代法律的理想。如今现行法律到处都按这些原则来形成。政治权利与公民权利脱离了信仰，脱离了教会和宗派。国家不问谁信仰什么。订婚和户籍登记也与教会脱离。宣布异族通婚完全自由。脱离了教会法庭的离婚变得容易，使婚姻牢不可破的教会原则被破坏。

鉴于法国政府已经变得否定信仰，并对教会信仰实施暴政，试问：可以认为现代国家是基督教国家吗？我们认为个别人物具有这里表现出来的不一贯性，他们在否定基督教的同时，又过着一种表现所有基督教原则的生活。因此我们意识到，现代国家如果失去了与基督教会的有机联合，没有以基督教信仰为前提的形式和仪式是行不通的。有工作人员的教会从国家预算中获得生活费，社会机关和军队配有思想教育者，基督教节日保持全民节日的意义；在国家公务中和法庭上，誓言保持自己的法定力量。德国已经没有国家教会，但福音派教会的领导地位属于国家政府首脑，在议会和所有社会事务中，国家必须考虑不同信仰的党派。在英国，由于自由主义原则基础上的信仰平等，不仅是国王，而且最重要的国家官员都必须归属于英国教会。美国是宗教平等的国家。国家把任何单独的教会，任何宗教团体都当作私人团体。在公立学校不允许教授神学课，不必读《圣经》。尽管如此，国会开会时仍要做祷告，并有神职人员参加。军队和舰队中的神职人员由国家供养。总统有时会公布法定的感恩日和忏悔日。严格的教规保卫了礼拜天的神圣性。某些州对指上帝发誓和渎犯神灵还规定了严厉的惩罚。

由此是否可以得出结论，无信仰的国家是不可能实现的乌托邦，因为无信仰是对国家的直接否定。宗教，确切说基督教，是国家和公民日常生活中一切权利和一切真理文化的精神基础。这就是为什么我们认为，政党是最敌视社会秩序和极端否定国家的党派，他们最早宣布，宗教只是个体和私人的事，只是个体和私人的兴趣。

六

“自由国家中的自由教会”这种体制理论上暂时以抽象原则为基础；它的基础不是信仰的原则，而是宗教冷淡主义或漠视信仰原则。该体制与经常鼓吹的信仰不宽容和虽然尊重、但明里暗里蔑视信仰的学说有必要的联系，犹如轻视个体生活与国家生活中心理发展的历史因素。在这种构成现代理性主义成果的抽象体制中，教会也是抽象构建的政治机关，或带有某种目的和为该目的而建立的私人团体，类似于国家承认的其他团体。从对信仰的抽象尊重如尊重心理生活的高级因素开始到疯狂蔑视信仰如蔑视心理生活的低级因素；如蔑视危害与瓦解的因素，对这种目的本身的认识也是抽象的，因为在这种认识中表现了与某种学说有关的信仰概念的多种细微差别。因此，这一理论体系本身从一开始就显示出所创立原则和概念的双重性与模糊性。

这种体制在实践中会是什么样，将由几个世纪和几代人来尝试弄清楚。如果把它与第一种体制曾起作用、目前仍然有效的、几个世纪的尝试相比，目前我们几乎没有任何经验。但事先不难预见到，新体制的作用不可能是持续不断的，因为它与人性的首要需求和条件不相符；“一切教会和信仰平等；无论哪种信仰，反正都一样。”根据抽象学说推出的这一规定无论多么坚决，实际上，对于我们自身而言，没有一个在内心深处维护并感受到信仰需求的灵魂会无条件地同意这种规定。这样的灵魂不断地回答自己："是的，一切信仰平等，但我的信仰对我来说是最好的。"比方说，今天国家明确宣布所有教会和信仰在法律面前完全是严格平等的。明天呢，又将出现一些征兆，并可据此做出结论，信仰在某种程度上的力量完全不是相等的；从宣布一切教会合法平等开始再过去30年、50年，那么，事实上也许会发现，对于抽象概念而言，非常意外的是，众多教会中有一种实质上具有绝对影响并统治人心，控制决定着人们的思想。或者是因为它接近教会真理，或者是它的学说和仪式更符合人民性，或者是它的组织和纪律更完善，并赋予它更多系统活动的方式，或是该教会中出现了更多积极而信仰坚定的活动家。此类例子已经不少。在爱尔兰以大不列颠的法律确立了教会平等，难道由此就可以得出教会平等的结论吗？实质上，罗马天主教会正是从获得法律平等那一刻开始得到了全面传播的机会，并在全国确立了自己不仅对个别人物，而且对国家所有政治机关——法庭、行政机关和学校的优势影响。

美国把与信仰无关作为自己体制的主要条件。而事实上这种法律状况的后果是，罗马天主教会慢慢成为了美国的主要教会。它在北美享有在任何一个欧洲国家都不具有的自由优势。教皇在北美分派教区，任命主教，大量创办天主教的修会和修道院，逐渐用细密的教会代理网和教会机构网覆盖全国，不受与国家关系的任何限制，不受任何监督。罗马教廷将每年随新移民到来而不断增加的大量天主教徒控制在自己的影响下，并认为已有整整四分之一的居民是自己的教众，而其余四分之三被分裂成大量的宗派和教派。天主教会使用一切手段规避法律，将自己的不动产增加到巨额数字。它掌控并影响着很多州的一整套政治性管理。在其他许多大城市，整个城市的管理也只由天主教徒来决定。在这个内外政策的所有方面取决于选票总数的国家，天主教会能支配几百万张选票。从教会平等的原则高度出发，并由于对宗教的冷漠，国家目前对所有这些现象都态度冷淡。但后来的事件表明，新的、惯用的理论在北美未必能长久保持。

那时，该理论的捍卫者说："国家怎么会与不因特权或合法限制、而因每个团体的内在力量或内部虚弱而产生的不平等有关呢？"法律不可能预防这种不平等。

但这意味着绕过了难题，因为这只是在理论上解决了它。使一切和谐，使一切进入合乎逻辑的体制可能是一纸空文。以某种特征区别政治活动领域与精神道德领域也可以是一纸空文。事实上不是这样。不能把人只看作可以支配的智力机器，就像制订作战计划时统帅支配大量士兵那样。每个人都拥有自己精神和道德的生命世界；从这一世界产生出决定其在所有生活领域的内驱力，而主要的、中心的内驱力来源于信仰，源于对真理的信念。只有脱离生活或不想了解生活的理论，才可以回答一个讽刺的问题：什么是真理？这个问题在所有人的内心都是整个生命最严肃、主要的问题，不要否定的、而要肯定的回答。

于是，自由国家可以规定它与自由教会无关，只是自由教会将不接受这种规定，也不会冷淡地对待自由国家，如果它是真正建立在信仰基础上的话。教会不可能放弃自己对公民生活和社会生活的影响；它越活跃，就能越多地感受到自身内在的积极力量，它就越不可能冷漠地对待国家。与此同时，如果教会不放弃自己的宗教使命，仍保留对宗教的信仰及与之相关的责任意识，那么教会是不会采取这种态度的。教会有教导和训诫的职责。圣事和某些与世俗生活的最重要活动有关的仪式由教会完成。在自己的这些活动中，教会必须不断接触社会生活与世俗生活（不必说另外的情况，只要指出婚姻问题和教育问题就够了）。于是，由于国家在与教会分离的同时，将所有这些事务特有的国家部分划归自己管理并取消了自己对精神道德事务的管理，教会就必须履行国家所放弃的事务，并在与国家分离的情况下逐渐完全地、专门控制那些能对国家产生必要效力的精神道德影响。那么国家只拥有物质力量，也许还有理性力量，但如果没有信仰的力量与之结合，这些力量都是不够的。因此，不平等与对立慢慢代替了国家与教会在政治联盟中履行的、所设想的平等。毕竟，会导致教会比表面上居优势的国家具有实际优势的状态或导致革命的状态都是不正常的。

这就是自由主义理论家所颂扬的、教会与国家坚决分离的体制所隐藏的现实危险。占统治地位的法定教会体制有很多弊端，极不方便，困难重重，会产生冲突和斗争。但认为该体制已经过时、加富尔[1]给出了解决最难问题之全部难点的关键，这种说法是徒劳的。加富尔的一般性定义是政治教条主义的结果，对该结果而言，信仰问题看上去只是关于权利均衡的政治问题。在该定义中没有精神管辖的深度，就像在另一著名的政治定义中也没有自由、平等、博爱一样。这些定义迄今仍以在劫难逃的负担压迫着轻信者。认为自由在于平等的热情的预言家们对自由的预言在这里同样也是错误的。难道证明自由不取决于平等、平等完全不是自由这些沉痛的经验教训还少吗？假设信仰自由本身就是教会与信仰在国家面前平等且取决于平等是错误的。后来的整个历史证明，自由与平等在这里不是一回事，自由完全不取决于平等。

[1] 加富尔（1810—1861年），意大利复兴运动中的温和自由派首领，撒丁王国首相。

（二）新民主国家

一

让当代社会人士如此兴奋的自由是什么？他们做出许多疯狂的事，说出无数疯狂的话，而人民却如此贫困？民主意义上的自由是政府的权利，换句话说，是参与管理国家的权利。全体与个人对参与执政的这种努力至今未找到正确的出路和清晰的界限，但在不断加强。我们可以用古代诗人关于积液的说法来描述它："放纵自己会得水肿病（拉丁语）。"现代民主国家在扩大自己基础的同时，把全民投票作为自己的近期目标——这是人类历史上最惊人的致命错误之一。民主国家如此渴望获得的政治权力，在该形式中分裂成许多小部分，这种权力中无穷小的份额为每位公民所有。这点权力能用来干什么？结果无疑是，为实现这一目标，民主国家使自己神圣的与平等不可分割的自由变得虚假。原来，在全体与个人之间，与这种表面上平等分配的自由联系在一起的是彻底破坏平等和真正的不平等。每一张选票，作为一股微不足道的力量，本身并不意味着什么，具有相对意义的可能只是某些数目或一组选票。出现了一种类似在无名氏参加的会议或股份公司会议上发生的现象。个体本身是没有力量的，但谁能获得最多数的几股力量，谁就能成为主宰力量，成为掌控者和决策者。试问，对于其他执政形式而言，民主国家的真正优势在哪里呢？到处都是这样，谁显得更强大，谁就能成为掌控者：一些是幸运而果敢的将军，另一些是君主或有能力、办事灵活、行动计划明确、意志坚忍不拔的行政官员。在民主的执政形式下，狡猾的、拥有自己追随者的捞选票者和在民主选举舞台上暗中操纵傀儡的人物能成为执政者。这些人总是高谈平等，但任何暴君和军事独裁实际都和他们一样，对由人民构成的公民实行统治。民主国家认为，选举的参与权扩大是一种进步，即获得了自由；根据民主理论可以推出，越多的人被号召起来参与政治权利，就越有可能为全体人的共同福利、为确立完全的自由而使用这种权利，但经验证明完全相反。历史证明，对人民而言，最重要的、有效的、巩固的措施和改造都来自治国人才或少数拥有高尚思想和深厚知识且思路清晰的人；相反，随着选举原则的推广，国家思想开始被贬低，选举人的思想变得庸俗化；在多数国家中实行这种推广或是带有集中权力的秘密目的，或者本身就导致独裁。19世纪末在法国，恐怖活动中止后就取消了全民投票；但两位拿破仑为在此基础上确立专制，曾两次恢复全民投票。在德国，实行全民投票曾具有使那位著名执政者确立中央权力的明显目的，他因自己政策中的巨大成就而赢得极好的声誉……在他之后德国会怎样，唯有上帝知道。

在民主旗帜下拉选票的把戏，在当代几乎所有的欧洲国家都是正常现象，大家似乎都发现了它的欺骗性；但谁也不敢出来明显反对这种谎言。不幸的人民承受着重压；而报纸——虚假舆论的喉舌——用自己的叫喊压制人民的惨叫。对于不抱成见的社会人士而言，这种把戏明显是党派斗争与斗殴，以及蓄意篡改数字和名字。选票——本身是一些微小的个体，但在狡猾的代理人手中就获得了价值。选票的价值以不同手段来实现，首先是各种各样的贿赂——从少许地给钱给物到在消费税务局、财政局和行政机关里安排肥缺。这样就逐渐形成了统一的、习惯以出卖自己的或代理人的选票为生的选举人数额。甚至出现像法国那样的情况，一些严肃认真、明智勤劳的公民，在感到完全不可能同政治代理团伙做斗争时，就大批地回避选举。和贿赂同时使用的还有暴力、威胁，造成选举恐怖，借此强制推出自己的候选人。选举大会上吵吵嚷嚷的画面人所共知，在会上还使用武器，在战场上留下死者与伤者。

组织政党和贿赂是两种强有力的手段，能被广大在政治生活中有表决权的选民卓有成效地使用。这些并不是新鲜的手段。修昔底德[1]就已经用显著的特征描述过这些手段在古希腊共和国的作用。在罗马共和国的历史上，贿赂是各政党在选举时的常用手段，有很多真正骇人听闻的贿赂的例证。当今又发明了一种新的手段，为了政治目的而随意安置一些人，把多数人联合成偶尔出现的联盟，造成彼此之间观点的虚假和谐。这种可以被认为是偷换政治概念的手段，是一种快速、巧妙地总结思想的艺术，是以极端自负的时髦观点编辑吸引广大听众的空话和一般性定义的艺术，犹如发布最新的科学用语、政治学说教条和对事件、人物、机构进行评述的艺术。从前人们认为，分析事实并从中总结普遍定律的能力是少数知识渊博者和优秀思想家才特有的，现在这种能力被认为是一种公共财产，以观点的名义而具有政治内容的普遍空话，仿佛成为了报纸和政治演说家大量制造的普通常识。

快速领会并轻信以观点为名的普遍结论的能力在民众中传播开来，尤其在到处都占多数的、受教育程度不够或肤浅的人们之间互相传播。向政权冲击的政治活动家们成功地利用民众的这种倾向，做总结的技艺成为其最常备的武器。任何总结都是抽象形成的，一些与正事无关的、来自大量事实的结论会完全消失；而另一些合适的结论会联合在一起并从中推出普遍的定义。显然，这一定义的全部优点，也就是其真实性与正确性都取决于它所来自的事实绝对重要到什么程度，而那些被消除的、不合适的

[1] 修昔底德（公元前460或455—公元前400或395年）：古希腊历史学家。

事实又是多么微不足道。现在，这些快速而轻易做出的普遍结论，在这一选择合适事实及总结的过程中得到毫不客气地解释。政治演说家的巨大成功及其吸引民众的普遍空话对大多数人的惊人作用就在于此。人们很快就迷恋于用大话表达的陈词滥调、普遍结论和观点，并不考虑对其进行检验，他们也没法检验。这样就形成了完全一致的观点和虚构的、模糊的、但能产生决定性成果的东西。这就叫做人民之声，补充一下——上帝之声。悲惨而可怜的谬误！轻易迷恋陈词滥调在各处都导致社会思想的极端腐化，导致整个国家政治意义的弱化。当今的法国就是这种弱化的明显例子，并且英国已经染上这种病了……

二

在20世纪即将来临的时候，斯芬克斯清晰可见，他给新一代人出了一些费解的谜语。如何解开它们，是一个重大的问题。

古代国家是如何解决政体问题的呢？我们越接近所谓进步的范畴，这项任务就越复杂——我们现在所处的社会生活条件完全不是100年前那样的。

我们的政治传统来自古代的希腊和罗马。但那时的民主完全不像今天建立在平等基础上的民主。古代政体的建立直接来自风俗、当地的状况和宗教。在每个希腊共和国，由于奴隶制的存在，参与执政的只是少数有产业的自由公民；在其中每个国家的历史上，我们都看见权威人物、立法者、统治者和国务活动家们的优势地位和领导角色时常在更替。在罗马，家庭是社会和政治体制的最小组成单位，从家庭诞生出第一个政权的组织机构——元老院，它最初的体制是老人和年长者的集会：不是要选举最优秀的人——只是要年长的人，他们也确实是最优秀的、最能掌管国家事务的人。在新欧洲国家，政体是从风俗中产生的，不按任何计划来设计，不追求平衡，随着时间的流逝顺应借自古代的范例；但执政的优先意义属于贵族、高级公务阶层及管理和富裕阶层。革命超越了这一切，最终以“拿破仑之手”动摇了西欧从前的政治制度基础。

现在，当仔细研究现代社会经济学时，我们发现，过去首先作为政治大厦之关键通道的、世代相传的、旧的贵族门第概念正在消除。首先是由于财富、奢侈品及与之相关联的、宫廷和贵族圈中的腐化不成比例地发展逐渐侵蚀了这一概念。但如今发财、也就是弄钱的各种手段增加并变得容易了，这种追求控制了所有人，由此滋生的腐化构成了社会意识衰败的可怕特征。一切旧的世袭荣耀和封号荣誉的概念与这种淫欲相比就逊色多了。但在那些表面上否定贵族政体的民主原则占统治地位的地方，正在建立另一种腐化堕落的贵族政体：来自各个阶层的人们都试图进入某个特殊的社会阶层，这个阶层具有能区别自己与多数人的另一种需求，追求一种由他人没有的富足所产生的荣誉，后者构成财富的特征；这种新贵族代替旧贵族在政府中获得了权威意义。

民主制度的主要原则是公民平等。但单独这一个词还什么都解释不了。如果这是为自己国家服务的权利平等，那很好；每个人按自己的能力和方法有义务进行这种服务，并根据需要的程度参与政府活动。在古代民主国家，尤其是在人们能相互认识的、可以在广场上讨论社会事务的小国家里，就是这样理解民主制度的。在与邻国持续不断的战争期间，为了保全自我，需要将最优秀的人召集到政府中，最有能力的人就是最优秀的。最早成为了侵略国家的罗马就应当走这条道路，它的元老院集中了掌握国家命运的最优秀人物。

但在现代民主国家中，平等意味着全体和个人掌握自己国家事务的权利——广大国家的所有居民参与执政事务的权利。全民投票选举的重要体系以此为基础：在多数国家里，导致这样一些民众占优势，他们属于教育程度最低的阶层，无论是对国家事务、还是对能管理国家事务的人都没有清晰的认识。很明显，在这种秩序下，被选举人的优点和能力就失去了意义。这就是新民主国家与古代民主国家的重要区别，也是对旧民主国家的致命威胁。同时还应引起注意的是，这种民主机制在人类事务和关系极其复杂、前所未闻的时代起作用。100 年前的人们甚至梦想不到当今贸易、工业、机械、文学的发展，以及意义重大的出版业的发展和报道、消息、传闻的传播速度的发展情况。可以想象，完全履行政府和金融的权力、履行过程中应起作用的条件以及立法权力机关现在应当重视的、大量难以计数的事实和新思想，同时都复杂到什么程度。

在这种社会状况下，民主国家面临一项它无法胜任的可怕任务。拥有最高权力的民主国家应当承担起最高权力机关的事务——主要是选拔人才任职。一切都在于这项事务；如果不能胜任这项事务，那么任何法律都不能有所作为并失去意义。无论整个国家机关的主要体制是什么样的，它都会失去信任并动摇。对人民而言，政府是抽象的理念，因为该理念没有体现在政权的代表中，后者才直接接触人民并触及其合理的需求；如果这些代表是偶然或因错误的动力被召集起来的，那他们的整个活动就会成为激发民意的热议对象和任何牢固政权的全部敌人的工具。

于是我们看到，以前是按阶层和社会地位号召一些人来为国家服务，自从有关这些人的历史概念在民主国家中丧失了任何意义起，职务的任命就成为了政党加强自己力量的工具，他们分配职位，但职位数量的过度增加没有带来好处，而是加重了人民的负担。这与其说是为了公共利益服务，不如说是为了自己的利益服务。民间存在普遍不满的情况，人们更强烈地追求付酬和赚钱的职位。在法国、意大利和美国的新民主制度展示了这种腐败的明显图景。这种腐败尤其表现在具有政治意义的、上层的和选任的职位中，例如在省长和立法会议成员中。选任的职位具有了代表意义，而行政职位按实质讲是不应当具有这种意义的。但从法国大革命时代开始，在新民主国家完全模糊了关于这种差别的思想；反之，另一种思想开始通用，行政职位成为对一些人的奖赏，且并不询问他们能否胜任其职位，这些人曾为某个有权势的政党服务或坚持了某种政治和社会类型政党的目标。从前大家都认为并相信，执政者应当比其所管理的人更卓越，历史的经验也证明，只有最强者才能冲破其必须起作用的环境的阻挠，文明的一切成就都是通过他们的愿望来实现的。与这种公认真理相悖的是，有一种思想在新民主国家已经根深蒂固，那就是幅员广大的国家能够被任何下层人物统治。这一切导致了腐败，因此政党或一部分人的私利依靠公共利益在社会上获得了优势意义。

这一切的自然结果就是立法会议和民主议会的彻底腐败。按照民主理论，被选出的人民代表不应当投票赞成他认为对人民有益或合理、公平的事物，而应当赞成选派他的政党所认为最好的、最需要的事物，即使这与他个人的意见不一致。因此，选择代表变成了政党游戏，变成了像任何一种赌博赛的，由阴谋、假诱饵和贿赂操纵的狂热游戏。于是，立法工作就受到一些文化水平低、不明事理的人的支配，他们常常贪图私利，对与政党利益无关的一切都漠不关心。一切有真实思想、诚实精神和高层文化的人逐渐退出了这种游戏，尤其是在他们每个人手头都有自己特别认同的事业时。议会变成了产生大量法律的机器，这些法律考虑不周，未经仔细探讨，内容本身不一致且完全不必要，不仅不维护自由，反而为了一个党派或一个集团的利益限制了自由。

人们日益感觉并意识到，现在立法的民主体制以谎言为基础，完全不能有所作为；而当这一机构的基础里存在谎言时，除了毁灭，社会还能期待什么呢？可以说，民主国家本身已不再相信自己的议会，但被迫与之妥协，因为没有什么能代替它；以前存在的一切都被破坏了，按照原则，民主国家否定了任何独断的思想。临时建成的大厦对所有人而言都在摇晃，已经动摇起来了，但什么时候它会怎样倒下，在其废墟上将出现什么——这就是站在20世纪门槛上的斯芬克斯的任务。

三

将来会怎样呢？仍有良心和正义感、热爱祖国的人们到处都能看见并感觉到，设置国家政权和政府的统治体系不能保障自由和产生秩序，但如果推行和加强了偶然多数人的独断专行，会直接导致无政府状态。

智者、学者和政治学说教授们开始琢磨挽救不幸的方法。他们发明了新的权力组合、新的选举体系和新的形式，后者也许能培养人民智慧与需求的真实代表并建立有足够授权和限制滥用权力的、真实的政府。

没有远离生活的普通人问：我们应该怎样呢？我们逃离了独裁的暴力，又导致了偶然出现的多数人和自私党派的无个性政府更大的暴力。我们曾经希望由最优秀的人、了解自己人民的、真正的国家代表执政，但代之的却是党派人士、脱离国家的教条主义者、寻找自己利益与利润的企业主和不通过自由选举而通过政党的狡猾伎俩和强制手段推选出来的人。我们曾希望用人民的精神、优秀传统的力量和信仰、荣誉、真理的原则来教育自己的孩子和正在成长的一代；希望哪怕是逐渐地借助它们在各地组织有和平精神的、健康的团体，后者也许会派出自己最好的人作为人民智慧的代表。但代之的却是我们的执政者正在腐化我们的团体，在以诱惑方式挑选政党的拥护者加入团体的同时，用专断的法律限制地区生活的自由以适应变化的政党精神；执政者取消了培养人们适应简单精神和善良性格的学校，强迫我们接受一个脱离生活的学校，一个腐化青少年的、没有信仰的学校。

由于普遍不满意和被批评揭示出的现存秩序的明显不完善，人们听到一些不满足于只是否定、而要求积极指出惩恶手段之人的呼声。于是，由于不能忍受自身的病痛，病人加强了对药物的寻觅和需求。

这难道不会使我们想起一个寓言故事吗？有个人一辈子都过得很快乐，随心所欲，吃喝淫乱无节制，最后整个体质恶化，丧失了享受的能力。他要求医生给他一种能医治好他、恢复其享受能力的药，也就是使他能像从前一样随意地吃喝淫乱。但明智的医生告诉他：没有这种药；如果你想康复，就使自己过一种简单的生活，抛弃反常的习惯和愿望，除此没有别的康复手段。

（三）当代的巨大谎言

一

以谎言为基础的东西不可能是法律。根据虚假原则成立的机构只能是骗人的。这就是需要几个世纪和几代人沉痛的经验教训来证实的真理。最虚假的政治原则之一是民主政治原则。遗憾的是，从法国大革命时代开始确立、任何政权都来自人民的那种思想是以人民的意愿为基础的。由此得出议会制理论，该理论时至今日仍使众多所谓的知识分子产生错觉，并已不幸渗入俄罗斯人疯狂的头脑中。一些狭隘执着的人继续顽固地坚持该理论，尽管其虚假性正日益明显地被揭示给整个世界。

什么是议会制理论？假定全体人民在人民大会中为自己创造法律、选举官员，那么，他们会直接表现自己的意愿并实现它。这是一种理想的情景。直接实现它是不可能的：社会的历史发展导致地方联盟增加并复杂化，一些独立的部族融入整个民族或集结成同一面国旗下使用不同语言的民族。最后，国家领土不断扩大：在这种情况下，人民进行直接管理是不可思议的。因此，人民应当把自己的统治权转给一定数量的当选人并授权他们自主统治。这些当选的人，同样也不能直接管理，但被促使选出更小数量的代理人——部长们，后者负责制定与实行法律、分配和集中税收、任命下属官员、调遣军队等。

从构造原理看该机制是严谨的，但必需有一些重要的条件，才能让它运行。机器生产要考虑不断运行的、完全平稳的、始终如一的、非个性的力量，并以此为基础。而只有当人民的代理人完全消除了自己的个性、在议会的议席上坐着机械的执行者在执行给予他们的指示，而部长们也是无个性的、多数人意愿的机械执行者时，当总是那些能准确理解并认真完成交给自己的、如数学般精确表达的行动计划的人被选为人民代表时，这种机制也许能成功运行。只有在这种情况下，机器才确实能良好运转并达到目标。法律才确实能遵循人民的意愿；议会才确实能实现管理；国家大厦的基点才确实能位于选举大会上，每个公民才能明显有意识地参与国家事务的管理。

理论上是这样，再来看一下实践。即使是最典型的议会制国家，实际上都不满足上述任何一个条件，任何形式的选举都不能表达选举人的意愿。人民代表不受选举人观点和意见的限制，而是随意擅自处理或做出与反对党策略相关的打算。部长们实际上很专横；他们宁愿强迫议会，也不让议会强迫他们。他们参与执政和放弃执政不是因为人民的意愿，而是因为强大的个人影响或政党影响使之掌权或失权。他们擅自分配国家的所有权力和财产，赐予优惠条件和恩典，用人民的钱供养一大帮无所事事的人——即使他们支配议会中的多数人，并从国家交予他们分配的盛宴中拿出任何赏赐来支持多数人，他们也不怕受到任何谴责。实际上，部长们和人民代表一样不负责任。错误、滥用、任意行动——都是部里的日常现象，我们会经常听到有人讲部长认真负责吗？也许，50 年能听到一次对部长的审判，而审判的结果与审判过程的隆重和喧嚣相比常常是微不足道的。

如果需要给议会下一个真正的定义，应当说，议会是一个为满足代表们的虚荣和个人利益而服务的机构。这种机构并非自欺自慰人的智慧的最新论据。智者与学者经受了几个世纪独裁与寡头统治的压迫，并没有发现独裁的罪恶就是存在其中的社会本身的罪恶，他们把贫穷的罪责归于自己的执政者和执政形式，并且想象，这一形式转变成人民执政或代表管理的形式后，社会就能适度地摆脱贫穷和压迫。结果怎样呢？产生的一切（改换了名字）实质仍然和以前一样，而天性软弱、腐化的人们却把自己以前所有的习惯和喜好都转到了新形式中。和从前一样，统治他们的是个人意志和特权人物的利益；只是这种个人意志已经不是通过君主，而是通过政党领袖来实现，特权地位已经不属于世袭贵族，而属于在议会和执政中占统治地位的多数人。

在议会大厦的三角门梁上有一行题词引人注目："一切为了社会的福利。"但这正是最骗人的套话:议会制是利己主义的巅峰，是它的最高表现。这里的一切都以为"自我"服务为目的。按照议会党团的含义，代表由于自己的称号应放弃个性，表现自己选举人的意愿和思想；而实际上选举人在本身的选举活动中为了当选代表的利益已经放弃了自己所有的权利。候选人参加选举时，在自己的纲要和发言中，经常引用上述假象：他反复地讲关于社会福利的一切，说他是人民的仆人和关心人民的人，说他没想自己，为了社会的利益而忘记了自己和自己的利益。所有这些话，同样的话，都是他搭建的临时台阶，是为了到达需要的位置、然后就扔掉的、不再需要的台阶。现在已经不是他将开始为社会工作，而是社会将成为实现其目标的工具。选举人对他而言是一个收集选票的群体，这个群体的统治者们就像是真正富有的牧人，对于他们来说，这个群体成为了资本和社会力量与名气的基础。为了达到个人追逐名位和权力的目的，玩弄民众天性和激情的全部艺术就这样发展完善起来。之后，这些民众对于自己选出的代表来说就失去了任何意义，直到需要重新对民众施加影响为止：于是一些阿谀奉承的、骗人的空话又重新用上了——讨好一些人，威胁另一些人；构成议会机制那漫长的、不间断的一连串同样的运动就又开始进行了。这种选举闹剧至今仍在欺骗人类，并被认为是装点国家大厦的机构……可怜的人类！真的可以说是：世界希望被欺骗——那就欺骗它吧！（拉丁语）

选举原则就是这样被实践运用的。追逐名利者本人对同胞发表演说，竭力设法使他们相信，他是最值得同胞信任的。他是出于什么动机来讨好大家呢？很难相信这是出于大公无私地追求社会福利。一般来说，现在很少有人满怀团结人民的感情、准备为共同福利而劳动和献身：这是完美的本性；这样的本性不喜欢接触日常生活的庸俗。按天性来说，具有责任意识、能大公无私地为社会利益服务的人，不会去巴结奉承以求得选票，不会在选举大会上为自己唱赞歌，同时大声流畅地说俗话。这类人会在自己工作的地方或少数志同道合的人中展示自己和力量，但不到喧闹的市场上去追求声望。这样的人如果走到人群中，不会是为了奉承民众和迎合他们俗气的爱好与本能，除非是要揭发人们日常生活的罪恶和日常行为中的谎言。选举程序与优秀的人物和有责任及荣誉感的人们是相违背的，只有想达到个人目的的、自私自利的本性才不会摈弃它。这种人不用费力就给自己戴上追求社会福利的面具，只要能受欢迎就行。他不可能也不应当谦虚，因为如果谦虚他就不会被发现，人们就不会谈论他。他需要用自己担负的职位和角色来伪装和撒谎；对于反对他的人，他要违心地亲近和恭维并示好，以此博得同情——他要分别许下诺言，尽管自己知道是不会实现的，他要迎合大众最俗气的喜好和虚礼，以便有多数人支持自己。什么样的诚实天性会决意承担这样的角色呢？当作家在小说中描绘它时，读者会厌恶这个角色，但那位读者会把自己的选票投给一位扮演同样角色的、有感染力的演员。

选举是类似兵法的、具有自己战略和战术的技术行当。候选人与选举人不是直接关系。在二者之间有一个委员会充当中介，这是一个自发的机构，主要干些无耻的勾当。想获得代表资格的人，如果本人还尚无名气，就要先为自己挑选一个亲友团；然后所有人一起在自己周围建起一个搜罗器，也就是在地方贵族中挑选富有的、头脑不坚定的市民，并及时让他们相信，这是他们的事情、是他们的权利和成为最前列的舆论领导人的特权。总是有不少相当愚蠢、幼稚的人落入圈套。于是，有他们签名的、吸引民众的公告出现在报纸上，粘贴在宣传柱上，吸引那些总是喜欢追逐名望、封号和资本的民众。领导和控制选举的委员会就是这样形成的——这是一种由创办人开办的、发行股票的股份公司。委员会的全体人员是经过周密考虑挑选出来的：他们中一些人能发挥效力——一群精力充沛的人，无论怎样都会追求物质目标或有倾向性的目标；另一些人是幼稚而冒失的群众演员——来做垫底。于是他们组织会议，发表演说。这时，那些嗓音洪亮、会快速巧妙地说空话的人总是能给民众留下印象、获得声望，被授选为候选人参加未来的选举，或者，他们会在适当条件下推翻自己最初曾为之做宣传工作的对象、而本人作为候选人来发言。全是空话，只有空话在这些会议上占据统治地位。人们只听那个喊得更响、以庸俗和奉承更巧妙地附和民众中流行的概念及倾向的人说话。

在最后的选举日只有少数人会有意识地投自己的票，这是个别有影响力的选举人，需要单个进行说服。大多数人，也就是大部分选举人都以随大溜的习惯为委员会推出的一位候选人投赞成票。在选票上写着那个最近提得最响的、在所有人耳旁都嗡嗡作响的名字。几乎谁也不知道那个人，既没弄清楚他的性格、能力，也没弄明白他的派别，只因为多次闻其名就选他。和这种随大溜的冲动作斗争是没有用的。比如说，任何一个认真负责的选举人想在这个如此重要的事件中有意识地发挥作用，不想服从委员会的暴力压制。他只能或是在选举日那天完全回避，或是按自己的观点投票选举自己的候选人。但无论他怎样做——选出的还是多数冒失而冷漠、或已被劝服的选举人所高呼的那个人。

从理论上讲，被选人应当是大多数人偏爱的人，而事实上是少数人、有时是很少人偏爱的人被选出来了，只是这少数人是有组织的力量，而如沙土般的大多数人未被任何事物连在一起，因此后者在组织和党派面前没有力量。应当选举明智而有能力的人，而实际上选中的是更无耻、硬要冒尖的人。对候选人的要求似乎主要是受过教育、有经验和工作有责任心，而实际上所有这些品质都可有可无，在选举竞争中不需要它们，这里最重要的是勇气，在发表演说时、甚至在表现某种常常影响民众的庸俗时充满自信。感情细腻和思想谦虚的表现对此毫无作用。

人民代表就是这样产生的，他的权力就是这样获得的。他怎样使用这种权力，又怎样享受这种权力呢？如果他性格刚毅，就会想要行动起来，着手组建党派；如果他性格平庸，那他本人就会加入某个政党。对于政党领袖而言，首先要有坚强的意志。这是一种类似体力的有机特性，因而不一定要以道德品质为前提。一个才智极其有限，为了无尽的私利和仇恨，带有卑鄙可耻动机的人，只要意志坚强，都可能成为政党领袖，成为小组或会议的领导人、起统治作用的首脑，即使一些智力和道德品质远远优于他的人物也在同一小组或会议。就其本性而言，议会里的领导力量就是这样。搀杂在领袖力量中的还有另一种决定性力量——演说术。这也是一种天生的能力，不被认为是任何道德毅力和精神高度发展的能力。有人可以成为深刻的思想家或诗人、高明的统帅、精干的律师、有经验的立法者，但却说不出能起积极作用的话；而一个智力与知识都最平庸的人，却可以具有特别的演说天分。这种天分与饱满的精神力量相结合是议会生活中稀罕而特有的现象。即使是颂扬演说家的、与重要决定结合在一起的、最出色的即兴作品，演讲时也显得苍白而浅陋，类似描绘著名演员和歌手从前的表演场面。经验无可争辩地证明，在大型会议上起决定作用的不是理智的谈吐，而是流畅而精彩的话语，对民众影响最大的不是深入事情实质的、清晰而严谨的论证，而是高声的言语和空话，后者经过巧妙的挑选，被再三提示，适用于简单庸俗的天性而总能让大多数人陶醉。大多数人容易迷恋于夸张的话带来的空洞的精神鼓舞，常在无意识的冲动影响下做出突然的、在对事情进行冷静讨论之后又势必会后悔的决定。

于是，当意志坚强的政党领袖具有演说天分时，他就以第一个角色来到公开场合对整个世界发表演说。如果他没有这种天赋，他就站在后台，像一位导演那样引导议会演出的整个过程，分配角色，同时培养一些为他说话的演说家，并酌情让自己党派中较精明、但不果断的人来做事——后者会为他着想。

什么是议会政党？从理论上讲，这是志同道合者的联盟，是为了共同实现自己在立法和国家生活方面的见解而联合自身力量者的联盟。但只有小的团体是这样的；议会中大的、重要的政党只是受个人追逐名位的影响而形成，聚集在一个占统治地位的人物周围。就天性而言，人可以分为两类：一种人不能忍受任何权力凌驾于自己之上，因而他们本人必须追求占主导地位；另一种人从性格来说，害怕承担与任何决定性行动有关的责任，回避任何果断的意志行为。后者仿佛生来就是为了服从并构成一个追随少数意志坚决者的群体。因此，最有天分的人们乐意服从，高兴地把自己行动的方向和道德责任转交到别人手中。他们仿佛是本能地“在寻找一位领袖”并成为其听话的工具，他们坚信该领袖能带领自己走向胜利——但经常是去充当牺牲品。于是，议会制的所有重要行动都由政党领袖发起：他们做出决定，要进行斗争并庆祝胜利。公开举行的会议是面向观众的演出。发表演说是为了维持议会制的假象，出色的演说本身就能使议会对重要事情做出决定。演说是为了颂扬发表演说者、提高声望、谋得高升——但很少能解决选票的问题。大部分情况会怎样呢——通常是在会议之外解决这个问题。

议会表演的复杂机制就是这样的，这就是当代占统治地位的巨大的政治谎言形象。按照议会制理论，应当是明智的多数人起统治作用，但实际上起领导作用的是政党中的五六个领袖人物；他们交替着掌握政权。理论上讲，应在议会辩论时用清晰的论证来确立观点；实际上，它一点也不依靠辩论，而是以领袖的意愿和考虑个人利益为导向。理论上，人民代表只考虑人民的福利；实际上，他们借口人民福利，用人民福利的钱，优先考虑自己个人和朋友的福利。理论上，他们应当来自最优秀的、受偏爱的公民；实际上——这是些最虚荣、最无耻的公民。理论上，选举人为自己的候选人投赞成票是因为了解他、信任他；实际上，选举人在为一个几乎完全不了解、但与之有利害关系的政党经常发表演说、喊叫着提醒他们的那个人投票。理论上——管理并推动议会事务的应是有经验的头脑和大公无私的情感；实际上——这里主要的动力是果断的意志、自私自利和演说术。

被描绘成国家体制的目标和结果的这种机构，实质就是这样。一想到在俄国还有一些人幻想在我们这里恢复这种谎言，一想到我们的教授们还在向年轻的听众宣传代表制度犹如宣传国家机构的理想，一想到我们的报纸和杂志还打着法律秩序的旗号、在社论和评论中反复提到代表制度、却不愿费心和不带成见地近一些观察议会机器的运转时，就令人痛苦而悲伤。但就在议会机器自古运行的地方，对它的信心正在减弱；虽然，自由主义知识分子还在赞美它，但人民在这种机器的压迫下呻吟着，已看清了隐藏其中的谎言。我们未必能等到，但我们的子辈、孙辈无疑能等到推翻这种偶像的时刻，尽管当代理性还继续在自欺自慰中崇拜着这一偶像……

二

让·卢梭（Ж.–Ж.Руссо）[1] 学派的哲学家们对人类作恶多端。这种哲学吸引人心，但又完全是以关于人性完善、关于全体及个人理解并实现这种哲学所宣扬的那些社会体制的原则这一虚假概念为基础的。

基础同样错误的是现在占统治地位的、关于完善民主国家和民主制度的学说。这种完善要求民众有绝对的能力去理解政治学说的细微特点，该特点是其学说宣扬者的意识明显特有和分别具有的。但只有少数贵族知识分子才具有这种明显的意识；而民众，不管在哪里，无论过去和现在都永远是由普通人组成的，而它的认识也必将是“庸俗化的”。

民主政体是人类历史上所有已知的政体中最复杂、最困难的形式。这就是为什么这种形式无论在哪里都只是暂时的现象，除少数例外，在哪里都坚持不了多久，只能让位于其他形式。这毫不奇怪。国家政权有责任采取行动并安排工作，其行动是统一意志的体现，任何政府不采取行动是不可思议的。但是多数人或人民大会能够在哪方面表现统一的意志呢？民主的辞藻在用类似“人民意愿”、“舆论”、“国家的最高决议”、“人民之声——上帝之音”等著名的空话和俗语回答这个问题时，没有详细探讨该问题的答案。所有这些空话，当然，应当能确定，绝大多数人对于绝大多数问题可能得出同样的结论，并按照该结论做出同样的决定。这大概是可能的，但只是对于最简单

[1] 让·卢梭（1712—1778 年）：法国作家、哲学家，感伤主义的代表。

的问题而言。当问题稍有一点复杂时，在很多会议上只有依靠能全面讨论其复杂性、并随后说服大众通过决议的人才有可能解决它。比如，政治问题就属于最复杂的问题，它要求最能干、最有经验的国家人才付出最大努力；在这种问题中，明显没有任何可能指望在有很多人出席的人民大会上把思想与意愿联合起来——多数人对这种问题的解决方式只可能对国家造成严重后果。献身民主的人相信，人民可以在国家事务中表现自己的意愿，这是空洞的理论——事实上我们看见，人民大会只能通过（根据爱好）一个人或一些人表达的观点，比如，政党的著名领袖和当地有名的活动家的、或有组织的协会的观点，或最终是某种有影响力的刊物的中立性观点。这样，形成决议的秩序就变成了在有很多人和声音的大舞台上进行的游戏；对这些人和声音越重视，这个游戏就越混乱复杂，就越多地取决于偶然的、无序的冲动。

为了避免和绕开这所有的困难，发明了一种依靠代表制度来管理的手段，这是一种事先组织好的、在英国已证明自己成功有效的手段。为了赶时髦，这种手段又被运用到欧洲其他国家，但只有美国依据直接的传统和法律获得了成功。而在自己的故乡——英国，代表机构步入了自身历史的批判时代。这种代表制思想的实质本身在此已产生了变化，其原始意义已被曲解。问题在于，范围狭小的选举大会从一开始就把已知的人数派到议会中，这些人有义务在会上提出国家的观点，但不与任何来自己方选民的明确指示有联系。假定，理解自己国家真正需求、能为国家政治指引正确方向的人被选出来了，那任务就可以解决得简单明了，需要把民主政治的困难减少到可能的范围，用少数有能力的人来制约旨在解决国家问题的会议。这些人是自由的人民代表，而不是某种观点和某个党派的代表，与任何指示无关。随着时间的推移，这种体制在决定命运的、关于舆论具有重要意义的偏见影响下逐渐发生了变化，这种舆论仿佛受定期刊物启发，能赋予民众直接参与解决政治问题的能力。代表制的概念完全变样了，变成了委托或某种担保的概念。在这个意义上，任何地区的每个被选举人都已经被认为是当地占统治地位的舆论代表或在这种舆论旗帜下选举获胜的政党代表——这已经不是国家和人民的代表，而是受所在党派的指示约束的代表。在代表制的思想本质中，这种变化实质上成为了侵蚀整个代表制体系的溃疡因素，随着政党的分裂，选举变成了地方利益和观点的个性斗争，该斗争不具有关于国家利益的主要思想。由于会议成员人数地极大增加，大部分人已不顾斗争利益和政党利益，对公共事务漠不关心，没有了参加所有会议和直接参与讨论所有事务的习惯。于是，立法工作和关于政治总方向的事务，这些对于国家来说最重要的事务就变成了由程式化的走过场、交易和假象组成的游戏。

这种令人失望的结果最明显地表现在国家领土上的居民不具有统一的构成、而是包括不同种类民族的地方。在当代可以把民族称为试金石，在此能发现议会制度的虚假和不切实际。值得注意的是，民族因素凸现出来并成为事件进程中的推动力量和刺激力量正是从其与最新的民主形式相接触开始。很难明确这种新的力量及其所追求目标的实质，但毫无疑问的是，其中包含人类历史上将要发生的强大而复杂的斗争起源，且不知结局如何。我们现在看见，不同民族构成的国家中，每一个单独民族对于把它们和其他民族联合成共同体制的国家机关都有一种强烈的偏执感，想要独立操纵自己那常常是虚假的文化。这不仅指那些具有自己的历史、在过去有自己单独的政治生活和文化的民族，还包括那些从来没有过特殊政治生活的民族。专制君主政体不仅仅使用暴力，而且依靠同一政权下权利和关系的平等来消除和调解了所有类似的要求和冲动。但民主国家不能解决这些要求，民族主义的天性对它而言是一种瓦解因素：每个民族从当地选出的不是国家和人民思想的代表，而是具有本民族天性、对起统治作用的民族、其他民族和联系国家所有部分的机关怀着民族愤怒和民族仇恨的代表。人民代表制度和议会制度在类似的组合中变得多么得不严谨呀——当今奥地利的议会就是明显的例子。这种预见能使我们这个由多民族组成的俄国免遭类似的灾难。一想到命运可能会给我们送来全俄议会这个非常不祥的礼物，就感到可怕！但不会出现这种情况。

三

有人在指责英国，但对于这种指责，似乎可以使用一个成语：“道听途说。”社会科学最近在着手探寻盎格鲁·萨克森民族及部分斯堪的纳维亚民族的特殊机构（与其他欧洲国家的机构相比）所产生的历史和经济起源。盎格鲁·萨克森民族从在历史上宣告诞生开始，迄今仍坚决发展独立的个性，盎格鲁·萨克森民族在政治和经济领域正是多亏了这种特点才巩固了自己古代的机构、家庭生活与地方自治的坚实基础和该民族通过自己强有力的活动及在世界的影响所取得的卓越成就。该民族在自身历史的初期就以这种个性能量压制了曾战胜自己的、诺曼人的异国风俗，并以自己的原则确立了保持至今的、自己的日常生活习惯。这种生活习惯的重要特点就是每个公民对国家的态度。每个人从年轻时就习惯于自己维持自己的生活，自己安排自己的命运并养活自己。父母不操心自己孩子命运的安排和留给他们遗产的问题。地主维护自己的田产并努力经营。地方管理依靠有责任意识的当地居民个体参与社会事务。没有一大帮靠国家供养、期望国家保障和升迁的官员，行政机关也能顺利运行。这就是自由英国的代表机关成长的历史根源本身，以及为什么它的议会是由与国家紧密联系的地方利益的真实代表组成，这就是为什么可以在很大程度上认为代表们的声音就是国家的声音，代表机关就是国家利益的机关。

欧洲的其他民族完全是在另一种集体生活的基础上形成与发展起来的。集体生活的特点在于，一个人与其说是靠自己维持生活，不如说是依靠与其所属的某个社会联盟的团结一致而生存。随着社会与国家发展的进程，由此就形成了个人对于某种家庭或社会联盟、最终对于国家的特殊依附关系。这些联盟最早曾是牢固的家庭、政治、宗教和社会机构，它们牢固地控制着个人的生活与活动，而这些联盟本身，同样由整个社会和国家制度来维持。但这些联盟或是逐渐瓦解，或是失去了长期统治的意义。但人们还继续像从前一样，在自己的家庭、团体、最终是国家政权（不管是君主制还是共和制，反正都一样）中为自己寻找依托和自己命运与福利的体制，当按自己的愿望找不到这种依托时，就把自己灾难的罪责归于国家政权。总之，个人会追求能安排自身命运的权力。于是，在这种社会状况下，在构成国家的依托力量时，就缺少独立自主的人，缺少能自立并知道何去何从的人；相反，在国家中为自己寻找依托的人在极大地增加，他们吸取国家的营养，与其说是在为国家奉献力量，不如说是在向国家索取。在这种社会中，一是官僚集团，二是所谓的自由主义职业都在极速发展。由于缺乏主动的习惯，履行国家权力和立法权力就变得极其复杂，这种权力涉及到每个人都应当为自己操心的很多方面。在这种情况下，社会逐渐创造出发展社会主义的适宜条件，把关心全体及个人的福利寄予国家的习惯最终变成了信奉极端的国家社会主义理论。由于社会自身发展的这种条件，从盎格鲁·萨克森模式开始，所有大陆国家都确立了代表制度，其他国家还在采取全民投票的形式。很明显，由于这种社会构成及其对公共事务的不尊重态度，该社会不可能从自身挑选出代表国家及其直接利益的真正忠实的代表。由此显示出这种代表大会的悲惨命运和与之密不可分的、代表权力的、以及命运由其决定的人民的、沉重而毫无出路的状态。

那么，在早期文化中村社生活就已得到特殊发展的斯拉夫民族怎样了呢？而罗马尼亚和不幸的希腊又是怎样呢？确实，代表机构马上就把腐化人民生活的因素列入此处，而在其他情况下则自演西方悲惨的漫画形象，使人想起克雷洛夫的寓言《猴子和镜子》。

四

宪法制度的最大不幸是在议会或党派的原则上组建各部。每个政党都执着地追求把代表权力掌握在自己手中并篡夺这种权力。国家首脑会向构成议会多数的政党让步；于是内阁就由该政党的成员组成，并与为掌握政权而努力推翻它、取代它的反对党做斗争。但如果国家首脑不听从多数而听从少数人并从中挑选内阁的话，那新政府就会解散议会并全力使自己在新的选举中成为多数，以此同反对派做斗争。内阁政党的拥护者永远为政府投赞成票；任何情况下他们都得支持它——不是为了维护政权，不是由于内部的观点一致，而是因为这个政府本身要用权力和与权力有关的一切特权、利益和好处供养自己政党的成员。一般来说，每个党派重要的行为动机是无论如何都要捍卫自己人，或是由于相互的利益，或者纯是由于随大流的天性促使人们划分成亲兵或义勇团并以密集队形投入战斗。很明显，在这种情况下，观点是否一致的意义不大，而关心社会福利则完全是为与之格格不入的冲动和本能打掩护。这被称为议会制度的理想。认为议会制度能保障自由的人们是在欺骗自己。我们取消了君主的专制权力，却得到了议会的专制权力，区别只是，可以把君主想象成合理意愿的统一；而在议会中没有这种统一，因为一切在此都取决于偶然性，因为议会的意愿由大多数人决定；但只要有在政党游戏影响下形成了多数人的情况，就会有少数人，多数人的意愿就已经不是整个议会的意愿了；只有当健康的民众丝毫不参与甚至回避政党游戏时，才能认为该意愿是人民的意愿。反之，部分不健康的居民逐渐参与到这一游戏中并被它腐化；因为这场游戏的主要动机是争权和发财。政治自由成为宪法章节和条文形式的空文和假想；君主制政权的原则完全丧失；在让社会变得无序和充满暴力时，自由主义民主国家就取得了胜利，在宣传无宗教信仰和实用主义原则的同时，它在自由和平等已经没有一席之地的地方宣传自由、平等和博爱，这种状况彻底导致了无政府状态，只有专制，也就是恢复统一的意志和统一执政的权力，才能拯救社会免遭此难。

英国为现代欧洲展现了人民代表制度的第一种模式。从 18 世纪中叶开始，法国的哲学家们就开始颂扬英国的机构并以之为例进行全面仿效。但那时侯吸引法国人的与其说是政治自由，不如说是宗教宽容的原则，或最好说是当时曾流行英国并为该国哲学家所用的无宗教信仰原则。继为整个西方知识界的风尚和文学活动定调的法国之后，英国的机构开始在欧洲大陆流行。而且发生了两件大事，其中一件事确立了信仰，而另一件事又几乎完全动摇了信仰。一方面美利坚合众国诞生了，它模仿英国的机构（除了王权和贵族机构）在新土地上牢固地扎下了根并富有成效。这使人们大为惊叹，首先是法国人。第二个方面是出现了法兰西共和国，并很快向世界显示出革命政府的所有卑鄙、无序和暴力。各地一片愤怒和憎恶，反对法国的、因而也是完全反对民主的机构。对革命的仇恨甚至表现在不列颠政府本身的内政中。直到1815年，这种感觉才开始减弱，由于当时政治事件的影响，人们产生了一种新的希望，用类似英国宪法的形式把政治自由和公民制度联结在一起，于是又开始流行从政治上崇拜英国。随后是一次次地尝试实现不列颠的理想，首先是在法国，然后在西班牙、葡萄牙，后来在荷兰、比利时，最后是在德国、意大利和奥地利。1825年，我国的贵族幻想家们拨响了这场运动的微弱余音，他们既不了解自己的人民，也不了解自己的历史，进行了不明智的尝试。

追踪新民主机构的历史很有意思：与君主制机构相比，它们每一种机构在自身的基础上都是持久永恒的，历史认为君主制机构还将继续几百年。

在法国，从推行政治自由开始，政府在自己国家政权的鼎盛时期曾三次被巴黎街头的群众在1792年、1830年和1848年推翻。3次被军队推翻或发生军事政变：1797年9月4日（果月18日），督政府的大多数成员在军队协助下，取消了在48个省的选举，把56名立法会议成员进行流放。另一次，1797年11月9日（雾月18日），政府被拿破仑·波拿巴推翻。最后，1851年12月2日，政府又被路易·波拿巴推翻。由于外敌入侵，政府被3次推翻：1814年、1815年和1870年。总的来说，从开始政治尝试到1870年，法国共有44个自由年和37个苦难的独裁年。还应当注意一个奇怪的现象：老波旁王朝的君主们为实行政治自由保留了很大的空间，从不依靠现代民主国家的纯粹原则；相反，两位拿破仑，无条件地宣布了这些原则，却对法国实行独裁统治。

西班牙宣布实行民主政治是在拿破仑彻底衰亡的时代。议会召开非常会议，在加迪斯[1]确立了宪法，宪法第一条宣布，最高权力属于国家。斐迪南七世[2]途经法国来到西班牙后就取消了这部宪法，开始实行独裁统治。6年后，里埃哥（Риего-и-Нуньес）[3]将军领导军队起义，迫使国王恢复了宪法。1823年，在神圣同盟的授意下，法国军队进驻西班牙，恢复了斐迪南的专制统治。斐迪南的遗孀——摄政王为了保护自己女儿伊莎贝拉（Изабелла II）[4]的权利，反对唐·卡洛斯（Дон-Карлос）[5]，重新启用宪法。

[1] 加迪斯：西班牙的一个行省。

[2] 斐迪南七世（1784—1833年）：西班牙国王。

[3] 里埃哥－伊－努涅斯（1784—1823年）：西班牙革命家。

[4] 伊莎贝拉二世（1830—1904年）：西班牙女王。

[5] 唐·卡洛斯（1788—1855年）：查理四世之子，谋求西班牙王位，发动第一次卡洛斯战争。

后来，在西班牙开始出现了一系列的暴动和起义，偶尔才会短期平静一下。要证明这一点，只要指出从 1816 年到阿方索十三世（Альфонса XIII）[1] 登基之前，在西班牙爆发了约 40 次有民众参与的重大军事起义就足够了。说到西班牙，就不能不提到南美洲的许多共和国、以及源起西班牙和有西班牙风俗的那些共和国所描绘的、那种骇人听闻又值得借鉴的场景。这些国家的整个历史都表现了人民和军队之间不断发生的大屠杀、以及类似康茂德（Коммод）[2] 或卡里古拉（Калигула）[3] 的暴君统治。只要以玻利维亚为例就够了，该共和国的 14 位总统中有 13 位都惨死或被流放。

在德国和奥地利，人民制度或代表制度的原则确立于 1848 年以后。确实，从 1815 年开始，德国那些具有世袭统治权的公爵们未履行在伟大解放战争时期向人民许下的诺言，青年知识分子对他们已暗暗不满。到 1847 年，当普鲁士国王已确立了特殊的立宪政治时，在德国还没有代表机构实属少见的例外，只是该政体并未坚持到 1 年。但只要巴黎街头的人们坚持废除法国宪章和君主立宪，德国就会爆发有军队参与的街头运动。在柏林、维也纳、法兰克福还举行了法国模式的国家会议。然而才过了 1 年，政府就以武力解散了这些大会。德国和奥地利的最新宪法仍然是从君主的权力出发并等待历史的评断。

（四）陪审法庭

英国著名作家、伟大的历史学家迈恩（Мэн）曾经这样说过英国的陪审法庭："民主制度和人民法院最开始是一致的。古代民主国家审判的民事和刑事案件要比行政案件多，事实上，人民司法制度的历史发展比民主政体的发展要连续、彻底得多……我们英国就有人民法院实行陪审法庭的现实明证和印记。陪审法庭就是古代创立法院的民主制度，但后者有一定的范围，并在形式的改变和改进中，按照积累了整整几百年经验而制定的原则——与诉讼程序的新理念保持一致。人民法院的机构经历的那些变化是最有借鉴意义的。12 名陪审员代替了人民大会。他们的全部工作就是对一些十分重要的、但与日常生活现象有关的问题回答'是'或'否'。为了让陪审员能得出结论，国家制定了一整套严谨到细节、达到最高人工水平的设置和规则来帮助他们。在研究案情时，他们不能自由随意，而是在一位皇家司法代表、学识渊博的法官主持下处理

[1] 阿方索十三世（1886—1941 年）：西班牙国王。
[2] 康茂德（161—192 年）：古罗马皇帝。
[3] 卡里古拉（12—41 年）：古罗马皇帝。

案件。关于必须遵循的准则有一整套数量巨大的文献。在这些准则的要求下，他们再对应当定罪的、有争议的事实进行论证。极其严格地从中排除任何有意把人引向某个方向的证人的证词。像在古代一样，双方或双方代表在人民法院开始着手研究这些证词，但为保持公正还规定了一种新的行为，这是以前的人民法院完全没有的——对整个案情的分析由高明而有经验的法官对事实进行最详细的陈述而告终，该法官为不辱没自己的称号而有责任保持最严格的公正。如果法官本人犯错或陪审员回答错误，那么整个程序可以被学识渊博者组成的最高法院取消。这就是在经过几百年用心培植之后，人民法院的现代形态。”

“现在我们来看看，人民法院的最初形式是怎样的，而古代希腊诗人又是怎样描述其本质的。召开会议，提出问题，有罪或者无罪；元老们依次发表意见；围着被审人与审判人，一大帮民主人士用掌声表明自己支持某种意见，掌声雷动则形成决议。这就是古代共和国人民司法制度的特点。做出审判的民主国家，可以说，只是采纳了原告、被告和律师辩论时对自身影响更大的那种观点。毫无疑问，如果没有以法院院长为首的、能严格调整并起遏制作用的权力，那今天的英国陪审团在做裁决时似乎就会被某位能对他们产生影响的律师所引导。”

这是一位熟知本国历史的、杰出的英国思想家所说的话。它让人不由自主地想到某些国家不值一提的陪审法庭机构。那些国家没有陪审法庭在英国形成时所具有的历史与文化条件。很明显，许多国家在引入这种机构时，只是“道听途说”。轻率而不明智地委托人民司法机关判定被告是否有罪，而不仔细考虑使该判决符合相应规定的实际措施和手段，事先也不用心研究外国的机构在所在国历史上的复杂情况。

经过多年的尝试，以英国为榜样实行陪审法庭的所有国家，都已经产生了如何取代它以消除判决中逐年加剧的偶然性问题。这些问题出现在那些拥有牢固司法阶层的国家并尖锐化，其司法阶层经过了几个世纪的培养、以及实践与教训的严格锤炼。

可以想象，在没有这种可靠领导力量的年轻国家，人民司法制度正在变成什么样子，代之出现的是快速形成的律师群体，自尊感与利益本身使其诡辩术得到极大发展，目的是影响民众；而在或偶然或人为操纵的从既无法官责任意识、又无能力掌握大量需要分析与逻辑选择事实的民众中选出来的一帮形形色色、鱼龙混杂的陪审员发挥作用的地方，人民司法制度又是什么情况；最后，是一帮混杂的人，他们来法庭就像生活休闲和空虚时去看戏一样；在理想主义者的意识中，这样的人群应当就是人民。上面引证查理·迈恩（С.Ч. Мэн）的话所指出的、在这种情况下显示出的不幸后果有什么奇怪吗？“陪审团被某位能对他们产生影响的律师所引导，从而做出盲目的裁决。”

（五）出版

一

从人类堕落开始，谎言便来到世间，充斥在人们的言语、行为、关系和机构中。但谎言的肇始者似乎从未发明过任何像在我们混乱时期的那种复杂的谎言，那时各处都能听到很多有关真理的谎言。随着社会生活方式日益复杂，产生了新的虚假关系和完全充满谎言的机关。无论在哪里你都会看见一座巍峨的大厦,其三角门梁上写着“此处是真理”。你走进去却只看见谎言。当你走出来，试图谈论一下心中感到气愤的谎言时，人们却很愤怒地要你相信并宣传，这就是毫无疑义的真理。

就这样命令我们相信：杂志和报纸的声音——或所谓的报刊是舆论的表现……呜呼！这是巨大的谎言，报刊是当代最骗人的机构之一。

民众具有关于个人或机关的看法，谁会违抗这种意见的威力去争辩呢？人性就是这样，我们每个人，无论在说什么、在做什么，都会四处打量一下，看看情况怎样，人们在想什么。过去没有、现在也没有人会认为自己不受这种力量影响。

这种力量在今天采用了一种有组织的形式，被称为舆论。报刊被认为是它的机构和代表。真的，报刊的意义重大，具有当代最典型的特征，比技术领域中所有惊人的发明与创造更典型。当所有的报纸多年来天天重复并在民众中普及同一种旨在反对某个机关的思想时，就没有能抵抗报刊对国家实施破坏作用的那种政府、法律和风俗习惯了。

是什么赋予了报刊这种力量？完全不是因为对其发布的消息和信息的兴趣，而是杂志的某种倾向，是在文章内容上、在对新闻与传闻的挑选及编排中、在阐明所选的事实与信息时所表现出的政治思想或哲学思想。报刊把自己置于日常现象评论员的地位：不仅讨论人们的言行，甚至尝试探讨人们没有说出来的念头、意图和设想，对其任意抨击或颂扬；刺激一些人，威胁另一些人，使一些人受到众人唾骂，使另一些人受到欢迎并成为榜样。为了舆论，报刊给一些人褒奖，对另一些人判处死刑，类似中世纪的隔离……

这样就自然产生出一个问题：究竟谁是这种把自己叫做舆论的可怕权力的代表？

谁赋予他们资格和权力——为了整个社会——治理和推翻现有的机关，并树立新的道德规范与现行法律的理想？

谁也不愿深入思考这一完全合理的问题并弄清真相；但所有人都在叫喊所谓的出版自由，犹如呼唤社会井然有序的最重要基础。在我们这个不幸的、被外国的谎言诽谤的俄国，有谁不为此大声疾呼呢？所谓的斯拉夫派，希望在俄国的土地上恢复一些机关的历史真相，也在为惊人的不一贯性而大声疾呼。在这方面支持众多自由主义者和衷心拥护革命者的他们，完全以西方的方式讲话："舆论也就是带有全体及个人感情和法律意识的、一种联合的思想，是社会日常生活事务中的最终答案；因此，不应当允许限制任何言论自由，因为这种压制表现了少数人对全体意愿的强制。"

现代自由主义的流行状况就是这样的。很多人轻信它，但很少有人去仔细思考并发现其中有多少的谎言与浅薄的自欺自慰。

这种状况与逻辑学的首要原则相矛盾，因为它完全以错误的推测为基础，仿佛舆论就等同于报刊。

只要想象一下，什么是报纸，它是如何出现并由谁制作的，就可以证实这种错误。

任何一个街上的路人，任何一位自诩天才的消息灵通人士，任何一名投机者都可能用自己的钱或为发财与投机倒把从别人那里弄来钱创办一份哪怕是小型的报纸，号召一声便在自己周围聚集起一帮文人、一些准备就任何事物高谈阔论的评论人以及提供错误流言和传闻的记者——他手下的一帮人已准备好，而他也可能不久就有权评判全体及个人，能对部长和其他领导、对艺术与文化、对市场及工业施加影响。这是创办机构和纷纷开设投机企业的特殊类型，而且是最廉价的类型。当然，新报纸只有在市场上打开销路、被推广到民众中以后才有力量。为此需要人才，要有吸引人的、让读者产生共鸣的内容。似乎，这里具有企业精神上团结一致的某种保障：有才能的人会到微不足道的或卑鄙的出版者和主编那里去任职吗？读者会买这种并非舆论忠实反映的报纸吗？但这只是虚假和抽象的保障。日常经验证明，这个市场会吸引任何有天分的人来挣钱，如果在市场中有钱挣的话，天才们会给编辑部写任何东西。经验证明，最卑微的人——任何一位前高利贷者、经纪人、卖报人、无赖、破产的赌场老板都可以创办报纸，吸引一些有天分的工作人员并把自己的出版物作为舆论的机关刊物投放市场。不能指望民众的品位是合理的。在多数读者中，大部分无所事事者和一些善良的人都被可怜而卑贱的无聊消遣本性所控制，任何一位出版人都可以靠满足这种本性和满足人们对各类吵嘴及猥亵的喜好来吸引多数人。我们每天都能看见这种在首都可以信手拈来的例子，只要在人多的地方和火车站附近仔细了解一下卖报人的供求情况就行了。我们的公共谈话不够严肃是众所周知的：在县城、外省和首都都知道这种谈话仅限于纸牌游戏、传播各种各样的流言蜚语和笑话。对所谓的社会问题和政治问题本身，大多也只是夹杂在流言和笑话中，以只言片语的形式议论一下。这就是对文学活动家来说异常坚实和值得可为的基础，在此基础上将产生类似毒蘑菇的、虽短暂但地位得以稳固的社会谣言机构，后者无耻地冒充舆论机构。很遗憾，我们这里非常流行的匿名信和谤文，在任何一个外省城市的无聊生活中所起的正是同样可耻的作用，从各处寄来、在编辑部写成的报道在这类报纸上也起着同样的作用。更不用说无知记者所写的多数传闻和消息，以及类似报纸经常成为其工具的无耻的威胁手段。这种报纸可以很流行，可以被认为是舆论机关并为出版人带来可观的利润……而建立在坚实的道德原则上并考虑到多数人正常本性的任何出版物都无力与之较量。

应当仔细研究这一现象，我们断定它是现代文化最散乱的逻辑矛盾之一，正是在确立现代自由主义原则的地方，正是在每个机关要求选举监督和全民意志威望的地方，正是在依据人民代表大会上多数人意见的人物掌权的地方，它是最不成体统的。对一名实际权力能扩展到一切的记者，不需要任何监督。谁也不会选他并批准他。报纸逐渐成为了一个国家的权威，对这唯一的威信不需要得到任何的承认。任何人只要愿意，不管什么人都可以成为这一权力的机关，成为这种威信的代表——完全不用负责任，就好像世界上没有其他任何权力。就是这样的，毫不夸张，现实的例子就在眼前。浅薄而无耻的记者还少吗？由于他们而产生了革命，转变成为毁灭性战争的愤怒升级为各阶层与人民之间的仇恨，有的君主会因此失去王位；部长会蒙受耻辱，受到刑事追诉和审判；而记者却逍遥法外，逃离其制造的一切混乱、破坏和社会灾难后，再隆重登场，微笑着并精神抖擞地重新进行破坏工作。

再往下，有权斥责我们的名誉、剥夺我们财产与自由的法官应当长期工作，去为体验自己的称号做准备，但他被严格的法律束缚，他的任何错误与喜好应受最高权力的监督，他的判决可以被变更或修正。而记者有最充分的可能败坏我的名声，触犯我的财产权，甚至能限制我的自由，责难我，使我无法在熟悉的地方逗留。但这种审判我的权力是他本人授予自己的，他未从任何最高权威那里得到过这一称号，未做任何尝试来证明他已为该称号做好准备，他不对公正、守法的个人品质做任何证明，在对我的审判中不受任何形式的过程约束，其判决不会受到任何申诉。确实，捍卫报刊的人证明说，报刊本身仿佛就能治愈其遭受的创伤；但每个聪明人都知道，这只是空话。

报刊对个人的责难会使后者遭受无法弥补的损害。所有可能的驳斥和解释都不能还他完全的清白。不是每一位读到第一篇谤文的读者，都会读另一篇辩白或解释的文章，而由于多数读者的轻率——毁誉的诱导或嘲讽在任何情况下都会在多数人的思想和情绪中留下毒素。众所周知，对因诽谤而提起的法律诉讼，辩护无力，陈述有关诽谤的过程几乎永远是对受侮辱者新的侮辱手段，而不是揭发被告人的手段；而且记者永远有一千种伤害和骚扰个人的手段，同时让受害人找不到直接理由提起司法诉讼。

因此，可以想象还有什么比报刊语言的专横霸道更暴虐、更不负责任的吗？热情激昂的自由捍卫者，愤怒高喊着反对一切暴力、一切法律限制和一切束缚自由地支配规定的权力，却在为保持和维护这种专横霸道的行径不遗余力，这难道不奇怪、不荒唐而疯狂吗？这让人不由自主地想起一句有关聪明人的古话：由于狂妄地认为自己英明，他们完全失去了理智！

二

在我们这个流行发明的世纪，最令人吃惊的是报刊文学的快速流行，它在短期内就成为了一股可怕而现实的社会力量。1830 年 7 月革命之后，报纸的意义首次加强，1848 年革命后再次加深，后来意义变得越来越大，不仅逐年加强而且与日俱增。现在，政府也很重视这股力量，甚至不可能想象没有报纸的社会生活与私人生活，不能想象中止发行报纸；如果能够想象这种情况，那与中止任何铁路运行的后果是相同的。

报纸，毫无疑问是人类最重要的文化工具。但在承认报纸因大量传播信息与交流思想和观点能带来许多便捷与好处的同时，不能不看到由于无限量发行报纸而给社会带来的那种危害；不能不感到有些恐惧，因为在每日的报刊中积攒着某种神秘不祥的、威胁人类的腐蚀性力量。

每天清晨，报纸给我们带来一大堆各式各样的新闻，这其中会有很多东西适合我们生活和教育的发展吗？有很多东西能维护我们心中鼓励从善的圣火吗？相反，这里面有多少迎合我们最卑鄙的嗜好和动机的东西呀！可以说，我们读到的是符合读者口味和需求的东西。反过来可以说：如果没有如此热心的供应，也就不会有这样的需求。

但只是提供一些新闻吗？不，这些新闻是以特殊的方式来提供的，带有特别的观点和无名而固执的见解。当然，也有认真办报纸的人，但这样的人很少；大多数报纸是这样，每天早上，我完全不知道的或我也许不想知道的某个人，权威地冒充舆论的声音，强迫我接受他的见解。更重要的是，这种报纸每天面向的不仅是固定的人群，而且是仔细研究出版物的全部人群，它提供给每人有关一切的现成见解，因此以习惯的力量使读者逐渐放弃了追寻个人见解的愿望和努力；另一些人没机会自己提出见解，就机械地接受报纸的观点；还有一种人本身可以进行认真的评判，但他因白天忙碌与操心而没时间思考，有报纸为其思考让他觉得很方便。显而易见，由此在当代产生了什么样的危害，强大而有思想倾向性的流派在各处起作用，试图使每个角落达到平均，消除个体思想的差别，使之简化为所谓舆论的统一水平。在这种情况下，报纸是这种平衡的最有力工具，能削弱任何思想、意志和性格的独立发展。而且，当报纸带来大量被读者误以为真并自信地以之武装自己的、不同的消息和报道时，对于这样的多数人而言，报纸几乎是教育的唯一来源，这是可悲的、欺骗性的教育。这就是当代如此缺乏始终如一的人和意志坚强的活动家的原因之一。现代报刊就像童话中的勇士，他在自己的额头上写下神秘的字母——美好真理的象征，打败了所有的对手，直到无畏的斗士出现并擦掉了他额头上的神秘字母。在我们报刊的正面至今依然画着舆论的旗帜，其影响无法击溃。

三

鉴于当今的社会形势及其构成情况，在一系列其他与国家政权有关的、应受监督并承担责任的机关中，报刊成为了必须重视、且要严格重视的机关——因为没有能认为自己可以免受监督和不负责任的机关。但报刊机构愈是蓬勃发展，它造成的社会创伤就越明显，就像其合理、公开的明显好处一样。报刊造成的这些创伤之一是产生了整整一个由记者、企业主和“靠笔杆生活并发财”的作家构成的阶层并使之无限扩大。重要报刊最严肃的活动家们在痛苦地不停抱怨这些同行数量的增加，在同一个机构的组成中感到惭愧但又不得不顾及他们。在由这种文学界同行聚合形成的所有大国中和大市场上，形成了一个不被白白称为社会寄生虫的阶层。

事实上，这是一帮对社会福利持特殊观点的人，该福利应与全部机关相联系并使之富有生气。维持社会秩序、使犹豫不决的社会人士与敌对的党派和解，对这些人没有直接的利害关系。这也很自然。任何一种报纸都以每日的各种事件和消息为生。目前正是动荡时期，报纸的销路增加，也正是在这时，一切努力都旨在散播激动人心或蛊惑人心的消息和传闻；反之，在安定的时候，报纸的销路会减少很多。只要一发生混乱，市场上就立刻会出现以此为生的新报纸，直到它缩减和消失的平静期来临。但报纸在安定时期也要生存，为此就需要引起新的思想波动，滋生新的利益：创造轰动一时的新闻，添油加醋，夸大其辞。

追求严肃性的杂志以政治和每日因论战而造成的对政治问题的讨论为材料来源。每位记者都时刻准备评判任何政治问题，但根据自己的情况，有义务仔细思考并立刻得出结论——因为他应当是一位多产作家，一个不为思想和理智服务、献身今日的人。他脑子里刚产生一种念头，马上就形成文字并打印出来，没时间等待，没时间让刚形成的思想变成熟。问问这些人，他们感到羞愧吗？一点也不。他们也许会当面嘲笑这种问题：他们坚信，自己从事的是伟大的社会服务工作。难道，那些类似古代鸟占术士的、取笑自己和民众的人更聪明吗？

而且，杂志的作者为了让人们能听见他、注意他，应竭力提高嗓门；如果可以的话——大声叫喊。他的职业要求这样：能变为激情的夸张成为其第二天性。这就是为什么他在开始同对立的观点辩论时，能把自己的对手叫做傻瓜、流氓、外行——把一切可能的罪恶都归咎于对方。这对他来说无任何意义——只是需要这样为杂志造势。这是一种叫嚣术，类似招徕顾客的商贩在市场上的叫喊。

真是不幸，这就是报刊培养出的活动者所具有的习惯与品质。当危害性不很大的时候，一切只是很可笑。报刊现在已成为一个不仅可以讨论、而且可以解决最重要的国家内外政策问题和关乎最重要的民族利益的经济与行政问题的舞台，这就有害了。为此仅有热情是不够的；还需要明智的判断和成熟的思想，需要清醒的理智，需要了解自己的历史和自己的人民，了解实际的生活。与此同时，欧洲现在已经达到了这种程度，它能帮杂志演说家成为国家演说人、并与那些在所有方面援用话术的律师一起构成议会的绝大多数力量。于是，现在法国的人民议会（此处指议会、众议院）中只有 22 名大土地所有者和 50 名小土地所有者，但拥有全部话语权的是 59 名记者和 107 名律师。这些人被认为是国家的代表和人民生活及需求的审判者。而人民由于主宰着国家命运的立法意见紊乱而呻吟，但人民不可能摆脱掉它。

（六）法律

有多少年代久远的概念在今天变得模糊了并难以理解呀！有多少古老的名词已经改变了或眼看着正在改变自己的意义呀！

法律的概念也在改变，但这不是好兆头。法律，从一方面讲是规则，从另一方面讲是戒律，有关法律的道德意识确立在后一半关于戒律的概念中。十诫是法律的主要

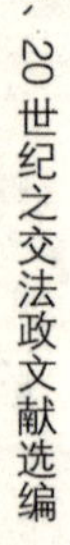

形式："尊重你的父亲……不杀人……不偷盗……不妒忌。"戒律与新式语言中的"制裁"无关，与惩治违法无关，它具有唤醒人良心的力量，认为在光明与黑暗之间、真理与谬误之间进行权威的划分是上天的旨意。而主要的、无可争议的法律制裁不在于因违法而受到的物质惩罚，在于违犯戒律会立刻使违犯者良心不安。由于人类司法制度不完善，物质惩罚可以被逃脱，有时会无限度或过度地落在无辜者身上，但谁也摆脱不了这种内心的惩罚。

新的学说和新的立法政策完全忘记了法律这一高尚而深刻的意义。目前只提出了法律作为外部活动规则的一种意义，能机械地平衡法律方面人类活动的各种不同作用。注意力全部转向了对法律规则的分析和创建技巧上。毫无疑义，技巧和分析在这项事业中具有伟大的意义；但在完善前二者的同时，却忘记法律规则的主要意义，这合理吗？它不仅被忘记了，还陷入了被否定的地步。

我们就这样无限量地堆砌立法这座异乎寻常的大厦，不断地练习发明各种规则、形式和公式。我们在为自由与人权而创造这所有的一切，相互联系的、为保障自己而令人恐惧的规章和形式交织在一起，使人动弹不得。我们试图给一切下定义，用人的——因此是片面的、不完善的、常常是虚假的定义来衡量一切。我们想解放一个人，却到处给他设置陷阱，但常常是无辜者、而非有罪的人掉进去。在浩如烟海的、设计者与执行人的思想混乱的决议和规定中，那种谁也不能为不实施法律找托辞的假象，获得不可思议的意义。普通人已经既不可能懂法律，也不可能请求捍卫自己的权利，更不可能驳斥攻击和责难，他注定要落入操纵司法的诉讼代理人和机械的陪审员手中，并为自己在面临审判、判决和执行判决时的每一次活动付费……与此同时，数量巨大而错综复杂的法律继续交织成网状，紧紧挤在一起编织完成自己的大笼子。难怪还在16世纪，著名的培根[1]就运用古老的预言来解释了这种网："先知说，这些网将脱落到人们身上。没有比法网更危险的网了：当其数量倍增，又因时间流逝而无用武之地时，法律就已经不再是照亮我们道路的明灯，而成为绊住我们脚步的网了。"

从16世纪开始，在培根的祖国，这张他当时就已经不能忍受的网，每日还在继续编织，并达到骇人听闻的规模。议会的多数法令和决议都是某种混乱冗长之物。没有人能仔细研究并整理它们，把偶然的和常见的、已失效的和现行的、极重要的和不重要的东西区分开。大量法律文件仿佛全都搁在一个大仓库里，已经习惯了进出仓库并清理它的人们根据需要，什么都能在里面找到。然而，司法系统、社会机关和国家

[1] 培根（1561—1626年）：英国哲学家，英国唯物主义创始人。

机关的全部活动倚仗的就是这种法律状态。如果在人民的意识中没有淡忘权利的概念，唯一能对此做出解释的就是在古老的、存在数世纪的权力和机构运行中沿袭保存下来的、统治与审判的知识和技艺以及传统和风俗的力量。那么，在法律之外，尽管与它有关，还存在着运用法律时起统治作用的、所有人有意识遵从的理性力量与合理意愿。因此，当谈到在英国对法律的尊重时，“法律”一词还不能说明什么：法的力量（人们所不知道的）实质上是靠尊重支配法律的权力及信任其合理性、技艺和知识来维护。在英国不仅未被忽视，而且严格保留着维护法律秩序的重要而必须的条件：明确为此而提出的权力以及各种权力所属的范围，这样，任何一种权力的稳定性都不会被怀疑，意识中不会对自己国家全权的范围犹豫不决。在此基础上，权力使用的不仅是法律条文的字面意义；在责任的恐惧中盲从于后者的同时，还在法律完整合理的意义上引用它，就像源自国家的精神力量。

哪里没有这种重要的力量呢？哪里没有这些古代的机构呢？它们世世代代集中了运用法律的智慧与技艺，法律数量的增加与复杂化使之成为一座真正的迷宫，所有受法律约束的人，行走路径混杂，这张抛到他们身上的网没有出口。不仅对于公民而言，法律变成了一张网，而且对于旨在运用法律的权力本身来说，最为重要，大量限制性的、矛盾的法令对于这些权力来说，限制了合理使用权力所必须的判断和决定的自由。当邪恶与暴力显露出来，当面临维护受侮辱者、建立秩序和给每个人以应有的评价时，就必须要有旨在追求真理与社会福利的意志所支配的行动。但如果有责任采取行动的人，每次行动都会碰到法律本身的限制性法令和人为的定义；如果他每次都有越界的危险，会超出多数法律规定的范围，如果他行动所涉及的权力和管辖范围由于法律本身有很多分成几部分的定义而混乱，那么任何权力都会因疑惑而丧失或变得没有力度，因而他需要用法律来武装自己，但又在应当把自己的责权意识、而非恐惧作为唯一的动机和行为准则时，由于怕担责任而噎住。法律的道德意义弱化并逐渐消失在大量立法机器连续工作而罗列过多的法律条文和决议中。最后，法律本身在人民的意识中成了某种外力，一种不知为什么会垂落下来、到处粘连着、并束缚人民生命活动的力量……

法律过度增加，对社会而言更为危险。最近，筹备和讨论法律的方式完全受到现代民主原则的不良影响。彻底完善法律成了政党的事情，而法律本身成为政党的工具。在大的、尤其是民族众多的国家，立法要求大量认真而理性的工作：要让法律可行，就要让它符合该地区人民的现实要求，让它完全与日常经济生活和人民真实的内心活动相符。当讨论法律变成了仅仅是政党的较量和抽象原则的斗争时，当一切不取决于对意见的合理评价，而由在很多人出席的会上机械地统计票数来决定时，遵守上述条件还可能吗？人为选择组成的大多数人在做决定时，其动力来源一些是冷漠或随大溜的人，另一些是对学说充满狂热或盲信的人，还有一些人出于个人利益。于是，在决议的基础上产生一种套话或假象，任何现实、合理而稳定的事物在其中无一席之地。

上世纪下半叶是一个到处在改革的时代，很多地方的改革都与革命运动或教条主义在改革家中的优越地位有关。结果很多地方的改革运动都表现出人们对概念的混淆和社会智力与道德能量的弱化。在人民的传统和风俗中包含着表现从前历史现象的全部变化和事件发展的深刻意义。随着这些风俗习惯的消失，人民思想的彻底统一和作为其表达者的权力的统一被破坏了。每位公民都代表自己个人的兴趣和追求，一些人是已失去意义的旧秩序形式的拥护者；另一些人拥护一切理论，喜欢幻想社会制度。在这种为建立任何秩序而做出努力和提出意见的混乱中，他们在着手立法工作——编订新的法典，撰写新的法律。于是，各地的风俗，积极而自由的、能独立发展的力量就被已形成文字的法律条文——实质上是一种无情的、负面的、惩罚性的、限制私人活动的力量所代替了。

如山般压在人民头上的法律条文成为了某个党派为了某种惯用的政治原则而捍卫自由的工具。需要的时候，法律就实行惩罚和镇压；不需要时，曾经庄严通过的许多法律就不实行，但法律作为管理生活与树立似乎是真理的最高权力，其名字会在任何不法行为中宣布！

在连续的立法工作中，常常难以使大量具有法律意义的专门决议保持统一和完整。于是，出于个人动机产生的大量法律彼此不一致，与总的立法系统和整个管理体系之间缺乏有机的联系。这样就形成了一个必须执行、但在很多情况下不可能执行或会违反同具法律效力的其他规定的法规网。于是，法律逐渐失去领导和组织意志行动及权力分配的规范意义，该权力是为满足居民本质需要及需求、为维护全体及个人的权利实行必要管理而提出的。无论在哪里，有采取行动和发布命令天赋的人，都应当胆怯地环顾四周，别违反了什么规定或法律中规定的形式。因此，法律的数量在增加，权力必须的能量却常常弱化，在个别情况下难以确定其管理范围时，责任意识会发生动摇，而应当促使其正确履行职责的法律，又处处对其予以限制并设置障碍。

（七）时代病

一

现在所有人都不满意，很多人由于长期不满意而进入慢性愤怒状态。他们对什么感到愤怒呢？——对自己的命运、政府、社会秩序，对他人，对除了自己本身以外的其他所有人和事都愤怒。

当大失所望时，我们大家都会不满。这种生活发生转折时造成的失望的不满通常会因同样的生活再次发生转折而减轻。这种不满只是暂时的病症。而如今的这种不满——是一种新一代人全都被感染了的流行病。他们在由于过度自尊和人为形成的过分需求而产生的过度期待中长大。以前有很多知足而稳重的人，他们对生活无太多期待，要求不高，不急于拓展自己的生活道路和前程。自身的地位、事业和与二者有关的责任意识阻止着他们。看着广大生活得心满意足的其他人，小人物们就想：我们能怎样呢？于是安于这种不可实现性。现在这种不可行变成了可行，能够实现每个人的想象。每一名普通士兵都想当将军，而且想不费力、不服役、不做事、无真正的功绩就突然有机会走好运。生活中的任何成功似乎都是偶然而顺利之事，所有人或多或少都被这种类似冒险赌博并希望赌赢的思想所刺激。

在经济领域，信贷制度很占优势。当今的信贷是一种创造新财富的强大手段；这种手段对每个人都可行，由于使用它相对容易而导致远非所有被创造的财富都具有现实意义并服务于生产目标，其中大部分是骗人的、虚夸的，为了满足随机的、暂时的利益，只考虑意外得利。因此，每个企业的成绩不以从前的尺度为标准，不再取决于企业主的个人活动、才干、精力和认识：在社会和经济环境中围绕事态的发展形成了大量不能预见和回避的、无形的动向和难以捉摸的偶然性。每位活动家不仅必须参与排除某种明确的障碍，而且还要同从各方限制事态发展的整个复杂困境做斗争。因为没有计算必须考虑的数据，所以很多打算乱成一团。由此造成折磨人的不自信、忧伤和疲惫的状态。任何活动都因这种精神状态而减缓，活动者感觉无力操纵局面，在他周围的障碍面前，其意志和智慧都无能为力。能量在减弱，人在事态面前变成了宿命论者，习惯于希望得到盲目的机会和成功，而不依靠指示和预见的力量来取得成绩。这就是当代这么多人染上悲观主义的原因之一，而另一种流行病——实践唯物主义的原因在某种程度上是满足肉体的需求。在充满偶然性的不稳定生活中，在不安而忙乱的活动中，肉体的本能会产生特别的力量。

这些现象在其他社会活动领域也很明显。那种信贷到处成为社会活动的工具，虚假的财富在各处以惊人的速度被轻易创造出来，这些财富在适宜条件下给一些人带来好运，而另一些人的财富在与生活的现实冲突中化为一堆齑粉。值得注意的是，现在创造声望太容易了，不得不承认或最好说，学校的培养课程是可行的，能获得与权力有关的重要的社会职位，能得到可观的奖赏。外行的杂志撰稿人突然成为了知名的文学家和政论家；平庸的司法稽查官被认为是赫赫有名的演说家；冒牌学者变成了有学问的教授；未受完教育、无经验的年轻人当上了检查官、法官、主持立法和编写法案的人；昨天才从土里钻出来的小草代替了强壮的大树……这都是虚假的财富，它们每天大量出现在我们的生活中，其拥有者醉心于它们与交易所经纪人热衷于自己哄抬的股票没有两样。很多人将带着这些财富过一辈子，但实际仍是空虚、渺小、无用的非生产者。还有很多人的这种财富不久即化为齑粉，其主人并不富有。然而，自尊已膨胀到非正常状态，要求与需求过度增加；产生很多愿望，但在需要行动的关键时刻却没有能力，既无智慧又无毅力与知识。于是很多人在精神上破产了，从某一点来看，同样是导致经济领域破产的原因造成的。很难算出，由于对能源进行荒谬而偶然的不当分配和我们市场上各种资本的错误周转，当代有多少力量都被毁灭了呀。于是，出现了一批已经心力交瘁、被生活摧残和毁灭了的年青人。另一些人不能忍受苦恼，就像受热不均的器皿会炸开一样，他们会在焦躁中自杀，看来，自杀对人来说很容易，当人习惯于只把自己放在自我生活的中心、用物质尺度来衡量生活时，他会觉得，他失去了这种尺度，他的打算全乱套了。还有一些人在世间徘徊，加重了对生活与社会的不满、恼火和愤怒；如果后者积累过多，这些人又有机会泄愤和满足淫欲的话，那就糟糕透了……

二

据说，古人在举办豪华宴会时，会摆放骨架或骷髅头以提醒参加宴会者别忘记死亡。我们没有这种风俗，在愉快地参加宴会时，我们希望将死亡的念头远远抛在脑后。但死亡本身离每个人都不远，它可怕的样子时刻出现在我们眼前。

每天我们都会听到发生在某处的、令人费解的、可能变成我们社会生活中某种寻常现象的自杀事件……想想都可怕，难道我们已经习惯这种现象了吗？我们从什么时候开始有了任何类似的情况？人的生命何时变得如此低贱？什么时候社会对于按上帝面貌创造、用耶稣之血救赎的鲜活生命的命运变得如此冷漠？富人和穷人，学者和文盲，弱者和老人，才开始新生活的年青人和刚会站立的小孩——所有人都莫名其妙地、极不理智地使自己轻易丧失生命——有些人死得简单，有些人在弥留之际还掩饰自我毁灭。

这是因为什么呢？因为我们的生活已经变得反常、疯狂并虚伪到不可思议的程度；因为失去了我们发展的一切秩序和连续性；因为我们的任何思想、情感和道德的纪律都松弛了。社会生活与家庭生活中所有简单的有机联系都被破坏而陷入混乱，取而代之的是大部分骗人的或虚假地运用于生活和现实的机关或抽象原则。精神方面和肉体的简单需求让位于大量人为的需求，单纯的感觉变成了复杂的、人为的、诱惑而刺激的感受。从前根据生活环境和条件而平稳增加的自尊感油然产生，并立即就上升到不受任何纪律遏制的人类“自我”的十分狂妄的高度,个体“自我”立刻就对生活、自由、幸福和命运与环境的主宰表现出极其不满。所有坚强和脆弱的、高尚和卑贱的、伟大和渺小的人都一样，丧失了认识自己无知的能力和学习的能力，也就是顺从生活规律的能力，立即上升到一个虚假的高度，每个大人物和小人物都认为自己能评判生活与世界。

于是在我们的社会中就积累了无限多的谎言，这些谎言渗透到各类关系中，污染了我们呼吸的空气本身和我们活动并起作用的环境、以及指导我们意愿的思想和表述自己思想的语言。在这种谎言中除了微弱的增长、虚弱的存在和行动以外还有什么呢？生活及其目标本身的概念都是骗人的，关系混乱，于是生活就失去了那种平稳发展和正常活动所必需的均匀速度。许多人不能忍受这种生活并彻底失去了生活必需的道德与智力的平衡，这样明智吗？均匀受热的水晶器皿能耐高温；加热不均或突然加热就会迸裂。我们每天听到的那些不幸的自杀者不就是这样吗？当关于生活的概念与幻想遭遇现实化为乌有时，一些人不能忍受自己生活概念的内在谎言而赴死。不幸的人啊，不知道生活中除了“自我”之外的其他任何支柱，除“自我”之外没有任何与生活做斗争的道德原则，于是就逃离斗争毁灭自己。另一些人可能因无力使自己崇高的生命与活动的理想适应周围环境的、人与机关的谎言而毁灭自己，不再相信曾经因错觉而坚信的事物，自己又没有其他真理的信仰，于是失去了平衡而懦弱地逃离生活……因突然的、不平衡的提升而毁灭的人有多少呀？被他们轻率追求又无法承受的权力所毁灭的人又有多少呀？我们的时代是一个虚伪的时代，是人们以虚假的财富相互诱惑的、假装伟大的时代；甚至达到现实尊严有时难以表现并被证明合理的程度，因为在虚荣的人那里，只有虚夸的、耀眼的钱才行得通。在这样的时代，人们很容易去着手一切，幻想自己能应付一切，并及时借助某种人为手段不太费力就能获得有权力的职位。权力的称谓对虚荣的人充满诱惑；荣耀、特权地位、授予荣誉和凭空创造其他权力的权利概念与之相关。但无论人的观念如何，权力的道德原则只有一个，是不容置疑的："想成为第一的人应当是所有人的仆役。"如果大家都这么想，谁还愿承受这一难以忍受的负担呢？但所有人还是愿意去争取权力，而权力的这种负担又葬送并压制了许多人，因为当今权力的任务极其错综复杂，尤其是在我们国家。有很多这样的人，容易在心中被赋予的、轻率获得的权力在他们面前变成了不祥的斯芬克斯并设下自己的迷局。猜不出谜底的人就会死去。

三

要理解一个事物，就必须接近它并拥护正确的观点：一切都取决于此，人类的全部罪过都源于观点错误。我们习惯于相信自己的印象，但为了能灵活快速地做事情，我们常常在对事物不甚了解时就得出印象。由于我们特有的焦躁，我们安于这种印象并急切地在众人面前表现出来；在表达意见时掺杂进个人的自尊。然后，和自尊在一起的懒惰不允许我们更近地细细了解事物的本质并相信自己的观点。于是，在天性敏感的人们之间相互转达印象时，谬误就形成、发展和增加了，并殃及大众，常常被当作舆论接受。

无论是在大的还是小的印象中，情况都是如此。整个世界观体系统治了几个世纪，形成了不容置疑的观点，此观点最终也未揭示出该体系的虚假，因为它们源自错误的观点。托勒密天文体系就是这样。几个世纪以来，人们执意从侧面斜视宇宙，因为人们把中心观点确定在地球上，因为人们认为地球广袤无垠，不可能想象出另外的中心。这个体系混乱而矛盾。为了调和矛盾，科学发明了人造的周期和本轮等。就这样过了几个世纪，直到哥白尼从该体系中提出虚假的中心。一切都清楚了，就像很快发现的那样，宇宙并非围着地球转，地球完全不具有统治意义，它只是众多星球中的一员，并取决于在威力和意义方面极度超越它的力量。

托勒密的体系早就过时了，那么如何理解现在另一系列思想和概念中又恢复了其统治地位呢？难道，现代哲学没有陷入类似的混乱吗？由于同样不该犯的错误，现代哲学把人看作宇宙的中心并使整个生活围着人转，就像那时科学让太阳围着地球转一样。看来，世界上没有新事物。用这种过时的东西冒充新闻，冒充科学的最新成就，在科学中存在一个又一个的矛盾，否认以前的原理，坚定提出的新原理以及同样权威的、对其的驳斥，和很快就揭示出的、最好不提及的惊人发现。这一切被称为进步，科学在向前发展。但实际上，这难道不就是托勒密体系本身的那种周期和本轮吗？何时才会出现一位新的哥白尼来消除魔力，并重新证明宇宙的中心不在人本身，而在无限超越人、地球和整个宇宙的人之外呢？

难道我们不也这样看待宗派历史吗？一切原因都在于人根据印象而拥护错误的观点，人在自“我”中证明这个观点，他认为整个宇宙都在其身旁运动，他在到处寻找关于一切的真理，对所有人和事都感到愤慨，揭发一切，除了有同样罪恶和情欲的自己以外……多么奇怪而不幸的错误啊！

四

坚持教条的观点，过去一直是、将来似乎也是可怜的、受限制的人类的命运，而心胸宽大、思维缜密、眼界开阔的人总是例外。一些信仰被另一些取代——教条在变化，盲目信奉的对象也在改变。在当今所谓的知识分子中，信仰普遍原则和按普遍原则逻辑构造的生活控制了社会思想。对我们来说，这就是代替旧偶像的现代偶像。实质上，我们也像我们的祖先一样，为自己创造了一个偶像并崇拜它。对我们来说，自由、平等、博爱这些概念和它们运用并延伸的词汇难道不就是偶像吗？对我们来说，学者们提出并奉为教条的普遍原理，如物种起源、生存竞争等，难道不是偶像吗？……

相信普遍的原则是本世纪最大的谬误。我们错在教条地、无条件地相信它们，忘记了生活及其所有条件和要求，不区分时间、地点、个性特征和历史特点。

生活既不是科学也不是哲学；它依靠活的有机体独立存在。无论是科学还是哲学都不能像某种外界事物那样统治生活：二者从生活中汲取内容，收集、分解并总结生活现象；假如认为它们能支配并耗尽极其多样的生活、赋予其内容并为之创造新的结构是很奇怪的。任何科学与哲学原理运用于生活时都具有假设意义，该假设每次都必须用清醒的理智来检验；对于那些需要运用假设的现象与事实而言，普遍原则的另一种使用方式是生活中的暴力与谎言。仅一点就已搅得我们心神不宁，在科学与哲学上很少有不存在争议的原理；几乎所有的原理都是流派与党派间争吵的对象，几乎所有人对新试验和新学说都犹豫不定。没有任何一门运用于生活的科学是完整的；每一门都是比较巧妙地拼凑起来，并改换流行的样式——有时还留有不同学说幼稚论战的痕迹。与此同时，每种学术流派的代表都教条地相信自己的原理并要求无条件地运用于生活。就以政治经济学为例吧：经济学家们的名声是最大的学究和教条主义者，因为他们想用无可争议的权力、以生产与分配力量及资本的普遍规律干涉生活、立法和工业；但他们多少忘记了那些积极的力量和现象，后者在任何情况下都是对抗规律、扰乱其行动的因素。他们从繁多的事实和现象中得出公式，但不可能用尽其全部种类和当时每种条件下产生的大量组合。这些公式极大地惠泽科学，由于它们，科学才被弄清楚并向前发展。但对生活来说，任何公式都不是一成不变的、绝对的规律；任何公式都只是为研究作指导，每个公式只表现已知的运动以及在该情况下必定被另外在反方向上起作用的力量所干扰的、或与之持衡的力的方向。用数学方法来计算这些力的作用是不可能的，只有通过对实践意义的准确感觉才能识别。因此，政治经济学的普遍结论，哪怕是从无争议的事实中得出的，仍只具有假设意义，而无绝对规律的意义。于是，永远只有那些没有沾染学究气的、真正的学者才能理解它们。但绝非所有的学者都这样。对于民众，对于那些多半只会道听途说的、偶尔从几页指南和现代杂志中汲取全部知识、喜欢不做深入研究就立刻在杂志和报纸后面的指南中找出每道题的现成答案的、肤浅的读者、立法者、律师和行政人员，我们还能说什么呢？对他们而言，每条普遍原理都是不容置疑的“学术权威”，是现成解决最重要的生活问题的廉价手段，是论证一切常理和推翻历史与实践的全部事实的便捷工具。由于这些普遍原理和原则，现在连最空虚、肤浅的人，最闲散和冷漠的滑头都能借助空话轻松地摇身一变，而成为高深的哲学家、政治家和管理者，轻易就战胜了清醒的理智和经验。这样的学者可以一下就蹦到“学术与当代思想的顶峰”。在这样的高度上，谁有能力抗拒他呢？

大多数人不能够接受普遍原理的真理意义和相对意义，任何规则和现象，只有在鲜活的、具体的形式和概念中才能被他们理解。我们这个时代的巨大错误在于，我们本身盲从地假装相信抽象的普遍原理，还把这些原理运用于人民。这是一种新的玩弄普遍概念的游戏，由当代的人民教育思想家开始采用。这种游戏后来因导致人民意识的堕落而过于危险。遗憾的是，我们的学校，过于经常地和人民玩这种游戏，但首先是人民政府开始玩，很多人已经为此付出了高昂代价——丧失了与人民真正的道德关系。一种谎言制造出另一种；当人民已经形成错误的概念、不切实际的期待和虚假的信仰时，本身也被这种谎言感染的政府就很难从人民的概念中拔掉它；政府不得不重视它，重新与之玩游戏并人为地利用机关、言语、活动中新的、交织的谎言和从最初的谎言中必然产生的复杂谎言来维护自己在人民中的力量。

法国最明显地证明了这一点。在上个世纪，唯心主义哲学家的幻想向人类颁布了新的《福音书》，全由理想化的、抽象的概括组成。卢梭学派理想化地向人类展示了自然的人，宣布世界共同富裕和幸福——是天生的；它向所有人揭示的仿佛是重新揭开的社会生活与国家生活的秘密，并从中推出人民与政府间契约的伪规律。出现了国民幸福的著名纲要，公布了人民与政府和平、和谐和富裕的药方。这种药方是非常概括的，完全脱离生活，是最荒唐、最骗人的幻想；而且，这种只要接触一点现实就会不攻自破的谎言感染了社会思想，人们热切地希望将其运用于现实中并以该药方为基础创建新社会和新政府。再向前走一步，卢梭的理论就会退化成著名的公式：自由、平等、博爱。这些概念包括道德和理想规律的永恒真理，道德世界观的整个有机体借助与职责和牺牲的永恒思想所不可分割的联系而维持着。但当人们想把这个公式变成日常生活的必要规律时，当人们想从中创造出一种能使人民之间和政府之间在外部关系上与人民有联系的、形式上的权利时，当为了民族和执政者而把该公式引入某种新宗教之后——才发现它原来是不幸的谎言，而被简化为表面合法基础的爱、和平与宽容的理想信条变成了暴力、纷争和狂热的法规。

这些普遍原理不是作为爱的福音书，不是为道德理想而呼吁承担责任，而是作为政府和人民间的承诺，宣布自然幸福的新时代和作为对幸福的庄严承诺被运用到人民大众中。否则人民既不可能接受，也不可能理解这些词汇。民众不可能进行哲理思考，他们把自由、平等、博爱理解为自己的权利，就像授予其的身份。在顺从于造成人卑微存在灾难的一切之后，民众对于贫穷、卑微、自我节制和顺从的思想会怎样呢？他们不可能忍受。民众会抱怨、愤怒、抗议、激动并推翻不履行诺言、不实现期望的机关和政府，尽管这期望由幻景产生，民众会创造新的机关并再次将其推翻，他们会转向新的统治者，从后者那里听到同样的奉承话——而当不能被满足时，再把他们推翻。如果没有阿谀奉承的话语，没有阿谀奉承的机关，依靠直接的政权关系已经不可能统治这些民众了；政府不得不玩把戏并偷换牌。社会机关里一片混乱的样子悲惨而可怕：阵阵狂热喧闹着四处乱窜，只有在听到“自由、平等、公开性、人民的首要地位……”等充满魔音的词时才能安静片刻，谁会巧妙而及时地玩弄这些辞藻，谁就能成为人民的统治者……

五

有一次，古罗马的土地塌陷了，裂出一道无底的深渊，有吞没整座城市的危险。无论人们怎样努力，无论怎么设法挽救不幸都无济于事。于是人们来到神示所。神喻，如果罗马为之牺牲自己最珍贵的东西，它就会合拢。大家都知道后来发生了什么。罗马第一公民，英勇无敌的库尔齐（Курций）纵身跳入深渊，它就合拢了。

如今在我们新世界，正在显露出一个可怕的无底深渊——以一道不可逾越的鸿沟区分穷人与富人的深谷。为了填满它，我们什么没扔进去呀！无数金钱和资本，大量布道和有教益的书，源源不断的热情，我们发明的几百几千种社会机关——一切都消失在里面，而我们面前的鸿沟仍像以前一样张裂着。难道没有神喻提醒我们正确的方式吗？神喻早就有了，我们都知道的，那就是："我给你们一条新的戒律——你们应该互相友爱。就像我爱上了你们一样，你们也要这样彼此爱护。"如果我们能深入思考这句话并理解其实质，如果我们决定把我们最珍贵的东西——我们的理论、偏见、与每个人自己确信的独特的生活状态有关的习惯都抛入这深渊——那只有牺牲我们自己——而鸿沟才会永远闭合。

六

只有当人心保持自由与质朴时，它最正确的感受才是真实的，只有朴素的东西才是正确的。但任何质朴的情感都面临一个难题——那就是人自我意识的反映和反省。当人有意识地在心中加强情感，并使之具有思想性，那这种情感就会具有特殊的力量；但它立刻又会经受思想过时的危险，对自己的质朴产生犹豫。有时，依托于思想并被思想概括的情感会变成一种认知的公式——在公式中情感会减弱。像字母一样的形式，能扼杀生机勃勃的精神。形式会骗人，因为人类自我的虚情假意和自欺自慰会在其掩盖下悄悄地滋长。有什么比人心中朴素的爱的情感更明亮、更珍贵、更有益呢？但从这种情感获得思想性的那一刻起，它就将面临那种反省的危险。它能为自己创造一种形式，分出种类、途径、范畴、条理和学说。于是，最终就不是简单而完整的情感充满心灵并振奋它——而人可怜的自我开始以为是自己控制了情感或情感的思想，成为了情感的载体与活动者。这时质朴就消失了，情感开始分裂并轻易地转变成虚情假意。也许，关于爱的事业数量将倍增，在这些事业中会建立秩序，但质朴的情感已经没有了——它的香气已消散。

当看到我们有组织的慈善机构和团体开展的活动、发布的章程、召开的会议及其名誉会员和获得的荣誉奖时，你就会产生这些想法。整个机关在思想上是为了爱与行善，但当看到其中产生的现象时，你就会经常问：这里充满同情的、积极纯朴的爱的情感在哪里呀？你只看见有人发言的会议，看见带着满脸无聊和冷漠、完全不了解情况的人去参加男女委员会，讨论某项规则和规范，看见秘书起草的、请求奖励和资助的文件；听到自封的教育家们对学校制度和教育方式的过分庄重的讨论；你看见——噢，社会虚伪至极！——某位什么也没捐献的夫人穿着价格有时不低于整个义卖所获收益的外套出席的一些义卖会——这就被称为基督教的慈爱事业！……

这种爱以社会机关为形式。但这还算是实情，是维护和平的真理，没有它的生活将成为某种离奇的幻景，在按欧洲流行样式被人为弄平整的、现代司法机关的形式中，这种情感又是什么呢？我们看见了人为制造真相的机器，但真相本身在机器生产的忙乱中是看不见的，在庞大机制运行的喧嚣中也是听不见的。您在寻找道德力量吗？——呜呼！机器运行中的全部力量，几乎都用来擦那些不断转动的轮盘了——活动家们几乎将全部的道德努力都用来给这些轮盘和导体上润滑油了。法院在开庭时傲慢地认为自己有祭司般的庄重，像古代的鸟占术士[1]一样，他们是多么用心地在倾听；律师们发言时傲慢的语言和响亮的空话在窄窄的走廊和话筒中回荡，其思维玄奥费解，并事先已用硬币斟酌过自己每个冗长的时段，实施长时间拖沓难耐的话语折磨，与此同时，这种折磨的主要牺牲品，不幸的真相，应当沿着穆罕默德之桥进入渴望的天堂。在这种穿越中指望自己本身力量的人会感到痛苦。只有以前已研究透杂技技术，能不踩空、不跌倒在路上的人才是对的。

七

人类毕生都在追求幸福。从有了自我感觉的那一刻起，人就产生了对幸福的无尽渴望，只要一息尚存，这种渴望就不会枯竭、不会消逝。对幸福的期望没有终点、没有止境，它如宇宙般浩渺无边，无法给它确定一个终极目标，因为它的起源和归宿都是没有止境的。有一个蒙古童话，讲一位母亲弄丢了唯一的孩子——她心爱的女儿——而不断寻找的故事，以母亲的形象表现了这种对幸福的无尽追求。在草原人的粗犷想象中，这位母亲被描绘为就一只眼能看见的老妈妈。她一边哀号呻吟，一边满世界寻找她丢失的女儿；她一会儿走到这里，一会儿走到那里，到那些她在幻觉中见过自己孩子的地方。她双手抓住自己发现的东西，带走它后，再高举过头顶来证实是否真的找到了自己的宝贝女儿。但当她用自己唯一的一只眼睛仔细看清楚，发现自己弄错了之后，就绝望地把找到的东西扔到地上，砸碎它，然后再继续满世界寻找。人所追寻的幸福决定人的命运，命运中也有不幸的回应。“人的不幸——正如英国哲学家卡莱

[1] 古罗马的占卜官专门根据鸟的叫声和飞行姿态来解释所谓神的意旨。——编者注

尔[1]所说——源于人之伟大：人感觉不幸是因为无穷无尽的事物就在于人本身，人千方百计、竭尽全力仍不能完全结束这种无限并最终填满它。”

可见，幸福是不可能得到的，因为它是无限的。但为什么人心中在意识到这种无限目标的同时，对现在的感觉仍如此鲜活，这种意识在绝望地隔绝了将来时，会转向过去并去寻找这种机会吗？很少有人没有过这种时候——他脑子里在说：“幸福是如此的真实和接近呀！”

从人想控制无限、使之成为自己的东西并了解它的那一刻起，幸福就离人而去了。“懂得善恶，将如神仙”。但人没有获得这种认识，于是他分成了两半，从此，为了恢复意识的统一和生命的完整，人其中的一半便去寻找他的另一半。

如果哪里还存在什么可被称作幸福的东西，那大概只有当少数的某些人感觉他们的存在与意识都很简单的时候，他们心中感到生命是自己的并安于这种生命的感受，不试图去了解、自身却表现出无限，就像枝头上的一滴净水反照出一缕阳光。如果谁拥有这种时刻，只求上帝保佑能让它延长一些，让他本人能自愿不去追求自身命运的新界限。这扇幸福之门不是朝里开的：从里面推动后，当场扶不住它。它从里面打开后，若有人想让它保持，就不应碰它。

我们谴责自己的过去，因为过去分不清那些构成我们真理标准和幸福尺度的原则。根据这些以平等为主的原则标准——我们想改造生活，把养育前几代人的旧的生命源泉引向别处，想按我们组织的计划重新安排生活——并按科学规则制订和修改这项计划，我们还常常表现出自己对该科学的一无所知。“这不要紧！”我们勇敢地说，“生活将改正我们计划中的错误，但我们又援引我们着手制订计划时不愿了解的生活来反驳自己。”生活无时不在以错误的印记、而不是我们指望引入生活的真理揭露我们；以自私、贪财、暴力的现象代替爱与和平；用贫困和衰落的祸根代替财富和力量的增加；用不满的抱怨和哀号代替我们预言的满足。这没关系！我们越来越大声地重复着，努力消除所有的问题、疑惑和异议，只要当代的原则能保持下来。如果现代人感到痛苦，有什么呢；如果到处是庸俗的人们而不是坚强的人，又有什么呢；就让今天不好吧，明天、后天将会更好。后辈们将在旧事物的废墟中兴旺——我们的原则在新世界、在后代中、在未来都会被卓越地证明是正确合理的……充满我们生命与活动的梦想也将在未来的某个时候实现……呜呼！难道将像英国政治家斯威夫特（**Свифт**）所遭遇的那样来实现这些幻想吗，他年青时建造了一座疯人院，

[1] 托马斯·卡莱尔（1795—1881 年）：英国政论家，历史学家，哲学家。

暮年时就栖身在这座疯人院里。

八

我们的社会关系简单而直接是多么少见呀！遇见人时，有机会用简单自然的思想交流方式进行交谈是多么少见呀！当生活在所谓的社会里时，人们不得不时刻同那些除了人性以外与你没有任何共通之处的人们产生关系。没时间详细讨论，没时间看清一切，也无暇在平静的状态中默默等候；即使我想这么做，走近我身边的、被介绍和我认识的另一个人也不会允许出现这种情况。此刻就需要建立关系，礼数要求使这种关系显得自然。必须要交谈，而且谈话立刻就进入浅薄庸俗的轻松范围，交流关于“触及日常生活”的现象的空话（就像在证明疯子一样）。人们俗气地寒暄着，彼此都满足于这种庸俗——后来，常常在他们每次会面的偶然谈话中几乎都不脱离两人曾立刻涉足的范围。还有更糟的情况：一方面，人们从一开始就装腔作势，相互出洋相。这总是发生在不相称的会面中，也就是在一方把另一方想象成某位特殊而著名的人物，从自己的立场出发，又想把自己和对方放在同等的社会基础之上，既不丢脸又能表现自己的会面中。从另一方面来讲，谁又不把自己想象成任何特别而著名的人呢？于是，两个小人物，有时是非常渺小的自我，就开始争斗，双方都一心要表现自己，不逊于对方，尽可能让对方注意自己的光辉形象。通常认为智慧会闪光，谁不认为自己聪明、机智，具有能代替智慧，有时超越智慧的生活经验呢？表现小人物庸俗自尊的领域是多么无止境，实际运用又多么广泛呀！与此相随的还有令人生厌的客气。社会生活中的任何美德都有俗气的反面，表现为采用公共礼数和社会风俗的样式做些琐事，美德被换成熟悉的模子造出来的小面额硬币。我们发行了多少这种硬币呀！它们一次次被完全擦干净，盲目而不停地从这双手转到那双手，都经过些什么样的手呀！精妙的话语丧失了自己的原始意义，不再正确地表达思想；最深刻的真理在流行语中被庸俗化，最珍贵的情感在人间失去了活力，表现为给路上遇到的每个人装样子！

应当成为聪明的人和彬彬有礼的人，这是推动我们进行面谈的两个主要因素。我们习惯用第二种因素明显的正当性来证明第一种因素中公然的庸俗是对的。良心在咕哝：你说了多少废话呀！多么装腔作势呀！怎么这么做作呀！多会玩弄辞藻呀！——我们已做好了反驳的准备：我是在努力表现得有礼貌，应当使场面活跃起来，帮助主人安排好它，免得无聊。

但良心是对的，用礼貌来掩饰和证明俗气是徒劳的。如果仅仅出于礼貌——没有小人物自尊的动机，一个尊重自己和自己言论的人，是不会玩一种俗气的空话游戏达数小时、根据需要把自己弄成喜欢与愤怒的样子的；他不会像踩高跷那样去渲染虚构的故事和被煽动的感受，也不会尽情地嘲笑和巧妙地诽谤别人的弱点和过错。

九

19 世纪是真正值得骄傲的变革的世纪。但在很多方面带来益处的变革运动，在另一些方面也造成了当代的弊端。在我们血管中加速循环的分析思想和变革思想似乎已达到发冷发热的状态，我们几乎已经到了用安眠和饮食疗法来治疗它的时候了；在这种激进思想持续阵发之前，很难对其活动是否健康有效做出检验。生活的进程如此迅速，以至于许多人惊恐地问：我们往哪儿跑？在哪儿停？如果我们往上飞，那我们很快会窒息；如果向下，那会不会掉入深渊？

当改革思想被运用起来时，它的情况就和具有任何新的、实质深刻的真理思想的事物一样了。这种思想一开始只是少数思想闪光的智者的财富，这些人士经历过并深刻感受过自己所宣传及追求实现的东西。后来，当这种思想不断普及时，它成为了民众的财富，并达到任何刚发布的言论都被轻信的状态，思想进入了市场并在其中变得庸俗和渺小。一旦发出强大的号召，热情的运动捍卫者们就会举起旗帜，当他们举起旗帜，这面旗帜就成为了伟大事业的真正象征，号召人们为事业服务；但当这面旗帜转到别人手中，一帮毛孩子举着它有事没事地游逛、毫无意义地叫喊着组织游戏时，旗帜就失去了自己的意义，真正想干事业的、严肃的人们就会从这面旗帜出现的地方躲开。

有一些时代，改革是社会发展的成熟果实，是需求的表现，是被感受到的一切，能解开几个世纪以来社会关系中交织的结；改革者是宣告公共良心的先知，能实现全体人都具有的思想。

他的言论和行动能主宰所有人，因为前者证明了真理，而代表真理的所有人都会回应这个词。但当他的事业完成之后——有时会有一大群伪预言家紧随其后。所有人都想当先知，不管男女老少，大家嘴边都挂着新词，这些词没有经过深思熟虑，毫无价值，因而是腐朽的，从别人的场合得来，因而是被庸俗化的。什么事都不干或懒得完成所派事务的任何一个人都能拟定新法草案或给自己设一个宣传改革的小讲台，并要求把他没做过的、因而不了解的事情以新的形式、在新的基础上提出来。小人物尚且这样，而关于那些和小人物一样患有改革狂热病的大人物，我们还能说什么呢？

全体所谓治国之才的共同常见病是贪图虚荣和想出名。当代生活进程过快，国务活动家们时常被更换；因此每个在位的人，都急于尽快出名，趁还有时间和手中有权。在前任放弃思路的地方重查线索会显得无聊，从事琐碎的组织工作、改善日常事务和现存机关又很没劲。每个人都想重新开始自己的整个事业，为自己空出一块平整的田地、白板（瑞典语），再在这块土地上创造，因为任何人都认为自己有创造力。令人感兴趣的正是这种最高超的创作手段——从一无所有中创造，而由此引起的想象向所有反驳意见提示了已知的答案："机构本身能维持自己，机构将创造人，人们将会出现。"值得注意的是，一位国务活动家具有符合自己称号的知识和经验越少，这种手段就越诱惑他，就越强烈地吸引其思想。这种手段的诱人之处还在于它掩盖了真正的知识，它为政治蒙骗行为提供了广阔天地，并以最廉价的方式帮助出名。在需要积极管理事务，了解情况，提交和完善现存事物的地方，就不难分清有经验的行家与外行、闲扯者；但在那些从审判和否定现存事物开始、要求按被大加夸奖的提纲、以著名原则为基础重新组织事务的地方——提纲和原则是第一位的，完全不懂行就可以用普遍的空话、机构的外部完善、以及指出存在于远方某处的一些事例来进行论证；在这种领域，不容易区分能手与外行、骗子与行家；在这些地方，任何一位一点都不懂行也不愿过于费心的人物，都可以维护随便一种由下属办公室某位也想轻易出名的小职员起草的改革方案。

应当把这种令人吃惊的现象列入当代的特征——这种现象随处可见，尽管表现方式和程度不同，在任何一个理事会、咨议会或会议室都有。当然，它最明显表现在一些稳定的机关过去历史上这种现象比较少有的地方和不存在已被确定数世纪的古老学派及学科的地方，以及那些社会生活未在自己的历史发展中制造出某些等级、阻隔和牢笼的地方，这些等级、阻隔和牢笼被认为是自由安排日常生活和激发思想与愿望的障碍。在历史与经济领域比较宽泛自由的地方，任何改革的幻想就会有发挥的余地——那里有时没有斗争，不会为难地同已确立的思想、利益和党派算账，而是完全自由地挥臂、扬眉吐气和第一骑手的自由飞奔……

与这种处于颠峰状态的现象同时发生的，还有另一种来自谷地、峡谷和陆地深处的类似运动。这也是改革，但具有另一种完全绝对的意义。多数不满意自己地位、不满意某种社会状态的人和许多因原始的动物本能或源自狭隘幻想的理想而被迷惑的人——反对整个现存的、历史造成的社会机关管理处，反对教会、国家、家庭和所有制，努力在世间实现自己的原始理想。这些人要求"让他们所宣扬的改革首先开始"，也就是说，他们想在从现存机关的废墟上首先清扫出的平整田地（白板）上开始。

治国人才们在全欧洲大声疾呼——“这是文明的敌人”，并为了文明而武装起来反对众多自诩的改革者。但现有秩序的维护者们本身是否没时间考虑，他们本人首先在追求的、有时是过于轻浮地大胆干预现存制度和破旧立新，他们本身过于随便和自信地跑去评判已确立的秩序，破坏由民族精神和历史创造的传统和风俗；他们本人，在创立大量已绕过生活和生活无法使用的新法时，实质是在强迫现实生活接受那些被众多臭名昭著的文明之敌所坚决反对的条件。只有为了生活原则并以合理现实为基础时，与他们的斗争才有可能成功……

当代如此经常地重复“改革”这个词，以至于人们习惯于把它和“改进”一词混淆。于是，在流行的观点中，改革的拥护者就是“改进”或常说的“进步”的拥护者；相反，谁如果在新原则的基础上驳斥任何一种改革的必要性和利益，那他就是进步的敌人，改进的敌人，差不多是善良、真理和文明的敌人。我们在公开场合使用的这种观点是一种巨大的谬误和错觉。由于这种观点，清醒的理智和对事物的合理看法就很难冲破偏见，获得社会地位，具体而现实、合理的观点就会被脱离生活的幻想取代；干事业的、真正有知识的人们会被迫避开事务，在思想抽象、满嘴空话的人面前失去声望。反之，谁如果把自己扮作新原则的代表、改革的拥护者、手拿图纸准备来建新楼，那他一说话就会享有威望。国务活动场所里到处是建筑师，任何想当房主或租户的人都应当把自己装扮成建筑师。很明显，在这种思想和品位的指引下，任何招摇撞骗、任何巧妙的虚情假意和外行的热闹都可以尽情展现。另外，当在普遍倾向于用社会生活中占优势的共同原则和普遍空话来分析、批评和检查任何事务的情况下进行活动时，要完成正面的实践活动就非常困难。那个应当集中全部注意和力量于自己事业和更好更完美地完成事业的人，必须不停地去考虑关于事业的看法，思考它将如何展示，如果上司试用新思想和新流派的一切，这会给社会和上司留下什么印象。能完成大事的巨大力量就这样被白白用于批评和与大部分无益的批评做斗争了；活动家的很多时间就这样被用于这种机械的摩擦和与激进思想的无效斗争了，以至于他剩下用来集中于实际活动的时间已经不多。人的四周围绕着使他不安的幻影与做事的方式，而真正现实的事情却正在他手边失去——没做。最优秀而实在的活动家也不能忍受这种状态。当与现实生活、事实及积极的力量打交道时，他们会感到自己有力量；于是他们对事业充满信心，而这种信心会赋予他们在现实世界创造奇迹的机会。但在被迫与形式、幻影、方式和空话周旋时他们会丧失勇气；失去决心是因为感觉不到信仰，而没有信仰——任何活动都没有生气。优秀的活动家们会离职而去又有什么奇怪呢？更糟的常常是这种情况，他们不辞职，但对事务变得冷漠，为了自己的福利，只伺守事情的外表和形式……

当改革的热病持续超标时，其结果有时就是这样。什么样的医生才能治愈现代社会和现代活动家们的这种病呢？什么样的勇士才能把我们的力量用于我们在各方面需要得如此多的、现实生活所渴求的真正改善呢？有人对我们说：再等等吧，改革的神秘面纱就要揭开，里面将出现一种充满美与力的、新的、原始的生活，将出现新的曙光和流淌着奶与蜜的国家。我们等了很久，面纱始终没有颤动，新世界也没有出现，我们的"陌生人睡得很沉"，只有新的盖头添加到从前的面纱上。

与此同时，只要在大小城市、大小农村的街道上走一走，立刻就能在各处看到我们需要改善的是什么样的深渊和多么散乱的、大量被丢下不管的事情，以及被忽视的机构和被拆毁的建筑物。这就是为撰写教学法报告和公开会议的空洞言辞而把孩子丢在一边的老师所在的学校；这就是以教学形式为托词却不讲课的大学，由于各种概念、命令和指示混乱而头脑不清的教师们自己都不知道教什么和要求什么；这就是人民害怕去的医院，因为那里只有寒冷、饥饿和无序，管理自私而冷漠；这就是积攒大量钱财而除了自己的利益和虚荣心、没有人关心任何事情的公共部门；这就是一片凌乱、总有遗失和被拆散现象发生的图书馆，在款项和书籍的使用上做不出解释；这就是人们害怕和厌恶行走的、空气污浊的、妓院和酒馆云集的街道；这就是行使最重要的国家职能的地方，由于任派官员的无能，充满了混乱和欺骗；这就是你无论何时来办事都找不到负责人的国家机关；这就是在农村里被锁着的人民的教堂，不做礼拜，不唱圣歌，而在另一些教堂，除了混乱、无知和愤怒，人民什么也得不到……这份书卷很长，里面描述了我们多少的痛哭、抱怨和伤痛呀！

十

财富能使人性中很多卑劣的意图活动起来。财富使人担负沉重的义务，在很多方面束缚了人的自由。富人最明显的痛苦之一就是——他成为了剥削的对象，在他身边交织着各种谎言。如果他的感觉没有变得迟钝，他就会时刻感到自己与别人的关系在改变，甚至很多他最亲近的人，都不是简单地接近他；对于更大多数与他有关的人来说，他的个性已完全消失，他所拥有的资本的外部特征占据了其个性的位置。敏感的心灵难以容忍这种状态，富人要使自己保持对人真诚友好的态度，不因为受其财富影响而围绕自己产生并表现的全部庸俗而变得失去理智、变得庸俗化，需要心灵十分简单。

人的另一种力量——思维能力，尤其是非常突出的、有优势的智力，也会遭受类似的命运。当一个聪明人在人们中间赢得了威信、享有盛名之后——在他身边就会产生一些人性的庸俗动机。人们把与他接近看作自己的荣耀；开始蓄意接近他，目的是在他面前表现自己很聪明以引起他的注意。当聪明人变得时髦之后，就没有这种试图在他面前给自己戴上聪明人面具并装模作样的俗气事发生了。聪明人不可能忍受这种虚伪和装模作样的感觉，这会迫使他在自己未被那种俗气影响之前就逃离人群。因此，我们经常见到的都是已经习惯于装腔作势的聪明人，在周围俗气的小人物面前显示自己，他们更愿意与这些人、而不是与自己匹敌的人交往。只有少数人没有这种虚荣的毛病。

卡莱尔的妻子在一封写给丈夫的信中风趣地说："昨天倪太太到我这儿来了。我们聊了很久。如果你能悄悄在这的话，也会对我们的谈话感兴趣，不过一定要隐身在魔术斗篷里。被认为是'当代智者和最深刻思想家'的人，得在一个僻静的地方独居。他注定从任何人那里都听不到淳朴的话，任何他听到的言语都是被美化过的。这就是为什么阿尔图尔·舌利皮斯（Артур Шельпс）（著名作家）以及别的很多人和我谈话时纯朴、睿智而有趣，可一与你交谈就让你觉得压抑和苦恼。和我在一起，他们不怕捍卫自己本身个性的平常方面，不管个性怎样。"

十一

在历史的黑暗时代出现过这种社会状况，相互怀疑的感觉压在全体公民的心上。有亲身经历的人会恐惧地讲述自己的时代和城市，说人们相互害怕直视对方的眼睛，害怕亲友和家人会大声说出自由诚实的话或献身于自由的精神运动，以免该运动因不被理解或曲解、成为为了国家与社会安全原则而遭受残酷迫害的借口。从社会阴暗的角落和底层产生出有利可图的告密者职业，并自然而然地形成团体；有一股让所有人敬畏的秘密力量，大家在恐惧中沉默着，当不能沉默时就给自己的思想罩上一层虚假的、谄媚的形式。

当读到我国历史上比伦苛政[1]时代或法国恐怖时期的这些故事时，我们会很高兴自己生活在另一个时代，当时的事件对我们来讲只是传说。但仔细观察我们身边发生的现象——不得不承认，我们当代也有很多类似状况的征兆。尤其是，我们之间的相

[1] 比伦苛政（1730—1740年）：安娜·伊万诺夫娜女皇统治时期在俄国建立的反动政体。

互怀疑也许比那个时代更深地扎根于社会的内部生活中。最令人吃惊的是，近些年我们的社会中缺乏那种构成社会生活主要吸引力的、以纯真的气息使社会充满活力并作为健康特征的、纯朴真挚的关系。看到人们简单聚会的情况真是太少了；若能坦率地、没有别的用意、不带妨碍自由交际模糊阴影的人为意图而与人交往是多么愉快呀！最近形成了无数这种阴影，就像造成社会恐慌的、大量神秘的精神。它们是从哪儿冒出来的呢？好吧，它们如果可以由某种有意识的思想产生，那也可以借助思想来消除。但不是的，它们大部分是由从社会上偶然吸收并获得的无意识的概念和印象产生，就像受损物的原子在任何流行病传播时会渗入一样。现在社会上任何一种智力和精神流行病的原子都多极了，人们于是给它们起名叫军团，很难给它们再想出另外的名称了。

看看吧，我们社会中的人们——认识的和不认识的人，有事没事都怎样聚会吧。刚一直视对方的眼睛，刚刚来得及交流，相互之间就有了阴影。从一方说的第一句话和最初使用的言语手段开始，另一方就已经产生了别的念头：噢，他是什么观点，什么学派，他信仰什么（“信仰”是人民喜欢的最新术语，也是最骗人的术语之一）。他是自由主义者、教权派、农奴主、社会主义者、无政府主义者、自由贸易论者，还是保护关税派，他是否爱读《莫斯科报》、《周报》、《欧洲通报》等。请仔细看一下，留心听一下，有了这第一印象之后，相互的猜疑变得愈加强烈，随后会变成愤怒，再后来已经不可能有任何平静的思想交流了，时断时续的尖刻话语在不自然的交谈中常被生硬的停顿代替；人们分手时，相互仍不了解，却从初次会面开始就已经相互指责了。每个人都立刻把对方列入已知的种类和范围，就像他早就决定的、与自己没有任何共同点的范畴。这些毫无意义的纷争是因为什么产生的呢？是因为观点吗？可以说大部分情况可能是，哪一方都没有什么明明白白的观点，没有有组织的政党，只有昨天听到的和昨天在报纸上读到的某件事……

由于这种无意义的玩弄印象和信仰的幻象而白白花费了多少力量啊！实际上，诚实、善良而有才能的人们，本应尽可能多地干一些为他们规定的、实际而重大的事情，可是却无所事事、消耗能量，在枉然的愤怒中筋疲力尽——按照这些原则、理论和观点，是不可能干成事情的。人们还没有参与自己的事业，该事业就已经使他们厌恶了；人们不再相信任何事业，因为后者不符合所想象的事业的理论。不管往哪里看，到处都是没有意义的、同样的毛病。教育者在关于教学原则、体制和方法的激烈争论中忘记了学校，不幸的孩子们在那里成为任凭迟钝、糊涂和懒惰的教师们摆布的牺牲品，而每位教师还时刻准备着争论自己未做的和不知道的那件事情本身的普遍原则。在我们的法庭上，人们会为因案件本身而忠于事业的律师和有经验的实践家流泪；在我们的大学里，会为爱自己的事业如生命的法学教授而哭泣；而我们的律师、学者和实践家们，刚聚到一起——请注意，马上就会因为有反对进步与教权主义的猜疑，因为报应思想、陪审团思想、自由同居和某个体系的监狱设施完善与否的问题而互相翻脸。去参加众多委员会中的某个委员会为了研究某个方案而举行的一次会议吧，仔细倾听一下那些各部派来的委员在异常的混乱中、从桌子的各个角落发出的、用来相互打断对方的言语吧，研究一下他们相互提出的观点吧，多么不信任呀，疑心重重呀！说话的方式多么装腔作势呀！言辞多么华而不实呀！这一切都是因为什么呢？是因为实际上很少有人去做事情吗？不，一切都是因为发言者偶然在某处领会到的和自身带有的某种小思想；一切都是由于某种理论或很少能从一本好书中所认真读到的理论！在任何一个会客厅，谈话内容刚一离开日常的空话和新闻，该现象马上就以另一种形式重复出现。混合的语言中概念混乱，有时还带有那种会让你惊讶而恐惧的、尖锐的思想内部矛盾。我们经常会遇见这样一些人，他们的言谈和行为方式与自己的名字和所具有的称号完全对立，与他们表面上所服务的、全部精力所在的、养活他们的事业相对立。

这一切为什么会发生？大概，应当在过度畸形发展的自尊中寻找主要原因，还没见过世面的年青人，进入他不熟悉的社会时，由于过度自尊而对社会立刻采取敌视态度，他失去了平静的自我意识，变得粗暴而放肆，说话喊里喀喳。他带入陌生环境的唯一资本是对自己的高度评价，一种人们把他看得过低的想法，低于他自己对自己的看法，使他愤怒，使他失去了淳朴，变得矫揉造作，用毫无意义的坚决反对来表现自己……让我们想象一下由这样一些病态的、过分自尊的人组成的一伙人：进行这种对照本身就相当滑稽；但不管有多可笑，这都是那种状况的体现，在该情形中我们常常遇到这样一伙偶然聚在一起或为了共同行动而联系在一起的人……

十二

有一些术语被滥用得很俗气，因为人们在没有确切想法的情况下就不断使用它们，因为在任何地方你都会听见有人在讲它们，愚笨的人用之显示自己很聪明，外行以此认为自己达到了应有的知识水平。一些惯用语在公共场合如此滥用，以致严肃的人已经开始凭良心使用它们：他觉得，这些话在社会上传开以后，就受到一切庸俗无聊概念的影响，在流行空话的场合随时与之同时出现。是时候把这样的术语放入思想库中了：它应当静静地变成熟，应当在思想自我检验的深刻考验中变纯净，直到它们能重新明确地表达意思为止。

我们喜爱的术语之一——“发展”似乎也面临着这种命运的威胁。在书本、小册子、指导性文章、杂文、席间交谈、布道稿、沙龙式谈话、正式文件、讲座和中学的课堂上，这种流行语到处发出嗡嗡的声音，它一响起，人们心里就觉得郁闷。看来，该认真检验一下这个词包含的意义了。该回忆一下，“发展”这个术语如果不与另一个术语“集中”连在一起，就不具有确切的意义。该向我们共同的母亲和教师——大自然请教这些概念的解释了。从自然界那里我们不难学会，任何发展都是从中心开始，没有中心就没有意义，如果让汁液形成和流通的创造力中心干涸，那一朵花也不会从花蕾中开放，任何一朵花也不会结出果来。但不幸的是，我们忘记了自然界，因为不能战胜它，就制订出一种幼稚的发展方法：我们想在花瓣依靠自然力的内部作用张开之前，用机械的力量把花蕾打开并用粗劣的手使花瓣绽放。当然，我们也把这叫做发展：我们刚刚毁坏了花蕾，被我们打开的花瓣就因没有正常地开花和丧失了正常结果的希望而正在枯萎！这种事情难道不疯狂吗？它难道不像寓言中那个想用一只碗舀干海水的孩子的幻想吗？

在各地出现了多少这种疯狂的孩子和自诩的导师呀！他们对发展的渴望已经达到狂热的程度，都认为自己是能够发展任何人的行家。如果就让一些人保持这种不明智的狂热也就罢了，最让人吃惊的是，和这些人一起的、有时跟在其后面的、另一些看起来明智而思想严谨的人，也完全被市场的普通常识、具有魔力的话语给迷住了，他们重复这些词、随声附和它，并以该词语和与之有关联的混乱概念为基础建造整个教育和教学活动体系。

所有这些幻想的产生、所有这些计划被编造出来，都是为了运用到所谓的平常人中、运用到民众中。准备向民众进军，但既没有统帅、也没有士兵，谁也不主动与民众融合，在民众中生活一段时间，研究民众的心理特征、民众的精神，因为人民有自己的精神，要理解它就必须去熟悉它！不，民众的改革者与教育者只把民众看做一种需要对之进行试验的、已知的智力数。而且，这勇气和自信多么令人吃惊呀！——为了某种最高的绝对目标，必须强制做这些试验！！怎样试验它们——导师们不仅在这一点上意见相同，而且坚决一致地打算影响思想和发展思想！有一些微弱的呼声——认为普通人不仅有智慧，还拥有和别人一样的精神，他心里有一个同样的堡垒，他应在该堡垒上建造自己的全部生命和其迄今仍保持的宗教构成，这些呼声反驳这些导师是徒劳的……不，他们把一切转到思想上，想促使其去从事实质无益的活动，去解决一些早就被教育者们轻易解决了的问题。多么错误呀！如果他们肯不自负、不思想傲慢地走进普通人中去了解他们，就会看见，普通人在自己寻找并祈求光明、渴求教育，但为其打开的只是教育中能真正启迪他、不搅扰他的心、不破坏他生活的那个方面。他觉得，精神本质是最珍贵的，想用心阐释它。

（八）信仰

一

我们在世间真正的发展靠的是信仰，而不是幻景；认为自己已经压制了信仰，今后只想在幻景中生活的人是大错特错的。无论人把自己摆在多么高于世界的位置，他都不会与精神分离，而精神总是在追求信仰、绝对的信仰。人离开信仰无法生存。一个人在拒绝信仰现实、存在和表现其精神中客观真理的事物的同时，又把他所尊重的、如偶像般崇拜的、准备为之牺牲自身、整个精神世界以及自由和所有亲人的这种理论和公式变成自己信仰的对象，这不是可怜的欺骗吗？无论什么样的理论和公式，都不可能是绝对的东西，其中每一种在人脑中产生的理论和公式，必然是某种不完整的、令人怀疑的、受限制和骗人的东西。超越我的事物不可衡量，自古就有的事物过去和现在仍有，有不变的、无限的事物，有我不能领会的事物，但也有包容和支撑我的事物——这就是我想信仰的事物，犹如信仰绝对真理，而不是信仰自己可做的事、自己的思维和思想的逻辑公式。不可能把宇宙的无限和生命的开端放入逻辑公式中。制订出这种公式的可怜的人，想借助它穿越混沌的存在，混沌却吞没了他和他可怜的公式。自我的不朽意识、相信唯一的上帝、罪恶感、追求完美、为爱牺牲和责任感——这才是精神信仰的真理，不受迷惑，不在公式和理论面前卑躬屈节。

二

这种本身被遗弃的、没文化的人民，像我们的人民一样，他们的宗教生活简直就是一个谜！你问自己：宗教生活源于何处？当你试图到达源头时，却什么也找不到。我们的神职人员很少讲解什么，他们只为教会服务，举行圣礼。对于文盲来说，圣经是不存在的；只剩下教堂的礼拜和由父母传给孩子的祷告，这是唯一联结个人和教会的环节。人们来到某个偏僻的地方，完全不懂教堂礼拜的语言，甚至不懂常常带有已失去任何祈祷文意义的省略或添加的“我们在天上的父”这句重复的话。

但在所有这些没有教养的人中，仿佛在雅典那样，不知是谁为不知道的上帝竖起了一座教堂；对于所有人来讲，生活的全部事件中的确存在天意是意识中如此根深蒂固和不争的事实，当死亡降临时，这些从来没有任何人给他们讲过上帝的人，向上帝打开自己的门，就像为熟悉的、久候的客人开门一样。他们直接把灵魂献给了上帝。

三

神话的出现比来自民间意识和创作深处的实用历史要早得多，并继续与历史一起创造。它本身是历史的源泉和历史批评的对象，但不管受到任何批评，神话仍然是人民宝贵的财产，保留着一切新颖的直接概念。人民理解并喜爱神话，我们补充一下，人民在继续创造神话，不仅因为他们喜欢神奇的东西，还因为从中能明白任何对事实进行的最精辟最艺术的批评分析都不可能给予他的、思想与感情的、深刻而绝对的真理。人民继续尊重那些在历史中已丧失声望的、民间诗歌中的人物；对人民而言，这些人物身上的——力量、美德与神圣的理想特征十分宝贵，因为人民是在这些理想中，而不是在人、事件和暂时的生活方式中明白了绝对的真理。学者们不想弄明白，人民是在用心感受，这种绝对真理不可能被具体抓住并强行描绘出来，不能用数量和尺度来限定，但可以也应当信仰它，只有信仰才可以获得绝对真理。在人的事业、感情和动机中没有任何完美、完整和统一的东西，因为每个人都被分成两半，因随时会跌倒和摇晃才会追求合二为一。于是，如果对每件功绩、每个事件和每个历史人物都采取分析的态度，那谁也经不起分析，将不会有达成共识的人物。在每件功绩之前都有一连串这样的精神动摇，这样一些错综复杂的，引导、改变和分割人意愿的，不同性质的感受、动机和偶然事件笼罩了他，以至于好钻研的头脑里已经没地方留给功绩了，就如没地方完整自由地表现、旨在实现理想的意愿一样。但在人民的概念中，功绩正是完整而积极的力量表现：人民是如此有信仰，离开这种信仰就不能生活，因为人的整个生命都靠信仰维持，在痛哭、悲哀、苦难和谎言中，信仰具有实在的意义。

这就是为什么那些想腐蚀人民的这种信仰、想以操心臆造的历史真相为由使人民丧失这种信仰的人产生误解的原因。人们必须信仰真与善的理想；但如果它不体现在活的形象中，那如何来保持这种信仰并如何维护它呢？从人们那里夺走这种形象就意味着夺去了形象所表现的信仰本身，夺走了对绝对真理和完美统一的信仰。这就是为什么俄国人多半爱读《圣徒传》和全由鲜活的功绩、美德和道德完善的形象组成的《日读月书》的原因。这些圣洁的人物每一个都具有人性的全部弱点，思想、动机和意志也会动摇，道德也会败坏，如果剖析他的心灵，我们会看到原罪的全部秘密，会发现人完全无力与自身做斗争。但人取得了这场斗争的胜利，这场斗争是为最高的完美理想而进行的！该理想的范围不在人间，而在天上，在绝对事物的领域。用心灵描绘那种对真理的鲜活热爱和对理想积极追求的、虔诚而充满同情心的抄写员用鲜活的特征描绘出了他的这种斗争功绩。

四

古代寓言中的斯芬克斯坐在岔路口上，要每一位过往的行人猜谜。猜不中者都成为其牺牲品，掉入深渊；只有猜出谜底的智者才能战胜恶魔。

那什么是我们生活中的斯芬克斯呢？我们的全部生活是无止境的，从表面看是一连串机械的现象和事件。它们在互相替换和相互组合中飞逝而过时，全都承载着自己关于人的精神的问题，在时代的不断变化中，每分钟都在产生自己当前的问题。要回答和解决这些问题，需要心灵的智慧；谁没有智慧，谁就是事实与现象的奴隶，是自己时代的奴隶，尽管他被称为当代人。

五

有一个不断扰乱全人类智慧与良心的重大问题——一个关于在耶稣训喻的、被基督教会作为自己学说基础的人类关系中实现真理与爱的问题。没有人能找到解决这种矛盾的关键，没有一种良心能安于这种矛盾。每个人在社会生活和个人生活中回想战争、纠纷、暴力、谬误、无知和迷信的流血史时，都会恐惧地自问：“在我们所生活与发展的地狱中，在那里并如何执行基督的法律呢？”对于宗教本身仿佛是谎言和虚情假意的镜子，是事实与意识间矛盾的标志，是保护被迷惑的良心和错误之虚假辩白的仪式和手续网的这种状态，有什么出路吗？有一些卓越的人、追求真理的人和顺从心灵的人，有一些思想能放松、暂时安静下来追求爱与理性的事业；但在考察生活的总和时，他看见了忘记自己使命的领导人和当局，看见了荣誉和名声中的不当得利和耗费了权力本身掌控世界的、靠侵占积攒的财富，看见外表虔诚的掩饰下自负的不法行为，看见几千几百万次为上帝和偶像而牺牲的战争和充满暴力的仇恨，最终看见无数在无意识中混日子、被贫困刺痛而在痛苦中生存和垂死的民众。于是他问道：“基督的王国，爱与真理的王国究竟在哪里？宗教的积极力量到底在哪里？遭受苦难之人生活的目标和终点在哪里？”

从古至今，人类曾多少次表现出对黄金时代的期待，但都以失望而不是绝望告终，因为基督徒不可能也不应当绝望。《圣经》（旧约）中的先知描绘了世界未来的状态和人类的幸福。基督给人间带来了爱与和平的戒律，但没有执行这条“自由”在其中没有地位的戒律；基督认为，这条戒律本身是一把剑，应当点燃人心中的明灯。基督复活之后，我们从一些心里希望改造世界的人那里听到一个胆怯的问题：“天哪，你不会是在这个夏天建造以色列王国吧？”他回答说：“没让你们去搞清楚季节和夏天——上帝自己来安排。”

年青的基督教会在早期的几百年里，在压制、罪恶和苦难中把全部精神都寄托在建造以色列王国的希望上，这种让真理在人间获胜的希望是一种被基督教引入郁闷的多神教世界的新的力量。当这种力量表面上已耗尽、希望变成了绝望时，可怕的时代就来临了。亚拉里克一世占领并毁灭罗马，以无法形容的恐怖震惊了整个基督教世界；信徒们因疑惑而郁闷：基督教的力量在哪里？哪里能拯救灵魂？而多神教世界则高喊：“这一切灾难都来源于新的基督教。”于是，基督教神学家奥古斯丁“振奋”起惊慌不安的良心，写出一本热情高涨的书《上帝之城》来恢复基督教的希望，向人们解释清楚上帝的旨意在人类历史上的命运，以及不可置疑的、未脱离现实的王国学说。

从那时到现在，在有社会灾难的时代，在暴力猖獗和社会腐败盛行的时候，同样的问题在基督教世界出现过多少次呀！而我们正在经历这样的时代，早已退出历史舞台的多神教开始在表面上复活，并打起精神试图压制基督教，否定其教义、规定和学说的道德原则；类似古代多神教哲学家的、新的说教者带着恶意的讽刺向剩余的信徒散布悲惨的言论：“这就是你们的基督教世界导致的结果，这就是你们扭曲了人性、剥夺了人幸福所在的淫欲自由的信仰所值！”难道在古代多神教的猛攻下，“征服了世界的胜利”，我们的信仰正在毁灭吗？

不，在神圣的教会里这种信仰仍是完整的，创造它的人说：“不能用它来控制地狱之门。”它至今保留着真理的钥匙，就像在任何时代一样。

然而，从教会一开始成立，一些性急的人、自傲的人就绕过教会并违背教会，不停地探寻一种应当复兴人类、执行爱与真理的法律、奠定世界和平与安宁的新学说。他们对构成基督教教会的、救世主耶稣的学说和基督徒生活之间的极端矛盾感到惊讶，于是把罪责归于教会及其规章，从基督教的本源去反对现存的教会，想确立自己的、自认为是纯正的、脱离教会的、自主决断地从福音书的个别篇章中推出的基督学说来取代它。

真是奇怪的谬误！有人易陷入整个周围社会所遭受的那种淫欲和罪恶，有人和所有人一样，只具有自身分裂后的一种本性，喜欢要求没做的事、或做不愿意的事。他们把自己描绘成精神统一者，表现为不请自来的导师和先知。就像是他们想象自己独自站在一个不动的点上，于是像整个世界一样，他们和世界一起旋转。他们开始违法，却无力从其所否定的完整学说的部分内容和片段中创造出新法。他们反对教会，但又想创立带有传教士和服务人员的、自己的教会，如果成功的话，这些人身上就会重复出现他们所指责和反对的事物，只是倍增了新的谎言、虚情假意和万分的骄傲。骄傲的思想，带着对血肉相连的人们的蔑视，促使他们破坏旧法、创造新法。他们忘记了，正是那位他们直呼其名的、温和而克制的神圣导师，不想改变法律中的任何特征，而是想以其中隐藏的爱的精神来使每项特征更生动。

在斥责教条主义和一些约定俗成的规矩时，他们本人最终成为了狭隘而好权的教条主义者；在反对偏执的狂热时，他们本身也变成了最厉害的狂热者和压迫者；在传播爱与真理时，他们在无意识中被渗透了仇恨精神和偏袒的思想。骄傲迷惑了他们，使他们不能意识到，他们把什么样的诱惑带进了信仰的领域，破坏了教会未来得及培养并使之成为信仰意识的、普通人心中信仰的质朴和完整。

诱惑拥有纯粹的宗教感情、未受过教育、对信仰的真理一无所知的普通人不难，但这是多么疯狂和无耻呀！一想到他们赤裸裸地要求这样的人反对教会，想让其相信——这个具有学说、圣事、象征、仪式、传统和一直鼓舞几辈人的诗歌的教会是虚假可恨的机构，就十分可怕。普通人本来很温顺，但宗派主义用特别的信仰使他达到自傲的高峰，将信仰放入一般宗派性定义的狭窄框架。无论一个人多么无知，面对人民也不可能使他养成这种坚信自己真理的、狂妄的骄傲习惯，因为是人民构成了教会，在上帝面前保持自己谦卑的罪恶意识，宽恕罪恶的简单希望和在教堂祈祷中拯救灵魂的希望。这种骄傲的后果在其进一步发展中更为明显。这是虚假的独立意识和严守教规；这是反对其他所有信徒的愤恨和想脱离开教会那群懒散而温顺的人的渴求，而且，为达目的采取任何手段都被认为是适宜的。

对于被信仰什么、如何信仰的问题折磨的、好钻研的头脑来说，教会是真正拯救灵魂的地方。对于人类有限的智慧、奇妙的幻想和设法寻找新道路的自尊来讲，带着这些问题去进行无尽的探索、怀疑、做出逻辑结论是十分可怕的。一个人如果坚信自己臆造的信仰，并把它和自己置于教会的威信之上，那他就确实可能以坚信自己是信仰的载体而告终；他也可能变得偏执而狂热，产生奇怪的错觉，把信仰当作脱离生活与活动的、独立的、拯救灵魂的因素。

基督在威严地指控当时的书呆子和伪君子时，并不只对他们说过警告和斥责的话；当代所有不理智的狂热者和自诩的新教义之师都应当理解并记住这些话。基督教会拥有由基督本人和教会首脑提出的教导者。而新信仰的导师由谁提出并派来呢？他们想象，在破坏了对基督教义的保护之后，最好把人们吸引到仿佛只有他们才理解的这种学说中！他们在谈论爱的同时，让人脱离教会联盟，激发人的自豪感、恶念和对其他同行的憎恶；他们以本身从自己内部创造出的、他们称为真理的事物诱惑人们，认为真理就是否定他们所抛弃的教会认为是真理的东西。

他们说："真理是人心中最宝贵的财产。因此，如果我确信自己拥有真理，那我怎么还能无所事事呢？怎么还能忍住不把真理告知自己周围的、因没有真理和不懂真理而变坏的人呢？"但谁又能证实我呢，自诩的导师，你的这种真理是不是只建立在你个人的概念和证明中呢？请给我展示一下有关它的更权威的证明吧。或是你能证明你的真理中有神圣启示的印记？或者你有权像古代的先知那样大声宣告真理吗："耶和华如是说……"你那假想的信誉只是你个人的看法，尽管是真挚的；如果对你本人来讲，这意味着一切，那么对于我和别人来说，简直什么也不是。或者你是得到天赐的命令到世间布道，要把你本人从上天得到的东西教给别人吗？但你不能向我发布并明确证明这种命令。因此，任何一位新信仰的传播者，无论他认为自己的观点多么不容置疑，他都应对自己周围人的信仰表示尊重。

但新信仰的狂热崇拜者不想承认的正是这种尊重，抛弃它就像抛弃某种不值得尊敬的东西。他直接从自己周围人的信仰开始行动，为了破坏对该信仰及其完整体系的保护而用攻城炮对付它，以便使自己的信仰占据它的位置。这些几个世纪以来确立的教义对于坚持它的人来说，构成了生活的全部支柱；这种教义越深刻真挚，它产生与存在的基础越坚固，对它的攻击就越激烈，破坏它并在其废墟上建造自己选定的大厦这一愿望就越强烈。从表面上看，目标是具有创造性的，但针对目标的整个活动却多么困难。这位战士在破坏之后就想搞建设，但他没有想到，破坏是多么容易，而要在被破坏的地方搞建设却很难。被破坏的大楼靠埋入深处的地基支撑；当它倒下以后，需要为新的大楼在新的深处奠定新的地基，并果断地尽力重复人的长期的精神工作。是谁给予破坏者这样做的权力呢？它控制了自己的牺牲品并把它带向了何方？——带到了沙漠中，那里开辟了数百条道路通向四面八方，但没有一条明显宽阔的路。无论目标是怎样的——狂热笃信宗教的结局就在那里：在沙漠中。

六

先进的人们、宗教的奠基者们能直观地认识到教义体系中上帝的思想及其对人的态度，他们创造出了适合这种思想的、因该思想而变得高尚的崇拜形式。但民众位于低谷，照耀山顶的、纯粹直接的光芒不会很快到达谷底。民众的宗教概念和宗教情感表现为以最严谨的观点可以被认为是迷信和偶像崇拜的仪式及传统中。严格拥护信仰的人很愤怒，试图用暴力打碎民间信仰的这种外壳。

但在这种常常是粗糙的、民间信仰的外壳中，包含着能发展和赋予灵性的信仰的实质，蕴含着那种永恒的真理。民众认为，仪式、传统、象征和风俗都是那些在抽象思想中对自己来说不现实和无效的事物真实而有效的体现。如果我们打碎了外壳而毁灭了真理的实质本身怎么办呢？如果抽出稗草的同时把小麦也剔除了怎么办呢？如果试图以迷信为由一下子清除人民的信仰却消灭了信仰本身怎么办？

一部阿拉伯的诗歌中记载了这样一个有教益的故事。摩西有一次在沙漠里徒步朝圣，遇见一位牧人正在虔诚地向上帝祈祷。他是这样祈祷的：“噢，我的上帝，我怎么才能知道，在哪里能找到你并成为你的奴隶呢。我多想为你穿鞋、梳头、洗衣，亲吻你的脚，为你收拾住处，奉上乳汁。我的心多么需要你呀！”摩西对这些话十分愤怒，就对牧人说：“你这是在渎犯神明，至高无上的上帝是无形的，他不需要衣物、住所和奴仆。你在说什么呢，你这个异教徒。”

于是，牧人变得忧郁起来，因为他不能想象没有身体外形和肉体需要的上帝形象：他陷入绝望中，不再为上帝服务。上帝就对摩西说：“你为什么要从我这儿赶走我的奴仆呢？任何人都可以从我这儿接受自己存在的方式和语言的风格。你认为是恶的事物，别人会认为是善的；你觉得是毒药，别人却看作香甜的蜜。言语并不意味着什么，我只看人的内心世界。”

（九）不信教的范例

一

政治分化到极端程度的法国打算通过政府组织民间的“无上帝”学派。不幸的是，我们这儿有一些知识分子的代表与莫斯科的公爵小姐差不多，后者曾经闲聊说：“噢，法国，世界上最好的地方！”不久前，一位著名的教育家曾把新的法国学派作为效仿的典范介绍给我们。

在法国被官方指定用作女子学校教学指南的、有关政府的新书中，有一本名为《对少女的品德教育和公民教育》的书。这是某种类似公民道德基本信念的东西，打算用来代替学校中的神学教育。

这本书非常出色，分成三部分，每个部分都分出单独的章节。第一部分讲道德规范和有关责任、荣誉、良心等概念。第二部分是关于国家和国家机关的简短理论。第三部分是关于女性及其使命、品质和美德的学说。文字表述紧凑、简单、明了，就像教材一样，还有很多浅显的例子，文中配有插图。人们无法反对学说本身的实质：它提倡秩序、善良及纯洁的思想、愿望和美德，坚决要求责任感和责任意识，严格规定了女性在家庭生活和社会中的义务。

这就是该书引人注目之处。没有一个地方提到过上帝，没有暗示过一点宗教情感。作者在说明人的良心具有深刻的决定意义时，给出了良心的定义："良心是一种感悟，是对别人具有的、关于我们和我们行为的看法的感悟。"作者们试图在人的看法多变的情况下确立整个生活的道德基础！该词的意义在此得到真正的体现："想成为智者的人失去了理智。"

不幸的是，在我们贫穷的俄国，一小部分粗浅的知识分子也被带进这股时下正在法国泛滥的疯狂急流中；从其代言人、杂志、报纸、社论和杂文中，都能听到齐声重复的、那位莫斯科公爵小姐的声音。附和这种声音的常常是一些善良但过于幼稚的、无经验的人士，他们想当然地认为，报纸和杂志能给其带来文明的某个"新词"。

当读到杂志的批评家们对学校问题的推论时，人们感到很遗憾。这些批评家们认为，没有宗教当然不行，需要进行宗教教育，但这一切可以不需要教会及其工作人员。说得已经够简单明白了。我们呢，不反对宗教教育，甚至需要它，我们不能理解没有宗教的学校，只是不需要教权主义。"教权主义"这个术语掩盖的就是教会和宗教仪式。民间学派的新教徒们所掌握的这种狡猾的叙述方法，会将很多不会"辨别"作品"精神实质"的读者引入歧途。

这些善良的人们不知道，现在"宗教"这个词和其他很多词一样，意义也发生了变化。很多人已经把这个词理解成一种事物，一种被真正信仰上帝的人弄明白了就将会恐惧地放弃的事物。这些善良的人们不知道，今天已臆造出无上帝的宗教，"上帝"这个词本身被所谓的科学人士使用时，已具有特别的意义。

1882年，一本卓越的书面世了，引起普遍关注。痛恨一切宗教的人，大部分带着轻薄、恶意的嘲弄无情地反对上帝，宣传物质对于宇宙具有特别重要的意义。这本书第一次以平稳的语气，郑重表述了完整的无上帝宗教学说和理想的人生观。这本书名为《自然的宗教》，作者是牛津大学教授希里。这本书让那时的宗教人士感到奇怪而疑惑，觉得它不可信。

这本书包含了对俗世生活的艺术分析和耶稣基督主要在人性特征方面的性格。书中饱含深深的景仰，作者运用哲学语言、但不用教会术语及神学术语来表述内容，明显表达出想弄清基督形象以便虔诚仿效的分析目的。原来，作者是一位虔诚的基督徒。但很多虔诚的读者却因该书而惊惶，看来作者的基督教情感和观点似乎和他们的也不一致。这本书中的基督形象是最神圣、纯洁和仁慈的，但不亲切，不是自己人，不是那种我们从小就习惯敬若神明的形象，不是基督教会颂扬的那位基督。书中有种不太好的情况，仿佛其作者已经丧失了信仰，或是站在离信仰不远的地方。但看来作者在书中还是确立了对上帝个体存在、人的灵魂不灭的信仰，信仰基督来到世间的弥赛亚意义，甚至信仰基督显圣的真实性，尽管有些犹豫。

10年过去了，该书作者又若无其事地成为了新宗教、而非基督教的热情宣扬者。他说：旧的启示已完成了自己的祈祷；出现了代替它的新事物，现代自然科学家、历史学家、哲学家们给我们带来了古代先知们不曾梦想的启示。从这个观点讲，德国学者们关于圣经的评论性文章比圣经本身还要高明和完善。作者异常幼稚地对信徒和宗教人士说：我们干嘛要争论、干嘛要相互为敌呢？我们可以在同一种信仰中联合起来。我们是信仰科学的人，也信仰上帝。我们的上帝，就是在某种意义上作为启示的自然界。因此，他重复说，我们不是不信神的人，我们这些信仰科学的人和你们这些神学家之间的全部争论都只是口头上的争论。难道不都一样吗：我们的上帝是自然界，宇宙的科学理论也是有神论，自然界是我们之外的现存力量，其规律对我们而言是绝对的——因此，这就是我们崇拜的上帝。

作者在反对上帝个体存在的同时，坚决反对谴责无神论，而他本人又否定和贬责无神论，这不令人觉得好奇吗？他认为到底什么是无神论呢？作者用一种普通人可能会觉得疯狂的臆想来回答这个问题。

“通常被称为无神论的是一种非常形而上学的否定形式，不具有严格的意义。而真正现实的无神论具有重要得多的严肃意义，是一种道德的大恶。真正的无神论可以用普通的术语‘放任’来指称。即人的任何活动都是与自然界发生的行为，是我们的需求与自然界的不可抗拒的规律之间发生的行为……除了本身的意志，什么也不承认，想象由坚强意志拟定的一切都是可行的。不承认自己之外有任何为了事业成功而应当考虑并吸引到自己一边的最高力量，这就是纯粹的无神论。”作者想举例说明这一模糊而杂乱的想法，便以具有纯无神论形象的国家为例——他介绍了波兰。他说：“不幸的波兰，因无神论的罪恶放任和享受不愿考虑客观自然界的极端个人自由而经受了惩罚。”

作者在构造自己的宗教理论时，详细描述了他所认为的科学中的宗教情感是如何变质的，描述了宗教情感又是如何通过想象、在人的道德实质中分解为涉及 3 方面的宗教形式的：自然界的宗教、人的宗教和美的宗教。

在这本充满天才和激情的书中，尽管第一次如此详尽表述的完全不是新的学说；读者在该学说中会遇到当代如此流行的实证主义的熟悉特征，这是由于康德（Кант）[1]、乔治·埃利奥特（Джордж Эллиот）以及俄国译者如此偏爱的赫伯特·斯宾塞（Герберт Спенсер）[2] 的著作而熟悉的特征。但在上面提到的任何著作中，就像在《自然的宗教》一书中那样，都没有如此明显地表现出这一时髦理论的内在无力。当一个被自我崇拜的骄傲所迷惑的人否定生活和宇宙中超自然的事物，并在生活与宇宙的关系中着手建造自己的生活理论时，他可以谈到多么狂妄的程度。这种理论被指责为在逻辑怪圈中绕圈子，自相矛盾。该理论在取消上帝个人特权的同时，试图保存宗教，并徒劳地尝试规定宗教情感的对象，因为对于宗教而言，除了现实的上帝，没有别的对象。该理论否定无形的世界、灵魂不死及未来的生活，但认为幸福是生活的目标，并徒劳地试图限定幸福的物质范围及世俗存在。该理论把启示叫做臆想或幻想，把任何宗教信条都称为谎言，但本身却在新的教义中寻找自己的支柱，并以应当相信的公理形式展现人类一次又一次的必然进步。

这一理论正好反映出那种思想的放任和一贯的骄傲，我们的作者在自己的概念中把它与无神论联系在一起。该理论中未显示出那种作为真理和学说巩固程度标志的、完整而明确的信心。该理论的传播者宣扬人类的幸福时，总是在他们不能否认的现实中栽跟头。这种现实是指人生命中不可避免会存在的邪恶、事件、暴力和谬误，是悲观主义的理由。不能够隐瞒这种理由；一部分实证主义信徒努力压制和消除这种理由，或是沉默着假装接受它；而另一些更认真负责的信徒则忧郁而疑惑地制止自己。我们

[1] 康德（1724—1804 年）：德国哲学家，德国古典哲学的创始人。
[2] 赫伯特·斯宾塞（1820—1903 年）：英国哲学家和社会学家。

的作者属于后者。他歌颂自己所宣扬的自然界、人类与美的新宗教，证明与之相联系的宗教崇拜具有全部的力量和作用，同时说道：“我们刚一开始安于这种思想，即所有认识到的和自然的事物都能满足人类生活时，悲观主义就抬头了，并使我们陷入惊惶。”他在另一处指出：“如果不是悲观主义，什么也不能惊扰我们的宗教崇拜。”在书的末尾，他建成了自己的理论大厦。他说：“当宇宙能容纳我们和我们能习惯时空的无限时，我们的思想越扩展越深入，自身的渺小感就越震惊我们，于是我们恐惧得精神麻木了——我们用献身思想暂时安慰自己说：就让我消失吧，我要关心别人。但不久后，别人变得像我们本人那样令我们鄙视；人类的所有不幸似乎同样都不值得减少，人的幸福、甚至于最大的幸福都如此苍白，不值得关心其是否在增加。”整个道德世界缩小为一个点；有精神生活的城市和圣像所在地正在向远处消失，如微弱的星光闪烁。善良与邪恶、真理与谬误都极其微不足道，永恒与无限却在道德世界之外的某个地方。爱的感觉越来越弱，在一切美好永恒之物冰冷存在的世界上逐渐消失，在自身薄弱而空洞的意识中渐渐耗尽。作者立刻又补充说：“超自然的宗教能填满这全部的空洞，能把爱和真理与永恒相连。但如果超自然的宗教被撼动了，那自然的宗教将为什么服务呢？”

可以相信这些话是一位热情宣扬自然宗教的人说的吗？就这样，一个认真的人会被困在他本人织出的理论网中。

尽管作者语气十分温和，一片真诚，但这整本书的主旨仍是令人郁闷的悖论。认为不同的世界观——科学的、艺术的、人文的世界观都包含宗教情感因素，这是对的。但它们不是新信仰和新教会的元素，而是那种基督教世界观的单独成分。如果不承认用归纳法达不到的简单真理，任何宗教都不可能存在。上帝的个人存在和人类灵魂的精神方面就属于这种公理；由此得出超自然主义，任何宗教没有它都不可思议。科学的真理（除了数学）其实都是相对的，只对于学者是有意识的存在，还可能以欺骗的方式、按教条主义的形式强加给民众。这种欺骗如今正在进行……我们每天都在进行欺骗。

二

对别的信仰和异己观点的偏执态度还从未表现得像当代宣扬激进学说和否定学说的人们所表现的那样坚决：无情而尖刻，带着仇恨和蔑视。如果深入思考这些新导师对于他们所不承认的信仰的态度，可能比因为信仰而引起血腥迫害的、古老的宗教偏执更可怕。最近的情况是，对无条件信仰绝对存在的真理进行迫害。当一个人信仰那种应当成为所有人真理的、无条件的生命原则和全体及个人的福利都以之为基础的原理时，就像穆斯林信仰古兰经一样，这样的人不仅会认为公开宣扬自己的学说是自己的职责，而且需要时还会把它强加给别人。

比如，孔德[1]学说的代表，一位实证主义者在自己的书中写道："任何人对自身和人类的首要职责是解决自己内心的一个问题：他是否信仰上帝的存在？然后假设，如果他得出一个观点，信仰上帝是盲目而疯狂的迷信，那他最神圣的职责就是使用任何条件和理由让这一观点深入每个人心中，首先传播给亲近之人，然后如果可以把这种观点带进民众中便到处宣扬它，并无条件否定一切直接或间接表现出与该观点相对立的信仰的、私人及社会生活的现象和形式……"这种行为方式难道不是对别人良心的痛苦压迫吗？为了什么呢？只为了自己个人的观点！

在这种极度自尊中看不见也听不到任何爱与信仰！没有爱和信仰就没有真理。

三

在远离现实的生活中成长起来的、高傲地确信理性和逻辑之无懈可击的聪明人已狂妄得令人吃惊。理性崇拜使他们放弃积极的宗教以后，最终使他们仇恨任何一种对统一的、活的上帝的信仰。但其中那些十分严肃认真的、不能抛弃全人类提出的信仰需求的人，那些心灵尚未完全让冷酷的逻辑思维变得麻木的人，仍认可人性中宗教情感的合法性，并尝试用某种他们臆造的新宗教来满足这种情感。于是，由表面上努力从自己的结论和推测中根除一切幻想成分的人们提出的纲要具有幻想性就势必让人感到奇怪。施特劳斯[2]在自己《关于旧信仰与新信仰》的著作中否定基督教，同时又热烈畅谈宗教情感，但他把宇宙思想作为宗教情感的对象和中心来代替活的上帝。在伦敦出版了穆勒[3]死后才被找到的、穆勒"关于宗教的零散思考"，以《三篇宗教文章：自然界，宗教的利益和自然神论》为标题。穆勒承认宗教利益是不容置疑的，但他尽管以最大的热情表现了基督的面貌，却反对基督教。他说："不可能批驳宗教对于个人的伟大意义；这是每个人个体满足和崇高精神的源泉。"

就像施特劳斯那样，穆勒未能在宇宙思想中寻找答案；说来奇怪，他之所以不能

[1] 孔德（1798—1857年）：法国哲学家，实证主义和资产阶级社会学的奠基人之一。
[2] 大卫·施特劳斯（1808—1874年）：德国神学家，青年黑格尔派哲学家。
[3] 约翰·穆勒（1806—1873年）：英国哲学家，经济学家，社会活动家。

是因为他不信仰自然界；在那本书的开头，他就像往常一样，忠于自己对生活的疏离而开始研究："那种规定自然界中真理与谬误的标准、规定善与恶的学说究竟正确到什么程度呢；它把与自然界一起构成和仿效自然界作为人的支配原则。"穆勒不承认这种学说，他认为自然界仅仅是一种盲目的力量。该力量产生出自己不能满足的愿望，培养伟大的天才与力量、发展事业，以便在瞬间毁灭它们——总之，就是在刹那间盲目而偶然地毁掉其本身创造的一切。因此，穆勒拒绝在自然界的基础上建造任何道德或宗教体系。

穆勒到底在琢磨什么呢？这就是他的原话："当我们想象，通过适当的培养，对祖国的爱能产生何种强大而深厚的感情时，我们将会理解，对最辽阔的祖国，也就是对整个世界的爱很可能会产生类似的发展力量，可能使这种力量变成最崇高的精神感受和义务原则。历史证明，通过培养不仅可以使人们拥有祖国利益应高于其他任何意图的理论见解，还能使人们实际意识到生命的最高职责就在于此。如果这是可能的，那为什么不能使人们产生为了整个世界共同利益的、这种无条件的责任感呢？天赋极高者的这种道德也许能从好感、赏识和对伟大理想的狂热激情中获得力量，而素质低下的人则从自然发展的情感中，有时也包括羞耻感中汲取力量。这是丝毫不取决于期望奖励的高尚品德。高尚品德把这种作为忧愁中的安慰和脆弱时支撑的思想看作是唯一的奖励，无可怀疑的阴间生活和在这种生活中赞扬我们尊敬的人并崇高地肯定我们敬重和赞扬的、所有活着和逝去的人们可能是它唯一想要的奖励。确实，想到我们逝去的朋友和亲人在世时曾肯定我们的事业，这比得到当代人的赞许更能激励我们……"

上述内容明显表现出目光的短浅，或最好说，显示出当人的智慧在不能运用于生活、不了解人心的前提下，想抽象地构造生活与人时，完全是疯狂的。穆勒想象的这种宗教也许只对类似于他的、把自己带离整个世界而陷入抽象思维的小圈子的思想才是理由充分的；但人民是由鲜活的情感和意识而非僵死的抽象原则联结起来的活体，难道能接受并理解这种宗教吗？这样的宗教若何时能在民间被推出的话，似乎会转向多神教。人民不能想象与自然界的分离，如果能忘记父辈的信仰，就能为了自己而让信仰重新具体化，犹如宇宙的思想，把该信仰分散为单独的力量或以那种粘合的精神原则形式为人民表现出来的人性，并把人性划分为精神力量的各种代表——那只会重新出现大量活的上帝以代替唯一真理的上帝……难道这注定还要实现吗？

（十）新信仰和新式婚姻

有人使我们相信，我们的旧信仰正在消失，仿佛有曙光照耀的新信仰正在代替它。听天由命吧，如果将是这样，但也不会很快，如果一定会发生，只是暂时吧。当然，那将不是启蒙的时代，而是昏暗的时代。

在我们的旧信仰中包含人性的真理、直接感受和意识的真理以及那种能回应来自灵魂深处的真相并响应神启的真理。这种真理是存在的，它的内核就在每个人心中。它是这样被描述的："每个代表真理的人，都将听到我的声音。"

我们旧的信仰以每个人感觉自己是唯一不死的灵魂为基础，人不把这种活的灵魂与自然界和人性掺杂在一起，面对上帝和别人他能意识到自己并希望灵魂永生。人会带着活的灵魂进入爱他人的自由联盟。人能感觉到上帝就是灵魂，就像感觉到活着一样简单，并在这种简单的感受中、不受理性支配地获得自己的信仰。

新信仰的传播者正在出现。一些人嘲笑旧信仰——想破坏一切，但又不愿创建新事物。另一些人表面上很严肃：他们探索深奥的道理，打算把自己想出来的道理强加给我们；他们每个人都向我们提供自己的作品和自己信仰的构件，因为他们仍认为必须要有信仰，他们只想虚构自己的东西。但这些作品多可怜呀！它们全都无力把活的灵魂集中在自己周围并以积极的思想去激励他们，因为没有一部作品把活的上帝放在信仰的中心。

最后出现了很多单独的体系，在这些体系中，每位哲学家都试图按自己的方式为人类建立一种无上帝的信仰。所有人都认为，已经理性地建成了这种信仰；但这不是真的。当人用理性直接推理，不掩饰和否认自然界与灵魂中存在的事实时，人的理性就无法摆脱关于上帝的思想。不信神的真正根源不在于理性，而在人心里，正如先知所说："狂妄之人在自己心里说：没有上帝。"无论理性曾多么努力地理解任何腐化，一切腐化的根源都在心里，在意愿中。

但当看见理性本身欺骗自己时，确实令人惊讶。不信神者宣传的似乎正是这种无上帝的宗教。他们说："用现实的真理代替关于上帝的古老奇谈吧。在哪里都见不到上帝；自然界是确实存在的，人性也是现实的。人性不仅是事实，还是一种能借助经验与理性逐渐达到无限发展和特别完善的力量。在这种思想中有种内在的深刻性和力量，它完全能够取代人所有的宗教情感并用人类共同的宗教把所有人连在一起。"（这与《圣经》中的内容难道有何不同吗？）现代实证科学和所谓的功利主义学说就是这样的。

近来出现了一位蒂宾根神学派的著名信徒、对《圣经》进行学术批评的巨擘，这就是《耶稣的生命》和《关于旧信仰与新信仰》的作者——施特劳斯博士。他在自己的新书《关于旧信仰与新信仰》中说他本人表达了忏悔，陈述了自己所有学术著作的成果，阐述了关于上帝、自然与人的哲学思考。他在青年时代写作《耶稣的生命》时，就已经谨慎而带有一定敬意地研究了被对人性的古老信仰所推崇的事实，还深入涉及了信仰深处的主要思想；那时他身上还留有尊重上帝的痕迹。但是现在，当他说到上帝时，在他的话中仿佛只听见对上帝激烈无情的反对，就像反对歪曲人思想的、有害而骗人的寓言一样。我们听见："朱庇特发怒了。"

但施特劳斯是根据奇怪的矛盾思想来反对上帝的，他不想放弃宗教情感，他意识到自己的这种情感需要，意识到了宗教情感的存在。什么能作为宗教情感的对象、什么能具有足够的力量控制灵魂并充满它呢？不是并不存在的、个人的上帝——施特劳斯回答说，而是构成一切福利、一切力量和合法存在的最纯粹理性之源的宇宙。他说，对于这个宇宙来说，我们需要的正是这种坚持旧信仰的善良者对待自己上帝所怀有的那种恭敬的情感。

这个宇宙到底是什么呢？其中包含精神的东西吗？施特劳斯在回答这个问题时，表现为实证主义哲学和现代唯物主义的拥护者。他把康德学说和拉普拉斯关于行星系中机械力量特殊作用的学说无条件普及到一切生理和心理生活的现象中，认为人的精神是完整的物质和机械力量复杂作用的结果。施特劳斯不承认精神意义上的灵魂。自然，他热情信奉达尔文的物种起源理论，不只将该理论运用于外部世界的现象，还充满幻想地把它随意推广到任何一种生命现象。结论中的矛盾与不通丝毫未使他困惑。用他的新信仰来消除对他的一切怀疑吧，这种新信仰是信仰他所偏爱的、他认为与上帝的存在不相容的假设。某种普遍原理尚未被证实也是没关系的。施特劳斯说："我不知道什么时候将如何证明它，但一定能证明。"在有关人起源的复杂问题中，他没有仔细思考比如怎样解释并如何使人的智力、道德思想和审美观念的起源与系统保持一致的问题。真的，如果新信仰就是这种对所偏爱的理论充满幻想的迷恋，那它就是一种新的迷信。达尔文学说的出现，正好加强了新信仰传播者的力量。该学说仿佛用新的光芒照亮了他们，仿佛为其带来了打算用来封闭整个体系的拱顶的、以前未弄到的拱顶石。很多人在热情接受这一学说之后，就已经准备宣布或已经宣布旧信仰彻底被推翻并消灭了。他们忙着把达尔文提出的原则从四面八方运用到社会生活的全部现象中去，并从中推出这样一些达尔文本人可能都不曾想象过的事物的结果。常常有这种情况，跑到导师前面的学派，大概很快将宣布导师本人落后了。而达尔文学说本身，在推出它的那些材料范围中，未必能证明其很多拥护者对信仰是否完整的担心是对的。伽利略的体系、牛顿的理论和地质学上的新发现同样引起较大的激动和担心；但信徒们的信仰却未因之受损害。达尔文学说也是这样。而且，现在还不能认为它已在科学上获得了巩固地位，它最初引起的热情开始消退。先进的科学人士已经开始证明，这种学说实质上只是在一定程度上可能的假设，但尚未被足够的数据证明；天才科学家通过大量研究推出的原理实质是对自己找到的现象所作的大胆而巧妙的总结，该总结还留有很多困惑和值得怀疑的地方。

但这些原理被看作颠扑不破的真理！它们已经被大量重复，一方面成为庸俗的自由主义饶舌者嘴里的口头语；另一方面为很多严谨人士提供了大量新理论组合的依据。现在谁不谈论达尔文？谁不说两句"自然选择，生存竞争"？达尔文的发现不仅使浅薄者，而且让真正严谨的学者在科学的推论和结论中都作出奇怪的跳跃；让他们说出一些对于不抱成见的合理观点而言、表现为幻想和狂妄的话语。确实，达尔文学说很适宜论证新唯物主义。达尔文认为，人简直是白白为自己和自己的灵魂占据了宇宙中某种特殊的、特别优待的地位；在这个基础上，他想象自己是一种受上帝个人直接领导的别的动物。这是一种谬误、一种有害的错误观点。人和其他动物一样，是天然的动物生活方式连续无限发展的产物。不难得出结论：没有上帝，也没有不死的灵魂。从达尔文学说还可进一步推出，鲜活生命的全部存在形式已经形成，后来所有的事物正在从一种形式中推出另一种形式的、永远不停的物质运动中形成，并具有新的发展和新的需求手段。由此不难得出结论：这种永恒运动的创造力就在于物质本身；能永远进步和完善的、自然界与人类的未来就是这种运动，然后，丝毫不需要在物质本身之外寻找有限的创造力量，就像无须去探寻上帝关于宇宙和人的旨意一样。显然，这个结论和否认上帝及信仰人性的思想品位相似。只是不明白，清醒的理智如何能相信物质永恒，否定其最初的根据，而相信运动本身。

如果现在宣扬的新人性崇拜被树立起来，将会出现一个悲惨的时代。人的个性在其中将有一定的意义；现存的那些阻止暴力和专制的道德障碍将会消失。

"关于人类婚姻的有益约束"是达尔文的一种特别推理。他在文章的最开头解释说，基督教的主要思想之一是每个人自己为自己的灵魂负责和人在自己的精神领域独立于他人。因此可以假设，人有权为自己的责任支配自己的身体。达尔文认为，这种思想和权利应当让位于新发现的规律——即他所谓的进化论。人有权支配自己的身体并允许自己满足肉体的需要，只要这种需要与整个种族的正常发展一致。因此，在达尔文学说通过自己对物质生活的观察从而对进化规律作出新的结论和总结之后，可能会立法限制人的个性自由，甚至限制其本能的需求。

达尔文引用两三本研究遗传对人体质的生理影响的学术著作所收集的统计数据证明：在英国，每500人中就有1个疯子，这种精神病大部分情况是因结婚和出生而遗传给他的一些禀性造成的；个别精神病例的数量逐渐以几何级数增加。因此，这种必须采取措施抵制的灾难对人种造成了威胁。可以同意这一结论，但所有的问题在于需要采取何种措施。达尔文从自己的观点出发，建议最大可能地限制人结婚的自由。他说："必须改善和强健人种的体质；为此我们应当想出一种用人为的方式取代自然选择已经衰弱的力量。只有这样，人种才可能改进。在这种情况下，医学技术的成就没有带来普遍的利益，而是造成了危害。毫无疑问，我们文明社会中多数人的健康水平已经下降到令人担忧的程度，医学技术在维持虚弱体质的同时，只能增加未来几辈人的灾难。达尔文认为，在生存竞争中必须减少与强者竞赛的弱者数量。

这就是达尔文为此向立法机构提出的一些方式。现行法律中对结婚的一切限制仍应有效。此外，第一，法律应当认可，配偶中如果一方患有某些疾病，可以成为离婚的绝对理由。哪些疾病呢？达尔文列举了一整张遗传病的清单；我们发现有肺病、胃病、肝病、痛风病、瘰疬病、风湿病等，于是，任何一位身体不够魁梧健壮的已婚者就得每天担心自己的婚姻破裂，而且，因病解除婚姻关系是与国家利益或更准确地说是与整个人类的利益有关的。可以认为，达尔文指的就是将这种推论运用到行动中。因此第二，他建议以德国采用的、证明有服兵役能力的体检系统为模式，推出公共体检系统以查验上述疾病。第三，达尔文建议确立以下规则：任何人如果不能证明自己此前从未发作过精神病，都不能结婚。不仅如此，他还应当提供清白的家史，也就是证明其父母、甚至远亲、旁亲都从未得过类似疾病。这一切都是必须的——达尔文解释说——要消除获得幸福的主要障碍，也就是消除疾病，来大大增加多数人的幸福能力。

可以实行这种限制吗？达尔文本人设问并回答道："废话！各种婚姻法中提出的限制难道是这样的吗？"他援引各种法律中、尤其是拙劣的法律中的例子，用了3页纸来进行证明，顺便还提到普鲁士、暹罗、中国、马达加斯加、奥斯佳克人（西伯利亚汉蒂人）和通古斯人。看来，结婚的每种禁戒和离婚的任何理由都让他感兴趣。但他最后也没有分析一个可能会向他提出的最简单的问题：当只有结婚才能保障自然的共同生活、生育时，为什么还对结婚进行法律限制呢？也许，作者曾经想过这个问题，他在文中列举的日本的例子可以看作对该问题的充分回答，在日本不太能被接受的卖淫，暗中却得到国家的鼓励，因为它能延缓人口的过度增长……

达尔文主义最主要的信徒就是这样认为的！他明确提出主要的生存规律是“保留强者，消灭弱者”。看来，他想把这一规则本身列入公民社会的现行法律。这就是对自己发明的片面思想极端迷恋的例子。除了该思想以外，社会未来的立法者什么也看不见，看样子也不会承认生命中除生理动因之外的其他任何动因的发展。他完全不提道德动因。在他看来，强者和弱者只是他进行数学运算的抽象的数值。他甚至不问自己：在所有的弱者毁灭之后，强者的力量就真的能因此增加吗？他不想知道的真相是：任何力量都是从现实中、从锻炼中得到增强的，当不再有需要庇护者帮助的弱者时，强者将无处感受并恢复自己的力量；而能在适宜条件下增强的弱者本身，也能够变得强壮起来，能够获得力量，并能把该力量传给另一代人。最终，在自然斗争中保全下来的强者，如果其力量将靠牺牲弱者的机械过程来维持的话，他们还能改善人种吗？

（十一）精神生活

一

古老的机关、古老的传统和古老的风俗都是伟大的事物。人民像对存放祖先遗训的匣子那样珍视它们。但正如历史上和我们今天经常看见的那样，人民政府不重视它们，认为它们是需要尽快摆脱的陈旧的垃圾。它们受到无情的诽谤，人民忙着用新形式表现它们，并期待在新形式中立刻产生新的精神。但这种期望很少能实现。古老的机关极其宝贵，无法替代，是用生命创造出来的，它源于过去的历史生活，在人民的观念中被只有历史才能赋予的那种威信所推崇。其他任何事物都不能取代这种威信，因为它的根源位于生命中道德关系被粘合得最坚固、奠定最深的那个部分——存在的无意识部分。认为现在可以用一种重新建立的、使它具有人民思想的机关的思想意识来代替这种威信是枉然的；只有个别人能很快用偏重理性的力量使自己接受这种意识，并在其中为自己找到鼓舞和信仰的源泉。大多数人不可能有这种意识。多数人接受一种思想只是出于历史培养并在他们身上确立的直觉，代代相传。破坏这种传统是可能的，但不可能随意恢复它。

在古老机关的深处常常有一种直接源于人民精神基础的、十分正确的思想，尽管在很多笼罩它的表面附生物、覆盖物和形式的掩盖下有时很难认识并理解这种思想，在新世界中它丧失了自己的首要意义，但人民能靠感觉理解它，因而在自己习惯的形式中牢牢保留住这些机关。人民捍卫这些机关及其有时是不成体统的、表面上毫无意义的外部形式，因为是在本能地保护这些形式下掩藏的真理的内核，使之免遭轻薄的侵害。这种内核最珍贵，因为它是用古代的规定表现素来就有的精神需求和隐藏在精神深处的真理。机关的外在形式很粗糙：有什么关系呢？粗糙的形式是粗糙的习俗、粗糙的权利和表面的粗劣造成的，是暂时和偶然的现象。风俗变好了，形式就会升华并完善。当我们把内容变得纯净，振奋了人民的精神，阐明了思想并使之成为了意识之后，粗糙的形式本身就会瓦解并让位于另一种最完善的形式；外在的东西本身将变得纯粹而简单。

但当人民的改革家对古老机关的粗糙形式和舞弊行为愤怒得大发雷霆时，他们不想知道这一点。他们因为仪式和形式而忘记了机关的实质，准备完全毁掉它，认为其除了粗糙和迷信的仪式，什么也不是。他们认为自己经历过并感受过它，没有它也能行得通，但他们忘记了几百万随着日常生活与精神发展、只有在这种粗糙的仪式中才能接受它的人民。如果在人民心目中毁掉这些仪式，那刚刚才对其产生认识的人民将随之失去整个机关，也许会永远丧失重新领悟祖先积淀其中的思想和以新形式体现这种思想的机会。从内部开始改造不是更好吗？首先启蒙人民的精神，深化人民的思想，净化其道德风尚，丰富人的脑力活动方式。那么，思想将被拯救，人民生活不再受压制，而粗糙的形式本身将转变成新形式。

二

在人诞生并产生相互关系的世界里，为了自由而进行着长期的战争，但如果人的灵魂中没有这种自由，那自由在哪里呢？理性在到处攻击古老的权威，并试图毁灭它们，表面上是为自由，实际上是为了用今天重新想出来的、可能只是为明天出现更新的权威所代替的、此刻的权威替代它们。当代宣传理性和自由的人蔑视东正教徒，因为后者坚持来自父辈和祖辈的、在教堂里接受的信仰，并仍然信仰传统，但这位宣传者也许只是自己培养出了关于教会和精神生活主要对象的观点的东西。他嘲笑教会人士的虔诚，称之为迷信。但他背后的舆论让他本人敬畏：如果这不是最迷信的东西呢？我们珍视我们的过去，尊重历史。他在嘲笑，轻视过去，信仰现在；但这种现实的崇拜有哪点比我们被他嘲笑的情感好呢？有人对我们说：摆脱掉法律的桎梏，砸碎古老传统的锁链，就将获得自由……但当现状被我们看作法律并以比从前更沉重的桎梏压在我们身上时，那将会是什么样的自由呢？

三

卡鲁斯[1]在自己的名作《论灵魂》中说，要理解灵魂中生命意识的实质，关键在于存在的无意识领域。他在自己的书中研究了人生命中的有意识与无意识之间的关系，并提出很多深刻的思想。他说，我们所崇拜的、称为灵魂的事物不是随便什么会在某一刻突然停下的东西，而是某种在长期发展、毁灭和重新形成过程中不断转化的事物。存在于时间中的每种现象都是过去的延续或发展，并包含着对未来的期待。人的生命意识被分为单独的时刻，要把所有这些时刻统一起来，在现在与未来之间找到一个真正坚固的点，这只可能在无意识存在的领域，也就是没有时间、只有永恒的地方。

卡鲁斯在著作中研究了一些事例，讲灵魂的生命意识在暂停的时候，有时会突然转向无意识存在的领域。他说，在我们灵魂中会突然不由自主地出现灵魂中早已消失的概念和形象，就像它们从我们的意识中突然消失那样，但它们终究保存在灵魂无意识的深处，这太妙了。有关人物、现象、地方等概念，甚至某些特别的感受，有时会在很长时间里显得完全消失了，却突然苏醒过来、非常鲜活地重现，以此证明它们事实上并未遗失。还有个别情形令人吃惊，即意识异常明显地呈现出所有具体形象、一下扩展到整个生活圈子。

（十二）教会

一

每种部族的信仰特征在人思维中表现得越明显，你就越相信，要在不同信仰中无关紧要的部分相互让步的原则上，把不同的信仰合并成一种人为虚构的、关于教条的联合是多么不可实现的空想。每种信仰最本质的东西未必能被表达出来并形诸文字或某种公式。教会信仰中最本质、最坚固、最宝贵的东西是难以捉摸的、不能用定义来理解的，类似光与影的多样化，就像由持续不断的一连串感受、概念和印象形成的感觉那样。最本质的东西被很多细微的根源联系在一起，错综复杂，这些根源带有每个

[1] 卡尔·卡鲁斯（1789—1869年）：德国生物学家，心理学家，自然哲学家，风景画家。

部落的心理特征和其内部所形成的、互不可分的、共同的道德世界观。

不同民族和不同宗教的人们在相互见面交流时的很多关系中可以感觉他们是兄弟并互相帮助；为了让他们感觉自己是同一个教堂里的兄弟，并在宗教的精神交往中联合起来，他们需要更多地、长久地生活在一起，相互理解全部的生活条件，将灵魂深处最内在的根源互相交织在一起。于是，一个久居俄国的德国人，有时会无意识地习惯按俄国人的方式去信仰，在俄国的教堂里感觉像在自己家。于是，他走向我们，成为了我们中的一员，他和我们有完整的精神交流。而新教的教堂和信仰却让俄国人感觉冷漠、不舒服。

在神学辩论中，在宗教间的争论中，在每个人和每个民族的良心中，基本问题之一都是——关于行动的问题。众所周知，拉丁神学与新教神学之间迄今仍在争论该问题。已故的霍米亚科夫在自己的神学著作中已清楚地阐释出，这一问题空洞抽象而绝对的提法虚假到何种程度。信仰与行动的联合，就像语言与思维的一致，言行一致是人性不可实现的理想，就像一切绝对的事物不可实现一样……这是一种永远激励并永远展示信徒灵魂的理想。没有行动的信仰是死的；与行动不一致的信仰，因意识到内部谎言而折磨人，但在人处其中的广阔的外部世界中，在无限的永恒面前，行动意味着什么呢？没有信仰的任何行动又意味着什么呢？

请给我展示一下你脱离自己行动的信仰吧—— 一个多么可怕的问题！当一个人尝试了解代表行动的真理、向一个坚定的人提这个问题时，后者会怎样回答呢？假定是一位新教的教徒问一位东正教徒这个问题，东正教徒将如何回答他呢？他只能低下头。他觉得没东西可展示，一切都没整理好，一切都没开始，一切都在外壳的掩盖下。但他很快又可以抬起头来说：我们是有罪的人，我们没东西可展示，但你也并不虔诚。你本人亲自到我们这儿来吧，和我们一起生活一段时间吧，你会看见我们的信仰，感受我们的情感，并可能爱上我们。你会亲眼看见我们是怎样行动的。如果听到这样的回答，99% 的人都会鄙夷地冷笑着离我们而去。实际上所有问题只是在于：我们不会表现自己违背信仰的行动，也不敢这样做。

而他们却在表现。说实话，他们是能够表现的，也的确有可表现的东西。在完美的秩序中表现几个世纪创立、保存并巩固下来的行动和机关。瞧——天主教教会说——在那种听从我并为我服务的社会生活中，我曾经意味着什么、现在又意味着什么呢？我创造了什么又维持着什么呢？这就是爱的行动，信仰的行动，这就是使徒的行动和受苦受难的功绩。瞧——新教教会说——我不能忍受谎言、欺骗和迷信。我使行动和理智都与信仰一致。我用信仰使劳动、日常关系和家庭生活变得神圣，用信仰根除空虚和迷信，恢复真诚、司法和社会秩序。我每天讲授我这种接近生活的学说，培养整整几代人习惯于诚实劳动和他们真正的权利。

新教教徒迄今仍与天主教徒争论行动对于信仰的教条意义。但二者在对这一事物的神学观点上保持完全对立的同时，都把自己宗教的行动放在首位。只是对天主教教徒而言，行动是为了辩白、赎罪和证明幸福。路德教信徒则从其他方面看待行动，并因行动而从实用的观点看待宗教本身。对他们来说，行动仿佛变成了宗教为此而存在的目的，成为了检验宗教真理与教会真理的试金石，这就是我们的宗教思想和新教的宗教思想看法最不一致的地方。毫无疑问，现在提出的观点不构成路德教会的教条原理，但贯穿了它的整个学说。对于本地的生活、对于这个世界，该观点无疑具有十分重要的实用内容；因此，甚至我们这里的很多人有时也准备把新教教会作为我们教会的样板和理想。但俄国人，在灵魂信仰的深处，从不接受这种观点。信徒认为，对一切保持虔诚是有益的；但这只是虔诚的自然属性之一。俄国人也知道，生活应当有信仰，也感觉自己的生活与信仰鲜有相似之处；但他认为自己信仰的本质和目标不在实际生活中，而在于拯救灵魂，他力图用教会联盟的爱拥抱所有人——从以信仰为生的遵守教规者到即刻被宽恕的强盗，不管其行为如何。

新教的这种实用理由从未像在英国圣公会和大英民族宗教观的精神中所表现的这样明显。该理由符合在该国历史上形成的民族性格——使思想和行动到处都符合实用的目标，顽强而坚定地获得成功并在各方面都选择那种能更近和更可靠地通向成功的途径和方法。这种自然的追求应当必须为自己寻找道德基础，为自己创造一种道德理论；道德原则在符合某种性格的宗教观中为自己寻求到认可也就不足为怪了。宗教无可争议地使行动的道德原则神圣化，教人们在世间如何生存和行动，要求人热爱劳动、诚实和寻找真理。我们不能不赞成这一原理。但宗教的实用观直接从这一原理转向一个问题：对于一个无所事事、不诚实、爱撒谎、堕落、不守秩序、不会控制自己的人来说，宗教是什么呢？这种人是异教徒，不是基督徒：只有按教规生活并显示基督教教规力量的人才是基督徒。

从表面看，这种推理逻辑上是正确的。但谁都会想到一个问题：税吏、妓女和那些按基督的话说，在上帝的国度常常预先告知教徒的人们，在俗世和教会中会怎样存在呢？

当然，假定由这种宗教观构成英国教会信仰的明确定义是很奇怪的。这种定义明显反对福音学说。但所谓“国家教会机构”的最认真而热心的代表、捍卫和赞美英国圣公会是国家首要支柱与民族精神重要表现的代表们，其宗教观的精神实质正是这样。无论是在英国的宗教文学还是世俗文学中，这种观点的表现形式有时十分生硬，俄国读者在读到这些表述时，思维常常会因类似恐怖的误解而中断。

有一篇讲思想深度和合理性的文章写得非常好，明显是一位完全热忱忠于自己教会的信徒写的。这就是该文中所讲的关于宗教的情况。

“一些宗教明显是对社会责任感不利的。另一些宗教与社会责任感没有任何关系，而在那些对社会责任感有利的宗教中（基督教信仰的所有形式或多或少都是这样），一部分对其起特别作用，另一部分只起少许作用。可以说，立法者无比睿智与强大的形象在其中能统治一切的那些宗教，在这个意义上所起的作用最大。社会责任感的个体存在是人的理性难以捉摸的；但人的理性按世界本身的样子创造了世界，为明智、坚强、勇敢的一类人创造了世界；也为那些本身不疯狂、不懦弱、也并不十分抱怨疯狂者与懦弱者的人、那些坚定地知道自己需要什么，并为此坚决使用一切合法手段的人创造了世界。这样的宗教则构成了深植于它最优秀的、最有威信的代表中的、不以言语表示的英国国家的信念。这些代表们不顾任何热衷者和人文幻想家，正在展示已被很多大锤砸过、还将被砸得更多的铁砧。”

以上摘录的话实质上完全曲解了福音书上的语言；仿佛是说：行动坚定有力的人是幸福的——国家属于他们。是的，我们说的是世俗的国家，而非天国。作者未进行补充说明，但也未将世间与天国区别开。多么可怕而悲观的学说！

这种宗教思想的情绪在新教国家，尤其是英国，无疑具有最实用的意义。因此不能不同意，新教是该民族社会发展强大而有益的动力，它符合该民族的天性，该民族接受了它。但同样明显的是，一些民族在天性方面无论如何也不能接受新教并服从它，因为正是在新教的这种观点中他们感受不到生活必须的宗教原则，看见的不是统一，而是宗教意识的分裂，不是鲜活的真理，而是思维的结构和错觉。

读到其他一些英国作家的作品会让人害怕，他们特别有力地奏响了英国新教这根弦。比如，卡莱尔对胜利者的力量与天才的崇拜和对失败者的蔑视就达到了狂热。在剖析自己的英雄和强者时，他称赞他们体现了崇高的品质，而在谈论那些被凯旋的战车轧伤的弱者、不幸者、笨拙者与堕落者时则带着些许鄙视的幽默。他的主人公在黑暗和混乱无序中体现了光明与秩序的思想；他的主人公会建造自己的世界，其路途遭遇的一切都不会顺从他并为他服务，但也无力战胜他，他的主要人物总是虔诚公正，死得其所。卡莱尔的卓越才能使读者赞叹，但阅读他的历史长诗并看到他常常在强与弱的斗争中无端使用上帝之名时又让人感到沉重。侍从丑角有时会从古典时期的异教徒和凯旋战车旁的那些人边上走过，他作为道德原则的代表，不应用自己的笑话折磨失败者，而应追逐胜利者本人。

读英国宗教改革运动的著名历史学家、英国教会和政治中国家原则的早期最杰出代表——弗鲁德的作品最为沉重。卡莱尔至少是一位诗人，而弗鲁德却用历史学家的平静语气来论述，喜欢用辩证法，为有利于心爱的思想，没有一种不法行为能不被他用自己的辩证法证明是正确的；在论证改革及其主要活动家的正确时，他没有故作任何的虚情假意。他狂热而坚定地以英国式的笃信为基础，他认为社会责任意识，对国家思想和法律的忠诚，对罪恶、犯罪、无聊与被称为职责背叛的一切进行无情追击是英国式笃信的主要根基。在人的行动中，这一切都很美好；但如果认为，每个政党每时每刻都会赋予这些神圣词汇中的每个词——职责、法律、罪恶、犯罪等以特殊的意义，人们会把明天将因之受谴责的事物，如谎言与犯罪，在今天叫做真理和英勇，那么这种作为宗教观的基础和目标的原理是怎样的呢？在弗鲁德的信仰中没有同情和怜悯：怎么能把怜悯和对那些被看作是罪恶、犯罪、违法事物的愤怒调和起来呢？审判案情的严厉法官在提到那时无辜者与有罪者同样常常遭受的、可怕的死刑时，这样谈论自己的人民："英国人属于严厉的民族，在没有正当理由允许同情之处，他们是不懂同情的；反之，他们对暴行又极其诚惶诚恐。性情严厉的人只在恶中有善和善仍与恶做斗争时倾向于温柔；但面对彻底的堕落与邪恶，任何同情都是不可思议的；只有当我们心中分不清犯罪与不幸时，也许才可能产生同情。"

对那些内心确实有这种混乱、历来把罪犯叫做不幸者的俄国人，作者将会多么鄙视呀！

无论是个体性格、民族性格，还是每种教会的性格，都会由于接受该教会的民族的缘故而具有自己的优缺点。新教的优点在日尔曼民族和盎格鲁—萨克森民族的历史上已被解释得相当清楚。清教徒精神创造了今天的不列颠。新教原则使德国产生了力量、纪律和统一。但它消极的一面有一些不足，追求我们不能苟同的宗教自我意识。新教作为一种精神力量——正是在其根本的精神基础上趋于衰落。它在追求绝对真理、纯洁信仰和完成生命的信仰时，过于确信并迷恋本身的真理到骄傲崇拜自己的真理、蔑视别的信仰、把后者等同于谬误的程度。因此，一方面有陷入虚情假意和虚伪自尊的危险。确实，人们从新教世界听到不少意见，人们痛苦地意识到，虚情假意是严谨的路德宗的症结。另一方面，新教从宣传宽容、思想与信仰自由开始，就在自己的进一步发展中表现出特别狂热的倾向，在其他所有信仰面前倾向于狂热的高傲理性和过于自信的教规。严谨的新教鄙视其认为不纯洁、无精神价值、充满迷信和徒具表面仪式的任何信仰。在为自己创立信仰和仪式的规范之后，它认为自己的宗教才是被挑选出来的、开明而理性的宗教，倾向于认为所有维护旧教会的人都是下等人，不会有真理的见解。新教对其他信仰的这种鄙视态度，也许是无意中表现出来的；但对异教徒来说，这太明显了。任何宗教或多或少都会具有狂热倾向；但若听到路德宗教徒指责我们狂热是很可笑的。在我们的民族性格所特有的、对任何信仰都宽容的情况下，当然会遇到宗教观点特殊而狭隘的个案，但我们从未有过、也不可能有任何类似严谨的路德宗教徒看待自己不懂的事物时带有的那种蔑视，他们不懂的事物对于我们而言，却是我们的教会和我们的信仰充满了深刻精神意义的属性和特点。

二

在英国的教堂中，俄国人的这种思想比在其他任何地方都要强烈：这里很多方面都好，但我仍为出生并居住在俄国而高兴。在我们的教堂中可以忘掉所有的等级和社会差别，放弃世俗的立场，在上帝面前完全融入民间的聚会。我们的教堂大部分是用全体人民的钱建造的，以至于不能区分卢布和铜币；在任何情况下，我们的教堂都是全民的事业和全民的财产。因此它对于我们就倍加珍贵，当地位最低的乞丐走进教堂时，他的感觉和地位最高的官员感觉完全一样，认为这是自己的教堂。教堂是唯一的（我们有这种地方是多么幸福啊！）、不会有人在那里问衣衫褴褛的穷人："你干嘛到这儿来，你是什么人"的地方；是富人不可能在那里对穷人说："你的位置不在我旁边，而在我后面"的地方。

而在这里，在英国——您走进教堂去看看教堂的聚会吧。会场很肃穆，也可能很隆重；但这是女士与先生们的会议，其中每个人都有被专门命名的位置；富人和名人在自己的分区有被隔开并装饰好的位置，也就是包厢。旁观者是否能克制住那种思想呢？——即教堂聚会在此只是公众会议的变体，社会上所谓的"体面人"在其中才有位置。所有人都按自己的《圣经》祈祷；但当每个人手中都有一本自己的《圣经》时，显然，每个人都想在上帝面前保持本色，不丧失个性。据说，最近二三十年，这方面已经发生了显著的变化，教堂中的位置大部分是公开的，也就是不被严密地隔开，去那里做祈祷比以前更自由；而从前，尤其在外省，教堂里的位置被设置成封闭的或单独的长桌，以便各人能安静地独自祈祷，不会因旁边的任何人而心神不宁。在教堂的这种布局中多么明显地表现出此地封建社会的历史和当地宗教改革本身的历史呀！贵族和绅士构成并领导一切，因为他们拥有并吸引一切。一切都应花钱买并用斗争夺取，甚至包括拥有教会职位的权利。做礼拜本身是某种有价格投入的权利。有一定收入或定额薪水的新教牧师，在英国是拥有世袭领地权的、受保护的成员；与其说是由于国家的权利不如说是由于封建所有权，导致选择合适的职位成为私人土地所有者或政府的财产。因此，任命和发薪水都不取决于人民、人民的牧师，在人民中也是上天任命的公爵的样子。教会的职位首先给人的印象是特权和财产；惭愧地说，这些财产是交易的对象。主要神职人员的职位可以按一定价格出租，该价格按收入的资本估值确定，就像出租诉讼代理人、公证人和经纪人等职位一样。在任何一份英国的报纸上，在所谓的“晋升”通知专栏，您会看到一系列供购买的神甫职位，并附有收入项目说明：大吹该职位及其便利的生活条件，描述住房及所在位置，说明收入并预先提供价格，还指定到某处洽谈等。伦敦甚至还发行专门的杂志详细描述每个职位的所有项目、好处和收入，让愿意花钱谋职的人获悉并计算。

据说，当一切个人权利或公共权利都能通过斗争获得时，从政治上讲是有益的。这样的教会体制不能满足公共良心是不足为怪的，英国，这个拥有法定国教的国家，一个神学深奥、能辩论信仰的古典国家，从改革时代开始就成为了各种不信国教者的国家也是不足为怪的。民众的宗教需求和祷告需求在法定的教会中没有地位、得不到满足时，就会在自由的、自我规范的教会和各种宗派中寻找出路。在这里职位最低微的居民之间，教会礼仪的分裂特别严重。法定教会本身分成 3 个教派，每个教派的拥护者（所谓的上等教派、下等教派和大众教派）通常都有自己的教堂，而不去别派的教堂。在常住人口不超过 500 人的小村庄，常常有 3 个英国圣公会教堂和 3 个不同教派的循道派教堂；后者之间的差别非常细腻，别出心裁，相互不交往。所有这些宗派的区别都在于教义的特点，有时是非常细微、别出心裁的或完全是自行规定的教义；除了教条的差别，所有的宗派都同样表现出对自由全民教会的同一种追求，其中大部分宗派对法定教会及其工作人员非常痛恨。在本身的法定教会中除了个别宗派以外，长久以来还形成了一个人数众多的教派，目的是为了自由的宗教交流。私人和个别团体为给百姓提供做礼拜的机会而花自己的钱，为此必须建造单独的教堂或租用单独的处所、剧院、板棚和大厅等。在法定教会本身的习俗中，所有这些行动已经产生了明显的反应，促使该教会广开自己的大门。但是，我们在这里不得不通过斗争获取本来就是我们的、从一开始就像我们呼吸的空气一样自由的东西，难道不奇怪吗？

在我们俄国，经常会听到一些去过国外的人、读过外文书籍的人和喜欢随声附和并头头是道作评价的或简单说是一些抛开现实、迷恋理想概念的幼稚的人对我们的教会所发表的奇怪的言论。这些人对英国教会、日尔曼教会和英国圣公会神职人员无限赞美，却毫无分寸地斥责我们的教会和我们的神职人员。如果相信他们的话，你会认为那些地方一片生机勃勃，而我们这里死气沉沉、粗鲁无礼、一片沉寂；那里有行动，我们却只有纯粹的仪式、无所事事。很多人都这样说是不奇怪的。人们习惯于“初交看衣衫”。都说：日久重智慧，但要了解有无智慧并感受精神，需要仔细端详和认真思考，而凭衣衫判断是不费劲的。有了先入为主的印象就会保持下来。而且对很多人来说，最重要的事、最初和最终的印象都取决于外表的整齐、举止、机智、纯洁和体面。英国教会在这方面当然有值得称道之处，这也是我们的教会有时会发愁的地方。谁都会遇见出过国的、世俗的人，遗憾的是，有时我们也会碰到出国回来的神职人员，他们热情地夸奖当地教堂的简朴，斥责我们家乡的教堂“幼稚”。听到这些话总是很难过，就像看见自己的儿子，当他在时髦的圈子里生活过、享受过精致的首都生活之后，回到他童年待过的乡村时，鄙视地看待不讲究的环境和自己家里简单而粗劣的习俗，感到很忧郁。

从天性来讲，我们异常贪恋的首先是各种事情美丽的形式、组织和外部结构。因此，我们会渴望去模仿并将国外那些因外表严谨而震惊我们的机关和形式搬到自己国家来。但同时我们忘记了或太晚才想起，历史形成的任何形式，都是源于历史条件并在历史中发展起来的，是对过去必须作出的逻辑总结。谁也不能改变或回避自己的历史；历史本身及其由社会日常生活方式形成的所有现象、活动者都是民族精神的产物，就像个人的历史其实也是他本人具有的精神产物。这同样也表现在教会体制的形式中。任何形式都有其发展的精神依据；我们常常只迷恋形式，看不见这种依据，如果我们看见它，有时就会毫不犹豫地抛弃现成的、十分严谨的形式，高兴地坚持自己古老而粗糙的、或模糊的形式，直到我们自己的精神生活为我们推出自己的形式。精神——这就是任何机关中非常重要的东西，这就是应当进行最精心的保护、以免被歪曲和混淆的东西。

我们的教会素来并迄今保留着全民教会的意义以及爱与无个性交流的精神。我们的人民在一切逆境和苦难中至今坚守着信仰，如果有什么是可以鼓励人民、在将来的历史中使其更加坚定并恢复活力的事物，那就是信仰，也只有宗教信仰。有人告诉我们，说我们的人民不懂自己的信仰，满脑子迷信，受恶习的折磨；说我们的神职人员粗俗、外行、低三下四，对人民的影响很小。这些说法在很多方面是公正的，但这一切现象都不是本质的，而是偶然和暂时的。它们取决于很多条件，首先是经济和政治条件，随着这些条件的变化，这些现象迟早也会改变。那什么东西是本质的呢？什么才属于精神呢？是人民对宗教的热爱，教会中完全自由交往的意识，作为共有财产和公共聚会场所的教堂的概念与彻底消除教会中的等级差别，以及人民与来自人民的、无论在实际生活中还是在优缺点方面都与人民不分离、共进退的教会工作人员的充分交流。如果深深耕耘的话，这是一片可以结出很多好果子的田地；与其说是关心生活的改善，不如说是精神的提高，与其说担心教堂数量别超过需求，不如说担心不能满足对教堂的需求。我们会对遥远的、只是听说的新教教会及其牧师嫉妒地眼发红吗？但愿不要等到我们的牧师依法将获得凌驾于人民之上的官员的位置、在世俗环境中成为自已人的公爵的时候。

深入思考生活，你会得出一个结论，每个人在自己精神发展的过程中，最珍贵最必须的是原样保留自己对人淳朴自然的情感，以及精神认识与行动的真理与自由。这是精神本质中不可动摇的根本，灵魂受它保护，免遭任何在不知不觉中败坏淳朴的道德情感的官僚形式和虚假理论的影响。无论这些形式和理论在诸多方面有多宝贵，被人习惯之后，它们都会完全歪曲和损害正确的认识和感受，混淆真理和谬误的概念，会破坏一个在对待世界与人的态度方面精神健康的人成长的根源本身。这就是本质所在，这就是由于完全不重要的、迷惑我们的形式而常常使我们自己失去的东西。由此，我们这儿消失了多少人和机关呀？

三

新教教徒指责我们，说我们做礼拜是走过场，空有形式；但当你看完他们的仪式，就会不由自主地偏爱我们的仪式。你会觉得，我们的仪式简单、庄严，具有深刻而神秘的意义。在我们的仪式中，教士的作用很简单，只需要他虔诚地关注所说的话和做出的行为；由他说出的神圣的话语及仪式本身就说明——让每个人的灵魂都能感觉到并将全部在场的人联合到同一种思想和同一种感情中是多么得深奥而神秘！因此，最普通、最不高明的人都可以不用去适应、不用人为努力就做完祈祷并加入与整个教堂的祈祷交流。新教的祈祷仪式形式十分简单，因而要求教士用某种声调进行祈祷。于是，在这种仪式中，只有坚定的神职人员或非常有才华的人才能保持质朴；其余的人，即绝大多数人都被迫去适应那种常常会在新教教堂中遇见的、给不习惯于此的人留下非常不快印象的矫揉造作。当你看见一位传教士站在教堂里，面对长桌后安置整齐的人们做祈祷，两眼望天，双手交叠成某种众所通用的样子，用不自然的语调说话时，你会为他感到尴尬；你会想，他应该感到很不自在吧！当他结束仪式，登上讲坛，开始长篇布道，因为喝水和为了鼓足精神而偶尔转向后面时，这种尴尬的感觉更为明显。即使说教者是真正的神职人员或天才，在这种布道中也很少能听到真正有现实意义的话。大部分教会工作人员都用不自然的嗓音说话，极其做作、手势有力，从一个方向转到另一个方向，想方设法重复普遍的、所有人都在讲的空话。甚至当他们照本宣科时，也经常会做出某些动作、语调和短暂停顿。人们时常能看见，传教士在讲有些话时，喊叫着用拳头砸讲坛，以增强其语言的表现力……在此，你会觉得，我们的教会是多么忠实地顺应了人性呀，未把布道纳入祈祷仪式的组成部分。我们的整个仪式本身就是最好的宣传，而且十分真实，每个人都把它作为上帝的语言，而不是人的语言来接受。而我们用生动的语言所宣传的宗教理想就是代表《圣经》的、信仰与爱的学说，而不是感情的迸发，就像每位教士对准备到教堂做礼拜的人所做出的必须行动。

四

据说，仪式是不重要的、次要的事。但也有一些仪式和风俗，放弃它们就等于脱离自己本身，因为在这些仪式和风俗中反映了个人和整个民族的精神生活，表现出整个灵魂。融化在精神生活的无意识领域中的、精神认识的主要而深刻的差异最明显地表现在仪式的差异中。

比如，一个南方人，意大利人，会逃离自家的死者，尽快把死者清理出去，收拾干净自己的房子并委托旁人操持丧事。相反，在我们俄国，民族的性格特征是：以充满爱、温情和尊敬的宗教态度对待死者的遗体。除了我们俄国，世界上没有任何地方，送葬的习俗和仪式完善到我们所达到的、如此精致的程度；在它的这种方式中，无疑表现了我们天性固有的、具有特殊世界观的民族性。死亡的面容到处都令人可怕和厌恶，但我们却为之披上华丽的外罩，用祈祷的庄严肃穆围绕它，为它唱歌，自然被战胜的恐惧与爱、希望和崇高的信仰在歌声中融为一体。我们不回避自家的死者，在棺材中给他化妆，我们被引到这个棺材前仔细观看这位离家者的面容；我们向遗体鞠躬并不拒绝与他最后吻别，为他诵经祈祷三天三夜。我们送葬的祈祷词动听而庄严；祈祷持续时间很长，不急于把腐烂的尸体献给大地，当你倾听祈祷时，会觉得这不仅是对死者最后的祝福，而且是在他生命最庄重的时刻为他举行的、伟大的宗教庆祝活动！对于俄国人来说，这种庄严是多么合理、多么亲切呀！但外国人很少能理解它，因为这对他们完全是陌生的。我们把因死亡而麻木的、爱的情感扩展到送葬的仪式中；外国人却由于同样的仪式而过分压抑这种情感，并因同样的恐惧而麻木。

一位住在柏林的德国路德教信徒，失去了他热爱的、生活在俄国、信仰东正教的姐姐。当他在丧事前来到我们这里，看见亲爱的姐姐躺在棺材里时，吓坏了，他的心抽紧了，显然，他厌恶的感觉超过了爱与尊敬的情感，他带着厌恶之情出席了他本人应当参加的遗体告别仪式……德国人不可能在这方面理解我们，就像在其他很多方面一样，在未和我们生活一段时间并深入我们的精神生活之前，是不可能理解我们的。他没有按我们的方式生活，他认为这场隆重的葬礼什么也不是，除了野蛮的迷信，而对我们来说——这是最自然、最质朴的、爱的运动和行动。

他难以理解我们，就像我们在听说德国和英国不久前出现的、要求实行新的送葬仪式的宣传时感到荒唐而讨厌一样。他们不希望死者被埋起来，而是在专门建造的炉子里烧掉，并从实用和卫生的角度要求这样。这种宣传逐渐加强，召开了一些群众大会，组建了一些社团，私人出钱建造了一些改良后的炉灶，进行了化学试验，并组织焚烧时应有的送葬游行……为了科学，为了启蒙，为了社会福利的呼声越来越高。这些声音是从多么遥远的世界、从怎样的日常生活中传到我们这里来的呀——对我们来说，那是多么陌生的、多么不舒适而冷漠的世界呀！不，但愿别在那个地方、别在远离俄国大地母亲的异国他乡死去！

五

如果在精神上和传统上是一个俄国人，那他就能理解，神圣的教堂意味着什么，宗教对俄国人来说意味着什么。很少有人本身能虔诚地感受并尊重宗教情感的需求；很少有人是为了弄清教会对于俄国人民的意义才像热爱自己的母亲一样爱上这个教会。应当过人民的生活，在同一个教会活动中和人民一样地祈祷，和人民一起感受浸满同样的庄重、同样的语言与歌声的、心脏的一同跳动。因此，很多只根据被挑选出来的、行为做作的人才能去做祷告的私人教堂来了解教会的人并不真正理解自己的教会，没有真正的宗教品位，在教会的习俗和祈祷中，他们有时会冷漠或错误地看待人民特别宝贵的事物和他所理解的、认为构成教会之美的事物。

东正教堂被人民美化了。当你走进它时，会感觉里面的一切都是统一的，一切都为人民所理解、所支持。而到天主教堂去，会觉得里面的一切都显得比东正教堂空洞、冷漠和虚伪。神父做礼拜时，自顾自地诵读，仿佛位于人民之上，与人民没关系。他按自己的经书独自祈祷，人民按自己的方式祈祷，人们来了又走，做完自己的祈祷后，再等待其他某个教事活动。教堂里在做礼拜；人民只是出席，仿佛并不以共同的祈祷协助完成它。仪式不能触动我们的情感，而且我们觉得，仪式中可能有的美不是我们的美，是别人的美。被机械分解的整个仪式的进程让我们觉得奇怪、冷漠而苍白；服装的轮廓和样式很难看；宗教宣叙调的声音不协调、无精打采；用你听不懂词的、别人的语言演唱的歌曲不是人民聚会的颂歌，不是从心头涌出的呐喊，而是技巧使用得很好的协奏曲，它的声音盖过了祈祷声却与之不融合。这时，我们的灵魂会想念自己的教堂，就像在陌生人中间想念家乡一样。我们那里完全不同，这就是俄国人所理解的、无法形容的美，是俄国人如此热爱并时刻准备为之奉献自己灵魂的美。俄国的教会歌曲像民歌一样悠扬，在人民心中宽广自由地流淌，它越自由就越能使人感到亲切。我们的曲调和希腊人的是一样的，但俄国人却用另一种方式演唱它们，因为将自己俄国的灵魂加入了其中。想要听听这种灵魂是如何展示的人，不应当去听著名合唱团的演唱和年青音乐家的演奏、以及重新正式改编的圣歌演唱。他应当在设施完善的修道院里或在教区的某所合唱秩序良好的教堂里听歌；在那里他将听到，从俄国人心中流淌出的、多么宽阔自由的伊尔莫斯节日颂歌，多么庄重的教条主义者如诗般的倾诉及多么快乐激昂地演唱复活节或圣诞节的赞美诗。在此，我们回顾一下将发现，每句歌词在民众中产生了怎样的反应，如何闪现在其仰视的目光中、飘荡在崇拜者中、表现在到处传唱的副歌中，因为每个教徒从童年时就熟知这些歌词，每次听到它们，都会随时哼唱。严格按教规做礼拜是俄国人真正的节日，甚至在回忆起某个时刻时，每个人在教堂之外都仍能保持着在教堂里反映出的、深切的感受；这是习惯于教堂的俄国人，是当内心听到复活节或圣诞节赞美诗的歌声、想着复活节的晨祷，哼唱喜爱的伊尔莫斯节日颂歌的歌调以及听到带有激动人心的歌词“勇敢去做”的《世界荣耀》歌时，随时能振奋的灵魂。从小习惯于这些歌词、音乐和形象的人，能感受到其中的美并追求这种美、没有它就无法生活的人，能理解并亲近其中的一切因之而心地高尚的人，以及在其中能找到自己遗失的生命并能收集自己在途中散落的幸福的人是幸运的。从小就有善良而虔诚的父母引着去教堂、把他放到人民中和民众一起祈祷并庆祝全民节日的人是幸运的。这样的父母为孩子积攒了一生的珍宝，他们将他真正领入了民族精神的理性中和人民心灵的爱中，使教堂成为他心爱的家和完全彻底地真正联合人民的地方。

关于我们很多孤零零地位于森林深处和开阔地带的、那里的人们呆滞地站在里面丝毫不明白诵经员不协调地在唱什么、教士在喃喃低语什么的教堂，又能说什么呢？

唉，不是教会应对这种麻木负责，也不是可怜的人民有罪，而是懒惰、没头脑的教会工作人员有错；是冷漠的、不认真安排教堂工作人员的教会权力机关有责任；是在某些地方的人民贫困而无能为力造成的。那时，幸而还有能燃起爱的火花与精神生活热情的人和能及时把荒废的教堂修缮得壮丽并充满歌声的人。真的，这样的人能光照国家，照亮死亡的阴霾，能使死者复活，使被征服者重新振奋，能拯救灵魂不死，掩盖很多罪恶……因此，俄国人才如此情愿为修建和装饰教堂捐献这么多的钱物。那些因这种情愿而谴责俄国人的人是多么不公正呀！现在已经听到不少这样的声音了。他们认为这种慷慨热情要么是没分寸和不礼貌，要么是伪善和虚伪。他们说：把这些钱用于"国民教育"、捐给学校和慈善机构不是更好吗？是可以照常捐给这个或那个，但那是完全不同的贡献。具有清醒的俄国式理性的、虔诚的俄国人会在解开自己的钱袋、为正式的教育和慈善机构捐出一份丰厚的钱物时多次认真地思考。

上帝的教堂就是另一回事了！它是不言而喻的；教堂是真正全民的机关。只有在教堂里，生者与死者都感到愉快。只有在教堂里，所有人才轻松而自由，无论老少，在教堂里人人都快乐，都会庆贺结束繁重的农忙；无论贵族与贫民，富人与穷人，在教堂中都有同样的地位。教堂装饰华美胜过皇宫——这是上帝的住所。任何卑微而贫穷的人站在教堂里，都像在自己家；每个人都可以把教堂称为自己的教堂，因为它是用人民的钱，而且是民间的小铜钱建成的，是人民在支持它。它是所有人的栖身地，所有人都能开心地做祈祷，并从中体验到俄国人最珍贵的东西。这就是俄国人身上会立刻有意识和无意识地表现出的、关于教堂的东西，是促使俄国人不容分说并义无反顾地为教堂捐献钱物的东西。

（十三）权力和领导

人具有能把一个人带向他人的道德吸引力，拥有要对别人产生影响的极度需求。没有这种力量，人们将是一盘无法黏合的、会四处飘散的沙粒。无须预先商定，这种力量就很自然地把人们联合成一个团体。这种力量迫使人们在本团体中寻找一个去服从、去遵循的人。

但对于公民社会而言，这种自由而偶然的相互影响是不够的……要自然地、本能地去追求这种影响，集中精力去寻找能把具有各种不同需求、热望和渴求的民众联合起来并使民众受它支配的、无可争议的权威影响，该影响能激起民众的活动，使民众从中得到秩序的原则，在一切专横的表现中找到真理的标准。因此，任何权力都按自己的想法以真理为基础，因为真理是以至尊的上帝及其印在每个人灵魂中与良心上的教规为起源和基础的，所以“如果不是来自上帝，就没有权力”这句话在深层意义上被证明是对的。

这句话也被赋予了隶属的意义，当一切权力都意识到了这句话的全部意义时，这句话就被如此生动地列入权力本身了！权力是件伟大而可怕的事，因为这是神圣的事情。“神圣的”这个词的原始意义是“命中注定为上帝服务的、被分离的”。因此，权力不是为自己，而是为了上帝而存在，是人命中注定的一种服务。于是，从一种权力中又产生出另一种特别可怕的权力及极端沉重的、权力的负担。

权力的力量是无限的，这不是在物质方面，而是在精神意义上，因为这是一种推论和创造的力量。宇宙最初的时刻是出现光明，并与黑暗相分离。与此相似，权力的首次履行便是揭示真理并区别谬误。对权力的信仰和整个人类对权力的、难以遏制的向往即以此为基础。这种信仰在各地多次被辜负，但它的根源仍然完好，尚未消失，因为没有真理人不能生活。由此产生权力的创造性力量——吸引善良、真理与理性的力量，以及激励和鼓舞它们去行动并建立功绩的力量。

无论人类存在多久，它都不会停止遭受权力和无人管理的折磨。权力的强制和滥用，权力的疯狂与自私都会引起暴乱。人民不再信仰完美的权力，幻想绕过权力，把“法律”一词放到它的位置上。这是无益的幻想：为了法律而大量出现的专制联盟会引起权力的斗争，而权力的分割又导致比以前更严重的暴力。可怜的人类在到处是深渊的汪洋大海的浪潮中奔忙，去寻找最好的体制，而船上没有舵，看不到码头……

但人类仍是不可能离开权力生存的。在人的精神本质中，在相互交往的需求后面深藏着对权力的需求。从人性分裂开始，就出现了善与恶的区别，其内心对善良与真理的向往就开始不断同对邪恶与谬误的追求做斗争，在积极体现秩序与真理权力的原则中，没有任何可以让最高审判员找到这种斗争的依据并寻求调和的挽救办法。因此，无论权力造成多少失望、迷惑和痛苦，人类对善良与真理的追求仍在继续，人类意识到了自己的分裂与无力，但仍然信仰权力理想并不断尝试去实现该理想。从古至今，都有不理智的人在自己内心说：没有上帝，没有真理，没有善恶。他们吸引其他狂妄者，宣扬无上帝和无政府主义。但民众仍保持着对生命最高原则的信仰，就像一位寻找向导的盲人，在血与泪中为自己寻找权力并带着无限的希望召唤它，尽管经受了长久的失望与迷惑，但这种希望仍然存在。

因此，追求权力的事业是不断服务的事业，因而实质是献身的事业。但在流行的权力概念中，这个词听起来是多么奇怪呀！似乎，人们会很自然地回避牺牲。反之，所有人都在寻找权力、渴求权力，为权力而斗争、作恶、相互毁灭，获得权力之后，则高兴地庆祝。权力渴望被赞扬，在被赞扬时，它会沉入奇怪的幻想状态——仿佛它本身是为自己、而不是为服务而存在。同时，救世主基督认为，不容怀疑的、唯一的、真正完美的权力是——“谁想成为你们中间的第一人，谁就将是所有人的奴仆。”权力的首要条件是信仰自己，也就是信仰自己的使命；当这种信仰与道德责任及职责意识融合时，权力是幸运的；当权力从这种意识中分离，感觉没有它、只信仰自己时，权力是不幸的。于是权力开始腐化，直至丧失对自己的信仰，也就是达到被贬低和瓦解的程度。

追求真理、思想坚定、实事求是的人们，最需要作为真理载体的权力，他们不会把“是”与“非”混为一谈，而是截然不同地独立出现在精神上、在言语中表达出来。只有这样的人才能成为权力的可靠依据和忠实领导。能区分出这样的人并珍视他们的优点且始终支持他们的权力是幸运的。认为这样的人是累赘的、偏爱性格软弱、说话拐弯抹角、好阿谀奉承的人的权力是悲惨的。

公正的人是完整的人，是不能容忍分裂的人。他直视你的眼睛，在他眼中能看见统一的形象、统一的思想和统一的感情。他的外表平静而无畏，他的语言不会犹豫。他赞同地表达自己本身的思想，不打听他同意谁的观点、谁喜欢这个观点、他和谁的愿望及和谁的欲望相符。

思想不坚定、表里不一、好阿谀奉承的人不是这样的。他看着你的眼睛，但你们在他的眼中看不到一致的东西，另外还有某个人站在后面，看着你们——你不知道该相信谁——这个人、那个人还是其他人？他在说话的时候，尽管语言动听而热烈，心里想的却是这些话给你留下了什么印象，是否赞成你的愿望或苛求；如果你对之产生回应，他就会把话转向你，说你是这种观点的原创，他是从你这里借用的。他会不假思索地抓住你一时说的话，把它们作为格式、作为坚定的思想和观点胡说一通。这种人的能力越强，就越能巧妙地利用你并引导你。当你感到为难或怀疑的时候——他已经准备好使你摆脱困境和不安、获得平静的办法。当你不能辨别真理在哪一方时，他已经准备好能说服你相信你所怀疑的事物确实是真理的论据和公式。

领导人应当意识到权力的尊严。如果忘记或不遵守它，权力就会自我贬低并颠倒自己与下属的关系。尊严意识能培养与人交往的自由。权力在自己的法定范围内应当是自由的，由于具有尊严意识，权力丝毫不用在乎和担心它看起来会怎样，会产生什么印象。但尊严意识不应与职责意识相分离，当职责意识减弱时，尊严意识扩张并过分增强，会导致可以称之为权力过度的病症产生。这种病严重之后，权力可能会陷入道德沦丧的状态，在这种状态中，权力本身为自己而存在。这已经将是权力分裂的开始。

在意识到权力尊严的同时，领导人不能忘记，自己是全部下属的镜子和榜样。当他开始注意举止时，其他人就会随之习惯于在接待中、与人交往时、在工作方式中、在做事态度、品位和礼貌方式上注意举止。以为权力在解除了领导职务之后，就能安全地与群众打成一片、融入人们的日常生活中，那是妄想。

领导人在保持自己尊严的同时，也应当坚决维护下属的尊严。领导与下属的关系应当以信任为基础，因为如果缺乏信任，二者就没有道德联系了。如果一个领导认为，不依靠下属的知识和经验他就能知道并直接评判一切，不控制直接归其管辖的下属的思想和意见、只靠自己权威的话和命令就能解决一切问题，那这样的领导是很糟糕的。这样，面对下属的知识和经验，他很快便感觉自己无能为力，最终会完全依附于下属。如果他养成不容忍矛盾、不允许反对意见的致命习惯是最糟糕的：这不只是智力有限者的特征，而且一些最聪明、精力旺盛、但过分自尊和自信的活动家也常常有这种情况。任意而专制地做决定的习惯应当使认真负责的活动家感到害怕：它会培养出冷漠和官僚的祸根。权力不应当忘记，生活本身迫切要求并期待与之相符的答案和方向。在答案中应当有真理——在对事情真正严谨而准确的观点中的、个性的真理，和符合对人民日常生活中及人民历史上积极的社会、道德条件与经济状况的处理的真理。如果把抽象的理论或因生活复杂多样的条件和需求而脱离生活的学说作为权力的指导原则，就不会有这种真理。

任何政府在任何时候都需要人，当代几乎比任何时候都需要：今天的政府不得不考虑很多在科学、文学、舆论批评和利益自主的社会机关中重新出现和确立的力量。寻找人才和挑选人才的能力——是权力的首要技能；第二种技能是指派这些人并使他们遵守适当的活动纪律。

选人是件很费劲的事，但因此能获得辨别人品质的技能。但权力常常喜欢让自己脱离这种劳动，用外在或形式主义的品质特征代替它。高等教育毕业证书和通过考试获得的证书被认为是这种最通常的特征。大家知道，这种标准十分不可靠，凭借很多偶然性，因此事实上本身也不能证明该项工作需要的候选人所具备的知识和能力。但它使权力摆脱了仔细观察人和识别人的劳动。如果只依据这一种标准，权力就会犯危害工作的错误。

不幸的是，随着领导权力的道德原则弱化，他会被致命的庇护欲望、分配高级和低级职位的欲望所控制。这种以温和地向穷人施恩的方式为虚伪掩饰的、欲望的膨胀会产生巨大的灾难。在世界上其他一些想向自己的客户行善的强者面前，这种施恩的动机和逢迎的动机常常会混为一谈。唉，这种善行常常依靠社会福利，依靠起辅助作用的公用事业，最终依靠官方和社会的钱。权力得为忘乎所以付出代价，它已经丢掉了关于自己所服务的真理和它当为之服务的社会福利的念头。

官员队伍数量在增加，机构大量增长，工资翻倍；在税收增加的同时，国家预算正在接收巨大的数额，吸收到处散布的新花样、接受代表私人利益的请求和社会臆想的需求。今天，法兰西民主国家的预算展现出政府纪律涣散的可怕画面，该政府丧失了权力的道德尊严意识。

自古以来，无论对性格懦弱者还是刚强者都能产生影响的诱惑之源——奉承，是宠幸当权的主要动力之一，因为奉承的艺术花样无穷。最细腻的手法之一是巧妙地暗示领导人，任何有创意的思想都来自于他，任何提示给他的新发明都是他授意的，下属的任何劳动都受到他的鼓励。这样，奉承者逐渐显得自己有能力并给人忠诚的感觉。

一个具有明确人生观的人，用理性劳动培养自己意志的人，根据自己认识的职责能清楚意识到追求什么、希望得到什么的人，他在与别人的关系中是自由的，他能在这种自由的关系中获得判断人的能力。

没有用纪律对权力做意志锻炼准备的人，会觉得自己与人交往时不自由。权力外表的尊严蒙蔽了他，使他软弱无力，不能与他的精神和智力的尊严结合。相反，和那些奉承他的、适应了他的权力和喜好的、精神境界不高的、世俗的人交往，他感觉很自由。于是，在领导人周围组成了一帮亲信和宠臣，领导人不需要进一步推论，就能从中任意挑人到自己的部门工作。他本人未经过工作培养，对于“工作意味着什么”和“工作的价值是什么”没有明确的概念：人们给他送上现成的、别人的思想，他误认为是自己的思想，给他献上别人的作品，他认为是自己的，并以自己的名义发表。

同志友谊也属于这种任人唯亲的动力。青年时代早期和同学、伙伴、战友建立的、无意识的亲近关系，形成人们之间的一种联系，这种联系的基础与其说是思想共鸣，不如说是亲密来往的习惯。而有些人的习惯就变成了个人与社会关系中日常生活与活动的主要指导原则。当同志申请职位和任命时，选择权便取决于个人的好恶或担心人事安排资金有限，有时完全不考虑，这个人是否能胜任他将担任的工作，他能否能够用大量由他负责的私人利益和社会利益来执行权力。领导人的亲人们比同志更容易得到他的赏识，有时会有无数想在公务部门安排自己命运的亲人，并认为关心他们的任职是有权亲戚的道德责任。

在这种情况下，还会留下什么职位来关心社会福利吗，权力会因此被委托给官气十足的人吗？只留下社会福利的空名，被虚伪地写在领导人所拥有的头衔和所居的职务上面。

在冷漠的领导人那里，他所有的下属都只会成为机械的生产工具，成为一半力量被摩擦掉的、复杂机器上无生命的轮子，因为在轮子的转动中没有生命的精神，没有来自上面的鼓励。那些一开始带着事业理想投入工作的人，得不到指导和支持，就逐渐被吸入到普遍冷漠的机制中了。

当机关带头出现一些意识到了职责与道德责任的、懂得应当管理的事务、有心想治理胡作非为与不守法制、恢复秩序与真理、思想意识明确、能主宰意志的人时，以上的画面可以很快改变。这里会展现出，当理性的权力认识到每个人的工作能力和积极做事的愿望时，它会具有怎样的推动力量。于是，下属工作人员将从无生命机器的无生命车轮变成能根据活跃的神经系统的集中授意来行动的、有机体的成员。

但愿机关里带头的积极人物不是偶然出现的，而是有意识地表现了理性的国家思想和深思熟虑的选择。

领导人最宝贵的能力是组织能力。这是一种不常见的才能，不是随便哪种素养都具有的才能，而是天赋的才能。有这种品质的人，可以说，就像诗人一样，他们是天生的，不是造就的。应当想象一下，组织才能需要怎样综合不同的品质。这种人的想象力与快速选择实践活动方式的能力是联系在一起的。他应当十分机敏、有预见，在推测到要采取行动时办事果断；他能很快洞察事情的所有细节，同时不失去自己的领导原则；他应会细致地观察人与特征，能够相信别人，同时不会忘记，最优秀的人也免不了会有卑劣的本能和自私的动机。

能知悉这种人才且选择无误的国家领导人是幸运的。有可能会弄错，因为人们常常会认为一个聪明绝顶、能言善辩的人有组织能力。但这两种才能不仅有区别，而且完全是对立的。思维的逻辑发展、用辩证法论证的能力与组织才能几乎从来都不一致。反之，一个能思考行动方法并制订行动计划的人，常常完全不能令人信服地阐释他脑中所想的、为行动而设计的方案。组织才能只表现在具体行动中，而用逻辑推理和批评他人观点来影响别人的口才，能很快吸引人并立刻使人高兴、令人称奇。

人民向上面、向权力寻求保护，防止错误，免遭暴力，试图通过优秀的人物、真理、理性和道德的代表们在那里找到道德的权威。如果人民的领导人、法官、牧师和不断增加的一代教师中有这样的人，那人民是幸运的。如果人民在社会上层、在权力阶层找不到道德模范和行为准则，就会沮丧和堕落，这对人民来说是悲惨的。

在上一个时代的社会与经济生活中，历史向我们展示了一个高尚的阶层，他们不仅世代以作为权力的载体为使命，而且是保护人民需要和捍卫良好传统与风俗的人。

如果本世纪注定会再次出现这样的阶层，那这就是它存在的基础和推崇的实质所在：

—— 用自己的特色和财产为国家服务；

—— 言行上捍卫民间良好的传统与风俗；

—— 保护人民的需要，使之免受欺侮和暴力；

—— 提建议、作表率维护家庭与社会的良好风尚；

—— 不迷恋社会上常见的贪欲和求富欲，避免参与通常与满足这种欲望有关的事情。

这种理想可以实现吗？承担这种使命可能吗？具有权力使命的特殊阶层没有这些基础又如何存在呢？

权力的意义伟大而神圣。不愧于自己使命的权力能激励人们，鼓舞他们参加活动，它对所有人来说，都是真理、尊严和能量的反映。能看见这样的权力，感受到其鼓励的作用，对每个热爱真理、追求光明与善良的人来说，都是巨大的幸福。追求权力而不得或得到虚假的权力及在空想自由中变得专横，都是巨大的灾难。如果看见失去自身职责意识和使命思想的权力还不是很悲伤，那看见在领导的庄严庇护下，做事无意识、只重形式的权力时，就很令人沮丧。那些生产形式保留了下来，机械的轮子像从前一样运转，但其中没有生命的精神。为每项工作物色和挑选有准备的人才的愿望本身逐渐减弱，已不用再挑人，而是根据与工作无任何共同之处的、偶然的动机和利益，随意任命。于是，在生产中保留热爱工作的熟练工的传统开始消失，熟练工在实践中用老人的经验培养新人的方法被断送，为了各种利益和职务升迁而参加工作的人们，为不断追求更好的东西而常常更换职位，未留下自己稳固的工作业绩。

对于任何实践活动来说，都需要使这项活动活跃的技能，而这项技能要通过理性而认真负责的劳动来获得，为此需要有人指导。因此，任何按规定应从事实践活动的机关，同时也应该成为能使新人在熟练工的指导下习惯培养工作技能的学校。在这个基础上应肯定每项工作的内在兴趣并确立能活跃工作的精神力量。这样，机关才能扩大、完善并具有广阔的前景，才能有所期待和期望，拥有前进的道路。但当机关停滞不前、毫无生气、在日常生活的平庸方式中忙得筋疲力竭时，表面上它就不再是培养技艺的学校，而变成了用来更换雇佣工人的机器。没有前途、无处可展望、不再追求向前。一些因社会生活与世俗生活复杂化而大量增加的新机关，命运也许就是这样。拥有大量学徒、教师和教学课程的学校，如果不得不让一些未培养好、不能传授谋生手艺的教师扩充其干部队伍的话，也将变成这样：学校的生命精神将消失，将不能教育和培养年青的一代。法院也将会这样，无论它的工作形式有多复杂和完善，当它不再是用知识和经验忠实培养司法阶层技艺的学校时，停滞不前、死气沉沉，其生命精神已消失，法院本身也可能成为只是用来更换雇佣工人的机器。

向往和追求权力的人，对权力的认识多种多样，就像人的欲望和愿望。多数人的意愿都集中在日常生活中，试图改善目前的生活而无其他进一步的想法。后来，贪图虚荣成为追求权力的主要动机。无论每个人的“自我”多么微不足道，都能快速无限地膨胀到极端的程度；每个人，无论本身多么渺小，环顾四周，都会看见自己周围还有更渺小的人物，后者在适宜的条件下爬上了某座楼房的房顶，从房顶上满意地观望下面行走的人们。对于小人物来说，哪怕归属于这类人也是很有诱惑力的。然后，从小楼上惬意地望见另一座更高的楼顶后，再爬到那上面，又看到了更远的前景。不就是这种上升的例子吗！

小人物和平常人想象追求的、庸俗的方式和潮流就是这样的。他们中很少有人问自己：我是谁？我有能力去做这项高升后的工作吗？我能否胜任它并怎样对它负责呢？谁要是给自己提这些问题，这些问题就会立刻消失在他想象的荣耀中，提问的人只要把自己和周围很多坐在屋顶上的人比较一下，就会立刻安下心来。

但即使暂且不提庸俗的方式，唉，各式各样、光明正大而高尚的权力追求也是骗人的。为了让人知道权力，有两种知识是实际必要的。一是古老的准则：“了解自我”；二是“了解你周围的环境”。为了人能有意识地决定自己的意志并对他人的意愿产生影响，为了在任何广阔或狭隘的领域中推动事件，这两点认识是必须的。影响会在现实世界中发生；理性的定律同时也是自然界和生命的规律。不懂这些规律，不关注它们、不顺应它们的人就不能采取行动。

但只是通过心灵的抽象追求、哪怕是最崇高的追求培养出来的，而不是在现实中培养出来的人的想象力，在提升人精神的同时，会使人认为自己能采取行动，给人描绘出一幅真理与福利的诱人画面。这样，人就增加了错误的自信，并逐渐变得坚信自己的使命。如果信仰某些仿佛本身起作用的、只需要运用在人际关系中、本身就能安排好其中秩序和真理的普遍原理和公理还与此有关联时，那这种信仰就带有了教条主义的性质，在刺激灵魂的同时，人会为了真理和福利的最高原则而产生对权力的强烈追求，实际上仍是为了膨胀的自我。

"我将要下达命令，"——一位追求权力者幻想着，"我的话将创造奇迹。"——他想象着，一句权威的话，就像魔杖一样，本身就能起作用。可怜的人呀！在下命令之前，你学会服从了吗？在说出有权力的话之前，你会仔细听命令的话和反驳的话吗？你上过职责培训班吗？那里的每个人都在某个职位上，在一定时间之前应当可靠而准确地完成别人交付的、很多事情中的某件事。你学会理解命令了吗？——这不是你所想象的、突然被朱庇特忘掉的智慧女神弥涅尔瓦，而是与其他环节的链条、因果的逻辑链条合理连在一起的最后的环节。

想象力向一些善意待人的人展现的是一幅恩惠的图景；他多想行善并成为行善的工具呀。唉！很少有为了行善而成为好人的。根据福音经戒，用自己的财产行善的那个人，最终以自身的经验证明，以"善"这个字的真正意义向人行善是一门难以完成的、艰苦的学问。当不得不用人被赋予的权力的资源来行善时，这门学问更要难上多少倍。当人在思考自己和自己的权力时，一刻也未忘记，权力为他所有是要为社会福利和国家事业服务；在他权势范围内赋予他的全部力量不能也不应当被变成源源不断涌向各处的慷慨赠予和各式奖励；国家给予他评价人优点和评判事情公正与否及判断要求帮助与支持者的需要是否属实的权力不能够也不应当变成其手中的庇护权。

但不管是对于善良的人、还是虚荣心强的人来说，这种诱惑都是巨大的，这两种品质常常会联系在一起：成为庇护人、遇见来自各方的亲切而感激的目光是多么甜蜜呀！迷恋这种嗜好能使权力变得极端无力，会把优点与能力和愚钝与卑劣的动机混淆，会因集体追求职位、共同觊觎荣耀的头衔和奖励而教坏下属，用发钱来毒害下属。

权力的首要法则是："尺度要公正。"公正的尺度能赋予评判每个人优点并给予每个人应有的、高低适中的评价的效力。公正的尺度教我们保持自己和他人的尊严，并把不能忍受的恶习与需要宽容与关心的人的弱点区别开来。它维护着权力高尚的使命，促使权力去深入思考做事的人与委托给他们的事情。它使权力发布的命令更坚决，并赋予权威的话以创造力。谁因自己的冷漠与懒惰而丧失了这种尺度，那他就忘记了是什么正在缔造上帝的事业并不经意地在造就他。

编译者简介

郭春生，1965年生，史学博士，中国人民大学国际关系学院教授，博士生导师，世界社会主义研究所副所长，社会兼职有中国统战理论研究会政党理论研究基地秘书长，北京市国际共运史学会副会长兼秘书长。主要著作有《勃列日涅夫十八年》（人民出版社2009年），《社会政治阶层与苏联剧变》（当代世界出版社2006年）。主持和参与多项国家社会科学基金、教育部人文社会科学研究规划基金及中国社会科学院社会科学研究基金项目，在《俄罗斯东欧中亚研究》、《科学社会主义》、《史学理论研究》等期刊发表论文多篇。

粟瑞雪，1973年生，俄语语言文学专业学士、硕士，史学博士，中国社会科学院研究生院外语教研室副主任，副教授。在各类期刊上发表学术论文、译文等二十多篇，主要译著包括《十二国》（宁夏人民出版社2013年）、《苏联解体：二十年后的回忆与反思》（社会科学文献出版社2012年）等。

刘显忠，1968年生，北京大学史学博士，中国社会科学院俄罗斯东欧中亚研究所研究员，研究领域为俄国史、苏联史及中苏关系，著有《近代俄国国家杜马：设立及实践》（社会科学文献出版社2007年版），参与撰写《列宁对社会主义的探索》（合著，邢广程主编，长春出版社2009年版），参与多部俄苏文献的翻译，在《历史研究》、《安徽史学》、《史学月刊》等期刊发表论文多篇。

高晓惠，1963年生，史学硕士，中央编译局马恩列斯著作编译部编译四处处长，研究员，工作和研究重点是列宁著作和思想的编译研究工作。

陈金鹏，1979年生，俄语语言文学专业学士、硕士，北京师范大学史学博士，天津师范大学历史文化学院讲师，主持教育部人文社会科学青年项目、中国博士后科学基金项目、天津师范大学博士基金项目，参与撰写《俄罗斯的中国形象》（合著，周宁主编，人民出版社 2010 年版）。

于丹红，1978 年生，俄语语言文学专业博士，厦门大学外文学院助理教授，研究方向为俄罗斯社会和文化。

于维佳，俄罗斯人，俄文名：Юдакова Виктория，1990 年 6 月生，中国人民大学国际政治专业硕士研究生。现为公司工作人员。